"十二五"普通高等教育本科国家级规划教材

国家级精品资源共享课程教材

面向21世纪课程教材

高等学校信息管理学专业系列教材

信息服务与用户

第五版

Information Service and User

胡昌平　胡潜　邓胜利　编著

WUHAN UNIVERSITY PRESS

武汉大学出版社

图书在版编目(CIP)数据

信息服务与用户/胡昌平,胡潜,邓胜利编著.—5版.—武汉：武汉大学出版社,2024.8(2025.8重印)
高等学校信息管理学专业系列教材
ISBN 978-7-307-24294-4

Ⅰ.信… Ⅱ.①胡… ②胡… ③邓… Ⅲ.信息管理—高等学校—教材 Ⅳ.G203

中国国家版本馆CIP数据核字(2024)第038818号

责任编辑:朱凌云　　责任校对:李孟潇　　整体设计:马　佳

出版发行：**武汉大学出版社**　(430072　武昌　珞珈山)
(电子邮箱：cbs22@whu.edu.cn　网址：www.wdp.com.cn)
印刷:武汉中远印务有限公司
开本:787×1092　1/16　印张:33.25　字数:627千字　插页:2
版次:1993年8月第1版　2001年1月第2版
2008年2月第3版　2015年11月第4版
2024年8月第5版　2025年8月第5版第2次印刷
ISBN 978-7-307-24294-4　定价:79.00元

作者简介

胡昌平

武汉大学教授、博士生导师，1946年12月出生，武汉大学人文社会科学研究院驻院研究员，曾任武汉大学信息管理学院副院长、教育部重点基地武汉大学信息资源研究中心常务副主任、院学术委员会主任、国家“985工程”哲学社会科学创新基地—武汉大学信息资源研究创新基地负责人等职；社会任职包括国家社会科学基金学科评审组成员等；被评为湖北名师、武汉大学杰出学者，为国务院政府特殊津贴获得者、湖北省有突出贡献中青年专家。在信息管理与信息服务领域出版著作20余部，发表学术论文400余篇；所提出的“面向用户的信息管理理论”被认为是一种新的学科理论取向；《创新型国家的信息服务与保障研究》入选国家社科文库，所取得的教学、科研成果获国家和省、部级成果奖20余项（其中一等奖3项）。

胡　潜

博士，毕业于武汉大学信息管理学院，赴美国北得克萨斯大学信息学院访问研究一年。现任华中师范大学信息管理学院教授，博士生导师，研究方向为大数据资源管理与数字信息服务。主持完成国家及部委项目多项，其中国家社会科学基金项目“行业信息资源的协同配置与集成服务研究”结项评审为优秀。在所从事的专业领域发表学术论文40余篇，出版专著、教材4部，获省部级奖2项。

邓胜利

教育部“青年长江学者”，武汉大学人文社会科学优秀青年学者，武汉大学珞珈青年学者，大数据安全与保密系系主任、教授、博士生导师，信息政策与大数据治理中心主任，研究方向为网络用户行为、大数据安全与治理。美国肯特州立大学、美国威斯康辛密尔沃基分校访问学者。先后主持和承担国家社科基金重大项目、国家自然科学基金、国家社会科学基金等各类项目30余项。发表论文150余篇，著作与教材10部，先后获湖北省科技进步二等奖、湖北省社会科学优秀成果奖二等奖、三等奖等。

序 PREFACE

信息在人类社会和自然界中的存在是普遍的，是物质及其运动形态的体现。信息的合理组织、资源的深层开发和基于数字化、网络化的全方位、多功能信息服务的开展，已成为关系社会全局的关键问题，由此决定了以用户信息需求为导向、以信息技术为平台、以信息资源深层开发为基础的现代信息服务组织理论的形成和发展。

信息化环境中的科技、经济发展和社会进步，导致以数字信息技术广泛应用为前提的面向用户信息服务组织机制的形成。一方面信息技术设施建设和网络发展，使基于网络的信息服务业务不断拓展，由此确立了以用户的社会化需求为导向的服务组织模式；另一方面，基于内容开发和知识挖掘的信息服务不断深化，如大数据环境下基于数字智能和云计算的服务嵌入和融合，确立了服务的开放组织构架。显然，在信息管理的理论与实践发展中，信息服务与用户始终处于重要位置。

“信息服务与用户”作为信息管理与信息系统专业、图书馆学专业及相关专业的一门专业核心课程，其内容包括信息服务与用户基本理论、方法和实际问题的分析。为了适应我国高等学校专业教学的需要，1987 年，著者出版了国内第一部该课程的教材《情报用户研究》，于 1993 年根据学科和专业发展的需要修订为《信息服务与用户研究》，由武汉大学出版社出版；2001 年在信息管理类专业调整前提下，经教育部批准，出版了适用于信息管理类专业的面向 21 世纪课程教材《信息服务与用户》，2001 年以后，该教材作为教育部本科课程全国规划教材出版；本次为该教材的最新修订版，也是由武汉大学出版社出版的第五版。

在 40 年的教学实践中，我负责的信息服务与用户课程教学团队，坚持专业教学的科学化和开放化，编写的教材在强调基础理论的同时，注重前沿问题的研究和面向实践的应用，课程被评为国家级精品课程和国家精品资源共享课。因此，此次出版适应了国家规划教材和精品课程教材基础上的专业课程教材建设要求。在第五版教材著述与编写中，一是进一步加强信息服务与用户基本理论和方法的阐述，二是突出以信息资源开发为基础、以网络大数据与智能技术发展为依托的面向用户的服务和各种专门化服务的拓展，三是在分析社会发展的信息机制的基础上，深化网络服务管理问题的研究。以此为重点的教材编著，旨在适应专业人才培养的要求和社会化、数智化、网络化的信息服务业发展需要。

全书分为 15 章，在论述信息服务与用户构成和社会发展的信息机制的基础上，阐述信息服务与用户研究基本理论和方法，在分析社会信息形态、用户信息需求、信息交流和信息获取与利用，以及用户心理、行为规律基础上，研究了信息服务的现代发展和大数据、人工智能技术与网络环境下的信息服务组织机制；在面向用户的信息服务组织中，着重于信息聚合平台、个性化服务、智能交互和知识与数据服务的拓展，以及信息服务与网络安全保障监督的社会化实施。本书立足于我国的实践和本领域的国家发展，在进行理论研究的同时，强调其实际应用。

本书第五版由胡昌平、胡潜、邓胜利执笔，胡昌平定稿；第三版作者进行了纲要修订，张敏、赵杨、胡吉明、严炜炜、贾君枝、梁孟华、赵雪芹、林鑫、陈果、胡媛等参与了其中的工作；使用本书作为教材的兄弟院校相关专业教师对本书的再版予以了全方位指导和支持。对于以上合作者以及三、四版的作者致以深切的谢意。

本书是集作者多年理论研究和实践结果的一部著作，书中难免存在不尽完善之处；同时，在引用国内外研究成果基础上的深层探讨，也可能存在一些疏漏。对此，恳请读者和专家指正。

胡昌平

目录 CONTENTS

引　论

1　以习近平新时代中国特色社会主义思想为指导

马克思主义信息服务与用户相关经典文献

信息服务作为一种基本的社会服务，随着社会发展与科技进步经历了服务内容、服务技术和服务体系的不断演化过程，即社会体制、发展水平、信息技术和社会环境等因素决定了用户的信息，以及面向需求的信息服务体制、体系和知识形态。在信息化和全球化发展中，信息成为社会发展的一大基本促动因素，数字信息网络化、智能化组织开放因而成为社会化、高效化、综合化、全方位信息服务发展的基础。如果说用户信息需求的变革受社会信息化的引动，那么当前的大数据与智能环境则是用户与信息化深层发展相适应的信息需求形成和保障的基本条件。随着互联网+背景下的数字智能技术环境的形成，信息服务已从资源组织提供和保障向内容组织、数据利用和知识服务发展，由此决定了面向用户的信息服务的新范式。在信息管理技术和大数据与智能技术应用发展中，各国虽然存在各方面的差异，但信息服务基本的组织架构却具有一致性。我国在科技创新、社会经济与文化发展中，在自主创新中全面推进国际合作，在不断更新的技术与服务组织上形成了自主发展优势，在整体上适应了大数据与智能环境下的信息需求形态，为信息化深层次发展提供了全面信息保障。

早在2014年，习近平总书记在中央网络安全和信息化领导小组第一次会议上发表了重要讲话，指出网络安全和信息化是事关国家安全和国家发展、事关广大人民群众工作生活的重大战略问题，没有网络安全就没有国家安全，没有信息化就没有现代化。习近平总书记强调，网络安全和信息化牵一发而动全身，要认清我们面临的形势和任务，充分认识做好工作的重要性和紧迫性。因势而谋，应势而动，顺势而为。习近平总书记的讲话将网络安全和信息化作为一体两翼进行部署，其前瞻性论述科学地展示了网络安全与信息服务之间的关系，明确了信息化中信息服务与网络安全的核心地位。深刻领会习近平总书记“网络安全和信息化是一体两翼、驱动之双轮”的讲话精神，旨在确立一体化的信息服务的体系，以适应新时代数智信息环境和发展需求，在国际视野下进行信息安全环境构建，实现信息服务与网络安全保障的同步。

2015年，习近平总书记在乌镇视察“互联网之光”博览会时指出，互联网是20世纪最伟大的发明，给人们的生产生活带来巨大变化，对很多领域的创新发展起到很强的带动作用，强调要用好互联网带来的重大机遇，深入实施创新驱动发展战略。2017年10月18日，习近平总书记在党的十九大报告中多次提及互联网，体现出对网络强国战略的深入思考。当前，互联网已成为一个社会信息大平台，亿万网民在平台上获取信息、交流信息，这对他们的求知途径、信息交互手段和服务需求产生着重要影响，从而提出了基于网络的信息服务与安全保障的整体化组织要求。在全球化发展中习近平总书记就共同构建网络空间的命运共同体提出了加快全球网络基础设施建设，促进互联互通，打造网络文化交流共享平台，促进交流互鉴，推动网络经济创新发展，促进共同繁荣，保障网络安全，促进有序发展，构建互联网治理体系，促进公平正义的主张。其主张赢得了世界绝大多数国家赞同，已成为全球共识。

放眼全球，互联网、大数据、云计算、人工智能等技术加速创新，日益融入经济社会发展各领域和全过程，数字服务经济发展速度之快、辐射范围之广，前所未有，正成为重组全球资源、重塑全球经济结构、改变全球发展格局的关键。党的十八大以来，以习近平同志为核心的党中央统筹中华民族伟大复兴战略全局和世界百年未有之大变局，洞察数字化全局趋势与规律，出台一系列重大政策，做出一系列战略部署，推动信息化的深层次发展。

中国共产党第二十次全国代表大会，是在全党全国人民迈上全面建设社会主义现代化的新征程、向第二个百年奋斗目标进军的关键时刻召开的。大会主题是高举中国特色社会主义伟大旗帜，全面贯彻习近平新时代中国特色社会主义思想。“信息服务与用户”作为信息资源管理学科的专业核心课教材，在教材建设中以习近平新时代中国特色社会主义思想为指导，把教材建设作为深化专业教育综合改革的重要环节，不断深化对这项工作的认识和实践探索，使之成为启智增慧的重要专业课教材。在信息服务与用户教材编著中，着重于基本理论、基础知识和面向社会经济与信息化发展中的重大问题，为专业人才培养提供基础支撑。坚持自信自主，推进中国自主知识体系构建，归根结底是注重体现中国特色社会主义的伟大实践，推进学科体系和教材建设中的理论创新，努力实现体现中国特色的高水平教材建设目标。对此，我们在“十二五”普通高等教育本科国家级规划教材《信息服务与用户》(第四版)的基础上，进行了《信息服务与用户》第五版教材的编著，《信息服务与用户》第五版内容同时纳入了作者承担的国家社科重大项目、教育重大课题攻关项目、国家自然科学基金相关工作以及国家出版基金资助项目“网络信息服务与安全保障研究”所取得的相关成果。

2 贯彻以人民为中心发展理念的实践探索

习近平总书记强调，要适应人民期待和需求，加快信息化服务普及，降低应用成本，为老百姓提供用得上、用得起、用得好的信息服务，让亿万人民在共享互联网发展成果上有更多获得感。党的二十大报告指出，深入贯彻以人民为中心的发展思想，让人民群众获得感、幸福感、安全感更加充实、更有保障、更可持续。《信息服务与用户》这门课程深入贯彻以人民为中心的发展理念，提出“以用户信息需求与利用为导向”的理论取向，是信息服务实践和理论创新成果的集中体现，它顺应时代发展，回应时代需求，具有鲜明的时代性。

(1)信息资源的可获得性

信息在人类社会和自然界中的存在是普遍的，出现在自然、社会和人类思维活动之中。社会信息存在于人类社会活动的各个领域，是社会得以存在并不断发展的重要基础。因此，一方面社会信息在人类社会中具有关键作用，另一方面，只要有社会活动就必然有社会信息的存在。人类对自然信息发掘的成果是反映自然现象及其规律的认识和知识信息，而认识与知识信息作为一种社会中的科学研究与开发产物，广泛应用于社会的各个方面。为了满足人们扩大信息消费的需求，更好地让用户利用信息，增强信息服务的可获得性，习近平总书记强调：要加强信息基础设施建设，强化信息资源深度整合，打通经济社会发展的信息“大动脉”。加强信息基础设施建设，以信息流带动技术流、资金流、人才流、物资流，有助于推动资源要素快捷流动、市场主体加速融合，提高经济运行效率和质量。

信息资源建设的目的是更好地提供增值服务，更加强调信息资源的深度开发，提升信息资源开发与信息服务的效率和质量。信息资源建设的开发利用问题不是一个一次性的工程建设问题，而是一个长期服务问题。因此，在信息资源的开发利用过程中、在信息行业的发展中，需要深入贯彻以人民为中心的发展思想，确立面向用户的，以用户的有效利用为目标的新的信息资源开发利用观念。

(2)国家战略引领下的信息服务发展演变

信息服务作为一种基本的社会服务，随着社会的发展，经历了一个服务内容、服务技术和服务体系的演化过程。1949 年以来，面对国际信息环境的变化和挑战，我国采取了一系列对策。早在 1984 年，邓小平同志就提出：“开发信息资源，服务四化建设。”①揭示了信息资源建设是信息化建设的核心。20 世纪 90 年代初步形成了国家信息化发展战略。2001 年国家信息化领导小组成立，并相继启动了以金关、金卡和金税为代表的重大信息化应用工程，加快了国民经济和社会信息化的步伐。信息资源网络建设和网络信息服务发展迅速。推进信息化的实践表明，信息资源的开发利用是国家信息化的核心。2000 年 10 月党的十五届五中全会明确指出：“大力推进国民经济和社会信息化，是覆盖现代化建设全局的战略举措。”②把信息化提到了国家战略的高度。2016 年，习近平总书记指出信息服务的建设“要适应人民期待和需求，加快信息化服务普及，降低应用成本，为老百姓提供用得上、用得起、用得好的信息服务”。③

党的十八大以来，以习近平同志为核心的党中央牢牢把握信息革命的“时”与“势”，高度重视互联网、积极发展互联网、有效治理互联网，成立中央网络安全和信息化委员会。习近平总书记站在信息时代发展大势和国内国际发展大局的高度，深刻分析新一轮信息革命带来的机遇和挑战，系统阐明了一系列方向性、全局性、根本性、战略性问题，对我国信息化发展做出全面部署。而党的二十大报告更明确提出了我国社会主义现代化目标是要建设现代化产业体系，加快建设网络强国、数字中国，加快发展物联网，

① https://paper.news.cn/bkdy/jjck.htm.

② https://www.gmw.cn/01gmrb/2000-11/22/GB/11%5E18612%5ED%5EGMB1-217.htm.

③ https://mp.pdnews.cn/Pc/ArtIntoADi/article?id=31029431.

加快发展数字经济，促进数字经济和实体经济深度融合，打造具有国际竞争力的数字产业集群。这些无不彰显了信息资源和信息服务在现代化社会中的重要性和核心地位。

习近平总书记在中国人民大学考察时强调："加快构建中国特色哲学社会科学，归根结底是建构中国自主的知识体系。"①信息服务与用户研究作为专门的研究领域，立足于以信息服务实践为基础的跨学科研究。概括地说，信息服务与用户研究从社会信息现象和用户的信息需求、心理、行为规律分析出发，在揭示社会运行的信息机制、社会信息形态和信息价值规律的基础上，探讨信息服务业调控，信息服务生产、流通与消费的组织，以及信息服务的系统化管理问题，确立了以"用户"为导向的信息服务理念。

(3)信息服务的安全

党的十八大以来，以习近平同志为核心的党中央把国家安全作为头等大事，创造性提出涵盖政治、军事、国土、经济、科技、网络、数据等领域的总体国家安全观，并多次强调网络安全的重要性。安全是发展的前提，发展是安全的保障，安全和发展是一体两翼。做好信息服务工作，推动信息服务高质量发展，要围绕安全和发展这对基本关系，抓住安全大事，提升发展质量。

随着全球经济社会数字化进程的加速，数据活动的全方位融合在催生新机遇的同时也带来了更多的信息服务安全风险。信息服务行业必须深刻认识到当前安全的严峻形势和新时期面临的新挑战、新任务，将安全视为发展之根基、稳定之前提、强盛之保障。与此同时，要将用户安全作为信息服务工作的出发点和落脚点。2019 年国家网络安全宣传周在天津拉开帷幕，习近平总书记做出重要指示，强调国家网络安全工作要坚持网络安全为人民、网络安全靠人民，保障个人信息安全，维护公民在网络空间的合法权益。当前，滥用个人信息、数据泄露、电信网络诈骗等问题严重影响了用户的财产安全和切身利益。党的二十大报告提出，要加强个人信息保护。对此，要持续整治危及用户安全的问题，规范个人信息的搜集和使用，切实维护用户利益。

(4)信息服务的监督与管理

当前，中华民族伟大复兴战略全局和世界百年未有之大变局相互交织，我们立足于第一个百年奋斗目标，迈步走向实现第二个百年奋斗目标的新征程。在以大数据、人工

---

① https://www.sohu.com/a/544563854_121119268.

智能等为代表的新一代信息技术的驱动下，信息服务正从网络化向智能化方向迈进，这个过程中尤其要强调以人为本的信息服务思想，思考智能化服务如何更好地服务于人。从技术上看，坚持以人为核心，智能机器要与人协同，智能算法要与人为善。

党的十八大以来，以习近平同志为核心的党中央对信息服务中的数据治理高度重视，提出一系列重要指示。针对大数据发展中存在的数据危机、数据泄露、数据垄断以及数据安全，2017 年习近平总书记在中共中央政治局第二次集体学习时强调，要加强国际数据治理政策储备和治理规则研究，提出中国方案。党的十九届五中全会明确提出要加快建立数据资源产权、交易流通、跨境传输和安全保护等基础制度和标准规范，推动数据资源开发利用。

依托大数据、云计算、人工智能、物联网、互联网等技术，用户生产生活、消费社交、购物出行等以数据化方式存在，有利于数据价值的挖掘与释放，但同时也增加了数据开发利用的风险。大数据时代，基于数据挖掘开展的网络信息服务，需要重点考虑国家安全、商业机密和用户隐私问题，在利用新技术进一步做好服务的同时，还需要做到平衡各种信息来源，增强数据的真实性。

2021 年年底，国家互联网信息办公室、工业和信息化部、公安部、国家市场监督管理总局联合发布《互联网信息服务算法推荐管理规定》(以下简称《规定》)，自 2022 年 3 月 1 日起施行。在互联网信息服务领域出台具有针对性的算法推荐规章制度，是防范化解安全风险的需要，也是促进算法推荐服务健康发展、提升监管能力水平的需要。《网络安全法》《数据安全法》《个人信息保护法》等法律和《关于加强互联网信息服务算法综合治理的指导意见》等政策文件先后出台并做出相关顶层设计。在此基础上，及时制定具有针对性的算法推荐规定，明确算法推荐服务提供者的主体责任，既是贯彻落实党中央决策部署的重要要求，也是落实相关法律、行政法规以及加强网络信息安全管理的需要。

1 信息服务组织与用户研究

导论授课PPT
第1讲 信息用户与信息服务的相关概念

导论授课PPT
第2讲 信息服务的演化与现代发展

导论授课PPT
第3讲 信息服务与用户理论的进展

导论授课PPT
第4讲 现代信息服务与用户研究内容和方法论

面向21世纪的社会发展，开展全方位、多功能的社会化信息服务已成为我国各信息服务机构业务发展的主流。处于国际信息化环境和现代科学技术与社会经济不断发展的条件下，信息服务业的迅速发展对信息服务与用户研究提出了一系列新问题，由此决定了该领域理论与实践的新进展。基于此，从信息管理和社会学的角度研究社会信息化与网络化时代的信息服务组织与管理问题，以确立面向用户的信息服务组织理论，拓展社会化的信息服务业务。

1.1 信息、信息用户与信息服务

社会信息存在于人类社会活动的各个领域，是社会得以存在并不断发展的重要基础。社会分工程度的提高和科技与经济的高度发展，使人们的信息联系日益广泛，不同范围之间的信息交往也日趋复杂化。社会成员(包括从事不同职业工作的个体和组织)对信息的需求已经远远不能靠自身的信息活动来满足，以至于从事各类职业活动的专业人员和专业组织越来越依赖于多种专门的信息服务，以满足职业活动的需求。鉴于信息与社会的必然联系，有必要从信息与作为服务对象的用户关系分析出发，研究信息服务问题。

授课视频
“信息服务与
用户课程介绍”

授课视频
“信息服务与
用户理论的进展”

授课视频
“现代信息服务与用
户研究内容和方法论”

1.1.1 信息的社会存在与功能

信息在人类社会和自然界中的存在是普遍的，是物质形态及其运动形式的体现，出现在自然、社会和人类思维活动之中。就信息的来源而论，它不仅包括人与人、组织与组织之间以及人与组织、人与社会和组织与社会之间的各种交往，而且包括人类与自然界和自然界中生命物质世界与非生命物质世界之间的“交流”及作用，直至生物细胞的自我复制与遗传、变异等。由此可见，信息不仅是人类社会活动的产物，而且是生命物质与非生命物质运动的产物。就信息的产生与作用机制而言，它可以区分为自然信息和社会信息两大类。

自然信息系指自然界中的各种信息以及人类所赖以生存与生产的物质所产生的信息，包括生命信息、非生命物质存在与运动信息、非生命物质与生命物质之间的作用信息等。

社会信息系指人类各种活动产生、传递与利用的信息，包括人—人作用、人—机作用信息等。由于人类的一切活动均在一定社会条件下展开，因此由各种人类活动所引发的信息皆属于社会信息的范畴。

自然界中蕴含着丰富、庞杂的信息。一切物质及其运动无一例外地通过信息对人类产生作用，引起人类思维，信息构成人类社会活动中最活跃的因素，被视为一种自然资源。人类发掘自然信息，首先从认识反映自然现象及其规律的信息开始，在科学活动中通过信息识别进行自然现象的研究，自然资源的组织、开发和利用。人类这种信息活动的深化导致了科学研究与技术进步的社会化，促进了社会生产与职业分工的发展，形成了以物质为基础的生产活动和其他社会活动规范。

人类的各种活动需要通过社会进行组织协调，而反映这些活动的社会信息又是实施社会控制和开展各种业务活动的中介。因此，一方面社会信息在人类社会中具有关键作用，另一方面，只要有社会活动就必然有社会信息的存在。在社会发展中，社会信息活动是人类自身发展的表象，是表达与完成思维活动所必须具备的前提条件，是构成社会的一种基本要素。

社会信息来源的一方面是反映自然现象及其规律的知识，而科学知识作为一种社会中的科学研究成果，必然广泛应用于社会的各个方面。这说明，只有通过人类的科学研究，自然信息才有可能转化为社会的知识信息。社会信息来源的另一方面是人类生活、生产、产品交换、文化等活动中的各种交往和相互作用。这些信息不仅全面体现了人类社会状况和各种活动，而且是组织社会政治、经济、科技、文化、军事等活动的一个基本条件。这一情况决定了我们从社会活动出发对信息进行研究，本书要研究的也仅限于社会范畴内的信息(即社会信息)。如果未加特殊说明，我们所指的"信息"皆属于社会范畴的信息。

就人类活动的各个领域所使用的信息而言，存在三种状态：接受状态，即存在于人的头脑中，被人理解或吸收的状态；记录状态，即信息存在于各类载体中的状态；传递状态，即各种形式的信息传播。在这三种状态中，第二种状态是主体，离开了这一状态，人们将无法从事信息活动；第三种状态将信息的产生与使用联系起来，是信息得以存在的条件；第一种状态则关系到信息使用者的主体活动，是信息产生效益的状态，也是信息活动所要实现的目标。

信息的社会功能体现在信息对社会的作用之中。由于信息的产生、类属及作用不同，其功能具有各自的特点，然而就社会总体而论，信息的社会功能却有着共同的本质特征。

对于自然信息，其社会功能包括：

①自然信息反映了物质世界的运动及其属性，它对人的客观刺激(引起人的感觉)是人类认识物质世界的先决条件；

②自然信息是人类发掘自然物质资源的中介，通过自然信息资源的获取与处理，人类发现、开发、利用自然资源；

③自然信息作用于人类，必然导致人类自然科学知识的产生，从而形成反映这些知识的社会信息(情报)。

社会信息的功能是多方面的，主要有：

①社会信息是联系社会各部分、组织和成员的纽带，是维持社会联系和关系的"黏合剂"；

②社会信息是人类各种社会活动和行为的体现，集中反映了人类社会的状况和内部

机制，因而是衡量社会经济、科技、文化发展的标志；

③社会信息是人类社会的财富，是社会运行和发展的支柱之一，可以为全人类共享；

④社会信息具有对人类思维的作用功能，是人类从事各种社会活动的媒介，借助于信息活动，人类的各种社会职业活动得以实现；

⑤社会信息伴随人们的各种活动而产生，因而是确认人们科技、生产、文化、军事等活动的依据，如反映某一科技成果的科技信息，是确认某一社会成员某项科学发现或技术发明优先权的依据；

⑥社会信息具有对人类行为的作用功能，借助于信息，人们进行各种决策，用以指导行为和实现某一目标；

⑦社会信息具有满足人类生存需求、安全需求、文化需求、工作需求等多方面需求的沟通功能和特殊作用，是人们维持心理活动的不可少的因素；

⑧社会信息具有流通与社会控制功能，只有通过社会信息的流通才可能传输社会管理与控制指令，从而控制社会运行状况和社会组织、成员活动。

自然信息向社会信息的转化以及社会信息的基本作用功能，决定了社会组织、成员对社会信息及社会信息的提供与传递的需求，决定了社会化的信息服务的开展。

1.1.2 信息用户与信息服务

与其他社会化服务相比，信息服务是一项更具社会性的服务。在现代社会中，无论是工农业生产与经营活动、科学研究与发展活动、商业流通活动、文化艺术活动等领域的职业工作，还是社会管理与服务工作，都离不开信息的发布、传递、搜集、处理与利用，都需要有相应的“信息服务”为其提供保障。从信息的功能与作用上看，信息的客观存在状态、形式以及信息与社会组织和成员的关联作用，决定了信息服务的内容与形式。

信息服务是以信息为内容的服务，其服务对象是对服务具有客观需求的社会主体(包括社会组织和社会成员)。在服务中，这些主体称为用户。

鉴于信息服务的普遍性和社会性，开展信息服务应从社会组织和社会成员的客观信息需求出发，以满足其全方位信息需求作为组织信息服务的基本出发点。这说明，信息服务用户与信息用户具有同一性，即一切信息用户都应成为信息服务的对象。

在图书馆和文献信息部门开展的文献信息服务中，用户(user)通常指科研、技术、生产、管理、文化等各种活动中一切需求与利用信息的社会个人或团体。前者称为个体用户，后者称为团体用户。在信息传播与交流服务中，用户系指具有信息传播与交流需求和条件的所有社会组织及成员。在其他专门化的信息服务中，“用户”还具有新的含义。

考察社会信息的产生、传播、吸收和利用过程，任何社会组织和社会成员，既是信息的创造者和传播者，又是信息的接收者和利用者，其客观信息需求由他们的社会活动需求所引发，表现为对信息接收、交流、发布、传送、吸收、利用和创造的综合需求。社会中的人只要有利用信息的智力条件和与社会他人的交往需求，就必然成为信息用户。这是因为社会组织或成员在获取和利用信息的同时，必然伴随新的信息产生和传播，表现为信息与用户的交互作用机制。因此，应该说具有一定社会需求和与社会信息交互作用条件的一切社会成员(包括个体和团体)皆属于信息用户的范畴。

从信息所处状态分析中可以明确，信息具有时间和空间结构。这种时空结构可以在布鲁克斯(B. C. Brookes)所构造的“认知空间”中作出理论表达，以此明确信息三种状态的转变。如果某一信息与某个用户在“认知空间”是关联的，则在传递条件具备的情况下这一信息便会与该用户发生作用，从记录、传递状态转变为用户接收状态，且通过“用户吸收”产生出新的信息。如果将信息作用视为一种“运动”，则可以发现，“运动”是信息的基本属性之一，人类的信息活动与信息服务是以信息用户为中心的“信息运动”过程。任何信息都是由于“用户利用”而产生的，而用户“创造”的信息将在社会中以新的渠道传递和被利用，由此而产生信息的社会效益和作用。

信息服务的开展是以信息与用户的关系为前提的，以此为基础组织“用户服务”和用户信息活动。用户与信息具有如下一些基本关系。

①信息只有通过用户使用才能表现其存在价值，而用户在各种活动中又离不开信息，表现为信息与用户的相互依赖；

②用户在发布、传递、获取和利用信息的过程中会对信息客体作出选择，以求信息活动与用户主体活动相适应和相匹配；

③用户在选择、发布与使用信息的过程中必然对信息进行评价，以明确信息的价值；

④信息与用户的关联作用结果表现为用户对接收并存储在大脑中的信息进行可能的加工，即用新的方式表达信息；

⑤用户在获取和利用信息的过程中不同程度地传递着信息，因而用户与用户之间的

信息传递是信息的一种主要传播方式；

⑥任何用户在吸收某一信息的同时必然会创造与其有关的新信息，因此信息只有通过用户吸收才有新的生命。

信息的社会功能与作用、用户与信息的关联以及用户的社会需求，决定了信息服务的性质和基本内容。

通过对信息服务的本质分析，不难发现它是从社会现实出发，以充分发挥信息的社会作用、沟通用户的信息联系和有效组织用户信息活动为目标，以“信息运动”各环节为内容的一种社会服务。从综合角度看，信息服务具有以下一些主要特性。

①社会性。信息服务的社会性不仅体现在信息的社会产生、传递与利用方面，而且体现在信息服务的社会价值和效益上，同时决定了信息服务的社会规范。

②知识性。信息服务是一种知识密集型服务，不仅要求服务人员具有综合知识素质，而且要求用户具备相应的知识储备，只有在用户知识与信息相匹配时才能有效地利用信息服务。

③关联性。信息、信息用户与信息服务之间存在着必然的关联关系，三者之间的内在联系是组织信息服务的基本依据，这种依据客观地决定了信息服务的组织形式和用户管理与工作模式。

④时效性。信息服务具有鲜明的时间效应，关于某一事件的信息只有在及时使用的情况下才有理想的使用价值，过时的信息提供将产生负面效应，因而在服务中存在信息的“生命期”问题。

⑤指向性。任何信息服务都指向一定的用户和用户信息活动，由此决定服务中的信息定向传播、组织、获取和利用，即信息服务的定向组织模式。

⑥伴随性。社会信息的产生、传递与利用伴随用户的主体活动而发生，这种伴随性决定了必须按用户主体活动的内容、目标和任务组织信息服务，辅助用户主体活动的进行。

⑦共用性。除单一性的面向某一用户的专门服务外，面向大众的公共信息服务可以为多个用户(或公众)同时使用，这一特征与物质供给的唯用模式具有实质性区别。

⑧控制性。信息服务的开展关系到社会的运行、管理和服务对象的利益，因而是一种置于社会控制之下的社会化服务，服务业务的开展受着国家政策的直接调控和法律的严格约束。

从信息用户和社会信息源与信息流的综合利用角度看，社会化信息服务包括：信息资源开发服务；信息传递与交流服务；信息加工与发布服务；信息提供与利用服务；用户信息活动组织与信息保障服务等。

信息服务存在着一定的社会信息服务体系和规范，其体系与规范随着社会的发展和信息技术的进步而变化。信息服务的发展提出了信息服务组织中的用户与服务研究问题，促进了“研究”的实际应用。

1.2　信息服务的演化与现代发展

信息服务作为一种基本的社会服务，随着社会的发展经历了一个服务内容、服务技术和服务体系的演化过程，即社会体制、发展水平、科技进步和社会环境等社会因素决定了服务的发展状况和组织形式。在现代条件下，随着社会进步的加速和持续性发展的社会机制的形成，信息服务正经历着内容、技术和体系方面的综合变革，从而提出了信息化时代信息服务管理的基本要求。

1.2.1　信息服务的社会组织形式及其演化

虽然人们对信息服务的解释不尽一致，然而对其本质问题的认识却是相同的，但对信息服务范畴内的业务划分存在广义与狭义之别以及分类上的差异。关于这些问题的某些不同见解，并不影响我们对信息服务形式及体系的研究。这里，我们讨论信息服务社会组织形式的原则是，根据社会行业的自然形成规律和信息服务的内涵，结合历史发展和未来的可能演化，对其中的基本问题进行分析。

在人类社会形成和发展的初期，生产力的发展水平仅仅限于满足人类的生存需要，人类信息活动也仅限于人类的衣、食、住、行和适应自然环境的交往，此时为他人提供信息等方面的服务活动的目的在于使人类得以繁衍和生存，因而处于自然发展状态。随着生产力发展、剩余劳动逐渐大量化，人类信息的内涵逐步延伸到包括自然研究、生产、产品交换、战争及维持社会稳定、组织活动以及其他方面的社会活动。社会分工的明确化和行业的发展，致使科学信息、生产信息、物质交流信息、战争信息和生活信息等各类社会信息大量产生和交换流通；在社会需求激励下的信息交换、传播等服务，随着经济、文化、科学的发展逐步形成了社会组织系统，产生了现代意义的印刷、出版、通信、流通等信息服务的雏形。在社会日益高级化的过程中，随着科学技术的全面发展和社会经济的不断变革，信息已渗透到社会的各个方面，成为一定条件下的社会政治、经济、科技、教育、文化、军事、生活等各种活动的保障因素，从而形成了信息服务的社会组织体系。这一体系，在社会发展中不断演化。

在人类文明的近代发展中，知识的积累、科学技术的进步与经济的发展，使得处于分散状态的信息服务走向了社会化协调发展。19 世纪末至 20 世纪初，在社会需求的推动下，作为人类知识财富收藏和传播中心的图书馆工作取得了新的重大进展。1905 年，奥特莱(Paul Otlet)在伦敦召开的一次国际会议上，作了有关经济资料的情报文献工作的组织管理报告，首次提出了“文献工作”这一概念，对文献服务作了专门的论述。奥特莱有创见的代表性论述，实际上反映了图书馆工作中的文献信息服务功能的加强，标志着在完善文化、教育功能的基础上图书馆服务的发展；随后，图书馆读者研究与读者服务逐渐走向规范管理的轨道。与此同时，从德国《药学文摘》创刊到 1940 年美国《数学评论》的问世，以提供文献检索服务为主体的涵盖各知识门类的检索期刊体系已被完整地确立。其中，新的文献信息服务形式(如文献咨询、专题服务等)的开拓，意味着现代意义上的文献信息服务体系的形成。

在信息传递与交流服务中，20 世纪上半期发达的工业国家已建立了服务于社会的信息传输体系。随着工农业经济的发展和流通与服务行业的兴起，多种类型的信息交流中心、数据中心与咨询机构已走向社会化的服务规模，初步形成了服务于社会经济的信息服务体系。在这一体系中，政府部门、产业部门、文献部门和多种形式的信息服务实体相互协调，开展各自的服务业务。

这一时期的信息服务，总体来说处于从分散向社会化协调发展的状态，虽然各部门的信息服务之间的联系松散，但是在服务业务的开展上相互补充、相互促进。从行业分工上看，这一时期的发展为 20 世纪中期开始的现代信息服务体系的建设奠定了相应的行业发展基础。

20 世纪中期，信息服务迅速发展的直接动力，一是第二次世界大战以后各国经济建设发展需要，二是科学技术现代化对信息服务的推动，三是国际社会发展新秩序的建立。

经济发展以及科技进步不仅改变着社会运行状态，激励生产力的迅速提升，而且提出了信息资源的开发、组织和有效利用问题，从信息经济发展的角度推动信息服务新的社会组织模式(即行业经济模式)的形成。

20 世纪后期的信息技术迅猛发展从根本上改变了传统信息服务的技术手段。在 20 世纪四五十年代电子计算机与电子电路技术的基础上，从 60 年代开始发展，70 年代以后全面使用的计算机与远程通信技术的结合，为现代化信息服务业务的开展创造了必要的技术条件，将信息服务推进到网络化组织时代。

进入 21 世纪，互联网的高速发展、大数据与智能技术的驱动，不仅改变着数字信息的存在形态和网络分布结构，而且提出了互联网+背景下信息服务的变革要求，由此形成了信息服务新的组织基础。

服务内容延拓、方式变革过程中的一个重要问题是国际信息新秩序的建立。面对信息化的国际环境，各国把握新的发展机遇，将信息资源管理放在突出的位置，形成了信息服务中信息资源共享与保护的发展战略，从而确定了信息服务的社会化管理格局。

在社会发展综合因素的作用下，现代信息服务呈现出以下发展趋势。

(1) 从单一形式的服务向综合性服务发展

长期以来，各类信息服务基本上处于独立发展的状态，彼此缺乏有机联系。例如，通信服务和文献信息的提供、数据传输和数据处理服务等分别由不同的信息服务部门承担，对于异地索取文献信息或需要远程处理数据的用户来说，不得不分别利用两类单一的信息服务来满足其信息需求。显然，这种服务模式越来越难以满足用户多方面的信息需求，从而提出了综合形式的信息服务业务的开拓问题。进入 20 世纪 80 年代以来，计算机与通信技术的发展、远程数据处理技术和网络技术的全面应用，使相互分离的通信服务与信息处理和提供服务结合而成为综合性的网络服务。在国际上，这种服务的模式包括互联网信息检索服务、电子数据交换互联网服务等。在我国，电信部门的数据传输服务和信息资源开发服务部门的资源服务开始了实质性的业务合作。网络时代，大数据与智能化技术的结合，不仅改变着网络信息环境，更重要的是从技术基础和手段上支持着互联网+服务的拓展，推动着包括工业互联网、智慧服务和数智化学习在内的服务发展。

(2) 从以部门为主体的信息服务向社会化信息服务模式转变

我国传统的信息服务主要按系统、分部门发展。除公共信息服务系统面向全社会以外，分别按科技、经济、企业生产管理、物资、交通以及国民经济行业组织信息服务，行业内的各部门又有着各自的信息服务单位的服务业务。系统、行业、部门和单位的信息服务面向内部用户，较少对外开放。这种封闭式的服务模式的形成，一是由社会发展体制决定的，二是受限于信息服务的技术发展水平。值得强调的是，在我国科技、经济与社会的发展中，部门为主体的服务具有其组织上的优势，且发挥了相应的社会作用。然而，在开放的国际环境以及现代技术和经济发展中，单一的“部门模式”不仅限制了信息资源的社会化共享，而且面临着多方面的挑战，因此需要进行面向社会化信息服务需求的服务组织方式的变革。在社会内外部因素促动下，我国信息资源共建共享的实现，各系统服务的社会化发展，公共信息服务的拓展以及政府信息公开与数字政务服务的推进，以信息服务协调发展为标志的社会化信息服务体系得以形成并不断完善。

(3)各专项信息服务和系统化信息保障服务将成为信息服务业务发展的一大主流

社会的信息化发展使得用户信息需求呈现出专门化和综合化的趋势。其一，信息需求的形式和内容越来越专，一般性的信息提供、检索和分析服务已难以满足用户职业工作的需要，因而以满足专项需求为目的的专项信息服务发展迅速；就发展情况看，这些服务在原有信息检索、分析、咨询服务基础上深化和拓展，发展成为知识搜索服务、数据挖掘服务、数字嵌入服务、智能交互等。其二，在用户职业工作中，信息利用贯穿着所有的业务环节，从而提出了针对职业工作进行系统化的信息保障服务的要求；信息保障服务的重点之一是科学研究中的信息保障，模式是以研究发展项目为中心实施全方位的信息服务。今后，我国信息服务部门的专项信息服务和信息保障服务仍将进一步发展，最终形成数智化信息保障系统。

(4)信息服务向多元化和多样化方向发展

信息服务的多元化是指信息服务机构与成分的多元，多样化则是信息服务方式和内容的多样。就信息服务的成分而论，信息经济的发展直接导致市场化有偿信息服务比例的上升，除国家和公共信息服务机构的无偿服务外，经营性信息服务实体发展迅速，其服务业务包括生产、金融、市场、法律、新闻、交通等专门领域的多类服务，这些服务将相互补充、协调发展。信息服务的多样化，一是从以文献信息服务为主向多种形式载体信息服务相结合的方向发展，二是信息提供与发布服务内容的扩展，当前的图文传递、智能交互、电子数据交换、系统集成、多模态信息融合、信息判读等服务将得到进一步发展和普及。

(5)基于网络的信息服务个性化、知识化与集成化发展

信息服务以提供信息和信息沟通为基本形式，随着数字技术的发展，基于数字化信息载体的知识发现、内容关联和数据挖掘等已成为一种重要的服务形式。当前基于内容的服务和智能服务业务已为用户普遍关注，同时，显性和隐性知识组织与服务在知识团队的建设和发展中取得新的突破。信息资源网络的发展为人们提供了获取和交换信息的智能平台，信息资源的跨域共享已成为现实，数字鸿沟正得到克服。然而，用户在利用公用平台的同时，对个性化集成服务提出了新的要求。在面向用户的服务发展中，信息的个性化导航、信息资源的整合和主动推送服务已成为信息服务的发展主流。在信息集成服务中，面向用户的业务支撑系统值得专门关注。

1.2.2 信息化与网络环境下信息服务的发展

面对国际信息与网络环境的变化和挑战，我国采取了一系列对策，20 世纪 90 年代初步形成了国家信息化发展战略。1993 年国家信息化领导小组成立，并相继启动了以金关、金卡和金税为代表的重大信息化应用工程，加快了国民经济和社会信息化的步伐。信息资源网络建设和网络信息服务发展迅速。2000 年 10 月党的十五届五中全会通过的《中共中央关于制定国民经济和社会发展的第十个五年计划的建议》明确指出："大力推进国民经济和社会信息化，是覆盖现代化建设全局的战略举措。"把信息化提到了国家战略的高度。随后，我国进一步提出了以信息化带动工业化、以工业化促进信息化、走新型工业化发展道路的战略部署。

早在 1984 年，邓小平同志就提出："开发信息资源，服务四化建设。"揭示了信息资源建设是信息化建设的核心。推进信息化的实践表明，信息资源的开发利用是国家信息化的核心任务，是国家信息化建设取得实效的关键。2004 年 10 月召开的国家信息化领导小组第 4 次会议审议通过了《加强信息资源开发利用工作的若干意见》，指出加强信息资源开发利用是今后一段时间信息化建设的重点工作；提出"统筹协调、需求导向、创新开发和确保安全"是信息资源开发利用的主要原则。2005 年 11 月国家信息化领导小组的第 5 次会议审议并原则通过了《2006—2020 年国家信息化发展战略》，将网络环境下信息服务的推进和信息资源的深层开发利用提高到国家信息化的战略高度。《2006—2020 年国家信息化发展战略》确立的我国信息服务发展战略，在信息服务的社会化结构转型中，保证了从信息技术推广应用转向信息资源开发利用目标的实现。

信息资源建设的目的是更好地提供增值服务，更加强调信息资源的深度开发，提升信息资源开发与信息服务的效率和质量。信息资源开发利用以信息服务业务为依托，信息资源的开发利用建设问题不是一个一次性的工程建设问题，而是一个长期服务问题，服务业务的拓展是其中的关键①。因此，需要确立面向用户的、以用户的有效利用为目标的新的信息资源开发利用观念。面向用户的信息资源整合和服务是信息资源建设的关键环节，是在国家信息化发展进程中必须着力解决的问题。

我国信息服务中的资源整合，最初表现为图书馆服务中的馆际图书互借、联合编目的实现和机构间合作业务的开展。20 世纪 70 年代以来，主要集中在文献信息资源的协调建设、文献资源共建共享以及跨地区、跨部门的服务组织等方面。20 世纪 80 年代原国家科委科技情报司组织的我国科技情报搜集服务体系建设、中国科学院文献资源整体化布局、全国高等学校文献资源共享组织等，产生了重大影响，从管理实践上确定了信息资源共建共享的基本模式。然而，从实施上看，当时的文献资源共建共享，大多局限于本系统，整合的形式限于图书情报机构的馆藏协调和单一方式的联合书目服务上；由于技术条件和管理上的限制，用户的深层信息需求的满足与跨部门、跨系统的资源利用难以实现。信息网络化环境下，我国相对独立、封闭的部门与系统信息服务向着开放化、社会化方向发展，因此各部门、系统致力于网络环境下的数字化信息服务的业务拓展，以此为基点，改变传统信息服务的面貌。其中，2000 年以来，科技部联合有关部门组建的国家科技图书文献中心(NSTL)的数字资源共享服务的推进、中国高等教育文献保障系统(CALIS)项目的建设、国家数字图书馆计划(NDL)的展开，以及 2003 年以来国家科技基础条件平台中的科技数据共享平台、文献共享平台项目的实施和 2006 年 3 月中国科学院国家科学图书馆组建基础上的面向科学研究的数字化信息服务的规划，标志着我国基于网络的数字化集成信息服务已进入一个全面发展时期。此外，包括各类图书馆、科技信息部门在内的传统信息服务机构进行了新的服务定位，积极开拓网络服务业务，形成了信息服务的社会化、网络化、数字化、集成化转型发展格局。在此后的发展中，针对互联网+背景下的知识创新和产业发展需要充分而完善的信息服务保障，2014 年中央网络安全和信息化领导小组会议所确立的网络安全和信息化统一谋划、统一部署、统一推进、统一实施纲要，对信息服务体系完善和网络服务组织提出了新的要

① 胡小明. 谈谈信息资源开发的机制问题[EB/OL]. http://www.echinagov.com/echinagov/redian/2006-4-8/4495.shtml,2006-10-15.

求。信息服务发展，不仅需要进行数智技术、网络基础上的保障，而且需要构建与网络安全相适应的基于网络的信息服务体系。在信息服务社会化体系建设中，近 10 年来我国已形成了大数据、智能技术和虚拟网络技术支持下的服务组织结构，从而保障了互联网+服务的有序发展。各部门、系统的服务的分散状态，在国家层面和行业层面的规划协调和控制下，进行了跨行业、系统的服务协同，从而构建了适应于数智环境的网络化服务体系，致力于基于网络的信息服务效率与效益提升。

信息资源建设与信息服务发展表明，网络环境下的信息资源建设，应从以"占有"信息资源为中心转换到以"共享"信息资源为中心。网络时代，信息资源结构多元化，信息传播多维化，信息系统开放化，信息时空虚拟化，以网络为平台的新的信息资源保障与交流机制正逐渐形成，信息资源组织已不再局限于本系统所拥有的资源，而是扩展到联盟或社会化共享资源，再到跨空间的虚拟资源。网络的发展，使得人们可以跨时跨界地获取信息资源，这就要求构建新的信息服务空间，不断开拓面向用户的数智化信息服务业务。

1.3 信息服务与用户理论的进展

信息化和网络化时代的信息服务需求改变与信息服务业务的发展，从多方面、多角度提出了信息用户与服务的研究课题。出于社会、经济与科技的发展需要，发达国家和发展中国家的信息机构和相关研究部门进行了一系列卓有成效的研究，其成果已用于社会信息服务宏观组织和信息服务微观管理的实践。通过实践，传统的服务理论得到充实和发展，在一定程度上构造了与现代信息服务相适应的信息用户与服务理论框架。这里，我们从国内情况出发，在信息化国际环境中探讨实践与理论的进展。

1.3.1 用户研究理论与实践新进展

用户研究是信息服务管理中的一个重要方面，其目的是为开展信息服务提供依据，研究的内容和形式必然与社会信息服务的开展相适应。随着信息服务的发展，以实践为基础的用户研究理论不断丰富和完善。对于我国来说，自 1956 年科技情报(信息)工作开创以来，用户研究经历了 20 世纪 50—70 年代、80 年代和 90 年代至今的三个发展阶段。

20 世纪 50—70 年代是我国用户研究的初期阶段，研究的内容主要限于用户情报

(信息)需求的调研，研究的目的在于为情报工作的组织和具体的服务业务的开展提供管理决策依据。例如，我国科技情报机构的业务分工、文献资料收藏范围的确定、文献报道和情报服务“广、快、精、准”基本要求的提出，无一例外地以满足我国各方面用户的需求为前提。这一时期的用户研究问题来源于情报(信息)服务实践，决定了以部门用户情报(信息)需求调查为主要内容的研究模式。

20世纪80年代，面对新技术革命的挑战和社会信息化的加速，社会运行的信息机制变化提出了信息服务机制变革问题，由此对用户研究提出了新的要求，促使研究进入综合发展阶段。从内容上看，这一时期的用户研究已从单一的信息需求调查分析发展成为用户信息需求、获取与利用的系统研究，用户行为分析深入用户信息心理与行为规律的研究层次。在全面研究的基础上，我国的用户研究实践与理论密切结合，从较多地利用国外理论成果，发展到建立了我国的用户研究理论体系，我国颁布的《中华人民共和国学科分类与代码》标准(GB/T13754—92)已明确了情报服务学对用户研究的包含关系。

进入20世纪90年代，与国际信息化环境和全球化经济发展环境相适应，我国的信息服务在国家经济信息系统、科技信息系统和公共与行业系统服务中进一步协同发展。根据发展需要，国务院于20世纪90年代初成立了协调全国信息化建设的国家经济信息化联席会议，于1996年6月在此基础上正式成立信息化工作领导小组，负责规划、领导全国的信息化建设。这是一个关系到信息化中社会发展的重大决策，在信息服务组织上，它将科技、经济等各方面的信息服务纳入整体化的发展轨道，最终实现信息服务的网络化和社会化。从管理角度出发，经国家科委批准，中国科技情报研究所于90年代初更名为中国科技信息研究所，随后，一些地方情报所和专业情报所也进行了更名，以便进一步开拓业务范围，并与经济信息服务等协调。这些变化说明，我国在信息化进程中，部门封闭式的信息服务随之向开放的社会化信息服务组织管理模式转变。处于这一时期的信息用户研究，在理论与实践的各个方面得以完善。

近20年，互联网应用和大数据与智能技术驱动的信息交互，改变着用户的信息认知状态、需求形式和内容结构，从而提出了基于用户认知需求的服务组织问题，其中用户行为数据分析与认知研究处于重要位置，用户体验、关系表达和认知空间描述等方面取得新的进展。

综上所述，在信息服务实践和需求研究的驱动下，学术界十分注重用户研究系统理论的探讨，力求从认识论着手研究其理论发展基础。我国的用户研究虽然起步较晚，且系统性研究与实践需求相比，存在一定的差距，但发展迅速。目前的理论研究已与国际同步，从而在实践上适应了我国社会化信息服务的发展需要。在我国，用户研究理论与实践的结合日益受到学术界和社会有关部门的重视，其研究成果的应用已扩大到信息基础建设和服务科学基础理论研究的多个方面。

在认识论基础上的方法论研究是用户研究的又一个基本方面。20 世纪 90 年代以来的方法论研究，一是在用户调研与用户研究中数智方法的应用，二是在用户理论中对方法体系的研究，这两方面均取得了突破性进展，通过实践初步形成了用户研究方法论。其具体内容是，从用户调研途径与方式、用户特征数据的获取与处理和调查结果的多方面分析入手，利用社会学、统计学、系统论、控制论和心理行为科学的原理进行综合方法的研究，总结出具有针对性的方法，在用户研究中发挥主导作用。当前，用户研究方法论深层次的探讨正进一步展开，用户研究方法论的不断完善将进一步推动信息服务与用户理论的发展。

按传统理论，国内外所进行的用户研究，大多将研究对象限制在信息的需求者和使用者，以此出发开展与传统信息服务体制相适应的用户研究。但是在社会信息化迅速发展背景下，用户在职业活动中的信息需求已经发生变化，任何职业，除利用各种外界信息外，还需要向外界发布、传递自身的某些信息，利用物质和精神交流渠道和外界沟通。这说明，用户信息需求的研究必须深入用户职业活动的信息机制研究层次，通过用户职业活动中的信息流分析揭示其信息需求的实质。在这一背景下，用户研究的对象已扩展到凡具有获取社会信息或向社会他人传递社会信息客观需求的一切社会成员；用户研究的内容已深入研究用户信息需求动力机制的层次。基于这一认识的代表性研究成果包括以需求为导向的双向信息服务理论，用户信息需求转化的促动因素与全方位、多功能信息服务机制等的提出与建立。

用户研究内容深化的结果是对用户吸收信息机理、思维规律以及信息心理—行为规律展开了研究。近 20 年来，这方面研究在原有基础上不断取得新的进展。对于用户吸收信息机理及思维规律的研究，布鲁克斯和米哈依洛夫等人曾从不同的角度讨论了其中的问题。在国外研究成果应用的基础上，我国的研究主要集中在揭示用户在信息作用下的思维过程、思维能力结构、发展变化状态和控制等方面的问题。这些问题作为信息传递、处理、模拟及系统组织的基础理论课题，是对以往研究的深化。在用户信息心理研究方面，用户信息认知意识研究仍是主要论题，其主要进展是从用户信息认知和信息行为分析出发，对用户信息心理—行为意识进行研究和应用，其成果集中反映在用户心理学理论体系的完善和用户心理学理论在个性化信息服务中的应用。

用户研究的拓展主要是，以用户研究为起点，将用户研究与社会信息现象的研究密切结合所进行的社会信息机制的研究，构成信息社会学发展的用户研究基础，同时也为信息服务管理实际问题的解决提供可资利用的理论。如果说用户研究是开展具体的信息服务业务所必须进行的研究工作的话，那么用户研究向社会信息需求与利用拓展则是组织社会整体化信息服务的出发点。针对我国信息服务组织需要和信息管理学科理论研究的发展需要，学术界将用户研究与社会信息现象研究有机结合，形成了整体化的理论与实践体系，在开拓与用户研究密切联系的信息社会学研究方面取得了实质性应用成果。这些成果已应用于我国的信息服务实践。

1.3.2 信息服务研究的深化

我国传统的信息服务研究主要集中在信息服务的体制研究和各信息服务组织与管理研究两个方面。

我国事业型信息服务的管理，在国家统筹下分部门进行。对于科技信息服务来说，1956 年 10 月标志着中国科技信息(情报)业开创的“中国科学院科学情报研究所”成立之时，就提出了管理研究问题。鉴于科技情报组织服务于科学研究的总原则，在管理体制上采用系统管理服务模式，由国家科技管理部门领导。在我国科学技术发展中，科技情报(信息)服务对象与范围不断扩大，地方和行业科技情报(信息)服务发展迅速。根据集中管理的原则，1958 年国务院批准由科学规划委员会和国家技术委员会提出的《关于开展科学技术情报工作的方案》，正式成立中国科学技术情报研究所，作为全国综合性科技情报(信息)中心进行建设。与此同时，建立专业部(委)和省市科技情报所，并按大区规划设立中心(所)；这些科技情报机构由国家科学技术委员会领导，进行统一协调管理。20 世纪 60—80 年代，我国科技信息业在国家科委的集中管理下不断发展，其管理研究主要集中于事业制的科技信息(情报)业发展管理、计划管理、任务管理、运行管理和目标控制方面。与科技信息服务业相类似，我国的图书馆系统隶属于文化部，由文化部图书馆司领导；虽然公共图书馆、专业部门图书馆和基层图书馆经费来源各异，然而其管理方式却是共同的。此外，事业型的行业信息服务、档案服务、广播电视等由国家相应的职能管理部门进行管理，其管理方式与科技信息服务业一样，采用部门(行业)集中管理模式。对于新闻出版和通信等信息业来说，虽然有着各自的要求，但由于服务的共性特征，由国家专业部门实行集中管理。经营型信息服务与事业型信息服务的实质区别，在于营运的经费投入和管理机制上的不同。

社会的信息化发展和开放服务体系的形成，使我国信息服务管理机制处于不断变革之中，从而对信息服务业体制和社会化管理研究提出了新的课题，促进了立足于实践的信息服务管理理论的发展。

信息服务业结构及其演化是业界持续关注的研究主题。从宏观角度看，社会化的信息服务首先涉及的问题便是对信息服务业的界定和行业结构的研究。这一研究直接关系到信息服务行业的发展，决定着信息服务业管理理论的确立。关于这一问题，在比较我国与一些发达国家和发展中国家相关研究的基础上，拟进行信息服务业管理机制研究的深化，以适应社会化信息服务发展的需要。

对于信息服务业发展战略问题，我国的研究主要从发展机制出发，分析信息服务的社会发展基础，展示信息服务业面向社会需求的发展趋势与前景。所涉及的问题包括信息服务业发展水平、模式与机制分析及发展战略研究，其研究旨在为信息服务业规划的制订提供客观依据。这些研究不仅丰富了信息管理理论，而且对信息服务业管理实践产生了多方面影响。

在信息服务业务组织与管理方面，20 世纪 80 年代以前的研究在当时的信息技术条件下进行。由于信息服务的集中管理体制长期稳定，其研究的重点因而局限于信息服务管理基础、管理原则和管理方法的研究，主要是对服务管理的优化与改进。从管理理论研究上看，主要研究内容包括信息服务目标管理、信息服务系统管理、信息服务质量与效益管理、信息服务资源管理、信息服务制度管理、信息用户管理等。

值得指出的是，用户研究对信息服务业务组织与管理具有全面的推动作用。究其原因，一是信息服务业务必须按用户需求组织，二是信息环境变化和社会发展首先体现在用户信息需求与行为的变化上。我国 20 世纪 80 年代用户研究的突破性进展推动了信息服务管理其他研究主题的深化。如在信息服务计划与目标管理研究中，以用户为中心的“计划—执行—检查—处理”模式得以形成①。又如，信息服务管理系统理论模型的建立，也离不开以用户为中心的“信息运动”机制的研究②。

管理科学研究的进展为信息服务与用户研究提供了基本的理论、方法，这些理论、方法在信息服务战略管理、信息服务目标管理、信息服务资源配置、信息服务全面质量管理和信息服务效益管理等方面得到了充分的利用，从而促进了“信息服务与用户”理

---

① 郭星寿. 图书馆与资料室管理手册[M]. 成都：四川科学技术出版社，1987.

② 胡昌平. 情报控制论基础[M]. 北京：书目文献出版社，1988.

论研究的发展。

20 世纪 90 年代至今，现代信息技术在网络化信息服务中的应用和新型信息服务业务的开展，使信息服务与用户研究进入一个新的阶段。以计算机智能信息处理技术、大数据技术、信息传输技术和网络技术为主体的信息技术在信息服务中的应用，导致了信息服务管理中要素作用的变化和协同管理理论的形成。例如，在网络化信息服务管理中，其管理要素包括资源、技术、用户和环境等，管理内容涉及网络信息资源共享与保护、网络服务组织、网络用户管理以及技术规范管理等方面。信息化推进中，网络化信息服务管理在面向实践问题的探索中，其理论研究立足于我国网络基础设施建设和互联网利用，在网络信息服务业务组织和技术支持研究中，与网络化建设同步开展。

近 20 年，我国互联网信息处于迅速发展之中，学界和业务部门都十分重视基于互联网的信息服务发展研究，围绕大数据与人本人工智能驱动的信息服务理论和实践研究展开了多方面探索，在概念阐释、架构设计、服务演化、模式创新等方面的研究适应于信息服务的组织环境。这些为面向用户的互联网信息服务体系的构建和应用奠定了理论和实践基础。

1.4 现代信息服务与用户研究的基本内容和方法论问题

现代信息服务实践与理论的进展以及管理科学的现代发展，促使信息服务与用户研究的学科地位得以确立。社会发展的内部机制、外部环境和信息的社会存在与作用，决定了信息服务与用户研究的社会要求、形式和内容。这些因素共同作用构成了信息服务的社会发展基础。

1.4.1 现代信息服务与用户研究的基本问题和内容

现代社会的全方位信息服务需求和信息服务业的现代发展，要求在揭示社会信息现象及其基本规律的基础上，寻求普遍适用的信息服务组织与管理理论。与此同时，信息服务与用户研究经过持续性的社会实践和理论探索，确立了相对独立和完整的研究体系。这两方面共同作用，决定了信息服务与用户研究的基本内容。

信息服务与用户研究作为专门的研究领域，立足于以信息服务实践为基础的学科研究构架。概括地说，信息服务与用户研究从社会信息现象和用户的信息需求、心理、行为规律分析出发，在揭示社会运行的信息机制、社会信息形态和信息价值规律的基础上，研究信息服务业调控，信息服务组织与利用，以及信息服务的系统化管理，确立以“用户”为导向的信息服务理论。该领域研究的基本问题是信息服务组织、信息服务产品流通和信息服务利用，作为研究对象的基本要素是信息服务中的诸因素，主要包括社会信息环境、信息服务资源、信息服务主体、信息服务对象、信息服务技术等。

信息服务与用户研究的基本问题和内容可以大致分为用户研究和服务研究两个基本方面，这两个方面有机结合而成为一个整体。由于信息服务与用户研究中的诸要素是一种动态要素，其作用随着社会发展和生产力的进步而变化，该领域的研究内容也将随着社会实践的发展不断完善。因此，以下所归纳的研究内容仅限于从现实情况出发的几个主要方面。

(1)用户研究的基本内容

用户研究的内容可分为以下 9 种。

①用户类型研究。类型研究是用户研究中的一项基本内容，是开展用户信息需求分析的基础。这项基本研究主要包括用户分类的原则与方式，用户的基本类型与特征，以及各类用户之间的联系等。

②用户信息心理研究。利用心理学的理论研究用户需求和吸收信息的心理过程与状态，分析其中的各种因素，探索用户的心理—行为规律。其研究成果直接为改进信息服务工作和实现信息系统的科学管理服务。

③社会因素对用户的影响。研究用户所处的社会环境及其对用户吸收与利用信息的影响，探讨其中的规律，这是用户研究中的又一基本内容。这一研究的重点是分析各种社会因素(包括社会制度、经济体制、教育与科技水平、地理资源、人口、民族等)对用户信息需求、心理和行为的影响，分析这些因素与信息使用价值的关系等。其研究成果直接为信息化社会的建设所用。

④用户信息需求的调查分析。调查和分析用户的信息需求是设计和建立新的信息机制和开展信息服务的依据，也是进行信息服务科学管理的需要。开展信息需求调查是信息服务部门的一项日常工作，通常的调查内容包括用户对信息的需求，对索取信息工具的需求，以及对信息服务的需求。

⑤用户获取信息的研究。研究用户获取信息的途径和方式，从社会交流的角度对各种渠道加以比较和分析，使信息交流适应科学技术和人类社会发展的需要。

⑥用户吸收信息的机理研究。主要内容包括用户对信息的认知评价，信息的使用价值及其测量，以及用户吸收信息的机理和创造过程研究。

⑦用户信息保障研究。主要探讨信息保障的一般原理与方式，研究各类用户信息保证的特点、途径与手段，评价信息保证工作的质量，分析其效益等。

⑧用户信息培训研究。主要研究用户信息培训工作的组织原则、方式和内容，从提高用户的信息素质出发，探讨解决信息服务与信息用户之间的某些不协调问题的方法。

⑨用户研究方法论。研究用户研究中的方法体系是方法论研究的基本方面。信息用户研究作为一个专门的领域，与自然科学和社会科学的许多学科有着十分密切的联系。这种联系主要表现在用户研究已越来越多地利用相关学科的理论和方法，因而开展用户研究方法论的探讨非常重要。

(2) 以用户研究为导向的信息服务研究

以用户研究为导向的信息服务组织围绕现实的“服务”环节展开，所要解决的问题主要在以下几个方面。

①信息服务业的社会调控与管理。研究信息服务业与社会发展的基本关系与互动机制，信息服务业结构变化与职业流动，信息服务业经济宏观调控，信息服务业的社会管理体制，信息服务业的微观业务管理等。

②信息服务要素的组织。包括信息服务中人员、经费、资源、设施和技术要素的整合，针对用户需求的信息资源组织与开发，以及诸要素的管理研究等。

③信息服务过程研究。包括信息服务流程与环节、信息服务组织、信息服务目标与计划管理、信息服务的安全与全面质量管理研究等。

④信息服务利用研究。信息服务的社会利用是信息服务业发展的依托，其研究内容包括信息服务的构成与运行、信息服务价值规律、信息服务市场管理与调控、信息服务监督、信息服务应用规范等。

⑤信息服务社会化问题研究。社会的信息化发展的一个突出问题是信息服务的社会化、国际化，其研究内容主要包括社会化信息服务的组织机制、模式、规划和战略管理等。

以上问题构成了信息服务组织与管理的基本问题，本书所讨论的也是这些基本问题。在讨论中，我们构建了信息服务与用户研究体系，并强调其应用。因此，在论述中，拟突出基本现实问题的解决和基本方法的阐述。

1.4.2 信息服务与用户研究中的认识论与方法论

信息服务与用户研究是面向社会信息服务实践的研究领域，同社会的发展密切相连，在研究中，认识论与方法论具有特殊意义。对此，各国学者进行了多学科探讨，构造了其认识论和方法论基础。

(1)信息服务与用户研究的认识论

信息服务是一种社会化的服务，从宏观上看，其认识论是在探索社会发展的信息机制的实践中形成的，其研究组织来源于对社会发展及其相关因素的认识。

①社会演化论。西方学者研究社会化信息服务的发展，首先立足于他们对社会演化的认识。他们认为，只要构成社会的基础发生变化，社会就会演化，而社会的演化必然导致信息服务模式、机制的变化以及管理体制与方式的变革。因此，在社会由农业社会、工业社会向信息社会转变中，西方国家普遍注意到信息服务基础结构的变化及其对信息服务管理的要求，由此提出了信息服务基础建设的基本策略。对于我国来说，社会化信息服务管理理论研究也是基于社会的信息化发展提出的。由此可见，社会演化论决定了信息服务业社会管理控制理论的形成和应用。

②信息经济论。在探讨社会演化与信息服务模式变革中，各国学者将注意力集中在经济结构的变化上。他们通过对信息经济与信息服务经济的研究，讨论信息服务问题。其基本认识是：经济是社会的基础，信息经济的发展决定了信息服务业的发展；与此同时，信息服务业从宏观上作用于社会各行业经济，基于此，可以从宏观经济的角度控制信息服务业中的公益性服务和经营性服务比例，实现信息服务业经济结构的优化。这一基本理论在信息服务业管理中具有普遍意义。

③信息资源论。信息是一种资源已为人们所公认，它与物质和能源一起被视为社会发展的基础资源。在现代社会，信息资源的有效开发关系到物质、能源的合理使用和生产率的提高，而信息服务又是开发与利用信息资源的保证。基于对信息资源的认识，可以从信息资源的社会占有、分布、分配和利用关系出发，研究以信息资源开发为基础的信息服务目标管理和调控问题，寻找与资源共享和保护机制相协调的信息服务业发展策略。

④信息价值观和行为规范的认识。信息的价值系指信息对用户的可用性和有益性，信息的价值决定了信息服务的价值；任何信息服务的组织和利用都是以充分实现信息价

值为前提的。可见，信息价值规律的研究始终是信息服务管理中的中心论题，研究的基点则是社会的价值观，研究的目的则是按价值规律组织信息服务。在信息服务人员和用户信息价值观形成过程中，伴随着信息服务的组织和利用行为发生，体现了价值观念与信息行为之间的关联。这一基本关系决定了信息服务管理中的信息服务价格研究、效益分析以及用户行为控制研究的基本原则和依据。

信息服务管理研究中的认识论还涉及对知识的社会作用的认识和关于信息作用的自然哲学认识等，这些决定了对信息生产力与服务管理的研究方法。

(2)信息服务与用户研究中的方法论

鉴于信息服务管理的跨学科特征，其研究方法应该是综合性的，对此，各国学者进行了大量的实践与理论探索，初步形成了研究的方法体系。

①哲学方法论。从信息的存在形式、流动与作用上看，信息服务的实质是一种信息的形式转化和在转化中的价值实现过程。其中，自然信息作用于用户后，向知识信息的转化以及社会信息利用以后的增值，都是一种特殊的价值转化与形式转化过程。这一特征和机制决定了首先从哲学角度开展对信息服务组织的研究。西方的哲学理论诸学派中对信息服务影响最大的是波普尔的哲学，其基点是从知识作用和“三个世界理论”出发对信息现象进行揭示①。由于波普尔哲学的局限性，难以避免得出一些非客观的结论。我们认为，马克思主义哲学对自然现象和社会现象的科学解释，不仅是对西方当代实用哲学的批判，而且构成了信息现象及其规律研究的基础，是对建立信息服务管理理论的科学指导。因此，马克思主义哲学应该是我们考察问题的基本出发点。

②方法体系的形成。以马克思主义哲学为基础的科学方法论在信息服务组织中的应用导致了信息服务管理研究方法体系的形成。尽管目前的研究方法仍在不断完善之中，但其基本体系已经形成。鉴于信息服务研究的实践性，在现实问题处理中，因果关系研究、概念化方法以及社会学研究的综合调查已得到广泛应用。目前应用比较普遍的包括：利用信息论方法研究信息现象，利用控制论方法研究信息服务中的管理原理与调控方式，利用社会学方法进行社会信息服务业的社会管理机制研究，利用系统论方法对信息服务管理进行综合性研究，利用心理学方法研究用户的信息心理与行为过程，利用统计分析的方法研究信息利用规律，利用计量经济方法研究信息服务业经济等。这些方法

---

① 威·约·马丁. 信息社会[M]. 胡昌平，译. 武汉：武汉大学出版社，1992.

在应用过程中不断丰富、发展，形成了解决具体问题的特定研究方法。关于这些方法的应用，本书在相关章节将作详细讨论。

复习思考题

1. 试分析信息的社会功能和信息服务的基本特征。
2. 信息服务的体系构成及现代信息服务的发展趋势如何？
3. 信息服务与用户研究的理论进展如何？
4. 试分析信息用户研究在信息管理科学中的地位。

2 信息服务业的社会发展机制与管理体制

我国社会化的信息服务正处于深刻变革之中，作为社会信息服务综合集成的信息服务业的兴起已成为社会信息化的一大主流。当前，国际科学技术环境、经济环境与信息环境的变化和社会发展需要，构成了新时期各国信息服务业的新的社会基础，决定了信息服务业新的取向、机制与模式；同时，这种管理机制上的变革与优化又是现代社会发展的必要保证。基于此，有必要从几个基本问题出发围绕信息服务业机制与模式进行研究。

2.1 信息服务业与社会发展的互动机制

信息服务业是各类信息服务的社会化集成，即各种形式、内容和成分的信息服务构成了被称为信息服务业的社会信息服务整体。信息作为社会的黏合剂，其组织、流通与利用是社会运行和发展的一个基本要素，信息服务业的存在和发展因而与社会相辅相成。这种基本关系决定了信息服务业发展的动力机制和社会作用机制，决定了对信息服务业实施科学管理的社会基础与体制。

2.1.1 社会运行中的信息流

恩格斯在论述社会发展时指出："生产以及随生产而来的产品

交换是一切社会制度的基础。"①恩格斯所说的生产，在现代社会中不仅包括物质产品的生产，也包括知识性产品的生产(如科研成果、文化艺术产品等)。按通常的表述，我们将广义生产活动区分为生产、科研和其他活动。在组织社会生产中，物质、能源和信息是必要的条件，管理是必要的保证；生产者只有在利用必要的物质、能源、信息时，在有效管理的前提下，才可能生产出供社会利用的物质产品和知识产品，才可能提供相应的社会服务，实现"产品"交换。这是社会运行的基点，其运行机制如图 2-1 所示。

社会运行中物质、能源和信息的利用是以其组织、流通为前提的，即支撑物质、能源和信息的社会利用的是物质流、能量流(统称为物流)和信息流。其中，信息流起着重要的联系、指示、导向和调控作用，通过信息流，物质、能源得以充分开发利用，科技成果和其他知识成果得以转化、应用。随着物质、能源和信息交换而形成的资金货币流则反映了社会各部分及成员的分配关系和经济关系，物流和信息流正是在社会经济与分配体制的综合作用下而形成的，即通过资金货币在社会、市场和环境的综合作用下实现物质、能源和信息交流与利用。基于此，图 2-1 中省略了对资金货币流的表达。

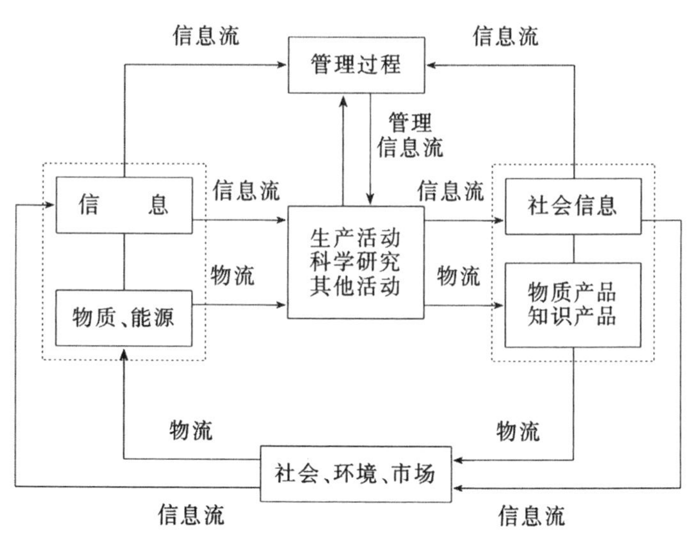

图 2-1　社会运行中的物流与信息流

物流作为一个专业术语，其定义虽然不尽一致，但世界各国对它的解释却基本相同。美国物流管理协会认为："物流是使产品从生产线终点到消费者的有效转移以及从

① 马克思恩格斯选集. 第 3 卷[M]. 北京：人民出版社，1972.

原材料供应地到生产线起点所需要的广泛活动，其要素有：货物运输、仓储保管、装卸、工业包装、库存管理、工厂和仓库的地理选择、发货处理、市场、顾客服务。”日本通产省对物流概念的表述是：“物流是产品从生产者到需求者(消费者)的物理性转移所必需的各种活动。”①除物质外，物流还包含了各种能源(包括电能、热能和物质化的化学能等)的转移使用流动，它类似于物质流，是社会生产、生活不可缺少的要素。据此，人们往往将此归并到物流中加以研究，即将物流定义为包括物质和能源流动在内的物、能流。

信息流是指各种社会活动和交往中的信息定向传递与流动，就流向而言，它是一种从发送者到使用者的信息流通。由于信息不断产生，在社会上不断流动和利用，因而我们将其视为一种有源头的“流”。研究社会运行不难发现，社会的物质、能源的分配和消费无一不体现在信息流之中；信息流还是人类知识传播、利用以及实施社会管理的必然结果。信息流伴随着社会生产、科研和其他活动而产生，不仅反映了物流和社会活动状况，而且维持着社会的有序运行和管理活动。可以认为，一切社会活动都是通过信息流而组织的。信息的作用机制是社会运行机制的集中体现，我们可以由此出发讨论其中的基本关系。

对于生产企业来说，物流和信息流不仅存在于企业的生产、经营活动中，而且贯穿于企业管理的全过程。企业管理围绕生产、经营活动进行，通过决策、计划和调节，保证企业的正常运行。这里的物流是指从原材料、能源的购入及技术的引进，到生产成品的输出、产品营销而发生的“物质运动”过程；信息流伴随物流活动和生产与经营管理活动而产生，反映了物流状态，控制和调节物流的流量、方向、速度，使之按一定目的和规则流动。在生产企业活动中，物流是单向不可逆的；而信息流要求有反馈，管理者通过指令信息和反馈信息进行控制和管理。

由于企业生产、经营是在社会中进行的，与社会信息的全面利用息息相关，所以企业中的信息流是以生产经营为主要内容，沟通企业内、外部门的信息活动的产物。正因为如此，企业信息流的组织旨在最大限度地满足企业内外联系的畅通和企业的正常运行。

在具体的业务工作中，企业各部门之间以及企业与外部组织和有关人员之间通过信息流进行联结，以此支持业务工作的开展。在某产品生产经营中，企业输入顾客订单、

① 郑英隆. 市场经济信息导论[M]. 西安：西北工业大学出版社，1993.

原材料、能源及生产技术，输出成品和发货单等；各部门为了有效地生产产品、进行经营而从事各种业务活动。在如图2-1所示的结构中，企业业务部门之间进行信息流动与反馈，经营管理部门通过管理指令信息流对企业活动进行全面管理。可见，生产企业信息流围绕主体活动（生产、经营）组织，由此发挥信息的应有作用。生产企业的基本信息流程也概括地反映了商业企业、金融及其他经济组织的信息作用机制，所不同的是这些组织的输入、输出、业务过程和内部机构等方面与生产企业不尽相同，它们存在着信息流内容与形式上的差异。

对于科学研究机构和其他知识产品生产组织来说，在各自的研究工作和业务工作中也存在着物流与信息流。这是由于科学研究等“知识”生产也要一定的物质、能源作保证（如科学研究中的仪器、设备供给、能源消耗等），这方面的物流和信息流与生产企业的物流和信息流没有本质的区别。包括科学研究在内的知识生产与物质生产的实质区别在于，知识生产的主要输入是知识信息，在生产活动中只有充分利用现有的有关知识，掌握最新信息，才可能生产出具有创造性的新成果和新知识。这说明，信息流是知识生产的主流。

由此可见，对于经济、科技、文化和其他社会工作来说，信息流的作用都是关键的。这种信息流对社会各部门工作的作用可以概括为信息的微观社会作用机制。值得指出的是，随着社会的进步，社会组织的信息流量及流向必然发生新的变化。例如，企业组织的信息处理量，随着企业经营环境的变化、技术的发展、产品的多样化、市场变革的加速和企业应用技术开发周期的缩短而加大，由此对信息服务提出新的变革要求。

现代社会运行中的信息流宏观作用机制是在一定社会体制和环境下信息微观社会作用的总体体现。事实上，包括生产企业、科研机构、商业、金融、文化等部门在内的社会组织，在各自的社会业务活动中都存在内外部信息的流动和利用，由此构成了纵横交错的社会信息流。通过社会信息流的分析，可以揭示社会运行的信息机制。

2.1.2　信息服务业与社会发展的互动

从社会分工和社会经济、科技、文化、军事综合发展角度看，社会组织按其分工承担着各自的社会任务，在创造社会效益和经济效益的过程中物流和信息流无疑具有专业性，存在按行业系统进行物质、能源的分配及信息保障问题，由此对信息服务的组织提出了基本的要求。

在社会运行与发展中，有效地开发信息资源、合理组织信息流，为社会各类型企事业组织及其成员提供全方位信息服务，是社会信息服务业的发展基点。事实上，信息的作用和利用可视为一个连续的动态过程，存在着从信息源到用户的定向流动(包括信息开发、加工、组织、传递)，即“源”“流”“用”构成了信息服务业的基本环节和业务。据此，理论界将其归纳为S-C-U规范。值得指出的是，在“规范”中信息流是信息实现其使用价值的前提，是激活信息和进行社会信息保障的关键；信息流的状况及其与信息源和用户的联系集中体现了信息服务业的发展，社会管理与运行机制的实现必然体现在社会信息流的形成和流向上。这就是我们以信息流分析为起点，研究信息服务业与社会发展互动机制的原因。

信息服务业与社会发展的互动主要表现在以下三个方面。

(1)需求互动

社会运行中一切物质、精神需求的满足无不与信息需求的满足相关，各种社会活动的多方面需求最终将体现在信息需求上，从某种意义上说信息需求的满足是其他社会需求得以满足的“桥梁”，因此社会总体信息需求满足程度可用于衡量社会的基本运行状态和发展水平。

在人类社会中，任何行业的起源与发展都取决于社会对该行业的实际需求，即“需求”引发和促进了行业发展；同时，行业发展将使社会的实际需求的满足状况得以改善，从而推动社会的不断进步。与其他行业比较，信息服务业与社会发展的互动有其特殊性。其一，社会发展对信息服务业的推动力表现为社会发展对其他行业推动的“合力”，这是由于任何行业的发展都必须有可靠的信息服务作保障，这一情况在社会信息化时代更显得突出；其二，信息服务业与社会运行机制直接相关，它的发展将从优化社会信息环境、资源利用、运行模式和管理机制方面作用于社会各行业，促进社会经济发展、科技进步和文化繁荣。

由于社会生产力的发展，当今世界正处于历史性变革阶段。在这一变革中，作为社会发展三个基本要素的物质、能源和信息的关系正在转化，信息已成为合理开发物质、能源资源和推动经济发展、科技进步的关键因素。在社会内部因素作用下，信息需求与服务处于不断变革之中。

社会产业、职业的知识化发展和产业结构与职业分布的变化，改变着社会信息流和职业工作信息保障模式，在社会信息需求日益复杂化和高级化的同时，信息服务业呈现出多元化和高效化的发展机制。

随着社会运行节奏和发展速度的加快，社会竞争机制得以加强，由此产生了社会信息传递的高要求，这种需求与社会通信服务业相互作用的结果表现为高速信息网络的发展。

社会信息量的激增使用户处理、利用的业务信息量相应增长，从而引发了对信息检索的新需求，促进了数据库生产与大数据服务等行业的发展，为用户需求的满足创造了新的条件。

社会进步导致了用户职业工作与信息利用的整体化发展，信息需求贯穿于职业活动的始终，这一新需求模式使包括数智化在内的多功能、智能化信息服务与职业工作在互动中发展。

(2)技术互动

信息服务的发展表明，新的服务业务的开展和行业的产生在很大程度上取决于信息技术的进步，而信息技术的进步又来源于科学技术的发展，这说明技术进步是信息服务业发展的重要基础。20世纪中期以来，在传统信息服务技术基础上不断开拓的新技术应用是信息服务业与现代科学技术同步发展的重要保证。当代信息技术的发展主要是通信技术与信息处理技术的发展，而这又以微电子技术和计算机技术的发展为基础，在此基础上开拓了一系列信息传输、处理和服务的新业务。其中，远程数据处理与传输、计算机互联网的发展最引人注目，电子信息服务业的发展方兴未艾。在面向21世纪的发展中，以现代技术为基础的信息服务行业正迅速调整其技术结构，以崭新的面貌出现在人们的面前。

建立在技术进步基础上的新型信息服务业务的开展最终将优化科学研究和技术活动的信息环境，为科学技术的发展提供更加及时、可靠和充分的信息保证，从而促进新的技术发展机制的形成。例如，在科学研究与开发中传统的信息检索、搜集和服务模式已逐步被网络化的信息保障服务所取代，研究开发人员信息获取和交流方式的优化不仅大大提高了信息利用效率，而且从多方面弥补了传统信息服务的不足，使科学研究与开发逐步实现“信息化”。从宏观上看，这种信息服务和数智化信息服务的发展将极大地推动科技进步。

就目前情况而论，社会发展中的技术进步与信息服务业的互动表现为：来源于现代科技的信息技术进步推动信息服务的发展和新兴服务产业的形成，同时以现代信息技术为依托的信息服务业发展又全面作用于科学技术活动，促进科技进步。这是一个良性循环过程，当前的互动主要集中于以下行业部门：信息网络化技术与网络信息服务、计算机信息处理技术与智能化信息服务、电子信息技术与电子信息服务、信息转换技术与服务等。

(3)经济互动

经济互动是指社会发展中的信息服务产业经济与其他行业经济之间的相互促进、制约和发展的社会机制。这里，我们强调二者之间的互动关系，对于信息服务业发展的经济机制的分析，由于涉及面广，将在随后节次中论述。

在社会运行的信息流分析中，我们强调了信息流的存在和重要性。对于生产活动、科学活动和其他社会活动的组织，管理信息流直接关系到活动的成败和效益。这就要求围绕业务活动及其管理进行全面的信息搜集、处理、传递与控制，提供信息的动态利用。从宏观上看，通过信息服务业的业务有效组织信息流，可以为社会各行业的发展提供保障。

由于行业经济发展的限制，人们不可能将有限的资金进行不合理的投入，只能从实际出发统筹安排用于“物流”和“信息流”的资金，使其得以综合平衡。在经济不发达的情况下，由于“管理信息流”组织投入与“物流”投入相比，是一种软投入，投入的资金往往受到限制，从而导致行业在不充分信息条件下的管理决策发生，最终因无法实现科学管理而使行业经济发展受到限制。

社会经济的发展不仅推动了社会进步，而且创造了改善信息环境和充分发展信息服务业的条件。我们可以将足够的资金用于“信息流”投入，以此使“物流”得以优化，行业经济效益得以改善，这是一个社会发展中经济增长与信息服务业发展的良性互动机制。根据这一理论，在信息化国际环境中各国纷纷实施各自的信息服务业发展计划，早期最具代表性的是美国的“信息高速公路计划”和其他一些国家的类似发展计划，它们的共同特点是通过改善社会信息流，致力于现代信息服务业的发展，促进经济的持续增长。当前，互联网经济的快速发展，为互联网+、数智服务的深层次发展创造了新的条件，从而进一步拓展了服务空间。

2.2 信息服务行业结构与职业分布

现代信息服务在传统信息工作的基础上逐步打破了原有的格局，使之从原来所局限的科学技术和经济范围内的服务发展为社会化的全方位服务行业。在这一大行业中，各门类信息服务相互结合而成为一个具有有序结构的体系，其结构和职业分布随着社会发展不断优化。

2.2.1 信息产业与信息服务业

产业是国民经济中的行业，其结构和内容随着国民经济的发展和社会进步处于不断变革之中，即在社会发展的不同阶段有着不同的产业结构和主导产业。继农业产业为主体和工业产业为主体的经济发展之后，随着社会生产力的发展，信息产业的兴起与发展已成为现代经济发展的主潮流，致使社会进入一个崭新的发展阶段。

对于传统产业的划分，各国有着不同的方法。这些方法适应了各国、各时期产业经济的发展与管理需要，因而也反映了国民经济产业的基本状况。尽管各国的产业划分方法不尽一致，但20世纪中期人们普遍采用的是克拉克(C. G. Clark)的“三分法”。根据产业结构随经济发展的变化规律，利用“三分法”，可以将全部经济活动划分为第一产业、第二产业和第三产业，即农业、工业和服务业。在产业分类中，这三大类产业的内涵是十分宽泛的。其中，农业为自然生物界的产业，主要包括种植业、畜牧业、林业、狩猎业等；工业为广义的制造业，主要包括采矿业、制造业、能源产业、建筑业等；服务业则包括商业、运输业、金融业、保险业、公共服务业以及公益产业。

针对20世纪后半期世界科技发展和产业革命的深入，美国学者马克卢普(F. Machlup)在研究社会经济变革和知识生产与分配之后，于1962年提出了“知识产业”的概念，创立了“知识产业论”。马克卢普论证了知识产业对未来经济发展的全面影响以及由此带来的产业结构的变化，并在产业分类体系中明确了知识产业的内涵与地位。继马克卢普之后，波拉特(M. U. Porat)对美国经济作了进一步考察，于1977年发表了他的“信息经济”研究成果。波拉特在明确信息产业经济内涵的基础上，使用“四分法”将社会产业区分为农业、工业、服务业和信息业四大产业部门。随后，波拉特等人利用“四分法”对美国、西欧和世界产业经济作了进一步调查研究和测算，通过实践使分类方法得以完善。目前，在理论研究中应用最广泛的首推波拉特的“四分法”。

波拉特的“四分法”将信息产业与服务业相区别，将其作为一大社会产业部门对待，适应了信息产业兴起与发展的需要，这是其基本方法已广泛地用于信息经济与产业研究的重要原因。在将国民经济产业划分为农业、工业、服务业和信息业的基础上，波拉特还研究了四类产业的信息机制，考察了非信息业(农业、工业和服务业)中的信息投入与产出效益，指出：除信息产业外，非信息产业中也存在信息部门。据此，在结构研究中，他将信息产业部门的结构称为第一信息部门结构，将非信息产业中的信息部门结构称为第二信息部门结构。这一结构划分理论的提出，是波拉特对信息产业经济研究的又一贡献。尽管他的理论研究中许多问题有待进一步解决，但它为我们提供的新思路和新方法是可行的。

根据波拉特的理论，可以将信息产业作如下划分。

第一信息产业(专门从事知识生产、分配、传播、信息服务以及信息技术设施生产的产业部门)如下所示：

知识生产与开发产业；

信息流通与通信产业；

包括金融业、保险业、风险性经纪业在内的风险性经营产业；

包括所有市场调查、经纪业在内的调查与咨询产业；

信息处理与传递服务业(包括采用电子信息技术与非电子信息技术的产业)；

信息产品产业(包括生产非电子性消费或中间产品、非电子性投资产品的产业和生产电子性消费或中间产品、电子性投资产品的产业)；

政府活动所形成的信息业(包括信息发布、公共信息服务、教育等)；

信息基础设施产业。

第二信息产业(非信息产业中的信息部门)包括：

农业产业中的信息部门(包括各种内、外部信息活动)；

工业产业中的信息部门(包括产业内的信息活动及对外信息活动)；

服务业中的信息部门(包括各服务行业中未计入第一信息产业的部分)。

日本科学技术与经济协会将信息产业部门分为信息技术产业和信息商品产业两大部分。前者包括信息机器生产、软件生产和信息媒介生产产业；后者包括信息报道业、出版业、数据库产业、咨询产业、代理(中介)产业、教育业和教养业。英国学者马丁(W. J. Martin)认为，信息产业包括了信息商品及服务的生产与分配，以及支持信息商品与服务生产的基础产业部门。茹科夫斯基(P. G. Zurkowski)将信息产业分为 8 个大部分，即信息处理、信息存储、信息服务、信息技术、集成技术、通信技术、通道与信息传播技术。此外，原欧洲共同体在发展欧洲信息市场中对信息产业作了符合欧共体实际情况的界定，将行业部门作了细分，从而区别了图书馆、出版商、计算机服务公司、数据库生产部门、大众媒介和信息设施产业部门的业务活动。综上所述，国外对信息产业的界定与划分已达成相当的共识。

我国对信息产业的划分在吸收国外研究成果的基础上，力求寻求符合我国情况的分类方法。其中，较有代表性的一是粗分法，二是细分法。前者将信息产业分为信息设备制造业(硬产业)和信息服务业(软产业)两大类；后者将信息产业分为信息开发经营业、信息传播报道业、信息流通分配业、信息咨询服务业以及信息基础设施业等产业部门。

从国内外对信息产业研究与划分情况看，有两点是十分明确的：其一，信息服务产业作为信息产业的一个部分，在社会发展中起着关键性的作用，其业务活动涉及其他产业的许多方面，是支持社会产业经济发展的重要产业；其二，信息基础设施及物质产品生产产业是信息业中的基础产业，为信息服务产业经济发展提供了基本的社会保障，信息产业中的其他行业对信息服务业的发展则起着重要的推动作用。根据这一情况，沿用波拉特的分类体系，我们将信息产业作如下分类：

第一信息产业，包括：科学技术、文化、教育、管理业、信息服务业、信息基础设施及物质产品生产业。

第二信息产业，包括：非第一信息产业中的知识生产与开发部门、管理及业务部门，非第一信息产业中的信息服务部门。

值得指出的是，波拉特的产业四分法是社会信息化发展的阶段性产物，随着产业信息化的推进、经济全球化的加速和知识创新体制的变革，业已形成了基于信息化的现代工业、现代农业和现代服务业的产业格局。因此，在产业分类中，可以构建新的“三分结构”体系，即信息化基础上的工业、农业和服务业。由此可见，信息服务作为现代服务业的核心产业地位已经确立。

2.2.2　信息服务行业结构

社会信息服务作为一个特殊的社会行业，既有产业化经营部分，又有公益性服务部分。在市场经济中，如果我们将这两部分同时纳入国民经济体系进行核算，则可将其视为一个整体，即社会信息服务业；然而，在处理某些具体问题的过程中，视具体情况往往需要对信息服务业的“产业”和“公益”部分加以区别。这就需要从体制和业务两方面出发，研究信息服务行业的结构。

从体制角度看，信息服务行业结构可分为两大体系。

①公益性信息服务业：包括图书馆、档案馆、信息(情报)中心(所)、大众信息传

播服务等。

②产业制信息服务业：包括一切经营性信息服务实体，如广告业、咨询业、中介服务业、文献信息服务经营实体和其他信息经营服务。

在信息服务行业发展中，公益性信息服务行业也存在进入市场的收费服务部分，但其主体服务业务仍是无偿的；产业制信息服务业中也有无偿服务(如免费宣传、免费报道服务等)，但其目的在于促进有偿经营活动，且是少量的，因而就整体而言仍属于产业制经营实体。

公益性与产业制信息服务的区别是体制上的不同和社会管理的差异，并不是信息服务内容和方法上的差别。

如果从服务业务上进行区分，信息服务业应有新的结构分类体系。在结构分析中，美国信息产业协会(IIA)和欧洲信息服务协会(EURIPA)等组织提出了各具特色的分类方法，它们的共同之处是从服务特征和范畴的角度出发描述信息服务业结构。从社会结构—功能的对应关系出发，这种结构应该是一种三维结构，即信息服务业机构—信息载体—服务方式结构(见图 2-2)。

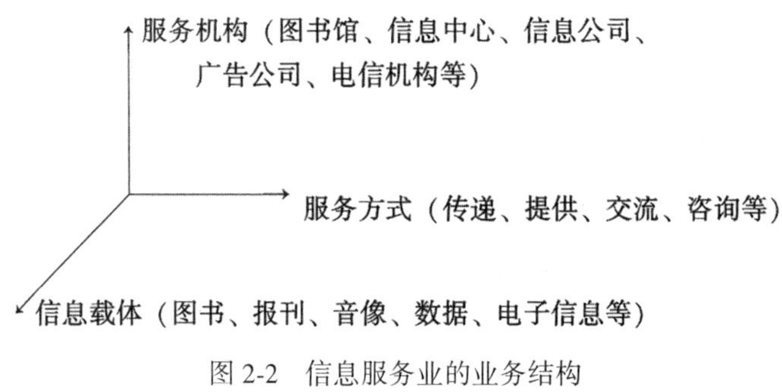

图 2-2 信息服务业的业务结构

如图 2-2 所示的机构、方式和载体的组合，构成了信息服务业的基本业务体系。根据组织情况，信息服务行业中存在着功能交叉与互补的服务机构和部门，这些部门按需组织和拓展各自的业务体系。这说明信息服务业的结构具有社会性、交叉性、复杂性和可变性。鉴于这一特征，可将信息服务业进行综合性门类区分，其行业部门为：

①公共信息服务业，包括：

通信服务业；

大众信息传播业(广播、电视、新闻、出版、广告等)；

信息资源开发服务业(包括公共图书馆、档案馆、文献信息中心、数据中心等);

信息中介服务业(包括各种形式的信息交流、中介服务业和经纪服务业);

咨询服务业(包括各种形式的咨询服务);

网络信息服务业;

信息技术开发服务业。

②其他信息产业中的信息服务部门,包括:

科学技术、文化、教育、管理中的信息服务部门;

信息基础设施及物质产品生产业中的信息服务部门。

③工业产业和农业产业中的信息服务部门,包括:

工业产业信息服务部门;

农业产业信息服务部门。

④服务业中的信息服务部门,包括:

商业信息服务业;

金融、保险业中的信息服务部门;

医疗、卫生信息服务部门;

其他服务行业中的信息服务部门。

在信息服务业结构分析与行业分类中,我们没有采用波拉特对金融业和保险业(包括银行业、证券业、保险业等)的行业划分方法。在波拉特体系中,这类风险性经营业从属于信息产业,其基本依据是,这类行业的运行是以信息输入、处理、传递、输出为中心的。这里,我们从行业的社会机制、运行目标和功能角度分析,不难发现信息服务只是其中的重要环节,而行业的本职工作却是资金及有价证券的流通、使用、转移以及各种经营和社会活动的经济保险等。据此,我们将其归入流通服务行业,而将其中的信息服务(如银行资金结算信息服务、股市服务、保险业务宣传等)归入服务行业中的信息服务业务范畴。

2.2.3 信息服务职业及其分布

在现代社会中,从事任何职业工作的人员都需要进行一定的信息活动,需要向有关业务人员提供一定的信息。例如,企业财务人员需要按时向经理部门报告财务情况、报送财务分析报表;市场营销人员需要向主管部门报送市场行情信息等。这说明,这些职业也含有信息服务的成分,即任何一种职业都包含着信息劳动。然而,这并不意味着可以将与信息服务劳动相关或包含一定信息劳动的职业都视为信息服务职业。作为一种专门的社会职业，信息服务职业应该是以信息服务为主体的或专门从事信息服务的劳动职业。

按信息服务劳动承担的情况，信息服务劳动者包括以下类型的专业人员：

通信服务者：包括邮政通信服务者、电信服务者以及通信设施管理者；

信息传播者：新闻工作者、文献出版发行者、广告服务者和其他信息传播者；

文献信息服务者：包括图书馆服务者、档案信息服务者、文献信息中心(所)服务者等；

非电子信息处理者：包括非电子信息搜集编辑者、文书管理者、秘书及办公人员等；

电子信息处理者：包括电子数据处理者、电子数据转换者、计算机信息服务操作者等；

市场调研与服务者：包括市场分析者、市场信息搜集与提供者；

中介服务者：包括科技、经济中介及其他专业中介服务者；

咨询服务者：包括科技、经济、法律、军事、文化等领域的咨询服务者；

系统开发与软件服务者：包括系统分析、设计、开发者，软件设计服务者等；

其他信息服务者：包括信息复制服务者、信息设施维护者等。

以上信息职业分布在各行业部门。其中：信息服务行业是信息职业分布的主体；其次是服务业中的金融、保险、商业和流通业；工业和农业产业部门中的信息职业主要分布在产业内部的信息服务机构和管理部门；政府部门和社会管理部门中的信息职业为管理信息服务中的专门职业和面向大众的信息服务职业。各社会部门和行业中的信息服务职业分布情况如表 2-1 所示。

表 2-1　信息服务职业的社会分布

行业	职　业										
	通信服务	传播服务	文献服务	信息管理	数据分析	市场调研	中介服务	咨询服务	信息技术	软件开发	其他职业
通信服务业	√	√		√					√		√
大众传播业		√	√	√	√		√	√	√	√	√
文献信息服务业		√	√	√	√	√		√	√	√	√

续表

行业	职业										
	通信服务	传播服务	文献服务	信息管理	数据分析	市场调研	中介服务	咨询服务	信息技术	软件开发	其他职业
中介服务业				√	√	√	√	√			√
咨询服务业			√	√	√	√		√	√	√	√
网络服务业	√	√	√	√	√	√	√	√	√	√	√
信息技术服务业		√				√			√	√	√
科技、文化、教育业		√	√	√	√		√	√	√	√	√
国家管理部门		√	√	√	√	√		√		√	√
信息设施产业			√	√	√	√	√	√	√		√
工业产业		√	√	√	√	√	√	√	√	√	√
农业产业		√	√	√	√	√	√	√	√	√	√
商业服务业		√	√	√		√	√	√		√	√
金融、保险业		√		√	√	√	√	√		√	√
其他流通业		√		√		√	√	√		√	√
医疗卫生业		√	√	√	√			√	√	√	√
其他服务行业		√	√	√	√	√	√	√	√	√	√

社会信息职业的分布随着社会发展和经济增长而变化，其总体趋势是信息职业增长率远高于全部社会职业增长率。当代社会的信息化发展导致信息服务职业更加迅速地增长，其增长速度与信息产业经济发展相对应。据此，我们可以从信息经济分析出发有效地控制信息服务职业的增长率，合理安排各部门的信息服务业务，促进信息服务业的健康发展。

2.3 社会信息形态及其对信息服务业的综合影响

社会信息服务业的基础存在于社会之中，社会形态的变革对信息服务业的影响因而是多方面的，它不仅作用于信息的存在形式、资源分布、开发与利用，而且作用于以信息为对象的服务组织机制。鉴于信息与社会的基本作用关系，有必要从基本的形态入手分析其内部机制。

2.3.1 社会信息形态及其内部机制

信息与社会具有不可分割的关系，一定社会条件和环境必然对应着基本的社会信息运动方式和体制，其中的形态问题便是我们所指的社会信息形态。社会信息形态是一种基本的社会形态，是社会特征在信息产生、传递、控制与利用方面的集中体现，是社会历史的阶段性产物，随着社会的发展而变化，它表征了受生产力、生产关系、社会结构和社会性质等因素制约的信息利用状态与作用状态。从某种意义上说，社会信息形态是人类信息资源分配与利用关系的综合和表象。

社会信息形态问题涉及社会的各个方面。从社会经济形态看，它体现了社会发展中的信息经济关系与生产关系，是一定社会条件下信息生产关系的总和，由此涉及信息生产力发展中的诸要素；从社会意识形态看，它是一种观念形态，是一定社会存在的反映，即信息客观存在与流通利用对社会及其成员的意识作用，是社会组织及其成员信息意识形态的社会综合作用结果；从社会形态的客体与主体作用上看，它是一切形态的信息客体(包括信息及技术)与主体(社会成员)相互作用的反映，这种反映产生于各种社会活动之中。

人类历史发展的不同阶段存在着不同的社会信息形态；处于同一发展时期的不同国家，其社会信息形态也各不相同。这一情况决定了应从多方面进行社会信息形态研究。

(1)从社会制度与经济体制角度研究社会信息经济形态

一个国家的社会制度和经济体制是决定其社会信息形态的基本因素。社会制度直接决定国家社会物质财富的分配原则、经济成分和由此形成的特定的政治、法律、道德等方面的社会基础；经济体制和经济基础从本质上决定上层建筑，对信息经济形态的形成起着决定性作用。一方面，社会制度与经济体制具有内在的联系，然而又是不同的两个方面的问题。例如，我国长期以来实行的计划经济体制和现在实行的市场经济体制都是在社会主义制度下实行的，这反映了任何社会经济制度的形成都离不开社会制度前提，社会制度决定了经济体制的性质。另一方面，不同的经济制度具有不同的经济组织模式、结构和管理手段，具有一定社会制度下的不同的经济运行机制。由此可见，社会制度下的经济体制决定着信息经济的性质和基本的经济形态。

资本主义制度下的社会信息经济形态带有资本主义的私有性、垄断性和竞争性，致使信息组织、交流、加工与利用活动难以集中控制，影响了信息资源效益。我国的市场经济体制，决定了经济信息形态的制度优越性，在信息资源的开发、管理、分配与利用上与社会生产力、生产关系相适应，以社会主义公有制为主体、多种经济成分共存的市场经济有利于信息经济的有效组织和最优化管理目标的实现。

(2)从社会结构入手分析信息产生、分布、传递与组织形态

社会结构是一个综合性概念，其内涵包括社会人口结构、民族结构、产业经济结构、职业结构以及其他方面的结构。我们主要从社会成员结构、产业经济和职业结构的角度分析其中的信息形态问题。

社会成员结构是指社会各民族、不同文化层次、阶层、工作和年龄的所有成员的组织化分布结构，它从总体上影响着社会信息的产生、分布、传递与组织形态。首先，社会不是所有成员的简单聚集，而是彼此紧密联系的，并形成一个整体的所有成员的有机结合。信息作为人类社会成员之间的“黏合剂”，是人类开展各种活动所不可缺少的。社会成员的基本结构状态不仅决定了社会产业活动、研究开发和文化等活动中的信息产生状态、需求与传递状态，而且决定了各种信息形态的基本结构，决定了信息资源的组织形态。

其次，社会的产业和职业结构直接控制着社会信息的产生、传递、需求与利用过程，这是决定社会信息组织形态的又一个基本方面。社会分工愈发达，可供选择的社会职业结构就愈复杂，由此产生的社会差异也就愈大。这一作用结果必然导致社会信息产生、传递与交流量的激增，社会作为大系统的信息容量必然变得很大。随着科学技术进步和经济发展，社会产业结构以及由此带来的职业结构处于不断变化之中，其特点是新的产业与职业结构代替旧的产业与职业结构、新的产业与职业关系代替旧的产业与职业关系。这种变化改变着产业与职业活动中的信息关系和信息在社会中的运动形态，决定了与信息产生、分布和传递相关的组织与利用形态。

(3)从科技、教育和文化发展出发分析信息载体形态

信息载体作为一种基本形态决定了信息的传递方式、处理形式和利用状态，这是开展信息服务的客观物质基础，关系到信息服务的社会存在与形态。信息载体形态的研究，一是从信息的存在形式上研究信息载体的变革和以不同载体形式存在的信息传递与作用形态，二是研究不同信息载体的社会分布与结构，三是研究不同载体信息对用户的作用形态，即研究信息载体的静态与动态作用形态。

科学技术的发展决定了信息载体的存在形态、信息在社会中的传递形态以及信息资源开发与利用状态。例如，信息处理与存储技术的进步导致了信息的电子载体形态变革，使文字、图像、语言等处理与表达信息的技术手段有机结合成为一体化的多模态信息技术；多模态信息载体形态的出现全面作用于信息的传递和组织方式，从而形成了一种新型信息载体的作用形态。20 世纪中期以来，信息的文献与非文献载体形态发生了深刻的变化。当前，现代通信技术、远程数据处理技术、电子计算机与网络技术的智能化发展将进一步改变信息载体的社会结构与分布，引起信息形态动态结构的变化。

与社会技术发展相适应的教育和文化发展，以及科技与经济的结合，使现代信息技术得以推广，信息创造者、用户和服务人员的文化素质得以提高，使信息载体变革的经济基础得以加强，其综合作用结果必然对信息载体的静态与动态形态产生全面影响。

(4) 从社会意识形成出发研究社会信息意识形态

社会信息意识是社会信息形态的重要方面，是一定社会环境中的信息对社会心理的作用状态。从心理学观点看，社会信息意识是一种社会对信息的意识化倾向，其中决定社会成员观念、道德和行为规范的社会意识从总体上控制着社会信息意识。由于社会存在的复杂性，反映这种存在的意识有两种体现形式：一是在行为规范和自觉性活动中所形成的社会意识形态；二是在社会环境作用下，社会活动中的心理意识形态。这两个方面相互作用和影响，形成一个不可分割的整体，表现为一定形态引导下的社会信息心理活动。

社会信息意识形态的形成在于社会成员对于作为外部世界的信息关系和作用的理解与相互作用，是从信息与社会关系出发对信息的性质、价值与功能的一种社会性意识，是对社会信息现象的思想观点和行为准则的社会性认识。社会信息意识，按研究主体的对象可区分为社会总体信息意识和组织活动信息意识，在社会意识形态及信息实践作用下形成。

社会信息意识是社会信息活动和科技、生产、经济、文化等方面活动的产物，是社会成员综合性意识的反映。它的形成过程可以利用心理学家希尔加德(E. R. Hilgard)的内驱力理论来解释。社会作为一个有机体，存在着一种趋向适应环境变化的动力，面对环境的变化，在这一原动力作用下，社会所有成员必然产生趋于适应环境的信息意识形态。这种形态在控制人们社会信息活动的同时，不断发生变化，因而是一种动态性意识。

2.3.2 社会信息形态变革对信息服务业的综合影响

从社会运行角度看，信息服务业与社会信息形态相适应，这意味着信息服务业将随着社会进步引起的信息形态的变化而发展。究其原因，一是社会的信息基础结构决定了信息服务业的社会化组织与发展，二是社会信息形态对社会信息资源分配与利用的综合作用。

社会信息形态随着社会的发展总是处于不断变革之中，这一变化又反过来全面作用于社会。英国学者马丁在研究发达国家和发展中国家社会信息形态的变化及其对社会发展的影响基础上指出，任何一个国家的任何社会职业活动都不可能不受社会形态的支配。根据马丁的调查、其他学者的研究和我们结合中国的情况所作的分析，我们认为：社会信息形态的变革对信息服务业的影响是综合性的。对于我国来说，它体现在社会主义市场经济中社会信息化发展的社会信息形态变革对信息服务业的全面影响。

(1)社会信息形态对信息服务业社会基础结构的影响

信息服务业社会基础结构是指开展社会化信息服务业务的客观条件和物质基础，它包括四个基本方面：信息源的社会结构；信息服务机构与人员结构；信息技术及其利用结构；社会成员的信息与信息服务需求、利用结构。在信息服务业的基础结构中，信息源和信息用户结构是客观存在着的一种状态结构，信息服务机构、人员以及信息技术利用结构则受着人们开发决策与管理的控制，是可以调整的一种结构状态，被视为联系信息源与用户的中介结构。

社会信息形态的变革对信息服务业社会基础结构的影响在于：信息创造者和用户形态的变化，改变着社会信息源的产生、存在形式与分布状况；社会职业分工与信息利用关系形态的变化，改变着信息源的社会结构，决定着社会成员的信息与信息服务需求、利用结构；信息载体结构变化影响着信息技术的开发决策与利用，关系到新的信息服务技术基础的形成；社会信息意识形态的变革将产生信息服务业的新的发展动力。这几个方面的综合作用结果是信息服务业社会基础结构的调整以及与社会信息形态相适应的信息服务业运行模式的变革。

社会信息形态与信息服务业社会基础结构的作用是相辅相成的。社会基础结构的变化改变着社会信息形态，使之与社会发展相适应；社会信息形态的变革作为一种客观对主观的作用产物，反过来通过社会决策作用于信息服务业的基础建设，达到优化社会信息服务体制的目的。

(2)社会信息形态对信息服务业经济发展的影响

在社会的信息化发展中，社会信息形态变革的一个重要特点是信息资源的经济作用越来越突出。在信息资源的分配中，随着信息资源作用形态的变化，传统的资源共享模式已经改变，代之而成为主流的是信息服务业的社会化管理。

在国际范围内，信息交流形态的一个重要变化是跨国数据交流的出现和迅速发展。跨国数据交流首先出现在跨国公司利用远程数据处理和传输技术进行业务的数据处理活动中，现在几乎所有领域通过国际互联网进行跨国数据交流。这一情况的出现，大大推动了国际商品与技术贸易活动，促进了信息服务业经济的发展。在欧盟信息市场中，跨国数据服务已成为公共招标管理的基础性工作。显然，它将导致各国信息资源开发模式的变化，使信息服务业经济更加开放，国际往来更加频繁，由此提出了信息服务的贸易问题。

信息服务业经济的国际化发展和信息经济形态的变化要求各国采取相应的对策进行信息服务业经济体制的改革。对于我国来说，存在着经济发展中的信息服务业结构调整和信息服务市场发展问题。这些问题的解决旨在适应信息经济形态的国际性变化，增强我国信息经济的国际竞争实力，最终促进国民经济的发展。

(3)社会信息形态对信息服务业务组织的影响

社会信息形态的变革对信息服务业务组织的影响主要是对服务内容、对象、规范和业务管理等方面的影响。

首先，信息技术的发展、信息载体的多样化和用户传递与利用信息形态的变化，使信息服务的业务内容得到扩展与深化。例如，20 世纪后半期至今迅速发展的数据库服务，其内容随着载体技术的发展已从文献型、事实和数据型服务发展到包括多媒体信息在内的多种服务，在信息处理方式上，已从分散服务发展到网络化信息资源的开发、组织与利用服务。又如，科技与经济的结合及其协调发展模式导致了用户对科技与经济信息的全面需求，其形态上的变化提出了深化技术经济信息服务的新问题。

其次，在社会的信息化发展中，信息用户作为信息服务业的服务对象，面临着职业活动的社会联系面变宽、职业竞争日益激烈、职业流动变快和职业活动智能化程度提高等问题。客观环境的作用不仅改变着用户的信息意识形态，而且改变着信息的传递、获取与利用形态，其综合作用是用户信息价值观念和行为方式的转变。目前，我国数智信息服务业务的发展以及中介服务、咨询服务和互联网+信息服务的开展，正是在这一因素作用下的产物；今后，信息服务业务结构随着用户形态的变化，将进一步调整。

总之，信息载体、技术和用户形态的变化最终决定了信息服务业的管理模式和业务规范，从政策、法律和体制上对信息服务业的发展产生全面影响。

2.4 信息服务业的社会管理体制

社会的信息需求以及信息服务业的社会基础和基本的社会信息形态决定了信息服务业的社会管理模式。在国际信息化环境和技术条件下，各国信息服务业的管理模式既有共性，又有个性。在信息服务体制变革和模式优化的过程中，可以移植他国的成功经验，但必须注意其相容性。要将在某个国家的管理体制和生产方式中的信息服务业模式成功地应用于另一个国家，就应该分析两者的社会信息形态和信息基础结构的异同，研究其管理模式是否与引入国的社会制度和管理体制相适应，以便应用其中的合理部分。

在进行信息服务业的社会管理模式讨论中，我们立足于我国的实践，在寻求一般规律的基础上研究与国际环境相适应的体制与模式问题。

2.4.1 信息服务业的市场管理及其内涵

在科技、经济与社会发展中，信息服务业的运行机制正在发生变化，其基点是部门、系统信息服务的管理社会化方向发展，其中信息服务市场运行处于重要位置。

在经济体制中，我国的生产、科研、文化和其他社会组织的经营管理及业务活动决策主要依赖于组织本身。各类组织，按其所承担的社会任务、分工和性质的不同，程度不同地享有充分的自主权。

对于经济组织(工业企业、农业企业、商业企业、交通与服务行业等企业)而言，其生产、经营活动直接受市场支配，从宏观上按国家政策和法规进行运营组织。一方面，市场经营中，经济组织通过市场活动与产品用户、营销者、原材料及能源供应者、流通者以及竞争者交换各种信息，以组织生产、经营业务。这是一种基本的信息流。另一方面，在国家宏观调控中，有关部门和“市场”之间形成了监控信息、管理指令信息和反馈信息的双向通道。同时，在业务主管部门和经济组织之间也存在宏观调控信息和经营、生产信息的流通渠道。显然，要合理地组织这些信息流应以市场化的信息服务为主，辅以国家部门的无偿信息服务。

市场经济发展中，传统的事业型信息服务组织的一部分，在市场经济中逐步转换经营体制，转向市场化经营；事业型组织的另一部分，一方面发展产业化经营业务，另一方面，其主体部分由国家根据市场机制按公益性服务组织方式进行管理。这些组织复杂的信息流向和多元的管理模式，提出了在组织公益性信息服务的同时，同步开展专门化有偿信息服务的问题。

2000 年以来，我们跟踪调查了近 80 家科研单位和企业。结果表明，各单位和部门的信息服务愈来愈难以满足本单位和部门用户的信息需求；2006 年，用户利用社会化的公益性信息服务和产业性信息服务分别比 2000 年增长 1. 2 倍和 2. 6 倍。

为了适应科技与经济发展的需要，我国强调发展有偿信息服务的重要性，如在科技信息服务中，制定了一系列将科技信息服务推向市场的措施，从而极大地促进了科技信息服务的社会化进程，提高了信息服务的直接经济效益(即增加科技信息机构的收入)，以及市场化服务利用的社会经济效益。

信息服务业的市场化管理可以集中地概括为信息服务业的市场运营管理。所谓市场化管理，就是按市场经济的规律进行信息服务业的宏观调控和微观管理，即从社会的宏观经济和部门的微观经济出发，实现信息服务业管理的社会化和市场化。

从信息经济对社会的促动机制上看，必须从社会整体出发将信息服务业纳入市场经济的轨道，即将信息服务业放在社会的市场经济中进行管理。这种管理模式并不意味着取消无偿的信息服务，而是将目前的事业型信息服务机构完全转变为自负盈亏的经营产业。由此可见，这种模式的实质是，按经济发展和社会的需求，根据市场经济规律宏观控制社会信息服务业的总投入和产出，在市场化管理中实行双轨制。其一，在目前国有信息服务机构的事业型管理体制的基础上，逐步完善其公益性的社会服务，为社会的科研、生产、经营、教育、文化等提供可靠的全方位信息保障；与此同时，发展其中的具有优势的实用型产业化经营部分，使其进入信息服务市场，以作为对公益性服务的补充。其二，发展产业化的信息服务经营实体，使其在规范化的信息服务市场中开展各种业务，在服务中求得发展。

我们强调市场经济中发展公益性信息服务的重要性，是因为处于公益制管理体制下的信息服务仍然是主体成分，服务体制的转变并不意味着对这些部门与机构实行自负盈亏的产业制管理或简单地减少无偿服务的成分，而是按市场化的要求强化面向市场经济的公益性信息服务，同时按市场变化适时调控投入产出和服务业务。公益性信息服务的效益并不直接体现在服务机构的盈利上，而是体现在接受服务的部门、单位和公众(从事各种职业活动的用户)利用服务所产生的效益上。在市场经济中，这种效益可以通过多种计量方法利用货币的等同形式来表示其作用价值，最终将其纳入信息服务行业的社会产出之中。从国家的宏观管理角度看，国家对公益性信息服务业的投入是一种必要的基础性投入，用于为国家经济发展和科技进步等工作提供基本的信息服务，由此保障社会其他产业的高产出。只有这样，国家才可能通过贸易、税收等途径获取更大的收益。这是一种有利于社会发展的良性机制，在市场经济中尤为重要。

事实上，在市场经济发达的国家，也仍然将大力发展社会公益性信息服务作为一种基本的社会发展策略。这些国家在发展产业化信息服务的同时，不断增加公益性服务的投入。它们的经验值得我们借鉴。在市场经济中，我们有理由充分发挥我国制度的优越性，发展以国家信息系统为主体的信息公益性服务体系。

值得指出的是，市场中的产业制信息服务实体是社会化信息服务业的又一个基本方面，它与公益制信息服务相互协调而发展，由于其服务产品直接进入市场，因而是市场经济中的一种十分活跃的经济成分。产业化服务部门所提供的服务，大部分是公益性信息服务所不能提供的，其中不少是关键性的专项服务。我国产业制信息服务也是公益性服务所不能取代的，这类服务机构包括数据库生产与服务实体以及产业化的数据咨询服务、技术市场服务、信息交流与中介服务。

2.4.2 信息服务业双轨制管理的实现

所谓双轨制管理，是指在市场经济中按系统协调模式进行公益制与产业制信息服务的管理。在管理上，由国家管理部门进行业务协调、公益制机构管理、产业制实体管理和信息服务市场管理，即对二元化的信息服务组织及其业务实行一元化的管理。在这种管理体制中，用户按服务规范通过“市场”利用有偿服务，通过直接交往获取公益性服务。双轨制管理的基本结构如图 2-3 所示。

信息服务业的双轨制管理主要集中在以下几个方面。

(1) 公益制与产业制的协调统一问题

应该说，“公益制”与“产业制”是信息服务业市场化管理相互协调和统一的两个基本方面，因而由国家管理部门对其进行整体化的协调管理。

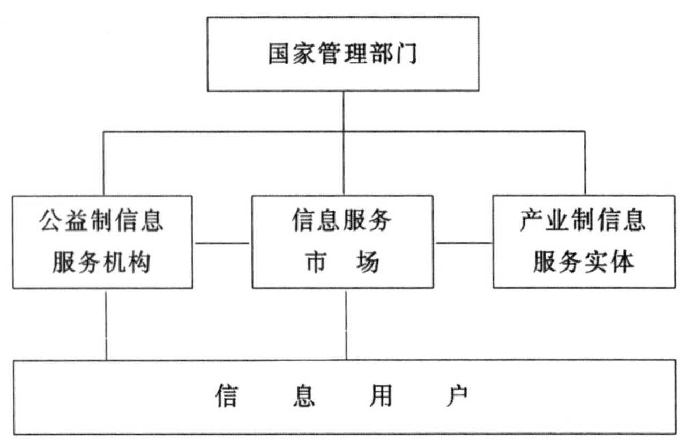

图 2-3 信息服务业的社会管理

①公益制信息服务与产业制信息服务的业务关系协调。我国公益制信息服务机构主要包括各类型图书馆、文献信息服务机构、国家各部门信息中心(所)、地方信息机构以及国有单位信息机构等；产业制信息服务机构为各类型信息服务经营实体，包括通信、出版、咨询、中介等行业实体。公益性机构以提供无偿信息服务为主，有偿服务为辅，其服务效益主要是社会效益和间接经济效益，并以此为中心拓展社会化服务业务；产业制实体以专门信息需求为对象，通过服务获取直接经济效益，并以此为基础拓展社会业务。这两部分服务按市场经济状况进行调节。

②公益制与产业制信息服务的市场管理。按市场经济机制管理信息服务业务是实现信息服务业市场化管理的出发点，公益制与产业制的区别主要在于市场调控手段的区别。公益制信息服务业应由国家对信息投入和服务进行宏观控制和管理，使之与国民经济发展相适应；产业制信息服务实体则由市场直接调节，国家从政策上进行控制和导向。公益制服务业进入市场的有偿服务部分以及公益制机构对产业制的投入部分，应按市场价值规律进行交易。在这一大社会体系中，用户通过“公益”和“市场”两条渠道获取信息服务。

(2)公益制信息服务的社会管理

公益制信息服务业务管理的目的，一是促使部门和单位所有的信息机构逐步向社会开放，在符合国家利益的前提下展开公益性的社会化信息服务，并将其纳入国家信息工作的目标管理体系；二是在进行全国信息系统的管理中，按市场经济要求进行目标管理、计划管理、组织管理和运行管理，实现有效的业务工作控制。

公益性信息服务系统的管理方式和方法应由系统结构和运行状况决定。鉴于我国市场经济的具体情况，其最佳的管理方式是多级分层管理。利用这种方式，设立全国管理、协调中心，全面规划、组织、管理和协调各专业部门和地方的信息服务工作，使之服务于社会总目标；在开展专业信息工作和地方信息工作的过程中，建立相应的职能管理机构，负责各自的业务管理工作；根据信息服务业的自然层次结构，由各层次的各级信息服务机构组织日常业务工作，以便根据市场的变化优化具体的服务项目。这一方法既体现了集中管理的优点，又体现了分层管理的长处，且有一定的灵活性，能够适应市场经济发展对公益性信息服务业的改革要求。

(3)产业制信息服务的社会管理

产业制信息服务管理是指对各种形式和成分的市场经营型信息服务实体的管理，其主要问题集中在三个方面。

①建立信息服务产业的社会管理体系。我国目前多部门管理信息服务产业和信息服务产业无专门部门管理的现象比较突出，要解决这一问题就应尽快建立信息服务产业的专门管理机构，建立专业化管理体制，进行分门别类的系统化管理。与此同时，对于已有的行业管理体制(如通信、出版、新闻等)，应在新环境中加以完善，并与整体化的社会管理协调。

②完善信息服务产业制度。目前我国的信息服务产业制度有待进一步完善，其中许多特殊问题应予以全面解决。因此，应从信息服务产业的运行机制、外部联系以及社会化服务的规范角度出发，建立完善的信息服务产业管理规则，使其社会管理规范化、制度化。

③开展信息服务社会保险业务。信息服务是一种具有一定风险性的业务，特别是对于咨询和中介业务来说，这种风险性更难避免。因此，为了有效保障信息服务人员和用户的利益，有必要开拓信息服务保险业务，并使之社会化。

(4)信息服务市场管理

从市场运行角度看，一定市场经济体制下的信息服务供求关系和中介管理关系是两种基本的关系，这两种关系决定了进入市场交换的“信息服务”商品类型、数量、价格、交换形式和监督机制等。

从信息服务需求机制看，用户对信息服务的购买有两个前提：该需求通过公益性服务不能得到有效地满足；从经济上看，购买信息服务具有可行性。用户对信息服务的购买行为直接关系到市场与产业发展，这就要求在市场中确立有效的以“求”定“产”和以“产”促“求”的机制。鉴于信息服务市场发展具有超前于物、能市场的特性，在我国市场与产业机制尚未完全适应市场经济发展的情况下，可以通过适当超前的“生产”与“供给”，刺激市场与产业的发展。

信息服务市场中介管理的职能是：通过法律、法规手段管理信息服务市场的运行；运用价格机制调节信息服务的供求关系，组织有效的市场系统；进行社会监督，维护国家安全、利益和信息服务交易各方的权益。当前，我国信息服务价格比较混乱，市场管理缺乏力度，有关这三方面的问题有必要进行专门研究。为此，我们将专章讨论这些基本问题。

复习思考题

1. 信息服务业与社会发展的互动主要表现在哪几个方面？
2. 如何进行信息服务业及信息服务职业分类？信息服务行业结构如何？
3. 什么是社会信息形态？如何进行社会信息形态研究？
4. 试分析信息服务业双轨制管理的实现。

3 信息服务与用户研究方法及其应用

在信息服务与用户研究领域，由于信息服务的业务围绕“用户”展开，因而在长期的发展中形成了以用户研究为主体的方法体系。这里，我们从以“用户”为导向的信息服务与用户研究整体出发，介绍用户调查的途径、社会统计测量方式、用户特征资料与数据处理以及用户行为规律研究的基本方法，根据方法的社会学特征、组合特征和有序结构特征，阐述方法的应用。

3.1 直接调查与间接调查方法及其应用

用户研究中的直接调查与间接调查分析方法是在该领域内最早开始运用的两种基本的研究方法，其要点是围绕用户研究的某一具体内容或方面有目的地开展直接或间接的调查与观察，以获取详尽的资料，继而对有关资料进行归纳、整理与一般分析，最终得出研究结论。

3.1.1 直接调查

直接调查法是用户研究中的一种直接方法，其基点是必须有用户本身参与调研活动。这种方法的优点是调查面广，既可调查当前用户，又可调查潜在用户。采用该方法所获得的调查资料具有详细、可靠、具体的特点。在信息服务工作中，对于发挥用户的主观能动作用有着重要的意义。该方法的主要缺点在于使用不太方便，由于受调查对象的限制，有时调查问题的答复率不高。

直接调查通过与用户直接交往进行，如发调查表向用户作调查、与用户交谈、参与用户业务活动等，这种调查具有灵活性，既可以与用户面对面交流，也可采用通信方式和利用计算机互联网络与用户联系。

直接调查的方式归纳起来可分为调查表法、询问法、实地考察法和信息反馈法。这些方法可用于下列项目研究。

①从用户角度研究各种信息服务方式，包括重要性评价、可用性评价、效益分析等；

②从用户角度研究各类信息的使用价值；

③从用户角度研究各类信息需求及其表达方式；

④研究用户吸收信息的过程；

⑤研究用户的职业特征、心理特征；

⑥研究信息交流的最佳渠道和时间；

⑦确定用户所用信息资料的题材特点和保证程度；

⑧研究用户管理与培训的问题等。

以下，我们分别讨论直接调查的四类具体方法。

(1)调查表法

调查表法是用于用户研究的常用方法。其具体做法是，根据预先确定的调研内容及范围设计调查表，然后将调查表以直接交付、邮寄等一切可能的方式递交给被调查者，待被调查者按要求填好调查表后收回，进行分析研究，得出结论。

采用调查表法进行用户研究，应注意三个环节：

①被调查对象的选择。调查表法的调查结果，在很大程度上取决于被调查者。一般来说，对被调查对象应依据用户研究的内容进行科学地选择，使其具备充分性、可靠性、代表性和适应性。例如，我们研究本部门用户的信息需求时，就必须选择各方面的有代表性的可靠对象作为被调查的对象。即既要调查当前用户，又要调查潜在用户；既要调查高水平用户，又要调查一般用户。除了普查的情况外，任何列表调查工作都有一个对象选择的问题。

②调查表的设计。调查表的设计依据只能是用户研究的内容与任务。一般来说，对

研究的项目要进行分析制表，表格要求既全面系统，又简单明确，即在保证不漏掉研究项目的同时，尽量方便被调查者填写，不能含糊不清。调查表的内容大致可分为定性指标与定量指标两类，前者只要求被调查者表明自己的观点、看法与意见，后者则要被调查者填上一定的数据。根据内容的不同，调查表又可具体地细分为意见表、等级表、评分表、统计表等。

③调查结果的分析。回收的调查表已经包含了我们所需的各种信息，它们是开展分析研究的素材和依据。早期的调查表法仅限于对调查素材的一般分析和评价；目前此法往往用于为"用户"的定量统计分析提供素材，即在结果处理上采用统计学的研究方法（有关结果的统计分析问题，我们将在本章专门节次中再作论述）。对于调查结果的一般分析和评论，主要包括对结果的归纳与综合，对被调查者的分析与评价，以及对结论可靠性的验证。

(2)询问法

询问法又叫问答法，它是根据研究目标直接向用户提问，从而获取询问信息，然后引出研究结论的一种基本方法。问答式的调研活动可以通过与用户书面联系、与用户交谈、与用户进行非正式接触、出席有用户参加的各种会议、与用户定期会晤等途径进行。

问答式的调研活动由于调查者与被调查者之间能直接接触，因而提问可以不受空间限制，调查内容十分具体、丰富；其主要缺点是调查面受到一定的限制，且需要花费大量的人力。

采用问答法进行用户研究时应注意以下问题：

①明确调查目的，围绕研究课题准确地提出被调查者需要回答的问题；

②选择典型的、重点的调查对象；

③对调查结果应作出多因素分析，引出客观的结论。

(3)实地考察法

实地考察法是在与用户的直接接触中考察、研究用户的一种直接方法。利用这种方法进行用户研究时，调研人员往往直接参与用户的各种活动，参与制定用户单位工作方针、规划，参加课题研究等。该方法一般用来研究重点用户的信息需求和相关问题。

实地考察是一项重要的调研活动，调研人员只有与用户长期接触才能取得较可靠的研究结果，因此这一活动常常结合定题跟踪信息服务工作进行。

采用实地考察法进行用户调查应有周密的计划和充分的准备，其基本程序为：

①根据组织信息服务业务的需要和用户的特殊需要，确定实地考察的用户对象及业务，经过初步分析，确定调查的目的、内容与业务要求；

②根据总体要求和内容，制定调查计划，规定调查的时间、地点、方式以及考察的详细安排；

③实地进行考察，在考察中及时发现问题，在总体原则不变的情况下，调整工作进度，得出初步结论和获取进一步分析的资料；

④汇总实地考察材料，在系统研究的基础上编写实地考察报告，明确报告的应用范围，提出相关业务工作建议。

(4)信息反馈法

信息反馈法是一种利用信息服务中用户反馈信息进行用户研究的方法。其反馈信息的获得出自信息用户咨询、用户培训、与用户的联络以及其他相关的信息活动。采用此法进行用户研究往往缺乏必要的“主动权”，而只能从处理来自用户方面的各种零星的反馈信息入手，进行分析研究，引出结论。这一方法属于被动式研究方法。尽管如此，由于用户反馈信息具有可靠、具体的特点，所以该方法正日益引起人们重视。目前，不少信息服务单位已有专人处理用户的直接反馈信息。用户信息反馈的研究结果直接为开展信息服务工作所采用。

利用信息反馈法进行服务与用户研究，具有与信息服务业务密切结合的特点，因此该方法作为组织业务工作的常规调查方法被广泛使用。目前，在市场化咨询服务、网络信息服务和系统集成服务中，服务部门往往附有服务反馈卡，通过反馈卡沟通与用户的联系，以便及时发现问题、解决问题。利用信息反馈法，可以使我们获得来自用户的信息服务利用数据，进一步分析这些数据，可以掌握用户的信息服务需求与利用变化规律。

信息反馈法的基本环节为：

①在信息服务中有目的地建立服务信息反馈制度，确定反馈形式、内容和途径；

②搜集、处理和分析来自用户的反馈信息，组织深层研究；

③提交分析、研究结果，用于改善用户信息服务工作。

3.1.2 间接调查

间接调查法是用户研究中的一种间接方法。所谓间接调查，就是调查与用户有关的各种资料，如各种文献、用户登记卡、服务工作记录、咨询记录、业务日记、用户工作日程表等。使用该方法进行用户调查研究，虽然不直接与用户接触，但所调查的各种资料却与用户的活动息息相关。可以认为，它是一种利用一定的媒介与用户交往的调研方法。与直接调查相比，间接调查具有调查可靠和使用灵活的特点。它不仅克服了用户回答调查问题时的随意性，而且不受时空的限制，不与用户接触就能掌握调研素材，作为对直接调查的补充，是可取的。实际上，该方法也是用户研究中的一种常规调研法。

间接调查的途径很多，但主要有如下几种。

(1)伯恩(Bourne)交往观察法

伯恩1962年称为“交往观察”(traffic observation)的方法实际上是一种文献调查分析法，它通过调查用户利用文献的情况，开展研究工作。按照伯恩的说法，其调查内容包括下述几个方面：

①论文后的引文出处；

②书目中列出的文献；

③图书馆外借记录；

④参加咨询的提问和答复；

⑤文摘。

这种分析给信息利用以一定的启示，但是这种记录仅包括进行信息检索的一小部分，例如科学家或技术人员所引用的文献可能还不到他们所阅读的5%。

上述五个调研方向从不同的角度揭示了用户信息需求和利用的情况，因此，我们可以从其中的某一途径出发进行某一方面的研究。实际上，伯恩交往观察中的五个方面已发展成为五个研究方法，例如，研究引文已发展成为著名的“引文分析法”。由此可见，文献调查分析法的应用是十分广泛的。

(2)用户资料与信息服务业务资料分析

直接利用用户方面的业务资料和信息服务业务资料进行分析，即业务资料分析法。在规范化的专门服务和社会化服务中，这种分析是必不可少的，它具有常规性、累积性和实用性的特点。这种分析由于基于用户特征资料和服务特征资料，其资料来源客观、可靠，因而又是一种应用全面的研究方法。

①用户特征资料调查分析。用户特征资料系指反映用户学历、职业、职务、爱好、水平等情况的书面材料和记录，常见的有：有关单位的组织机构表；有关单位的职能及开展业务活动的记录；有关单位的年度报告及研究项目报告；用户日程表等。

对用户特征资料的调查分析，对于弄清用户的结构、信息需求(特别是潜在需求)、信息保证是必要的。利用用户特征资料进行用户调查，一般只需对相关资料的搜集、整理、统计、归纳和分析几个步骤。对用户特征进行深入的研究则应使用更复杂的统计分析法。

②用户其他资料调查分析。调查分析来自用户方面的其他资料也是进行用户研究的一个重要途径，这一方法常用于一些重点用户(包括个体和团体两类用户)的调研。用户特征资料以外的其他资料主要指用户业务活动资料，如用户的业务记录、业务信件、用户利用信息系统的各种记录等。一般情况下，在定题信息服务中开展这项研究工作是很必要的，该方法的主要缺点是准确性、概括性不够。

③信息服务业务资料调查分析。利用图书馆及信息部门的服务业务活动资料进行用户研究是一种常用的重要方法。这些资料记录了用户的信息需求、信息心理及信息行为的有关细节，特别是开展检索服务和咨询工作的记录，表达了用户的各种基本需求。因而，对这些业务资料的调查分析不失为一种简便的基本方法。该方法的主要缺点是存在面的局限性。例如，利用查询记录只能了解部分用户当前的查询，却不能了解目前没有利用信息服务系统的那部分用户的信息需求，而后者在数量上可能占多数；另外，即使是现实用户，他们提出的问题也远远反映不了全部信息需求。所以，该方法的主要局限在于漏掉了潜在用户及潜在的信息需求。

采用间接调查法开展用户研究时，可利用分析归纳、综合评价、对比分析和逻辑推理等方法进行资料的整理、分析工作。一般来说，对有关调查资料进行比较简单的处理便可得出定性的或半定量的结论。对调查资料的定量处理和定性—定量研究将在随后节次会同其他问题进行介绍，这里要强调的仅是开展用户调研的一般途径。

3.2 统计测量分析及其应用

用户研究中的统计测量，其实质是利用社会学中的统计测量方法获取用户特征资料的过程。在有关问题研究中，对这些特征资料稍加归纳、整理和分析便可以得出直观而明确的结论。因此，在简单问题的研究中，“统计测量”可以作为一种独立方法使用。同时，通过统计测量所获得的用户特征资料，又是进一步寻求关系和开展深层研究的基础。

3.2.1 用户研究中的统计测量要点与要求

所谓测量，就是利用某种量化方法测定研究对象某方面特征的操作过程。通过测量获得的反映研究对象的特征量，称为测量量，即待测客体有待衡量的特征量值。

测量，按其领域可以区分为自然科学和社会科学中的测量两类。与自然科学和工程技术中的测量不同，信息用户研究中的测量属于社会学测量范围。在测量过程中，用户特征量的获取一般不需要借助于自然科学研究中的测量仪器或设备，大多只需按一定的统计规则衡量用户的特征便可以达到预定的目标。这种利用统计原理和方法进行的测量工作，我们称为统计测量。

这里，值得指出的是，在开展用户研究中，某些特征量的获取要借助于自然科学测量手段(如用户生理、心理数据的获取)，由于这类测量属于自然科学研究的范畴，在用户研究中仅仅是利用这些资料，因此不属于上述的社会学中的用户特征测量范畴，也不在我们讨论之列。

用户研究中统计测量的要点是按一定的统计测量原则对用户心理和行为、意愿和效果的某种特征进行衡量，它必须以认识被研究的对象及其被研究的方面为前提。显然，在用户研究进行的测量中，首先应确定被测量的客体；其次是确定测量量，即待测客体所反映出的有待研究的特征和方面；最后是明确待测客体之间在研究特征上的相互联系，以此确定必要的统计测量规则。

用户研究中的统计测量有两种基本形式：其一，利用定性—定量方法从用户调查入手，在获取定性资料的基础上进行某种定量转化，即量化定性资料；其二，是根据测量项目特征，利用统计方法获取用户特征资料。这两种方式在用户统计测量中可以通过社会特征变量的规范加以统一。

用户特征按其属性进行量化的结果称为反映用户特征的社会变量。社会变量，就实质而论是在社会概念规范基础上进行进一步分析的产物。社会变量除了可以直接用“数值”表示外，还可以用规范化的概念表示，如将用户对信息服务的意见按意向概念规范，表示为“肯定”“否定”“无意见”三种测量量化特征。由此可见，用户研究中的统计测量量可以有不同的表示方法，它们大致可区分为事实性变量、表现性变量和取向性(或意向性)变量。

事实性变量是指可以直接观察或借助其他工具能够比较容易测量到的客观特征量，

如用户的学历、年龄、职业以及用户职业工作特征等；表现性变量是指被考察对象行为表现方面的特征量，如用户的信息利用效果、工作效率、文化生活状况等；取向性(意向性)变量是指用户的行为倾向、态度等方面的特征量，如用户的情绪、信息反应以及对信息服务态度等，它只能从“行为表现”来推测。

在用户研究中统计测量的基本要求是确保统计测量的准确度和可信度。

(1)准确度

准确度是指统计测量结果与测量对象特征之间的一致程度。影响统计测量准确度的因素包括统计测量的指标、方式和方法的科学性等，由测量客体性质、测量方式体系和测量者决定。准确而有效的统计测量要求：①统计测量概念正确；②测量概念与测量方法一致；③“概念”测量过程准确无误。

(2)可信度

可信度的基本含义是在重复测量某一特征变量时，前后测量结果一致，如在对用户进行意向调查(统计测量)时，同一用户不同时间的意见一致。可信度与我们规定的统计测量允许误差范围具有直接的联系，它可以通过计算反复测量的结果来确定。

准确度与可信度具有内在的联系。一般来说，统计测量的准确度很难把握，因此往往用可信度对结果的可用性和准确性进行表述。但是，某一测量结果因反复测量的一致性程度高而认为是可信的，却未必准确；反之，如果统计测量是准确的，其结果一定可信。这说明两个指标之间不存在一一对应关系，只不过在难以把握准确度时，在分析结果可信度基础上可以对结果准确性加以确认。

3.2.2 用户研究中的统计测量内容与方法

用户研究中统计测量的一个重要问题是测量的内容、类型和层次，以此确定不同的统计测量规范和方法。

根据社会学的统计测量理论，我们可以按测量层次划分统计测量类型，继而明确它的内容和方法规范。对于用户研究来说，可以分为四个层次(又称测量级)。

(1)类型测量

类型测量是将测量对象按其质的特征进行区分，辨别异同，以确定测量的类别并按类别获取测量对象的特征资料。例如，按社会劳动分工区分为体力劳动和脑力劳动两类；按用户信息需求的表达与认知特征，区分为正式用户和潜在用户等。类型测量实际上是一个特殊的辨类与归类统计的过程，是一种最基本的简单测量。它的目的在于辨别一个事物与其他事物在某一属性上的本质区别，以此获取类型测量资料。在统计方法上，类型测量的机制是计量各类中的个体数。

类型测量的“类”必须有一个名称或代码，所以在统计测量中又称为名称级测量问题，它确定属于同一类别的对象之间的等同关系。按照这一标准，统计测量总是可以进行的。测量对象所构成的总体中任意两个元素或者属于同一类别，或者不属于同一类别，二者必居其一。

用户研究中的测量类别的确定，必须使类别名称符合研究特征的内涵，同时具备社会学意义。显然，研究人员在统计测量过程中首先应着手解决分类问题，确定用户研究的统计测量内容项目，确定反映用户特征的这些项目的类别名称。一般说来，用户的职业特征、水平特征、心理特征、信息需求特征、信息使用特征等都有相应的类别名称与之对应。例如，被研究的特征是职业，那么就可根据某种职业隶属关系进行分类统计测量。通常，分类可以用数字符号表示，如果一种职业可以用一个具有单一含义的数字表示，则不同职业相应地就应用不同的数字来表示。

由于用户研究的复杂性，类型测量的有关统计测量量往往也是错综复杂的。进行这种测量不仅可以得出一些简单的用户统计数字，而且可以进行更深层的统计测量研究。

(2)次序测量

次序测量又称为次序级测量，它解决研究总体中各个体的位置次序(称为位次)的测量计算方法问题，即总体中各个体的排序问题。按测量的先后顺序，次序测量在类型测量基础上进行，这是因为只有同类元素才有可能进行比较排序。可见，次序测量具有与类型测量相结合的特点，如果将类型测量中的同类元素按特征量的次序加以排列，就形成了次序测量中的位次序列。

如果我们研究的某一用户总体具有 N 个实体(个体)，当 N 个实体都获得各自独有的位次时，可能有 $N!$ 个不同的排列方式。这里，确立排序规则是关键问题。如果规则完善，每个实体都将获得独一无二的位次，其整体即可列成一完整的次序数列。例如研究用户技能水平时就可以将学历、成果、专业工龄、年龄等分别定为第一、二、三、四位次规则，统计一系列数据，测出所有用户的位次，将用户总体中的所有个体列成一完整的用户技能水平序列：1，2，3，…，N。

一般来说，用户研究中的任何一个总体问题均可按照一定的特征进行排列，但有时却不需要对研究的问题进行明确的划分，因此往往获得总体的半次序数列就可以解决问题。这样的统计方法称为半次序测量方法。例如研究某情报(信息)所的所有用户对该所信息服务工作的满意程度这个特征时，可能得到"十分满意""满意""无所谓""不满意""非常不满意"(分别用符号 a_5，a_4，a_3，a_2，a_1 表示)的"用户意见"统计数据，将 a_5，a_4，a_3，a_2，a_1 按序排列可得一序列；如果研究工作只限于对该所信息服务工作作出肯定或否定的结论，则只需将 a_5，a_4，a_3 列为一类，a_2，a_1 列为另一类，得出的仅是半次序数列，给出两个序号就行了。

半次序的测量的实质在于，如果被研究的对象的状态有本质上的区别，则这些对象各自的数字编号之差就应大于1；如果对象状态之间没有本质的差别，则它们的编号数字之差就应等于0。

值得指出的是，次序测量具有两方面含义：一是在类型测量的基础上对同类或同属性元素进行排序；二是按类的次序进行统计测量，获取用户的特征数据。同时，全序与半序具有相对性，在上述例子中，我们可以说，"a_5，a_4，a_3，a_2，a_1"对于"$a_5\,a_4\,a_3$，$a_2\,a_1$"来说为全序。

通常，我们将次序级中的数字称为等级，等级在统计分析的替换过程中可用其他数字表示，但等级间的顺序应保持不变。这就是统计分析中的唯一性原则。将几个不同的次序级化为统一的形式时，将利用这一原则。对符合次序标准的统计数据，可求出其集中趋势指标(如中位数)，为了揭示两个标志的相互依存关系，还可以进行综合分析。

(3)区间测量

区间测量表示测量与差额的关系，其要点是在统计测量中根据研究对象的性质构造有序排列的具有一定差额的区间段，然后分段进行测量。区间测量在排序基础上进行，因而又称为区间级测量。

进行用户统计分析，很多情况下须按区间标准对总体的某一特征进行统计测量。例如当我们研究用户的专题文献利用量时，为了掌握其普遍规律，可将用户查阅数按查阅篇数划分为如下区间：1~50，51~100，101~200，201~300，301~500，501~700，701~1 000，1 001~2 000，2 001~5 000，5 001~10 000。按这 10 个区间对用户查阅专题文献进行统计不仅可以简化统计工作，而且舍去了价值不大的信息，有利于分析研究工作的开展。一般情况下，分区间对总体进行统计测量与按次序对总体进行统计测量存在着必然的联系。在次序级的基础上，加上一个测量标准将统计数据按规定的差数分组便形成了区间级的标准。

以下，我们对区间级作进一步讨论。

设存在如下的测量区间(数目有限)：

$$a—b,\ c—d,\ \cdots,\ i—j$$

其中 $a—b$，$c—d$，$\cdots$，$i—j$ 为其差数，称为区间距离(或区间长度)。值得指出的是，区间长度可以相等，也可以不等(如上例)，其相等与否可按实际情况而定。

按区间级对总体进行统计测量时，确定区间类型、数目和长度是至关重要的。其一般要求是，分组能够最充分地显示出总体的本质属性。

为了选择区间长度的最佳值，既不使区间变差数列很庞大，又不使现象特征被掩盖，通常采用下列经验公式：

$$\delta = \frac{X_{max} - X_{min}}{1 - 3.21\lg n}$$

式中，X_{max}和 X_{min}分别表示总体研究中特征的最大值和最小值，n 表示总体中个体的总数，δ 为区间长度。

区间长度也可以用其他方法选择。例如，首先根据总体有关统计资料算出均方差 S，然后即可作出长度分别等于 $1/2S$，$2/3S$ 的区间。

在更多的情况下，区间长度是根据总体特性和研究任务人为地确定的，特别是在不等区间的确定上多用此法。例如，在以上列举的研究用户藏书情况的例子中，由于多数用户藏书在 500 册以下，很少人达到 10000 册，研究 0~500 册藏书用户是其重点，由此容易引出一般结论，故也可采用基本差数为 50 的长度不等的增长区间。

按区间级对总体进行统计测量，可以先分出区间，然后统计数据；亦可以首先统计有关数据，然后再按区间分组。

按某一区间标准统计测得的各种数据还可以进行一些运算：

将测量统计单位扩大或缩小若干倍。例如，如果测量单位原来是按 0~100 来划分的，那么给所有数乘以 1/100 之后，就可以将测量单位换成由 0~1 这个区间的数字。

对区间还可以进行线性代换，其换算可表示成线性函数形式：

$$y = ax + b$$

例如，利用线性代换，区间测量单位 0~100 可以变为-50~+50。

除代数变换外，在区间中允许进行次序标准允许的一切统计运算。

(4)关系测量

在用户研究中，有时还需要按一定的标准统计测量各元素之间量的关系，这就是关系测量的内容。根据分级测量理论，关系测量又称为关系级测量。

关系级的范围很广，它包含比率关系、各种函数关系和一些随机关系，这些问题较为复杂，在后面我们将继续作一些介绍。这里着重介绍的是关系级中的比率级。

比率级是为了确定总体中元素的各种比例关系而形成的统计测量级。对于总体 S 来说，可以测量计算元素（S_1，S_2，…，S_n）之间的某一特征值之比，也可以测定 $S_i : S$（$i = 1$，2，…，n）。在实际工作中，比率级的使用十分广泛。例如，我们研究某一专业领域内各国用户相互利用专业信息的情况，往往需要统计测量各国相互交流信息比 a_{ij}（i 国对 j 国）：

$$a_{ij} = \frac{Q_{ij}}{Q_{ji}}$$

式中，Q_{ij} 为 i 国利用 j 国的信息量；Q_{ji} 为 j 国利用 i 国的信息量。

包括比率级在内的关系级测量可以区分为简单测量和复合测量。其中，简单测量可以一次性完成。例如，在进行用户信息需求满足情况调查时，要求用户根据体验回答“满足程度”即信息获取量与总信息需求量之比，所得数据无疑是一个比例常数。在另一些情况下，比例(或比率)数据往往难以直接获取，这时则要通过某些转换才能实现，如上述的统计测量各国信息交流比实例，则需要在统计信息交流量基础上按一定统计测量规则计算完成。

上述测量级的制订符合用户研究的社会特征。

根据不同的统计测量级别，虽然存在多种统计测量方法，但总的说来，用户研究中的统计可归纳为间接统计和直接统计两种。

关于直接统计和间接统计的一些基本情况，我们在前面的直接调查与间接调查中已进行了阐述。这里，我们要强调的仅仅是统计测量的特点和统计数据的类型。

事实上，直接与间接统计都是在直接与间接调查的基础上发展起来的定量调查方法。一般来说，在统计之前都要拟定测量的统计测量标准。所谓“统计调查”，实际上是按一定标准获取各种数据的过程。

3.2.3 用户研究中统计测量量的处理与分析

用户研究中的统计测量量可以进行多方面处理和分析，归纳起来大致分为列表处理、作图处理和分析计算三类。

(1)列表处理

列表法是汇总各种统计数据的一种基本的直观方法。依据统计数据编制出来的各种统计表是确定和分析有关被研究客体各种特性之间联系的基础。

根据统计表产生的时间，可分为调查统计表和计算分析统计表。前者一般用来填写与记录原始统计资料；后者则多为统计分析过程中的分析计算用表，是一种对原始记录进行运算的统计表。

按统计表的内容特征，可分为普通表、分组表和组合表三种。

普通的统计表就是一览表，是从数量(或质量)上说明总体内各个单位(元素)特征的一张清单。普通表不仅可以用来做原始数据的记录，而且可以用来进行统计资料的整理，并作为数据转化和运算的记录表格。一般来说，任何一项比较复杂的统计分析往往离不开普通表的使用。

分组表是按某一特征对总体单位进行分组而编制的分组数据记录表。

所谓分组，就是将被研究对象的单位按照对象的主要特征而划分成若干统计组别的程序。分组的主要目的是：①确定总体中按照一定的特征值分出的每一个组内个体的数量；②研究现象之间的原因和依存关系的影响。这两者是设计分组表的依据。

分组的关键问题是正确选择分组特征，如果分组特征选择不当，将造成对数据分组统计不正确，导致分析工作的失败。因此在选择分组特征时，应找出所搜集的特征数据与研究内容和任务的本质联系，从客观目标出发仔细地选定一些主要的分组。在分组表编制过程中，要体现上述分组原则，同时注意到表格的详细、准确、充分和最优性。

组合表是按两个或两个以上的特征对总体单位进行分组而编制的分组数据记录表格。其编制原则与分组表相同。

组合统计表比普通的资料表要庞大得多，它既可以用作运算表，也可以表示统计资料整理的结果。利用科学设计的组合表，研究人员能明确地揭示研究对象的实质。

(2)作图处理

处理统计资料也可以采用图形法，其主要优点是直观。在用户研究中，采用最多的是如下几种统计图形：

①直方图。直方图用于对区间数列的图示。在平面直角坐标的横轴上标明区间界线，纵轴标出对应的频数；在每个区间上画出一个矩形，其高度与相应区间的分布密度(即与区间单位长度上所分布的总体单位数)成比例。若区间相等，分布密度便与纵轴上的相应频数成比例(见图 3-1)。

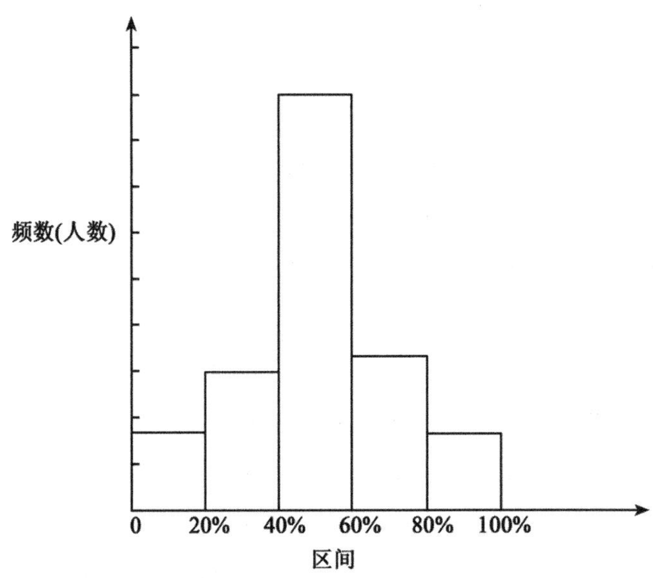

图 3-1　用户调查直方图

例如，某情报(信息)部门向 200 个用户调查部门对其信息需求的满足情况，得出如表 3-1 所示的一组经过整理的数据。

表 3-1　用户信息需求满足情况

本部门满足用户信息需要的程度	20%以下	20%～40%	40%～60%	60%～80%	80%以上
人数(频数)	18	32	92	38	20
占总人数的%	9	16	46	19	10

续表

本部门满足用户信息需要的程度	20%以下	20%~40%	40%~60%	60%~80%	80%以上
累计频数	18	50	142	180	200
累计频率%	9	25	71	90	100
等级评定	1	2	3	4	5

在直方图中，每一区间的总人数比例可用相应矩形的面积表示，即面积表示频率。

②分布多边形图。多边形图经常用于表示离散型变差数列，也可用于表示区间数列。

多边形图也采用平面直角坐标，横轴用于标明特征变量值，纵轴用于标明频数或频率。

例如，表 3-1 中所示的数据亦可用分布多边形图显示出来(见图 3-2)。

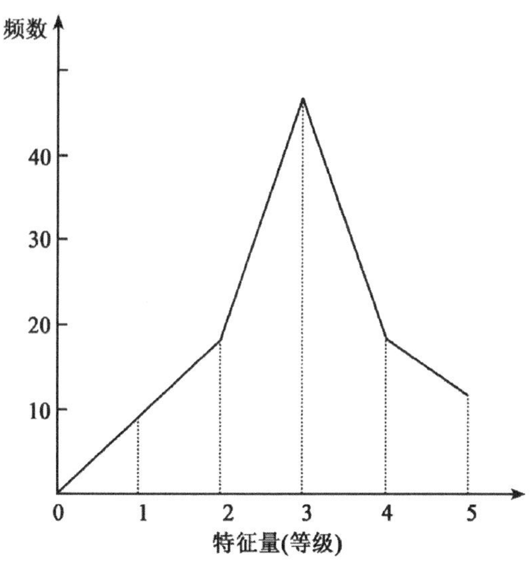

图 3-2　用户调查分布图

③累计分布图。累计分布图也可以用于变差数列的图示。其横坐标标出区间界限(或离散的特征值)，纵坐标上标出对应于区间上的累计频数(或频率)。累计分布图使区间范围内的个别特征值变成累计值，并形成一条逐步增高的折线，折线中各线段的斜率反映了相关区间的变化快慢。表 3-1 中所示的数据用累计分布图表示出来(见图 3-3)。

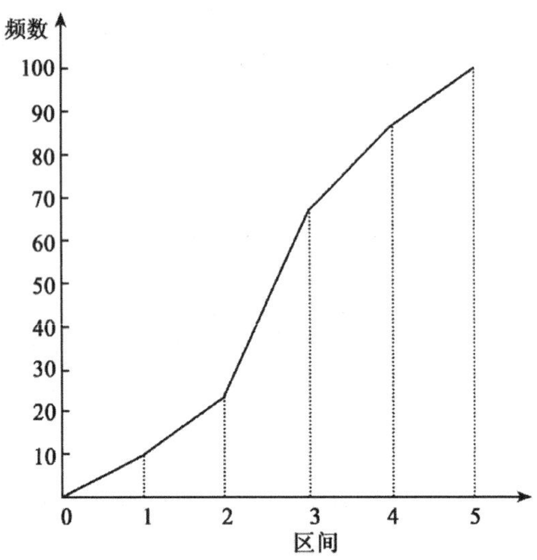

图 3-3 用户调查累计分布图

④理论分布曲线图。理论分布曲线图常用于用户研究中的某些规律的描述。理论分布曲线图既是一个反映总体某一特征的经验性图形，同时也是一个反映总体特征规律的理论图形。它是对总体表现出的大量特征数据进行统计分析的结果。

用户的信息需求、行为及相关活动是一个随机过程，对这一过程的研究离不开概率论与数理统计的理论与方法。在用户研究中，如果我们对总体的特征数据搜集足够多，并且该数据具有鲜明的代表性，就可以结合统计、计算工作得出其理论分布图形。理论分布是总体经验分布的最后概括和总结，其特点是图形可以用某一数学分析式来表示。它是经验分布多边形的极限。按规定的术语，分布曲线称为分布密度，用$f(x)$表示(见图 3-4)。

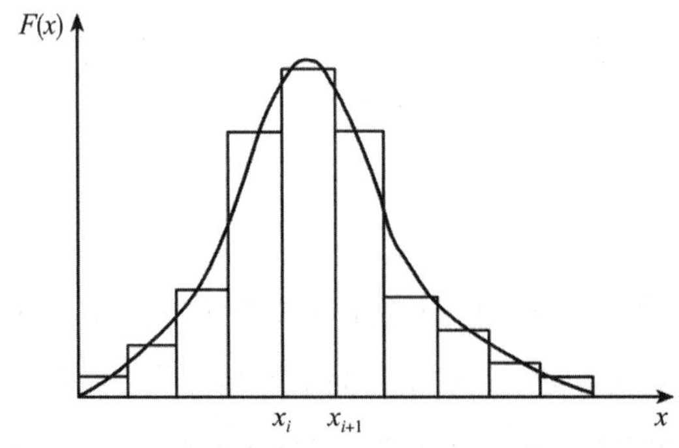

图 3-4 理论分布曲线图

分布密度可以解释为“随机变量（ξ）的值落在足够小的区间（X_i，X_{i+1}）”的内在概率（P）近似于该区间的长度与小长方形的高 $f(x_i)$ 之积，即：

$$P(X_i < \xi < X_{i+1}) \approx f(X_i)(X_{i+1} - X_i)$$

对任意长的区间来说，只要将若干这样的乘积相加，便可以得到：

$$P(a < \xi < b) = \int_a^b f(x)\,dx$$

由此，随机变量(ξ)的分布函数(F)按定义表示为：

$$F(x) = P\{\xi \leqslant x\}$$

掌握了分布函数 $F(x)$，便能详尽地说明总体特征的规律。

理论分布图形的类型很多，对此，请参阅有关文献。用户研究中的一些理论分布曲线将在本书的相关节次涉及。

(3)分析计算

在统计分析中离不开对统计测量量的计算和分析。

通常，按照某一特征对总体单位统计数据进行分组的结果称为统计上的分布数列。我们用 x 表示分组特征，便可得到由若干统计数据组成的无序数列。如果将无序数列加以变化，按其数量特征的大小进行排列，就得到了该特征的变差数列。特征 x 的每一特征值分别用 x_1，x_2，x_3，…，x_n 表示，称为变差。

对总体的统计测量结果进行初步处理后，便可进行一些必要的计算和分析。

①用户特征值的计算。

在用户统计测量量的分析中，常用到以下几种特征值(反映用户特征的数值)：

算术平均值。为个体特征值的总和除以特征值的个数所得的商，用 $\overline{X_A}$ 表示：

$$\overline{X_A} = \frac{X_1 + X_2 + X_3 + \cdots + X_n}{n} = \frac{\sum_{i=1}^{n} X_i}{n}$$

加权平均值是考虑到所有特征值的频数后，通过分组和计算各组的权(频数)来确定的算术平均值，若用 m_i 表示 x_i 的权，则有：

$$\overline{X_B} = \frac{X_1 m_1 + \cdots + X_n m_n}{m_1 + m_2 + \cdots + m_n} = \frac{\sum_{1}^{n} X_i m_i}{m}$$

若在分析中只需计算上述平均值中的任何一个，则 $\overline{X_A}$，$\overline{X_B}$ 的下角标可以去掉。

中位数。位于有序数列中间的总体单位的特征值即为中位数。

若变差数列的项数为偶数(2K)，则中位数就等于位于中间的两个单元的特征值的算术平均值；若项数为奇数(2K+1)，则第(K+1)个单元的特征值即为中位数。中位数用 M_e 表示。

在含有各种频数值的区间数列里，中位数的计算分两步进行：确定中位数所在区间，即在各区间的累计频数中第一个大于总数一半的那个累计频数所在的区间；按下列公式计算中位数。

$$M_e = x_0 + \delta \frac{\frac{1}{2}n - n_h}{n_e}$$

式中，x_0 表示中位数所在区间的下限；δ 表示中位数所在区间的长度；$n = \sum n_i$ 表示所有各区间的频数总和；n_h 表示到中位数区间为止的累计频数(不包括中位数所在区间)；n_e 表示中位数所在区间的频数。

上、下四分位数。将变差数列分为四个相等部分的数叫四分位数；上四分位数为数列上 1/4 位置的数，下四分位数则为数列 3/4 位值的数。其计算方法与中位数一样。

$$Q_{1/4} = x'_0 + \delta \frac{\frac{1}{4}(\sum n_i) - n'_h}{n'_q}$$

$$Q_{3/4} = x''_0 + \delta \frac{\frac{3}{4}(\sum n_i) - n''_h}{n''_q}$$

众数。指最常出现的特征值，即在一系列观测值中出现概率最大的特征值，用 MO 表示。在离散数列里，众数就是最大频数的变差。

几何平均数。为特征的变差数列中所有 n 个特征数乘积的 n 次方根。

$$M_g = \sqrt[n]{X_1 \cdot X_2 \cdot \cdots \cdot X_n}$$

②特征值变动度计算。

特征值的变动度表示总体特征的离散程度。通常有以下一些指标：

线性平均差。各特征与其算术平均数之差的绝对值的加权算术平均数。

$$\bar{d} = \frac{\sum |X_i - \bar{X}| n_i}{n}$$

式中，$n = \sum n_i$

方差。指每个特征值与算术平均数之差的平方和的平均值。

$$S^2 = \frac{1}{n}\sum_{i=1}^{n} (X_i - \bar{X})^2$$

均方差。为方差的平方根。

$$S = \sqrt{\frac{1}{n}\sum_{i=1}^{n} (X_i - \bar{X})^2}$$

变差系数。变差系数为线性平均差与算术平均数之比。变差系数的引入克服了线性平均差和均方差只限于反映总体特征绝对变动的缺点，以相对数的形式反映特征的离散程度。变差系数较大的数列，分散程度也大。

$$V'' = \frac{\bar{d}}{X}$$

熵。在统计分析中，往往用熵表示特征的非确定性程度。当所有 X 的特征值 x_i 出现的概率相等时，特征值具有最大的熵。计算公式如下：

$$H = -\sum_{i=1}^{N} m_i \log m_i$$

在对总体特征统计测量量的处理与分析中，可利用上述指标对其进行基本的计算分析。

3.2.4 研究结果的可靠性检验

(1) 用户研究定量结论的得出

对用户研究中的某一客观总体进行统计测量和一般性处理分析后，就可以对其进行进一步研究，从中得出定量的结论。

一方面，分析结论的得出是上述处理与分析过程的继续，当我们对统计调查数据进行规范性归纳、整理、图示、计算以后，就可以直接得出研究结论，确定某些关系。例如，本节列举的"用户信息需求及满足情况"的调研活动就是如此。

另一方面，在某些研究活动中，我们还需要对总体进行某些特定的分析，从中得出带有规律性的结论。关于这些特定的研究方法，我们将在有关节次中再作深入的讨论。本节需要着重论述的是研究结果的可靠性检验问题。

(2) 统计分析结果的检验

在对总体特征的研究中，常常可以得出反映其规律的各种统计分布结论。这些分布往往与已知的某种理论分布(如正态分布、泊松分布、指数分布、二项分布、均匀分布等)相拟合。

例如，在正态分布的情况下，每一个因素对总体的影响大致相当。

正态分布的密度公式为：

$$f(x) = \frac{1}{\sigma\sqrt{2\pi}} e^{-\frac{1}{2}\left(\frac{x-\mu}{\sigma}\right)^2} (-\infty < X < +\infty)$$

式中，μ，σ 为大于 0 的常数，相应的分布函数为：

$$F(x) = \frac{1}{\sigma\sqrt{2\pi} \cdot \sigma}\int_{-\infty}^{2} e^{-\frac{1}{2}\left(\frac{t-\mu}{\sigma}\right)^2} \mathrm{d}t$$

σ^2 表示随机变量的方差(表示理论方差，与统计计算中的 S^2 不同)，μ 表示数学期望值(平均值)。正态分布图形如图 3-5 所示。

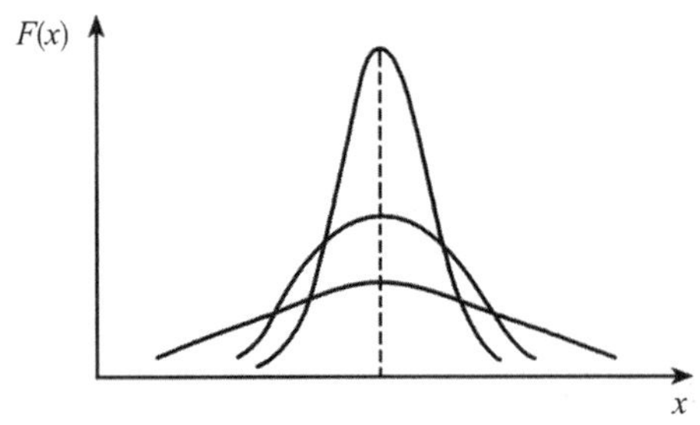

图 3-5　正态分布曲线(μ 相同，σ 不同)图

在研究过程中有两个概念需要明确：

①统计假设。系指关于未知分布的分布形式假设或是关于已知分布的参数假设。在统计分析中首先需要这种假设。如：设某个总体服从正态分布就属于此种假设。H_0 用于表示需要检验的假设(零假设)；H_1 表示与 H_0 相对应的竞争假设。

②统计判据。为了检验 H_0，可以用专门选出的随机变量的精确数据表作为检验的标准，该随机变量称为统计判据(用 K 表示)。

对于判据 K，必须确定出判域，即确定拒绝 H_0 时判据所在区域；其区域界限点称为临界点，用 K_a 表示。

接受或拒绝 H_0 的依据是相应的 K，如 K 的值大于 K_α (K 落在判域中)的概率等于给定的概率值 α。即：$P(K > K_\alpha$ 或 $K < -K_\alpha) = \alpha$ 或 $P(|K| > K_\alpha) = \frac{\alpha}{2}$，以此作为判断

依据。

α 称为显著性水准。在实践中，α 常取 0.01～0.05。根据 K 的分布表，对照实际观察计算值 K_α，便可作出拒绝或接受 H_0 的判断。

x^2 检验法则可以对 x^2 分布进行拟合检验。由于 $x^2(n)$ 是 n 个服从 N(0，1)的随机变量的平方和，所以根据正态分布的迭加性，x^2 检验法则也可以对比率拟合、正态分布形式进行检验。以下仅举一例说明拟合检验的应用。

为了分析各类用户对信息服务的意见，某信息服务部门对本单位的初级、中级和高级科研人员进行了利用"服务"的意向调查，要求用户发表对服务"满意"和"不满意"的选择意见，结果归入表 3-2 中。

表 3-2　科技人员对信息服务的评价

接受调查人数	高级职称用户	中级职称用户	初级职称用户
	90	120	150
对信息服务表示满意的人数	63	81	120
"满意"人数与调查人数之比	70%	68%	80%
比例均值	73%		

对于这一组数据，其实际比值用 P_0 表示，理论比值以均值表示：

$$P_e = \frac{0.70 + 0.68 + 0.80}{3} = 0.73$$

表中数据及运算结果表明，理论比值与实际比值存在一定差异。按理论比值推断，各类用户的理论"满意"人数和实际表示"满意"的人数如表 3-3 所示。

表 3-3　对信息服务表示"满意"的实际人数与理论人数

用户	接受调查人数	实际"满意"人数	理论"满意"人数
高级职称人员	90	63	66
中级职称人员	120	81	88
初级职称人员	150	120	110

现在，设 H_0：各类用户对信息服务的"意见"显著差别。

进行 x^2 检验：

$$X^2 = \sum \frac{(p_0 - p_e)^2}{p_e} = \frac{(63\text{-}66)^2}{66} + \frac{(81 - 88)^2}{88} + \frac{(120 - 110)^2}{110} = 1.602$$

以上按三类人员计算，故自由度为(3-1)；取 $\alpha = 0.05$，查 x^2 分布临界值表，得：

$$X^2_{0.05} = 5.991$$

因为 $X^2 < X^2_{0.05}$，这说明高级、中级和初级科技人员对信息服务意见无显著差别，其结果显示了该部门的信息服务机构在开展用户服务工作中无倾向性，较好地满足了各类人员的需求。

这一实例是基于可靠的调查符合正态分布的前提（$N \geqq 30$ 时，x^2 分布与正态分布近似）。

(3)统计研究结果的可靠性分析

对于结果的可靠性还可以作进一步分析。在统计测量过程中，我们可以从三个方面进行考察：测量对象、测量方式以及测量者。这三个因素直接影响着研究结果的可靠性。对这些因素，我们不打算详细讨论，以下要研究的仅仅是误差的确定以及实际工作中应注意的几个问题。

结果的准确性、稳定性分析：

①大误差的分析。大误差是指总体中的某个属于概率很小的极端异常值，查明大误差的统计判据是 τ 判据。

当 $\tau > \tau_k$ 时，τ 表示成 $\tau_{\max}$，$\tau_{\min}$：

$$\tau_{\max} = \frac{X_{\max} - \bar{X}}{S}$$

$$\tau_{\min} = \frac{\bar{X} - X_{\min}}{S}$$

其中 $\tau_{\max}$ 和 $\tau_{\min}$ 是总体 $\{x_i\}$ 的极值。

τ 的临界值 τ_α 可查表求得，它与 $\alpha = 0.05$（或 $\alpha = 0.01$）置信度下的各种样本容量相对应。

查出大误差值以后，应将其舍去。

②测量的稳定性。对于某一个总体特征，向相同的被调查者作多次调查，其结果可能相同也可能不同，这就是所谓稳定性问题。判断稳定性可用以下两种指标：

绝对稳定性指标：

$$\mu = \frac{\sum_{i=j=1}^{k}}{n} = \frac{n_{11} + n_{22} + \cdots + n_{kk}}{n}$$

其中，n_{ij} 表示第一次回答 X_i，第二次回答为 X_j 的被调查者数量，n_{ij} 亦可根据一致性回答频数来计算。该指标只能说明质量特征的稳定性。

非稳定程度指标：对于说明数量特征的稳定性指标，常用“非稳定程度”这一反面指标来表示。

绝对误差：可采用算术平均差与均方差指标计算。

$$|\Delta| = \frac{1}{n}\sum_{i=1}^{N} = |X_i^{\text{I}} - X_i^{\text{II}}|$$

$$S_x = \sqrt{\frac{1}{2n}\sum_{i=1}^{N}(X_i^{\text{I}} - X_i^{\text{II}})^2}$$

其中，X_i^{I} 与 X_i^{II} 分别表示被调查者 i 在两次调查中的回答数据。

相对误差：

$$S_{\text{相对}} = \frac{|\Delta|}{K' - 1}$$

$$S_{\text{相对}} = \frac{S}{K' - 1}$$

式中，K' 为等级项数(实际起作用的等级项数)。

一方面，上述指标可用于测量稳定性分析。若测量不稳定，则应否定其研究结果。

另一方面，上述指标也可以用于对多个被调查者的回答一致性研究。

③测量的准确性。检验数据的准确性是一项复杂的工作，一般说来，可通过测量方法准确程度地研究探明测量的一般准确性。此外，在利用固定资料的统计分析中，对于数据统计中的偏差(误差)可以从统计学的角度去检验。

在实际研究工作中，应从以下几方面着手确保研究结果的稳定性和准确性：

预先检查原始数据测量方法的准确性；

仔细检验原始数据的稳定性；

进行与检验准确性程度有关的一切必要的运算；

在对研究方案进行稳定性检验的基础上，计算稳定性的准确数值，最后确定准确性的范围。

3.3 抽样方法及其应用

用户研究带有鲜明的社会学特征，由于研究问题的随机性和复杂性，因而社会学研究中的抽样方法无疑也是用户研究的一种基本方法。本节将从实用角度出发，介绍用户研究中经常使用的几种抽样方法。

3.3.1 用户研究中的抽样原则与步骤

用户研究中的总体是指作为一定范围内的研究对象的客体。就范围而言，总体可以是极广泛的，也可以是中等和较小的，它具有空间和时间的界限。对于“较小”的总体可采用全面调查；对于“广泛”的总体一般则应采用有代表性的非全面调查方式对其进行研究。所谓抽样方法，正是一种特殊的、最经常采用的非全面的研究方法。

(1)抽样的基本概念

我们知道，总体是由若干个基本单元(个体)组成的。所谓抽样，即从总体中抽取作为观察客体的部分个体代替对总体的全面研究的过程。被抽出的个体被称为样本。

样本具有程度不同的代表性(总体特征在样本中的体现)。样本作为模型，具有两个特点：其一，它是由模拟对象相同的元素所组成；其二，它的容量必定小于被模拟的总体。

通常，样本的元素称为抽样单位，是在不同抽样程序中样本的计算单位。能够直接从中取得的数据的元素称为观察单位。抽样单位和观察单位可能一致，也可能不一致。它们在普通的抽样模式中是一致的；在复杂的组合抽样中，经常是不一致的。样本中所包含的个体总数称为样本容量(n)。

样本具有误差，通常将样本的统计结构对于相应的总体结构之间的偏差称为样本误差。其误差大致分为两种：随机误差和系统误差。

①随机误差。随机误差是指抽样方法本身所固有的统计误差和在搜集资料程序中由于偶然地违反规定所造成的误差。前者是样本分布特征偏离总体的分布，是可以测量的，值的大小称为代表性误差；后者则是一种难以控制的偏差，它产生于调查与搜集研究资料的过程中，其原因是用不恰当的观察单位来代替预定的观察单位或样本资料的不全。在用户研究中，对前一种随机误差应在计算所有抽样指标的同时予以计算，对后一种随机误差，则应通过“样本校正程序”进行校正。

②系统误差。反映总体分布样本结构与总体不相符合是由非随机系统因素引起的，这种误差称为系统误差。产生系统误差的主要原因有：抽取的样本与研究任务不符；选择了可能曲解总体分布的抽样程序；选择的元素不具有对总体性质的代表性。

系统误差、观察误差和抽样误差是使样本结构与总体实际结构（代表性误差除外）发生偏差的主要原因。在抽样分析中，这一偏差称为样本位移。

（2）抽样的一般原则

在用户研究中，对总体的抽样必须建立在可靠的基础上。所抽样本应符合下列原则：

①完整性原则。所谓完整性，就是指总体的所有元素都能在抽样基础上表现出来。如果根据研究问题的情况，应当被列入的某些观察单位没有被列入，其抽样结果将是不完整的。如果未被列入样本的观察单位具有本质上的特征，而且这种观察单位非常多，那么抽样结果的不完整性将直接导致误差的产生。

②准确性原则。抽样过程中的准确性系指抽样中的样本确定性和样本数值测量的正确性。抽样的不准确是样本随机误差和系统误差产生的主要原因。

③对等性原则。对等性，即为样本特征与所研究的总体特征的对应性。对同一总体而言，解决某一课题的样本基础与解决其他课题的样本基础是不同的，它们与各自的课题对应。对等性原则是课题研究得以进行的重要保证。

④方便性原则。抽样基础的方便性是提高研究工作效率的重要条件。在保证抽样质量的前提下，应从总体结构出发选择最方便的抽样途径。

（3）抽样的基本步骤

抽样的基本步骤通常分为：

①根据研究任务，确定样本结构。样本结构完全决定于研究问题的性质，通常总体可能具有多种不同的特性，要使样本的各种特征都与总体相符，就必须考虑研究问题的特定意义，以反映问题的总体特征为依据确定样本结构。

②搜集和整理总体的有关资料。对总体进行抽样时，还必须占有总体的有关资料。对这些资料的初步整理与分析是对总体抽样研究的基础，即样本基础。

③确定抽样的方法与途径。选择样本的类型和容量，确定抽样的组织方法和途径是抽样过程中的关键步骤。它直接关系到抽样的准确性和研究结果的可靠性。

④对总体进行抽样。在对总体进行抽样的过程中应遵循抽样的程序，严格按要求进行，消除因为抽样者的人为因素所引起的抽样过程中的"操作"误差。

⑤处理抽样数据，提交抽样结果。在提交结果中，应明确某置信区与置信概率。

随机抽样方式是用户研究中的主要抽样方式，一般可分为简单随机抽样、等距抽样和整群随机抽样等。

①简单随机抽样。简单随机抽样是直接对总体进行抽样的一种随机方式。它可以分为简单回置抽样和简单不回置抽样两种。

简单回置抽样。该方式是一种回复式直接抽样方式，即为了保证随机抽样始终处在总体元素相同的情况下进行，每抽取一个子样后均将被抽元素放入总体，直至抽样工作全部结束。利用该方式进行抽样，不能排除同一个抽样单位在样本中重复出现的现象。

简单不回置抽样。与回置抽样不同，不回置抽样不需要进行抽样后的总体回复工作。在抽样过程中，每抽一个子样，总体元素均会相应地减少一个。

简单随机抽样在用户研究中是可用的，其优点是简便。这种方法的局限性在于它的某种不确定性。

②等距抽样。等距抽样是将总体中各单位按某种标准排序、编号，然后每隔一定的"距离"机械地抽出一个单位作为样本，因此又称为机械抽样。

等距抽样是从总体中均匀地抽取各单位，与简单随机抽样相比，更为方便，尤其是按某种标志排列编号时，代表性很强，因而具有较广的适用面。

③整群随机抽样。进行整群随机抽样时，抽样单位乃是统计上的一个组，即统计上各个单位的集合，如用户研究中的团体户或群体。

整群随机抽样与简单随机抽样相比，在组织工作上具有明显的优点。它可以使样本集中在较少的几个点上，对总体预先分区后的整群抽样可大大简化问题的研究过程。

3.3.2 用户研究中的抽样组织与结果处理

上述任何一种抽样方式都可以在不同的抽样类型中得到应用，其要点是根据研究的对象和性质选用合适的方式进行抽样。在用户研究中，可以从需要出发在不同层次上组织抽样。就形式与内容的结合而论，用户研究中采用较多的有如下几种。

(1)单级抽样

单级抽样是指对总体所进行的一次性个别抽样。在抽样过程中，既不需要对总体分组，也不需要对总体分层。这是用户研究中常见的一种抽样。

以下讨论采用不同方式进行总体单级抽样时的代表性误差。

①简单回置抽样。由统计分析得出，回置抽样的代表性误差如下。

设在总体容量为 N，样本容量为 n 的抽样问题中，总体均值为 $\bar{X}$，样本均值为 $\bar{x}$，总体方差和样本方差分别为：

$$\sigma^2 = \frac{\sum_{i=1}^{N} (x_i - \bar{x})^2}{N}$$

$$S^2 = \frac{\sum_{i=1}^{N} (x_i - \bar{x})^2}{N}$$

式中：

$$\bar{X} = \frac{1}{N}\sum^{N} X_i, \quad \bar{x} = \frac{1}{n}\sum^{n} x_i$$

显然，总体方差 σ^2 与样本方差是不同的，且为一未知数，因此只能说 S^2 为 σ^2 的估计量，根据统计理论可以证明为无偏估计量。

对以上结果稍加变化后进行运算，可得：

$$u_1 = \frac{\sigma}{\sqrt{n}} \cdot \sqrt{1 - f}$$

式中：$f = \frac{n}{N}$，为抽样比。u_1 为标准误差，用以表示代表性误差，其无偏估计为：

$$u_2 = \frac{S}{n}\sqrt{1 - f} = S\sqrt{\frac{1}{n} + \frac{1}{N}}$$

考虑到样本分布的统计特性，对此式加以修正，得：

$$u = \frac{S}{\sqrt{n - 1}}$$

②简单不回置抽样。简单不回置抽样的代表性误差为：

$u_1 = \frac{\sigma^2}{n}$ 经无偏估计分析和校正，得：

$$u = \sqrt{\frac{S^2}{n}(1 - f)}$$

或直接表示为：

$$u = \sqrt{\frac{S^2}{n}\left(1 - \frac{n}{N}\right)}$$

式中，N 表示总体容量，n 为样本容量，S^2 为样本方差。从式中可知，当样本容量增大时样本代表性误差将减小，n 趋近于 N 时，u 将趋近于 0。

通常，给定代表性误差，可以求出样本最小容量 n。

③等距随机抽样。等距随机抽样常用简单随机抽样的误差计算公式计算其代表性误差。这是因为等距抽样中的代表性误差不超过简单随机抽样的代表性误差。

值得指出的是，在等距抽样中总体的每一元素被抽的机会并不均等，往往受第一次抽取样本的影响，同时不具备简单随机抽样的高度随机性。由于每隔一定距离抽取一个元素（或单位），可能会产生周期性偏差。为了防止周期性偏差的发生，必须对总体性质进行充分研究，在总体排序上尽量分析系统因素的影响，以建立合理的抽样体系。

④整群随机抽样。整群随机抽样方式用于单级抽样具有很高的效率，在总体单位分布区域比较广时往往采用整群抽样方式。整群随机抽样的代表性误差如下。

在总体中各群元素（个体）大致相等的情况下，可以通过下列公式求解：

$$u = \sqrt{\frac{S_b^2(C - c)}{c(C - 1)}}$$

式中，S_b^2 表示群间方差，C 为总体中群数，c 为样本群数。如以 m_i 表示各群抽样样本数（i 为组号），x_{ij} 表示第 i 抽样组中的样本，有：

$$\overline{X_i} = \frac{1}{m_i}\sum_{j=1}^{m_i} x_{ij}, \quad \bar{X} = \frac{1}{C_{mi}}\sum_{i=1}^{C}\sum_{j=1}^{m_i} x_{ij}$$

这里的关键问题是计算抽样方法误差，按抽样所要求的置信概率，求解结果的置信区，同时进行校正，最后提交抽样报告。

在普遍情况下，美国 W. G. 科克伦（W. G. Cochran）在《抽样技术》一书中讨论了各种情况下的整群抽样问题①。在书中，作者区分总体中各群元素相等和不相等两种情况，分别推导出求标准误差的公式。在用户研究的抽样过程中，我们可以采用其中的一些基本方法。

（2）分层抽样

分层抽样也称为类型抽样。在抽样过程中所谓分层，就是将总体划分成统计性质相

① 张尧庭. 抽样技术［M］. 吴辉，译. 北京：中国统计出版社，1985.

同的若干组，使所要调查指标的变动幅度在组内比在各组之间小。

在总体分层基础上的抽样称为分层抽样。若总体内单位性质不一致时，总体分层就显得非常必要。在总体中赖以进行分层的特征称为分层特征，分层可按一个或数个特征进行。在用户研究中，用户类别的划分就是一种分层实例。

在总体分层的基础上，可以采用任何一种适当的方式进行抽样。由于抽样方式不同，分层抽样的代表性误差也不相同。以下以简单不回置抽样方式为例，讨论代表性误差计算问题。

设将总体容量为 N 的抽样对象分成 L 个类型组(层)。相应的组(层)构成了事实上的子总体，其容量分别为 N_1，N_2，…，N_L，因此：

$$N_1 + N_2 + \cdots + N_L = N$$

分层后的抽样在各层进行，所抽样本容量分别为 n_1，n_2，…，n_L；样本总容量为 n，各层的参数如下：

$$\overline{X_k} = \frac{\sum_{i=1}^{n_k} X_{ki}}{N_k}$$

$$S_k^2 = \frac{1}{N}\sum_{i=1}^{n_k} (X_{ki} - \bar{X}_k)^2$$

其中，$k = 1, 2, \cdots, L$；为层号，i 表示层内单位号，X_k 为层内样本均值，S_k^2 为其方差。

若将 S_k^2 加以修正，以 N_{k-1} 代替 N_k，有：

$$u^2 = \frac{1}{N^2}\sum_{k=1}^{L} N_k(N_k - n_k)\frac{S_k^2}{n_k}$$

以此出发，可以求 u。

(3) 多级抽样

多级抽样是对总体分级进行多次抽样的过程，通常在总体中缺少观察单位资料的情况下采用。在抽样中，组织第一级抽样，只要具有抽样特征分布的资料就足够了；组织第二次抽样，只要有第一级抽样单位的资料就够了；依此类推。采用多级抽样时，抽样单位在每一级上都发生变化。例如，对工业企业用户进行抽样，在第一级上对工业企业总体抽样，在第二级上对进行过第一级抽样的工业企业车间抽样，在第三级上对进行过第二级抽样的车间所属班组抽样，等等。

通常，在第一级抽样上使用严格的随机方法，从第二级开始则使用概率比例抽样法(即在估计构成第一级样本的单位数量基础上，按各自比例分别独立抽样)。每一级抽样的比例应分配得当，即保证总体中的所有单位都具有同等被抽的概率。

以二级抽样为例，当样本容量足够大时，其平均误差为：

$$u = \sqrt{S\frac{S_{\text{I}}^2}{n_{\text{I}}} + \sum\left(\frac{S_{\text{II}}^2}{n_{\text{II}}}\right)\frac{1}{n_{\text{I}}}}$$

式中，S_{I}^2、S_{II}^2 分别表示第一、二级抽样的样本方差，n_{I}、n_{II} 分别表示第一、二次抽样的样本数。从公式中可知，代表性误差由各组平均数之间的误差以及组内误差所致。

抽样结果处理的关键问题是根据一定的可信度，确定结果的可靠范围。这一问题可以归纳为依据置信概率求置信区的处理工作。

由于抽样的结果相对于总体存在一定的概率偏差，所以对结果的可信度只能提出一定的概率指标，如要求 95%的可信度，即 95%可能是正确的，此时置信概率为 $P = 0.95$，不可信概率为 $\alpha = 0.05$(为一种概率误差)，可见：

$$P = 1 - \alpha$$

如果用 μ 表示最后的抽样结果(如求总体均值时表示总体均值的抽样统计结果)，用 X 表示总体的实际真值，有：

$$P\{-\Delta < \bar{X} - \mu < \Delta\} = 1 - \alpha$$

在抽样中，若已掌握代表性误差 u，根据抽样的概率分布，有：

$$\Delta = tu$$

式中，t 由正态曲线 $\varphi(t) = \frac{1}{2\pi}\int_0^t e^{-\frac{x^2}{2}}$ 决定，取 $\varphi(t) = \frac{1-\alpha}{2}$，可以求出 t(查表)。

将上式中的 Δ 用 tu 代换，

$$P\{-tu < \bar{X} - \mu < tu\} = 1 - \alpha$$

即，

$$P\{\bar{X} - tu < \mu < \bar{X} + tu\} = 1 - \alpha$$

这说明，总体的抽样置信区为：

$$\bar{X} - tu < \mu < \bar{X} + tu$$

置信概率为 $P = 1 - \alpha$

以下举一完整的例子加以说明。

［例］采用整群抽样方式对某一时间段的某项信息服务使用频次进行单极抽样统计。假设接受该项服务的用户群中的用户总数为315人；在抽样统计用户群中用户使用服务的平均次数时，按10抽1的比例进行5($c = 5$)次采样，获30($C = 30$)个样本。样本数据为：($i = 1, \cdots 5$；$j = 1, \cdots 6$)；群内均值为$\bar{x}_i$，总体均值为$\bar{X}$；方差为S_b^2。数据归入表3-4中。

表3-4　某一时间段某用户群中的用户使用某项服务的抽样调查统计

抽样群号	样本 x_{ij}	$\bar{X}$	$(\bar{X}_i - \bar{X})$	$(\bar{X}_i - \bar{X})^2$
1	31　46　52　43　37　30	39.8	4.4	19.36
2	63　21　30　44　35　57	41.7	6.3	39.69
3	25　38　11　40　37　35	31.0	-4.4	19.36
4	31　28　32　43　26　20	30.0	-5.4	29.16
5	21　33　36　40　51　26	34.5	-0.9	0.81
		$\bar{X} = 35.4$		$\sum = 108.38$

$$S_b^2 = \frac{1}{C}\sum_{i=1}^{5}(\overline{X_i} - \bar{X}) = \frac{1}{5} \times 108.38 = 21.67$$

$$u = \sqrt{\frac{S_b^2(C-c)}{c(C-1)}} = \sqrt{\frac{21.67 \times (30-5)}{5 \times (30-1)}} = 1.93$$

如果取$\alpha = 0.05$，$\frac{1}{2}(1-\alpha) = 0.475$，查正态分布表，得：

$$t = 1.96$$

$$\Delta = tu = 1.96 \times 1.93 = 3.8$$

结果为：(35.4 - 3.8，35.4 + 3.8)，即该用户群体中用户对某项服务的使用为31.6～39.2次(置信概率为0.95时)。

3.4　比较分析法及其应用

前面介绍了用直接和间接的方法对用户所进行的一些初步调查分析。我们已经了解到，这一分析工作建立在调查人员定性分析的基础上，由于缺乏对调查结果的最科学的处理方法，因而降低了结论的客观性。为了克服这一缺点，目前人们往往采用社会调查与数据分析相结合的方法，即定性—定量方法。本节将着重介绍属于这一范畴的比较分析法。

比较分析法的要点是通过对调研对象的某一特征进行质与量的比较分析，得出研究结论。定性—定量比较分析是对一些定性指标赋值，从量的角度对调研对象进行比较研究的一类方法。根据比较对象与比较因素的差别，可以选用不同的方法，以下讲述的只是常用的几种。

3.4.1 成对比较法

在用户研究中常常需要对同一类型的多元素进行比较分析。例如，从用户应用文献的角度研究各类文献资料的使用价值就属于这一类型的问题。由于问题的复杂性，人们很难用某种固定的分析方法直接得出较准确的分析结论。这时则需要用成对比较法将多元素比较化成成对元素比较，最后将成对比较的结果进行综合，得出较准确、可靠的结论。

为简单起见，我们用 A_1，A_2，A_3，…，A_k 表示分析研究的元素(对象)，其中 K 为正整数。

符号 $(A_1 A_2)$，$(A_1 A_3)$，$(A_i A_j)$，…，$(A_k A_{k-1})$ 表示可能组成的各种对子，显然这样的对子有 $\frac{K \cdot (K-1)}{2}$ 对。

进行这种分析只需要被调查者(用户)对上述成对元素作出比较，以确定哪一元素重要一些，从中择其一，然后对 n 个被调查者的选择结果加以综合，计算选择比率并列入比率计算表。为了说明问题，我们假设针对 $A_1 \sim A_5$ 5 个元素向 100 个被调查者进行调查，其结果如表 3-5 所示。

表 3-5 比率计算表

价值	A_1	A_2	A_3	A_4	A_5
A_1	—	0.61	0.82	0.89	0.95
A_2	0.39	—	0.51	0.60	0.69
A_3	0.18	0.49	—	0.68	0.73
A_4	0.11	0.40	0.32	—	0.82
A_5	0.05	0.31	0.27	0.18	—

表中，第一行 (A_1) 和第二列 (A_2) 交点上的数字(0.61)表示在这一对元素中选择 A_2 比率；显然，在第二行和第一列的交点上应有一个对应的比率(0.39)，它与前一个比率之和等于1。如被调查者无法判断，则应以0.5的比率记入表中。我们用 m_{ij} 表示在 (A_{ij}) 中选择 A_j 的比率。

根据统计分析，我们要求 m_{ij} 服从正态分布：

$$m_{ij} = \frac{1}{\sqrt{2\pi}}\int_{-\infty}^{Z\ ij} e^{\frac{t^2}{2}} dt$$

以下计算 $A_1 \sim A_5$ 各元素的价值等级。

根据 m_{ij} 与 z_{ij} 的上述关系，通过查表可以找出 m_{ij} 对应的 z_{ij}，将结果归入等级计算表(见表3-6)。

表 3-6　等级计算表

价值	A_1	A_2	A_3	A_4	A_5
A_1	—	0.28	0.92	1.23	1.65
A_2	-0.28	—	0.03	0.26	0.50
A_3	-0.92	-0.03	—	0.47	0.61
A_4	-1.23	-0.26	-0.47	—	0.92
A_5	-1.65	-0.50	-0.61	-0.92	—
$\sum Z$	-4.08	Z-0.51	-0.31	1.04	3.68
$\overline{Z} = \frac{\sum Z_{ij}}{5}$	-0.81	-0.10	-0.02	0.21	0.73
$\overline{Z} + 0.81$	0	0.71	0.79	1.02	1.54

若 Z_{ij} 的值大于2(或小于-2)，可以认为是不稳定值而舍去，这时计算平均等级则应另外处理或不计此数据。若任何一种选择都不曾舍去，则 A_i 元素的等级就可以用表3-6中 i 列里所有数的平均数来表示。

从表中可知：比率小于0.5时，价值等级为负；求出 $\overline{Z}$ 后，然后再求(Z+0.81)是为了使最低等级为0，纯属0点选择问题。

可见，应用成对比较法可以成功地排出各元素的价值等级。

3.4.2 相等间隔法

从以上庞杂的计算可知，当分析元素的数量很大时，成对比较法就会显得更加繁琐。为了简化研究过程，可采用相等间隔法。该方法与成对比较法不同，它的基本内容包括：首先提出关于被研究问题的一系列可能的详细见解，要求被调查者对它们一一作出判断，并将其判断按肯定程度顺序排列成数目固定(通常为7，9或11个)的等级(等级间的间隔在主观上应是相等的，即使被调查者能感觉到任意两个相邻等级的意见之间的肯定程度之差都是相等的)；在此基础上，进行见解的等级计算，确定各项见解的重要性与可取性。

例如，我们从用户的角度研究某一信息系统对信息需求的满足程度，就可以采用相等间隔法对问题进行多方面探讨。其具体做法如下。

(1)经过初步调查分析，提出对问题的一系列各种可能的见解

一般说来，这些见解的数目须根据实际情况而定，使之尽可能均匀地布满关于意向的整个连续域，即包括完全肯定—中立—完全否定的各种见解。在挑选见解时，必须遵循下列原则：①见解必须用肯定的语气来叙述，应能使被调查者感受到瞬时心理学上的意向；②见解的陈述应简明扼要，不使被询问者感到厌倦；③见解应用接受或拒绝方式来表示，一种见解一般表示一个概念；④见解不应有双重含义或不确定性；⑤见解应通过在对待意向对象的态度上表示同意或不同意的方式来表述；⑥见解的特点不受是否实际存在的限制。

(2)对问题进行等距离调查

见解列出后，可挑选在一定问题上具有代表性的数十到数百人(也可以是某单位的全体现实用户)作为被调查者。然后将所有见解交给被调查者，要求他们各自独立地将这些见解分配到7(9或11)个组中去。这样在最末组便放着被调查者认为应最大限度加以肯定的见解，第1组则放着最大限度加以否定的见解。其中，要注意的是，必须使被调查者感觉到两个相邻组之间的距离是相等的。

(3)统计调查资料，计算见解等级

被调查者对问题作出一系列比较判断以后，应根据全部被调查者对见解的判断数据

分别求出每一见解的等级，其方法如下。

假设被调查者对某项见解的判断等级统计资料如表 3-7 所示。

表 3-7　某一见解等级分布表

等级编号	1	2	3	4	5	6	7	8	9	10	11
将该项见解划入该等级的被调查者人数(频数)	36	88	52	20	4	0	0	0	0	0	0
频率 $\left(\frac{n_i}{n}\right)$，$n = 200$	18	44	26	10	2	0	0	0	0	0	0
累计频率	18	62	88	98	100	—	—	—	—	—	—

作出累计分布图(见图 3-6)，求出中位数 M_e，上四分位数 $Q_{1/4}$，下四分位数 $Q_{3/4}$。

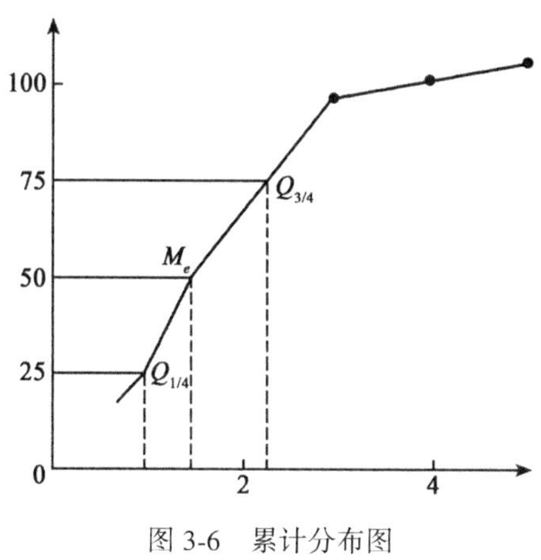

图 3-6　累计分布图

从图中可见，该项见解的 $M_e = 1.7$，$Q_{1/4} = 1.2$，$Q_{3/4} = 2.7$。每一见解的平均等级为其中位数 M_e。各项见解总等级取其平均等级。若两项见解平均等级相等，则上、下四分位数之差 $Q = \dfrac{Q_{1/4} - Q_{3/4}}{2}$ 较小的见解的比较级别较高。

(4) 归纳

按等级高低研究各项见解，归纳分析数据的意向，得出研究结论。如果需要对同一等级的各种见解作进一步研究，可用成对比较法。

值得指出的是，采用上述方法进行用户研究时，我们还可以对被调查者进行个体研究，即研究每一被调查者的意见和行为与总体意见的差异(差异大小可用个体意见对总体意见的离散程度来表示)。这一差异分析对开展重点用户的信息保证是重要的。

对被调查者进行个体研究的简便方法是对被调查者评级。例如，利用被调查者所指出的那些见解的平均等级，可以对被调查者进行等级评定。

3.4.3 词义微分法

词义微分法是C. 奥斯古特为了测量概念和语言的含义而研究出来的。在用户研究中，词义微分法可用于研究用户对信息服务的态度、用户表达信息需求的方式差异、用户对信息检索语言的使用习惯等问题。

为了确定被调查的用户(被调查者)对比较对象的态度，我们采用7个估计等级：很肯定(+3)，肯定(+2)，较肯定(+1)，无所谓(0)，较否定(-1)，否定(-2)，很否定(-3)。每个被调查者将采用这些等级来表达对研究对象的态度或实际关系。如果比较对象由m个元素构成，对每一调查者将会有m个表态；如果被调查人数为n，其总表态为$m \cdot n$。

搜集到完整的调查资料后，便可进行统计计算：首先按比较对象的各元素将每个调查者的估计数(+3~-3)相加，然后计算关于意向对象各元素的估计算术平均值。对比较对象所有元素的估计算术平均值的计算结果表明了被调查者总体(某一用户群)对意向对象的“总态度”(认识趋向)，这一结果可以图示。

如果用A表示比较对象，$A_i(i = 1, 2, 3, \cdots, m)$表示对象中的各元素，$T_{ji}$表示态度(某一调查对$A_i$的态度)，$T_i$表示其平均值，当$j = 1, 2, 3, \cdots, n$时，有：

$$\overline{T_i} = \frac{1}{n}\sum_{n}^{m} T_{ji} \quad (j = 1, 2, \cdots, m)$$

如果用横坐标表示$\overline{T}$，纵坐标表示A，则可用图3-7表示总趋势。

以下分析每个被调查者对比较对象的态度差异，其差异用微分D表示，D_j表示第j个被调查者在所有的元素上所表现出的差异：

$$D_j = \sqrt{\sum_{i=1}^{m} d^2(T_{ij} - T_i)}$$

式中，$d(T_{ij} - \overline{T_i})$表示在第$i$个元素上，第$j$个被调查者的等级估计数与平均数之差。

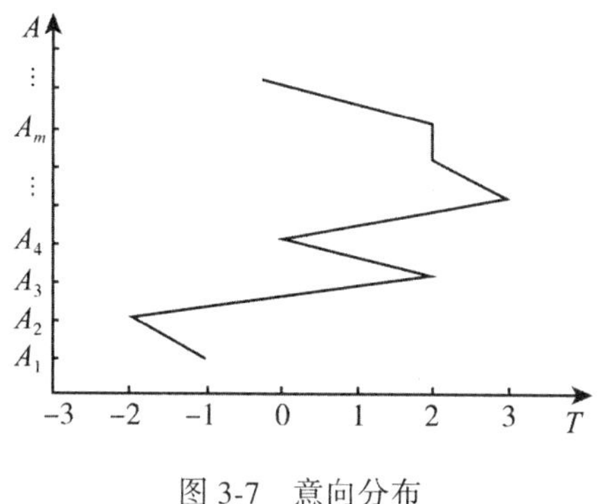

图 3-7 意向分布

以上的微分差异分析对于掌握用户群的一般规律和个体用户的特征规律都有意义，同时对于开展信息系统分析也具有现实意义。

3.4.4 评分比较法

评分比较法是利用被调查者对研究对象的评分数据开展对象比较研究的一种方法。其方法要点如下：

①组织被调查者根据统一规则，给研究对象评分(其评分可采用百分制、十分制、五分制、小数制等)；

②进行数据处理和评分计算，得出一般结论；

③进行误差分析，研究结论的一致性与可靠性。

设 n 个被调查者对分析对象的全部 m 个元素的评分数据如表 3-8 所示。

表 3-8 评分原始记录

项目	被调查者的评分数据							平均值	均方差
	1	2	3	…	j	…	n		
1	ξ_{11}	ξ_{12}	ξ_{13}	…	ξ_{1j}	…	ξ_{1n}	$\bar{\xi}_1$	σ_1
2	ξ_{21}	ξ_{22}	ξ_{23}	…	ξ_{2j}	…	ξ_{2n}	$\bar{\xi}_2$	σ_2
⋮	⋮	⋮	⋮	…	⋮	…	…	⋮	⋮
i	ξ_{i1}	ξ_{i2}	ξ_{i3}	…	ξ_{ij}	…	ξ_{in}	$\bar{\xi}_i$	σ_i
⋮	⋮	⋮	⋮	…	⋮	…	…	⋮	⋮
m	ξ_{m1}	ξ_{m2}	ξ_{m3}	…	ξ_{mj}	…	ξ_{mn}	$\bar{\xi}_m$	σ_m

对结果进行如下处理：

①计算调查对象中各分析元素评分的平均值。

$$\bar{\xi}_i = \frac{1}{n}\sum_{j=1}^{n} \xi_{ij}(i = 1,\ 2,\ \cdots,\ m)$$

各项评分均值基本上反映了对应价值。

②计算被调查者对各分析元素的评分均方差。

$$\sigma_i = \sqrt{S_i^2} = \sqrt[n]{\frac{1}{n}\sum_{j=1}^{n} (\xi_{ij} - \bar{\xi}_i)^2}(i = 1,\ 2,\ \cdots,\ m)$$

这一指标反映了被调查者对第 i 项评分的偏离程度。

③研究被调查者评分的一致性。

一方面，可以用多重相关系数作为被调查者对调查对象的各个项目(元素)评分的一致性的量度。

对于第 i 个项目(元素)来说，第 j 个调查者评分为 ξ_{ij}，对所有元素的总评分为：

$$\xi_j = \sum_{i=1}^{m} \xi_{ij}(j = 1,\ 2,\ \cdots,\ n)$$

对所有被调查者而言，其总评分均值为：

$$\bar{\xi} = \frac{1}{n}\sum_{i=1}^{m} \xi_j = \frac{1}{n}\sum_{i=1}^{n}\sum_{i=1}^{m} \xi_{ij}$$

第 j 个被调查者对研究对象总评分的均方差为：

$$\sigma = \sqrt{\frac{1}{n}\cdot S^2} = \sqrt{\frac{1}{n}\cdot \sum_{j=1}^{n} (\xi_j - \bar{\xi}_j)^2}$$

σ 的大小从某种程度上反映了总评分的误差，是不一致程度的几何误差量度。

另一方面，研究评分的一致性程度的线性指标是算术平均误差：

$$|\Delta| = \frac{1}{n}\sum_{j=1}^{n} |\xi_j - \bar{\xi}|$$

以下，我们用多重相关系数 W 表示其一致性：

首先，计算研究对象所有元素总获分的均值：

$$\alpha = \frac{1}{n}\sum_{j=1}^{n}\sum_{i=1}^{m} \xi_{ij}$$

得分总方差为：

$$S^2 = \sum_{j=1}^{n} (\xi_j - \alpha)^2$$

系数 W 由下式求得：

$$W=\frac{S^2}{\left(\frac{1}{12}\right)m^2\cdot(n^3-n)}$$

量 W 的显著性根据 X^2 判据来检验，其自由度为 $(m-1)$ ：

$$X^2=\frac{S^2}{\left(\frac{1}{12}\right)m\cdot n(n+1)}$$

例如，在用户研究中有如表 3-9 所示的评分数据。

表 3-9　用户评分数据

被调查者	评分(对 A、B、C 的评分)			
	A	B	C	Σ
第一	1	2	1	4
第二	3	4	5	12
第三	5	5	4	14
第四	4	3	3	10
第五	2	1	2	5
$n=5$				$\sum\sum=45$

这时：

$$\bar{\xi}=\frac{45}{5}=9$$

$$S2=(4-9)^2+(12-9)^2+(14-9)^2+(10-9)^2=76$$

$$W=\frac{76}{\frac{1}{12}\cdot 3^2\cdot(5^3-5)}=0.84$$

W 的数值较接近于 1，说明一致性程度较高。对此，可作进一步检验。

自由度：$5-1=4$，当 $\alpha=0.05$ 时，从表中查出 ${x_{0.05}}^2=9.448$，计算得出的 $x^2=10.133$，因此可以认为存在着显著的相关关系。

④评分比重。

某一项目(元素)的评分比重是该项目所得全体被调查者的评分和在全体被调查者给相应的全部项目的评分总和中所占的比重，即：

$$k_i = \frac{\sum_{j=1}^{n} \xi_{ij}}{\sum_{j=1}^{n} \sum_{i=1}^{m} \xi_{ij}}$$

其中，n 为被调查者人数，m 为项目数。该项指标反映了项目的个体特征。

⑤评分比较法的进一步讨论。

被调查者对研究对象的评分分布遵从正态分布，当被调查者的数量足够多(满足大数定律)，有足够的代表性，并且相互独立评分时，其分布曲线为一完整的正态分布曲线。这时，可以划分统计区间对其进行研究。

3.5 相关分析法及其应用

在用户研究中，常常需要研究某些事件之间的相互关系，这就是所谓的相关分析。

相关关系可分为两种，即函数关系和统计关系。前者是一种十分确定的关系，而后者则是一种随机现象之间的相互关系。用户心理、行为表现出的各种相关关系属于后者，它的某种带有规律性的东西是受许多同时起作用和相互联系的因素的影响所造成的。在统计学中研究这种规律性就是研究统计相关关系。其问题包括：研究若干数值之间的相关关系和研究一个或一系列数值与另外一些数值之间的相关关系。

本节要研究的是用户所表现出的心理、行为特征和不确定随机相关关系，影响用户信息需求与利用的诸因素的关联性，以及信息服务中的某些关系问题等。对这些问题的研究，一般难以寻求一个明确的数学表达式，因此拟利用统计学中的相关分析方法解决。对于具有一定函数统计关系的问题，可以利用回归分析法等方法解决。

目前，相关分析方法在社会学研究中的应用十分普遍，内容非常丰富，因此以下要讨论的重点仅限于介绍一些用户研究中的常用方法。在掌握基本分析方法的基础上，对于其他问题还可以从多方面进行研究。

3.5.1 肯达尔等级相关分析

肯达尔等级相关分析是通过计算两种事件的肯达尔相关系数进行的。肯达尔系数 τ_k

定义为：

$$\tau_k = \frac{2MN}{N(N-1)}$$

式中：N 为事件的状态，用等级表示：1，2，3，…，N；M 为相关量。

为了说明分析方法，以下举一个简单的实例。

在用户研究中，我们调查了企业技术人员和科研部门的研究人员对信息源的利用情况，按两类人员对信息源利用比例将信息源排序，结果如表 3-10 所示。

表 3-10 科研、技术人员文献信息利用比较

用户	文献利用排序								
	图书	期刊	会议文献	专利文献	标准文件	科技报告	产品样本	技术档案	其他文献
科学研究人员	4	1	2	6	7	3	9	5	8
企业技术人员	4	1	5	2	3	7	6	8	9

在研究中，为了便于计算将数据加以整理，得出表 3-11 所示的结果。

表 3-11 肯达尔系数计算表

文献类型	排序计算				
	科学研究人员(A)	企业技术人员(B)	M^+	M^-	$M^+ - M^-$
期刊	1	1	8	0	8
会议文献	2	5	4	3	1
科技报告	3	7	2	4	−2
图书	4	4	3	2	1
技术档案	5	8	1	3	−2
专利文献	6	2	3	0	3
标准文献	7	3	2	0	2
其他文献	8	9	0	1	−1
产品样本	9	6	0	0	0
$\sum$	-	-	23	13	10

在数据处理过程中，首先将各类文献按科学研究人员的利用率高低进行排序，序号为其等级号；其次，将企业技术人员的文献信息利用率的相应等级号归入表中。以此为依据计算 M^+，M^-，$M^+ - M^-$。

M^+ 定义为同序数目，即以 A 组(科研人员的文献利用等级)为标准，确定相对应 B 组的同序数目，如果某等级号小于后面的等级号，则为同序数目。例如，B 组中的会议文献利用等级号为 5，5 小于后面的 6、7、8、9 共 4 个等级，故同序数目为 4。

M^- 定义为异序数目，即以 A 组为标准，确定 B 组相应的异序数目，如果某等级号大于后面的等级号，则为异序数目。例如：B 组中的会议文献利用等级号 5 后面的 4、2、3 共 3 个等级均小于 5，故异序数目为 3。

根据这些数据，计算 M：

$$M = \sum (M^+ - M^-) = 10$$

将 $N = 9$ 代入 τ_k 的解析式，得：

$$\tau_k = \frac{2M}{N(N-1)} = \frac{2 \times 10}{9 \times (9-1)} = 0.28$$

分析结果 $\tau_k = 0.28$，因为 τ_k 取值范围为：$\tau_k \leqslant 1$，则可以认为科研人员的文献利用与企业技术人员文献利用相关度较小，二者的需求除具有某些共同之处外，各有特色，故不宜采用相同的信息服务方式。

3.5.2 斯皮尔曼等级相关分析

英国统计学家斯皮尔曼提出了如下的等级系数计算公式：

在两组按同一标准排列的等级数据中，相关系数：

$$\gamma_S = 1 - \frac{6\sum D^2}{N(N^2-1)}$$

式中，D 为对应等级之差，N 为等级对数目。γ_S 的取值范围为 $|\gamma_S| \leqslant 1$，其绝对值越大，相关关系越强。

以下用实例说明之。

[例]为了分析科研人员的科研水平与信息利用时间(占科研时间的比例)和有偿服务利用的关系，我们调查了 8 名科研人员的情况，获取了有关的等级数据。表 3-12 中按科研成果综合水平对 8 名科技人员排序，同时按信息利用时间比例和有偿信息服务利用效果列出其他的相关关系。

根据表中的数据进行计算：

$$N = 8$$

$$\sum D_{xy}{}^2 = \sum_{i=1}^{8} (x_i - y_i)^2 = 8$$

$$\sum D_{xz}{}^2 = \sum_{i=1}^{8} (x_i - z_i)^2 = 99$$

表 3-12 科研人员利用信息情况

科研人员代码	成果综合水平 (x_i)	利用信息时间比例 (y_i)	有偿服务利用 (z_i)	D^2	
				$(x_i - y_i)^2$	$(x_i - z_i)^2$
01	1	1	7	0	36
02	2	3	2	1	0
03	3	4	5	1	4
04	4	2	8	4	16
05	5	5	4	0	1
06	6	7	1	1	25
07	7	6	3	1	16
08	8	8	6	0	4
$\sum$	-	-	-	8	102

对于成果水平与信息利用时间关系：

$$\gamma_{sxy} = 1 - \frac{6\sum D_{xy}{}^2}{N(N^2 - 1)} = 1 - \frac{6 \times 8}{8 \times (8^2 - 1)} = 0.91$$

对于成果水平与利用有偿服务的关系：

$$\gamma_{sxz} = 1 - \frac{6\sum D_{xz}{}^2}{N(N^2 - 1)} = 1 - \frac{6 \times 102}{8 \times (8^2 - 1)} = -0.22$$

以上结果表明：科研人员在信息利用过程中，成果水平与信息利用时间密切相关，特别是高水平的科研，利用信息时间比例相当大；而成果水平与利用有偿服务关系不大，目前在我国这两方面没有必然的联系，其原因在于科研部门的信息服务仍以“无偿”为主。

3.5.3 积差系数的计算与分析

对于用户研究中的两个特征 x、y，其相关性可以用积差系数分析来确定。若以 γ 表示积差系数，有：

$$\gamma = \frac{\sum (x - \bar{x})(y - \bar{y})}{n S_x S_y}$$

式中，x、y 为相应特征的变量值；x、y 为相应变量值的平均数；S_x、S_y 为均方差。根据方差定义，有：

$$\gamma = \frac{\sum (x-\bar{x})(y - \bar{y})}{n\sqrt{\frac{\sum (x - \bar{x})^2}{n}} \cdot \sqrt{\frac{\sum (x - \bar{y})^2}{n}}} = \frac{\sum (x - \bar{x})(y - \bar{y})}{\sqrt{(x - \bar{x})^2} \cdot \sqrt{(y - \bar{y})^2}}$$

据此，分析以下问题。

[例]组织信息用户和信息服务人员分别评价 $A \sim J$ 项信息服务开展的水平和效益，采用 0~10 分标准进行评分估测，结果如表 3-13 所示。

表 3-13 信息服务项目效果评价

信息服务代码 (i)	Ⅰ	Ⅱ	Ⅲ	Ⅳ	Ⅴ	Ⅵ	Ⅶ	Ⅷ	Ⅸ	Ⅹ
用户评分数据 (x_i)	6	7	8	6	7	6	9	6	7	8
业务人员评分数据 (y_i)	7	6	8	5	7	6	8	5	7	7

现在作如下分析。

设用户评分为 x_i，业务人员评分为 y_i，其中 $i = 1, 2, \cdots, 10$。

$$\bar{x} = \frac{1}{10}\sum_{i=1}^{10} x_i = 7$$

$$\bar{y} = \frac{1}{10}\sum_{i=1}^{10} y_i = 6.6$$

$$\gamma = \frac{\sum_{i=1}^{10}(x_i - 7) \cdot (y_i - 6.6)}{\sqrt{\sum_{i=1}^{10}(x_i - 7)^2} \cdot \sqrt{\sum_{i=1}^{10}(y_i - 6.6)^2}} = \frac{8.0}{\sqrt{10} \cdot \sqrt{10.4}} = 0.78$$

从中可知 $\gamma = 0.78$，比较接近于 1，这说明，用户对“服务”的评价与业务人员的评

价密切相关（$|\gamma|\to 1$），二者比较一致。评分结果可供改进工作参考。

积差系数分析也可以在分组情况下进行。为了说明方法，我们仍举实例加以分析，在分析过程中引出基本公式。

［例］考察136名用户的科研能力和信息利用水平，其“能力”及“水平”均按7个等级进行评价。等级愈高，水平、能力愈强，得出如表3-14中的数据。根据此数据，可以对“能力”和“水平”的相关性（相关联系）作如下分析。

表3-14　用户科研水平与信息能力评价计算表

xy \ i	1	2	3	4	5	6	7	x_i	D_j	$x_i D_j$	$x_i D_j^2$	$D_j \cdot \sum x_{ij} D_i$
1	3	1	1	0	0	0	0	5	−3	−15	45	36
2	2	4	2	3	0	0	0	11	−2	−22	44	32
3	1	2	10	7	1	4	0	25	−1	−25	25	8
4	1	1	9	18	4	1	0	34	0	0	0	0
5	0	2	1	7	20	3	7	40	+1	40	40	42
6	0	0	0	3	2	5	4	14	+2	28	56	48
7	0	0	0	0	0	6	1	7	+3	21	63	45
x_i	7	10	23	38	27	19	12	$\sum = 136$	$\sum = 0$	$\sum = 27$	$\sum = 273$	$\sum = 211$
D_i	−3	−2	−1	0	+1	+2	+3	$\sum = 0$	$N = 136$			
$x_i D_i$	−21	−20	−23	0	27	38	36	$\sum = 37$				
$x_i D_i^2$	63	40	23	0	27	6	108	$\sum = 337$				
$D_j \sum x_{ij} D_i$	42	22	16	0	23	54	54	$\sum = 211$				

引入符号并进行关系运算：

用户科研能力评价等级：$i(i = 1, 2, \cdots, 7)$

用户信息利用水平评价等级：$j(j = 1, 2, \cdots, 7)$

用户的综合情况：x_{ij}（能力评分为i，水平评分为j的用户）

能力评分为i的用户数：$x_i = \sum_{j=1}^{7} x_{ij}$

水平评分为 j 的用户数：$x_j = \sum_{i=1}^{7} x_{ij}$

等级 i 转换值：D_i（将 1~7 转换为-3~+3）

等级 j 转换值：D_j（将 1~7 转换为-3~+3）

用户总数：N

根据表中数据和引入的计算符号，可以求以下数值：

$$\sum_{i=1}^{7} x_i = 7 + 10 + 23 + 38 + 27 + 19 + 12 = 136$$

$$\sum_{j=1}^{7} x_j = 5 + 11 + 25 + 34 + 40 + 14 + 7 = 136$$

$$\sum_{i=1}^{7} D_i = -3 - 2 - 1 + 0 + 1 + 2 + 3 = 0$$

$$\sum_{j=1}^{7} D_j = -3 - 2 - 1 + 0 + 1 + 2 + 3 = 0$$

$$\sum_{i=1}^{7} x_i D_i = -21 - 20 - 23 + 0 + 27 + 38 + 36 = 37$$

$$\sum_{j=1}^{7} x_i D_j = -15 - 22 - 25 + 0 + 40 + 28 + 21 = 27$$

$$\sum_{i=1}^{7} x_i D_i^2 = 63 + 40 + 23 + 0 + 27 + 76 + 108 = 337$$

$$\sum_{j=1}^{7} x_j D_j^2 = 45 + 44 + 25 + 0 + 40 + 56 + 63 = 273$$

$$\sum_{i=1}^{7} D_i \cdot \sum_{j=1}^{7} x_{ij} D_j = 42 + 22 + 16 + 0 + 23 + 54 + 54 = 211$$

$$\sum_{j=1}^{7} D_j \cdot \sum_{i=1}^{7} x_{ij} D_i = 36 + 32 + 8 + 0 + 42 + 48 + 45 = 211$$

显见：$\sum x_i = \sum x_j$；$\sum_{i=1}^{7} D_i \cdot \sum_{j=1}^{7} x_{ij} D_j = \sum_{j=1}^{7} D_j \cdot \sum_{i=1}^{7} x_{ij} D_i$

根据区间分布性质，利用统计方法可将求 γ 的公式变形(式中 n 为评分区间)：

$$\gamma = \frac{N \cdot \sum_{i=1}^{n} D_i \sum_{j=1}^{n} x_{ij} \cdot D_j - \sum_{i=1}^{n} x_i D_i \cdot \sum_{j=1}^{n} x_j D_j}{\sqrt{N \cdot \sum_{i=1}^{n} x_i D_i^2 - \left(\sum_{i=1}^{n} x_i D_i\right)^2} \cdot \sqrt{N \cdot \sum_{i=1}^{n} x_j D_j^2 - \left(\sum_{j=1}^{n} x_j D_j\right)^2}}$$

将表中计算的数据代入：

$$\gamma = \frac{136 \times 211 - 37 \times 27}{\sqrt{136 \times 337 - 37^2} \cdot \sqrt{136 \times 273 - 27^2}} = 0.68$$

分析结果为：一方面，136 名用户的科研能力和信息利用水平存在某种相关关系，即科研能力强的用户，其信息利用水平一般较高。从某种意义上说，科研能力也包括了信息利用能力。另一方面，相关系数 γ 对 1 的偏离较大，说明一些卓有成就的科研人员，其信息利用能力有待进一步提高。

3.6 回归分析法及其应用

回归分析法是进行相关分析的一种重要方法，如果研究的对象存在着某种严格的相互依存关系，则要借助于回归分析法寻求其定量规律。

3.6.1 回归分析法的原理与步骤

回归分析法与相关分析法的重要区别在于，相关分析法适用于两种或两种以上因素之间不严格的相互依存关系的分析，是定性分析的提高和补充，而回归分析法在于研究一个事件中诸变量之间的统计关系，寻求其数学表达。

回归分析法的中心问题，是在分析研究对象变化趋势的基础上建立函数模拟模型，通过统计计算和检验，归纳分析结果，因而在用户研究中用于对多方面的问题的求解。

对许多特征的统计依存关系进行相关分析的基础是关于关系的形式、方向和强度分析。在进行总体特征的相关分析中，回归方法有着重要的应用。

在研究总体某一特征规律时，如果我们将总体特征的一系列观测数据(如 $x_i \cdot y_i$ 关联数据；$i=1, 2, \cdots, n$)按一定的坐标(如 X—Y 坐标)描点作图，即得到关于总体特征数据的散点图(见图 3-8)。通过散点图可以观察到特征值变化的总趋向和特征之间的联系。

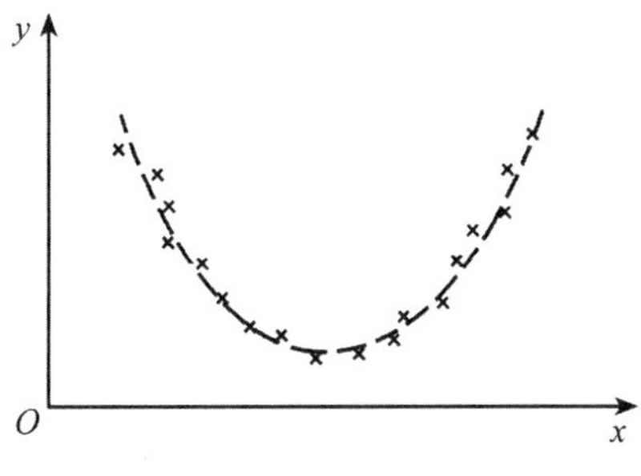

图 3-8 特征数据散点图

散点图虽然反映了总体特征方向，但它并不能确定被研究特征之间的关系和规律。这一问题往往需要用回归分析法作深入的探讨。

回归方法是用户研究中常用的一种定量方法，它应用概率论与数理统计的方法来分析关于"用户"中的某些相关关系。该法的关键是从以上散点图的分析中找出反映用户规律的回归图像和回归方程，并验证其可靠性。

回归方程是总体特征统计相关的数学表达式。它从反映总体特征的关联数据的分析中得出。我们从 $x \sim y$ 的散点图中可知，y_i 对 x_i 存在依赖关系。当 x 为某一固定值时，y 可能具有一系列值，描述特征值 y 对 x 的依赖关系的方程被称为 y 对于 x 的回归方程，回归方程的图像为回归图像。

回归方程表示为：$\hat{y} = F(x)$

因为总体特征间联系的性质反映在相关关系上，所以，分清回归方程及图像的性质是重要的。按数学标准，这种形式可分为直线回归与曲线回归。

在回归分析中，总体特征变量之间相互依存的方向与强度用相关系数表示。在各种不同的分析中，可以用不同的相关系数来表示特征变量之间的相关性。关于这些问题，以下将作一些粗略的讨论。

回归方法用于用户分析的大致步骤如下：

①根据研究目标进行用户特征的统计测量，获取一系列特征数据；

②对统计测量进行粗加工，作出反映总体特征关系的散点图；

③分析散点图，用某一已知函数对其进行拟合；

④分析拟合函数，通过计算得出总体特征的回归方程；

⑤用相关系数法检验关系的显著性，确定回归方程的可靠性；

⑥提交研究结果。

3.6.2 线性回归分析

(1)一元线性回归分析

一元线性回归分析用于两个变量之间的线性相关关系的分析。如果用户研究的问题仅仅局限于总体的某一特征与某一因素的联系，且相关关系可以线性拟合，则用到此方法。

通过对总体统计测量，可得原始数据表(见表 3-15)。

表 3-15 观测数据表

x	x_1	x_2	……	x_i	……	x_n
y	y_1	y_2	……	y_i	……	y_n

按表中数据作出散点图(见图 3-9)，用函数 $y = a + bx$ 进行拟合。

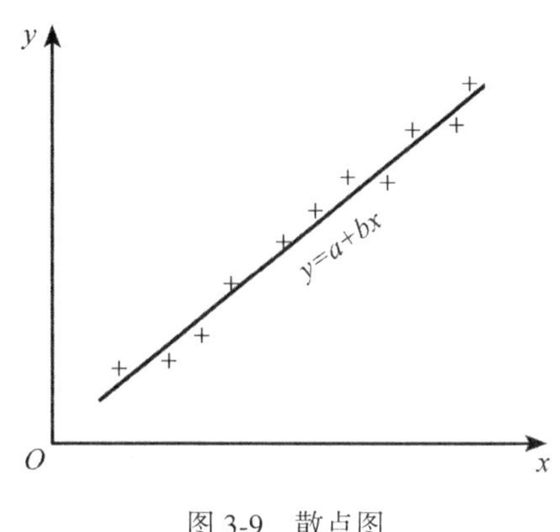

图 3-9 散点图

在 $y = a + bx$ 中，y 是随机的，设对于 x 的每个值有：$y \sim F(a + bx, \sigma^2)$，其中 a、b、σ^2 都是未知的。

我们要求从 $x \sim y$ 数据中求得 a，b 的估计量，$\hat{a}$，$\hat{b}$；对于给定的 x，有 $\hat{y} = \hat{a} + \hat{b}x$（计算值区别于实际值 y）。

在每一组测量值 (x_i, y_i) 中 $(i = 1, 2, \cdots n)$，因为 $y_i \sim F(a + bx_i, \sigma^2)$，由最小二乘原理，要求点 (x_i, y_i) 尽可能接近直线 $\hat{y} = \hat{a} + \hat{b}x$ 上的对应点，则有以下结果：

$Q(\hat{a}, \hat{b}) = \sum_{i=1}^{n} (y_i - \hat{a} - \hat{b}x_i)$ 最小，

于是：
$$\begin{cases} \dfrac{\partial Q}{\partial \hat{a}} = -2\sum_{i=1}^{n} (y_i - \hat{a} - \hat{b}x_i) = 0 \\ \dfrac{\partial Q}{\partial \hat{b}} = -2\sum_{i=1}^{n} (y_i - \hat{a} - \hat{b}x_i)x_i = 0 \end{cases}$$

解此方程，得
$$\begin{cases} \hat{a} = \bar{y} - \hat{b}\bar{x} \\ \hat{b} = \dfrac{\sum_{i=1}^{n} (x_i - \bar{x})(y_i - \bar{y})}{\sum_{i=1}^{n} (x_i - \bar{x})^2} \end{cases}$$

或者写为：

$$\begin{cases} \hat{a} = \bar{y} - \hat{b}x \\ \hat{b} = \dfrac{\sum_{i=1}^{n} x_i y_i - n\bar{x}\bar{y}}{\sum_{i=1}^{n} x^2 - n\overline{x^2}} \end{cases}$$

其回归方程为：$\hat{y} = \hat{a} + \hat{b}x$

对此，需进行假设显著性检验。

检验 x 与 y 之间相关性的方法很多，常用的是统计方法。

首先，求其相关系数 R：

$$R = \frac{\sum_{i=1}^{n}(x_i - \bar{x})((y_i - \bar{y}))}{\sqrt{\sum_{i=1}^{n}(x_i - \bar{x})^2 \sum_{i=1}^{n}(y_i - \bar{y})^2}}$$

然后，进行 R 的显著性计算，解决它所反映的依赖关系会不会受随机误差影响的判断问题。对此，可假设 H_0，衡量相关系数 R 在显著性水准为 α 时，是否显著。

当观测数据总数 $n < 50$ 时，采用 t 判据：

$$t = \sqrt{\frac{R^2}{1 - R^2}(n - 2)}, \quad df = n - 2$$

如果 $t > t_\alpha$，则关系是显著的。

当观测数据总数 $n > 50$ 时，采用 Z 判据。

$$Z = \frac{R}{1/\sqrt{n - 1}}$$

对于给定的显著性水准 α，须作变换：

$$\alpha^* = \frac{1 - 2\alpha}{2}$$

从表中查出 Z_α，若 $Z > Z_\alpha$ 则关系显著。

以下，我们举一实例加以说明。

表 3-16 是某单位信息中心从前 7 年至前 1 年的数字信息资源建设经费增长情况，据此可以利用回归分析法求解经费增长规律。

表 3-16　某单位信息中心数字信息资源建设经费增长情况

年度 x_i	1（前 7 年）	2（前 6 年）	3（前 5 年）	4（前 4 年）	5（前 3 年）	6（前 2 年）	7（前 1 年）
经费 y_i	1. 22	1. 41	1. 55	1. 88	2. 20	2. 29	2. 50

表中：年度用代码表示，前7年，表示为 $x_1=1$，前6年表示为 $x_2=2$，…，前1年表示为 $x_7=7$；各年的经费分别用 y_1，y_2，…，y_7 表示(费用以100万元计)。

我们以横轴表示 x（年份）、纵轴表示 y（经费），作出反映 x—y 关系的散点图(见图3-10)。

从图3-10出发，分析经费变化趋势，呈一直线上升，用 $y=a+bx$ 进行模拟。

列表计算见表3-17。

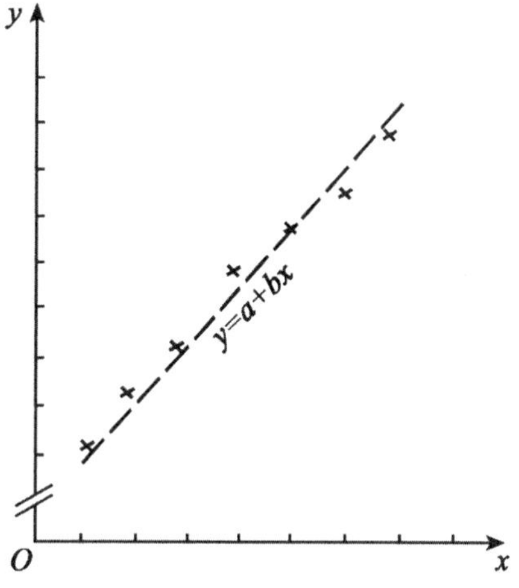

图3-10 某单位资料室年度经费增长图

表3-17 年度经费回归分析计算表

x_i	1	2	3	4	5	6	7	$\sum=28$	$\bar{x}=4$
y_i	1.22	1.41	1.55	1.88	2.20	2.29	2.50	$\sum=13.05$	$\bar{y}=1.86$
x_i^2	1	4	9	16	25	36	49	$\sum=140$	
y_i^2	1.49	1.99	2.40	3.53	4.84	5.24	6.25	$\sum=25.38$	
$x_i y_i$	1.22	2.82	4.65	7.52	11.00	13.74	17.50	$\sum=58.45$	

将表中的数据代入公式，得：

$$\begin{cases}\hat{b}=\dfrac{\sum_{i=1}^{7}(x_i y_i-7\bar{x}\bar{y})}{\sum_{i=1}^{7}x_i^2-7\overline{x^2}}=\dfrac{58.45-7\times4\times1.86}{140-7\times16}=0.22\\ \hat{a}=\bar{y}-\hat{b}\bar{x}=1.86-0.22\times4=0.98\end{cases}$$

于是，回归方程为：$\hat{y}=0.98+0.22x$

对结果进行检验：

$$R=\frac{\sum_{i=1}^{7}(x_i-\bar{x})(y_i-\bar{y})}{\sqrt{\sum_{i=1}^{7}(x_i-\bar{x})^2\cdot\sum_{i=1}^{7}(y_i-\bar{y})^2}}=\frac{6.25}{6.35}=0.98$$

由于 $n=7$，小于50，用 t 判据：

$$t = \sqrt{\frac{R^2}{1 - R^2}(7 - 2)} = 15.6$$

取 $\alpha = 0.01$，按 $df = 7 - 2 = 5$ 查表，得：

$$t_{0.01} = 4.032$$

因为 $t > t_{0.01}$，故“关系显著”，该信息中心 2010—2016 年数字信息资源建设经费增长符合以下规律：

$$\hat{y} = 0.98 + 0.22x$$

其中，x 为年度代号(以 2010 年为第 1 年计)，经费单位为 100 万元。

(2) 多元线性回归分析

如果根据统计资料描述总体一个特征变量与若干个变量之间的依存关系，就必须进行多元回归(多重回归)研究。如果上述关系是线性的，则称为多元线性回归关系。

一般式为：

$$y = a + b_1x_1 + b_2x_2 + \cdots + b_kx_k$$

式中，x_1，x_2，…，x_k 为 k 个变量；a，b_1，b_2，…，b_k 为系数。

其主要研究问题为：①计算回归系数 $\hat{a}$，$\hat{b}_1$，$\hat{b}_2$，…，$\hat{b}_k$；②对这些系数作出解释；③从总体上评价 y 与全部变量 x_1，x_2，…，x_k 之间的联系。

以下讨论两个自变量的情况。假设，我们根据抽样调查用户信息需求量 (y) 与用户业务水平的评分 (x_1) 和工作任务的评分 (x_2) 的统计数据，已经得出线性关系的分析初步结果，则可列表(见表 3-18)作出如下计算：

表 3-18　$y - x_1 - x_2$ 统计数据表

组号	y	x_1	x_2
1	y_1	x_{11}	x_{21}
2	y_2	x_{12}	x_{22}
⋮	⋮	⋮	⋮
i	y_i	x_{1i}	x_{2i}
n	y_n	x_1	x_2
每列平均值	$\bar{y}$	$\bar{x}_1$	$\bar{x}_2$
均方差	S_y	S_1	S_1

表中变量的每个值可作下列变换：

$$x'_{ij}=\frac{x_{ij}-\bar{x}_i}{S_i},\quad y'_i=\frac{y_i-\bar{y}}{S_y}$$

将原始(回归)方程 $y=a+b_1x_1+b_2x_2$ 变为：

$$y'=C_1Z_1+C_2Z_2$$

C_1 和 C_2 按下列方程求出：

$$\begin{cases}C_1+R_{12}C_2=R_{1y}\\ C_2+R_{12}C_1=R_{2y}\end{cases}$$

R_{ij}为相关系数，求法与一元回归相同。这里要注意的是弄清哪两个差数之间的相关系数，在此基础上分别求出 R_{1y}，R_{2y} 和 R_{12}。

解上述方程组，可得：

$$\begin{cases}\hat{C}_1=\dfrac{R_{1y}-R_{12}\cdot R_{2y}}{{y_{12}}^2-{R_{12}}^2}\\[2ex] \hat{C}_2=\dfrac{R_{2y}-R_{12}\cdot R_{1y}}{{y_{12}}^2-{R_{12}}^2}\end{cases}$$

在以上计算的基础上，再求原方程中的 $\hat{a}$，$\hat{b}_1$ 和$\hat{b}_2$：

$$\begin{cases}\hat{b}_1=C_1\left(\dfrac{S_y}{S_1}\right)\\[2ex] \hat{b}_2=C_2\left(\dfrac{S_y}{S_2}\right)\\[2ex] \hat{a}=\bar{y}-\hat{b}_1\bar{x}_1-\hat{b}_2\bar{x}_2\end{cases}$$

于是，回归方程为：

$$\hat{y}=\hat{a}+\hat{b}_1x_1+\hat{b}_2x_2$$

进行相关关系的显著性检验时，可通过上述数据求多重相关系数：

$$R_{y(12)}=\sqrt{1-(1-R^2_{y1\times2})(1-R^2_{y2\times1})}$$

式中，$R_{y1\times2}$ 表示当 x_2 保持不变时，y 与 x_1 之间的相关指标；$R_{y2\times1}$ 表示当 x_1 保持不变时，y 与 x_2 之间的联系指标。

对于多元回归也可以直接利用最小二乘法求解，例如对于二元线性回归：

$$\hat{y}=\hat{a}+\hat{b}_1x_1+\hat{b}_2x_2$$

有：$Q(\hat{a},\ \hat{b}_1,\ \hat{b}_2) = \sum_{i=1}^{n} (y_i - \bar{y})^2 = \sum_{i=1}^{n} (y_i - \hat{a} - \hat{b}_1 x_{1i} - \hat{b}_2 x_{2i})^2$

使 Q 最小，有：

$$\begin{cases} \dfrac{\partial Q}{\partial \hat{a}} = -2\sum_{i=1}^{n}(y_i - \hat{a} - \hat{b}_1 x_{1i} - \hat{b}_2 x_{2i}) = 0 \\ \dfrac{\partial Q}{\partial \hat{b}_1} = -2\sum_{i=1}^{n}(y_i - \hat{a} - \hat{b}_1 x_{1i} - \hat{b}_2 x_{2i}) \cdot x_{1i} = 0 \\ \dfrac{\partial Q}{\partial \hat{b}_2} = -2\sum_{i=1}^{n}(y_i - \hat{a} - \hat{b}_1 x_{1i} - \hat{b}_2 x_{2i}) \cdot x_{2i} = 0 \end{cases}$$

通过方程，求出 $\hat{a}$、$\hat{b}_1$ 和 $\hat{b}_2$ 。

为了简化解析过程，关系显著性检验可以采用方差分析法解决，修正的标准误差为：

$$S_{\bar{y}} = \sqrt{\frac{\sum y_i^2 - a\sum y_i - b\sum x_{1i} y_i - b_2 \sum x_{2i} y_i}{n}}$$

以 0 为参考，要求 S 趋近于 0，愈小愈可靠，理论与实践愈接近。

考察表 3-19 中的数据。设 5 个情报(信息)服务机构开展有偿服务的项目为 x_1，开展这些服务的总支出为 x_2，y 为信息有偿服务的总收入。以这组数据为依据可以进行运算。

从表 3-19 中可以看出，服务收入与服务投入和服务项目多少有某种相关关系，设为线性关系：

$$\hat{y} = \hat{a} + \hat{b}_1 x_1 + \hat{b}_2 x_2$$

表 3-19　情报(信息)服务部门有偿服务情况(收支以 100 万元计)

服务部门	有偿服务项目数 (x_1)	服务投入 (x_2)	服务收入 (y)
Ⅰ	10	0.6	1.3
Ⅱ	8	0.5	1.0
Ⅲ	15	1.0	2.5
Ⅳ	6	0.4	1.4
Ⅴ	20	1.2	2.0

在讨论中，有 $n=5$ 组数据，现作处理后代入求解参数的方程。

将数据代入上述方程：

$$\begin{cases}8.1-5\hat{a}-59\hat{b}_1-3.7\hat{b}_2=0\\106.3-59\hat{a}-825\hat{b}_1-51.4\hat{b}_2=0\\6.7-3.7\hat{a}-51.4\hat{b}_1-3.21\hat{b}_2=0\end{cases}$$

表 3-20　二元回归计算表（$n=5$）

变量	x_{1i}	x_{2i}	y_i	$x_{1i}x_{2i}$	$x_{1i}y_i$	$x_{2i}y_i$	x_{1i}^2	x_{2i}^2	y_i^2
Ⅰ	10	0.6	1.3	6.0	13.0	0.78	100	0.36	1.69
Ⅱ	8	0.5	1.0	4.0	8.0	0.50	64	0.25	1.00
Ⅲ	15	1.0	2.5	15.0	37.5	2.50	225	1.00	6.25
Ⅳ	6	0.4	1.3	2.4	7.8	0.52	36	0.16	1.69
Ⅴ	20	1.2	2.0	24.0	40.0	2.40	400	1.44	4.00
$\sum$	59	3.7	8.1	51.4	106.3	6.70	825	3.21	14.63

$$解之：\begin{cases}\hat{a}=0.33\\\hat{b}_1=-0.51\\\hat{b}_2=9.92\end{cases}$$

于是，有偿信息服务收入为：

$$\hat{y}=0.33-0.51x_1+9.92x_2$$

对这一结果，可以计算估计标准误差 S，$S<0.1$，因此结果可靠。

3.6.3　非线性回归

用户研究中的很多关系通常表现为非线性关系。对于非线性关系只有用非线性回归分析的方法解决。

一般说来，非线性回归的处理是较困难的，但在某些情况下可以经过代换将其化为线性问题来处理。例如对于 $y=ae^{bx}$ 可用 $y'=\ln y$ 进行代换。为此，我们将通过实例来说明其处理过程。

[例]通过用户调查，从中获取了科技人员使用中、外文文献的统计数据(见表3-21)。进一步分析这些数据，可以得出用户使用文献的比例数与文献发表的年代区间呈近似的指数关系：$y = ae^{bx}$（其中 a、b 为待定参数），如图3-11所示。

表3-21　科研人员利用文献的时间分布计算表

区间 x	年度	中文文献利用比例 $y_{中}$	中外文文献利用比例 $y_{外}$
1	前1～前2年	50.2%	35.4%
2	前3～前4年	27.0%	26.4%
3	前5～前6年	13.4%	16.1%
4	前7～前8年	5.2%	9.3%
5	前9～前10年	2.4%	5.0%
6	前11～前12年	1.0%	3.1%
7	前13～前14年	0.4%	2.2%
8	前15～前16年	0.2%	1.1%
9	前17～前18年	0.1%	0.8%
10	前19～前20年	0.06%	0.4%
11	20年以前	0.04%	0.2%

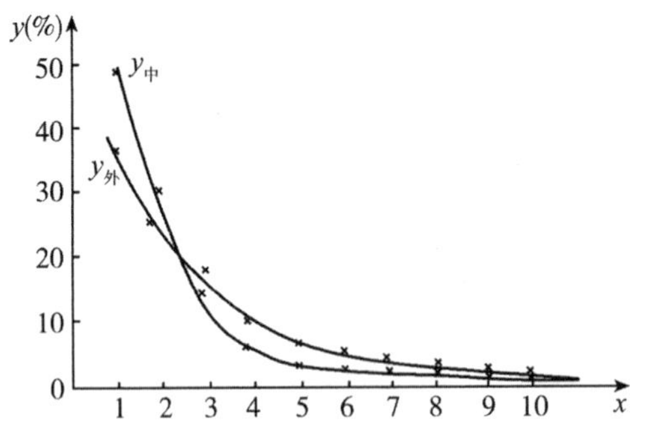

图3-11　科技人员利用文献的时间分布

利用 $y' = \ln y$ 对上式进行变换，可得：$y' = a' + bx$

列出计算表(见表3-22)，从中求得：

$$\begin{cases} \hat{a}' = y' - \hat{b}\bar{x} \\ \hat{b} = \dfrac{\sum_{i=1}^{n}(x_i - \bar{x})(y_i' - \overline{y'})}{\sum_{i=1}^{n}(x - \bar{x})^2} \end{cases}$$

将数据代入，得：

$$\hat{y}_{中} = 1.057\,e^{-0.755x}$$

$$\hat{y}_{外} = 0.568e^{-0.488x}$$

表 3-22 计算表

年度	x_i(区间)	y_i		y_i'		$x_i-\bar{x}$	$y_i'-\overline{y'}$	
		中文	外文	中文	外文		中文	外文
前 1~前 2 年	1	0.502	0.354	−0.689	−1.039	−5	3.786	2.186
前 3~前 4 年	2	0.270	0.264	−1.309	−1.331	−4	3.166	2.164
前 5~前 6 年	3	0.134	0.161	−2.010	−1.827	−3	2.465	1.668
前 7~前 8 年	4	0.052	0.093	−2.996	−2.376	−2	1.479	1.128
前 9~前 10 年	5	0.024	0.050	−3.730	−2.996	−1	0.745	0.449
前 11~前 12 年	6	0.010	0.031	−4.605	−3.477	0	−0.130	0.018
前 13~前 14 年	7	0.004	0.022	−5.522	−3.832	1	−1.047	−0.337
前 15~前 16 年	8	0.002	0.011	−6.215	−4.536	2	−1.740	−1.047
前 17~前 18 年	9	0.001	0.008	−6.908	−4.743	3	−2.438	−1.248
前 19~前 20 年	10	0.0006	0.004	−7.419	−5.809	4	−2.944	−2.314
20 年前	11	0.0004	0.002	−7.824	−6.215	5	−3.349	−2.720
$\sum$	66	—	—	−49.23	−38.24	—	—	—
均值	6	—	—	−4.475	−3.495	—	—	—

对所得的回归方程进行显著性检验，其方法有二：一是检验$\widehat{y'} = \widehat{a'} + \hat{b}x$，二是检验$y = ae^{bx}$，两者的结果一致。

通过计算，$R_{中} = 0.996$，$R_{外} = 0.947$，用相应的t判据检验，其关系是显著的。

需要说明的是，用户利用文献的时间分布规律，是按年度区间(长度为 2 年)求出的，并没有考虑时间连续变化的情况，如果连续统计或计入近期文献利用中的滞后效应则会得出另一种分布。这一情况可以用另一类统计分布进行模拟。

3.7 特尔斐法及其应用

特尔斐法(Delphi)是社会学研究中的一种常用方法。该方法自20世纪50年代被美国兰德公司成功地运用于决策研究以来，日益广泛地受到世界各国的重视。目前，它已应用于科学研究、科技预测、科技管理以及信息用户研究及决策等方面。

3.7.1 特尔斐法及其应用

特尔斐法也可以称为迭代调查法或专家调查法。这种方法是以匿名方式通过几轮函询，征求有关专家对特定研究项目的直观意见，将其意见进行综合、归纳和整理，匿名反馈给这些专家，再次征求意见，然后再加以综合与反馈。如此反复循环，直到得出比较一致的研究结论时为止。

使用特尔斐法时，在大多数情况下，第 i 轮的结果被用于第 $i+1$ 轮函询。在 i 轮中，专家意见若已趋向一致，下一轮便不再进行。若这时意见未趋向一致，则在 $i+1$ 轮中继续征询。这里，存在一个迭代判断标准问题，即迭代判据。终止判据包括了稳定性(上下两轮之间专家的回答不矛盾)和一致性(专家意见的一致收敛)两方面的内容。关于这一问题，本节还要作详细叙述。

特尔斐法的程序及迭代终止如图3-12所示。该图较直观地反映了特尔斐法的大致程序及基本原理。从图中可以看出，特尔斐法应用了信息反馈及处理技术。

由于特尔斐法是建立在征询专家意见基础上的信息反馈调查法，所以它可以成功地用于用户需求、用户心理及行为规律的研究，征询用户对信息服务的意见，以及用户预测等方面。

使用特尔斐法进行用户研究的步骤如下：

①根据用户研究的目的和内容，预先把研究的项目归纳成若干个提问问题。提问问题集中反映研究的任务和性质。它直接关系到研究结果，提问时应注意：问题要集中，成系统；避免问题的组合(即组合事件)；问题要确切，以避免一切含糊不清的答复为前提；不得对问题加入自己的看法，注意其客观性；问题数量不可太多，一般情况下为10~50个。

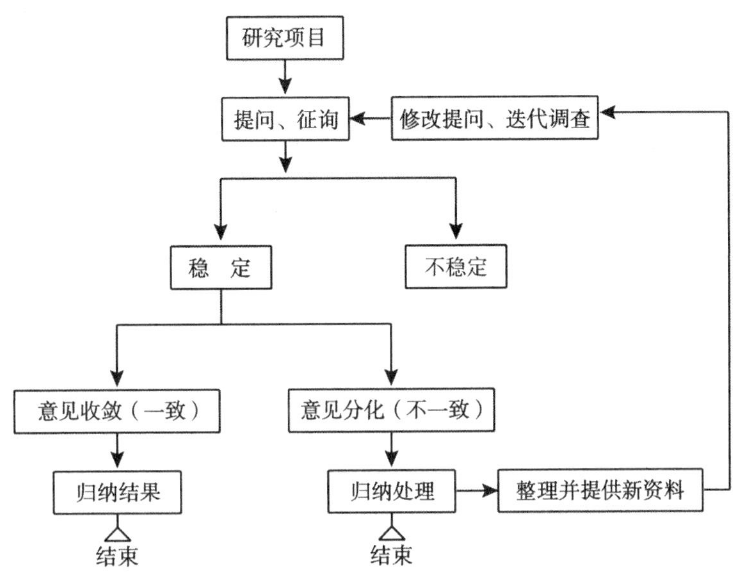

图 3-12　特尔斐法的基本原理

②选定有代表性的若干用户作为被调查者，给他们函寄包括所有提问在内的第一轮征询表，随后汇集并整理第一轮调查结果，进行第一次统计和分析处理，将结果列入第二轮征询表中进行第二轮征询；经数次迭代征询，待征询意见基本稳定后，列出结果。用户征询中的关键问题是：选择适当用户作为用户研究中的被调查者，人数以 20~100 人为宜；使被调查者明确特尔斐法的基本程序；为研究问题提供必要的背景材料；进行匿名调查，避免个人心理上的作用。

③对结果进行处理和评价。当用户意见收敛(一致)后，归纳出分析研究的结论，这些结论是用户所"公认"的，具有普遍意义。然而，特尔斐法用于用户研究，在很多情况下因用户的信息环境、信息需求以及利用上的差异不可能就某一问题得出一致性意见。但只要用户的意见是稳定的，也达到了研究目的，据此也可以客观地总结用户意见并分析意见不一致的原因。如果"不稳定"是由征询提问不当或不清楚所致，则应继续充实资料(背景材料)、修改提问作新一轮调查。由此可见，结果分析处理与调查是同步的。

④提出调查问题的报告。经多次迭代调查和系统分析以后，便要编写调查报告。报告要求反映出研究目的、研究对象、研究过程、征询内容、用户征询情况和结论。结论中应包括用户"意见收敛"的总结结果和意见达到稳定的"用户特征"的离散程度，进一步分析其原因，以便供决策参考。报告编写中，应避免调查者主观意见的混入。

从以上分析可以看出，特尔斐法用于用户研究的计算问题首先是判断征询意见的稳定性，其次是衡量调查的收敛，即一致性。

3.7.2 特尔斐法调查中的迭代终止判据及其稳定性、一致性测量

使用特尔斐法进行用户调查研究的关键之一是迭代终止判据的正确使用，而这必然以“稳定性”和“一致性”测量为基础。

(1)迭代终止判据

终止判据可依据一定的准则制定，主要做法有：

①利用被调查者回答结果的变差系数连同若干判定规则作为迭代终止判据。用此法进行迭代终止判据，其要点是通过找出连续两轮之间变差系数的变化，进行稳定性测量。当变化小于预定值时，则终止迭代。该方法的缺点是带有任意性(变差系数变化范围的确定是任意的)。

②首先确定稳定性指标，然后依据这一指标作出判断。为了测量上下两轮征询之间的稳定程度，可以计算众数周围每一标距的回答者比例。若以15%的变化水平表示平衡状态，则认为边际变化小于15%的两轮迭代达到了稳定状态；而边际变化大于15%的两轮迭代被认为是不稳定的，应进行新迭代。该方法虽然带有客观性，但是判定标准的确定仍然是任意的。

③利用数理统计的有关检验作为迭代终止判据的依据。杰尔森(Jolson)等人曾提出用F检验作为制定特尔斐法终止判据的根据，其要点是：对事件概率进行估计研究，比较在两个连续迭代轮中所得概率估计值的方差。如无显著差异，某一征询项目便不再列入下一轮。只有那些在方差上显示出迭代差别的项目才在下一轮中继续征询。由于F检验的局限，后来人们又用x2检验作为特尔斐法稳定性和一致性的测量方法。

当前，人们通常将“稳定性”“一致性”指标作为终止迭代的判别依据。

(2)稳定性的测量

所谓稳定性，即是特尔斐调查上下两轮之间被询问者回答的连续性和不矛盾性。稳定性又分为总体稳定性和个体稳定性。前者指的是全体被询问者在连续两个迭代轮之间回答的稳定性，后者指的是被询问者的某一个体在连续迭代轮之间回答的稳定性。

以下介绍用 x^2 检验测量稳定性。

采用 x^2 检验，可通过联立表(见表 3-23)的独立性检验进行。联立表是一种多重分类表，这里用到的是二向联立表。假定 n 个个体按两个标准在 A_i 轮和 B_i 轮(回答)进行分类，在 A 中有 r 类 $(A_1, A_2, \cdots, A_r)$，在 B 中亦有 k 类 $(B_1, B_2, \cdots, B_k)$，样本容量设为 n，显然：

$$n = \sum_{i=1}^{r} \sum_{j=1}^{k} n_{ij}$$

表示样本 (x, y) 中，x 指标落在 A_i，而 y 指标落在 B_j 中的个数。

表 3-23　二向联立表

轮		B_j				$\sum (n_{\cdot i})$
		y_1	y_2	…	y_k	
A_j	x_1	n_{11}	n_{12}	…	n_{1k}	$(n_{1\cdot})$
	x_2	n_{21}	n_{22}	…	n_{2k}	$(n_{2\cdot})$
	⋮	⋮	⋮	…	⋮	⋮
	x_r	n_{r1}	n_{r2}	…	n_{rk}	$(n_{r\cdot})$
$\sum (n_{ij})$		$(n_{\cdot 1})$	$(n_{\cdot 2})$	…	$(n_{\cdot k})$	n

从概率论出发，n 个个体可以看成来自概率为 $P_{ij}(i=1, 2, \cdots, r;\ j=1, 2, \cdots, k)$ 的总体的容量为 n 的样本。

现在，提出 H_0：A 类与 B 类是独立的，即某个个体落在 A_i 中的概率不受它是否属于 B_j 中任何一类的影响，反之亦然，即：

$$P(A_i/B_j) = P(A_i)$$

$$P(B_j/A_i) = P(B_j)$$

或 $P(A_i, B_j) = P(A_i) \cdot P(B_j)$

H_0 简化为：$P_{ij} = P_i P_j (i = 1, 2, \cdots, r;\ j = 1, 2, \cdots, k)$

用 x^2 检验：

$$x^2 = \sum_{i=1}^{r} \sum_{j=1}^{k} \frac{\left(n_{ij} - \dfrac{n_{i\cdot}\, n_{\cdot j}}{n}\right)^2}{\dfrac{n_{i\cdot}\, n_{\cdot j}}{n}}$$

若用 Q_{ij} 和 E_{ij} 分别表示实际频数和理论频数，则上式写为：

$$x^2=\sum_{i=1}^{r}\sum_{j=1}^{k}\frac{(Q_{ij}-E_{ij})^2}{E_{ij}}$$

下面可取 $\alpha=0.05$ 进行检验：若 H_0 为真，则迭代与回答之间无依赖关系，几个迭代轮回答轮频数基本相同。

例如，利用特尔斐法进行用户调查，被征询用户数为 $n=30$。用户按三个意向区间回答问题，其中某一提问二、三两轮结果归入表 3-24 中。根据这一组数据，我们可以计算出相应的结果(如表 3-25 所示)。

表 3-24　特尔斐调查部分数据

3 轮 / 2 轮	A(肯定)	B(无明确意见)	C(肯定)	∑
A(肯定)	14	3	2	19
B(无明确意见)	1	5	1	7
C(肯定)	0	2	2	4
∑	15	10	5	30

表 3-25　特尔斐调查部分数据归纳

回　答				
轮	A	B	C	∑
2	15	10	5	30
3	19	7	4	30
均值(理论值)	17	8.5	4.5	30

如果以平均值代替理论值，理论与实际值分别用 E_{ij} 和 Q_{ij} 表示。根据二、三两轮具有相关性的假设，引入 x^2 判据进行判断。

$$x^2=\sum_{i=1}^{3}\sum_{j=1}^{3}\frac{(Q_{ij}-E_{ij})^2}{E_{ij}}$$

$$=\frac{(15-17)^2}{17}+\frac{(10-8.5)^2}{8.5}+\frac{(5-4.5)^2}{4.5}+\frac{(19-17)^2}{17}+\frac{(7-8.5)^2}{8.5}$$

$$+\frac{(4-4.5)^2}{4.5}=1.06$$

此时，自由度 $df=(2-1)(3-1)=2$，取 $\alpha=0.05$，查其临界值：

$$x_{0.05}^2=5.991$$

因为 $x^2<x_{0.05}^2$，故认为达到了稳定性。以此测定的稳定性称为调查的总体稳定性。如果要研究每个被询问对象的“意见”是否稳定，还可以根据表中的原始数据作进一步检验。

(3) 一致性的测量

在每一轮中，用户意见的收敛称为一致性。一致性反映了专家意见的一致程度，它与稳定性是不同的概念。

对于一致性的测量，可用线性误差计算法在某一轮（i 轮）分别对每一问题的一致性作出计算。若用 r 表示被询问者总数，r_j 表示对问题回答一致的频数（人数），则一致程度 q 为：

$$q=\frac{r_j}{r}$$

q 趋近于 1，说明一致性程度高。

特尔斐调查中的一致性是相对的概念，在分析中，只需找出对某问题 Q 作一致回答的最高频数，同时对照其他回答的分布情况，以适当的概率分布为检验标准进行检验。如果符合，便可以得出回答一致（收敛）的结论。另外，一致性判断也可以用求回答区间及结果中位数，上、下四分位数的方式进行，按比较分析中的判断原则进行归纳。关于这一问题，前几节已有叙述，故不再重复。

3.8 马尔科夫分析法及其应用

马尔科夫在用数学方法分析布朗运动的过程中发现了后来被称为马尔科夫链的随机现象，创立了马尔科夫分析理论。后来，维纳等人进一步分析了连续的马尔科夫过程的结构，丰富和发展了马尔科夫分析。

3.8.1 马尔科夫链与信息过程分析

所谓马尔科夫链，实为一随机向量序列。设 $\{x(k), k=0, 1, \cdots\}$ 为一随机向量序列，如果对任意有限多个自然数 k_1，k_2，…，$k_n(k_1 < k_2 < \cdots < k_n)$，随机向量 $X(k_n)$ 在给定的条件下：$x(k_1) = \zeta(k_1)$，$x(k_2) = \xi(k_2)$，…，$x(k_n) = \xi(k_n)$，其条件概率分布只与 $\xi(k_{n-1})$ 有关，而与 $\xi(k_1)$，…，$\xi(k_{n-2})$ 无关，即：

$$P[x(k_n) \leqslant \eta \mid \xi(k_1), \cdots, \xi(k_{n-1})] = P[x(k_n) \leqslant \eta \mid \xi(k_{n-1})]$$

则称序列 $\{x(k), k = 0, 1, \cdots\}$ 为马尔科夫序列或马尔科夫链。

如果将 k_{n-1} 理解为现在时刻，则马尔科夫链的特性是：系统未来状态 $x(k_n)$ 的概率分别仅与现在所处的状态 $\xi(k_{n-1})$ 有关，而与系统状态过去历史状态 $\xi(k_1)$，$\xi(k_2)$，…，$\xi(k_{n-2})$ 无关。

构成马尔科夫链的随机过程称为马尔科夫过程。上述情况构成了基本的马尔科夫过程，即一阶过程。如果对于上述系统，系统未来状态 $x(k_n)$ 的概率分布仅与状态 $\xi(k_{n-1})$，$\xi(k_{n-2})$，…，$\xi(k_{n-m})$ 有关，与 $\xi(k_1)$，$\xi(k_2)$，…，$\xi(k_{n-m-1})$ 无关，则为 m 阶马尔科夫链，系统表示 m 阶马尔科夫过程。对于高阶的（$m \geqslant 2$）马尔科夫过程可以化为一阶过程来处理。在用户研究中多为对一阶过程的分析。

我们用马尔科夫链理论来分析用户获取信息的连续过程，这一分析方法称为马尔科夫分析。

用户获取信息的过程是一个随机过程，一般说来，用户可以通过四种不同的方式获取信息：直接获取；使用查询设备；借助于信息系统；求助于他人。这四种方式分别用 A、B、C、D 表示。设任何用户都可以随机地使用这些方式。抽取典型用户作为观察对象，按序无遗漏地记录其获取信息的方式，便可得出表 3-26 所示的结果。

表 3-26　用户获取信息方式统计

次序	1	2	3	4	5	6	7	8	9	10	11	…
方式	A	B	B	C	C	C	D	B	B	D	C	…

该结果实为反映用户行为的序列：

$$ABBCCCDBBDC\cdots$$

研究这个随机过程，统计前 60 次的方式转化数据，便得出表 3-27 的结果。

表 3-27 用户信息查询方式转移

↓	A	B	C	D
A	2	2	5	1
B	4	8	9	0
C	0	5	2	5
D	3	4	6	4
$\sum$	9	19	22	10

这一随机过程实际上是一系列变换。表中的数字是表头行字母变为列字母的频数，很容易求出其变换频率(见表 3-28)。

表 3-28 方式转移概率

↓	A	B	C	D
A	0.222	0.105	0.227	0.100
B	0.445	0.421	0.409	0.000
C	0.000	0.263	0.091	0.500
D	0.333	0.211	0.273	0.400
$\sum$	1.000	1.000	1.000	1.000

在“方式”转移中，我们从概率角度理解，即从用户信息查询的随机角度进行研究，将以上数据归一化，以此定义为马尔科夫转移概率矩阵。

转移概率矩阵为：

$$t_{ij}=\begin{bmatrix}0.222 & 0.105 & 0.227 & 0.100\\0.445 & 0.421 & 0.409 & 0.000\\0.000 & 0.263 & 0.091 & 0.500\\0.333 & 0.211 & 0.273 & 0.400\end{bmatrix}$$

转移概率矩阵的意义是十分明确的。它表示用户的行为以多大的概率从 i 变成 j，显示了行为时间序列的规律；同时，也意味着处于某一行为状态的用户在随后的阶段中有多大比例的个体处于另一状态。

从转移矩阵的行看去，各元素表示被转入这一状态的概率。例如，第 1 行第 1 列的 0. 222 表示原来采用 A 方式获取信息的用户，下一阶段仍有 0. 222 的概率采用这种方式；第 1 行第 2 列的 0. 445 则表示 A 方式向 B 方式的转移概率为 0. 445。

从转移矩阵的列看去，各元素表达了在下一阶段各方式失去“用户”的概率。例如，第 3 列第 1 行的 0. 227 表示 C 方式在下一阶段失去 0. 227 概率，转而 A 方式增加 0. 227 概率。

显见，各种转移概率之和为 1。

知道了转移概率矩阵后，我们便可根据初始时刻的空间状态预测后继时刻的空间状态。

[例]已知某一时刻，某信息系统所属用户采用四种获取信息方式的比例为 $A:B:C:D=0.10:0.35:0.40:0.15$，且转移概率矩阵为上述矩阵。

如果引入下列符号：

$T=(t_{ij})$ 表示转移概率矩阵，$\begin{bmatrix} a_0 \\ b_0 \\ c_0 \\ d_0 \end{bmatrix}$ 表示原来四种方式的比例，则第一阶段 A，B，C，D 四种方式被采用的比例为：

$$(t_{ij}) \cdot \begin{bmatrix} a_0 \\ b_0 \\ c_0 \\ d_0 \end{bmatrix}$$

将数据代入：

$$\begin{bmatrix} a_1 \\ b_1 \\ c_1 \\ d_1 \end{bmatrix} = \begin{bmatrix} 0.222 & 0.105 & 0.227 & 0.100 \\ 0.445 & 0.421 & 0.409 & 0.000 \\ 0.000 & 0.263 & 0.091 & 0.500 \\ 0.333 & 0.211 & 0.273 & 0.400 \end{bmatrix} \times \begin{bmatrix} 0.10 \\ 0.35 \\ 0.40 \\ 0.15 \end{bmatrix} = \begin{bmatrix} 0.166 \\ 0.355 \\ 0.203 \\ 0.276 \end{bmatrix}$$

于是，第一阶段，四种方式采用概率为 $A:B:C:D=0.166:0.355:0.203:0.276$。

第二阶段只要将转移概率矩阵乘以第一阶段比例，即可得出第二阶段各种方式的比例；依此类推，可以预测出第 n 阶段上述方式的应用：

$$\begin{bmatrix} a_n \\ b_n \\ c_n \\ d_n \end{bmatrix} = (t_{ij})^n \cdot \begin{bmatrix} a_0 \\ b_0 \\ c_0 \\ d_0 \end{bmatrix}$$

从以上分析中可以看出，转移概率矩阵影响并控制着随机过程的状态。由于转移概率又是对象行为的描述，在对象的参数和结构有较大幅度变化的情况下，这就要求进行自我调节。

在用户获取信息的过程中，我们要求在充分发挥各种信息服务作用的前提下，确保用户信息行为的合理性、稳定性和科学性，因此有必要在分析的基础上对用户进行指导。

3.8.2 马尔科夫过程的平衡状态分析

马尔科夫链的特点是，经过一定时间，系统将趋于一个平衡状态。这一平衡状态与系统的初始情况无关，而仅仅取决于转移概率矩阵。

考察某一信息过程，如果可以得到如表 3-29 所示的转换数据，则可根据原始数据构成转移概率矩阵。

表 3-29　转换概率

↓	A_1	A_2	A_3	…	A_m
A_1	a_{11}	a_{21}	a_{31}	…	A_{m1}
A_2	a_{12}	a_{22}	a_{32}	…	A_{m2}
A_3	a_{13}	a_{23}	a_{33}	…	A_{m3}
…	…	…	…	…	…
A_n	a_{1n}	a_{2n}	a_{3n}	…	A_{mn}
$\sum$	1	1	1	…	1

设 $\xi 1$，$\xi 2$，…，ξm 为某时刻 A_1，A_2，…，A_m 所占的比例，ξ_1'，ξ_2'，…，ξ_m' 为下一时刻 A_1，A_2，…，A_m 所占的比例。

$$\begin{cases} \xi_1' = a_{11}\xi_1 + a_{21}\xi_2 + \cdots + a_{m1}\xi_m \\ \xi_2' = a_{12}\xi_1 + a_{22}\xi_2 + \cdots + a_{m2}\xi_m \\ \quad\quad\cdots\cdots \\ \xi_m' = a_{1m}\xi_1 + a_{2m}\xi_2 + \cdots + a_{mn}\xi_m \end{cases}$$

当系统处于平衡时，$\xi_1 = \xi_1'$，$\xi_2 = \xi_2'$，…，$\xi_m = \xi_m'$，上式变为：

$$\begin{cases} \xi_1 = a_{11}\xi_1 + a_{21}\xi_2 + \cdots + a_{m1}\xi_m \\ \xi_2 = a_{12}\xi_1 + a_{22}\xi_2 + \cdots + a_{m2}\xi_m \\ \quad\quad\cdots\cdots \\ \xi_m = a_{1m}\xi_1 + a_{2m}\xi_2 + \cdots + a_{mn}\xi_m \end{cases}$$

将方程略加变换，引入归一化条件，得出平衡状态的标准方程：

$$\begin{cases} (a_{11} - 1)\xi_1 + a_{21}\xi_2 + \cdots + a_{m1}\xi_m = 0 \\ a_{12}\xi_1 + (a_{22} - 1)\xi_2 + \cdots + a_{m2}\xi_m = 0 \\ \quad\quad\cdots\cdots \\ a_{1m}\xi_1 + a_{2m}\xi_2(a_{mn} - 1)\xi_m = 0 \\ \xi_1 + \xi_2 + \cdots + \xi_m = 1 \end{cases}$$

该方程组有 m 个变量，构成 $m+1$ 个方程，但由于其中的一个不独立，故可合并为 m 个等价方程，最后求解。方程的解 ξ_1，ξ_2，…，ξ_m 便是在平衡状态下 A_1，A_2，…，A_m 所占的比例。

以下，我们通过另一个简单的例子进一步说明马尔科夫过程的平衡状态分析方法。

[例]考察某企业管理人员使用信息的情况，得出使用科技信息 (A_1)，经济信息 (A_2) 和其他信息 (A_3) 的转移概率矩阵为：

$$(t_{ij})\begin{bmatrix} 0.5 & 0.2 & 0.3 \\ 0.2 & 0.6 & 0.3 \\ 0.3 & 0.2 & 0.4 \end{bmatrix}$$

根据此数据求出该管理人员利用信息的结构状态(即比例)。

如果我们用马尔科夫过程去模拟上述问题，便可得其平衡方程为：

$$\begin{cases} (0.5 - 1)\xi_1 + 0.2\xi_2 + 0.3\xi_3 = 0 & (1) \\ 0.2\xi_1 + (0.6 - 1)\xi_2 + 0.3\xi_3 = 0 & (2) \\ 0.3\xi_1 + 0.2\xi_2 + (0.4 - 1)\xi_3 = 0 & (3) \\ \xi_1 + \xi_2 + \xi_3 = 1 & (4) \end{cases}$$

方程 (4) 为约束条件，上述方程作适当处理，得：

$$\begin{cases} -5\xi_1+2\xi_2+3\xi_3=0 & (1') \\ 2\xi_1-4\xi_2+3\xi_3=0 & (2') \\ 3\xi_1+2\xi_2-6\xi_3=0 & (3') \\ \xi_1+\xi_2+\xi_3=1 & (4') \end{cases}$$

将方程 (1′) 与 (2′) 方程相加，方程 (2′) 与方程 (3′) 相加，然后与方程 (4′) 并列，有：

$$\begin{cases} -3\xi_1-2\xi_2+6\xi_3=0 \\ 5\xi_1-2\xi_2-3\xi_3=0 \\ \xi_1+2\xi_2+3\xi_3=1 \end{cases}$$

解之，得：

$$\begin{cases} \xi_1=\dfrac{18}{55}\approx 32.7\% \\ \xi_2=\dfrac{21}{55}\approx 38.2\% \\ \xi_3=\dfrac{16}{55}\approx 29.1\% \end{cases}$$

据此数据，可以得出企业管理人员利用信息的结构：利用科技信息约 32.7%，利用经济信息约 38.2%，利用其他信息约 29.1%。

利用马尔科夫分析方法研究信息过程及用户行为，实际上是一种随机预测。因而，该方法常用于用户信息行为及过程的控制。

复习思考题

1. 比较直接调查法与间接调查法的优缺点。

2. 直接调查与间接调查各有哪些主要途径和方法？其要点如何？

3. 什么是统计测量？用户研究中的统计测量可以分为哪些类型？如何按类进行用户研究中的测量？

4. 如何进行用户特征量的处理和分析？

5. 解释特征值计算和特征值变动计算中的有关定义：简单算术平均值、几何平均值、中位数、上四分位数、下四分位数、众数、方差、均方差。

6. 解释：总体、个体、抽样、样本、抽样单位、观察单位、样本容量、总体容量、样本误差、代表性误差、样本基础。

7. 用户研究中的抽样步骤与原则是怎样的?

8. 试述用户研究中的主要抽样方法。

9. 什么叫用户研究中的比较分析法? 论述成对比较法和相等间隔法的步骤。

10. 举例说明相关分析法在用户研究中的应用。

11. 简述回归分析法的基本原理、要点与步骤。

12. 以一元一次回归分析为例，说明如何进行关系显著性检验。

13. 什么叫特尔斐法? 特尔斐法用于用户研究的基本步骤是怎样的?

14. 一般说来，可以从哪三方面制定特尔斐调查中的迭代终止判据?

15. 什么叫马尔科夫过程? 举例说明马尔科夫分析在用户研究中的应用。

4 用户信息需求分析

“如何了解用户信息需求”
授课 PPT
第 1 讲　人类总体
需求与信息需求

研究用户信息需求的关键在于探讨信息需求的内在机理，分析需求与利用的关系，找出其中的影响因素。由于用户信息需求的主要方面是获取信息，因此下面讨论的信息需求将突出这一主要方面，在强调用户对信息资源需求研究的同时，对交往需求结构进行分析。

“如何了解用户信息需求”
授课 PPT
第 2 讲　用户信息
需求分类

4.1　人类的总体需求与信息需求

对人的信息需求既可以从个体的角度去研究，也可以从社会的角度去讨论。人类信息需求，不仅是信息管理科学要探讨的问题，也是组织社会信息工作和组织社会信息系统必须考虑的实际课题。这里我们强调从信息社会学角度讨论用户信息需求问题。

“如何了解用户信息需求”
授课 PPT
第 3 讲　用户信息需求
的识别与发展

4.1.1　人类总体需求与信息需求

授课视频
“人类总体需求与
信息需求”

人存在于社会中是有一定的需求的，这一简单的道理(如同生物世界中的生物生存需求一样)是不难理解的。值得指出的是，人类社会是一个有机整体，“社会”是在一定地域内进行着的、以物质资料生产活动方式为基础的、相互作用的人群所形成的共同体。我们讨论需求，应在社会这个前提下进行。

授课视频
“用户信息需求分类”

授课视频
“如何了解用户信息需求”

社会由人构成，人们的有机结合产生基本的需求，这些需求出现在社会之中，便是我们所说的人的社会需求。社会心理学家 C. 阿尔德(C. Alder) 在研究社会结构的基础上提出了三种核心需求：①生存需求，解决人的衣、食、住、行等生存条件问题，是人类生存的基本物质条件，是一种安全和生理的需要；②交往需求，包括人们在社会中与他人、组织、社区等方面的交往；③成长需求，指对创造性、个性或个人成长的努力，是人的自我完善和发展的自然需求。美国心理学家马斯诺进一步将人的需求归纳为五个方面：①生理需求；②安全需求；③社交需求；④尊敬(自尊和受他人尊敬)需求；⑤自我实现需求。他指出，五种需求依次变动，随着一个被满足，另一个强度就增大，最后自我实现的需求强度达到最大。这就是马斯诺的“需求层次论”。

显然，人们要想满足五方面的需求就得从事各种活动，在这些活动中人们又必须获取各种信息。这说明，人对信息的需求是由总体需求引发的，其活动被视为中介，三者的关系如图 4-1 所示。

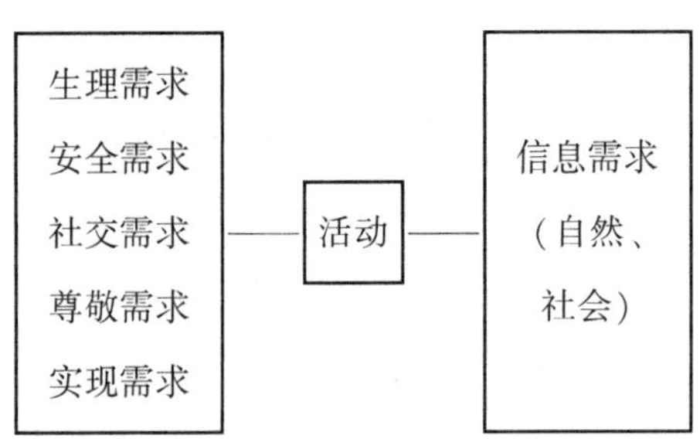

图 4-1　人类总体需求与信息需求

当前，随着社会的变革、经济的发展和科学技术的进步，人的总体需求在不断扩大，并且在前四种需求不断被满足时更加强烈地追求“自我实现”这一高层次的自我需求。于是，随之出现了信息需求的日益大量化和高级化。

人类对信息的需求包括两方面：其一是自然信息需求；其二是社会信息需求。这两方面的需求在创造性活动中是相互影响、交错产生的。然而，由于自然信息的“物质”特性，其规律可以用“物质”需求分析方式去认识，这里不打算多加叙述，我们强调的是人们对社会信息(情报)的需求研究。

4.1.2 人类的社会信息需求

综合关于人类的各种需求研究理论，我们从以下三方面展开对人的社会信息需求研究(以下将其简称为信息需求)。

(1)生活中的需求

地球上的所有生物在生存发展中必然产生对信息的需求，就生存的意义而言，人与动物界具有某些相似性。然而，就本质而论，二者是有区别的。

动物的群体生活是一种生物现象，而人类的生活是在一定地域内进行着的以物质资料生产活动为基础的一种社会现象。对于动物群体来说，其“生活”是完全出自本能的一种遗传和生存行为。与动物群体不同，人类的生活主要不是出自本能，不属于简单的遗传行为，而是以生物本能为基础又超出生物本能的社会行为。因此，人们生活中的信息需求可以视为一种最基本的社会要求。

从生存机理看，动物群体生活的基础仅仅是适应自然界，而人类社会生活的基础是物质资料的扩大再生产。人之所以区别于动物，最重要的一条是他们能够生产自己必需的生活资料，所以人类不仅具有在自然中寻找自己所需的生活资料的能力，而且还通过创造和使用劳动工具的劳动改变自然界，创造“第二自然”，使之满足自己的需求。这是人类得以生存、发展并与动物群相区别的基本点。正因为如此，人类为了进行物质资料的生产活动，必然要建立两方面的关系。一方面是人与自然界的关系，表现为生产力的发展；另一方面是人与人之间的关系，即生产关系。由此可见，人类的生活信息需求也体现在改造自然和适应社会的需求两个基本方面。

人类社会生活是在一定行为规范控制下进行的，而动物的群体生活则是靠生物本能支持的。行为规范控制是人们在社会生活中为了相互协调行为，共同创造并自觉遵守的行为方式和标准。只有这样，人类社会生活才能协调和维持。人类生活中的行为规范构成了生活中信息需求的又一个基本方面。

人类生活不同于动物界，不是一种简单的生存，而是有独特的精神生活领域的。当代，人类社会活动已从体力活动占优势的领域转移到意识和心理状态领域，从而更具有思想、信念和意识性，反映了人类兴趣、爱好等方面的精神需要。这一状况表现在信息需求上，则是人类生存以外的精神、文化生活信息需求。

概括地说，在一定社会条件下生活的人，其生活中的信息需求包含在总体信息需求之中，它主要表现在以下几个方面：

①物质生活的信息需求；

②精神、文化生活的信息需求；

③个人安全的信息需求；

④社会公共活动的信息需求；

⑤社会交往与互助的信息需求；

⑥适应社会的信息需求；

⑦增长知识的信息需求；

⑧创造活动的信息需求；

⑨实现某种生活目标的信息需求；

⑩产生某种兴趣的信息需求。

(2)职业工作中的需求

社会是一个整体，存在着各种职业分工。由于职业的不同，人们在各自的工作中自然会产生不同职业的信息需求。一般说来，任何一种职业，其职业信息需求均可以归纳为以下一些基本方面：

①有关职业工作环境方面的信息需求；

②有关职业工作业务素质方面的信息需求；

③有关职业工作物质条件方面的信息需求；

④有关职业工作社会关系方面的信息需求；

⑤有关职业工作业务环节的信息需求；

⑥有关职业工作目标方面的信息需求；

⑦有关职业工作技能与知识方面的信息需求。

职业工作的信息需求随着社会职业结构的变化而变化。

(3)社会化中的需求

人的社会化是指人对社会的适应、改造和再适应、再改造的复杂过程。社会化使人从“自然人”发展成为“社会人”。作为一个“生物”的人出生后，社会和时代都要以特有的模式对他施加影响，使之成为一个合乎社会行为模式、按社会规范行动的人。社会化贯穿人的一生，可以从社会文化角度、个性发展角度和社会结构角度等方面来研究。这些基本的方面反映了社会化过程中人的多元化的信息需求。

处于不同时期的人，具有不同的社会化课题，因而也有不同的信息需求。

人的社会化是从儿童开始的，儿童社会化是逐步深化的过程。在这一时期，人所需要的是反映社会生活习惯、原始规范等方面的信息。例如，幼儿时期，人往往以生理为标准，饥而进食，再大些，即使饿了也不随便吃不相识的人给予的食物。这里有一个是否合乎社会规范的问题。这时的社会化是信息需求的原始阶段。

少年时期的社会化主要是在小学和初中阶段进行的。这是从无组织、无计划、无系统的非正式教育转向有组织、有计划、有系统的正规教育，从传授基本社会生活知识到系统地传授科学文化知识，从以行为和口头语言为主的教育到以文字语言及科学符号教育为主的转化阶段。这时的信息需求是以吸收知识为主要目标的需求，由于人在少年时期已经具备了抽象思维与复合思维的能力，其信息需求必然具有智能化的特性。

青年社会化是以少年社会化作为基础展开的，是少年社会化的继续，也是初次社会化的完成时期。无论是继续升入大学或是参加社会工作，都包含了将一个尚未完全具备社会成员资格的人转化为合格的社会成员的必然过程。所不同的是，社会化过程中的信息需求因人而异，学生侧重于需求专业知识方面的信息，而直接从事社会工作的青年人侧重于社会实践的信息需求。至于其他方面，各类青年的社会化信息需求是共同的，表现在对家庭、社会、生活工作环境、人际关系等方面的全面信息需求。

青年初次社会化以后必然继续社会化。所谓继续社会化，是指人们完成初次社会化以后还要不断地进行学习和变革的过程。一个人进入社会后(特别是现代社会)，面对社会生活、科学技术、行为规范的不断变化，必然要调整自己的思想、行为，使之适应社会组织结构和生活方式的变化。这就要求人们充分利用各种社会信息，在社会生活中继续塑造自我。

再社会化是社会化过程中的又一必然现象，系指人从一种生活方式向另一种生活方式急剧转变中，由原始社会化的中断和失败而引发的新的社会化过程。它要求人们放弃原来的社会规范和生活方式，接受一套对他本人来说是新的生活方式。可见，再社会化的信息需求内容集中在新的社会机制与生活方式上。在社会不断变革时期或人们从一个国家转到另一个国家生活时，再社会化的问题是存在的，它要求人们全面搜集和利用社会各方面的信息。

人的社会化过程具有民族性、地域性、阶级性和历史性。在社会发展的不同阶段，社会化的信息需求虽然不同，然而却包括社会生活知识、技能、行为方式、生活习惯，以及社会各种思想、观念等方面的共同内容。

一般说来，人在社会化中的信息需求可以概括为 6 个基本方面：

①关于基本生活和劳动技能方面的信息；

②关于社会生活目的、社会观与价值观的信息；

③关于社会的自然环境信息；

④关于认识社会地位与职业的信息；

⑤关于社会行为规范、道德、法制等方面的信息；

⑥关于所有与之交往的社会其他成员的信息。

4.1.3 用户信息需求机制与特点

用户的信息需求是发展变化的，并且受着时空的限制。这说明，用户信息需求的状态是一种“运动状态”，用户不同的信息需求状态决定了用户的不同类型。

科亨(Kochen)曾经将用户的信息需求状态划分为如图 4-2 所示的三个层次。

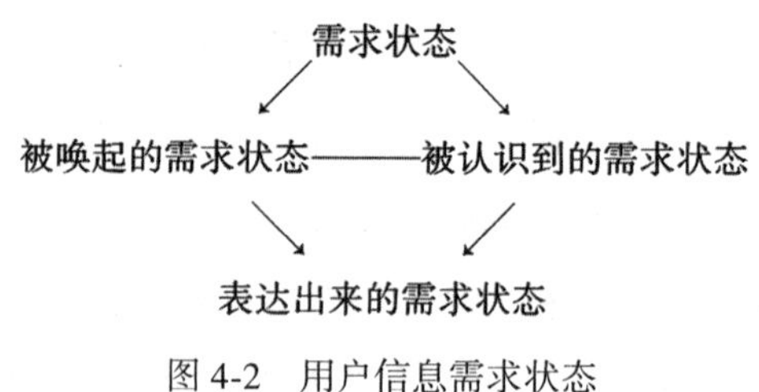

图 4-2 用户信息需求状态

进一步研究表明，一定社会条件下具有一定知识结构和素质的人，在从事某一职业活动中有着一定的信息需求结构。这是一种完全由客观条件决定，不以用户主观认识为转移的需求状态。但是，在实际工作中用户对客观信息需求并不一定会全面而准确地认识，由于主观因素和意识作用，用户认识到的可能仅仅是其中的一部分，或者全然没有认识到，甚至有可能对客观信息需求产生错误的认识。无论何种认识，都可以概括为信息需求的不同主观认识状态。通过用户活动与交往，用户认识的信息需求将得以表达，这便是信息需求的表达状态。显然，这一状态与用户的实际体验和表示有关。

由于用户的信息需求具有主观性和认识性，因而存在着三个基本层次：用户信息需求的客观状态—认识状态—表达状态。

如果将用户信息需求的认识状态称为用户主观信息需求的话，那么可以进一步研究用户信息需求的内在机理：

①客观信息需求与主观信息需求完全吻合，即用户的客观信息需求被主体充分意识，可准确无遗漏地认识其信息需求状态；

②主观信息需求包括客观信息需求的一部分，即用户虽然准确地意识到部分信息需求，但未能对客观信息需求产生全面认识；

③主观信息需求与客观信息需求存在差异，即用户意识到的信息需求不尽是客观上真正需求的信息，其中有一部分是由错觉导致的主观需求；

④客观信息需求的主体部分未被用户认识，即用户未对客观信息需求产生实质性反应，其信息需求以潜在的形式出现。

以上第一、二种情况是正常的，其中第一种是理想化的；第三种是用户力求从主观上克服的；第四种必须由外界刺激，使信息需求由潜在形式转变为正式形式。

用户信息需求的客观、认识和表达状态，就其内容与范围而言可以用图 4-3 的集合表示。集合 S_1、S_2、S_3之间的基本运算显示了其中的基本关系。

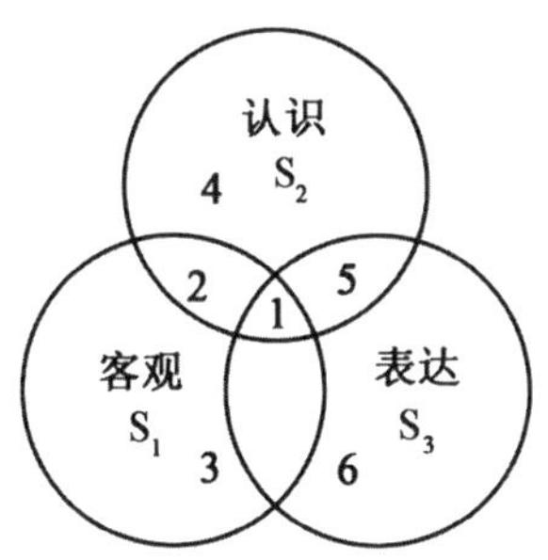

图 4-3　用户信息需求的状态描述

图中区域 1 表示用户客观的信息需求得以准确认识并表达出的部分；区域 2 为被认识的但未能表达的信息需求；区域 3 为未被认识和表达的客观信息需求；区域 4 为认识

有误但未表达的需求；区域5为认识有误且已表达的需求；区域6为认识有误、表达亦有误的需求。通过集合的运算可以把握用户信息需求的基本状态，以此作为开展面向用户服务的决策依据。

用户信息需求机理研究表明，用户的心理状态、认识状态和素质是影响用户信息需求的主观因素。除主观因素外，信息需求的认识和表达状态还受各种客观因素的影响，这些客观因素可以概括为社会因素作用于用户信息认知的各个方面，主要包括：用户的社会职业与地位、所处的社会环境、各种社会关系、接受信息的条件、社会化状况等。概括各种因素，我们不难发现用户的信息需求具有如下特点：

①信息需求归根结底是一种客观需求，由用户(主体)、社会和自然因素所决定，但需求的主体(即用户)存在对客观信息需求的主观认识、体验和表达问题；

②信息需求是在用户主体的生活、职业工作和社会化活动基础上产生的，具有与这些方面相联系的特征；

③信息需求是一种与用户的思想行为存在着内在联系的需求，其需求的满足必然使用户开展思维活动并由此产生各种行为；

④信息需求虽然具有一定的复杂性和随机性，然而却具有有序的层次结构。

从全面掌握用户信息需求的状态和规律的角度看，这四个方面应该是我们展开用户信息需求调查与分析的出发点，以此可以进行综合性研究，以便在掌握用户状况的基础上开展信息工作。

4.1.4 用户信息需求的表达

对用户信息需求客观状态的认识是组织信息服务工作的关键，认识用户的客观信息需求并将其加以归纳的过程称为用户信息需求的表达。

用户信息需求表达的主要方法如下：

①规范分析方法。规范分析方法以用户各类职业工作目标为基础，从用户实际工作和环境分析出发经过目标—功能系统研究，明确用户所需的信息范围、类型、提供方式等规范模式，然后按规范标准确定并表达用户的实际信息需求。

②战略集合转换方法。战略集合转换是一种从组织目标出发描述组织层次信息需求的方法，W. R. 克因(W. R. King)在研究管理信息系统的过程中最先应用了这种方法。如果一个企业组织当前着重于提高产品的生产效益，那么就需要从现实经营出发，分析有碍于提高效益的因素，然后围绕这些因素确定并表达用户所需的信息。

③关键因素分析方法。关键因素分析方法的应用旨在确定和表达用户对关键信息的需求。例如，管理者的信息需求往往从经营管理的关键因素中推导出来，因此可以设计这样一种方法，即从分析管理的关键因素出发，推导出管理者的信息需求；然后，对诸种要素进行归纳和分析，以明确对关键信息的需求。

④过程分析法。过程分析法属于一种综合方法，它的基本思想是，用户的事务处理是信息保证或服务的基础，因此可以通过对用户业务过程的系统考察和分析，将反映在过程中的常规信息需求加以提取和确认。

⑤目标—手段分析法。这是一种从用户业务工作目标分析开始，研究用户实现工作目标的具体路线、方法和手段，按工作环节自上而下地推导信息需求的方法。这种分析方法由于比较灵活，因而可以用于确定用户个体、组织或独立部门的多种信息需求。

⑥决策分析法。信息需求的决策分析法分为三步：找出并规定决策；确定决策算法或决策过程(使用决策流程图、决策表或决策树)；确定决策过程中所需要的信息。在结构化决策中，决策树分析法对阐明用户的信息需求是十分有效的；对于非结构化决策，则要辅以对决策机制的深层分析。

⑦社会技术分析法。社会技术分析法包括社会分析和技术分析两个部分。社会分析确定与社会、组织或人员交互系统有关的信息需求，通过系统特征和交互规程的分析来确定需求结构。技术分析是对用户的行为和具体的交往方式的分析，要点是通过信息差异性比较，明确用户特殊的信息需求。

⑧输入—处理—输出分析法。输入—处理—输出分析是一种系统方法，其依据是系统可以定义为由输入、输出和接受输入、输出的转换过程所组成。这种方法从对目标系统的自上而下的分析开始，通过对目标子系统的分析，将其划分为更小的子系统，直到信息活动被定义为一个子系统的独立活动为止。在简化系统的基础上，利用输入—处理—输出分析关系，分层确定信息需求。

以上方法既有共性，又有个性。因此，在应用中应注意根据分析条件选择适当的方法。

4.2　用户与信息需求分类

用户信息需求分析中的一个基本问题是如何划分用户的类型，明确信息需求与利用的关系，以此出发提出信息需求分析的主要内容。

4.2.1 用户分类

信息与用户存在着一一对应的关系。在信息化社会中人类对信息的需求是多方面的。可以说，每个人无论从事何项工作、属于何种职业、具有什么水平都存在利用信息的问题。因此，按人们信息需求的某一特性或某一方面都可以进行信息使用者(用户)的分类。其中，最简单的方法是按以上所述的信息分类原则进行用户分类。但是，由于问题的复杂性，在实践中往往根据多种原则进行综合性的用户分类工作。现在，讨论几种主要的用户分类方法。

(1)按用户工作所属的学科范围进行用户分类

按用户所从事工作的学科，可分为：

①社会科学用户，包括从事社会科学研究、教育、管理等方面的人员，以及文化、艺术等方面的实际工作人员。

②自然科学用户，包括基础科学、应用科学的研究人员、工农业生产技术人员、医生等。

值得指出的是，不少用户(如军事人员)可以同时属于以上两类。

(2)按用户的职业进行分类

对于用户所从事的职业，可作如下区分：

①国家领导人；

②决策、管理人员；

③科学家(包括自然科学家与社会科学家)；

④工程师；

⑤医生；

⑥作家；

⑦艺术家；

⑧生产、技术人员；

⑨军事人员；

⑩商业人员；

⑪教师；

⑫学生等。

(3) 按用户信息需求的表达情况进行分类

按用户信息需求的表达状况，可区别为：

①正式用户；

②潜在用户。

(4) 按用户对信息的使用情况进行分类

按用户对信息的使用时间，分为：

①目前用户；

②过去用户；

③未来用户。

(5) 按用户的能力和水平进行分类

按用户利用信息服务的能力和水平，可区分为：

①初级用户；

②中级用户；

③高级用户。

(6) 按用户信息保证的级别进行分类

对于信息保证服务而言，可分为：

①一般用户；

②重点用户；

③特殊用户。

(7) 按用户信息服务的方式进行分类

按用户对信息服务的不同利用情况，可分为：

①借阅用户；

②检索用户；

③咨询用户；

④定题服务用户等。

这里，我们将上述7个方面结合起来，根据各行业、部门、系统的服务组织，可进行用户的分类部门、系统区分。

4.2.2 用户信息需求结构与类型

研究用户信息需求的结构与类型可以从不同的用户类型着手，关于这一问题后面还要进行深入讨论。这里主要分析的是各类用户信息需求的共性，同时明确不同类型用户需求状况研究的主要内容。

事实上，用户信息需求的各种状态可以看成一个有机结合的系统，它具有一定的内在结构和外部联系。用户信息需求的内部结构表现为我们已经讨论过的生活中的信息需求、职业工作的信息需求、社会化过程中的信息需求、信息需求的各种基本状态以及由此而决定的信息需求的各种不同的表现形式。由于用户总是处于一定的社会环境之中，因而系统又是对社会开放的。社会性质、结构、资源和发展状况等因素无疑是影响需求的外部因素，外部条件作用下的信息需求变化最终将通过用户自身的矛盾体现。

利用系统方法对信息需求进行分析，不难发现用户的信息需求具有如图4-4所示的结构。

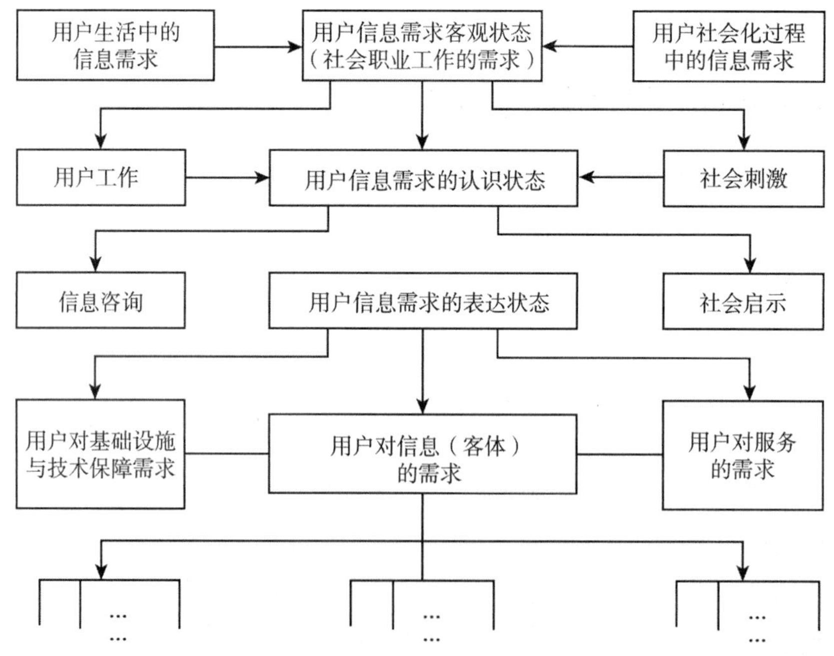

图4-4　用户的信息需求

如果我们将用户的信息需求看成最终需求的话，那么信息需求包括了对信息本身(即信息客体)的需求以及为了满足这一需求而产生的对信息检索工具系统和信息服务方面的需求。

(1)用户对信息的需求

将信息载体分为文献型与非文献型两大类，用户对信息的需求可以进一步区分，其中：非文献的物化信息包括工农业产品的样品和其他实物信息；交往信息主要包括由人类活动产生的交互信息，用户进行私人交谈、参观、出席会议、调查等活动都会伴随着交往信息的产生和使用。

纵观用户对信息的需求，可以按信息的内容将需求分为三种类型：

知识型。如科技知识、管理知识等，它构成用户“才干”，成为推动工作的动力和用户解决具体问题的条件。

消息型。如人类社会活动的报道、经济市场信息等，它是一种动态信息，供用户决策时参考。

数据、事实型。如自然常数、统计数据、组织机构数据以及客观事件状态的记载和表征等，它为用户查考某一事实而用。

(2)用户对信息基础设施与技术保障的需求

用户需求信息的获取、交互和利用需要相应的基础设施和信息技术保障，由此决定了用户对信息设施和技术工具的需求。互联网迅速发展和计算机数智技术的不断进步，深刻改变着信息资源的存在、传输和利用形态，其交互作用和影响决定了用户对信息基础设施与技术保障的基本需求。从需求的内容结构上看，用户对信息基础设施与技术保障的需求包括：网络设施与技术需求；信息传输技术需求；信息载体技术需求；信息识别技术需求；信息存储技术需求；信息交互技术需求等。在新的发展中，用户需求集中于互联网背景下的人工智能技术、大数据与虚拟技术的发展上。

事实上，只要有人类社会存在，就有信息的社会产生、传播、控制和利用需求，由此提出了与环境相适应的信息基础设施与技术要求。在科学技术高度发展前提下信息用户所需的网络数字智能技术的广泛应用处于关键性位置，其作用发挥集中体现在互联网和新一代数字智能技术下的应用拓展与需求上。

互联网(Internet)起源于1969年美国国防部高级研究计划管理局(ARPA)资助建立

的 ARPANET，当初主要限于为军事机构和一些学术研究单位的用户服务，而将各有关的计算机系统采用 NCP（网络控制程序）相联。20 世纪 70 年代末，美国国防部通信局和高级研究计划管理局组织研制成功了用于异构网络的 PCT/IP 协议并于 1980 年投入使用。20 世纪 80 年代初，美国国家科学基金会（NSF）立项重建 ARPANET，同时扩大用户群，将网络改名为 NSFNET。1987 年美国着手于网络的升级工作，由国家科学基金会与 MERIT、IBM 和 MCI 公司合作，使之成为大网络的重要骨干网。随后的数年，以骨干网为基础的网络连接大量具有不同硬件和软件的计算机网，从而构成了人们通称的互联网。随后，经过 50 多年的发展，互联网已将全球范围内的各种信息资源和用户联成一体，构成了全球化的信息空间，互联网服务已延伸到生产、金融、商务以及各行业领域。电子商务、电子货币、虚拟企业、智慧医疗、数字城市等全新的社会活动组织，已成为人类社会活动不可缺少的组成部分。这说明必须有新的大数据资源组织、管理、搜索、服务的技术来支持整个网络。在全球网络环境下，用户信息交互利用需求引动下的服务发展以及对社会带来的效益是无可限量的，由此形成了信息服务的新概念、新模式和新方法。

包括数据在内的信息管理始终以信息技术的发展为基础，信息用户所需技术的进步不仅改变着信息载体的状况，而且决定着信息流的组织、信息资源的开发和服务机制。

信息需求驱动下，基于科学研究与发展的技术进步为网络信息组织与开发技术的构建奠定了基本的网络设施与数字智能技术基础。例如，正是有了数字通信技术和硬件与软件技术的发展，才有远程数据传输和处理，从而为跨域管理信息与服务的开展奠定了必要的技术基础，以至于从技术角度上实现了数字信息流的远程管理，促进了基于新的信息机制的信息服务的拓展。在互联网+发展中，其信息技术的全面使用，使依赖于互联网络的业务得以迅速发展，从而导致了全球化发展中各类组织的新的信息机制的形成和完善。在这一背景下，各国无一例外地构建具有自己特色的、适应于信息化环境的信息管理技术平台，实施信息基础设施建设计划。

（3）用户对信息服务的需求

为满足用户对信息的需求，必然求助于各种服务，于是产生了对信息服务的需求。用户对信息服务的需求是多方面的，除包括传统的信息资源服务外，还需要大数据嵌入、智能化交互和知识关联等方面的服务保障。由此可见，数智网络环境下，用户对信息服务的需求已拓展到信息交互利用的各个方面。

在新的社会条件下，信息已成为社会发展的一大基本驱动要素，信息的网络化、大数据化和智能化组织因此而成为社会化、全方位信息服务发展的基础。如果说用户信息需求的变革受社会信息化服务的牵动，那么大数据与智能环境则是用户与信息化发展相适应的信息需求形成和得以满足的基本条件。

信息服务的基础存在于社会之中，信息环境的变革对其的影响不仅体现在信息的存在形式、资源结构、数字应用和服务组织上，而且决定了基本的信息服务需求形态和作用机制。在大数据和智能技术不断发展的情况下，随着互联网+背景下的数字智能技术环境的形成，信息服务需求已从信息资源组织提供和保障，向内容组织中的数据和知识服务需求发展，由此决定了数据资源组织和知识服务新的需求范式。

信息服务技术进步不仅决定了信息需求服务的基本构架，同时影响着信息存在形式以及基于信息交互的信息需求结构与作用机制。在信息技术演化中，计算机与数字化网络技术进步处于核心位置，由于新技术的采用，许多传统上相互独立的行业已融入互联网+背景下的大数据与智能服务之中。同一信息源中的不同形态的信息，可以方便地交互转化和利用，对于数字信息资源而言，可以通过可读、可通信形式的交互，实现从任何一个地方向另一个地方传递。这一切离开了数据组织与开发服务，网络数据资源服务需求就不复存在。在这一环境下，传统的信息服务部门需求已拓展到数据处理、智能系统、网络服务、大众传播、信息集成等服务需求。

数智化发展中，以数字形式组织信息，包括对文本、数值、图形、音视频等分布式大数据进行存储、利用和交互，从而满足信息需求。在信息服务与通信技术结合中，许多数据是新型通信业务必须面对的，从而使信息服务和通信业务需求融为一体。

网络信息资源的主体是数字化信息，基于网络的信息服务必须具备管理和处理由各种信息载体组成的大数据资源的能力。这种能力集中表现在网络化技术和数字智能技术的应用上，涉及的服务包括：基于信息内容的数据采集、处理、存储、传递、共享和交流服务；通信型、交互型、监视型、嵌入型等各类型的服务开展；文本、图像、音视频管理、机器学习、语言理解和处理等方面的服务应用。

4.3 用户信息需求演化与环境要素作用

互联网发展与数智技术的驱动，使得社会化信息需求处于不断变革之中，在面向用户的服务组织中，应立足于环境的变化进行信息需求影响因素研究，在明确环境要素作用的基础上按基本的需求形态和特征推进社会化信息服务的开展。

4.3.1 数智化发展中的用户信息需求演化

调查和研究用户的构成及其信息需求是信息服务有效开展的前提。社会信息化和社会化信息网络的发展从两个方面影响着信息用户的构成和信息需求。其一，信息化从本质上改变着用户职业工作内容、行为方式和信息意识形态，决定着用户信息需求的新机制和基本的表现形式。其二，建立在现代技术和信息资源社会化组织基础上的信息网络化从根本上改变着用户的信息环境，决定着用户信息需求的满足方式和信息交流与利用的社会形态。

(1)用户需求空间的拓展

数字信息时代的到来，使数字化信息成为一种社会化的资源，人们信息意识不断增强。用户逐渐把信息、知识的需求视为一种习惯性需求，数字信息的社会化利用已成为从事职业活动的关键。在这一背景下，信息用户从各信息机构的服务对象拓展到所有具有信息需求的全社会成员。在用户构成和信息需求空间上，以下几个方面的问题需要面对。

信息用户类型复杂多样。互联网信息服务的普遍使用，使人们可以充分利用到各种资源。不同信息用户受其所处地理位置、社会角色和职业特征、专业特性的影响，会有不同的信息需求空间，而不同类型的用户需求形成了复杂多样的用户群。从用户的职业看，原有的用户类型不断发生变化。随着整个社会信息化程度的提高，潜在用户正不断向现实用户转化，由此导致了认知空间的拓展。

信息用户需求的空间范围日益广泛。数字信息交流的跨时空发展，使网络信息资源更加多样化和复杂化，服务形式和内容逐渐向社会化、综合化、集成化、智能化转变。信息用户已不再限于从信息资源机构和网络信息服务机构获取自己所需的信息或服务，而可以方便地使用更为广泛的社会化服务。分散在各地的用户在更广的范围内可以享受到多样化的服务。

按认知空间结构，在以文本服务为主的时期，着重于信息资源的共享和用户所需信息的获取，强调提供信息的全面性、完整性、新颖性和准确性，以及以需求为中心的内容服务组织。随着互联网数字技术的发展和需求满足程度的提高，在服务拓展和深化中用户愈来愈注重于网络信息交互和数据服务的嵌入。服务组织上，在扩展用户范围的同时，由于信息用户信息意识、知识结构的变化和交互能力的提升，使得网络信息空间与用户活动空间趋于同一化，由此决定了信息用户的信息需求与行为机制。

(2)用户需求形态转化

网络环境下，用户与信息的交互日益密切，人们自我实现的方式不断变化，实现需求的满足速度在加快，需求层次所出现的跨越式递进，导致用户的信息需求在空间上的纵深发展。

在基本需求被满足以后，用户的社会交往和个性需求随之产生。个性化和社会化是当前用户需求日益深化和扩展的特征表现。个性化需求的存在延伸到网络活动中，互联网用户价值的自我呈现和高层次个性需求形成。例如，网络社区中越来越多的用户由于内在需求的驱动，需要通过网络表达自己的特定需要和个性。同时，用户深度参与到互联网中，存在个人与个人和群体与群体之间，以不同方式架构而形成的交互网络。社会网络作为用户参与和共享的平台，发挥着个性开放的主流作用。因而，社会性网络信息交互需求与服务组织也是必须要面对的问题，从组织上看，应进行社会网络服务中的用户行为规范和安全保障的同步实现。

随着互联网的发展，用户对信息内容互动性的需求越来越高，用户与服务之间按需响应的互动机制已经不能适应用户的需要，因而用户与外界的交流和互动已成为一种趋势。在交互服务中，互动的用户关系决定了基于人机交互的虚拟空间服务实现。

互联网数字信息迅速积累，使得用户的信息需求越来越多样化、个人化、即时化，用户越来越不满足于传统内容提供的内容推送。同时，用户对互联网的参与、体验意识增强，他们不仅希望自己成为互联网内容的获取者，也希望成为内容的创作者，这也是用户原创内容越来越重要的原因。

21 世纪，基于网络基础平台和数字化信息载体的在线环境的形成模式值得关注。在这一模式当中，用户主要有四种基本的需求：第一是信息传递与知识获取需求；第二是群体交流和资源共享需求；第三是人们对于个性展现和兴趣满足的需求；第四则是信息交互或交易的需求。在这些需求的作用下，传统的活动方式正在向在线模式迁移，个性展示和互动在用户所有需求中所占比重逐渐加大。在网络用户需求的变迁以及互联网模式的演化中，用户群体交流与资源共享、个性展示和互动，以及数字化信息传递和知识获取具有固有的增值特征。当前，互联网应用正向多领域拓展，各种服务的整合与平台化，在于为用户提供智能化的“一站式”服务平台。通过多种服务的协作使用和互相带动，达到吸引用户的目的。

网络环境与用户活动既相互联系又相互影响、既相互制约又相互促进。为了更好地利用网络数字信息资源，使之更符合用户的需要，应重视用户与网络环境的交互融合。事实上，数字信息环境与用户的相互作用是多方面的，随着社会的发展和信息技术的进步，网络信息环境与用户之间的相互作用也越来越显著。这就要求我们注重信息环境与社会整体及各个因素的相互联系、相互影响，以保证网络数字信息环境安全与面向需求的服务的同步发展。

4.3.2 网络环境下的用户信息需求

在数智技术作用下，用户作为信息服务的对象始终处于中心位置。用户的基本状态、需求和行为不仅影响着网络数字信息资源的组织方式和信息服务内容，而且决定了信息服务的机制和模式。在局部上，某部门的用户需求与行为决定了该部门的信息管理与信息服务业务内容；在全局上，一个国家各种类型和层次的用户及其信息服务需求，决定了信息服务的总体规模、原则和要求。

基于网络交互关系，用户的信息需求在安全环境保障下已发生深刻的变化。对用户需求调查的结果表明：用户希望通过网络，在实现服务共享的同时进行面向应用的交互，从而满足具有个性特征的需求。用户希望知道具有安全保障的信息资源，用户不希望被信息的海洋所淹没，也不希望受单一定制服务的限制。从整体上看，安全环境下的用户的网络信息需求具有综合性、全方位、及时性和专门化的特征，具体说来，其特征体现在用户对多方面信息的需求上。网络信息需求在职业活动上的特征主要体现在以下几个方面：

①全方位的信息需求特征。就信息资源的网络化组织与服务而言，诸多形式和内容的服务都可以自成体系，在物理网络、资源和技术的支持下，网络化数字信息已不再局限于信息内容的表层组织、存储和面向用户需求的提供与交流，而希望提供包括信息开放存取、云服务和智能交互在内的各种专门服务，从而为网络信息的社会化共享和信息化环境下的知识与数据深度利用提供保障。从数字信息网络构建、资源组织和技术实现上看，用户的全方位信息需求决定了网络化数字信息服务的社会化发展。这一环境变化与用户活动的互动，也是全方位信息需求的特征体现。从信息需求内容和形式上看，用户的网络化数字信息需求不仅包括了文本载体的信息和音视频形式的信息，而且包括来源广泛的网络信息；从信息组织上看，包括基于网络的共享数据库信息、跨系统信息以

及网络开放存取信息和网络社区交互信息等。网络安全环境下用户的全方位信息需求决定了网络信息服务的多元组织和跨系统融合服务的发展。

②用户信息需求与网络信息资源的适应性。用户信息需求与网络信息量的增长存在着动态对应关系，这种关系在网络环境下客观存在。反映在大数据组织与服务中，网络大数据几何级数的增长并不会导致大数据利用上的冗余，反而会激发大数据需求的相应增长。由于用户的自然处理数据能力有限，在大数据利用上必然求助于大数据技术和智能计算的利用。这说明，全球网络环境下，网络信息增长与用户需求信息增长具有正相关关系。这是由于网络信息组织和用户的信息利用处于同一技术层面和发展层面上，当新的数字技术出现时，必然会同步应用于信息资源组织、信息服务和用户利用的各个方面。用户需求与网络信息资源的适应性提出了科学规划和协同发展问题。如果在某一时期，资源组织技术相对于内容服务滞后，有可能导致因用户信息处理能力有限而造成利用效率的下降。面对这一情况，拟通过提升信息组织技术的应用水平来解决，以实现二者之间的动态平衡。

③信息需求的层次化特征。数字网络环境下，互联网+的发展不仅拓展了用户信息需求的范围，而且深化了信息服务的内容，致使用户从浅层次的信息需求向深层次的数据、知识和智能需求转变。信息需求的深层化在科学研究中是十分典型的。从总体上看，社会进步和经济发展对科学研究产生的大数据需求，促进了科学技术的高速发展。新技术、新方向、新领域的不断生长，以及知识创新日益加快，迫切需要在面向知识创新的信息服务中，不断提升科学信息的利用水平，反映在需求上便是从信息向知识的深化。在数字服务的利用上，便是数字化科学研究的全程保障。全球化环境下，科学技术对经济发展和社会进步的影响越来越大，知识创新已成为物质生产中最重要的因素，以知识创新为基础的经济体系业已形成。在这一背景下，知识的急剧增长、迅速传播、综合集成以及知识成果的加速应用已成为科学研究的必然趋势，这也是未来社会最显著的特征。鉴于创新研究在创新中的重要推动作用，需要以创新需求为导向进行信息内容层面的不断深化。同时，科学研究的前瞻性是科技创新的重要条件，这就需要根据科学研究的主流着眼长远需求，进行科学大数据的跨系统挖掘，实现深层服务面向科学研究过程的嵌入和数字化交互。

④延伸信息的交叉需求特征。网络环境下的跨系统、跨行业或领域的合作，反映在信息需求上便是跨系统和部门需求的特征体现；相对于传统服务而言，则是延伸信息的交叉需求。其中，科学研究中的整体性认知趋势越来越明显，多学科研究、跨学科研究

和整体性研究发展日益加强。显然，面向科学研究的信息服务应根据研究的交叉性、综合性和整体性，进行跨学科和交叉学科信息的交互共享。对交叉学科信息进行整合或整体性融合，在于突破学科界限，进行学科信息的集成，促进多学科交叉性信息的获取，在跨学科信息的融合中进行知识创新保障服务的优化。

另外，由于任何一项技术的发展都不是孤立的，而与许多技术密切相关，这就需要进行行业信息服务的协同组织。在这一背景下，用户信息需求不再限于有限的交互需求，而需要从关联关系出发，进行社会化的信息交互，以推进自身的发展。

网络用户的信息需求随着信息化的发展、技术的进步而不断发生变化。由于物理网络数字技术的发展，网络环境下用户的信息需求已发生结构性变化。这种变化是社会信息化和社会化信息网络持续发展作用的结果，因为用户信息需求的变革受社会信息化的牵动，网络化数字服务则是用户信息需求得以全面满足的基本条件。由此可见，网络化环境下用户信息需求的变革是网络信息服务发展的永恒动力。在网络用户信息需求的带动下，网络化信息服务朝下面几个方面发展：有利于用户利用最原始信息；有利于信息资源充分开发和合理利用；促进信息管理与用户业务更加密切结合；实现网络环境下线上服务与线下服务的有效结合；有利于用户自主地利用各种信息服务和技术；促进互联网+服务的深层发展。

总之，信息服务与网络用户信息需求在不断变化的过程中相互促进，在环境变化中得到发展，在新的发展阶段不断进化，进而形成一个持续发展的过程。

4.4 用户信息需求的价值体验与需求认知

信息服务得以开展和发展的根本原因是，用户利用服务能够满足其交流信息、吸收和利用信息的需求，同时获得稳定的交互技术支持，建立基于内容层面的数据、知识交流关系。从服务上看，用户必须有良好的服务价值体验和认知。

4.4.1 用户的信息聚合需求体验

用户信息需求体验既具有引发需求体验，又包括行为过程和需求结果体验，并呈现在信息需求与行为的过程之中。对于具有普遍意义的需求体验，拟以数字图书馆服务用户为例进行分析和归纳。以数字图书馆社区为用户的开放服务平台为例，分析用户在平台中通过知识交流、分享、发布、下载、转载等活动的需求价值实现体验。从数字图书馆用户知识交流和需求的角度进行用户需求体验分析，其过程归纳为如图 4-5 所示的用户知识需求体验模型。

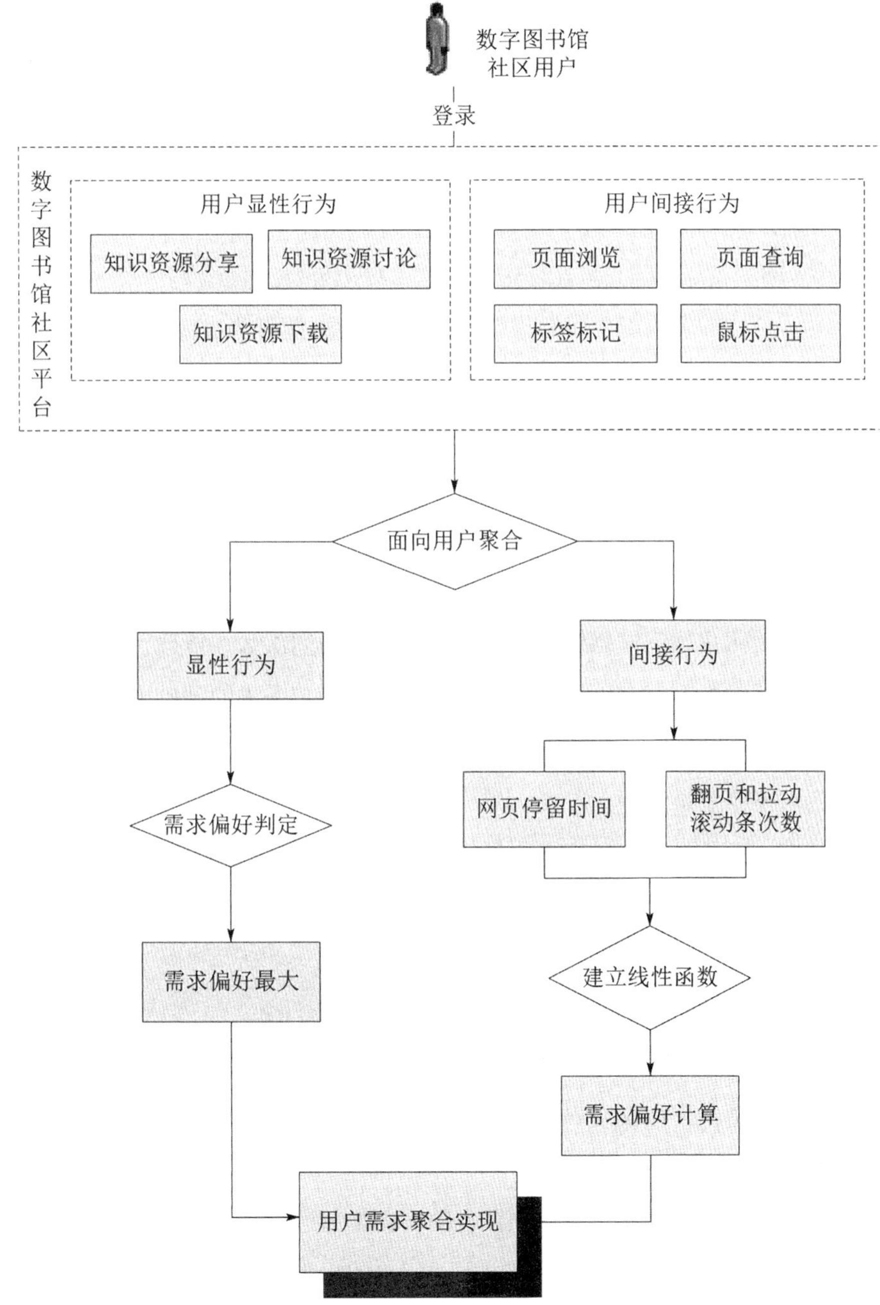

图 4-5 数字图书馆用户知识需求体验模型

数字图书馆的知识需求分析，根据用户知识交流、利用行为进行用户需求建模，通过计算用户对知识资源的需求偏好度进行衡量，从资源使用角度对用户进行需求挖掘和聚合。

数字图书馆知识网络服务中，用户在某网页上的交互行为能反映用户对网页和资源的需求偏好度，用户的交互行为包括显性行为和间接行为。数字图书馆的用户显性需求主要是用户对知识资源的分享、下载等显著表现用户需求或偏好的行为。行为的发生代表着用户对知识资源的高需求偏好度。数字图书馆用户的间接行为包括用户的随意查询、浏览、标记等，用户进行知识浏览过程是进行用户需求偏好度衡量的重要指标。

设 $Pre(A)$ 为用户对知识资源 A 的需求偏好度，函数可以表示为：

$$Pre(A) = f(Distinct(A),\ Indistinct(A))$$

其中，$Distinct(A)$ 表示用户对知识信息资源 A 的显性行为，$Indistinct(A)$ 则代表用户对知识信息资源 A 的间接行为。用户对知识资源的需求偏好度可用 0 - 1 间的实数表示，其中，0 表示用户对此知识资源没有需求和兴趣，1 则表示用户对该知识信息资源的最大需求和兴趣。当用户显性行为发生时，则代表用户对该知识资源具有最大需求和兴趣，即需求偏好度为 1。此时，用户的间接行为就可不予考虑。当用户未发生显性行为时，则需通过挖掘分析用户的间接行为进行衡量。

通过研究发现用户访问网络资源时的停留时间、访问次数、修改、保存、编辑等在反映用户需求偏好中具有客观性。在分析数字图书馆用户需求的基础上，可以采用对用户需求偏好有较大影响的关联内容和工具识别方式，将所需信息一次进行聚合，以获得良好的用户需求体验效果。

对用户的多方面需求偏好进行聚合计算，可以设定用户在数字图书馆服务平台某页面 W 的停留时间为 t(W)，翻页和拉动滚动条次数为 v(W)，根据二者关系建立多元线性回归模型①。

$$Pre(W) = a * t(W) + b * v(W) + c$$

其中，a，b，c 是与 $t(W)$ 和 $v(W)$ 无关的未知系数，可通过代入具体的行为参数值求出。值得注意的是，当且仅当 $Pre(W)$ 与 $t(W)$、$v(W)$ 之间存在线性相关时，该回归方程才具有意义。

对于网络服务而言，用户不是孤立存在的，而是通过知识交流、利用等行为形成一定的用户关系网络，处于群体关系网络之中。用户的行为和需求也会相应地受到群体中

---

① 赵静，但琦. 数学建模与数学试验[M]. 北京：高等教育出版社，2000.

其他用户的影响。因此，在基于用户行为进行用户需求分析时，还应充分考虑用户的群体关系。

网络用户在网络社区平台中通过信息交流、分享和利用等活动会形成一定的社区用户关系，包括社区用户信任关系和用户需求相似关系等。融合用户个体和群体关系的需求聚合模型是在用户的信任关系和需求相似关系的基础上进行需求的组合展示，从而运用需求偏好预测函数计算出用户的需求偏好，进行用户群体需求表达。

在融合群体关系的基础上挖掘用户需求时，需要考虑用户的个体需求和群体需求之间的关系，并通过加权计算得出用户的表达需求。因而，下面拟采取一种混合式的用户需求聚合算法，即在用户个体需求偏好的基础上，利用用户的行为特征来计算用户之间的社群关系，并以量化值为权重来建立用户的群体需求模型，最后融合该用户个体需求和群体需求，进行用户需求聚合表达。

融合网络用户个体和群体关系的用户需求体验表达流程如图 4-6 所示，包括以下 5 个步骤：

①建立用户—资源对象二部关系网络。通过建立用户—资源对象的二部关系网络，挖掘用户的社区关系和与用户相关的知识资源，建立相应的数字图书馆社区知识资源集。将用户和知识资源集合分别组成二部图的节点。如果用户之间、知识资源之间没有边相连，即认为用户之间、知识资源之间没有关联。根据用户和知识资源对象间的关系建立关联关系，可根据实际应用中的情况进行，如用户对某一知识资源对象进行了浏览、讨论、评论、分享、下载等活动，则可建立用户和知识资源间的关联关系。在建立二部图时，用户的数据来源于服务器网络日志，通过记录用户基本信息和用户访问、操作的知识资源对象收集用户的相关数据。知识资源对象则是数字图书馆社区中的知识服务资源，通常由文本描述，可用向量空间模型进行表示。

②用户个体需求模型计算。用户个体需求模型可通过对用户相连的知识资源对象进行文本分类或聚类计算来得到。目前应用较为广泛和成熟的方法则是向量空间模型，包括基于领域本体的向量空间模型①、层次向量空间模型②、树状向量空间模型③等。利

① 唐明伟，卞艺杰，陶飞飞. 基于领域本体的语义向量空间模型[J]. 情报学报，2011，(30)9：951-955.

② 邱晓俊，刘发升. 基于层次向量空间模型的用户兴趣建模研究[J]. 现代计算机，2010(6)：16-19.

③ 费洪晓，蒋翀，徐丽娟. 基于树状向量空间模型的用户兴趣建模[J]. 计算机技术与发展，2009(5)：79-81，85.

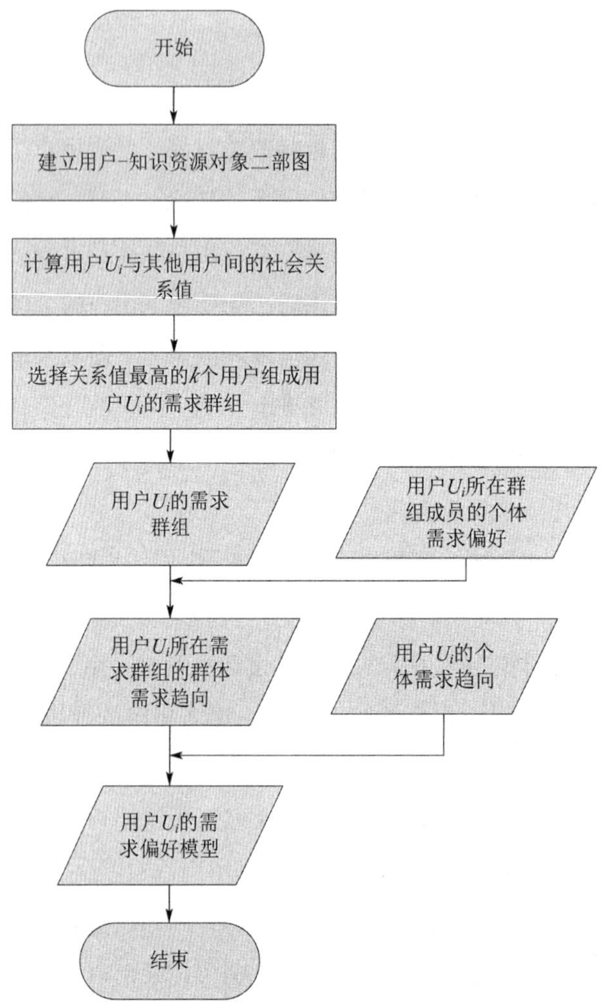

图 4-6　融合用户个体和群体关系的需求体验表达流程

用向量空间模型，可通过加权计算知识资源项目特征向量进行用户需求描述；通过对描述知识资源对象的文本进行聚类，可将相似的资源对象划分到同一个簇中，根据聚类结果，建立用户个体需求模型。具体方法为：获取用户关注资源对象所属聚类簇的中心，并将类簇中心进行加权求和。以此出发，建立用户关注的资源对象所属的簇类集合，按关注的资源对象簇类进行需求体验展示。

③用户间的关系值计算。用户间的关系是用户在关联资源对象时形成的网络关系，用户关系强度可用实数值 SR 进行计算和衡量。SR 值越大，说明用户间的需求偏好度越高；反之则越低。在用户—知识资源对象二部图关系网络中，计算用户 Ui 的社会关

系值：

$$SR(U_i, U_j) = \frac{|O(U_i) \cap O U_j|}{|O(U_i) \cup O U_j|}$$

其中，$O(U_i)$ 表示用户—知识资源对象二部图中用户 U_i 关联的资源对象，$O(U_j)$ 表示用户 U_j 关联的资源对象，$|O(U_i) \cap O U_j|$ 表示两个用户共同关联的资源对象的数目，$|O(U_i) \cup O U_j|$ 表示两个用户关联的资源对象的总和。

④用户群体需求计算。数字图书馆社区用户的需求和行为会受到群体中其他用户的影响，即社区中某一群体需求偏好会在一定程度上影响用户个体的需求偏好和行为。在量化数字图书馆社区用户社会关系强度的基础上，借鉴协同推荐思想计算用户群体需求。

根据计算所得用户社会关系值的强度，可确定对用户需求趋向影响较大的偏好社区群组，从而找到需求群体。确定需求群体有两种方法：一是固定用户社区群组数目，将其设为 m，将用户 U_i 与其他所有用户的社会关系值按降序排列，选择社会关系值最高的前 m 个用户构成相应的需求群体①。第二种方法则是对用户需求设定一个阈值 ε，限定用户社会关系阈值，根据用户 U_i 所在的需求群体和用户 U_i 的社会关系值，计算用户 U_i 的群体需求。

⑤用户总体需求聚合模型计算。加权融合计算用户的个体需求模型和群体需求模型，从而得到用户总体需求模型。通过采用线性加权计算，得出用户的总体需求聚合模型：

$$Ui = \beta \times U_i^I + (1 - \beta) \times U_i^G$$

其中，U_i^I 表示 U_i 的个体需求模型，U_i^G 表示用户 U_i 的群体需求模型，β的取值范围为[0，1]，它是一个根据实际系统选取的可调参数，可根据用户在数字图书馆社区中的社区地位进行取值范围调节②。

4.4.2 用户信息需求的认知表达

包括数字图书馆在内的信息服务用户需求认知建模在于，通过获取用户的学科专业背景、知识资源使用习惯、兴趣偏好等与用户需求趋向相关的信息，将这些信息进行模

① 胡吉明. 社会网络环境下基于用户关系的信息推荐服务研究[D]. 武汉：武汉大学，2011.

② 陈海强，程学旗，刘悦. 基于用户兴趣的寻找虚拟社区核心成员的方法[J]. 中文信息报，2009(2)：9-94，122.

型化表示，提取出用户需求偏好和趋向，为面向用户的个性化服务组织提供依据，从而满足用户需求体验，以为用户提供优质服务。

用户需求建模以用户为中心，以信息资源为基础展开。用户需求模型的构建步骤包括用户需求趋向信息获取-用户需求模型表示-用户需求模型扩展与动态更新。

首先，确定用户认知层面上的需求信息的获取方法。在综合用户特性和现有需求获取方法的基础上，可运用显示反馈和隐式反馈两种方法获取用户需求信息。然后，确定用户需求模型表示的技术和方法。用户需求模型表示方法是用户需求建模的关键，可结合 LDA 主题模型和层次向量空间模型进行需求模型表示。最后，还需进行用户需求模型的动态更新。在用户需求趋向关联图的基础上动态化模拟和分析用户需求变化，从而提高推送服务的准确度。

用户需求信息和需求趋向获取是用户建模的前提和基础，也是个性化推送服务开展的前提条件。用户需求信息的收集和获取是用户需求建模的首要工作。用户信息收集的质量和类型会直接影响用户需求建模和个性化推送的结果和质量。其中，获取用户需求信息主要包括两种主流技术：显示反馈和隐式反馈①。

用户的显式反馈是指用户主动向系统反馈对项目的评价的过程，包括用户注册时提交的个人背景信息和需求偏好信息以及用户对系统进行的反馈评价信息。这种反馈数据收集方法简单，且能准确直观地反映用户需求②。操作时，由于很少有用户愿意主动进行反馈，因此用户显式反馈数据并不能全面反映用户的真正需求。与显式反馈不同，用户的隐式反馈则由系统通过对用户行为的监控和分析，自动收集用户需求趋向信息，不需要用户直接参与。隐式反馈虽然不需用户参与，但其难度较大，系统需要处理大量冗余和无关信息，计算复杂度高。

在分析比较显示反馈和隐式反馈两种信息获取方法的基础上，可以综合两种方法的优点进行用户需求获取。获取包括直接获取和间接获取用户需求信息两个部分。在直接获取用户需求时，通过改进用户参与的界面、简化调查的问题等手段引导用户积极参与和配合。

在直接获取中，可使用简单人性化的方式进行用户显示需求的获取。例如，允许用户对知识资源进行评价打分，设置收藏、分享、转发、下载等功能让用户根据个人喜好

① Anderson M. Google Searches for Ad Dollars in Social Networks[J]. IEEE Spectrum, 2008, 45(12): 16.

② 花青松. 个性化推荐系统兴趣建模研究与实现[D]. 北京：北京邮电大学，2013.

进行自主选择，尽量让用户感觉反馈比较简单和人性化，而不是使用纷繁复杂的调查问卷；此外还可进行用户参与需求信息反馈的引导。

用户认知需求信息的间接获取则可在浏览器中嵌入脚本语言抓取用户数据。对于隐式需求的选取和识别可对获取工具进行参数设置，如对用户参与讨论的知识话题、发表和共享的知识、浏览下载的内容、浏览器日志、浏览时间、鼠标的操作等进行参数设置，提高用户隐式需求识别的准确度。如，针对浏览时间过长等问题，可以给定一个时间停留参数，超过该时间点参数系统将会自动放弃。用户认知需求的隐式获取流程如图4-7所示。

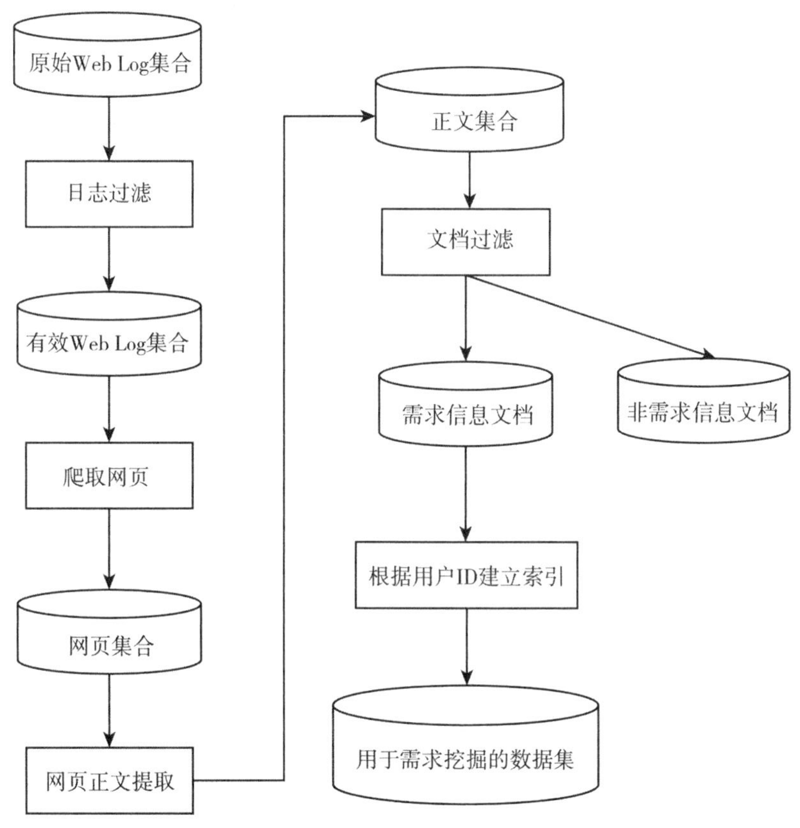

图4-7　用户隐式需求获取流程

如图4-7所示，首先要对用户在数字图书馆社区中进行知识交流、浏览、利用等活动产生的网络日志文件进行日志过滤，剔除与用户需求挖掘无关的用户访问记录，得到有效的Web Log集合；然后根据有效Web Log集合中的每一个条目的访问链接字段，利用网页爬虫工具进行页面和数据爬取，形成页面集合；通过网页正文提取模块进行有用信息提取和无用信息剔除，形成正文集合；在获取正文集合后，进行内容过滤，形成用户需求信息文档和用户非需求信息文档，并只保留用户需求信息文档；最后根据用户ID建立文档索引，形成用户隐式需求信息的数据集；同时，通过对数据集中的用户需求信息进行参数设置，获取用户隐式信息需求。

综上所述，综合获取法方法相较于显示反馈和隐式反馈两种单独的方法而言，具有一定的优越性。该方法既可以通过一定的用户参与抽取用户需求，又不会过分干扰用户引起反感；同时系统还可自动跟踪和挖掘用户需求，从而较为全面准确地反映用户的真实需求。

通过分析信息需求状态及其转化过程，可以进行认知需求的表达。用户的信息需求认知状态在信息利用之初往往是模糊的，而且不容易清晰表达。在这一过程中，对用户需要通过信息的相关性分析进行判断，以便逐渐明确其需求，并系统化地表达出来。用户在得到满意的信息服务并解决自己遇见的问题后，新的需求又会随之产生；因此，信息需求认知也是新的信息需求引动，其中任何表达出来的显性需求都是由这一阶段发展而来的。在网络环境下，信息需求的总体构成包含了显性信息需求和隐性信息需求。由于隐性信息需求在数字网络环境下所呈现出的关联特征，从某种意义说，认知表达有利于我们通过数字环境的作用来改变需求认知状态，以利于消除各方面的障碍，促使隐性需求向显性需求转化。

复习思考题

1. 简述人类总体需求与信息需求的关系。
2. 简析用户信息需求结构、特点和形态。
3. 试析用户信息需求的影响因素与需求引动机制。
4. 试析用户信息需求的价值体验与需求认知表达的实现方式。

5 用户信息行为机制

“理解用户信息行为”
授课 PPT
第 1 讲　信息行为研究
背景与类型

用户信息行为的引动和行为过程分析对于信息服务的用户组织是重要的，准确表达用户信息行为，明确行为路径，有助于信息服务的质量提升和面对用户的服务拓展。基于这一认识，有必要从用户信息行为的引动、行为对象、行为过程和行为路径优化出发进行研究。

“理解用户信息行为”
授课 PPT
第 2 讲　信息行为的
研究框架

5.1 用户信息行为的引动与影响因素分析

用户信息行为由主体需求、认知、意向、素质和信息环境作用下的目标实现所决定。其行为既有信息用户所共有的特征，也具有个性特征。在行为研究中，用户动机和客观环境作用下的信息行为引动和过程分析，是首先要面对的问题。

“理解用户信息行为”
授课 PPT
第 3 讲　社交媒体环境
下的用户信息行为

5.1.1 用户信息行为的引动

授课视频
“信息行为研究
背景与类型”

用户信息行为由用户主体活动目标和目标引发下的信息需求决定，由主体内在因素驱动，在外部环境作用下产生。这里，我们以用户信息共享行为引动为例，分析其中的内在机制。

按用户信息行为的内、外作用机制，可以从用户的客观因素和主观因素两方面出发进行分析，其主、客观因素体现了内、外在因素的综合作用。其中，客观因素包括用户的任务目标、需求结构、资源环境、交互关系等，主观因素包括用户动机、用户体

授课视频
“信息行为的
研究框架”

授课视频
“社交媒体环境下的
用户信息行为”

验和用户素养等。表 5-1 归纳了这两方面因素对信息行为的引动作用。

表 5-1　用户信息行为引动及其因素作用

信息行为引动因素		信息行为引动因素的作用
客观因素	任务目标	用户的任务目标决定信息行为整体方向和行为所达到的结果
	需求结构	用户的需求结构决定信息行为的客观对象、行为内容和方式
	资源环境	用户所面临的资源环境是信息行为引发的外部条件，决定行为过程
	交互关系	用户与信息的关联和各种交互关系决定信息交互行为和行为对象
主观因素	用户动机	用户的主观动机是信息行为的内在驱动因素，决定行为目标和指向
	用户体验	用户体验在于对行为必要性和行为效果进行感受，由此引发行为产生
	用户素养	用户信息素养决定行为引发的及时性、行为方式合理性和行为有效性

以任务目标、需求环境和交互关系为背景，以用户主观动机、体验、素养为主导的信息行为引动，存在着内在的逻辑关系。例如，用户知识共享行为过程就存在着两个相互关联的行为过程。首先，知识拥有者通过知识交流行为，实现知识传递和提供共享的目标；其次，知识接受者通过知识获取行为，按需进行知识接受和利用。由此可见，知识共享中的行为主体是具有交互共享关系的知识交流诸方，在共享平台中实现知识提供和获取的目标活动过程。

在交互环境下，用户虽然具有不同的行为动机，但行为引发机制却具有共性。在行为驱动中，揭示共享的内在机制是实现信息共享的关键。在信息行为引动的理论描述中，理性行为理论从原理上阐述了其中的内在机制和关联关系。理性行为理论(Theory of Reasoned Action，TRA)认为主体的行为由主体的理性化意向和思维决定，动机被看作是行为的前因。在TRA模型中，用户表现出的特定行为受个人的行为支配，其主体意向体现了从事某一行为的程度，而态度则是主体对行为可能产生的结果以及结果对自己的重要程度而产生的对某一行为正面或负面的情绪，间接决定了主体的行为意向，主观规范则是主体对他人认为应该如何做的信任程度，以及自己与他人意见保持一致的动机水平，见图5-1。

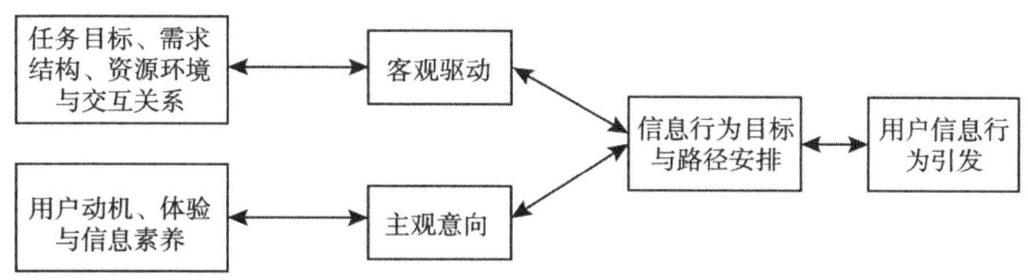

图5-1　理性行为引发的理论模型

理性行为理论的局限性在于，未能体现行为主体对自己的行为和态度的控制过程，尤其是在缺乏技能和能力以及环境限制的条件下进行行为控制分析。事实上，只有当用户充分控制自己的行为表现时，行为意图才能完整地体现①。对此，在理性行为理论的基础上，Ajzen提出了计划行为理论(见图5-2)。

在计划行为理论中，艾杰森(Ajzen)定义的核心要素是行为意图、行为态度、主观规范和行为调节。模型中的行为意图表现为主体采取某种行为的倾向，这是在行为发生前期的意向，行为态度被认为是影响行为意图的主观因素，表现为对待行为的积极和消极态度；主观规范是行为主体受到他人的行为期望以及因受环境影响而产生的行为动机，可以理解为客观因子对主体行为的作用。行为控制体现主体对行为的调节和掌握的程度，在交互信息共享中，如果具有信息共享关系的用户对自己的共享贡献行为具有合理的引动与控制能力，就可以有效地安排信息共享活动，实现信息行为预期目标。

① Fishbein M，Ajzen I. Predicting and Changing Behavior[M]. Taylor & Francis，2009：397-408.

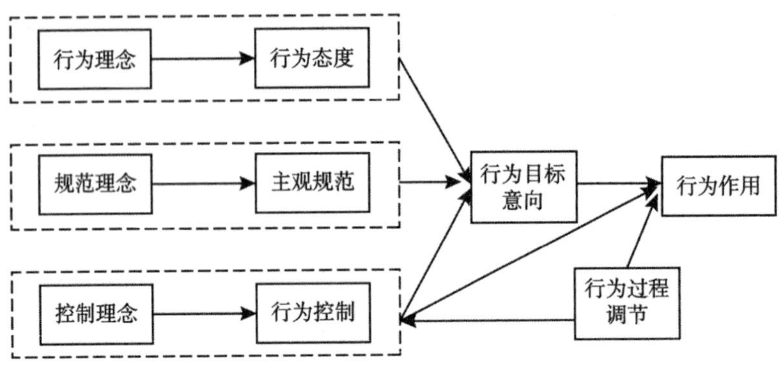

图 5-2 计划行为理论模型

5.1.2 信息行为的主、客观影响因素分析

事实上，用户信息行为的引发也是用户的动机、体验、素养以及条件限制影响因素共同作用的结果①。其中，主观因素可归为用户动机、用户体验、用户素养等，决定了行为意向和行为能力；客观因素包括信息活动目标、要求结构、资源环境和用户关系等，决定了行为的实际发生和条件支持。根据行为理论，可以得出知识共享行为影响因素的概念模型(见图 5-3)。

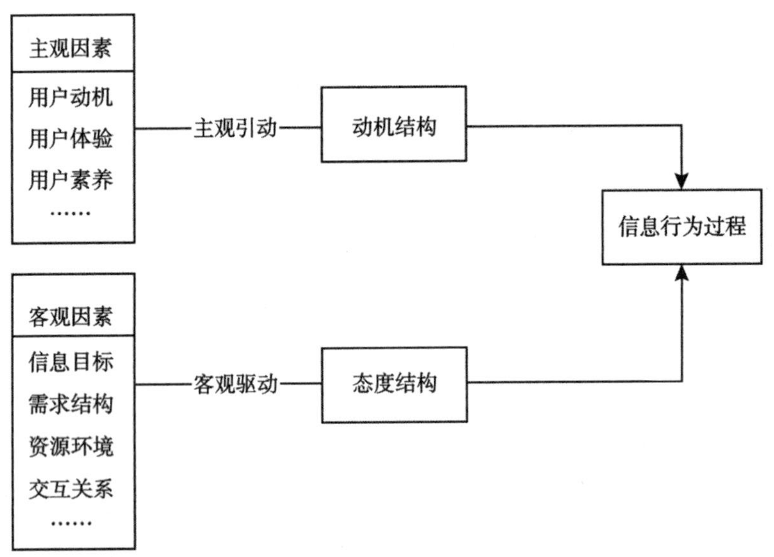

图 5-3 用户知识共享行为影响因素概念模型

① Andriessen J H E. To Share or not Share, That is the Question. Conditions for the Willingness to Share Knowledge[J]. Delft Innovation System Papers, 2006: 22-28.

用户的主观行为引动可以理解为用户贡献知识或交流知识的动机，客观驱动因素是促使共享行为发生的情景因素，决定了客观的现实态度。行为动机结构被视为用户采取知识贡献和交互获取行为的基本条件，用户对客观条件的认识最终体现为行为态度结构。这几方面因素缺一不可，没有共享动机就不可能促成共享行为，而没有客观态度则无法实现行为目标，动机对于知识共享行为的引发不会产生作用。由此可知，知识共享动机是促成知识共享行为的首要因素，而行为过程则是用户内部和外部环境共同作用的结果。同时，知识共享行为的发生，不仅受到动机的驱动，也会受到行为主体能力的限制，如知识贡献者的表达能力必然直接影响到共享行为环节。

在信息行为能力引动分析框架中，动机激发用户的行为意愿，其中的主观因素还由主体特有的性格、气质决定，客观因素反映了主体所面对的环境和刺激因素，包括用户主体在一定时期内周围的一些不可控因素以及抑制或驱动行为的外在因素。在各方面因素作用下，用户的行为能力分析是重要的。例如，知识共享行为能力是指用户在交互共享知识时所需要的基本能力组合，表现为知识贡献者的共享能力和知识获取者的行为能力。为了提升知识共享水平，必须从改善能力出发，进行知识共享行为的优化。在分析中，我们可以进行基本环节分析。分析中，可将知识贡献能力视为贡献者对知识的提取、描述、交流等行为能力，将知识分享行为能力视为对分享工具的使用能力、挖掘工具的使用能力以及对知识的理解、学习和吸收能力。由此可见，用户的行为能力发挥决定了行为过程的优化和行为结果。

针对以上的分析框架，在研究中可以提出相关的研究假设，通过实际数据获取进行行为的影响因素分析和行为过程研究。

5.2 用户信息交流行为

信息交流是信息管理学、社会学和管理科学共同面对的问题，不同学科从不同角度进行了研究，这些研究从不同侧面揭示了问题的实质。这里，我们从社会学和信息管理学角度对用户的信息交流行为进行分析，揭示基于社会信息流通的用户信息交流行为，以便在此基础上研究其中的行为调节机制。

5.2.1 用户信息交流行为方式与作用机制

信息既不是物质，也不是能量，而是具有特殊作用的人类社会和自然界的“产物”，可见它的流通与物质和能量流通(传递)有本质的区别。其区别在于，社会信息流通是基于用户信息交流的行为结果。

就流通量和范围而言，信息的流通量远大于物质流通量，信息的流通范围更是物质流通所不能相比的。例如，刚刚问世不久的某一新产品，其流通范围极其有限，而关于该产品的信息却通过广告、用户传递等"通道"不胫而走，其范围及流量远大于产品本身。

就流通实体而论，物质在社会中流通，一经被人占有将不再继续流通，能量在流动中会逐渐消耗，唯有信息可以在被人占有和使用的同时，继续流通，甚至在流通中产生新的附加信息。

在流通方式上，信息流通比物质和能量流动要复杂得多。信息流通的复杂性在于它的随机性和社会性，流通的各种方式均受社会环境的约束并且都具有一定的社会作用效果。

信息流通还存在一些固有的特性。用户信息交流行为的发生，使信息与其载体分离进行流通，如文献信息可以脱离文献通过口传、电传等方式流通。所有这一切决定了社会信息流通的特殊规律。

从社会学观点看，用户信息交流的行为方式可分为三类：①人际传播和交流；②组织传播和交流；③大众传播和交流。这三种方式都可用于用户的信息传递(流通)，以下将对其中的机制进行讨论。在讨论问题的过程中，我们将用户视为信息交流的主体(社会个人、组织或机构)，而不直接使用"个体用户"和"团体用户"的概念，这样有利于揭示社会交流的实质。

(1)基于人际信息传播的交流行为方式

人际信息交流是社会中个体与个体之间的信息交流，其信息交流行为由用户之间的交互关系和活动目标所决定。同时，信息交流伴随着用户的主体活动而产生，除受主体活动支配外，人际信息交流行为具有以下特点：

①信息传播与流通范围较小。在很多情况下，这种信息流通甚至只在个人之间进行，如家庭成员之间、朋友之间、同事之间、同行之间所进行的信息交流。

②信息反馈及时。在传播中一方发出信息后，接收者往往立即在较短时间内作出反应，甚至双方可能互为信息的发送者和接收者。互联网环境下，人际间的网络交互与信息传播成为一种主流方式，由此决定了基本的交互反馈关系。

③直接促进人际关系的发展。在人际传播与交流中，双方能够直接进行人际沟通。人际沟通是自我认识和认识他人所必需的，反过来对自我和他人的认识又可以有效控制和调节社会信息传播与流通的开展。

根据人际信息传播和流通机制，人际传播与交流中可以形成很长的信息交流行为通道。设由 n 个人组成的通道：

$$A_1 \to A_2 \to A_3 \to \cdots\cdots \to A_i \to \cdots\cdots \to A_n$$

人际信息传播交流的第一步在 A_1 A_2 之间进行，第二步在 A_2 A_3 之间进行，依次类推，最终信息由 $A_n - 1$ 传给 A_n 。在每一传递过程中，人们总是凭自己的理解交流信息，这必然引起传递失真。这一点不难通过下例加以说明。

设传递中的信息是：企业的四种不同经营方式会带来不同的经济效果 E_1、E_2、E_3、E_4， 如果传递信息的企业成员关心的仅仅是收入水平 D_1、D_2 ，由于经济效果 E_1、E_2、E_3、E_4 只对应两种不同的收入水平 D_1、D_2， 那么企业人员在信息传递中有可能按自己所关心的问题对信息进行处理，便会产生信息交流的失真。这时信息传给接收者变为：企业的四种不同经营方式会带来两种不同的收入水平。

产生信息失真的原因是：人际信息交流中的传递者对信息作了多样变换，由于通道成分(人)只对信息的部分特征感兴趣，便自然地对信息作了一些处理。在上例中，传递者将经济效益信息转化为收入信息，即将 E_1、E_2 转化为 D_1，将 E_3、E_4 转化为 D_2，从而损失了一半的信息量，导致信息失真。当然，在另一些情况下，增加信息量也会导致信息失真。

基于信息人际传播的信息交流失真在日常生活中是常见的，这是由于人们对日常生活中的信息往往按自身的理解进行传递，其传递中的差错是难以避免的。为此，要引入相应指标，进行人际控制与评价，从而确保信息的可信度。

控制信息差异度是解决人际信息传播的关键，其措施是加速反馈，减少通道数，实施传递质量控制，进行多通道多元化网络传递，提高人们的信息素质等。

(2)基于组织信息传播的信息交流行为

组织信息传播与流通是指组织内各成员之间、组织与组织之间、成员与成员之间的信息交流与传递过程。组织传播和流通是否有效，与组织的活力和功能关系甚大。国外有些学者甚至认为“组织传播是组织活力的源泉”“组织传播是组织关系的基础”“组织传播是组织功能的润滑剂”。

组织信息传播中的信息交流，就信息反馈与流通方向而言，信息传播通道有三种：

①自上而下的传播。组织自上而下的信息传播通常采用文件、会议、命令、指示等形式，它对保持组织的统一、完成组织的任务，具有决定性作用。但是，由上而下的传播存在信息量小、信息精确度低、动态信息少等问题，这就需要组织领导部门设法使其成员掌握足够的信息，并不断沟通组织联系。

②自下而上的传播。这是组织成员向领导、下级向上级反映自己要求、愿望，提出建议的正常渠道。许多组织习惯于采取逐级向上汇报的形式反映情况，这常常会使信息的准确度受到影响，因此组织领导有时应采取直接听取组织成员汇报的做法。

③同级横向传播。组织成员之间的同级横向沟通是协调行动、解决问题的必要途径。纵向传播(自下而上和自上而下)的信息很大一部分要靠横向互动来消化，如部门之间的协调会议就是组织成员横向信息沟通的一种常用形式。值得注意的是，组织纵向和横向信息传播是交互进行的，从而联成一个信息传播与交流网络。

基于组织传播的信息交流行为在组织内进行，通过组织信息沟通达到社会信息传播的目的。传播具有直接反馈的途径，传播的信息具有针对性。

组织作为整体而存在，组织与组织之间也存在信息传播的问题，这是组织信息传播与流通的又一重要方面。组织间信息传播通过两种方式进行：组织与组织通过正式文献进行信息传递、沟通；组织间的人际信息交流，即某一组织某个人代表组织与另一组织的代表人物进行信息交流。其中，第二种形式属于人际交流范畴，所不同的是带有组织活动特征。

(3)基于信息的大众传播的信息交流行为

所谓大众传播，就是通过专门社会机构复制大量信息，使之按一定模式传递给公众，从而达到众多的社会成员(用户)共享信息的目的。可见，信息的大众传播是信息流通的社会化形式，是形成社会信息交流的基础。

大众传播的主要特征是：信息传播者通常是一个专业机构，如报社、广播电台、广告公司等，信息接收者是社会大众；信息借助于一定的手段经过复制或加工进行传播。大众信息传播过程，可以用韦斯特利·麦克林模型图表示(见图5-4)。

图中，X为信息源，A为传播者，C为把关者，B为信息受众，F为反馈过程，当传播者A从信息源接收信息后，便按一定的宗旨对信息进行复制或加工，准备发出的信息经把关者C的筛选，确定可以发出的信息通过传播媒介直接传向广大信息接收者(受

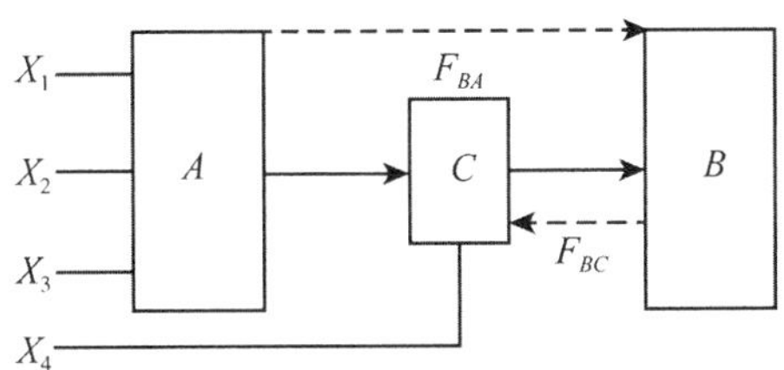

图 5-4 基于大众传播的信息交流行为

众) B 。这是一个信息的单向传播过程。实际上，社会信息传播过程中总会出现反馈，大众传播也无例外。在反馈中，受信者 B 可向传播者 A 和把关者 C 反馈信息。A 不仅可以接受 B，而且可以接收 C 的反馈信息，但由于传播范围相当广，其反馈信息往往是零散的、间接的、延缓的。

用户基于大众传播方式的信息交流是一种一对多的信息交流行为方式，如在社群活动中用户可以利用开放化的一对多形式在一定范围内发布信息，同时分别接收来自多个信息受体的反馈信息。值得指出的是，基于大众信息传播方式的用户行为主体，不仅包括用户个体，也包括某一用户团体。因而其行为可区分为用户个体行为和团体行为。大众传播的社会作用行为机制如下：

①沟通社会联系。通过信息的大众传播与流通，人们的社会联系和往来必然得到加强，以至促进新的社会关系的形成，而人们的社会联系对于整个社会的运转是十分重要的。

②引导社会舆论。将自发产生或引动而形成的舆论引导到有利于社会的方向上来，是信息大众传播的重要作用之一。这是由于通过大众传播方式流通的信息在社会中占有主导地位，它必然消除社会其他消极信息的影响，从而调整社会机制。

③保障人们社会工作和生活。通过大众信息传播，社会机器得以运转，与人们生活、工作密切相关的信息得到及时利用，从而给人们的工作、生活、娱乐等活动带来可靠的信息保障。从大众传播过程看，由于反馈作用使传播形成一个回路。这是沿着自上而下和自下而上的方向形成的，是一种纵向回路。位于回路上端的是少数发信者，处于下层的是多数受信者。因此，纵、横向回路构成了社会的人际联系网。

信息流通的三种方式在功能上相互补充，在运行上相互协调，在社会信息交流系统中发挥着各自的作用。

5.2.2 信息交流系统及其特点

在社会范围内，用户交流行为的发生提出了社会信息交流系统的构建要求。事实上，文献和非文献信息的多渠道流通构成了具有普遍社会意义的信息交流系统。从系统运行角度看，信息交流系统有着特有的目标和功能。这说明，可以利用功能—结构分析方法研究用户交流基础上的社会信息交流系统及其使用问题。

(1)基于用户行为的社会信息交流系统构成

信息交流过程出现在信息使用者和信息创造者之间。在信息交流中，一方处于主导地位，是交流的“发起者”，而另一方处于被动地位，是“承受者”。“发起者”往往以向他方提供信息为主，一般属于信息创造者或拥有者；“承受者”一般为信息的使用者或需求者。属于这种模式的信息交流称为单向交流，即信息从一方流入另一方。但是，在许多情况下交流双方可能互为“使用者”和“拥有者”，他们所进行的活动是一种双向信息交流活动。无论何种情况，我们都统称为信息交流，这是因为双向交流与单向交流相比，除交流双方的角色随机互易外，并无实质性差别。因此，在讨论信息交流中我们可以将一方视为信息使用者，另一方视为信息拥有者。

在人类社会中，用户为了获取从事职业活动的信息，必然依赖于一种具有特定文化和社会背景的信息交流，而这种信息交流系统的形成必然以信息交流的行为方式为基础。在系统构成中，这种信息交流的基本方式即前述的人际传播和交流、组织传播和交流以及大众传播和交流方式，这些方式在信息交流中的综合利用便形成了事实上的信息交流系统(见图5-5)。信息交流系统的基本结构如图5-5所示。

为了说明系统的目标、功能和结构，我们以科技活动中的交流为例进行讨论。

为了实现科学技术知识的积累、继承和借鉴，在人类发展进程中业已历史地形成了一个科技信息交流系统。利用这个系统，人们传递和获取各种科学技术信息。考察系统的整体结构，我们可以将其分为两个层次，即直接交流和间接交流。其中，直接交流又称为非正式交流，是指信息使用者与拥有者之间通过直接对话、通信、参观、会议、演讲、展览、交换成果、交换非正式文献和产品等所进行的交流，其信息流通的主要方式是人际传播和组织传播。与直接交流相比，由于间接交流是通过社会的文献信息部门(包括新闻、出版、图书馆和信息部门)的服务和其他中介部门(如科技市场、科技咨询机构等)的专门工作来实现的，且处于社会监督之中，所以人们又将其称为正式交流。

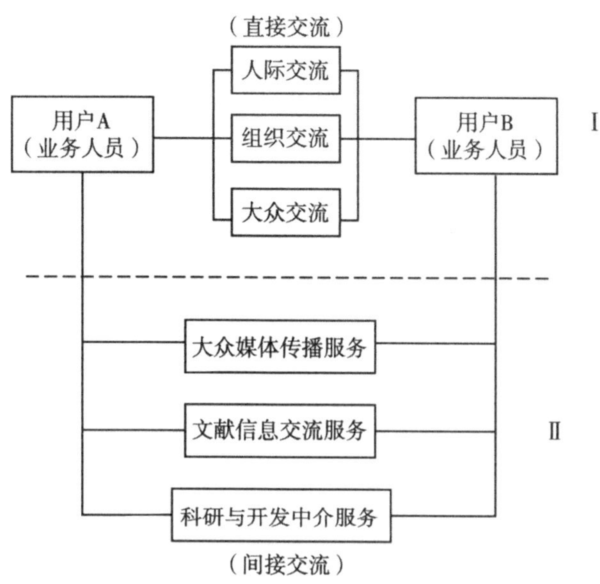

图 5-5 社会信息交流系统构成

正式交流的主要方式是组织传播和大众传播。米哈依诺夫对科技信息交流系统曾作了深入研究，根据米哈依诺夫的理论，我们对科技信息交流系统作如下讨论。

图 5-5 中虚线以上为直接交流过程(第Ⅰ部分)，它带有明显的个体性质，既不能与科研工作、设计试制工作分开，也不能由别人代劳，只能由科技人员自己来承担。直接交流主要包括：科技人员就他们所从事的研究或研制工作进行直接对话(包括网络对话)；科技人员参观有关的实验室、展览、工程等；科技人员之间的书信往来，包括交换手稿等；科技人员的学术演讲；科技研究或研制成果在发表前的准备工作。

这种直接交流可以追溯到 15—16 世纪，当时的文艺复兴在欧洲出现，随着科学技术的蓬勃发展，人们便开始了大规模的科技直接交流活动。至今，直接交流在科技交流系统中仍然起着重要作用。据 M. H. 哈尔伯特等人的研究，全部科技信息约有 1/3 是通过这种方式进行交流的。

图 5-5 中虚线以下的部分为间接交流过程，它是通过科技服务或科技文献、信息工作进行科技交流的过程，文献是该过程的中心。文献的出版、印刷和发行部门使科技知识的生产者和使用者之间通过科技文献进行间接接触，从而实现科技交流；此外，第Ⅱ部分还包括文献的搜集、整理、加工、揭示、存储以及交流传播过程中的一切服务，从某种意义上说，是第Ⅰ部分的深化。它使人们从自行接触科技文献的科技交流方式发展到有组织、有控制、有目的地提供文献或信息服务的交流方式。因此，间接交流又称为

以利用文献(包括传统形式的文献和数字与多模态文本)为基础的信息正式交流过程。

(2)社会信息交流系统的特征

信息交流系统是用户获取信息的保障，作为一个社会系统有着独特的运行规律，其主要特征可以通过对科技信息交流系统的分析来归纳。值得指出的是，随着互联网服务的发展，信息交流手段已发生深刻变化，然而其基本结构却具有完整性、开放性和稳定性，例如科技信息交流系统就具有如下特点：

①科技信息交流系统的两种交流方式有机结合成一个完整的体系。从某种意义上说，非正式交流渠道是科学技术交流系统的基层，而正式交流渠道是它的上层。在科技信息交流过程中，根据用户的需求，如果非正式渠道不能令人满意地履行所承担的功能，那么其他功能自然地由正式渠道去履行；反之亦然。可见，由两种交流方式(或称渠道)构成的科技交流系统是一个整体，而不是两种方式中各种手段的综合。

②科技信息交流系统是一个广泛的系统。从系统组成和运行看，科技信息交流系统无疑具有广泛性，它既可供科技人员使用，也可供其他人员使用。作为专业性系统，可以用于任何科技领域和所有的科技人员的知识交流。事实上，尽管人们的科技水平差异很大，科学技术各个领域的信息千差万别，科技交流的动机也不尽一致，但科技交流系统本身可以通过科技文献工作进行调节以适应各种类型的科技交流的需要。

③等级结构是科技信息交流系统最稳定的结构。科技交流系统的等级结构特性在于科技交流系统在自行组织过程中力求达到最稳定状态，即稳定状态是系统等级结构的结果。例如，任一专业或学科的定期出版物，在自然条件下经过一定时间就必然会发生自行组织的现象：其中一些最重要的定期出版物将成为小的核心，围绕它的是数量较大的一部分较为重要的定期出版物，如此等等，由此呈现出等级结构。通过文献进行交流的正式过程是如此，通过人们接触的非正式交流过程更是如此，只不过非正式交流的等级是由参加交流人员的水平、交流条件等方面的因素决定的。

科技交流系统有着独特的发展规律。随着新的交流手段的出现，先前的手段并未消亡，它在人类交际中得以保存；只不过老的手段通常将自己的部分功能让位给新出现的手段，然后便开始新的运作，更有效地履行更为有限的功能。例如，存储和传播知识的需要导致了文字的产生，但这并没有取消口语在个人交往中的作用；科技出版物的出现，也未能使个人之间交流科技成果必要性消亡；数字阅读资料的深层次发展也同样代替不了印刷型的文献形式浏览等。科技文献交流的方法和手段具有针对稳定性和保守性的原因，是由于它们是社会意识的物质体现，是信息的重要载体。它们在一定范围内的继续应用意味着人类社会成员(信息用户)之间的联络渠道不易改变。科技交流系统的特点集中体现了信息交流系统的特征。

值得指出的是，在社会交流系统环境下，存在着小众群体的交流行为问题。对于小众交流群体的研究，在"小世界"理论的基础上，针对网络交流环境的形成，按小世界网络理论，可构建小世界网络模型。事实上，开放网络条件下，基于用户网络交流而形成的相对稳定的交互群体都具有小世界聚类特征。根据用户的信息交流作用机制，处于小世界网络中的用户信息交流具有灵活性和行为方式的专门性，其中人际信息传播与交互方式为其主要方式。用户的小众化交流和小世界网络行为，提出了面向小众群体的交流服务组织问题。

5.3　用户的信息获取行为

用户获取信息是利用信息的前提，研究和掌握用户获取信息行为不仅是开展信息服务的需要，而且是优化社会信息交流系统的需要。从这一基点出发，以下主要讨论用户的信息获取行为机制和改进信息获取行为路径的策略。

5.3.1　用户信息获取的行为方式

用户获取信息是进行信息交流的主要目的(信息交流的另一目的是向对方传递信息)，它主要通过使用信息交流系统进行。威尔逊(F. D. Wilson)在研究用户使用信息交流系统的基础上，将用户获取信息的途径作了归纳。综合威尔逊等人的研究，我们将用户的信息获取途径归纳为三类：

①用户不依赖于任何信息服务或系统获取信息。采用这一方式的基本路线是：通过与同行、同事的交往获取非正式文献信息和其他信息；从业务工作往来单位或相关部门人员处获取非正式文本信息和其他信息；直接从社会中获取非正式文献信息和其他信息；通过与同行同事和工作环境的接触获取正式的文献信息。

②用户借助于信息机构或人员提供的服务获取信息。该路线包括三个方面：借助于信息服务机构或人员提供的检索服务，获取文献信息、数据和其他信息；借助于机构或人员提供的咨询服务，在明确问题的基础上获取正式的文献信息；借助于机构或人员提供的委托服务，通过定制委托方式直接获取分布于社会环境中的文献信息、数据和其他

信息。

③用户通过技术手段直接使用信息查询工具获取信息。它包括两方面的路线：使用查询系统直接获取正式的原始文献信息，如利用互联网中的信息查询工具在专门数据库中获取所需的信息；使用查询工具获取线索，最终获取原始文献信息和其他信息，如利用网络搜索工具获取相应的网址，然后在相关网站中进行二次查询获取相关信息。

值得指出的是，对于个体用户和团体用户来说，一般都有相对稳定的信息获取途径。通过调查掌握这些途径，对于组织用户的信息活动和开展信息服务是必要的。另一方面，不同类型的用户，其信息获取的行为方式与途径相差甚大。在用户获取信息的行为过程中，以下基本因素决定了用户的活动：

①主观的信息意识。用户意识到信息对科研、生产等方面的重要作用，认识到迅速取得信息的必要性，而将主观愿望转化为信息行为。要注意的是，这一因素不足以使用户将所有的需求都转化成获取信息的行为，这是用户本身知识的局限性及意识的片面性所造成的。

②客观的工作需要。用户所承担的工作决定了将需求变成行动的迫切性。在人类社会及科学技术十分发达的今天，尤其如此。

③易用性原则。如果用户利用某一方式获取信息比不利用这一方式更麻烦，就不会使用这一方式。易用性原则常用于信息系统的选择上，信息部门对信息进行科学的整序和报道可以使用户容易找到和选用某些正式途径。

④经济性原则。用户获取信息的方式必须是经济的，费用低而效率高。因没有固定的指标，故用户信息获取中的成本感知和效益体验决定了用户信息获取方式的选择。

⑤准确性原则。用户采用任一方式获取的信息必须准确、详尽，因此特别需要对获取信息的各种途径进行信息来源可靠性分析，防止信息在传递过程中失真。在这一原则的基础上，组织面向用户的精准服务具有重要性。

⑥及时性原则。用户心理研究结果表明，用户总是希望采用最新颖的方式获取信息，而这种期望是以用户的偏好和认知为前提的。及时的信息获取应在信息生命周期内进行，以保证信息利用的实时性。

在信息获取中，用户的信息查询是一种以满足信息需求为目标的主动行为，用户始终处于主动寻求信息的状态。考察信息查询过程不难发现，信息需求是激励用户查询信息的直接原因。例如，科研课题的承担者需要及时的信息作保证，这种信息需求自然会被用户(课题承担者)所认识，从而产生满足信息需求的欲望。在信息需求欲望和外部条件作用下，用户将通过内部经验系统的心理折射产生相应的行为。当需求满足时，激励过程也就完成，告一段落；当需求未能得到满足或新的信息需求产生时，信息查询将得以继续。

5.3.2　用户信息获取的行为障碍及其克服

用户获取信息的行为障碍来自多个方面，其中的主要障碍大致归为下列 6 个方面。在用户行为障碍克服中，应针对这 6 个方面进行障碍克服和行为优化。

①用户所在部门组织结构的障碍。任何组织的信息交流机制与组织机构均存在某种对应关系，这是由于组织内部的信息传播与汇集往往按组织结构展开。因此，合理的组织结构有利于组织内用户的纵向与横向信息交流的展开和信息获取效率的提高。相反，不合理的组织结构是信息交流的障碍。当前，在实现网络化信息管理和人—机交互系统设计中，人们往往将组织机构的优化和管理水平的提高作为组织高效化信息服务的前提条件来对待。

基于网络的数智服务发展，不但改变着信息载体形态和用户的信息交互方式，而且提出了职业活动中深层次数据交互利用要求，使之与职业工作趋于同一化。即：人们在从事某一职业工作的时候，愈来愈依赖于数字化信息工作，以至于将信息获取与交流作为业务工作的一个基本环节来对待，这一发展必然导致组织运行的“信息化”，同步提出了组织结构变革的要求。

②信息源障碍。用户获取信息旨在使信息从信息源按需定向流入用户方，其流动效果必然受信息源结构、分布、性质和形式等因素的影响。综合各种因素，信息源的主要障碍可总结为 4 个方面：信息源分布的分散性，导致某些信息处于“获取”与“交流”渠道之外；有些信息，特别是组织的内部信息，往往限制在一定范围内流通，导致信息交流的不畅；信息源的语种结构多样性，使得交流受阻；某些信息源与信息交流方式不协调，导致交流效率不高。

针对这些障碍，在组织用户获取信息的过程中通常将信息源开发管理与信息交流纳入一个系统中来考虑，力求从本质上解决问题。

③信息载体方面的障碍。信息载体的形式复杂，某些信息(如科技信息)常具有多种形式(例如除印刷型文献外，还有声像记录型、缩微型载体、数字文本等)，因此可通过多种方式进行传递。然而，许多专指度很高、有实用价值的信息载体形式单调，甚

至有的仅以口头形式流传，从而导致交流效率不高。

针对信息载体方面的限制，用户单位（如企业）对于利用较多的信息（如管理信息）拟进行多种方式的转换处理，即将信息搜集、整理后进行二次开发传递。与此同时，在智能制造、网络化运营中，进行大数据融入和数据流的序化嵌入组织，以保证信息的无障碍转化和有序流通。

④信息处理与传递技术障碍。信息处理手段和传递技术是影响信息交流和获取的又一重要因素，它不仅关系到用户是否能及时获取信息，而且关系到信息传递是否失真，决定着用户的信息利用效果。目前，远程数据处理和通信技术已能将计算机同电话、传真、数据库以及通信卫星相连，构成一个将图像、声音和记录结合在一起的新型信息处理传播网。这一信息处理技术的广泛应用，势必改善用户的信息获取和利用状况。

值得注意的是，用户所在部门的信息处理和传递技术的采用与部门的管理方式及技术实力等因素有关，对此可以立足于现实寻求最合适的信息处理与传递技术，在多模态信息融合基础上进行体系重构。

⑤用户信息意识与素质障碍。社会的信息意识是组成社会的所有成员对信息的意识化倾向，这里的素质系指科技、文化等方面与信息活动相关的社会素质。无疑，意识和素质从整体上影响着用户的信息活动，关系到信息获取的全过程，如果形成障碍，势必对信息传递的及时性、敏感性和完整性产生影响。

克服社会信息意识和素质方面的障碍应从优化全社会的信息形态着手，在面向用户的服务中，强化用户参与。关于这一问题，我们将在后面专门讨论。

⑥社会信息网络与服务障碍。基于互联网的信息交流与信息资源网络建设和发展为用户的社会化信息获取提供了越来越多的便利条件，然而由于网络交互的非对称和不平衡性使得用户的信息获取存在着不同程度的障碍。例如，大数据环境下基于云服务的信息获取，就存在公有云和私有云服务分配的不均衡性，由此引发了用户之间的交互信息获取问题。

克服互联网服务障碍的有效手段是，推进社会化网络服务的开展，在保证用户安全和网络资源安全的前提下，完善其交流渠道，实现信息获取的全方位和开放化。同时，从总体上完善服务结构，推进社会网络服务的开展和面向用户的信息获取渠道，在社会网络环境下构建交互获取服务体系。

5.4 用户的信息接受行为

用户信息行为的研究归纳起来，可以分为两个方面。其一，基于行为意向的模型构建与应用，重点在于确定决定行为意向的因素，其研究根植于社会心理学，如理性行为理论和计划行为理论；其二，从创新扩散(Diffusion of Innovations，DOI)角度出发研究新一代信息技术的使用接受，由此形成了技术接受模型构架，从而揭示了基于新技术应用的信息接受影响因素及其因素作用机制。鉴于信息内容接受和信息技术接受的关联关系，以下着重讨论的是用户的信息内容接受行为和用户的信息技术接受行为。

5.4.1 用户的信息接受行为分析

对服务组织而言，用户的信息内容接受行为构成了用户行为研究的核心。对于其中的理论及应用问题，诸多学者从不同角度进行了研究，建立了理论模型，通过实际调研推进了理论模型的应用。

戴维(Davis)于1989年从技术接受的角度提出了接受模型(Technology Acceptance Model，TAM)，强调用户内在信念的影响，即态度影响行为意愿，进而影响用户的信息接受①。对于信息用户接受行为而言，即认为感知到的有用性(perceived usefulness)和感知到的易用性(perceived ease of use)是衡量用户内在理念的关键因素，而包括系统特征等因素的外部变量是影响用户内在信念的客观因素。这里，我们将用户感知对象视为技术信息内容，将感知到的信息有用性定义为用户对信息使用有助于工作绩效的提高和目标实现的感受特征，将感知到的易用性定义为用户对信息是易于理解和使用的体验特征。在此基础上，可以进行用户信息接收的行为驱动过程描述(见图5-6)。

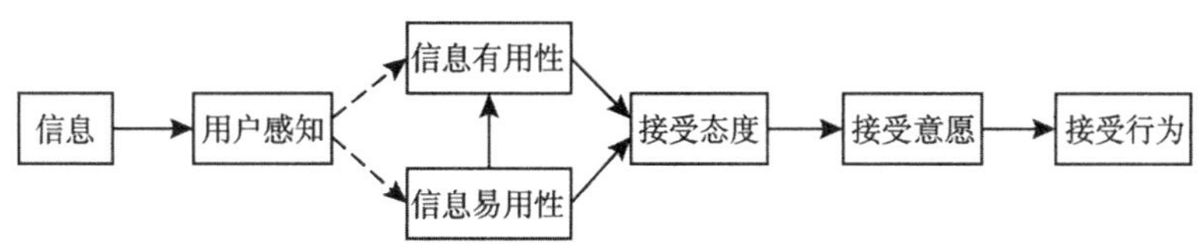

图5-6 用户信息接受行为引动过程描述

① Davis F D，Bagozzi R P，Warshaw P R. User Acceptance of Computer Technology—A Comparison of Two Theoretical Models[J]. Management Science，1989：982-1003.

在实证研究中，戴维对有用性感知与用户的信息使用态度进行了关联，强调有用性感知也可以跨越态度直接影响行为意愿；同时指出，有用性感知受易用性感知影响，这是因为不易用的信息也难以为用户所接受，致使影响到有用性。这说明，感知到的信息易用性是用户对信息使用难易程度的预期，感知到的易用性越强，用户对信息的功能效果感知也越强烈，其接受态度和意愿就越强。

TAM 接受模型理论框架有较强的解释和概括力，然而也存在一定的局限性，主要包括：忽略了用户主观规范的影响；没有考虑用户的个性特征差异；未能充分考虑任务目标特征。在过去的 20 多年中，TAM 接受模型在不同的系统和技术环境下得到验证，模型本身也处于不断完善之中。虽然 TAM 模型仍存在一些问题，但在学术界的认同和批判性扩展中得到了应用拓展。

技术接受模型在随后的研究中不断完善，特别是有用性感知和易用性感知对于用户接受信息的行为影响理论的提出，对于揭示用户信息接受行为的引发机制具有重要作用。对信息接受外部变量描述的细化，在模型应用研究中得到了充实，对于信息接受行为的深层因素的影响研究随之展开。为增强模型的适用性，有必要对技术接受模型进行适应性扩展，特别是强调针对具体问题的细化研究。对此，可以将影响感知有用性的外部变量进行深层分析，突出模型中“用户使用态度”，同时将“主观认知规范”这一因素纳入分析模型。在基于网络的用户信息接受中，我们归纳了如图 5-7 所示的分析结构。

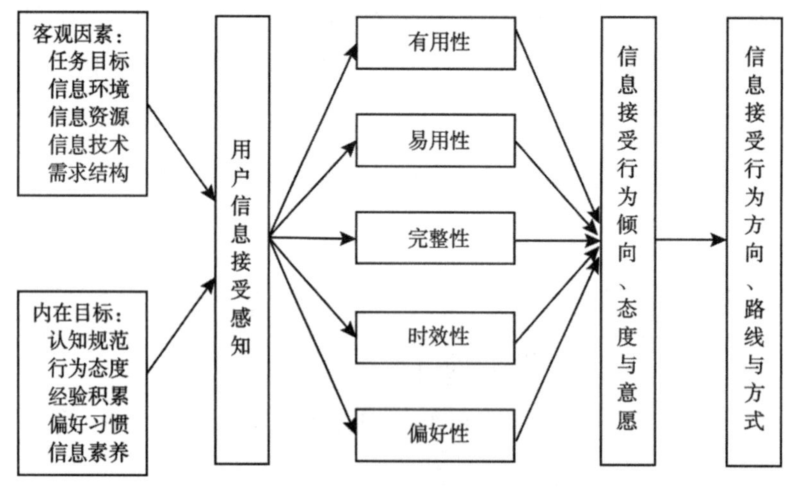

图 5-7　用户信息接受行为分析模型

针对 ATM 模型的拓展应用，图 5-7 提供了一个基本框架和研究思路。其行为分析模型的要点是：从外在客观因素和用户主观因素影响出发，分析两方面因素对用户信息接受感知的影响，在主、客观条件下将用户信息接受感知内容进行细化，除信息有用性和信息易用性两个基本层面的感知外，将其扩展到信息完整性感知、时效性感知和偏好性感知，以此形成感知有用性、易用性、完整性、时效性和偏好性分析指标，以便明确用户接受信息的态度与意愿，从而探寻用户信息接受行为方向、路径和方式。以此出发，在用户信息内容接受行为研究中，设置二、三级指标，通过调查和分析进行结果检验，明确研究结果的应用。

5.4.2 社会网络环境下用户的交互信息接受

社会网络的发展和广泛利用，为用户之间的交互和用户与服务之间的互动创造了条件，从而构成了具有社会化意义的社会网络，因此有必要探讨 SNS 用户的交互信息接受行为问题。以下对这一问题的研究，着重于影响因素分析和行为过程机制的描述。

用户的交互信息接受是指用户接受来自交互方的信息接受过程，交互信息接受具有信息来源的定向性和互动性，因而在接受信息过程中除对信息客体内容感知外，必然伴随着对交互方的交往感知。在信息接受模型中，除有用性感知和易用性感知外，还包括人际关系感知、网站组织感知和基于用户交互偏好等方面的感知，由此亦可以采用理性行为分析理论、计划行为分析理论对交互信息接受行为进行分析，同时也可以在信息接受模型基础上对有关参量进行修正。根据对 SNS 用户的交互信息接受行为的影响因素的探讨，结合 SNS 网络服务的具体情况，将用户人际关系和网络环境因素进行细化，以此构建 SNS 用户的交互信息接受行为分析模型。

用户交互信息接受模型在理论上与上述的信息接受模型具有同构性，所不同的主要表现在参数和变量的设置上，对此可以设置如表 5-3 所示的行为影响因素分析指标，以便反映其中的客观关系。在模型中，我们将用户交互信息接受行为，视为受用户使用、有用感知、兴趣偏好、人际关系、网站组织、信息资源、功能服务、激励机制 9 个变量影响的自主行为，在此基础上进行行为趋向分析。

表 5-3 中，“用户使用”通过用户的使用时间和频率两个参数来衡量；“有用感知”定义为用户对 SNS 的使用价值感知，通过认同、启发、利用和创造感知来衡量；“用户偏好”即用户的个人习性，包括与人交互的偏好程度、阅读、创作等行为偏好习惯；“人际关系”即 SNS 用户在 SNS 网站的好友数量、交往分布、行为特征等；“网

站组织”将其分为网站稳定性、响应速度、安全性等指标；“信息资源”包括交互信息质量、涉及内容、资源形式和可获取性；“功能服务”包括各项功能的易用性、可用性和完整性；“激励机制”即SNS网站对信息交互的激励方式、内容和强度；“交互学习”即SNS用户的交互学习中的原创交互行为、转发行为、评论行为、推荐行为和参与行为指标。

根据分析的基本架构和上述指标参数，可建立SNS用户交互信息接受行为影响因素的研究模型和假设(见图5-8)。

表5-3　SNS用户交互信息接受影响因素分析中的指标与参数设置

变量	指标	参数设置	变量	指标	参数设置
用户使用(EXP)	EXP1	使用时间	信息资源(INF)	INF1	信息质量
	EXP2	使用频率		INF2	涉及内容
有用感知(USE)	USE1	认同感知		INF3	资源形式
	USE2	启发感知		INF4	可获取性
	USE3	利用感知	功能服务(FUN)	FUN1	功能易用性
	USE4	创造感知		FUN2	功能可用性
用户偏好(PRE)	PRE1	交互偏好		FUN3	功能完整性
	PRE2	阅读偏好	激励机制(INC)	INC1	激励方式
	PRE3	创作偏好		INC2	激励内容
人际关系(REL)	REL1	好友数量		INC3	激励强度
	REL2	交往分布	交互学习(INT)	INT1	原创行为
	REL3	好友行为		INT2	转发行为
网站组织(QUA)	QUA1	网站稳定		INT3	评论行为
	QUA2	响应速度		INT4	推荐行为
	QUA3	安全隐私		INT5	参与行为

在研究中，可以根据模型提出假设，通过实际调研和检验得出研究结论。在研究中，可作如下假设：

假设1(H1)：SNS用户的经验和用户的交互信息接受行为正相关。

假设2(H2)：SNS用户的有用感知和用户的交互信息接受行为正相关。

假设3(H3)：SNS用户偏好和用户的交互信息接受行为正相关。

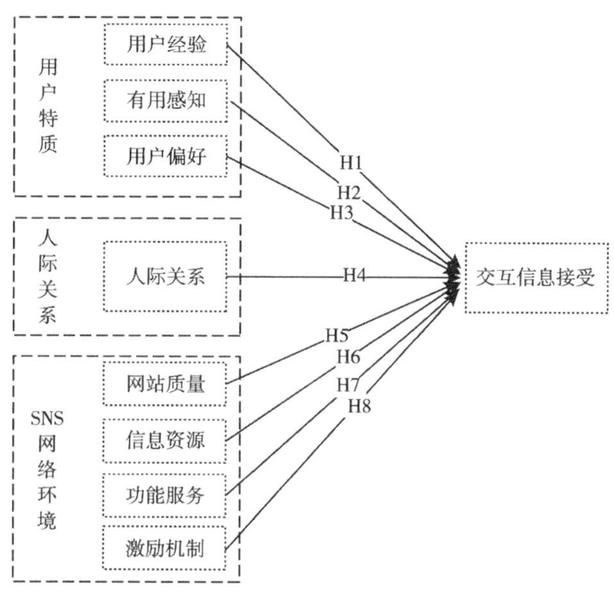

图 5-8　SNS 用户交互信息接受行为影响因素分析模型

假设 4(H4)：SNS 用户的人际关系和用户的交互信息接受行为正相关。

假设 5(H5)：SNS 网站质量和用户的交互信息接受行为正相关。

假设 6(H6)：SNS 网站信息资源优良和用户的交互信息接受行为正相关。

假设 7(H7)：SNS 网站功能服务完善和用户的交互信息接受行为正相关。

假设 8(H8)：SNS 网站的激励机制和用户的交互信息接受行为正相关。

对问题分析利用问卷调查方式进行，依据用户认知、用户偏好、人际情况、网站组织、信息资源、网站激励等 21 个指标设计相应调查问卷，通过调查分析得出结论。我们近期一次调查围绕大学生群体的网络交互信息接受进行，在国内 18 个地区发放问卷 200 份，收回有效问卷 169 份，分析结果见表 5-4。

表 5-4　潜变量的信度和因子载荷

研究概念	测量指标	Alpha	因子载荷
用户使用(EXP)	EXP1：您使用社交网站的时间	0.759	0.76
	EXP2：您平均使用社交网站的频率		0.52
有用感知(USE)	USE1：SNS 对于我获取好友近况有帮助	0.894	0.64
	USE2：SNS 好友的状态、日志等信息对我能产生启发和鼓励		0.94

续表

研究概念	测量指标	Alpha	因子载荷
有用感知(USE)	USE3：浏览 SNS 新鲜事，我能增加某个主题的知识	0.67	
	USE4：参与 SNS 小组、应用、论坛等能激发我的灵感、开阔视野	0.95	
用户偏好(PRE)	PRE1：在日常学习生活中，我喜欢与好友讨论	0.826	0.97
	PRE2：我喜欢阅读		0.68
	PRE3：我习惯文学创作，如有写日记/小说/报告等习惯		0.75
人际关系(REL)	PRE1：我的 SNS 好友比现实中的好友多	0.778	0.56
	PRE2：我的 SNS 好友分布于各行各业/各种专业		0.60
	PRE3：我的大多数 SNS 好友行为很活跃，如经常发表日志/上传照片/转发分享等		0.97
网站质量(QUA)	QUA1：SNS 网页稳定，没有差错	0.776	0.64
	QUA2：SNS 响应速度很快		0.74
	QUA3：SNS 安全性、隐私性良好		0.79
信息资源(INF)	INF1：SNS 上的信息质量较高，垃圾信息较少	0.786	0.63
	INF2：SNS 上的信息内容丰富，涉及面广泛		0.73
	INF3：SNS 上的信息形式多样化(文字、图片、视频等)		0.75
	INF4：我想要的信息在 SNS 上很容易就能找到		0.70
功能服务(FUN)	FUN1：SNS 操作简单，容易使用	0.726	0.68
	FUN2：SNS 功能导航、检索等功能齐全		0.77
	FUN3：SNS 能够满足我的个性化学习需求，比如信息推送、定制服务能够达到我的要求		0.61
激励机制(INC)	INC1：SNS 的激励措施(比如星级指数、虚拟货币、排行榜等)能够激励我的相关行为	0.751	0.58
	INC2：我习惯使用 SNS 首页上推荐的应用		0.54
	INC3：我会尝试好友使用的 SNS 应用		0.91
交互学习(INT)	INT1：较其他 SNS 好友，我更频繁地更新日志/状态	0.850	0.75
	INT2：较其他 SNS 好友，我更频繁转发分享		0.62
	INT3：我时常对 SNS 好友的“新鲜事”进行回复评论		0.92
	INT4：我经常阅读 SNS“新鲜事”		0.52
	INT5：较其他 SNS 好友，我加入的小组比较多		0.92

从表中列出的分析结果可知，用户的有用感知、用户偏好和交互学习意愿是影响交互信息接受的主要因素，信息资源、网站组织和激励机制因素则处于次要影响地位。

在研究中，我们对结果进行了整理。信度分析和验证中，利用 SPSS 16.0 进行信度分析，从该表中可以看出，所有因子的 Cronbach's Alpha 都大于 0.7，因此该测量指标具有较好的信度。利用因子载荷(Factor Loading)可反映收敛效度，表明各指标和其对应的因子间的相关度。利用 lisrel 进行验证性因子分析，每个指标的因子载荷都大于 0.5，表示该测量指标具有较好的收敛效度。

复习思考题

1. 什么是用户信息行为？用户信息行为是如何引动的？信息行为受哪些因素的影响？
2. 简述理性行为引发的理论模型和计划行为理论模型。
3. 用户信息交流的行为方式有哪些？试述各种方式的内在机制。
4. 分析基于用户信息交流行为的交流系统结构与特点。
5. 用户信息获取的行为方式有哪些？如何克服用户信息获取的行为障碍？
6. 简述用户信息接受行为的理论模型和行为影响因素。
7. 对社会网络环境下的用户信息交互接受进行分析。

6 用户的信息利用与信息利用效果分析

"用户研究方法与应用"
授课 PPT
第 1 讲　问卷调查法

"用户研究方法与应用"
授课 PPT
第 2 讲　访谈法

"用户研究方法与应用"
授课 PPT
第 3 讲　用户数据分析与挖掘

授课视频
"用户研究方法与应用"
第 1 讲　问卷调查法

用户的信息利用是在信息价值基础上实现的：一方面，信息相对用户的价值是用户利用信息的前提条件，另一方面信息的利用效果还取决于用户的信息利用过程和外界作用因素。根据这一认识，以下着重研究用户信息利用中价值与价值转化，用户学习、创新活动和社会交往中的信息利用，以及用户利用信息的吸收模型和利用效果。

6.1　用户信息利用中的信息价值与价值转化

用户利用信息作为信息活动的最后一个环节，在认识需求、获取信息的基础上进行，其利用水平和效果不仅取决于信息的价值，而且由用户的主、客观条件和工作状况决定。因此，研究用户利用信息的情况，应对其中的基本问题进行考察和专门研究。

6.1.1　信息的使用价值及其测量

社会信息是人类活动的产物，是社会劳动的结晶。它具有实用的属性，其作用和对人类的影响体现在它的价值之中。这一点与普通商品没有什么两样。

通常，事物所具有的能够满足人类某种需要的属性叫价值。信息的价值，一般被看成是它的实用属性，即对信息使用者来说，信息对达到具体目标的有益性。

这里的“价值”是一个十分模糊的概念。一般说来，人们难以决定某一信息价值的大小，因而有必要对“信息价值”作进一步探讨。由于价值决定使用，所以这一探讨又具有重要的实际意义。

授课视频
“用户研究方法与应用”
第2讲 访谈法

授课视频
“用户研究方法与应用”
第3讲 用户数据分析与挖掘

(1)信息的总体价值(绝对价值)与使用价值(相对价值)

讨论信息的价值，一定要有明确的对象及条件：一方面，信息对于任何观察者都具有同一数值的绝对性；另一方面，信息对于不同的接收者，又具有不同数值的相对性。并且，同一信息对同一用户的价值也会随时间的变化而变化。例如，爱因斯坦的相对论，对于物理学家来说，其价值比对一个普通人大得多；但是，相对论从提出之时到现在其价值已经发生了变化。可见，讨论信息的价值须在一定的范围内进行。

B. C. 布鲁克斯曾经指出：“向他人提供的信息，必须适合其知识结构，因为这是信息使用者有可能了解该信息的正确性和成熟性的一个条件。”这就是说，要从用户对信息的认识角度来讨论信息的价值。

①信息的总体价值。信息的总体价值又称为信息的绝对价值，或总体使用价值，按米哈依诺夫的说法，它是从绝对真实的社会认识角度来讨论的信息价值，而不是考虑完全由利用这一信息的具体条件和对象所决定的具体价值。这一价值只能用全人类的认知结构进行衡量。

②信息的使用价值。信息的使用价值可称为信息的相对价值，它是信息对于某一用户的利用价值，即以用户的认知结构来衡量的价值；同时，这一价值还受着用户使用条件的限制。可见，同一信息尽管总体价值是一定的，然而对于不同的用户在不同的使用条件下，它却有不同的使用价值。

信息的总体价值(绝对价值)与使用价值(相对价值)存在一定的关系。一般说来，信息的绝对价值不大，则对于多数用户的相对价值亦不大。这是由于绝对价值是对于社会整体而言的，而相对价值是对于组成社会的每一个体而言的。值得注意的是，信息的价值(包括总体价值和使用价值)是一个变量，它随着人类社会及用户个体认知结构的变化而变化。

这里，我们使用了“认知”这一术语。事实上，用户对信息的认知是吸收信息的先决条件(关于这一问题，本书将进行专门研究)，而信息对用户的作用将改变用户的认知结构(cognitive structure)，由此体现信息的价值。托尔曼(E. C. Tolman)指出，在认知过程中，主体(用户)获得的代表外部环境的表象，如同地图可以代表地形图一样，将作用于主体(用户)的大脑，如果主体(用户)对此是未知的，将扩充其认知结构，如果是部分未知，将部分改变认知结构。

以上所说的认知，包含了“认识”与“知识”。科学信息作用于用户，其主要方面是改善用户的知识结构；一般消息型信息，由于并不一定扩充用户的知识，其主要作用是向用户提供未知的消息，改变的是用户对信息所反映的事件的认识。因此，我们说认知结构具有两方面含义。

(2)信息价值的量度

从理论上看，信息的价值可以用使用者(社会大众、团体或个体用户)的认知结构来衡量。对于科学信息而言，主要用“知识结构”来衡量。事实上，客观知识结构就是一个精干的信息库，用户使用科学信息的目的就在于扩大“知识库”。为了理解和进一步利用科学信息，用户应具有一定的知识储备。按 A. 史列捷尔的术语，这一知识储备可以用“词库”来描述，即用“词库”来表示人们的知识结构。

词库中的词包括事物及其属性的名称，包含了所有词之间的含义关系。在信息的作用下，词库将补充新词、增加新的关系并改变旧的关系。显然，词库的变化取决于作用于词库的信息价值，语义信息量越多、信息价值越大，词库发生的变化便越大。词库本身及其变化是可以度量的，例如用新词和新关系的数量、被删除的词和关系来量度。史列捷尔首先用语义信息价值量表示信息价值，而将对应于文字 T 的叙述词作用下词库的变化程度 (T, H) 称为同词库相比文字 T 所含的语义信息量。于是，$I(T, H)$ 的值仅仅取决于文字 T 和词库 H 。科学信息的使用价值取决于使用者(用户)的词库结构。例如，对于一本中学物理课本，如果使用者是一位中学生，那么他将从中获得很多有价值的信息，以此扩大自己的词库(知识储备)，该课本所含信息的使用价值就很大；而该课本对于物理学研究人员来说，由于课本中的信息作用于使用者词库后不可能改变其词库结构，因此几乎没有使用价值。M. 沃尔肯斯泰根据这一事实提出了确定信息对于用户使用价值的公式：

$$V = \frac{AIT}{B + T} \cdot e^{-c\frac{T}{I}}$$

式中，V 为信息作用于用户的价值，即用户词库所取得的语义信息价值(量)；I 表示用户接收的信息；T 为用户词库量；A、B、C 为常数。从上式中可以看出，当 T 非常大和 T、I 非常小时，V 无限地减小；当 I 非常大时，$V \approx AT$，即信息价值仅取决于 T；信息的最大价值对应于条件 $T = \frac{1}{C}$。它们之间的关系可用图 6-1 表示。

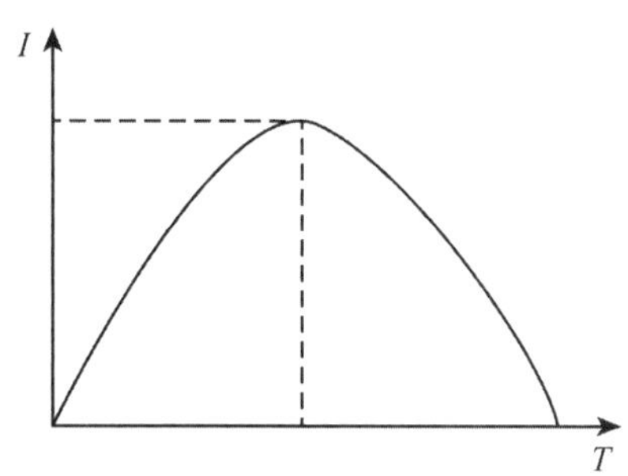

图 6-1　用户取得的信息 I 与已有信息关系曲线图

依据词库的所有者，可以在不同范围内确定信息的价值。

①用全人类词库而不是任何个人词库来确定信息的价值，所得出的是信息的绝对价值(总体价值)。它是由信息的社会性所决定的，即从社会认知的角度来讨论信息价值。

②用某一用户的词库来量度信息的价值，得出的是信息相对于该用户的价值，即该用户使用这一信息的价值。

③用某一用户群(某一团体、部门等)的词库来量度信息的价值，得出的是信息相对于该用户群的价值。

信息的总体价值具有普遍意义。

全人类词库是人类对自然界、社会和思维及其相互关系进行科学认知中所得出的知识概念集合。科学认知的过程，实质上就在于修正旧的概念和形成新的概念，在于校正概念间的已知关系，以及发现和研究这些概念之间的新关系。因此，词库具有一定的结构，其知识储备量用 T 表示(或者直接用 T 表示词库)；信息的价值可以视为它对人类词库的作用。从此出发，米哈依诺夫等人提出了下列关系式：

$$y = \begin{cases} a\,x^2 (x < 0) \\ b\,x^{\frac{1}{3}} (x > 0) \end{cases}$$

式中，y 表示信息量；x 表示全人类词库 T 的变化；a、b 为常数。其关系曲线如图 6-2。

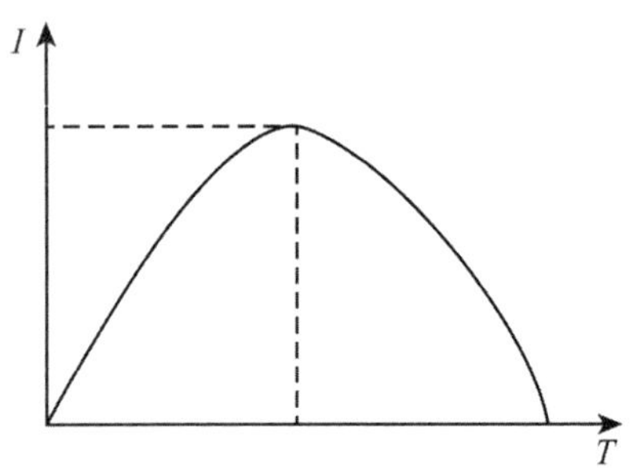

图 6-2　信息对人类词库的作用关系曲线图

从图 6-2 中可以看出，当 $x < 0$ 时，y 值增大，这意味着，在信息作用下，全人类词库的内部结构如果比这一信息到来之前的复杂性减小了，那么该信息的价值要比引起词库复杂化的信息的价值大。这一结论与事实是相符合的，历史上一些重大的科学发现从总体上简化了人类知识结构。

值得指出的是，“词库量度”适用于对科学信息价值的理论测量，对于消息性信息和其他非科学信息，则应从解除认知不定性方面在认知空间中进行价值测量。

信息总体价值与使用价值的测量是一个复杂的问题，对此应作进一步研究。目前，有人从概率论的角度作了进一步探讨，取得了某些成果。

(3) 信息实用价值的实际分析

信息的使用价值包含了它的实用价值和潜用价值两部分，对信息价值量度的理论探讨有助于实用价值的测定。但在目前条件下，人们却只能采用定性分析和定性—定量相结合的方法去解决这一复杂的测量问题。

信息实用价值的定性分析包括三个方面：

①信息正确性与可靠性的分析。信息(特别是科技信息)的正确性与可靠性是衡量它有无价值的必要条件，某一信息如果缺乏这两个方面就失去了使用价值。在信息的正确性与可靠性分析中可采用逻辑思维的分析方法。

②信息水平的衡量。对于信息的水平，很难用一个统一的标准去衡量，在一般情况下应注意以下问题：信息产生时间；内容的新颖程度；在某领域的地位；总体利用情况。

③信息对于用户的适用性分析。信息对用户的适用性是确定其使用价值的重要标准，对此应进行下述研究：分析信息所含知识与用户知识结构的关系；确定信息与用户目前工作的相关性；分析信息对用户可能产生的作用；分析用户的心理状态对吸收信息的影响等。

通过以上分析，我们便可以确定信息对于用户的实用价值级别，一般情况下可以按0~5级(按无实用价值，实用价值较小，有实用价值，实用价值较大，实用价值特别大分级)处理。可见，信息的实用价值的分析实为用户使用信息的测定。

信息实用价值的定性—定量分析可采用前面介绍的各种方法，例如用评分法统计有关人员对信息的评分，求出其平均实用价值。

此外，在信息实用价值的定性—定量测定中还可以采用一些半定量的经验公式。例如，可用下述公式进行某些粗略的计算：

$$V = e^{-\lambda t} W \cdot S \cdot I$$

式中，V 为信息的实用价值；S 为信息对用户的适宜性；W 为信息质；I 为信息量；t 为时间；λ 为常数。其中，S、W、I 可以采用统一的标准进行赋值；$e^{-\lambda t}$ 为信息的衰老系数，λ 由信息性质决定。

6.1.2 信息使用价值的变化

信息使用价值的变化，一是信息价值中的实际使用价值与潜在使用价值之间的转化，二是信息使用价值的衰减。

(1)信息的实际使用价值与潜在使用价值的转化

信息的实际使用价值简称为实用价值，是指在目前条件下它对于用户的使用价值；而用户目前不能利用的信息实体所具有的使用价值称为信息的潜在使用价值。显然，信息的实用价值和潜在使用价值都属于信息的使用价值。如果某一信息对于用户既存在目前可以利用的部分，又存在暂时还不能利用的部分，那么该信息便同时存在实用价值和潜在使用价值，二者的和即为使用价值：

$$V_{使} = V_{实} + V_{潜}$$

这里需要注意的是，信息对于用户的实用价值并不是用户利用信息以后才存在的，而是对于用户固有的一种当前实用价值，由用户的知识结构和使用条件决定。

信息对于用户的实用价值和潜在使用价值可以互相转化。例如，人类历史上一些重大的科学发明无疑对于科学界有着巨大的使用价值，但由于当时各方面条件的限制却没有立即被人们利用的可能，因此在相当长的时期内表现为潜在使用价值，直到人们具备吸收这些信息的条件时其潜在使用价值才转化为实际使用价值。对某一用户而言，信息的实用价值也可能转化为潜在使用价值。

某一信息对于用户具有实际使用价值的条件主要包括两个方面：

①充分条件。主要指用户的知识结构和水平与信息内容相匹配的条件，即用户具有使用信息的能力；此外，用户的心理在客观上应与信息相适宜。

②必要条件。信息内容应包括在用户的信息需求之中；同时，用户具有接触信息的可能性。

上述两个条件也适用于信息的潜在使用价值向实用价值的转化过程。

(2)信息使用价值的衰减规律

信息一经用户使用，其使用价值将会发生变化；如果被所有用户完全吸收，总使用价值将变为零。这里有两点需要注意：①信息要被所有可能的用户利用；②信息要被利用它的用户完全吸收。实际上，任何信息都不可能在运动过程中完全满足这两条，即使是消息，经用户使用后可能仍保持一定的参考价值，因此我们说信息的总体价值会逐渐减小，直至趋于零。

某一信息被某一用户的使用是随机的，对这一过程的讨论意义不大。我们所要研究的是信息总体使用价值或社会使用价值的变化情况，这一变化将决定所有用户对信息的需求状况。

一般说来，任何信息问世以后价值会逐渐减小，这种信息价值逐渐减小的现象可称为信息使用价值的衰变。以上介绍的信息使用后的价值减小是价值衰变的一种情况。此外还存在多种形式的衰变，归纳起来，存在下列几种情况：

①信息经过用户使用后，其使用价值逐渐衰减；

②信息未经使用，但为新的信息所超越；

③信息内容已经包含在其他更新的更适用的信息之中；

④用户通过其他途径改变了自己的知识结构；

⑤信息所属学科或领域的地位下降；

⑥信息内容过时(特别是消息性信息)。

信息使用价值的衰减是一种客观规律，是自然界和社会发展规律的体现。这是一个极其复杂的问题，目前对它的研究还很不充分，没有一个理想的理论模型对其进行深刻的描述。以下仅限于一些粗略的介绍。

①信息使用价值衰变的半衰期。1960 年 P. 巴尔顿和 R. 凯普勒从用户使用科技文献的角度出发提出了科技文献半衰期这一科技文献价值衰变的指标(或称科技文献老化指标)。“半衰期”的概念来源于放射性物质核衰变的研究，定义为放射性元素核的因衰变而减小到原来的一半所需要的时间。应用于文献研究中表示现在被利用的全部文献的一半的最近发表时间。例如，目前用户所使用的 50%左右的物理文献是在最近 4.6 年以内发表的，因此，物理文献的半衰期为 4.6 年。半衰期还可以反映信息价值衰变的速度，因而可以直接用来描述信息使用价值的衰变情况。我们可以通过统计用户所需文献信息的数量，粗略地计算某领域信息的半衰期；同时，也可以采用跟踪调查法直接估算某些具体信息的半衰期。

②普赖斯指数。D. 普赖斯建议引入另外一个衡量各种知识领域的文献老化指标。他认为，“有现实作用”的引文数量与“档案性”引文数量的比例是比引文的“一半生命期”更重要的特征。于是，他将不老于 5 年的文献引用数量与总的引文数量的比例作为一个指数。该数值可以宏观地和微观地用来表示某一学科领域、某一期刊、某个研究所，以至于某人的某一篇文献价值变化。

“档案性文献”的普赖斯指数的数值范围为 22%～39%，“有现实作用”的文献则为 75%～80%，各学科的总平均值为 50%。普赖斯指数显示了文献的利用情况。由于它的广泛适用性，该指数可以用来描述任何信息的使用情况和价值的变化。

无论是“半衰期”还是“普赖斯指数”都不是定量反映信息(特别是科学信息)使用价值衰变的十分令人满意的指标。因为这些指标同时与若干相关因素作用有关(特别是与信息增长速度有关)。

在信息使用价值的研究中，应注意将信息使用价值的衰减与信息使用率的变化加以区别。信息使用率与使用价值存在一定的联系：一般情况下使用率与使用价值是相对应的；但在某一新信息产生时，虽然存在很高的使用价值，但使用它的用户却很少，即使用率很低，经过一段时间后二者才存在一定的对应关系。信息利用率与使用价值之间的时差称为信息利用中的时滞(如图 6-3 所示)。

图 6-3 直观地显示了信息使用价值与利用率之间的某种关系，当时间足够长时二者存在着一定的对应关系。因此，一方面人们常用信息利用率的变化来近似地表示信息使用价值这一难以测定的特征量。

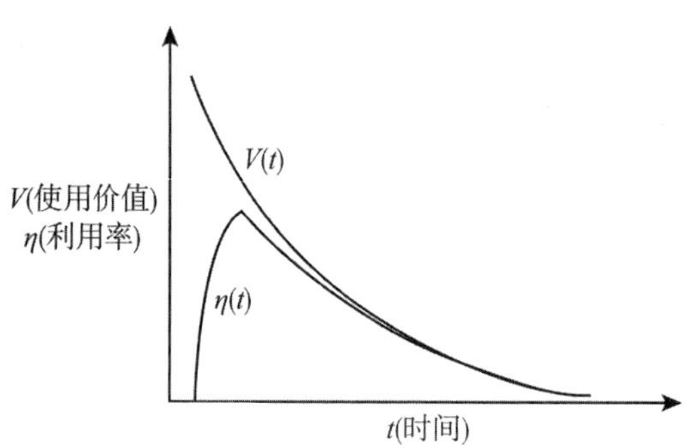

图 6-3 信息的使用价值与利用率变化曲线图

另一方面，信息利用率的变化不仅与信息使用价值的变化有着一定的对应关系，而且还与信息的增长有关。由于信息的增长使用户利用某一信息的概率随之变化，从信息的利用角度出发所测出的半衰期自然不同于信息使用价值衰变的半衰期。因此，把“文献信息有效生命的一半”和“现在被利用的全部文献的一半发表时间”看成是同义语是完全错误的。可见，通过利用率的变化所测出的半衰期只能近似地反映信息使用价值的衰变情况。实际上人们正是以文献信息的利用率为依据来讨论其老化情况的。

6.2 用户学习与创新活动中的信息利用

情报学家米哈依诺夫在《科学交流与情报学》一书中，将科学信息的组织、交流与服务称为“没有围墙的学院”。随着社会网络的发展和社会化知识交流的推进，用户的社会化学习和知识创新空间进一步拓展。基于社会网络的学习与创新信息利用已成为信息服务中值得关注的重要问题。针对这一问题，以下从用户学习中的知识转化、知识创新中的多维信息利用和用户的知识交互利用出发进行分析。

6.2.1 用户学习中的知识转化

用户学习的最终目的是从所获取的信息中提炼所需知识，继而将其与所拥有的内在知识结合，进行知识的内化，为知识的应用提供保证。用户信息利用中，对于内涵知识的提取与吸收在一定条件下进行。具体说来，我们可以从知识交互空间结构出发进行分析。事实上，用户所拥有的知识与信息内涵知识存在着必然的交互关系。在交互关系决定的交互空间中，用户可理解的知识和信息内涵知识具有同一性，只有在获得的知识交集中，用户才可能吸收知识以扩充和改变自身的知识结构。用户知识空间与信息知识空间的交互关系如图 6-4 所示。

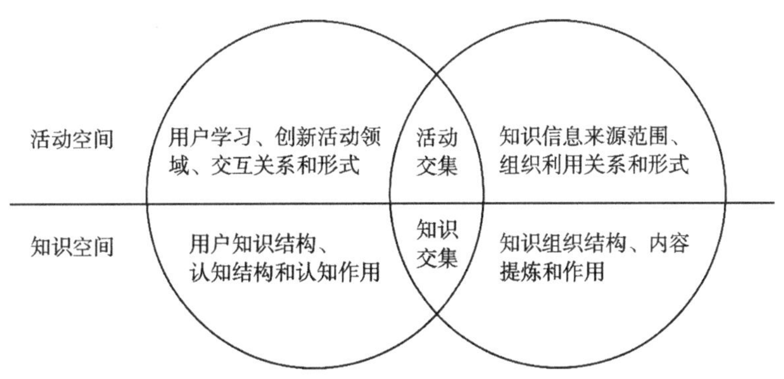

图 6-4　用户学习与创新中的知识交互空间

用户信息利用是在信息内涵知识吸收的基础上的知识转化，只有用户知识结构、认知结构与信息知识结构、内容和作用相吻合，即在空间交集中才能进行知识吸收。从知识作用上看，用户学习研究活动空间和知识信息组织活动相吻合时，才能实现知识的实质性转化和利用，即用户在所从事的社会活动中实现与信息服务的知识活动空间交互。

学习、研究交流中的信息利用空间为用户提供知识利用支撑空间环境，即构建基于用户的信息吸收空间(Information Commons，IC)。据此，在大学图书馆和研究型图书馆中国内外进行了多方面实践。目前，IC 在大学图书馆的应用一是把 IC 作为一种综合性和协作学习环境对待，如美国北卡罗来纳大学 Charlotte 图书馆 IC 前负责人 Donald Beagle 就是这种思想的主要倡导者和实践者，二是在开放学习交互的背景下，实现用户开放学习、存取知识的目标。从客观实践上看，IC 是一种协同学习环境和社会学习环境的综合体，是一个确保开放存取的一站式服务设施和协作学习环境，它使互联网与内容丰富的知识库资源相结合，在基于互联网的知识交互空间中保证用户知识利用目标的实现。

用户知识利用中，知识结合和内化是两个相互联系的过程。知识结合在于用户按自身的知识结构将所需外界知识内容进行提炼和分解，按知识单元结构与自身知识储备结合，以扩充自己的知识，形成新的结构。知识内化在于用户按学习、创新目标将所接受的外界知识转化为自身的知识，即改变原有的认知状态，在深层内容利用的基础上形成新的知识能力结构。结合和内化具有不可分割的内在联系，从整体上看，用户的知识利用，旨在明确信息内涵知识与用户需求和认知的关联，通过基于关联的内、外知识结合，完成外部知识向用户内在知识的转化。社会知识化环境下，用户的知识结合与内化对知识服务的组织提出了进一步要求，由此提出了面向用户的知识过滤、挖掘和智能服务的有效组织和利用问题。

6.2.2 知识创新中的多维信息利用

知识创新是以实践为基础的创造型活动，安斯沃思(John Unsworth)在创新过程分析中，提出了知识基元活动概念，他认为基元活动包括知识发现、吸收和创造活动。按安斯沃思的说法，发现、吸收、创造包含着知识信息利用过程。在知识创新实践中，这三个阶段可能不一定连续，但存在着必然联系，这意味着创新活动往往需要进行基于不同基元的多维信息利用。

事实上，在某一科研项目的实施中，需要进行与创新活动相关的成果信息查询，通过获取知识信息实现对知识前沿的追踪；查询基础上的信息收集在于在获取知识基础上进行内容挖掘和利用；在创新实现中，用户需要实现包括文本资源、数字资源在内的资源利用目标。从利用过程看，创造活动中的信息利用包括分析和综合、思维和认识，以及探索和创造。显然，这一活动需要对知识信息进行多维吸收和利用。此外，知识创新成果形成后的信息利用还包括研究成果传播和转移中交互信息利用。

如图 6-5 所示，可知用户的知识创新中的信息利用过程是一个多维信息交互利用过程。知识发现、收集、创造和共享的每一个环节都离不开信息利用，这就需要按创新基元活动和基元活动关系进行具有多维结构的信息支持。随着用户信息获取、利用方式的变化，其知识信息利用也发生了结构性变化，主要体现在如图 6-5 所示的结构关系中。

图 6-5 所示的知识利用结构关系表明，知识创新中的用户知识利用不仅反映在多维内容结构上，而且体现了信息利用的内容和形式变化。这些变化集中体现了以下趋势。

①信息的全方位与综合化利用。创新主体所利用的信息已不再限于获取所需知识信息的线索和信息内容，出于知识创新需求和知识积累的需求，用户迫切希望通过服务获

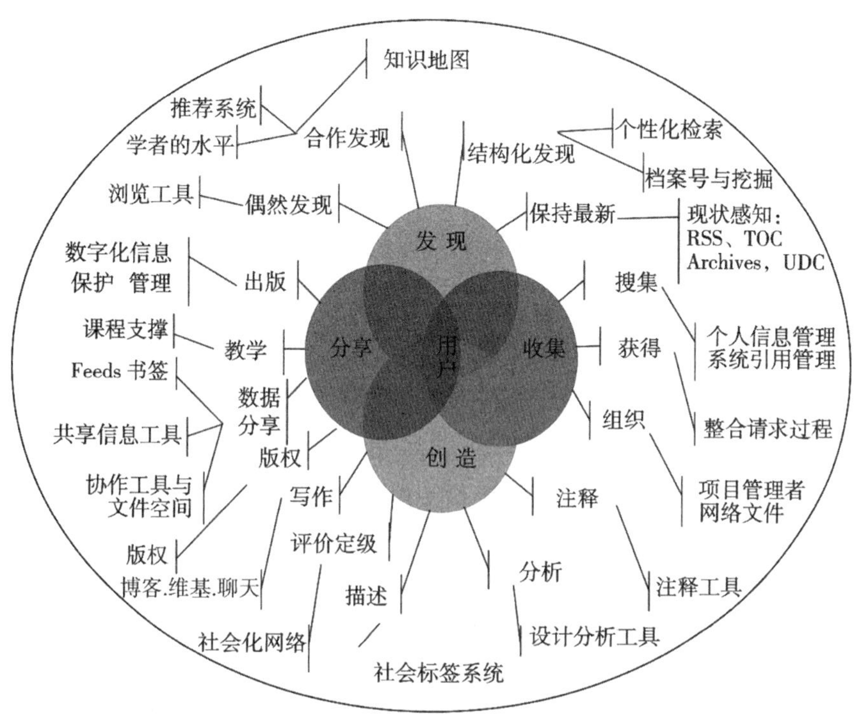

图 6-5　知识创新的多维信息利用

得从事创新活动所需的内容全面、类型完整、形式多样、来源广泛的知识，要求能够针对他们所承担的创新工作全程化、全方位、综合性地获取来源广泛的信息，从而利用所发挥的内涵知识。

②信息的开放化与社会化利用。随着创新主体社会交往范围的扩大，信息交互日益广泛，从而要求面向部门的信息支持向面向社会的信息支持转变，以此构造信息的开放化、社会化利用基础。因此，用户不仅需要利用系统内信息，而且需要进行跨系统的信息利用，以满足用户主体开放化的信息支持要求。

③信息的数字化与网络化利用。数字网络环境下知识创新主体的信息利用结构由以传统型为主向数字化与网络化为主的转变已成为不可逆转的趋势。创新主体要求网络化、专业化、个性化、交互化信息支持保障；主体的知识利用趋势便是创新信息保障的数字化和网络化发展。创新人员要求通过数字化网络手段直接访问相关成果，要求从中提取知识和进行创新活动辅助。

④信息的集成化与高效化利用。创新主体的信息利用深度，随着创新发展不断深入，专业人员(主要是从事高科技领域研究与开发人员)不再满足于为其提供一般性信

息，而要求通过知识资源共享，将分散在本领域及其相关领域的专门知识进行内容集成和二次开发，甚至利用“基因工程”进行知识重组，从中提炼出对研究、开发与管理创新至关重要的“知识基因”。

随着创新主体活动的结构性变化，创新信息利用呈现出整体化嵌入利用特征。创新活动中，用户在一体化信息支持基础上，将信息利用直接嵌入知识创新过程中。对此，诸多信息服务机构正力求为用户营造新的利用环境，例如，美国明尼苏达大学图书馆，围绕科学研究中的发现(Discover)、收集(Gather)、创造(Great)、分享(Share)，设计了个性化在线研究环境(My Field Online Research Environment)，以此出发综合选择和利用多种资源，使科学研究中的信息利用过程与研究(Research)过程、学习(Learning)过程和处理(Processing)过程融合，从而创造了一种新的信息支持模式。网络环境下，这一成功的多维信息保障支撑模式，具有普遍性。

6.2.3 知识社区中的用户信息利用

社会网络环境下，知识社区用户迫切需要通过使用论坛、播客和多种类型交互平台工具来实现知识交流目的。这种协同学习的价值体现，进一步鼓励用户在社区活动中分享知识和经验①。按信息利用中的访问协议，通过开放 API 接口进一步完善交互信息利用内容②。在内容分类利用上，用户通过使用大众分类途径快捷地访问用户的特定主题资源以实现基于社会网络的群体社区利用目标。知识社区的用户参与使知识利用范围得以衍生，从而形成了关联利用结构。因此，基于用户与用户、用户与信息交互的标注和标签利用得以涌现和发展。同时，通过连接用户配置信息，可以通过定位和推荐方式交互链接相关的个人资源，也可以创建讨论群分享主题信息。用户社区利用中，SNS 通过绑定 Web 2.0 的社会化功能，如即时消息传递、协同过滤、社会化标签、社交搜索、文件共享等实现信息聚合利用目标。

目前，基于用户利用的 SNS 主要技术工具包括即时消息、博客、论坛、播客、通知、内容标记、评论和基于知识贡献的推荐(见图 6-6)。

---

① Boulos M, Wheeler S. The Emerging Web 2.0 Social Software: An Enabling Suite of Sociable Technologies in Health and Health Care Education[J]. Health Information and Libraries Journal, 2007(24): 2-23.

② Barsky E, Purdon M. Introducing Web 2.0: Social Networking and Social Bookmarking for Health Librarians[J]. J. Can Health Library. Assoc. 2006(2): 65-67.

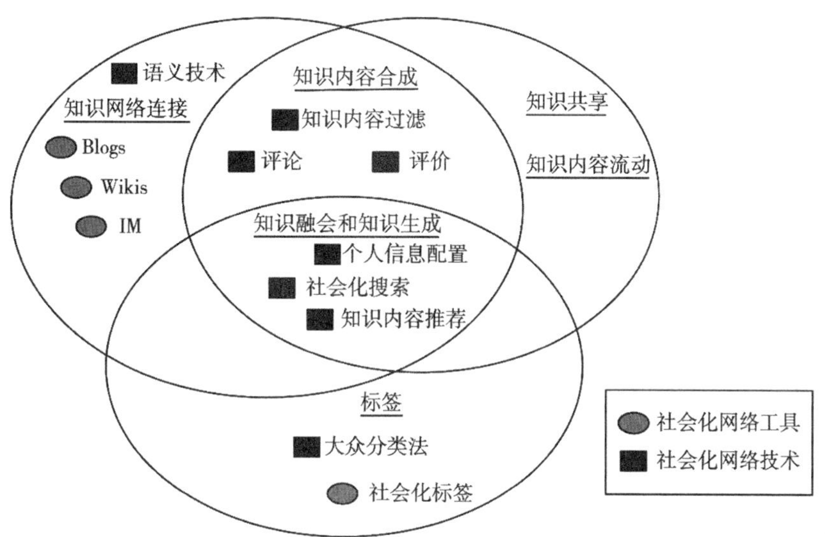

图 6-6 网络知识社区利用的功能展示

如图 6-6 所示，基于 SNS 的信息利用功能包括以下几方面：

①用户配置资料的利用。知识社区首先是一社区交流平台，用户通过配置个人信息资料来创建网络节点并逐渐扩大知识交流范围。

②内容推荐的利用。社交网站提供知识产品或服务，并将相关内容推荐给用户。在推荐利用中，用户方着重于与推荐系统之间的交互和对推荐内容的挖掘。

③社会化搜索工具利用。SNS 通过用户分享各种资源并添加标签，以强化搜索拥有共同特定主题的信息的功能，用户通过利用社会搜索工具进行信息资源列表和搜索归类。

④信息聚合服务利用。RSS 服务可以集中符合用户兴趣的来源信息，用户由此通过访问聚合查看最近的添加和变更，如添加消息、图片和其他内容，同时通过 RSS 展示其个性化页面。

⑤评论工具的利用。用户通过参与、添加和分享评论等，在扩大知识交互范围的同时进行信息筛选，提高知识交互绩效；与此同时，协作化知识交流通过鼓励用户积极参与，使知识交流得以拓展。

⑥信息内容过滤利用。网络社区服务依靠用户相互信任关系，在鼓励用户参与的同时提供信息过滤工具，用户通过工具使用，进行过滤筛选以确保知识内容的有效性

和正确性①。

知识社区具有社会网络特征，知识社区用户通过任务活动相互联结，形成知识社区关联网络结构。随着社区网络向社会化网络的拓展，用户随之在知识社区中进一步进行信息利用空间拓展。

6.3 用户社会交往中的信息利用

从用户社会交往形式上看，信息利用包括人际关系与公共关系活动中的信息利用，以及用户进行社会竞争、合作、冲突与调适中的信息利用。用户作为社会活动主体，社会交往是一种基本的社会行为，围绕这一问题，以下立足于信息活动的社会学分析和基于社会分析的信息利用机制研究。

6.3.1 用户人际关系与公共关系活动中的信息利用

人际关系和公共关系活动是两个重要的社会关系活动，包括人与人之间的关系和社会联系，以及组织之间的关系和其他社会联系。从实质上看，人际关系的活动主体是用户个体，公共关系的活动主体则是组织(团体)和代表组织的主体。

(1)用户人际关系活动中的信息利用

人际关系是人与人之间的直接关系，是个体进入社会、参加社会群体或组织活动的条件。人际关系揭示了个体“交织”在社会现实结构中的具体机制，人们在社会活动中首先遇到的最主要、最直接、最现实的关系就是人与人之间的人际关系，这是形成其他关系的基础。

人际关系存在于社会关系中，是一种客观的个人社会关系。人际关系以直接的方式体现了社会对个人的作用以及个人对社会的反作用。社会中的每个人既是非个性社会的角色执行者，又是具有独特的个性行为的个体，由此而构成的是复杂的人际关系。

人际关系是个体信息活动的关系体现，凡具有某种关系的个体之间必然存在一定的信息交流活动，这种稳定的交流最终导致人际关系的形成和发展。人际关系一旦形成，

---

① Obradovic. Holistic Classification and Knowledge Discovery in Protein Databases[J]. Management Communication Quarterly, 2006, 7(2): 156.

反过来又成为影响人们信息活动的关键因素，体现了人们在信息利用上的各种联系。事实上，社会个体之间复杂的信息交流活动正是建立在一定的人际关系基础上的。可以认为，没有人际关系，就谈不上人际信息交流。

人际关系的分类是多角度的。按形成的基础，可以分为以亲缘为基础的人际关系(如各种亲缘关系)，以业缘为基础的人际关系(如同事、师生、主雇等)和以地缘为基础的人际关系(如邻里、同乡等)；按关系的性质，分为正式关系和非正式关系，利害关系和非利害关系，偶然关系和恒定关系，对抗关系和非对抗关系等；从关系的功能发挥，分为和谐的人际关系和非和谐的人际关系。各种人际关系都存在着内在机制。

人际关系在漫长的社会发展中变化着，总的趋势是从低级向高级，即和谐—非和谐—更高级的和谐发展。建立在人际关系上的信息交互利用具有其共同特性，主要表现在：

①合群性。建立在人际关系上的信息交互利用，就整体而言是合群的，虽然人们在人际信息交流方面有不同的个性，但由于人际关系的错综复杂性和网络性，其交流相互影响和制约，因而形成了一定模式的交流网。

②相似性。人与人之间的关系和交往具有相似性，即在价值观、角色、工作相似的人群中具有信息交流的相似特征。由于人的相似，导致了非正式关系的形成，这是社会中进行分层信息交流的基础，是信息交流趋于和谐的原因。

③互补性。在交往中人们还倾向于追求利用多种关系，从不同角度进行综合交流来补充相似交流的不足，这是人们自我完善人际信息交流的自然措施。无论用户从事何种职业活动，都不可避免地与他人进行互补，由此决定了人际关系中的信息利用目标。

当前，随着社会交往范围的扩展，科学技术的进步和社会变革，用户的人际关系发生了一系列变化，从而使人际信息利用具有一些新的特点，主要表现在：

①人际交往范围的变化使信息利用由封闭转向开放。我国的社会模式已日趋开放，这是我国社会发展的必然结果，人们的交往关系因此也从狭窄的领域进入广阔的天地。如我国农村，由于商品经济的发展，导致了与外界广泛交往，因此形成了新的人际关系。这一关系的形成使得信息交流转为开放，而开放式的信息利用又推动着商品经济的发展和新关系的形成。

②人际关系从同质向异质转变促进层间信息利用的发展。社会各层间的信息交互利用的发达程度被视为社会发达的标志之一，是社会结构趋于合理的必然反映。我国由于人际关系的转变，其层间交流迅速完善(如城乡人际交流、各行业间人际交流)，有助

于社会信息交互利用率的提高。

③人际关系的纽带由感情型向契约型转变使得人际信息利用形式更加规范。现代社会组织程度的提高导致了人际关系的社会约束，人们往往用法律、制度、规章来约束双方和各自的行为。人际关系的契约化趋势使得模式化信息交互利用易于控制。

④人际关系的多元化导致了人际信息利用的网络化。人际信息交流网络正处于不断完善之中，人际信息交流的网络化有助于社会信息交流系统的建立和发展。当前基于用户交互信息利用的社会网络的形成提出了重构社会化信息网络的问题。

(2)用户公共关系活动中的信息利用

所谓公共关系，就是社会组织与社会公众之间为了自身利益和维护合作而建立的互相了解和信赖的关系，这是社会的又一基本关系。这里的组织泛指各类组织和团体等，公众是指一切与该组织有关的其他社会个体成员和组织。与人际关系不同，公共关系是以社会组织为基础的，主要是社会组织之间的关系。

组织建立公共关系的目的在于，以自身的健全和完善树立良好的社会形象，赢得社会各界对自身的了解和信任，以便进行广泛的社会交往和互助，从而促进组织事业的成功。事实上，任何组织都离不开社会。与个人相似，组织必须有各种社会关系，这些社会关系不仅决定了组织的社会地位，而且决定了组织的发展和成功。

公共关系的社会功能是多方面的，以下仅以企业组织为例说明信息利用的基本目标和其中的利用关系。

①监视环境。企业的生产、经营、管理活动，无不受社会政治、经济、科学、文化等因素的影响，公共关系的建立确保了企业与外部环境的信息联系，从而能够迅速、准确地分析决策信息，以便通过环境监视达到调整经营的目的。

②维持社会联系。企业与社会公众的公共关系是建立并维持社会联系的根本途径。通过公共关系，企业将获取市场、经营等方面的信息，同时利用这些关系传播企业的各种活动信息，所有这些工作是企业正常运行的条件。

③咨询、决策。利用公共关系，企业可以通过组织咨询活动达到优化决策的目的。在国外，公共关系部门与其他业务部门的地位和权利是平行的，它们的作用就在于协调关系，参与咨询和决策。

④实现社会互助。企业的存在在于与外界交换物质和能源，其活动以信息为中介。公共关系的确立保证了企业与社会的交往、互助，从而使企业成为社会的一个有机体而

正常运行。

⑤业务管理控制。企业各种公共关系的确立和优化是企业有效地进行业务管理控制的依托，合理的关系无疑有助于控制的优化。

从以上的几项功能看，所有方面都与信息功能发掘和利用有关。由于公共关系的存在，确保了企业与各方面的信息沟通，这是组织企业工作必不可少的条件。一个企业在日常生产经营中必然要与社会、组织和个人发生各种联系：作为一个经济实体，要与国家发生税利关系，与经销者发生产销关系，与其他企业发生分工协作关系，与银行发生金融关系，与用户和消费者发生供求关系等；作为一个组织，要与国家和地方政府部门发生行政关系；作为一个法人，要与司法机关和其他社会组织发生法律关系；在对外经济技术合作和贸易中，还要与国外企业、部门发生国际公共关系等。任何企业的顺利发展都要建立、处理和利用这些基本关系。在建立、处理和利用公共关系中，首先是加强公共关系信息工作。一般说来，以上 5 个方面归纳了信息工作的基本内容。这些活动，对于企业是必要的，对于其他社会组织来说同样是重要的。

社会公共关系活动对信息行为的影响从侧面提出了信息利用行为规划问题。由于人类关系和公共关系是社会活动的主要影响因素，同时又是开展社会信息交流的约束因素及基本条件，因此可以从关系分析入手从以下几个方面控制和优化用户个体和集体的信息活动：

①渠道规划。信息交流渠道规划建立在人际关系和公共关系分析基础上，是通过关系分析掌握人们交往的可能渠道，这些渠道即人们进行信息沟通的双向渠道。渠道规划在于选择可靠而有效的通道作为信息传播的基本渠道。可见，渠道规划又是社会关系在信息交流方面的利用结果。

②方式规划。一定的关系必然带来一定的信息传递与交流模式，因此根据关系性质规划信息方式是信息行为控制的又一内容。方式规划的目的在于利用社会关系，指导人们从事信息活动。

③程序规划。建立在人际关系和社会关系之上的信息交流应有科学的程序，其程序应与关系相匹配。只有利用科学程序才能准确无误地获取人们所需的信息。

④效益规划。信息交流过程中目标管理的关键之一是对人们信息行为所要达到的效益进行规划，其作用是根据目标效益来控制信息过程，以便充分发掘和利用社会信息资源。

6.3.2 社会竞争、合作、冲突与调适中的信息利用

社会竞争、合作、冲突与调适是一种广泛的社会交互行为，是社会成员之间的互相依赖性的行为过程，其共同点是交互者之间存在着具有某种实质意义的关联性。因此，社会学对实质性的交往区分为竞争、合作、冲突与调适等基本类型。以下讨论的是这些基本的社会交往中的信息利用。

(1)社会竞争中的信息利用

竞争是指社会中人与人、人群与人群、组织与组织之间对于一个共同目标的争夺，是由人们的主观愿望与客观存在的差异引起的。对于一个社会来说，竞争是促进其发展的一种机制。社会竞争区别于其他社会互助活动的重要特点是：必须有一个共同争夺的目标，其目标可以是物质的，也可以是精神的，还可以是包括物质和精神在内的综合性目标；被追求目标成功度有一定的概率，即一方的成功总是伴随着他方的失败，不可能同时成功；竞争的最终目的在于实现目标，而不在于直接反对其他竞争者。

竞争在社会中是普遍存在的。例如，体育运动中运动员之间或运动队之间对于冠军的争夺；同一商品的生产厂家对于销售市场的争夺以及科学发现、技术发明之间的竞争等都属于社会竞争的范畴。按竞争的对象和目标性质，社会竞争可分为政治竞争、经济竞争、生产竞争、科技竞争、文化竞争、体育竞争、地位竞争等类型。按竞争者的组成，社会竞争又可以分为个人竞争、团体竞争、个人—团体竞争等。在社会中，强调的是作为组织的团体竞争。

为了防止竞争发展成为一种人们之间的直接反对关系，应制定一些竞争各方都必须遵守的规则。例如，体育竞赛就必须以遵守各类竞赛规则为前提，否则激烈的比赛将成为一场混战。对于涉及政治、经济、科技领域的社会竞争，必须有社会法律、法规来保证。

竞争中的信息活动是重要的，由于竞争具有经营、管理、决策的含义，所以必须有信息支持系统。一般说来，竞争信息利用包括以下一些基本环节。

① 竞争信息搜集。竞争信息主要包括竞争目标信息、竞争环境信息以及竞争者的信息。对于竞争主体而言，竞争的目标一般都十分确定，如企业产品经营管理竞争的目标在于占领市场，在竞争中市场便成了生产同类产品的企业争夺的对象，一方占领市场就意味着他方失去市场。在这一活动中，产品市场信息便是竞争的目标信息，是组织竞

争活动首先要利用的。产品市场信息的范围很广，包括产品用户、产品市场需求变化、产品市场价格动向、产品市场结构变化等方面的信息。全面搜集市场目标信息的作用在于拟订竞争中要实现的计划，确定市场占领的指标，为参与竞争提供决策依据，以便以此为目的进行竞争中的目标控制。

竞争的环境信息包括各种与竞争活动相关的条件信息和背景信息。例如，产品市场竞争中，其环境信息包括产品销地情况、地理环境、运输储存条件、销售市场法规、经济状况、管理机构状况等。搜集与利用这些信息的目的在于掌握竞争展开的机制，以便强化竞争决策优势。

竞争对手的信息是指竞争对立方的各方面情况。对于企业产品竞争来说，包括对手企业的组织结构、规模、人员、技术实力、产品技术质量、产品开发能力、原材料供应情况和经营管理模式等，涉及产品生产成本、资金使用、市场能力以及其他一些相关方面。全面掌握这些情况是决定是否参与竞争以及采取何种策略对付对手的依据。

竞争双方的信息，除对方信息外还包括本方的各种信息。本方信息除来自内部外，还来自合作环境。例如对于企业产品竞争，本方信息包括内部机构对开发产品的适应性、内部人员对产品市场的竞争意见、生产技术实力、资金流通、成本利润、原材料供应状况等。社会合作信息主要指社会有关方面对本方的态度、实际行动以及本方与社会有关各方的关系等。

② 竞争信息分析与竞争决策。竞争信息分析是竞争决策的基础，其目的在于充分利用各方面信息进行竞争结果的预测，以寻求合理的竞争决策方案和所采取的方针、策略。竞争信息研究与预测是将竞争作为整体来看待，研究其综合结局。在不同的竞争类型及模式中，竞争信息研究与预测有着不同的模式。一般说来在研究中应着重于以目标为主体的竞争信息分析，其共同的步骤可归纳为图 6-7 所示的流程。

竞争信息在竞争决策中的利用的核心是进行信息研究与预测，预测模型的建立是整个过程的关键。竞争预测模型与一般模型相比，有着特殊性，表现为活动的主体是竞争中的各方，而不是单一的主体。因此可采用比较模式法进行竞争者互相作用的分析，在引入时间因子的情况下研究其时间效应，从而得出最终的结果信息。

值得注意的是，竞争预测是根据竞争诸方目前状况及竞争环境、目标和策略所进行的预测。如果预测结果为本方失败，则在改变本方状态(策略、资源、结构等)的情况下进行第二次预测。可见，竞争信息研究与预测是一个动态的过程，在预测进行中应随时注意情况的变化。

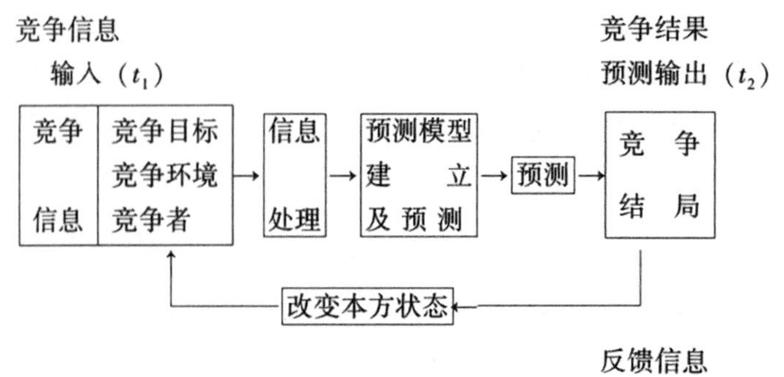

图 6-7　竞争信息分析与竞争决策

③ 竞争决策与决策实施中的信息反馈。在竞争中，竞争各方都将随时调整策略，这就需要进行竞争决策实施中的信息反馈工作。竞争决策在竞争信息研究与预测的基础上进行，基本上属于一种确定型决策，表现为三方面特征：有“决策”企图达到的明确的竞争目标；有两个以上可供选择的行动方案；不同的行动方案是根据竞争预测模型“计算”出来的。

决策反馈为实施中的反馈。由于竞争决策是一个开放性系统决策，其决策行为无疑会对竞争各方行动和目标产生影响，因此在决策中应有一个动态调整过程。这一点，在企业竞争决策中十分明显。一般说来，决策中信息反馈可采用常规的定向反馈方法。

④竞争效果的分析。社会竞争是一个连续过程，某一个阶段的竞争结束意味着下一个阶段的新的竞争开始。竞争中的各方为了使自己保持竞争中的优势，将不断引入新的竞争机制，优化决策行为。

竞争效果信息主要指竞争结果对各方行为和效益的影响，包括：竞争引起的环境变化；竞争各方的关系变化；竞争目标的转移等。

竞争效果信息分析对于改善社会中各种经营决策都具有意义，对于企业等经济实体及科研部门更是如此。例如，日本的企业在新技术革命的国际环境中，十分注意新的竞争机制的引入，而新的竞争机制总是以分析竞争效果信息为前提的。在全面分析竞争结果的基础上，日本不少企业普遍确立新的竞争机制，优化新一轮的竞争方案。所有这些都是日本企业得以迅速发展的重要原因。

(2) 社会合作中的信息利用

合作是社会互助中人与人、群体与群体、组织与组织之间为达到对互助各方都有某种益处的共同目标而彼此相互配合的一种联合行动。人们之所以要进行合作，是因为仅靠某一方的单独行动往往无法实现这种目标和获取一定的利益。从社会意义上看，人们多方面的社会生活都必须建立在合作的基础之上，随着人们改造自然活动与社会交往的深化，其合作范围越来越广。就现代社会而论，没有合作就无社会可言。

合作必须有一定的条件，主要包括：合作者；合作目标；合作的物质基础；合作环境。只有在条件具备的情况下，人们才产生合作行为。合作的类型很多，按方式可分为直接合作、间接合作、无分工合作、有分工合作、结构性合作、非结构性合作等。

直接合作是合作者以其行为直接互相配合，完成某一工作并达到一定目的的行为，是人们通过直接接触来实现的，其行为和结果之间不存在任何中间环节。间接合作是人们以行为所产生的结果互相配合或者一部分人以自己行为产生的结果和另一部分人的行为相配合，造成一种结果并达到一定目的的活动。在间接合作过程中，合作者不必互相接触，只要他们的行为通过某个中间环节协调并达到一定的共同目标，都会产生这种合作关系。

从信息来源区别，合作信息的利用主要包括以下几个方面：社会环境信息；合作者诸方的信息；合作作用与结果信息。合作中的信息工作主要围绕这三方面进行，其基本环节包括信息的搜集整理、信息分析、决策以及信息的利用评价。

①信息的搜集。有关合作的信息来源很广，在搜集的过程中应首先注意信息的广泛性。其信息搜集着重于以下内容：合作的社会环境信息，包括社会政策、法规、人口结构、产业职业、社会运行体制、交通、物资、能源、科技、文化等；合作者诸方的信息，包括合作者的政治、经济、文化、科技等方面的背景，其搜集工作应围绕合作目标和主体进行，在此前提下筛选反映合作状态的有用信息，去掉不必要的干扰信息；合作作用与结果信息，将合作诸方作为一个整体对待，搜集反映各种效益的信息，进行合作过程中的反馈，提供深层决策依据。

②信息的分析。对合作信息的分析是合作决策与协同管理的一部分，在合作准备阶段为合作的可行性研究服务，在合作创立阶段为首次决策服务，在合作实施阶段为改进合作关系和效果服务，在合作评价阶段为评价社会效果服务。合作中的信息分析与决策是分不开的，表现为一个随机过程，为此应采用综合性的处理方式进行以决策为中心的信息分析与预测活动。

③信息利用评价。信息利用评价是指对合作信息的利用效果和“信息运动”机制的评价，其作用在于不断改进合作关系，以取得更大的绩效。信息利用评价的指标包括：

信息开发的完整性、系统性与充分性；信息的准确性；信息流通的速度；合作组织的信息效率；信息分析与决策效果等。信息利用评价方式一般采用定性、定量相结合的系统评价方法，根据合作机制预先确定标准，然后按标准进行评价以得出信息利用的优化方案。

(3)社会冲突和调适中的信息利用

冲突和调适中的信息利用与主体的活动具有密切的联系，整个活动可以看作一个信息处理与行为过程。对于这两方面的信息活动，我们将着重于过程分析。

冲突是一种相互反对的行为，是人与人、人群与人群、组织与组织之间为了某种目标或价值观念而互相斗争、压制、破坏以至消灭对方的过程。冲突与竞争虽然都是人与人之间为了一定目标而互相排斥或反对的行为，但是二者之间存在着社会学上的区别，主要表现在：冲突与竞争不同，其更为直接的目的是打败对方，是一种直接以对方作为攻击目标的反对行为；冲突的各方具有直接的反对关系，竞争却没有这种关系；冲突各方所争夺的目标既有相同性，也有不同性，各方虽然在同一领域争夺，但所要实现的目标却各不相同，它往往突破了规章制度甚至法律的限制。

冲突与调适在社会活动中作为一个整体，二者具有互补性。冲突各方在和谐社会条件下存在着相互适应的问题，这就需要避免破坏性冲突发生，促进各方通过调适建立新型的社会交往关系。

在社会中，一个人、一个群体或一个组织要取得成功，必然有一个适应环境的过程。当代社会是一个多元化的复杂社会，处于不断改革、发展之中，因此根据社会变化调整主体行为是必不可少的。从信息活动目标上看，冲突与调适信息利用是一个完整的过程，包括以下环节：

①信息搜集与整理。全面搜集、整理影响组织生存与发展和可能引发冲突的各类信息，例如在企业的国际化发展中，应充分考虑各国可能引发冲突的因素，全面搜集包括国家方针政策、法规、体制、社会需求、社会互助关系在内的各方面信息，在此基础上进行信息有序化工作。

②信息研究与决策。进行适时信息研究、预测和决策，为调整组织结构及行为拟定行动方案，其中的突出问题是围绕可能发生冲突和需要调适的问题，进行各方交互状态研究和环境分析，寻求合理的解决方案，同时进行调适中的信息反馈，分析社会效果，优化调适过程。

6.4 用户的信息利用效果分析

信息一经被用户接收，便会作用于用户，产生实际效果。在信息与用户的相互作用过程中，信息发挥着对用户认知的直接作用；而用户总会作出程度不同的“吸收反应”，进行决策和基于认知的再创造活动。信息对用户的作用和影响结果可称为信息效益。信息对用户的作用是复杂的，即使是同一信息，给不同用户所带来的效益也不一样，其效益的大小取决于用户作出的反应和吸收的程度。基于这一认识，以下从用户吸收信息的概率模型、吸收影响因素和效果分析、检测角度进行分析。

6.4.1 用户吸收信息的概率模型与吸收影响因素分析

N. 维纳和 O. 兰格等人系统地研究了社会控制问题，以下引用他们确立的基本方程分析用户吸收信息的过程。

包含在用户信息需求之中的信息，一经主体获取便会作用于主体，其作用可称为信息刺激。

用户接收信息后为了吸收其内容，往往要经过多次思考、研究，方能消化“信息”，其中心环节是反复接收信息刺激，进行吸收反应。

设信息刺激重复 $n+1$ 次后，主体完成对信息的吸收，以理想的方式作出最终反应，这种反应的概率为 P_{n+1}，称为反应概率，满足：$1 \geqslant P_{n+1} \geqslant 0$。统计分析表明，概率 P_{n+1} 依赖于主体此前对给定的一系列信息刺激的反应。重复 n 次刺激后反应的概率愈大，则 P_{n+1} 也愈大。这种关系可以近似地看作是线性的，于是可得差分方程：

$$P_{n+1} = a + m p_n$$

式中，P_{n+1} 为 P_n 的线性函数，$0 \leqslant P_n \leqslant 1$，$0 \leqslant P_{n+1} \leqslant 1$。m≥0 意味着刺激次数的增加会导致反应概率的增大(至少不会减小)。参数 a、m 由实际情况决定，与用户主、客观因素有关。上列差分方程称为学习方程，可用于描述信息用户对特定的一系列刺激产生反应的习惯过程。

一般的信息吸收过程还可以用概率矩阵来描述。设信息对用户的作用为有限个状态：x_1，x_2，…，x_n 。主体对同一状态可以作出不同反应，若对相应状态的反应为：y_1，y_2，y_m，则反应概率矩阵为：

	y_1	y_2	…	y_m
x_1	P_{11}	P_{12}	…	y_{1m}
…	…	…	…	…
x_n	P_{n2}	P_{n2}	…	y_{nm}

其中 P_{ij} 为主体对刺激 x_i 作出反应 y_j 的概率。

显然：

$$\sum_{j=1}^{m} P_{ij} = 1 \quad (i = 1,\ 2,\ \cdots,\ n)$$

对应于 x_i 的作用效果表现为信息吸收效应，用 a_{ij} 表示。$[a_{ij}]$ 是一个与此对应的矩阵。

为了说明问题的实质，我们研究上述差分方程。

设 $m = 1 - a - b$，其中 $a \geqslant 0$，$b \geqslant 0$。由于 $m \geqslant 0$，故 $1 - a - b \geqslant 0$。

则：

$$P_{n+1} = a + (1 - a - b)\ P_n = P_n + a(1 - P_n) - b\ P_n$$

或有：

$$P_{n+1} - P_n = a(1 - P_n) - b\ P_n$$

此式表示学习过程的进展和吸收信息的效益。这种改进作用 $\Delta P_{n+1} = P_n - Pn$ 为：

$$\Delta P_{n+1} = a(1 - P_n) - b\ P_n$$

对于 $1 - P_n$ 和 $- P_n$，前者表示改进的最大可能性，后者表示实际中的“退化”的最大可能性，其最佳结果是 $P_{n+1} = 1$，最坏结果是 $P_{n+1} = 0$，ΔP_{n+1} 反映了实际情况。参数 a 和主体素质、环境、信息与用户的关联等因素有关，表现为信息的正刺激作用强度；参数 b 为负刺激作用强度，由某些关联的消极因素决定。通常，a、b 能通过统计方法来测定，对应于反应和正、负刺激作用。

以下解出上述差分方程。

设经刺激后信息的吸收稳定，即概率 p 不再变化 ($P_{n+1} = P_n$)，令这个值为 P，则反应概率为常数，于是：

$$\widehat{P} = a + (1 - a - b)\ \widehat{P}$$

$$\widehat{P} = \frac{a}{a + b} \quad (a + b \neq 0)$$

又设实际 P_n 与 $\hat{P}$ 的偏差为 $\overline{P_n}$，

$$\overline{P_n} = P_n - \hat{P} = P_n - \frac{a}{a+b}$$

同理，$P_{n+1} = \bar{P}_{n+1} + \dfrac{a}{a+b}$

将上述值代入方程，得：

$$\bar{P}_{n+1} + \frac{a}{a+b} = a + (1-a-b)\bar{P}_n + (1-a-b)\frac{a}{a+b}$$

化简：

$$\bar{P}_{n+1} = (1-a-b)\bar{P}_n$$

此方程的解为：

$$\bar{P}_{n+1} = (1-a-b)^{n+1} P_0$$

其中 P_0 为主体对信息刺激的最初反应概率，称为先验概率。

由于 $1-a-b \geqslant 0$，当 $0 < 1-a-b < 1$，即 $0 < a+b < 1$ 时，$n \to \infty$，则 $\bar{P}_{n+1} \to \dfrac{a}{a+b}$，此时过程趋于稳定。如果：$1-a-b=1$，即 $a+b=0$，则 $\bar{P}_{n+1} = P_0$，表示用户对信息刺激总停留在最初状态。其反应概率不变，这说明主体已事先了解信息内容，没有吸收信息的表现。

我们将 $\dfrac{a}{a+b}$ 改写为 $\dfrac{a}{b} \Big/ \left(\dfrac{a}{b}+1\right)$，引入 r：$r = \dfrac{a}{b}$，于是，当 $0 < a+b < 1$ 时，若 $n \to \infty$ 时，则：

$$\bar{P}_{n+1} \to \frac{rr}{+1}$$

这里的 r 称为动力结构，主体吸收信息的过程取决于动力结构 r。

从上述分析可知，$a+b$ 愈大，即 $1-a-b$ 愈小，信息吸收过程进展也愈快(过程收敛快)，其作用的概率稳定在极限值 $\dfrac{a}{a+b}$ 附近。因此，过程由 $a+b$ 决定，即由正、负刺激的联合强度决定。一般说来，信息的正、负刺激同时存在(a、b 都不为 0)。若 $a=0$，表明信息对主体毫无积极作用；如果 $a=b\neq 0$，则 $\bar{P}_{n+1} = \dfrac{1}{2}(r=1)$，表明信息对主体模棱两可，反应的正、负作用对比效果不明显。

信息的正刺激由信息的内在结构、内容以及主体需求决定。社会中信息利用控制的问题在于如何力求使用户对信息的刺激反应最优化，从而确保用户对信息处于最佳的利用状态。

从综合角度看，用户对信息的吸收取决于：

①用户对信息的关心程度；

②用户对信息的理解程度；

③用户受信息的影响程度；

④用户对信息效益的期望程度；

⑤用户与信息创造者工作性质的相似程度；

⑥用户实际工作对信息的需要程度。

此外，用户信息需求的满足和信息效益的发挥还与提供信息的内容、方式和时机等因素有关。只有满足以上 6 个条件，信息才能发挥最大的效益。

用户使用信息的机理可归纳为接收信息、理解信息、吸收信息、扩充知识、指导行为、创造新信息等过程，其中心环节是对信息的吸收。

6.4.2 用户使用信息的效果分析与检测

一般说来，信息对用户有如下几种作用：

①引起用户思维；

②改变用户的知识结构；

③帮助用户决策；

④指导用户行为；

⑤支持用户进行的各种创造活动。

用户在信息的作用下将创造新信息，同时获得包括经济效益在内的多种效益，有助于管理、生产、科研等各项工作的开展。

信息对用户的作用可以用图 6-8 直观地表示。该图较好地反映了以“吸收信息”为中心的用户使用信息的过程和信息作用的各种效益。

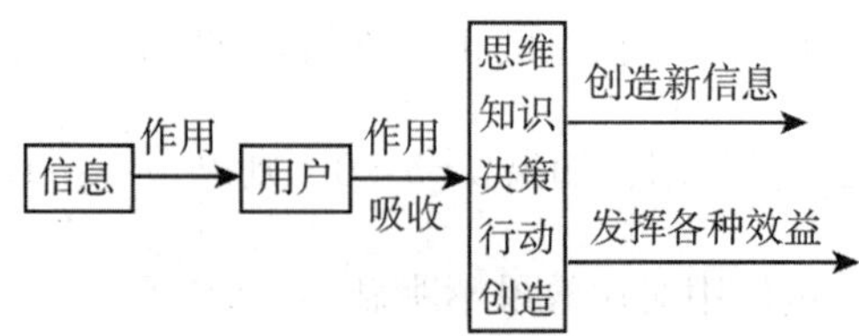

图 6-8　信息对用户的作用

信息对用户的作用效果很难作出精确计算，一般情况下只能进行定性分析和一些半定量的检测。以下，我们从用户使用信息的机理出发探讨信息效果检测的某些理论。

(1) 信息对用户思维作用的效果检测

信息可以消除用户对有关问题认识的不定性，以此为依据可以估算信息对用户思维作用的效果。

为此，我们引入熵的概念，用熵来描述用户认识不定性的程度。熵最大时，认识不定性最大；某一信息作用于用户后，认识不定性将会减小，其熵的减少量便反映出信息对用户的作用效果。

设某一事件有 K 种可能：E_1，E_2，…，E_k，其发生概率分别为 P_1，P_2，…，P_k，则熵为：

$$H_0 = -\sum_{i=1}^{k} P_i \log_2 P_i \quad (P_1 + P_2 + \cdots + P_k = 1)$$

如果用户事先只能根据概率对事件发生的可能作出判断，则认识不定性为 H_0；若某一信息作用于用户后，用户对事件认识不定性为 H_1，则认识不定性程度的减小为：$I = H_0 - H_1$，I 表示了信息对用户的作用效果(常称用户吸收信息量)。

例如，对于某个预料有 8 种可能性(概率相同)的事件，在获取信息后，如果即可判断出只有一种可能，则认识不定性减小为：

$$I = H_0 - H_1 = \left(-\sum_{1}^{8} \log_2 \frac{1}{8}\right) - (1 - \log_2 1) = 3(bit)$$

(2) 信息改变用户知识结构的效果检测

人类知识体系是一个有机的整体，它由各知识单元组成，而这些知识单元又具有十分复杂的立体网状结构。由于人类的知识结构处于不间断的发展变化之中，因此，信息对用户知识结构作用效果的检测问题目前还不能很好地解决。

布鲁克斯在描述用户利用信息的过程时，提出了如下的基本方程：

$$K(S) + \Delta I = K[S + \Delta S]$$

这一公式以一个很一般的形式描述了知识结构 $K(S)$，通过获得信息 ΔI 而变换为新的改进了的知识结构 $K(S + \Delta S)$ 的情况。式中的 ΔS 表示改进的效果。

该方程虽然从理论上概括了用户的知识结构在信息 ΔI 作用下的改变过程，但是对

于改进效果 ΔS 却很难求出。因此，在实际检测中只能求助于定性方法。例如，我们可以粗略地分析用户所用信息的知识属性，将其划分为若干知识单元，然后估算出这些知识结构单元的隶属程度，参照用户对它们的吸收情况，确定吸收系数，最后求其总效应。如果用 ΔS 表示用户知识结构在信息 I 作用下的改进效果，则有：

$$\Delta S = \sum_{i=1}^{n} \alpha_i \beta_i I_i \quad (i = 1,\ 2,\ \cdots,\ n)$$

式中，I_i 表示信息 I 的第 i 个知识单元的信息量；β_i 为 I_i 对用户知识的隶属度 $(0 \leqslant \beta_i \leqslant 1)$；$\alpha_i$ 为用户对 $\beta_i I_i$ 的吸收系数 $(0 \leqslant \alpha_i \leqslant 1)$。

(3) 信息对用户决策作用的效果分析

约维兹(M. C. Yovist)曾研究了决策者获得信息后决策效果的改进情况，他采用了如下的理论公式来描述这一效果：

$$V = V_D(t) - V_D(t_0)$$

式中，$V_D(t_0)$ 和 $V_D(t)$ 分别表示用户接收信息前后的决策效果；V 表示效果的变化。从概率论的角度出发，可以表示为：

$$V_I = \sum_{i=1}^{m} P(i) \cdot V(t_i)$$

式中，$P(i)$ 为行动路径 i 的选择概率，$V(t_i)$ 为行动路径 i 的期望值。此式将信息效益与决策者的行动效果相联系，明显地显示了信息的决策作用。

(4) 用户利用信息后实际效果的检测

如果用用户的经济实力的增强来反映其效益，则信息效果为：

信息可能带来的经济效果 $\approx K \times$ 成果投产后平均利润 $\times$ 折旧期 $\times$ 成功率

成果的潜在价值为：

$$S\Delta \approx \sum_{Z=1}^{n} (A_Z - W_Z)$$

式中，$S\Delta$ 为成果潜在价值，$Z = 1,\ 2,\ \cdots,\ n$，表示累积效应，W_Z 为总成本，A_Z 为总产值。由此出发，信息可能带来的经济效果约为：$KS\Delta(0 \leqslant K \leqslant 1)$，系数 K 为信息在用户活动中所起作用的大小。

(5) 用户对信息满意程度的估计

用户对信息的满意程度可以直观地反映信息对用户可能带来的效益，一般情况下可用下式表示：

$$\eta = \frac{V_{\text{实用价值}}}{V_{\text{使用价值}}}$$

显然，$\eta \leqslant 1$。式中，$V_{\text{实用价值}}$ 和 $V_{\text{使用价值}}$ 分别表示信息对于用户的实际实用价值和使用价值。

在用户利用信息的效果分析中往往采用综合评定法来全面评价用户使用信息的效果。实际上，信息对用户的作用差别很大。同一信息对某些用户来说，可能启发了思路，促进了知识结构的改变和工作的进展；还有的用户可能通过它掌握动态，进行决策等。在效果的综合评价中，可以采用多种方法。以下仅介绍主要的两种。

(1)综合评分法。采用综合评分法对用户使用信息的效果进行评价时，首先根据信息对用户的作用机理将其分为各种作用因素：Z_1，Z_2，…，Z_n；然后按统一的标准对各种作用效果评分，分数为 x_1，x_2，…，x_n；最后，针对用户的实际情况对各种作用因素加权平均求其评分的加权平均值 $\bar{x}$：

$$\bar{x} = \frac{1}{n}\sum_{i=1}^{n} q_i x_i$$

式中的 q_i 为各因素的加权数。

综合评分的平均分数反映了用户利用信息的总体情况，可用于不同用户对同一信息利用效果的比较分析，也可以分析同一用户对不同类信息的综合使用效果。

(2)模糊评价法。从以上的叙述中，我们已经了解到“信息效果”是一个模糊的实际问题，因此可以用模糊集合方法对其进行评定。

对于某用户，信息的各种作用构成了一个集合，由于作用的复杂性和它们之间的某些联系，一方面可以将作用集合作为一个模糊集合处理，设这个集合为 U：

$$U = \{\text{思维，知识，决策，行动，创造}\}$$

一般情况下，U 表示为：

$$U = \{u_1,\ u_2,\ \cdots,\ u_n\}$$

另一方面，各作用的效果构成了另一个模糊集合 V：

$$V = \{\text{有效性，适用性，作用量}\}$$

一般情况下，V 表示为：

$$V = \{v_1,\ v_2,\ \cdots,\ v_m\}$$

令 R 是从 U 到 V 的模糊关系，为一模糊矩阵：

$$R=\{r_{ij}\}\ (i=1,\ 2,\ \cdots,\ n;\ j=1,\ 2,\ \cdots,\ m)$$

其中，r_{ij} 表示从第 i 个作用入手，对信息效果进行第 j 项评定。其评分数在 0～1，“1”代表“最佳效果”，“0”代表“无效果”。R 为单位作用因素评价所组成的矩阵。

考虑到 U 中的作用因素具有不同的重要性，可对各作用因素进行加权。例如，根据思维、知识、决策、行动、创造对用户的实际意义进行权重分配。在数学上可以表示为 U 上的一个模糊子集 A。因素 $u_i(u_i \in A)$，对 A 的隶属度便是 u_i 的权重，$\{A(u_i)\}$ 便是其权重分配。

由于单位作用因素评价矩阵为 R，权重分配为 A，因而信息作用效果综合评价 B 为：

$$B=A\cdot R$$

因为 A 和 R 均是 U 上的模糊子集，其内积 $A\cdot R$ 为：

$$\mathrm{A}\cdot\mathrm{R}=\vee\,\mathrm{n}\in\mathrm{U}[\mathrm{A}(\mathrm{u})\wedge\mathrm{R}(\mathrm{u})]$$

这里，“$\wedge$”和“$\vee$”分别表示取上、下界，如果元素有限，则：“$\vee$”=“max”，“$\wedge$”=“min”。

利用模糊分析法可以解决信息效益评价问题。例如，在“信息效果分析”中，从信息的“思维”“决策”和“行动”作用入手可以进行如下分析：

$$V=\{有效性，适用性，作用量\}$$

$$U=\{思维，决策，行动\}$$

设单位作用因素分析数据为：

$$R=\begin{bmatrix}0.2 & 0.5 & 0.3\\ 0.4 & 0.4 & 0.2\\ 0.3 & 0.4 & 0.6\end{bmatrix}$$

权重分配为：

$$A=(0.1\quad 0.4\quad 0.5)$$

则：

$$B=A\cdot R=(0.1\quad 0.4\quad 0.5)\cdot\begin{bmatrix}0.2 & 0.5 & 0.3\\ 0.4 & 0.4 & 0.2\\ 0.3 & 0.4 & 0.6\end{bmatrix}=(0.4\quad 0.4\quad 0.5)$$

将其归一化，得：

$$B1=(0.31\quad 0.31\quad 0.38)$$

于是，三个作用因素按有效性、适用性和作用量的总评价为（0.31　0.31　0.38）。

复习思考题

1. 什么是信息的总体价值和信息的使用价值？二者的关系如何？
2. 如何进行信息价值的衡量？试述词库理论在信息价值测度中的应用。
3. 试述信息使用价值的转化和价值衰减规律。
4. 简述用户学习与创新中的知识交互空间构建。
5. 分析数字网络环境下知识创新中的多维信息利用趋势。
6. 简述用户人际关系和公共关系活动中的信息利用机制。
7. 简述社会竞争、合作、冲突与调适中的信息利用环节。
8. 分析用户信息接受的概率模型与吸收影响因素。
9. 如何进行用户使用信息的效果分析与检测？

7 用户信息心理研究

“如何识别用户信息心理”授课PPT
第1讲　用户对信息的认知过程

用户信息心理系指用户信息的需求、获取、吸收和利用等方面的心理。在信息对用户的作用中，用户的心理因素起着关键的作用，因此研究用户的信息心理及其规律在信息服务工作中具有实用意义。

“如何识别用户信息心理”授课PPT
第2讲　用户的信息意识

7.1 用户信息心理研究的要点与方法

信息心理是一种独特的心理现象，用户信息心理研究的内容是从普遍意义上探讨用户的信息心理过程及规律，在一定范围内分析用户个体的信息心理特征及团体的信息心理特征。

“如何识别用户信息心理”授课PPT
第3讲　用户个体信息心理

7.1.1 用户信息心理研究的要点

我们知道，用户的信息心理过程是一个运动、变化和发展的过程。它首先是认识过程，其次是情感过程，再次是意志过程。

“如何识别用户信息心理”授课PPT
第4讲　用户团体信息心理

当用户接触某一信息或某一信息作用于用户时，用户便会产生认知信息的过程。用户凭各种感觉器官(耳、目、口等)与“信息”相接触，感受到信息的某种属性，这便是感觉(sensation)。感觉是认识的开端，用户在信息感觉的基础上，通过积累继而了解信息的整体形象和表面联系，这就产生了知觉(perception)。感觉了和知觉了的东西，在人们头脑中形成映象，保存下来，必要时复现出来，这就是记忆(memory)。用户对信息的记忆即用户大脑对信息内容的印象。用户在认识信息的过程中，往往需要集中精力，使映象更加清晰、完整，并促进记忆的发展，这就是对信息的注意(attention)。用户在知觉材料的基础上，进行思维活动，对这些信息知觉材料进行新的配合，创造、设想出信息中并未明确表达的东西，这就是信息想象(imagination)。用户采取分析、综合、抽象和概括的方法对信息知识进行比较、判断和推理，形成本质性的认知结构，这便是信息思维(thinking)。用户从信息感觉到信息思维，完成了我们熟知的感性认识到理性认识的飞跃。

授课视频
“用户的信息意识”

授课视频
“用户个体信息心理”

授课视频
“用户团体信息心理”

用户在认知信息的同时，必然对客观信息表示自己的态度。通常，人们受到外界刺激所产生的兴奋心理状态叫作情绪(emotion)；人们受到外界刺激所产生的比较强烈的心理反应叫作情感(feeling)，这是人们对于来自外界的刺激作出肯定或否定的心理反应过程。人的情绪和情感是有认识、有判断、有目的、有条理的。当信息作用于用户，即用户受到信息刺激时，便会产生各种心理反应。这种反应亦可以称为信息情感，用户的信息情感决定了用户对信息所采取的态度，直接关系到用户对信息的吸收与使用。

人类在改造客观世界和主观世界的活动中，自觉地确定活动的目的，并为实现预定的目的，有意识地支配、调节其行动的心理现象称为意志(volition)。信息活动中的信息意志则是用户接收、吸收和利用信息的意识和决策，它支配、调节着用户的信息活动，表现出一系列的信息心理状态。

概括起来，人类(用户)的信息心理过程可以用普通心理学中的认识—感情—意志过程的基本公式来描述(见图 7-1)。

图 7-1　用户的信息心理过程

以上三个过程是相互联系又相互促进的，它们表现出固有的规律性。有关这些方面，我们还将作进一步研究。

用户个体的信息心理特征主要指用户个体的差异，它表现在用户的能力、气质、性格等方面，受各种社会因素及自然因素的影响。

能力(ability)是指人完成一定活动的主观条件，包括完成一定活动的具体心理操作和必要的心理准备。能力以人的生理因素为自然前提，并在社会实践中形成和发展。信息能力主要有学习能力、记忆能力、观察能力、想象能力、思考能力、判断能力，以及精神的机敏、情绪的平衡等能力。用户的能力直接影响着他们对信息的吸收和使用，直接控制着信息心理过程。

气质(temperament)是高级神经活动在人的行动上的表现，是人的相当稳定的个性特征，例如直爽、活泼、沉静、浮躁等。人类的气质反映在他们对信息的关心、接收、使用上，即形成了所谓信息气质。用户的信息气质从某种程度上决定了他们的信息心理活动和信息行为。例如直爽、活泼的气质有利于用户更多地接触各种信息源，易于实现“信息心理满足”。

性格(character)是人的个性特征，即一个人在对人对事的态度和方式上表现出的心理特性。例如廉洁诚实与弄虚作假、首创精神与因循苟且等，都反映了个人的性格特征。由于人的性格是通过社会实践逐步培养起来的，因此它反过来又决定了人们从事各种社会实践的心理活动(包括信息实践活动)。

人们的能力、气质、性格在心理学中总称为人格(personality)。它表现了人与人之间的差异性。研究人的能力、气质、性格在信息心理活动中的作用对于掌握用户个体的信息心理特征具有意义。

除用户个体外，由于社会分工、社会环境、社会经历，以及个体特征的异同，实际上还存在着具有某些共同特征的用户群体。值得指出的是用户群体的情况十分复杂，因而研究用户群体的信息心理特征往往只限于根据某些共同点探讨相应的信息心理规律。

列宁曾经指出，心理现象或精神现象“是头脑的机能，是外部世界的反映”。① 信息心理现象是人类心理现象的一部分，是头脑情况反映机能的体现，就其产生方式来说，是脑对信息的反射活动。脑对信息的反射活动是在信息作用于人的感觉器官的情况下产生的，信息心理现象是在客观信息的作用下脑的反射活动。概括起来，研究用户的信息心理就是研究用户大脑对信息的反射活动，探讨其规律性，旨在为加强用户的心理管理、发挥信息的潜在效益服务。一般说来，用户信息心理研究要点如下：

① 列宁选集(第2卷)[M]. 北京：人民出版社，1995：65.

(1) 用户的信息心理过程研究

用户信息心理过程研究，在于揭示信息心理的产生和发展规律，研究包括：

①研究用户对信息的认知机理，剖析用户对信息的感觉、知觉、注意、记忆、想象、思维等心理过程；

②研究用户对信息的反映情况，用户情感对吸收信息的影响机理；

③研究用户的信息意识与意志等。

(2) 用户个体信息心理研究

用户个体信息心理研究围绕心理的个性差异展开：

①研究用户的能力、气质、性格在用户信息活动中的地位和作用；

②研究用户个体知识结构对信息活动的心理影响；

③研究优化用户个体信息心理的手段与方法。

(3) 用户团体信息心理研究

用户团体信息心理研究包括研究团体心理的形成、表现与特征差异：

①研究划分用户群体的心理学依据；

②研究用户群体的心理特征，探讨这些特征形成的原因。

(4) 用户的信息心理与信息行为的关系研究

用户心理—行为研究的目的在于揭示心理与行为之间的关系，研究内容包括：研究用户的信息行为与信息心理的内在联系，讨论社会信息心理的一般问题。

以上要点构成了用户信息心理研究的基本内容。

7.1.2 用户信息心理研究的一般方法

用户的信息心理现象作为精神现象是主观的东西，但它的规律和其他事物的规律一样，也是客观存在的。引起用户信息心理过程发生的外界条件是客观的，作为信息心理现象产生器官的人脑是物质的，其活动具有固有的规律性；用户的信息心理现象在信息活动中产生并在实践中表现出来。因而，进行用户信息心理研究应遵循客观性原则，就是对用户的信息心理现象必须按照它的本来面貌加以考察，必须在用户的信息活动中进行研究。根据这一原则，在设计研究方法时应注意以下问题：

①要确定一定的信息活动，在这种活动中可以表现所要研究的用户信息心理现象；

②控制外部条件，确定外部条件与用户信息心理现象的关系；

③确定用户信息心理现象的生理指标，查明两者的关系；

④对于研究中所获得的材料或数据必须进行全面的分析，特别要注意分析其中矛盾的材料，力图对矛盾材料作出解释或进一步研究；

⑤对于研究得出的结论必须有充分的事实根据，避免任何研究者的主观臆断。

除客观性原则外，在用户的信息心理现象研究中还必须从发展、变化的角度出发，探讨用户信息心理变化的原因，这一点在研究用户个性时具有特别重要的意义。

具体说来，开展用户信息心理研究的方法很多，以下仅介绍几种常用方法。

(1)观察法

观察法是在自然条件下，有目的、有计划地观察信息心理现象在用户活动中的表现，从而分析用户信息活动的心理规律与特征的方法。观察法始终是有目的的活动，根据观察目的制定具体的观察项目是问题的关键；观察与研究目的和内容有关的现象，记录有关的心理表现是分析研究信息心理规律的依据。由于观察在自然条件下进行，其研究结论具有鲜明的客观性和可靠性。该方法的缺点是研究者处于被动地位，往往只能消极地等待他所研究的现象出现；同时根据观察所得到的材料不易作数量分析，也不能精确地确定某种信息心理现象发生的原因。

利用观察法可以研究用户吸收信息的心理过程，探讨不同的信息感觉、知觉、注意、记忆、思维过程，查明影响信息利用的心理因素。

根据观察对象的不同，观察法可以分为内省法、个案法等。内省法是研究者对自我信息活动的观察研究，是以个人主观经验为依据，对自己的信息心理过程加以分析的方法；个案法则是长期单独研究个别用户信息心理现象的一种方法。

(2)实验法

实验法是研究用户信息心理的主要方法。它的要点是，控制和改变外部条件，人为地使一定的信息心理现象发生，从而对其进行分析研究。实验法较观察法的优越性在于研究者可以主动地引发他要研究的信息心理现象，而不是被动地等待某种现象出现。研究者通过控制和改变条件，可以探知这些条件对用户心理的影响；改变一些条件，保持一些条件不变，可以揭示一定的信息心理现象产生的原因；反复试验，积累一定数量的材料，可以作为判断用户的信息心理现象的典型性和偶然性的依据。实验法可分为自然实验法和实验室实验法两种。

自然实验法是在日常生活的自然条件下，研究者有意改变和创造某些条件引起被试者某些心理现象的出现。例如研究过量的信息提供对用户的心理作用时，我们可以控制信息的提供量，分析用户在不同量的信息作用下的信息感知、信息思维等方面的规律，总结其中的实验规律。

实验室实验法是在专门的实验室内进行人类心理研究的方法。它可以用于研究人类吸收信息的各种心理、生理指标。目前采用最普遍的是心理物理学方法。它是用特殊仪器严格控制外部条件和相应的心理反应，按照研究者规定好的条件引发被试者的心理现象。在现代设备完善的实验室里研究心理现象对于探明人类对信息的吸收机制具有重大意义。

(3)模拟法

模拟法是在心理学研究中普遍采用的一种方法，特别是在信息化时代，这种方法具有更加普遍的意义。模拟是一种类比，用模拟法研究心理现象称为“心理模拟”。根据人脑活动而设计的自动机器与人的心理活动具有相当程度的相似性，它们之间可以类比，因此，通过机器模拟完全可以研究人类的各种心理活动。

(4)评价法

评价法是测量、测验、调查、访问、比较等方法的总称。利用评价法研究用户的信息心理现象是通过分析用户的信息行为、用户获取的信息效益等方面的资料来实现的。

7.2　用户对信息的认知过程

用户对信息认知过程的研究是一个至关重要的问题。信息一旦作用于用户，用户便产生吸收反应。在信息与用户的相互作用中，信息发挥着固有的作用，用户显现下列心理过程。

7.2.1 感知

感知是感觉与知觉的统称。用户对信息的接触便是“信息感知过程”的开始，是吸收信息的第一步。信息作用于用户的感觉器官(主要是视觉和听觉器官)，用户便产生对信息的直接反应，这种对信息个别属性的反应称为信息感觉，而信息知觉则是对信息属性的整体反应。

人们对客观世界的认知过程是从感觉开始的。可以认为，感觉是人关于世界的一切知识的源泉。在用户的信息感觉中，信息经常以文字形式、语言形式或实物等形式作用于用户的视觉或听觉。与其他方面的感觉相比，人对信息的感觉更为复杂。尽管如此，人们对信息感觉的机理却与其他感觉一致。

产生感觉的动因，首先是外界刺激物作用于人的感受器，由内导神经将冲动传至大脑皮层，再由外导神经将冲动传至效应器。人产生感觉的器官，在身体外部有眼、耳、鼻、舌、皮肤五官，它们被称为分析器：视分析器、听分析器、嗅分析器、味分析器、皮肤分析器；在身体内部的感官，一是动觉、静觉、触摸觉，二是机体觉。在用户与信息的接触中，人的五官直接生产感受信息，而人的内感官则调节和在一定程度上控制外体感官的活动。

人作为主体而存在，主体产生感觉必须具备两个条件：一是客观外界刺激的事物，事物要有足够的强度才能被主体所感觉、接收；二是主体的主观感觉能力，主体应有觉察外界刺激的能力。在心理学中，前者称为阈限(threshold)，后者称为感受性(sensitivity)。用户对信息产生的感觉也必须具备上述两方面的条件。值得注意的是，用户之间对于信息的感受性差别很大。同一信息对于某些用户来说，可能会引起感受，而对于另一些用户，则不能引起感受。一般说来，用户对信息的感受受到两方面因素影响：①用户生理因素及心理因素；②用户的职业因素及环境因素。而后者是通过前者起作用的。主体感知信息时，信息所包含的多种内容并非同等发生影响，而是在上述因素的制约下，主体只对某些对象感受格外敏锐，主体的差异导致了感受信息的差异。在一般情况下，用户总是自发地通过感性体验去感受信息。由于用户的感受过程是随机的，并且带有不可避免的局限性，因而大大地影响了用户对信息的实用价值的感受，降低了对信息的利用效率。例如，信息用户接触某一文献时对文献产生的“初感”就是一种自然感觉。初感是十分宝贵的，然而有的用户往往容易从狭隘的观点出发对文献产生偏见或感受不到文献的核心内容，从而降低了感受的程度，影响了对信息的吸收，可见，提高用户对信息感受能力的关键是对用户进行专门的训练，改变用户的环境，开展有针对性的用户服务工作。

感受性和阈限存在着一定的联系。如果阈限小，说明感受性大；反之，阈限大则感受性小。在心理学中，感受性和阈限的关系可用下列公式表示：

$$E = \frac{1}{k}$$

式中，E 表示感受性，k 表示刺激阈限，二者成反比。

感受性和阈限是可以测定的，其方法可以归纳为心理物理学方法。该法的要点是测量主体对物理刺激的心理感受。由于信息刺激属于复杂的多方面刺激，因而需要通过多种途径研究主体信息感觉阈限的测量。目前，有关这方面的研究有待进一步加强。

在用户的信息感觉研究中，感觉的相互作用问题值得重视。对某种信息刺激的感受性不仅取决于该刺激的性质，而且取决于同一感受器接受其他刺激以及其他感受器接受刺激的机能状态。同一感受器接受的其他刺激以及其他感受器的机能对感受性产生的影响，叫感觉的相互作用。感觉的相互作用有两种形式：同一感觉中的相互作用和不同感觉之间的相互作用。

①同一感觉中的相互作用。同一感受器中的其他刺激影响着对某种刺激的感受性，这种现象叫同一感觉中的相互作用。例如，我们在感受某一信息在某方面的价值时，如果还存在另一次要信息作用于我们，则比较容易感受前者的确实价值。同一感觉互相作用包括：适应，即刺激物对感受器的持续作用而使感受器发生变化；感觉对比，即同一感受器接受不同的刺激而使感受性发生变化。

②不同感觉间的相互作用。对某种刺激物的感受性，不仅取决于对该感受器的直接刺激，还取决于同时受刺激的其他感受器的机能，即在一定条件下各种感受器的机能之间都有可能发生相互影响、相互作用。关于不同感觉之间的相互作用问题，内容复杂。主体的感受器对信息的各种感觉之间存在着相互影响、相互补偿的作用，并产生对信息的感觉。主体感觉之间的相互作用有利于主体对信息的理解与吸收。

在感觉的基础上，人的大脑便会形成对刺激物的知觉，它是直接作用于感觉器官的客观事物的整体在人脑中的映象。感觉和知觉是有区别的。感觉是主体对个别事物属性的反应，而知觉则是对事物各种不同属性、各个不同部分及其相互关系的综合映象。由于感觉反映的是事物的个别属性，因此，一般只需要个别感觉器官活动。知觉反映的是各种不同属性或各个部分的事物个别属性的综合。可见，感觉是知觉的基础，知觉是感觉的继续。

信息对用户的作用是复杂的，它体现在许多方面。用户对信息的感知总是从感觉信息个别属性或部分开始的，在此基础上各种感觉反应产生有机联系，并不断丰富和完善对个别属性的感觉，最终形成完整的信息形象。信息的个别属性离不开信息整体，在用户的信息实践中，用户总是以知觉的形式直接反映信息的，感觉只是作为知觉的组成部分而存在于知觉之中。

知觉过程是在和其他心理过程联系中进行的。当主体意识到信息时，思维过程就参与知觉之中；当主体表述知觉信息时，语言活动也参与其中；当主体对知觉的信息持一定态度时，知觉过程就带有情绪的成分；当主体有意识地组织自己的知觉时，知觉过程便带有意志的成分。

知觉过程受主体的主、客观条件制约。主体的知识经验直接影响着知觉过程，例如主体接触到某一专业信息时，便会同自己的知识、以往习惯的信息感知方式联系起来，将它认知为某一类似的信息而加以理解。主体的兴趣、意志、精神、气质等方面亦对知觉过程产生影响。在研究用户的信息知觉过程中，应全面分析上述因素的影响。

通常，可以根据知觉过程中某种感观的主导作用进行知觉分类。信息知觉多属于听觉、视觉、动觉过程。

知觉具有下列特点：

①知觉的选择性。表现在信息知觉上，用户不可能对客观信息全部清楚地感知，也不可能对所有信息作出知觉反应，他们总是选择最切合的少数信息作为知觉的对象，继而感知对象信息的主要方面。

②知觉的理解性。主体感知信息时，总是根据以往的知识来理解它们，使知觉更精确，这就是知觉的理解性。影响对知觉对象理解的因素有知识经验、语言指导、实践活动、主体情绪、意识状态等。

③知觉的整体性。知觉对象的多方面属性、多种组成以及与客观世界的联系决定了主体知觉的整体性。在主体的信息知觉中，整体性尤为突出。

④知觉的恒常性。当知觉的条件在一定范围内改变时，知觉仍然保持相对不变，这便是知觉的恒常性。在主体的信息知觉中，恒常性的意义在于它可以使用户适应信息环境的变化，充分吸收所需信息，从实际情况出发，在改造客观世界中合理利用信息。

研究用户的信息感知，还必须注意分析用户主体对信息的错觉。错觉的产生具有客观原因和主观原因。通过对信息错觉的研究，可以更全面地了解人的认知条件、过程和特点，并在信息实践中采取措施来识别错觉、纠正错觉，为开展信息分析与服务工作创造条件。

7.2.2　注意

注意是心理活动对一定对象的指向和集中。指向是指每一瞬间，心理活动有选择地朝向一定事物，而离开其余事物；集中是指控制心理活动，力求使认知的信息映象清晰。用户作为主体，吸收信息需要保持“注意”。例如用户查阅专业文献时，总是有选择地、聚精会神地把自己的感知和其他活动集中在该专业方向上，而不顾其他方向，以获得急需的专业文献信息。可见，“注意”是用户获取并理解所需信息的关键性心理活动。

注意是心理现象有选择的指向和集中，它本身不是一种独立的心理活动，而是和其他心理活动(感知、记忆、想象、思维)同时产生的，表现为其他心理活动的开端。

注意在人的实践中可以由某种客观事物引发，也可以由内部刺激物引起，当客观事物和内部刺激物对于主体有一定意义的时候就会引起主体的注意。它保证主体能够及时对客观事物及其变化产生反应，使主体更好地适应周围环境。在用户信息活动中，用户常常注意包含在自己信息需求之中的一切信息，以便更好地接近与感知这些信息，根据自己的实际情况消化并吸收相关信息。

注意可分为如下几种：

(1)无意注意

所谓无意注意，是指没有预定目的的，也不需要作意志努力的注意。例如，用户不经意地、偶然地发现了自己的课题信息就属于无意之中的注意。无意注意表现为在某些刺激物的直接影响下，人不由自主地把感受活动指向这个刺激物，以求了解它。从生理机制上看，无意注意是定向探究反射。

无意注意产生的原因可分为：①客观原因：客观刺激物的强度，刺激物之间的对比关系，刺激物的活动变化，刺激的异常反应等；②主观原因：主体对事物的需求、兴趣、态度，主体当时的情绪，主体的精神状态等。

(2)有意注意

有预定目的的，必要时还需作一定意志努力的注意叫有意注意。有意注意是一种主动的、具有一定活动任务的注意，它受主体(人)意志的调节和支配。例如，用户根据工作中的实际需要，提出应搜寻尚未出现的信息目标，表现为对潜在的未来信息的有意注意。用户对信息的有意注意是信息心理活动中的重要方面，用户在满足信息需求的过程中，需要自觉地有意注意。可见，有意注意与人的意识和其他高级心理活动密切相连。

引起并保持有意注意的条件是：①排除无关刺激的干扰；②加深对活动任务的理解，组织好主体活动。

(3)有意后注意

在从事某一职业工作的过程中，主体对某些方面的职业性兴趣往往需要一定努力才能培养和形成，这需要主观意志。但在一段时间后，主体可能产生对这些方面的职业心理习惯，这时就可以不需要意志努力而保持其注意力，这就是有意后注意。在用户对信息的注意中，信息意识的培养是对专业信息有意后注意的一个关键问题。

有意后注意同无意注意和有意注意既有区别，又有联系，它在兴趣的基础上产生，但又不是来自客体对象的吸引，是个性倾向的表现，活动本身被体验为一种需要。

上述三种注意在用户的信息活动中紧密交织、相互转换。

注意的品质指标如下：

①注意的范围。信息注意的范围系指注意的广度。影响信息注意范围的因素有：信息的特征、内涵；用户的活动任务及知识范围等。

②注意的稳定性。注意的稳定性是指注意以足够的强度集中于一定对象上的持续时间。持续时间愈长，注意就愈稳定。在信息注意中，保持稳定性是保证主体对信息感知清晰而完整的重要条件。

③注意的紧张性。所谓注意的紧张性，是指心理活动对某些事物高度集中，而同时离开其余事物的特征。注意的紧张性与注意范围是相关的。注意范围的扩大导致了高度紧张注意的困难。在信息注意中，应有节奏地控制注意的紧张程度，防止疲劳，做到有张有弛。

④注意的分配。在同时进行两种或几种活动时，把注意同时指向不同的几种对象，叫注意的分配。用户接触信息时的分配现象是绝对的。例如，工程设计人员设计某一产品时，既要注意产品的技术信息，又要注意产品的市场信息，这就存在信息注意的分配问题。信息注意的分配受主体控制，受实际工作的潜在支配。

⑤注意的转移。注意的转移是根据新的任务，主体主动地将注意从一个对象转向另一个对象的心理操作。用户信息需求的阶段性是用户信息注意转移的依据。

7.2.3 记忆

用户注意并感知信息后，不可能在短期完全吸收信息，因此，必须对信息内容进行记忆，以期在工作中理解、消化和吸收信息所含知识。事实上，记忆是人的一种自然的心理、生理现象。人在感知过程中形成的事物映象，当事物不再继续作用于感官时，它并不随之消失，而是在头脑中保持一定时间，并在一定条件下重现出来。记忆是心理在时间上的持续，它包含识记、保持、回忆等彼此密切联系的过程。

按心理活动内容，记忆可作如下分类：

①运动记忆。运动记忆是对以往信息活动中的事件以及主体采取的信息行动的记忆，它反映用户信息活动过程细节。

②情感记忆。情感记忆是用户对以往心理活动中的内在体验记忆，它以体验以往的信息情感为内容，如获取某一信息后的兴奋心理状态和感受等。

③形象记忆。形象记忆是指用户对已感知信息外在和内在形象的影像记忆，是对客观事件的心理再现。

④逻辑记忆。逻辑记忆指用户以推理逻辑为基础的对信息内涵的理解与演绎记忆，它具有思维特征，是一种高级化记忆。

按心理活动持续时间和作用时间的长短和效果，信息记忆还可以分为瞬时记忆、短时记忆和长期记忆。这几种记忆在信息吸收中相互作用和结合。

信息记忆的心理品质包括：①记忆的广度；②记忆的速度；③记忆的深度；④记忆的准确度；⑤记忆的持久性等。

记忆中所保持的客观事物的形象称为表象。事物表象特征表现为直观性与概括性。一个人的记忆是与他的个性特点和生活实践相联系的，因此每个人所表现出的记忆特点也不相同。

(1) 不同的人具有不同的记忆类型结构

按记忆的内容，可分为形象记忆、逻辑记忆、情绪记忆和运动记忆等类。形象记忆所保持的是对象的具体形象，所有人都具有形象记忆的能力，如画家、演员、作曲家、工程师的形象记忆能力就特别强；逻辑记忆所反映的是对象、现象的本质与规律，例如，对公式、定理的记忆等；情绪记忆所保持的是主体体验的感情；运动记忆所保持的是主体运动或操作活动的动作。不同职业的人和职业相同的不同个体的记忆类型结构是不同的。虽然他们都存在上述的记忆方式，但却各有侧重。

(2)记忆的各种品质在不同人身上有不同的结合

记忆品质系指日常人们所说的记忆力，如记忆的快慢、准确性，记忆时间长短等。显然，人们的记忆品质差别很大，例如，有人记得快、忘得快，有人虽然记得慢但忘得也慢。

纽沃尔—西蒙模型中的记忆存储器(属于人脑的)具有三种类型：

①长期记忆器(LTM)。长期记忆器实际上具有无限的能力，有的信息一经存储，人可以保持一生，可供反复回忆和使用。长期记忆器存储符号和组块(即一幅图像，一个方案，一个数字符号等)结构相当紧凑，以至于一项完整的信息仅用一个符号就可以转换存储，因而节省了人脑的存储空间。从长期记忆器中读取(回忆)一项信息一般仅需数百毫秒，但是对于要转换、深层理解的信息，存储时间较长，如记一个公式、识一个字等，往往要反复操作才能完成。然而，对于人类生活中的事件，操作时间却很短，不具备反复性，这类存储是由人类生活中的生存功能决定的，由特殊“元件”来完成。

②短时记忆器(STM)。短时记忆器在处理器中占相当小的一部分，它仅供执行具体的信息理解任务时用。短时记忆器的一部分用于进行输入输出处理，其“读”“写”速度相当快，但记忆时间短。如阅读一份资料，为了将前后提供的论点、论据、结论联系起来加以理解，在阅读中，用户往往边读边记，最后进行系统分析，得出自己所理解的结果加以长期存储，同时将短时记忆的信息删除。这相当于计算机输入时的暂时存放信息过程，由寄存器来完成。对于大多数人，短时存储的空间很有限，一般只能存放用于理解的信息，多余的信息则要靠长期存储来完成。

③外部记忆器(EM)。外部记忆器相当于计算机的外存设备，在人工处理信息中，有时需要用小笔记本或其他介质(录音、录像设备等)将信息记录下来，供利用有关信息时调用。由此可见，这种记忆为一种辅助记忆，它一般供人在较长的一段时间内使用。

值得指出的是，用户在信息处理过程中存在差异，其原因是由前几节所详细论述的心理品质的差别造成的。

7.2.4　想象与思维

想象是在人脑中利用原有知识作用于所接收的信息，形成新形象的心理过程，主体对信息的想象是理解信息的重要方面，是在现实信息刺激下主体大脑对旧形象加工改造而形成新形象的心理过程，它不是记忆形象的简单再现，而是产生主体从未感知的新形象。可见，信息想象是知识进化的重要条件之一。从生理机制上看，信息想象是主体以实践经验和知识作基础的心理活动，是信息内容作用于主体头脑中旧的暂时联系的结果，是经过重新组织而形成的反映新知识的暂时的联系过程。

主体的信息想象和其他想象一样，也可分为无意想象和有意想象(包括再造想象、创造想象等)。

想象的个别差异表现在：①想象中起主导作用的表象差异；②想象发展速度上的差异；③表象改造深度的差异；④想象实践的差异。

用户的信息思维是吸收信息心理活动过程的主要方面。

思维是人脑借助于语言，以已有知识为中介，对客观存在的对象和现象的概括性、间接反映。通过思维，人可以认识那些没有或者不能直接作用于人的各种事物和事物的各种属性，也可以预见到事物的发展、进程和结果。

信息思维是指主体对信息内容的思维过程，它在信息感知、想象的基础上产生。在信息思维过程中，用户主体的知识层次同信息所反映的知识层次大体上是相当的，这时对信息的理解才能经过思维中介从表层进入深层，真正领会信息所含的知识，体现其使用价值；如果用户不懂信息的实质内容(如数据、公式、定义等)，即使感知了信息，也不会引起正常的思维。可见，思维活动的产生是有条件的。

思维的过程，是与综合相互联系着的分析和与抽象相互联系着的概括，以及二者的相互作用过程。其中，有以下几个关键活动：

(1)分析和综合

分析是在思维中把整体分解为各个部分或各个方面，将整体的个别特征或个别属性区分出来。思维过程从对问题的分析开始，具有两种形式：①过滤式分析(通过尝试对问题作初级分析，淘汰那些无效的尝试)；②综合的有方向分析(通过对问题的条件和要素的关联分析，综合现实结论)。

可见，综合是在思想上把整体的各个部分或各个方面联系起来，把整体的个别特征或个别属性结合起来的一种思维操作。

分析和综合是彼此相辅相成的过程，它们任何时候都不是彼此孤立的，而是相互联系的；分析和综合的紧密结合，组成了统一的思维过程。其表现为：①对整体的分析，同时也是对它的综合，例如，阅读文献时，主体可以将一篇文献分为若干层次，继而分出词义，与此同时，对其进行新的组合；②分析与综合的统一性在于，分析从整体开始，对整体的认识是在分析之中的综合；③任何思维过程都包含最初的综合—分析—再次综合这样三个环节。

(2) 比较与类比

比较是主体在头脑中将对象和现象的个别部分、个别方面或个别特征加以对比，确定它们的异同及关系。在主体吸收信息的过程中，比较起着极重要的作用，用户对信息内容的消化大多是通过比较来实现的。

类比是在全面的对象比较基础上构建具有共性特征的类别，继而进行不同类别的差异分析，从而为共性用户的类型识别提供基础。

(3) 抽象和概括

抽象是主体将对象和现象的本质方面与非本质方面加以区别，从而抛弃非本质现象形成概念的过程。用户在掌握信息的实质内容时离不开对信息内容的抽象。

概括是主体对对象和现象的一般概念的综合过程。概括包括：①初级形式的、经验的概括；②高级形式的、科学的概括。在信息吸收中，对应着信息的初级吸收和高级吸收。

抽象和概括是相互依存的。如果用户不能从所体会的信息差异中进行抽象就不能进行实质性的信息概括。

(4) 系统化和具体化

在概括的基础上，用户就可以把对象或现象加以系统化，进行进一步区分(在信息系统化中，通常表现为分类)。

同系统化相对应的过程是具体化。具体化是把某种一般的事件用相当的特殊事件加以说明的过程。信息内容的具体化，可以使主体更好地理解一般性知识，以利于把它同感性体验联系起来，从而更好地理解信息。

概括、判断和推理是思维的基本形式。理解是思维活动的深入。

理解分为两类：

①直接理解。它在瞬息之间实现，不要求任何中介性的思维，与知觉过程融合在一起。对已经熟悉的信息内容的理解多为直接的。

②间接理解。它的实现需要通过一系列复杂的分析和综合活动，并具有一系列阶段和过程，实现从最初模糊的、未分化的理解，向明确的、清楚的和分化的理解过渡。

在信息理解中，某些情况下，理解被归结为人们把信息内容归入某一范畴，把特殊的、具体的信息内涵归入相应的概念，往往与认知结合在一起；在另一些情况下，理解意味着人们解释信息所载知识、现象引起的后果，将其归入因果关系的联系中，从而揭示事物的产生、发展或实质。

用户信息思维的效率取决于固有的思维品质：思维的广度；思维的深度；思维的独立性；思维的敏捷性；思维的逻辑性。

7.3 用户的信息意识

用户的信息意识是用户主动接触、吸收和利用信息的决定因素，是信息心理过程的又一方面。本节要论述的是两个基本问题。

7.3.1 用户对信息的反应

用户对信息的反应取决于用户的情绪与情感。概括地说，情绪与情感是人对客观世界的一种特殊的反应形式，是人对客观事物的态度体现。用户对信息的情感则是用户对信息的态度，是与自己的信息需求密切相关的。

用户接收某一信息后有可能出现几种反应情况：无反应；消极对待；积极对待；迅速产生反应；立即产生反应。第一、二类反应多为工作性质与此信息无关，而又对此无个人兴趣的用户作出的；第三、四类多为在与此相关的领域工作的用户；第五类为信息“创造”者的同行，甚至进行同一课题研究的用户。鉴于用户对信息的关心程度、作出的反应和信息吸收深度的差别，日本学者井口君夫在研究信息给用户带来的效益时，提出了效益的级别概念。他认为，效益是用户吸收信息的结果，用“级”的概念更能直接地表示用户对信息的吸收。用户对信息的吸收可分为以下几级：

①“零”级。用户对信息的零级吸收表示用户没有吸收信息。这时用户对信息可能

是：不理解；不关心；没有直接的关系；吸收水平低，根本无法利用信息。其特征是用户对信息漠不关心，这类信息往往通过被动的方式或偶然的机会传给用户。

②“低”级。用户对信息的低级吸收表明用户想让信息与自己的知识体系结合起来，但出于种种原因，仅仅是想法或作出某些轻微的反应而已。这时，用户对信息持下列态度：虽然理解信息，但对其影响无认识；认为其影响全然不存在，不关心，只是认为它是某一客观存在的事实；没有直接的利害关系。其总的特点是，用户消极对待信息。

③“中”级。用户对信息的中级吸收表明用户在考虑信息产生影响的同时，还寻求必要的关联信息，并力求消化它。这时用户对待信息持如下态度：理解或了解信息，并想使自己的知识积极地与之结合，消化信息；认为信息可能带来某些效益，表示关心；认为与信息至少有间接的利害关系。其总的特征是用户积极对待信息，外观上呈极其关心的状态。

④“高”级。用户对信息的高级吸收表明用户对信息关心，并迅速作出反应。其态度是：用户处于受信息影响的立场；表现出高度关心；有直接的利害关系。总的说来，用户在行动中依赖于信息，并力求较快地利用此项信息。

⑤“特”级。用户对信息的特级吸收表明用户与信息高度相关。这时，用户可能处于下列状态：用户处于受信息直接影响的环境；用户所处的环境与信息产生的环境十分相近；用户处在创造同类信息的过程中，其特征是，用户对信息的反应异常迅速，充分理解信息的内容及其影响，因而对信息吸收快。

在现实生活中，用户上述几种反应都是存在的，其反应实质是用户对信息所产生的情绪和情感。通常，与用户的需求具有这样或那样关系的信息，才能引起用户的情绪和情感。

情绪和情感是既相互区别又相互关联的两种心理活动。其区别在于：①情绪是指那些与某种主体需要是否满足相关的体验，它带有情境性，一般不太稳定；而情感则是既具有情境性，又具有稳定性与长期性的一种体验。②一般说来，情绪在强度上比情感要强一些，且常常伴随主体生理上的变化；情感则不太明显。必须注意的是，情绪和情感的差别只是相对的，有时很难将二者进行严格的区分，一般说来，用户对信息的情感具有长期的稳定的影响，而情绪则具有阶段性作用。

情绪与情感的联系在于，情绪与情感产生的基础都是主体的需要，与人的最基本的需要相联系的起主导作用的情绪和情感是不可分割的。情绪和情感相互影响，共同反映主体的某一需求特征。

用户的信息需求是复杂的，因而用户对信息的情绪和情感也具有复杂性，通常不能用绝对肯定或否定的方式来描述。在心理学中，情绪和情感不论从何种角度来分析，都可以分为所谓的两极性，但这并不意味着情绪和情感的简单绝对性。两极性具体表现如下：

①情绪和情感的两极性可以表现为肯定和否定的对立性质，在每一对相反的情绪、情感中存在着许多程度上的差别，表现为多样化的形式，而构成肯定或否定这两种两极的情绪和情感并不是绝对地互相排斥的。例如，用户在信息思维中，可能既有百思不解的烦闷感，又有终解其意的兴奋感与自信心。

②情绪和情感的两极性可以表现为积极的或增力的，消极的或减力的。积极的情绪和情感能增强用户对信息吸收和利用的能力，积极的方面往往是克服消极方面的结果。

③情绪和情感的两极性还表现为紧张和松弛的性质。在用户信息心理中，紧张与松弛往往交替发生，相互转换，具有鲜明的阶段性，而正确调整二者的变化是产生正常信息心理的关键。

④情绪和情感的两极性还表现在激动和平静方面。激动的情绪是强烈的、短暂的和爆发式的体验；平静的情绪则是与短暂而强烈的情绪对立的体验。在用户的情绪中，多数情况下是处于平静状态，如此才有利于信息吸收，而激情只是在某些特定情况下产生，它可以调节用户的心理注意，适当的激情有利于信息利用。

⑤情绪和情感的两极性还表现在强度方面的变化，即从弱到强的两极状态。情绪的强度越大，人的全部精神状态被卷入的趋向也越大，其强度取决于引起情绪的事物对人的意义以及个人的既定目标是否能够实现。

用户的情绪和情感受以下的因素制约：

①用户的生理机制。情绪和情感受用户主体生理及气质的制约，这是主体的内因。

②社会历史因素。不同的外界条件、社会历史环境和主体的社会工作决定了用户对信息的需求状态，从客观上控制着用户的情绪与情感。

③对环境事件的认知。主体对环境事件的认知决定情绪和情感。人的认知活动总是与自己的态度、愿望相结合的，人们对事物的情绪和情感过程也正是对此事物进行判断与评估的过程。情绪和情感过程则是通过认知活动的“折射”而产生的。

值得注意的是，主体的情绪可以唤起，用户的信息情绪与情感自然也是可唤起的，这一过程时常伴随用户工作。因此，加强用户宣传与教育工作是唤起用户情绪与情感的关键。

情感的基本品质包括：情感的倾向；情感的深度；情感的固定性；情感的效能。

7.3.2 用户的信息意识

意识一般指自觉的心理活动，即人对客观现实的自觉的反应，即有意识的反应。用户的信息意识则是专指信息使用者对各种信息的自觉心理反应，它使信息用户能够从客观信息现实中引出概念、思想、计划，用以指导自己的信息行为，使信息活动具有目的性、方向性和预见性。可见，意识虽然是主观产物，却能对客观现实进行反作用。因而，在信息活动中，意识具有"举足轻重"的地位。意志的本质是意识的积极调节，即一个人为了实现预定目的，克服困难，不断调节、支配自己行动的心理过程。它是人类改造客观世界和主观世界、发展能力的不可缺少的心理因素。

用户的意志积极地调节着他们的信息意识。用户的信息活动可以视作是以意识为中介的自觉活动。例如工程师总是自觉地搜集并消化本专业的各类信息用以实际工作，表现出较强的信息利用意识。意志对心理、意识的调节作用表现在发动和制止两个方面。前者表现为推动人去从事达到预定目的所必需的行动，后者表现为制止与预定目的不相符合的愿望和行动。应该指出，人的意志行动，并不是经过一次发动和制止就可以轻而易举地完成的，这往往需要多次反复，克服内在、外在的困难和干扰，才能实现。人的信息活动受意识的支配；而信息活动的结果，又不断反馈给人的意识进行判断、调节，校正其信息活动，最后才能达到较为理想的状态。可见，良好的信息意识是在长期信息实践中培养和形成的。

用户在使用信息的过程中，经常对自己提出这样或那样的要求，并力图达到某种目的。他们也经常作出这样或那样的决定，选择这样或那样的途径和方法，以期达到意志行为的目标。因而，用户的信息意志具有高度的自主性，似乎是"自由"的。这种自主性，像世界上所发生的一切事物一样，也是由因果关系所制约的，而不是绝对的"自由"，对客观规律具有依存性。

意志与认识、情感存在着本质联系。

我们知道，认知是感知、记忆、想象和思维等心理过程的统称，是意志活动的前提。它们的关系表现为：①意志行为所趋向的目的，实现目的所选择的途径、方式和方法等，只有当人认识到自己的力量和客观规律时，才有可能；②在意志行动进行过程中，离不开注意、观察、思维等过程；③意志反过来又促使认知更加具有目的性和方向性，使认知更广泛更深入。

在意志活动中，既包括人和自然的关系，也包括人和社会的关系。基于人与各方面的关系，必然发生态度的体验，意志行动自然也会产生一定的情绪反应。概括起来说，情绪和情感的两极性影响着意志。

可见，意志与认知、情绪和情感是密切联系、互相渗透、互相影响的。

意志行动的特征表现在：

①行动目的的自觉性。所谓行动目的的自觉性，就是对行动目的方向具有充分自觉的认识，既不是勉强的行动，又不是无方向的盲目冲动，而是经过深思熟虑的有明确目的的自觉行动。例如，科研人员在进行某一课题研究时就具有意志制约下的信息意识；表现在行动上，具有明确的目的和较强的自觉性。其根本原因是，他们在确定信息活动目标时，能够自觉地服从课题研究的客观规律和社会公认的“信息准则”。

②克服达到目的途径中的各种困难。意志行动和克服困难是紧密相连的。人在完成意志行动中所遇到的困难包括外部困难和内部困难两类。前者系指客观阻力，后者是指人本身的思想矛盾、情绪干扰等。能否发挥意识的积极作用，克服各种困难，是意志行动与非意志行动的根本区别。在信息活动中，用户的意志是克服各种障碍，充分而有效地利用所需信息的关键。用户意志强弱取决于用户工作目标的性质、信息效果意识、用户个体特征。

意志的品质决定着意志行动，表现为：

①意志的自觉性。对行动目的、意义有充分自觉的认识，并且使自己的行动符合客观实践的要求。

②意志的坚毅性。指在行动中坚持决定，百折不挠地克服一切困难和障碍，实现既定目标的意志品质。

③意志的果断性。指能适时采取决策的能力。具有果断性品质的人，善于根据具体情况，进行分析、判断，明辨是非真伪，迅速作出行动决定。

④意志的自制力。表现为善于掌握和支配自己行动的能力，如迫使自己克服一切困难，善于克制自己情绪以执行已作出的决定等。

用户信息活动中的意志行动是由“信息动机”引发的，而动机又是在信息需求的基础上产生的。用户的信息需要以不明显的模糊形式反映在用户的意识中，形成了意向。有时，意向因需要不迫切，不足以被人清晰地意识到，但它可以随着信息需要的增加而增强，当需要的内容被人所意识时，意向便转化为愿望，愿望最终导致行为动机的产生。加强用户信息意识的培养，从某种意义上说就是促进上述转化工作。信息意识培养的关键问题在于：①改善主体知识结构；②开发智力；③加强信息实践；④克服内部障碍。

7.4 用户个体信息心理研究

人类社会的每个成员都要利用信息，被视为个体信息用户。由于个体的差异及复杂性，致使每一个体都具有独特的信息心理，个体之间的差别是绝对的；但是，人类的共同特征又制约着每一用户的信息心理活动。因此，本节将着重于信息用户个体心理特征的分析，从个人因素出发进行信息心理研究。

总体说来，用户个体信息认知、信息意识与意志等心理过程都是在一定的个体活动中发生的，由于每一个体的情况不同，个体的心理活动有着不同的特点。这些特点，有些是偶然的、暂时的，有些则是经常的、稳定的。这种经常的、稳定的特点称为个性心理特征。概括起来，对个性特征，可从以下几方面进行研究。

7.4.1 用户个体的能力

用户个体的能力是影响个性信息心理活动的一个重要方面。能力是一种个性心理特征，能力的高低会影响一个人活动的快慢、难易和巩固程度。能力高的人之所以取得较好的效果，是因为他们的心理综合特征与活动的要求符合得很好。信息活动是复杂的和多方面的，它要求用户具备多种能力，包括观察力、记忆力、理解力和抽象思维能力等方面的综合能力。

能力作为符合活动要求并影响活动效果的个性心理特征的综合要素，是在个体中固定下来的概括的心理活动体现，与知识活动既有联系，又有区别。其区别在于：知识是主体头脑中的经验系统，而能力在认识中的表现则是调节认识的心理活动的概括，如果掌握信息的内容属于扩充知识的范畴，那么调节吸收信息过程中的分析、概括、思维活动的动力便属于能力的范畴。能力与知识、技能又是相互联系的，掌握知识的过程也会导致能力的提高。

能力可以按不同的标准进行分类。按能力的倾向可以分为一般能力和特殊能力。前者是指基本活动要求的能力，后者是指某种专业活动要求的能力。用户的信息利用能力是综合性能力，包括一般和特殊两种。能力的这一分类方法符合英国心理学家 C. 斯皮尔曼在20世纪初提出的能力二因素学说。

美国心理学家J. P. 基尔福特随后提出了一种新的能力结构设想，称为“智慧结构”理论。这一理论能够较好地揭示用户个体的信息吸收心理过程。该理论认为，智慧因素由操作、内容、结果三个变项构成，基尔福特从分析操作因素入手，研究共同的因素，设计建立客观的结构体系，最后用三维空间立方图来表示这个模型(见图7-2)。

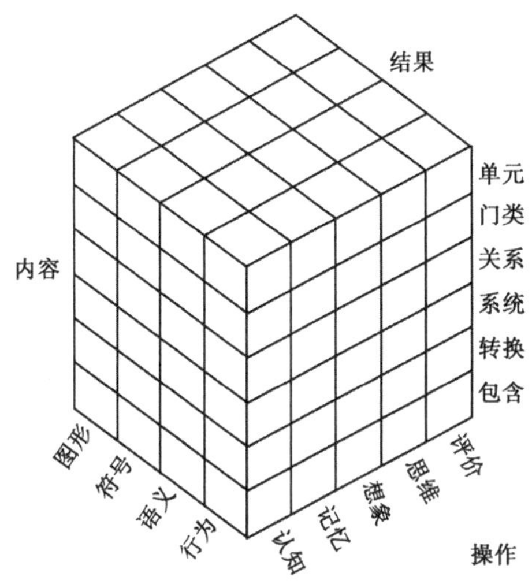

图7-2 基尔福特“智慧结构”模型

图中元素意义为：

操作(operation)

操作形成的方式或心理过程：

认知C 发现、发明、信息认知

记忆M 信息识记、保持、回忆

想象D 寻求解决办法、形成思路

思维N 转移思维、借鉴、创新

评价E 对信息的判断

内容(content)

按操作的对象，心理操作内容分为：

图形F 感知的具体材料，如空间直线关系等

符号S 文字、数字、常用符号

语义 M 词和观念的意义

行为 B 理解非文字的人类行为和相互关系或“社交活动”

结果(product)

操作的结果演化为信息结果的形式：

单元 U

门类 C

关系 R

转换 T

系统 S

包含 I

在这个模型结构中，共有 $5\times4\times6=120$ 种自变能力。每一种组合代表一种智力因素。对基尔福特智慧理论的应用研究有助于认识人的能力对信息心理的影响。可以认为，上述的不同组合表示了对不同信息的吸收能力，二者存在着对应关系。1975 年，通过测验设计和因素分析技术，基尔福特确认了 77 种能力。

人的能力是可以测量的，这种测量表现为不同形式的智力测验。要测定用户从事信息活动的能力，可从分析信息活动机理出发，找出它所要求的心理特征，然后设计测试项目，进行能力测定。一般说来，信息能力测定包括的主要内容有：①信息的感觉力；②记忆、想象与思维能力；③语言及动作能力；④专业工作中的创造力；⑤其他方面的能力。值得注意的是创造力的测定在信息心理研究中的重要意义，用户创造力的高低是决定他们信息利用心理及行为的基本因素。创造力可概括为：探索问题、分散思维、组织活动的能力，以及统摄思维活动的能力、侧向思维能力、形象思维能力、学习能力、转移经验的借鉴能力、记忆力、评价能力、预见能力、产生思想的能力、运用语言的能力、实际技能与才能等。

人的能力存在个体差异，这种差异可以归为以下三个方面：

①能力的水平差异。从总体方面看，人的能力有高低之别，表现为能力发展的水平差异。各种能力都有发展水平上的差异。能力的高度发展称为天才，而相反的极端属于病理现象。人的一切活动方式都以某种形式影响着能力的水平，能力的发展取决于这些心理特征在活动中的完美结合。

②能力的类型差异。从表现形式看，完成同一种活动，取得同样的成绩，不同的人可能选取不同的途径或不同的能力结合。事实上，人在知觉、表象、记忆、言语和思维

方面都表现出了个别类型差异。个别类型差异表现在信息活动中，即为不同用户通过能力的不同结合力图吸收相同的信息。

③能力表现早晚的差异。能力发展上的差异表现在智力发展的早晚上。由于个体的差别，在能力发展上不可避免地存在差异。

影响能力形成和发展的因素大致有：先天自然素质因素、环境因素、教育因素、实践因素，以及其他个性心理特征等。

7.4.2　用户个体的气质和性格

气质是一个人在情感发生的速度、强度等方面的外部表现，以及活动灵活性上的特点综合。气质也是组成人的个性心理的关于活动力方面的要素，是人所固有的。

人的气质每时每刻地影响着自身的信息行为。例如，气质在某种程度上决定了个体的感知速度、注意力集中的长短、思维的快慢，而这些都与吸收信息有关。

人的气质形成是一个复杂的问题，其中包括生理因素及气质培养问题。这里，我们不打算探讨生理机制，只打算简单论述高级神经活动对气质的影响以及气质与实践的关系。

巴甫洛夫的高级神经活动学说揭示了高级神经活动的基本特征：兴奋和抑制的平衡性，兴奋和抑制互相转换以及代替的灵活性。神经活动基本特征的多种结合构成了神经活动的多种类型，其中主要有：①弱型：兴奋和抑制过程都很弱；②不可抑制型；③活泼型：兴奋的和灵活的；④安静型：不大灵活、难以兴奋。显然，高级神经活动的类型影响着人的心理活动的集中和指向，决定了人的气质。因为高级神经活动具有高度可塑性，所以人的气质是可以在人的实践活动中变化的。

气质作为人的心理活动和行为动作的综合，在实践中具有一定的意义。在实践中，气质只能影响一个人的智力活动，绝不能影响一个人智力发展的可能性；气质也不能决定一个人活动的社会价值和成就的高低。因而，很难对气质进行评价。然而，由于气质对人的实践有一定的影响，掌握人的气质特点可以有针对性地开展信息服务工作和其他工作。例如，对用户进行的气质测定(包括感受性测定、耐受性测定、灵敏性测定、兴奋性测定等)便是开展用户工作的一个依据。

性格是人对客观现实的稳固的态度以及与之相适应的惯常的行为方式的心理构成，是个性的重要方面。性格的形成过程是主体与客体相互作用的过程。就生理机制而言，性格同其他心理现象一样，也是脑的机能体现。

人的能力、气质和性格构成个性心理特征。它们是在人的长期生活中形成的，相互制约、相互影响、相互关联。

心理特征可从以下四方面进行分析：

①关于对现实态度的性格特征。表现为主体对社会、对集体、对他人态度的性格特征，对劳动、工作、学习态度的性格特征，对自己态度的性格特征。

②关于性格的意志特征。表现为主体有明确的目标又受社会和集体意志约束的特征，对行动自觉控制水平的意志特征，在紧急和困难情况下表现的意志特征，以及在长期实践工作中表现的意志特征。

③关于性格的情绪特征。表现在主体情绪活动的强度方面的性格特征，情绪活动稳定性方面的性格特征，情绪活动持久性方面的性格特征和主导心境方面的性格特征。

④关于性格的理智特征。表现在主体感知方面的性格特征以及想象、思维方面的性格特征。

以上性格特征在人的信息活动中都有体现，剖析用户个体性格特征便可以掌握其信息行为特征。

7.5 用户团体信息心理研究

用户团体可以视为团体用户，是两个或两个以上用户组成的用户群体。在信息服务工作中，对用户团体的服务占有重要位置。本节将扼要讨论用户团体的信息心理以及各类用户团体的心理差异。

7.5.1 用户团体的信息心理分析

人类社会的发展，特别是现代科学技术的高速进展，使得人类活动愈来愈多地表现出团体特征。例如，科学技术的积分化和微分化使得科学研究已从过去的个体劳动和简陋实验室的“小科学”发展到科学家和工程师集体研究，甚至国家和国际规模的“大科学”；同时，某些研究课题往往需要不同的专业、不同学科的科技人员互相协作，共同承担。据美国《化学文摘》社统计，1910 年全部化学论文 80%以上只有一个作者，20%以下有两个作者；而在 1963 年一个作者写的论文只占总数的 32%，两人合作的占 43%，三人合作的占 15.5%，四人以上合作的占 9.5%；近年来论文作者人数有进一步增长的趋势。在物理学的基本粒子研究中，完成一次实验常常需要至少几十个人参加，从控制加速器工作到讨论结果、发表成果需要各类人员大力配合。人类从事实际工作而结合起来的团体(包括自由结合和组织结合)便是自然形成的信息团体用户。可见，在信息用户服务中，团体的比例将愈来愈大。在用户团体的心理研究中，可以从整体的角度讨论团体的集团心理行为，分析组成团体的个体的心理状态与特征，找出影响用户团体心理的因素。

用户团体的心理特征表现在以下方面：

①团体的信息感知。团体用户中的任何个体对某一信息的感知即代表了团体对该信息的感知；如团体中两个或两个以上的个体对某一信息产生了感知，则集体信息感知为其自然作用的结果。

②团体对信息的注意。团体用户对信息的注意是团体中个体对信息注意的心理结果，其强度取决于个体注意强度及团体的组织结构。

③团体思维。团体思维是通过个体思维和个体之间的思维交流体现的，它是团体中所有个体思维活动的有机结合。

④团体情绪、情感与意志。团体的情绪和情感是整体对客观世界的一种特殊反应形式，受团体中个体对客观世界态度的影响，带有一定的个体分散趋向。团体意志则相对统一，对个体的意志有着积极的调节作用，团体意志行动是由团体目标、外界环境、内部机构等方面决定的。

⑤团体智能。用户团体的智能表现为团体智能结构，它不是团体中所有个体智能的简单集合。除与个体智能有关外，团体智能主要与团体中个体的相互关系、智能发挥等方面有关。

⑥团体士气。团体士气在心理上表现为团体气质的作用，是团体中个体的心境、气质、性格的综合体现。团体士气受个体情绪心理、组织作风和外部客观条件的影响。

⑦团体作风。团体作风可以视为团体的性格，与人的个性一样，它代表了团体的基本形象，在一定的外部环境及内部作用中形成。

表现在信息需求上，用户个体信息需求的综合即为团体的信息需求；用户个体的信息行为则是团体行为的部分体现，它受团体心理的制约。

团体中个体的心理状态与自由个体的心理状态存在着一定的差别，其特殊性表现在以下几个方面：

①个体之间的意见沟通心理。团体中个体意见的沟通是绝对的。在意见沟通中个体的心理活动是积极的，这是由于意见沟通是团体得以存在的重要原因。

②个体之间的相互影响心理。团体中的任何成员，包括领导和被领导、同事与同事

之间都存在相互影响的关系。一般说来，个体都存在影响他人的心理倾向。

③个体的依赖心理。在团体信息活动中，个体不同程度上存在着依赖心理，特别是碰到难题时，依赖心理十分明显，这是团体信息活动中的消极因素。

④决策的分权化心理。团体中的个体有时希望有较大的自由控制度，以发挥个人的能动作用。

⑤个体的制约心理。在分权化的同时，个体总在一定程度上约束自己的行为，以符合团体的活动原则。个体的制约强度与个体气质、性格等因素有关，同时也与外部条件有关；制约心理同时表现为用户维护团体的心理状态。

⑥个体在团体中的精神状态。个体在团体中存在受到尊重和重视的心理，这种心理影响着用户个体的精神状态。

7.5.2 团体用户心理差异分析

影响一个团体(集体)的心理、行为因素很多，可以归纳为三种变项(variables)：

①独立变项。指可由外界改变的因素，包括团体结构的变因、工作变因和环境变因。独立变因可引起行为和产生后果。例如独立变因中的团体组成将影响领导的行为，最后影响团体的行动。

②中间变项。指团体的心理过程，包括团体的士气、作风等，它受独立变项的影响，同时影响最后的结果。

③从属变项。指团体的需求的满足。它直接受中间变项的影响，间接受独立变项的影响。

三种变项关系如图 7-3 所示。从图中可以看出，中间变项中的心理过程的制约因素很多，对此应作进一步研究。

士气。士气高昂的团体具有以下特点：团体的团结是来自内部的凝聚力，而非外部的压力；团体成员间没有分裂或形成各种派别小团体；团体内部有适应外部变化和处理内部矛盾的能力；成员之间心理相容性强；每一个成员都能明确地了解团体的奋斗目标；成员对团体目标及领导者持支持态度；成员肯定集体存在的价值，并积极维护团体的利益。影响士气的因素很多，包括对组织目标的赞同、对工作的满足感、优秀的管理和作风等。

作风。团体作风的形成关系到团体中个体的行为和团体效率。团体作风是对团体中个体的性格控制。例如，科研人员个体对研究工作的热爱，产生了希望早出成果、在学

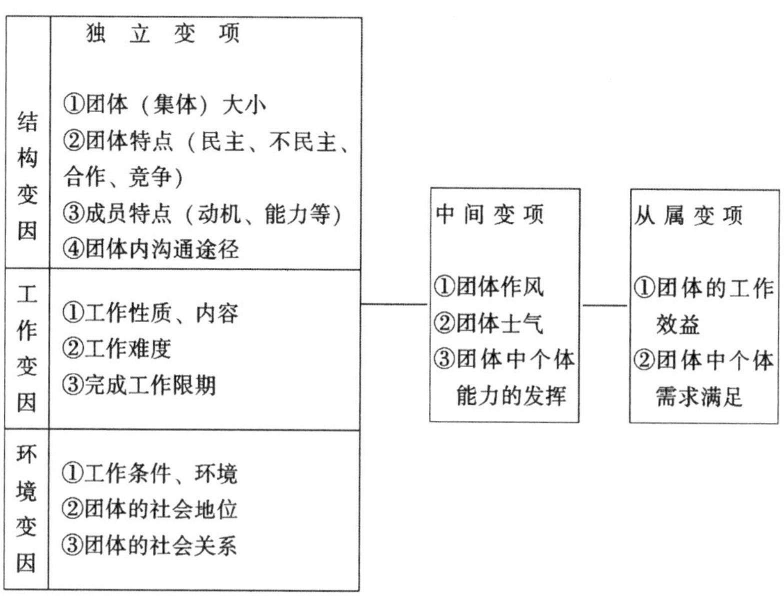

图 7-3 变项之间的关系

术上创新和领先的竞争心理。科学上的竞争固然是促进科学发展的一个因素，但在“大科学”时代的科研团体中，科学的团体劳动性质与个体获得个人成就的欲望之间往往产生矛盾，团体的作风便是影响这些矛盾的重要因素，控制着个体性格的发展及表现。团体作风的体现是多方面的，其中最突出的是民主作风与非民主作风，两种作风有着不同的行为表现：非民主型团体中，成员之间的攻击性言行显著，这与民主型团体的情况相反；非民主型团体中的成员显示自己的心理表现显著，民主型团体中的成员埋头实干的精神体现较强；非民主型团体中的成员具有以“我”为中心的心理倾向，民主型团体的成员一般都能团结一致解决困难，而非民主型团体的成员则彼此推卸责任或互相谴责。在信息活动中，民主型团体具有较强的协调性、统一性和集中性，其成员对信息的使用效率高；非民主型团体则表现为分散性、重复性，对信息的利用范围较窄。

团体中个体的关系。即团体中每一成员之间的关系，它由团体心理因素、外界条件以及团体工作情况等方面决定。

在团体用户中，不同类型和职业的用户表现的信息心理特征是不同的，不同的心理特征决定了各类团体用户不同的信息需求与信息行为。

分析各类团体用户的心理差异应从下列内容着手：

①职业和工作对团体信息心理的影响；

②团体智力结构对信息心理的影响；

③社会因素对团体信息心理的影响；

④自然因素对团体信息心理的影响。

关于这四个方面的内容，在信息服务中应做深入研究。

7.6 用户信息心理—行为分析

科学地分析用户的信息行为，找出其中的规律，是实现用户科学管理和行为控制、全面提高信息服务质量的关键问题之一。

7.6.1 用户的信息行为及其特征

人的行为泛指人表现的活动、动作、运动、反应或行动，是在外部刺激作用下经内部经验的折射所产生的反应结果，即在一定动机支配下的主体活动。信息行为是人类特有的一种行为，系指主体为了满足某一特定的信息需求(如科研、生产、管理等活动中的信息需求)，在外部作用刺激下表现出的获取、查询、交流、传播、吸收、加工和利用信息的行为。信息行为一般可分为信息工作人员行为和信息用户行为，这里着重讨论的是用户的行为。

用户的信息行为受用户的主体工作和外在的信息所激励，是一种与需求直接相联系的信息目标活动。处在一定环境下的用户，在社会、自然和个体因素作用下必然产生某种信息需求，信息需求的内容和形式不断引起用户主体的信息心理活动，继而产生为实现某一目标的认知行为。这就是用户特有的信息行为。用户信息行为产生的速度、强度和其他质量指标不仅受外部条件的约束，而且直接由用户心理状态和信息素质决定。

就本质而言，人类信息行为具有以下一些主要特征：

①信息行为是人类智力活动的产物，因而可以从认识论的角度加以研究；

②信息行为由信息心理活动决定，因而可以利用心理学理论方法研究信息心理—行为规律；

③信息行为始终伴随着人的主体工作而发生，研究信息行为应与研究主体工作行为相结合；

④信息行为是一种目的性很强的主动行为，对人的信息行为可以从总体上控制和优化。

用户的信息心理和信息行为的联系可以用图 7-4 直观地作出表达。

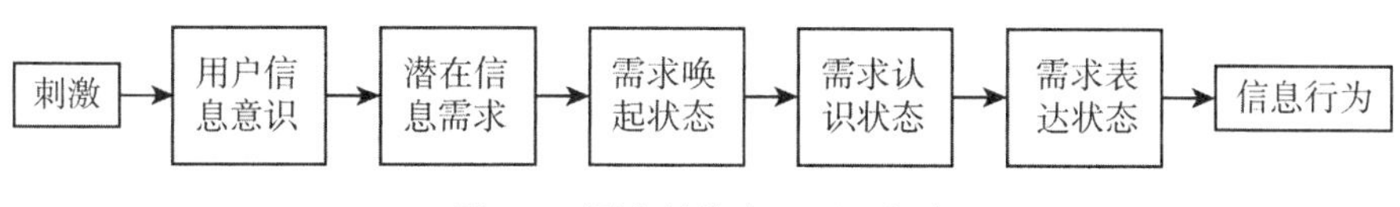

图 7-4 用户的信息心理—行为

图 7-4 表明，任何用户毫无例外都有着一定的信息意识。所不同的是，用户信息意识彼此差别很大(关于这一点在前面几节已经作了说明)，即使是同一用户在不同时期也具有不同的意识状态。当外界(用户任务、环境等)刺激用户时，用户便会产生信息需求。由于刺激强度、用户信息意识和知识结构等方面的差别，信息需求将处于不同的认知状态，其中部分需求可能是潜在的。对于认识到的需求，用户将作出反应，产生满足需求的行为；对于潜在需求，用户也将在外界作用下加以转化，表现出行为倾向。

事实上，用户的一切信息行为都处于适应信息环境的自我控制之中，他们力图使信息行为最优化。这种心理—行为方式属于自适应控制的范畴，而自适应控制是生物界和人类的一种主要控制方式。达尔文的名言“物竞天择，适者生存”，说的就是这种自适应的自然控制机制。

用户的信息行为按过程的不同和活动的区别，可以分为信息需求的认识与表达行为、信息查询行为、信息交流行为、文献与非文献信息感知行为、信息选择行为、信息吸收行为、信息创造行为等。对于这些行为和活动，我们已经做了研究，在心理—行为分析中强调的仅是其过程机制。

利用“自适应控制理论”可以对上述行为作出解释。信息用户本身的自适应控制表现在他们的信息习惯性决策过程中，图 7-5 表明，用户的意识、动机、经验以及他们对任务、环境、信息成果和信息服务的认识、态度等，一直制约着他们的信息行为，决定着信息活动决策。

在用户信息行为的研究中，人们发现了以下基本规律：

①穆斯(Mooers)定律。穆斯在研究用户利用信息检索系统时发现：“一个信息检索系统，如果对用户来说，取得信息比不取得信息更伤脑筋和麻烦的话，这个系统就不会得到利用。”

穆斯的这一基本定律不仅适用于用户信息检索的行为，而且从更广的范围内表述了用户信息需求的根本原则：如果用户取得信息比不取得信息更麻烦和伤脑筋的话，他将放弃对这一信息的需求。

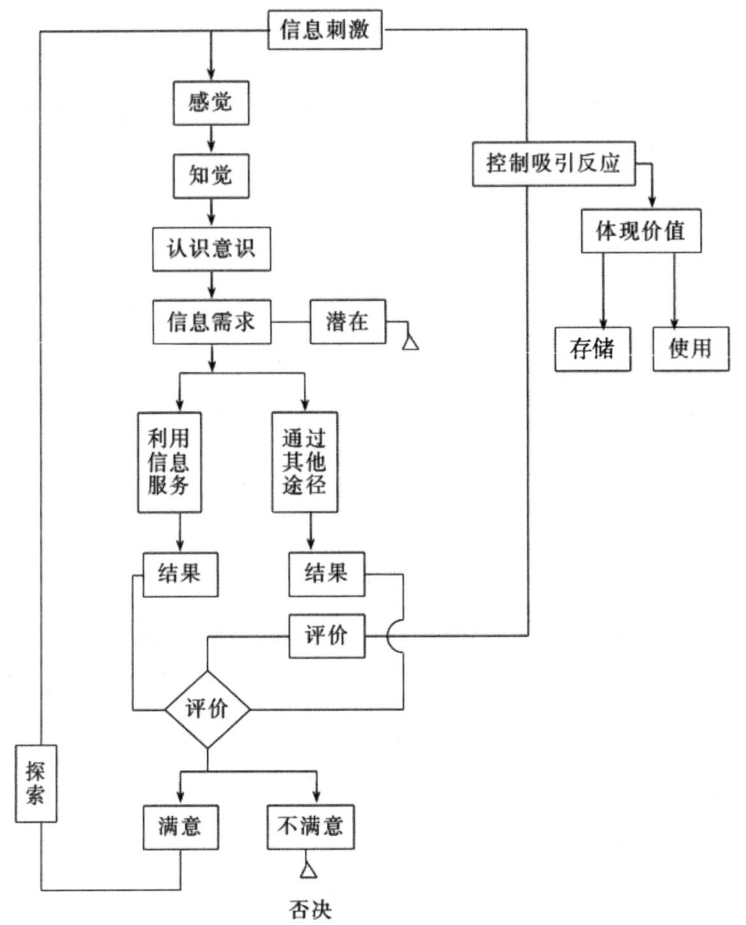

图 7-5 用户的信息心理—行为规律

②齐夫(Zipf)最小努力原则。齐夫在他的专著《人类行为与最小努力原则》中指出:“每一个人在日常生活中都必定要在他所处的环境里进行一定程度的运动。”他把这样的运动视为在某种道路上行走，而且都将受一个简单的基本的原则制约，即“最小努力原则”的制约。在这一原则制约下，人们力图把他们可能付出的平均工作消耗最小化。显然，这一原则是存在的。

用户的信息需求产生于他的实践活动，当他根据实践活动的需要决定其信息需求量时，必然希望在解决问题的前提下获取和吸收信息的工作量最小。可见，用户的信息行为如同广义的走路，符合齐夫最小努力原则。当然在实际问题中，符合最小努力原则的用户行为与规律是极其复杂的。

③马太效应与罗宾汉效应。在用户信息需求中同时存在所谓马太效应与罗宾汉

效应。

一方面，对于为数不多的信息需求量较大的用户，随着时间的推移，信息需求量将愈来愈高于平均水平，这部分用户在行为上表现为力图占有更多更新的信息资料；在信息资料来源不充分的情况下势必影响其他用户的需求。这就是信息需求中的马太效应。

另一方面，大多数用户的信息需求水平总是比较平衡的，表现为信息需求中的罗宾汉效应。在科学技术高度发达的今天，这一趋势更为明显。

研究用户信息需求的马太效应与罗宾汉效应有助于信息服务的开展。

7.6.2 用户心理—行为控制机制

用户信息活动控制的主要问题之一是控制其信息心理，优化信息行为。我们首先介绍两种基本理论，然后讨论控制机制。

①内驱力理论。心理学家吕恩(K. Lewin)运用力场理论，提出了关于人类行为的基本公式：$B = F(PE)$ 。他指出，人类行为 (B) 是主体 (P) 及环境 (E) 的函数，是作为主体的人和作为客体的环境之间的综合作用效应。随后，人们作了多方面研究。

心理学家希尔加(Hilgard)在赫尔(Hill)研究的基础上，提出了内驱力理论，用于解释生物控制现象。现在，我们将这一理论用于研究用户信息心理—行为控制。

所谓内驱力，是指当机体与环境不适应时，机体产生的一种趋向适应环境的动力。在用户信息决策中，内驱力是由用户不断接受外界刺激后产生的一种信息内力，即现在的决策取决于用户过去接受刺激后所产生的结果。如果行为导致好的结果，用户就有反复采取这种行为的趋势，否则就进行调节。如果用 ER 表示用户的反应潜力或行为，HR 表示用户反应的习惯强度，D 表示内驱力，V 表示信息刺激，K 表示诱因动机，则有：

$$ER = HR \cdot D \cdot V \cdot K$$

式中任何一项为 0，反应都为 0。

上式说明，用户的信息反应和行为除取决于刺激强度和诱因外，还取决于习惯强度和内驱力。如果刺激强度和诱因一定，则完全取决于习惯强度和内驱力。

用户的习惯表现为一种心理—行为状态。一般说来，用户存在创造心理、求新心理、求知心理、求省心理、求快心理、求近心理、求名心理以及选择心理等，这些心理状态导致了用户固有的信息习惯。由于用户个体差异很大，因此表现为不同的用户在不同时期具有不同的习惯强度。

用户的信息内驱力也因人而异，并不是每个用户都能适应一定的信息环境的，如同生物适应大自然的变迁一样。可见，内驱力支配着用户的信息行为。

诱因动机表现为信息对用户的“引诱”或者用户对信息所抱的希望。它取决于用户的信息素质、专业水平以及精神心理状态。

信息刺激具有相当广泛的含义。它是外界对用户的信息激发。对于用户来说，信息激发随环境而变，在不同环境中，用户表现出的诱因动机是不一样的。

适当控制 ER 式中的四方面因子都能改变用户的信息需求心理与信息行为状态。

②诱发力期望论。心理学家弗雷姆(Vroom)创立了人类的动机作用理论。他将某个人要采取某种行为的内力看作外界诱发的结果，称某诱发力作用结果。在诱发力作用下，人们产生完成某一工作的期望和行动。其行为由期望的成果所控制，并与个体因素有关，具体表现为：

$$F_i = f_i\left[\sum_{j=1}^{n}(E_{ij}V_j)\right]$$

式中，$j=1, 2, \cdots, n$；$i=n+1, \cdots, m$；$f_i>0$；F_i 为产生 i 行为的力；E_{ij} 为 i 行为由 j 成果引发所产生的期望强度 $(0 \leqslant E_{ij} \leqslant 1)$；$V_j$ 为 j 成果所产生的诱发力。

对于用户的某一特定信息需求，实现其行为转化的动力是由满足这一信息需求后所产生的成果诱发而致。由于成果在行为发生前是未知的，因此它对用户的作用只是表现为一种期望，由客观条件和用户的主观素质状态决定。从控制论原理出发，可以探明二者存在的作用与反作用的关系。

控制用户的信息需求心理与行为，可以从“诱发”和“期望”两方面着手。“诱发”来源于环境、任务等外界；“期望”是一种客观作用于主观的判断。尽管诱发力相同，但不同的用户所产生的期望却不一样。其最佳控制等价于最佳的期望反应。

上述两种理论并不存在本质上的差别，它们对于指导用户的信息需求与行为控制活动是成功的。由于控制的具体工作大多是在半定量经验指导下进行的，在此不再一一列举说明，我们强调的仅仅是对控制效果的评价与分析。

在开展用户服务工作中，时常要预测用户未来的行为，从而实现提前控制，以便于有目的地提供用户所需的信息或对用户进行管理。这一控制的机理是控制外部刺激，调节内部作用。我们可通过图 7-6 来说明问题的实质。

图 7-6 中，X 轴表示用户的行为状态，Y 轴表示相应的信息服务，服务的最佳效果应使服务与用户需求匹配。适时调整服务状态是取得最佳效果的前提。

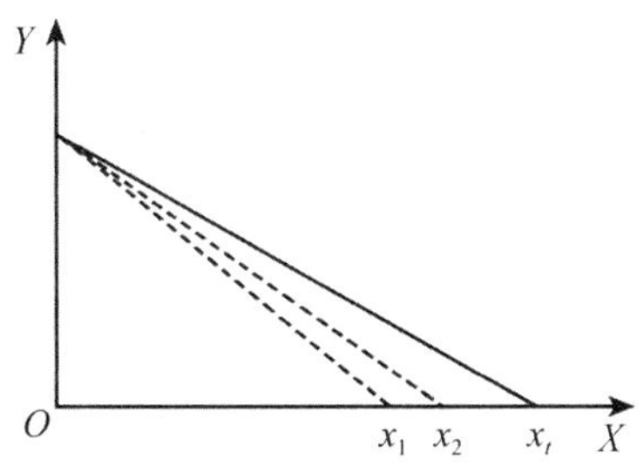

图 7-6 提前控制原理图

当用户处于不同的行为状态（X_1，X_2，X_n）时，应提供与此对应的服务。如果不能预知用户的行为状态函数，只能采取跟踪服务，这时势必导致一定的服务时差。提前控制的作用在于，在寻求用户行为状态函数 $F=f(x)$ 的前提下，通过预测用户未来的行为状态，提前或同步进行信息服务。若用户的行为欠佳，还可以调节其行动，使用户行为与信息服务相适应。

复习思考题

1. 什么是信息心理？用户信息心理研究的要点有哪些？

2. 设计用户信息心理研究方法的原则有哪些？研究方法如何？

3. 什么叫信息感知、信息注意、信息想象与思维？

4. 注意分为哪几种？注意的品质指标有哪些？

5. 名词解释：信息意识、信息意志、信息兴趣、信息情绪与情感。

6. 什么是信息能力？人的能力差异主要表现在哪些方面？

7. 人的信息能力主要包括哪些？其作用如何？

8. 简述用户团体信息心理的特征的主要表现。处于团体中的个体，其心理状态具有哪些特征？

9. 怎样进行团体用户信息心理研究？

10. 用户信息行为的特征如何？用户信息心理—行为过程如何？如何利用“内驱力理论”控制用户的信息行为？

8 信息服务业务及其组织

随着社会的进步和用户信息需求的变化，信息服务处于不断发展和深化之中。当前的信息服务，无论从内容上、形式上，还是从服务的广度和深度上看，都是以前所不能相比的。这一变化说明，从社会发展、信息技术进步和用户需求出发探讨信息服务业务的组织与管理是必不可少的。有关这方面的问题已成为信息管理中的一个基本课题。

8.1 信息服务的业务类型与要求

现代社会中的信息服务具有十分丰富的内涵，它可以理解为以用户的信息需求为依据面向用户开展的一切服务性活动。当前，信息服务需求的规模和效益对社会发展的影响愈来愈突出。

8.1.1 信息服务业务类型

社会对信息的需求是信息服务业务发展的基础。我国的信息服务经过长期发展，已经形成了一个多层次的，包括科技、经济、文化、新闻、管理等各类信息在内的，面向各类用户，以满足专业人员多方面信息需求为目标的社会服务网络。在数智背景下的服务网络中，各类信息服务部门既分工、又协作，开展各具特色的服务业务。

鉴于信息服务的复杂性，服务业务可以按多种标准进行分类。根据我国的情况，以下按6个方面对信息服务业务进行分类。

(1)按“服务”所发布或提供交互利用的信息类型区分

信息类型决定了向用户提供或为用户发布的信息载体内容形式，包括：

①实物信息服务。向用户提供产品样品、试验材料等实物，供用户分析、参考、借鉴，或为用户提供实物信息发布服务。

②口头信息服务。如通过召开“信息发布会”等活动向用户提供他们所需的有关信息。

③文献信息服务。根据用户需求，为其发表或提供文献，其服务涵盖文献源和内容层面的知识交互利用保障。

④数据服务。包括向用户提供某种数据，或将用户的数据对外发布，以及数据嵌入和数据流服务。

(2)按服务所提供的信息加工深度区分

信息具有原始形态，也具有经过提炼、加工的形态，按形态构成可区分为不同层次的服务。

①一次服务。向用户提供原始文献、数字文本或其他信息。

②二次服务。将原始信息搜集、整理、加工成或反映其线索的目录、题录、文摘、索引等中间产物，向用户提供查找文献信息的线索。

③三次服务。对原始信息进行研究，向用户提供文献信息研究结果，包括“综述文献”服务“文献评介”服务等。

(3)按信息服务的内容区分

信息服务的内容系指信息内涵的知识分类，可以区分为不同领域的服务：

①科技信息服务。内容为科技信息的服务。

②经济信息服务。内容为经济信息的服务。

③法律信息服务。内容为法律信息的服务。

④医疗卫生信息服务。内容为医疗卫生信息的服务。

⑤文化信息服务。内容为公共文化信息的服务。

⑥流通信息服务等。系统流通领域等方面信息的服务。

这些服务一般按用户要求进行，具有专业领域明确、形式固定的特点。

(4)按信息服务方式区分

信息服务方式是构成服务业务的基本形式和业务类型，包括：

①宣传报道服务。包括根据用户需求的一定范围内的向用户通报口头、实物和文献信息源以及将用户方面的信息向外宣传报道两方面的业务服务。其中，服务项目包括书刊资料通报，书目、题录、文摘报道，以及通过各种信息传播方式(报告、展览、广告等方式)的信息发布与传播。

②文献阅读服务。通过流通、阅览等方式，组织用户阅读文献或向用户提供文献。

③数据存取服务。向用户提供数据存储工具、设施和系统，开展面向应用的数据存取。

④智能代理服务。接受用户委托，按需提供多种形式的代理服务。

⑤专项委托服务。接受用户各种专门委托业务，如开展科技成果水平检索、课题论证等方面的服务。

⑥信息搜索服务。面对用户的知识内容和数据查询，通过途径信息搜索。

⑦咨询服务。包括向用户提供文献参考咨询、信息咨询和信息交互基础上的各种专门咨询。

⑧研究、预测服务。以规范的形式接受用户委托，系统地进行信息研究与预测，提供研究结果报告。

⑨系统开发服务等。接受用户委托，为用户提供专门信息(信息系统)软件和数据库工具等。

(5)按信息服务手段区分

信息服务的手段在信息服务中具有重要作用，按手段的不同可区分为：

①人工信息服务。指通过信息人员的智力劳动所进行的信息服务，如传统的参考咨询服务等。

②信息系统服务。包括各类信息系统服务，涉及信息存储、组织查询和系统交互服务等。

③网络信息服务。指以信息网络为基础的，以网络信息开发为依托的服务，包括网

络设施服务、基于网络的信息交互服务，以及互联网+服务等。

④数字化信息服务。它包括各种数字形式的服务，如文本服务、音频服务、视频服务、内容可视化服务，以及智能交互服务等。

(6) 按服务对象(用户)区分

按信息服务所指的对象，可区分为单向信息服务和多向信息服务。值得注意的是，单向信息服务和多向信息服务结合已成为一种趋势，表现为基于信息共享的个性化服务的展开。

①单向信息服务。面向单一用户所进行的针对性很强的服务。

②多向信息服务。面向众多用户在一定范围内所进行的信息服务。

(7) 按信息服务持续的时间区分

按信息服务的时间，可作如下区别：

①长期信息服务。指在较长的一段时间内面向用户的一种服务。

②短期信息服务。指较短时间面向一定问题的信息服务。

③即时信息服务。指在信息业务中，即时接待用户的服务，如向用户解答某一咨询问题等。

(8) 按信息服务的范围区分

按信息服务的对象范围可区分为内部、外部和社会化信息服务。

①内部服务。指面向内部用户的信息服务，如某企业信息服务部门对本企业内部人员的信息服务。

②外部服务。指面向部门外用户的信息服务。

③社会化服务。指打破组织界限的面向公众的信息服务。

(9) 按信息服务的能动性区分

按信息服务的组织方式可分为被动服务和主动服务。

①被动信息服务。由用户先提出服务要求，然后按需组织的信息服务。

②主动信息服务。指主动接触用户，将信息推送给用户的服务。

(10)按服务收费情况区分

按信息服务运行的经济机制可分为无偿服务和有偿服务。

①无偿信息服务。指不向用户收取任何费用或只收设备损耗和消耗材料费而不收取服务费用的信息服务，其主体为公益性信息服务机构。

②有偿信息服务。指向用户收取相应费用的信息服务，主体是产业化信息服务实体所开展的服务。

对于以上服务存在着组合多种形式的问题，以下，我们将从基本的服务业务出发，着重讨论信息服务的业务组织内容与方法。

8.1.2 信息服务的要求

信息服务由相应的信息服务机构承担，是联系用户与信息源之间的“桥梁”，其目的是向用户提供他们所需的各类信息或沟通用户与外界联系，为其发布信息，确保应有的信息效益。信息服务的开展以信息服务人员付出一定的智力和体力劳动为前提，信息服务所付出的劳动最终在用户信息利用和主体活动中体现其价值。

信息服务的质量是获取信息社会效益的基本保证。社会信息资源的开发和信息深层加工与科学处理的最终目的是提供使用，其中“服务”处于关键环节，它直接关系到信息机构各项工作的展开，因而树立“为用户服务”的观点对任何信息服务部门都是必不可缺失的。

信息服务是直接获取来自用户方面的反馈信息的“窗口”。通过服务，信息机构可以进一步掌握用户的基本情况、信息需求及其满足状况，可以检验信息服务的基本水准，这对于从整体上优化信息交互和利用作是必要的。因此，从用户角度研究信息服务已成为信息用户研究的一个重要方面。

信息服务的基本关系可以概括为图 8-1 所示的关系结构。

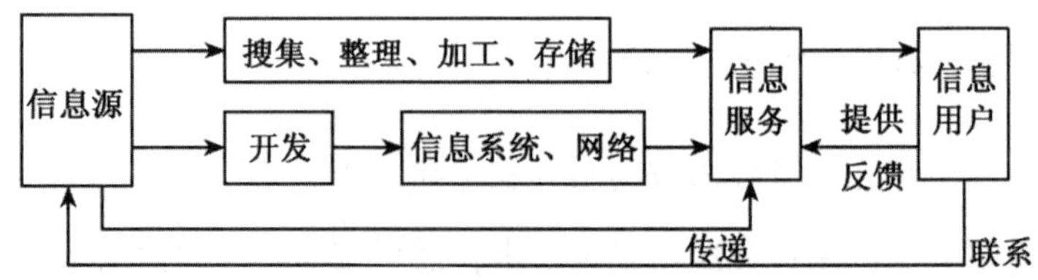

图 8-1　信息服务中的基本关系

从图8-1中可以看出，信息服务及其用户在信息管理中处于中心地位。除服务业务组织外，信息服务所涉及的主要工作还包括信息服务中各种关系的协调和以服务为导向的信息资源建设。这一系统化业务的开展，反映了服务的基本要求。

从用户角度看，信息服务的要求为：

①信息资源开发的广泛性。信息服务必须在信息源开发的基础上进行，只有广辟信息来源和信息传递渠道才有可能保证向用户提供和对外传递的信息无重大遗漏，因此在信息源开发和系统设计中应注重用户需求调查并有计划地吸收用户参与。

②服务的充分性。"充分性"是指充分利用各种条件和一切可能的设备，组织用户服务工作，同时充分掌握用户需求结构、行为偏好及基本的信息条件，以确保所提供和传播的信息范围适当、内容完整和对需求的满足充分。

③服务的及时性。"及时性"的含义包括两个方面：一是接待用户和接受用户的服务课题要及时；二是提供或发布信息要及时，尽可能使用户以最快的速度得到他们所需的信息服务。为了实现这一目标，必须保证有畅通的信息渠道和用户联系渠道。

④服务的精练性。用户服务中的一个至关重要的问题是向用户提供的或帮助用户向外传递的信息要精练，要能解决问题，尤其是要向用户提供关键性信息。要达到这一目的，除提高服务人员的业务素质外，还必须加强信息分析与研究工作，开辟专项服务业务，努力提高专业性信息服务的质量。

⑤信息的准确性。"准确性"是信息服务的最基本的要求，这是因为：不准确的信息对于用户来说，不仅无益，而且有害，它将导致用户决策失误造成损失。要使服务具有准确性，一是搜集信息要准确，避免信息传递中的失真；二是对信息的判断要准确，作出的结论要正确、可靠。

⑥服务收费的合理性。信息服务要同时强调经济效益和用户效益，从用户角度看，支付服务费用应当确保一定的投入产出效益。这就要求服务管理具有科学性，同时注意到信息服务的高智能特征，在国家政策指导下制定合理的收费标准。

除以上基本要求外，信息服务与其他服务一样，必须强调服务人员的服务素质，以优化服务结构与管理。

8.2 信息提供与信息保障服务

信息提供服务是根据用户的某一客观信息需求和认知，有选择地从信息源中搜集信息，经过一定的加工、处理程序，向用户提供一定范围内的信息及信息获取工具，以供用户选择、使用的一种基本的服务业务。信息保障服务在信息提供基地上进行，它是一项系统化的信息提供服务，其要点是根据用户所从事的某一工作或业务活动的需求，跟踪其业务工作或活动环节，通过多种途径和方式提供全方位的信息及信息获取、传递工具的专门化服务，以确保用户工作或业务活动的进行。

8.2.1 信息提供服务

信息提供服务旨在针对用户的特定需求为其提供可资利用的各种信息及信息获取与查询工具(包括系统与网络工具)。信息提供服务往往是在用户已掌握某些信息线索的情况下进行的，其关键在于以此出发获取有关信息，以满足其特定需求。图 8-2 直观地反映了信息提供服务的基本类型和内容。

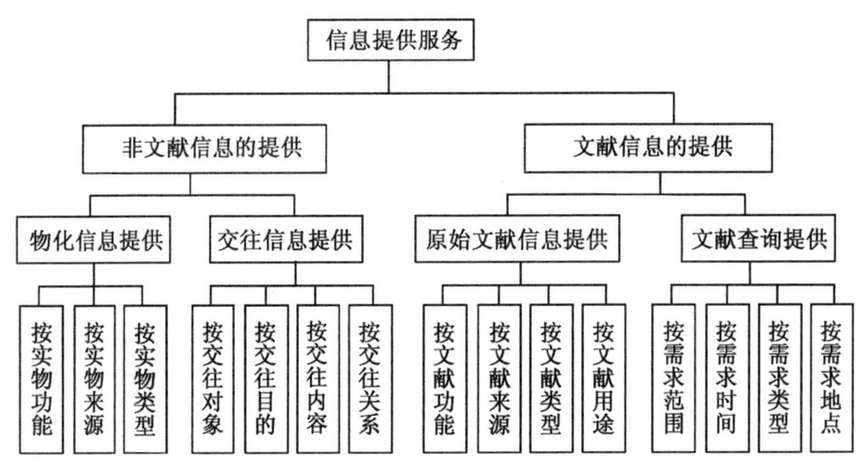

图 8-2　信息提供服务的类型和内容

信息提供服务是一项涉及面广的服务，它涉及原始信息源的组织、信息的系统搜集以及各类信息查询工具、系统和网络的综合利用。在组织这一工作中，应注意以下基本环节：

①信息提供内容的完备性。用户要求提供的信息应该内容完备，特别是对于专业活动中的信息提供，其完备性尤为重要。例如，科学研究项目实施是一项系统性很强的工作，包括立项论证、计划管理、研究攻关、鉴定评价和成果应用等方面的工作内容。对于重大研究项目，需要在全国，甚至国际范围内组织，参加的人员来自各有关方面；即

使是由一个单位的科研人员承担的一般项目，承担者也要完成项目组织管理和研究与开发多方面的工作。这说明，项目实施中承担不同任务的各类角色必然产生不同的信息需求，这些信息需求的满足在项目实施中都是必不可少的。针对项目实施中信息提供的多用户、多方面特征，信息提供在内容上应该完备。其完备性具体要求为：对研究开发中的各类用户或角色均应保证其信息需求的满足；项目信息提供应包括项目进行中的各个环节；信息提供中的信息类型应完整无缺；信息所涉及的研究与开发学科范围或领域应完备。

②信息提供技术的适用性。现代信息技术和网络的发展为开展高效化的项目信息提供创造了良好的条件，然而这并不意味着对所有的研究项目都应采用最先进的技术实施信息提供，而是要从需求与可能出发，采取适用性技术针对项目的具体情况进行充分而必要的信息提供工作。就信息保障采用的技术而言，可以区分为采用传统技术的信息提供、以数智技术为基础的信息提供和传统与现代化技术相结合的信息提供。选择适用技术进行项目信息提供的基点是，从项目实施所需信息的来源、载体类型、分布和传递方式出发，确定与此相适应的实用技术，开展有针对性的信息服务。由于信息保障的复杂性，当前已不可能采用某一单纯技术进行多方面信息提供，而是多种技术的并用。从综合情况看，传统技术与现代技术的结合使用已成为项目信息提供的主流。

③信息来源的可靠性。信息来源的可靠是信息提供的基本原则，对于科学研究与开发信息提供而言，信息的可靠是十分重要的。科学研究是一种创造性劳动，项目进行具有一定的风险，特别是高科技领域，具有高效益、高风险的特点，这就提出了以十分可靠的信息服务来降低项目风险性的要求。事实上，在科学研究与开发工作中信息的可靠性仍未引起人们的高度重视，由于利用不可靠信息导致研究与开发失败的情况时有发生。有关资料表明，国内研究与开发失误约有 80%是由于利用了不可靠的信息，甚至是虚假的“技术转让”广告后的决策失误引起的。这一事实应引起我们高度重视，有关处理事宜应从社会控制、监督的角度利用法律手段解决。另外，对于科学研究与开发中非人为因素产生的有误信息，则分析其来源和信息所反映的原始研究，通过技术手段确认其可靠性程度。

④信息提供的及时性。在科学技术领域内，一项新的成果或技术的及时利用是相当重要的。如一些规模有限的小型企业，正是因为及时地利用了其他企业尚未利用的科研成果的技术发明，有效地组织新产品开发和销售，才一跃而成为国际大公司。实践证明，这些公司在行业经济的发展中发挥重要作用。在科学技术发展竞争愈来愈激烈的

21 世纪，科学技术信息的及时提供已成为项目成功的重要保障。项目实施信息的及时性，一是指信息提供及时，二是指信息利用及时。如果及时地获取了信息，仅限于掌握“动态”而不加以利用和采取相应的对策，同样会造成严重的后果。因此，在信息保障中应力求避免这些情况发生。

⑤信息提供的规范化。用户服务的规范化提出了信息提供规范化问题，只有规范化的服务组织才能产生理想的项目效益。项目信息提供的规范应与项目的科学管理相结合，苏联情报学家哥德加美在其专著《科技工作的情报保证》中首先提出了这一问题，同时他针对苏联科研管理的需要进行了科研项目信息提供的规范研究。他所建立的项目论证、进行和鉴定三阶段信息保证的规范模式在苏联科技情报部门已得到应用，即使对于目前的项目信息提供，仍有重要的参考应用价值。目前，科学技术和信息保障技术的进一步发展对项目信息保障提出了更高、更广泛的要求，需要我们从项目管理、业务工作、信息保证技术利用和用户工作等方面出发进行综合研究，在科学研究与开发社会规范总原则下，实现项目信息保障的规范化。

⑥信息提供服务使用方便。社会化的项目信息提供应以方便用户使用为前提，提供方式和服务只有为用户所接受，才可能得到应用。从某种意义上说，用户乃是项目信息保障服务成败的关键。信息提供服务方便用户，并不意味着“一切工作均以用户的意志为转移”，而需要与用户协调、配合，建立高效化的项目信息保障服务体系。在保障业务开展中，开拓灵活多样的服务方式，注重为用户提供获取和传递信息的有效途径与手段，开展用户培训等措施是目前提供保障服务中的重要问题。方便用户的另一要求是简化服务的利用程序，实现信息提供服务中科学化的用户管理，同时讲究实际效果，尽量为用户节省信息保障支出。

信息提供服务根据需要和可能，合理安排人力和物力，有计划、有步骤地进行。一般分成如下 4 个步骤：

①明确信息提供的目的和用途，确定信息提供的种类和具体内容。做到目的明确，内容清楚，有的放矢。

②确定信息的来源。根据信息的种类和形式，确定信息的范围和来源。例如，若需财政、金融信息可通过部门的信息服务搜集就可获得系统信息。

③确定信息提供的方法和形式，根据需要和要求，选择直接在现场实际调查还是间接从文献资料中搜集、提供，或是采用其他方式提供。

④按工作计划进行信息提供服务的开展，信息提供方法和形式确定后，应制订信息

提供计划，使提供服务有序化。

8.2.2 信息保障服务的组织

信息保障服务是一种系统化的信息提供服务。信息保障服务作为一项基本业务产生于科学研究信息服务之中，目前，仍然是科学研究与发展(R&D)信息服务的一个重要手段。基于此，我们通过 R&D 信息保障服务的分析，讨论其通用方法和服务的组织。除 R&D 信息保障服务以外，其他方面的信息保障服务亦可采用与此相同的方式进行。

(1)信息保障服务的业务区分

信息保障服务业务由服务对象以及服务对象的主体活动决定，一般说来可以按以下三个方面区分：

①按信息保障的对象区分。例如，R&D 活动中的各类人员具有各自不同的信息需求，这就决定了在业务工作中应针对不同的人员进行不同内容的信息保障。如：研究开发人员(研究、开发项目的承担者和完成者)信息保障的开展旨在为其提供完整的信息服务，信息保障的内容包括围绕研究与开发人员在研项目所进行的保障以及在他们所从事的专业领域内所进行的信息保障两个方面(即研究与开发课题信息保障和研究与开发专业信息保障)。项目管理人员(包括国家科技管理部门、科学研究与开发机构、工农业企业中的有关科研与开发管理人员和其他有关管理人员)信息保障的目的是使他们在充分而可靠的信息支持环境中进行 R&D 管理决策，信息保障的内容是围绕他们的管理工作进行信息资源、信息获取与交流工具以及信息服务保障。

②按信息保障的组织方式区分。例如，R&D 活动是一种组织化的科学研究、技术开发和实践活动，为了保证研究与开发工作的顺利进行，应从多方面开展信息保障，其中主要的组织方式有“过程保障”“用户保障”和“过程—用户综合保障”。科学研究与发展过程信息保障是一种围绕研究与发展项目实施，针对项目进行过程中各环节信息需求的信息保障方式，其要点是跟踪项目的开展，进行全方位信息搜集、处理、组织与提供。在实施信息保障中，将服务对象作为一个整体对待，所提供的信息可以为 R&D 活动中的各类人员利用。可见，这种保障对于“过程”来说具有很强的专指性，对于各类用户来说具有一定的通用性。用户保障形式按在研究与发展中具有不同职责的用户需求来组织，是一项不强调“过程”而强调“用户”的信息保障形式。它针对 R&D 活动中具体的用户信息需求进行，是一种跟踪各类专业人员的具体工作所进行的一种协调式信息保

障服务。这种方式一般适用于 R&D 大型项目的信息保障工作。过程信息保障和用户信息保障既然有各自的优点，又有各自的缺陷，因此可以将这两种方式结合起来进行综合性信息保障服务。综合信息保障不仅跟踪 R&D 项目过程及进展，而且跟踪承担不同任务的所有用户。综合信息保障与过程信息保障和用户信息保障的区别并不在于信息搜集、传递等手段上的不同，而在于信息处理和组织上的差异，它要求针对不同用户在 R&D 项目进行中各阶段的不同需求组织信息，开展以用户为主体的过程信息保障服务。

③按信息保障的其他方面区分。如按 R&D 中信息保障所提供的信息及其信息源开发利用类型区分，R&D 信息保障包括：文献信息源保障，实物信息源保障，数据保障，事件信息源保障等。这些保障以传递或提供不同类型的信息为基础，鉴于信息源的不同形式和特征，在信息保障中存在各种不同类型的信息保障方式。

按信息保障的服务环节，R&D 信息保障可分为 R&D 中信息提供保障、信息传递保障、信息加工保障、信息研究保障、决策信息保障、信息发布保障等。这些不同的保障在实际工作中有机结合而成为一项整体业务。

按信息保障的范围区分，R&D 信息保障还可以分为国内信息保障和国际信息保障。前者限于针对国内用户的信息需求组织信息保障工作；后者立足于国内外 R&D 合作，进行国内、国外用户信息保障等。

(2)信息保障服务的组织方法

信息保障服务一般可采用项目服务法、用户跟踪法、综合保障法和系统组织法进行。以下主要讨论这些方法的使用。对于一些具体做法，将围绕研究与开发各类项目的实施进行研究。

①项目服务法。项目服务法是围绕研究与开发项目的开展进行全方位信息保障的一种方法，其要点是根据项目的总要求和项目开展中各环节的信息需求，组织信息服务人员进行全程信息保障。项目服务法跟踪的是研究与开发项目，而不是在项目中承担各项工作的所有用户个体。它将项目用户作为团体用户来对待，所保障的是团体信息需求；承担任务的个体则通过项目研究的自组织系统，从“项目总体信息保障中”寻求各自所需的信息，或者按所承担的任务在项目开展的各个环节中获取信息。

利用项目服务法进行信息保障是很普遍的。长期以来，我国对于国防重大科研项目的信息保障就采用这种方法。另外，对于企业的一些技术改造项目，也可以由信息服务部门进行专门的项目信息保障。

利用项目服务法进行信息保障应解决以下主要问题：

主题确定。科学研究与发展项目实施中存在一系列研究和管理上的问题，这些问题之间存在着某些关联性。主题确定就是从中找出主要矛盾和中心主题，分析研究问题的联系，以便围绕所确定的主题进行系统的信息检索、搜集和整理。

阶段分析。阶段分析是指根据项目的实际情况，分析项目从准备到结束的实施阶段，了解各阶段的具体研究和管理任务，提出各阶段信息保障的基本目标、要求、任务和内容。由于研究与发展项目类型、环境、组织机制和任务等方面的不同，各研究项目必然存在组织实施上的差异，其实施阶段不尽一致，因此，进行阶段分析是必要的，它是信息保障组织科学化的必然要求。

需求分析。在明确项目进行阶段的基础上，应针对实施情况分析项目进行中各有关人员的信息需求，掌握信息需求的客观状态和用户认识与表达状态，以便针对项目开展中用户的具体情况确定信息保障的基本方式、途径，解决信息保障中的服务策略问题。

资源利用。在项目信息保障中需要广泛地进行信息搜集，充分利用项目承担单位的内、外部信息，这就存在着项目信息资源的开发、组织和利用问题。利用项目服务法进行信息保障，其信息资源的利用必须以项目实施为中心，其关键问题是从需求出发进行资源的有效组织和社会化信息资源开发服务的合理利用。

分析提供。在项目实施中所提供的信息，一是必须确保其可靠性和准确性，二是有些情况下要进行信息提炼和浓缩，三是提供项目管理用的决策信息。这就要求对所搜集的信息进行鉴别、整理和分析。通常，这一工作的开展由信息服务人员和项目承担者协同完成。

实施反馈。项目实施信息保障工作与项目研究工作同步进行，其信息保障随项目的开展而变化，加上外部环境的动态影响，在实施中需要对信息保障计划作出调整。因此，必须重视项目信息服务实施中的反馈工作，以便将信息保障服务调整到最佳状态。

②用户跟踪法。用户跟踪法是围绕用户所从事的科学研究与发展的活动的业务信息需求进行的长期稳定的信息保障的方法。由于科学研究人员和管理人员的工作性质、专业范围及业务要求相对稳定，信息保障的大主题处于比较稳定的状态，这就决定了可以采用这种方式，从科学研究与开发中的用户需求出发进行大范围的用户信息保障服务组织。

与项目服务法不同，用户跟踪法并不是跟踪用户所参加(或主持)的项目实施的过程进行系统的信息保障，而是跟踪用户所从事研究与开发的主题或领域，结合用户的工作性质(包括研究和管理等)进行信息保障。

用户跟踪法常用于对从事长期而稳定的基础科学研究与应用基础研究的科研人员的信息保障工作，向他们提供的主要是本专业领域内的多类型文献信息和有关的国内外研究信息。

利用用户跟踪法进行信息保障的关键是区分不同工作职责的用户，针对其工作和研究与开发项目的不同特点，组织信息系统性提供。根据这一原则，我们可以按三类人员进行项目实施信息保障：

科学研究人员的信息保障。科学研究人员的任务是进行科学研究，有着长期稳定的专业研究方向，工作及信息需求的专一性决定了他们的信息保障可以在本专业、本方向基础上进行，其基本方式是连续地向他们提供本专业、本方向的科技信息和相关的信息。在信息保障中应注意：开展定题跟踪信息服务，注重承担研究项目的进展和变化，系统地进行信息搜集、整理与提供；开展科技信息分析，预测本专业领域的发展，为项目论证提供充分而完备的信息；注重提供本专业领域的信息检索工具；充分保障项目进行中的信息交流渠道。

试验开发与技术人员的信息保障。试验开发与技术人员所承担的项目在很大程度上由社会和市场发展的需求决定，同时由基础与应用研究成果在试验开发和技术创新中的应用前景决定。根据他们的工作特点和项目来源特点，其信息保障工作的开展应注意：充分提供可供试验开发和技术创新的本专业(或行业)成果信息；强化技术经济信息分析与服务；从开发与创新的需求出发进行有关信息资源的全面开发，确保关键技术信息的供给；进行及时的信息反馈，不断改善信息保障工作。

管理人员的信息保障。管理人员承担着基础研究、应用研究、试验开发和技术创新中的项目管理工作，研究项目的不同决定了不同的信息保障内容，其信息保障可以按所从事管理工作的系统模式进行，其共同要求是：系统提供本领域内的动态信息和管理中所需的综合信息；与用户所在单位的管理信息服务结合，开展项目决策信息保障；进行信息加工、处理与分析，使提供的信息完整、准确、可靠、有效、可行。

③综合保障法。项目服务法和用户跟踪法应用于项目信息保障各有优势，又存在着各自的缺点。项目服务法虽然跟踪了项目实施中各阶段的信息需求，从整体上进行针对性信息服务，但忽视了项目中不同用户的角色作用，未能针对他们的情况开展个体信息保障，以致影响了信息保障的效果；用户跟踪法虽然强调按不同用户的需求组织信息保证，但未能针对某一具体项目的开展进行阶段性信息保障，因此只能大体上满足用户从

事科学研究与开发的角色需要。可见，项目服务法与用户跟踪法在实际应用中都有着局限性，由此可以考虑将这两种方法结合起来采用。

项目服务法与用户跟踪法的结合构成了项目信息保障中的综合保障方法。采用综合方法进行项目信息保障的基点是，按项目进行的各阶段，分析各类有关人员的信息需求，从多角度开展信息保障工作；既跟踪项目，又跟踪用户。

根据项目类型与来源的不同，综合保障方法又可以分为一些不同的具体方法，大体上包括：以项目服务为主，以用户跟踪为辅进行信息保障；在用户跟踪信息保障的基础上，结合项目的开展进行信息保障。对于这两种方式的应用，我们可以从具体的项目出发进行选择。

④系统组织法。我们所说的系统组织法是指围绕科学研究与开发中的用户及其项目承担的需要，进行信息的系统搜集、开发与组织，利用计算机信息处理和信息传递技术建立科学研究与开发信息保障的专门系统，开展多角度、全方位的信息保障的系统性工作。

系统组织法具有信息资源利用充分、保障功能完整、针对性强和效率高的特点，常用于部门内部的科学研究与开发信息保障工作。例如，我国国防科技部门采用的以数据库开发和利用为基础的科学研究与开发信息保障就属于这种类型。

早在20世纪70年代，苏联就开始建立了系统化的项目信息保障系统。目前，国际性信息网络的发展，为我们的系统组织信息保障提供了新的条件。利用网络、大数据与智能技术，在系统组织信息保障中可以较方便地从网络中获取研究与开发项目，以及其他方面的信息，使信息保障更加及时，用户使用系统更加便利。

8.3 信息发布、传递与交流服务

信息发布、传递与中介交流信息服务的要点包括两个方面。一是组织来自用户方的信息，经筛选、加工，向该用户以外的个人、组织或外界发布与传播；二是沟通用户与交往对象的联系，建立有效的信息交流渠道，直至组织双向信息提供服务。

8.3.1 信息发布与传递服务

信息的发布和传递存在着两种基本形式：其一，用户利用信息传输硬件设施直接发布、传递信息(如利用互联网的形式发布信息)；其二，用户通过信息发布与传递服务发布与传递信息。由于第一种服务只需提供硬件设施，因而我们讨论的是第二种形式。

对于信息发布与传递服务而言，发布与传递服务首先明确基本的信息载体形式，以此出发进行传输技术的选择和传递通道的构建。由于信息存在形式多种多样，传递和利用的要求各有不同，因而传递的方式也不同。

①按信息发布与传递的集中程度区分。按信息发布与传递的时间安排区分，可分为离散式发布、连续式发布和集中式发布等。

离散式发布。离散式发布是指按不规则的时间间隔所进行的信息发布。离散式信息发布作为一种常规方式，按一定的时间周期和事件节点组织发布，其周期例行发布和实时发布的结合具有重要性。

连续式发布。指某一类型的信息以连续方式进行发布与传递。这种传递方式有利于保持信息传递的系统性、及时性，能从不同角度反映信息活动的情况，有利于根据用户的信息需求进行有效的信息传递。

集中式发布。指在一定时间内，集中发布和传递一定数量的信息。这种方式能在短时间内集中传递大量的信息，又能比较系统、集中、全面地反映一定时期经济活动的情况。

②按信息发布流向不同区分。按发布信息的传递流向，可分为单向发布、传递和双向发布、传递。

单向发布、传递。直接由信息的发布、传递者把信息传递给信息的需要者。发布、传递者和接收者不发生交流，传递是单向进行的，如企业发出的报表、简报，公开发表的报纸杂志上的信息报道等。这种方式是信息传递的主要方式之一。

双向发布、传递。双向信息发布、传递服务是一种用户之间的信息沟通服务，它将具有业务关联关系的用户作为服务对象，组织相互之间的信息发布与交流，以维持其业务关系和确保业务工作的开展。

③按信息传递的渠道区分。按信息传递的渠道的组织程度，可分为正式和非正式信息发布与传递。

正式的有组织的发布、传递。如利用信息发布平台会发布简报、资料、动态信息，在互联网上进行数据发布以及通过交互方式传递有关信息进行信息公开等。

非正式的个人发布、传递。即通过非正式的人员交流，进行信息的发送和传输。非正式发布中，人员之间的接触、通信、网络社区交流等，为其主要形式。其个人之间传递信息，具有传递时间的间隔短、容易扩散的优势，具有较高的选择性和针对性。

④按信息发布传递的范围区分。按信息发布和传递的范围，可分为内部和外部两种。

系统内部信息发布传递。主要指一个系统内部进行的信息发布、传递，例如内容通信、通知、业务数据传输等。

系统外部信息发布传递。主要指系统与系统之间，系统与社会之间进行的信息发布传递。具体形式有：链路传递、发布传递、数据交互、固定图文发布传递等。

信息发布与传递服务业务组织具有与社会职业活动相结合的特点，其服务由社会各部门和系统的交替作用关系与需求决定。因而，信息发布与传递服务又与各种中介活动、交流活动和社会流动相联系。为了明确其中的基本问题，可以通过科学研究与开发交流和成果交易中的信息发布传递服务以及社会流动的信息发布、交流服务的讨论，归纳出服务的组织方式与原则。

科学研究与发展信息发布与传递是一种典型的面向多用户的信息发布与方向信息传递服务。信息发布的主要形式，除面向社会大众的公告性发布(如科技成果公报、专利报、科学动态和新产品研制公报等)、新闻发布、网上信息发布(如公告牌发布)和平台发布外，专业性信息发布多与定向信息传递和交流服务相结合，从而构成各种类型的业务信息发布、传递与交流服务体系。例如，在科学技术领域，除科学研究与开发项目公告外，系统化、规模化的信息发布与传递主要在进行中的项目信息服务和科学研究与开发中的双向信息传递服务等方面。

进行中的科研项目信息服务是根据用户要求，通过检索向用户提供国内外正在进行的有关科研课题信息的一种服务。它可以解答用户的多方面提问，如：国内外同行或与用户有关的科研人员正在承担什么课题，课题经费多少，目前进展如何，属于何类研究；某一学科领域有哪些重要的课题正在进行；某段时间内有哪些重大课题可以结题。获取这些信息对于用户科研工作的开展、同行交流和控制今后的研究方向是重要的。

进行中的科研项目信息工作在国外已十分活跃。美国史密森科学信息交流中心(SSIE)是美国全国性“进行中科研课题信息”(ORI)服务中心，自 20 世纪 70 年代中期中心建立了自动化信息系统，将印刷版的《SSIE 研究项目通报》同时编制成计算机可读性磁带，提供给用户使用。随后，在美国国家科学基金会和联合国教科文组织所属的世界科学信息系统的支持与合作下，美国史密森科学信息交流中心积极发展美国内、外项目信息网络，1981 年这一工作移交给国家技术信息所，其服务开展与互联网信息服务的社会化需求相适应。此外，美国其他部门和日、英、法、德等国也都有自己的“项目信息服务”。

我国的“进行中项目信息服务”开展较晚，除公布研究成果外，“进行中项目信息系统”已形成整体规模。服务组织中，信息部门可以在现有基础上，进一步拓展“进行中科研项目”服务业务。

进行中项目信息服务旨在为科学研究与技术发展中的各类有关人员提供内容全面的项目信息发布和交流的渠道，沟通研究与开发业务，其基本要点为：

在一定的专业或业务范围内汇集进行中项目信息，进行有序化信息处理和提供。

在一定范围内接受项目信息的查询服务，沟通各有关部门的业务关系。

接受信息反馈，组织研究与开发用户之间的交流。

更新项目信息，如项目已经完成，则将其归入项目成果信息系统，进行发布。

进行中的项目信息服务，在网络化环境下作为一项重要的网络信息服务，其发展迅速。目前的主要问题是服务的协调、管理和服务的拓展应用。

8.3.2 中介服务中的双向信息传递与交流

在中介性服务中，随着市场规模的扩大，其双向信息服务需求日益迫切。这对于科技成果转移中的信息服务尤为重要。与商品流通一样，科技成果转移也是成果转让方和受让方之间的交易活动。在这一活动中，应组织“双向信息交流”，即从转让方将成果信息传递给受让方，同时将受让方的需求信息传递给转让方，从中谋求最佳的“转移”组合，这不仅对转移中的转让方和受让方有利，而且从整体上促进了科技成果迅速转化为生产力、发挥宏观作用。当前，随着科技成果更新周期的日益缩短和成果的高科技化，双向信息交流已成为其中的关键。

根据科技成果转移中的“双向信息交流服务”理论，我们在开展湖北省科技与经济信息网络化研究的过程中，认识到科技成果产品化、经济化已成为科技和经济发展的一大关键。在接受我们调查的近千家企业中，约90%的企业迫切要求适时定向获取科研成果及其研究者、拥有者的信息。几乎接受调查的所有科研单位(院校、研究所等)都要求为其提供一切可能的用户(企业)信息，甚至要求获取企业拟解决的技术细节问题的信息，以便由此形成新的科研课题。显然要满足双方在成果转移中的愈来愈高的要求，原有的被动式的单向信息服务模式正面临着重重困难和挑战。基于此，我们构建了区域性科技成果信息系统平台，同时进行了科技成果中介服务中的双向信息交互传递与提供。

就实质而论，科技成果产品化信息系统实为科技成果转移中的双向信息交流服务系统，系统从科技成果转让方(科研部门)采集成果信息，从科技成果受让方(企业)采集成果需求信息，从其他外部系统获取实用信息，进行集中管理、处理和分析，最终面向成果转让、受让双方开展全方位、多功能的成果转移中介信息服务。图8-3显示了双向信息服务系统的基本结构。

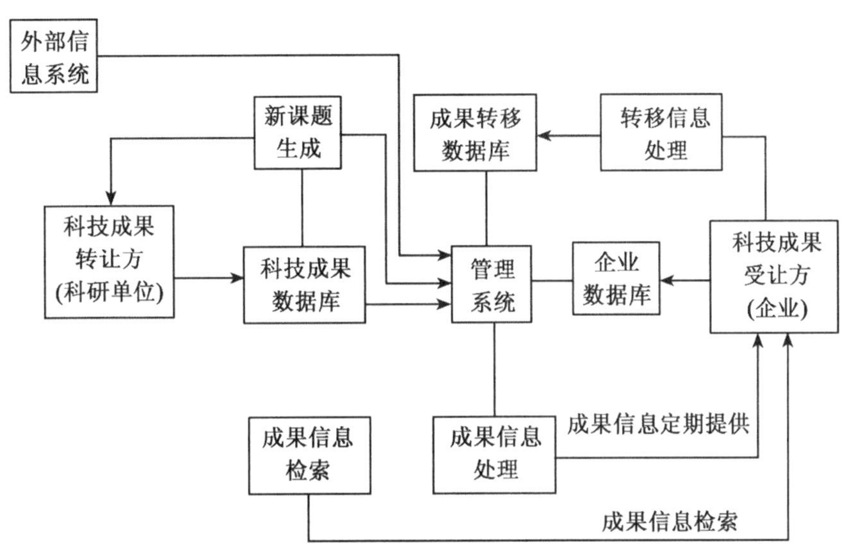

图8-3 双向信息服务系统结构图

系统的特点和运行机制如下：

①系统具有三个基本数据库和与外部成果数据系统的接口。系统的三个基本数据库是：科技成果数据库(收录科技成果及其研究者的数据)；企业数据库(收录成果可能的受让企业的数据)；成果转移数据库(随时收入本系统成果库中的成果转移数据)。与此同时，本系统还通过"接口"与外部信息系统相连，以利于充分利用外部数据对本系统的成果转移数据进行动态分析。

②提供双向信息服务。系统向科技成果一切可能的受让企业定期提供系统新收录的成果信息，其基本方法是将收入的科技成果按类与企业生产产品、技术关键、技术条件等进行匹配，以解决以下问题：该成果可以向哪些企业转移，将企业的基本情况(资金、产品、技术、需求等)提供给成果的生产者(某一研究机构)；按企业类属进行科技成果匹配，筛选出各个企业可资利用的成果(并附成果研究者的情况)，供企业选择转移成果参考。由于成果的收入是一项经常性的工作，因此，系统可以随时自动编辑以上资料

提供给成果转让方和受让方，从而从根本上改变成果转移中的被动服务局面。

③确认收入成果的水平及可用性。通过与外部系统接口，可以将本系统收入的成果与未收入本系统的其他同类成果比较，以明确其先进性、可靠性及实用性，在进行成果转移的社会可行性分析的前提下，确认成果的可用性，从而保证收入系统的成果应具有的价值和水准。

④基本的全方位检索功能。系统的基本数据查询包括三个方面：成果数据查询(按成果代码查询、按成果名称查询、按成果拥有者查询、按成果分类查询、按成果主题查询和按成果组合条件查询)；企业数据查询(按企业代码查询、按企业名称查询、按企业产品查询、按企业技术主题查询、按所需成果企业的条件查询)；成果转移数据查询(按转移成果分类查询、按转移成果名称查询、按转移成果主题查询、按成果转让方查询、按成果受让方查询、按成果转移组合条件查询等)。

⑤统计分析功能。系统的统计分析功能作为科技成果转移管理的辅助，一是统计，二是分析。由于收入系统的成果和企业对成果的需求信息处于不断变化之中(即在系统管理中，老化过时的成果信息和转移后的成果信息自动从成果库中删除，企业产品结构和技术的变化也会在企业数据库中得到反映，同时成果转移库的记录也存在分时处理问题)，因此，有必要对相关数据进行统计，以利于成果转移管理的规范化。系统统计的主要内容包括按类型统计、按时间统计、按转移方式统计、按所属产业统计等。分析在统计基础上进行，包括成果转移经济效益分析、成果转移结构分析、成果转移趋势分析等。这些都是开展成果转移系统化管理所必需的。

⑥新的科研课题的生成。如果系统所服务的企业无法从成果库中获取所需的转移成果信息，系统则根据企业对成果的需求、投入资金情况和实际技术条件等，利用外部数据库进行查询，如无同类研究成果问世，则据此构造新的研究课题；然后根据课题所属专业及系统收入科研单位的情况，搜寻合适的科研部门和人员，为其提供拟研究的新课题(项目)信息，以便组织研究工作。

⑦系统运行管理。系统的运行管理包括：数据录入与管理(录入、修改、删除)；成果转移查询管理(各种查询与检索)；数据库管理；系统维护；系统服务管理。

科技成果转移中的双向中介信息服务系统的构建，旨在提高信息交流服务的水准，同时沟通科技成果生产者与使用者之间的联系，为科技成果转移提供信息交流保障。系统作为一个实用型的科技成果转移辅助系统，在运行中并不要求收全科技成果，而只要求收入那些可供转移使用的实用性强、转移后能迅速产生效益的成果。因此，系统收录的成果数据及企业数据，事先应按照一定的规则进行选择。另一方面，对于进入系统的成果，如在预期的时间内无人问津或被新的成果所超越，则随时从成果库中剔除；同时，对于长期没有成果转移需求的企业也适时从企业库中删除。这样不仅可以控制系统的数据量，而且使系统处于最佳运行状态。

8.3.3 社会流动中的信息交流服务

任何一个社会都具有复杂的结构，组成社会的人有着不同的职业、知识结构，技能、职责和地位，据此形成了社会的各种人员类型和层次。当代社会中成员的充分交往和社会的快节奏运行机制，致使人们的社会职业、知识、技能、职责和地位处于不断变化之中，从而导致了社会流动。

流动是社会内在运行机理的体现，是人的主观愿望和客观环境相互作用的结果。在流动过程中伴随着各种信息的利用，而利用又是以流动中的信息需求为前提的。

我们以往了解到社会流动以社会分层为前提，有社会分层就有社会流动。社会流动可以是向上，也可以是向下的，社会分层流动还可以是水平线上的，这种流动改变着个人在原属社会层次中的地位。

社会流动的根源是生产的发展和新的职业流动机制的形成。在不发达的社会中，生产力低下，僵化的社会模式导致社会职业的固定性，使社会形成一定程度上的封闭结构，这种结构限制着人员的社会流动。现代社会，由于大工业的产生和全球经济的发展，需要突破封闭模式的束缚。社会生产日益复杂，人们互助活动日益社会化，使得从业者不可能固定于一个层面上，而且需要在职业活动中进行流动。由此可见，社会流动是社会发展的必然，随着社会现代化日益加强，社会流动同时又给社会的进一步发展带来了新的活力。

从职业工作角度看，广义的社会流动就是个人社会职业和所处地理位置等方面的改变。社会流动的个人行为对社会的影响是综合性的，流动的模式则由社会结构、机制等因素决定。然而，不管何种模式，社会流动有着共同的信息需求与利用规律。信息不仅是社会流动的前期准备需要，而且是行为发起和流动目标实现的需要。一般来说，人的社会流动信息需求是动态性的，在不同的流动阶段需要不同的动态信息，同时，对于社会流动的接受单位和部门，也需要来自流动者的基本信息。这两方面的信息源构成了社会流动信息交流与服务的基础。

对于流动者来说，其信息传递按以下几个基本方面进行：

①对社会关系中的地位结构信息的传递与提供。针对流动者掌握社会关系中的各种地位结构信息的需要，进行信息提供。

②对社会流动目标信息的传递与提供。这一传递与提供旨在满足流动者对流动目的、地位目标以及实现目标条件信息的需求，这是优化目标的必然结果。

③对社会流动环境信息的传递与提供。主要提供社会体制、运行机制等环境因素以及社会交往与互助方面的信息，这些信息是流动者进行决策的依据。

④对流动对象的信息传递与提供。如果流动将以取代他人为最终结局，流动者必然需要全面掌握取代对象的全部情况，这就要求以此为依据组织服务。

⑤对社会地位结构规范的信息的传递与提供。针对流动者掌握社会地位规范、标准，以便获取预期的流动效果的信息需求进行信息提供。

⑥对社会流动的物质条件方面的信息的传递与提供。社会流动还要有一定的物质条件作保证，因此必然导致流动者对物质条件信息的需求，由此构成信息传递与提供的又一个基本方面。

对于社会流动的接受者(包括流动接受部门、单位等，如招聘人才的企业、政府部门等)，需要组织以下信息的传递与提供：

具有流动需要与可能的流动者的信息，如流动者基本情况、经历、业务能力及流动条件等；

有关的社会流动环境、国家政策、法规等方面的信息；

相关部门、单位对流动职业的需求信息，包括职业岗位条件规定、待遇和工作规范等方面的信息；

流动者的社会交往关系及社会评价等信息。

科学技术进步、知识经济与社会信息化发展，在世界范围内引发了一场涉及面相当广泛的结构性社会流动。在结构社会流动中，人们大量需求的是社会结构、社会发展动向以及社会政治、经济、法律等方面的信息，组织这些信息的交流对于确定社会流动方向是重要的，因此，社会流动中信息交流服务的基本出发点是充分满足社会的结构化与非结构化流动的交往需求，保证流动的有序性与合理性。

8.4 信息检索和基于检索的专项信息服务

信息检索服务是面向用户需求，利用相应的技术手段和方法汇集、存储信息，以方便用户索取的形式所提供的信息查询和获取的服务。它包括信息存储与索取两个环节，其服务包括提供检索工具、系统和利用工具的服务。信息检索服务作为一项系统的服务业务，为用户所用。同时，为了满足用户的深层信息需求，信息检索和专项服务结合，形成了基于检索的专项信息服务业务。

8.4.1　信息检索服务

信息检索服务包括人工信息检索服务以及计算机信息检索、网络信息检索服务。在发展中，以计算机技术、数字化网络技术和智能技术为基础的检索已成为发展的主流。计算机信息检索已有了几十年的发展历史，其检索方式从早期的脱机批处理发展到互联网环境下的数智化检索。近十年来，面向各种平台、系统的检索功能正在不断完善之中。人工智能技术的普及和应用扩展，展示了信息检索服务新的发展趋势。

传统的信息检索对象以纸质出版物为主，检索字符型和数据型的信息。网络环境下的信息检索对象则包括多媒体信息、数字出版物、联机数据库、网络数据库等。包括图、文、声、像在内的多模态、细粒度信息检索发展迅速。在新的网络环境和数智技术条件下，信息检索围绕信息搜索、导航和网络存储与查询服务展开，在数据、知识细粒度检索方面发展迅速。

(1)信息搜索与导航服务

信息搜索是指在复杂的基于分布结构的网络化数据库中，利用专门方法搜索出用户所需的信息内容，导航则是搜索的进一步提炼和集中，旨在引导用户按需索取信息，不致在网络世界中迷失方向。

信息搜索引擎实际上是一个专用的 WWW 服务器，它收集互联网上成千上万甚至上亿个网页信息，组成庞大的索引数据库。为了建立数据库，搜索引擎的“蜘蛛”(或称“爬行者”“机器人”)不断地访问站点，并通常以自动的方式建立 WWW 站点和页面的数据库。由于其自动运行并对大量页面进行索引，所以能够收录大量最新的信息。搜索引擎一般由三个部分组成：

①“蜘蛛”：“蜘蛛”访问网页，读这个网页，按链接点链接到该网站的其他页面，并将信息带回搜索引擎。

②数据库：“蜘蛛”找到的信息编入数据库，数据库包罗“蜘蛛”查到的每个网页的副本，只要网页发生变化，数据库就会在短期内相应更新信息。

③搜索软件：是一个具有两项主要功能的计算机程序，一是在索引收录的数以百万的页面中进行筛选和匹配，二是按照相关性原则排列检索结果，将相关性高的检索结果排列在前面。

搜索引擎具有不同的组织类型：

按照检索方式分为独立型和多元型。独立型搜索引擎是互联网上最常见的一类引擎，它拥有自己的索引数据库，检索在自身数据库进行，并根据数据库的内容提供查询信息或链接站点。应用广泛的独立型搜索引擎有 FAST、AltaVista、Google、NorthernLight、Excite 等。多元型搜索引擎允许一次检索多个搜索引擎，检索的覆盖面非常广。这种搜索引擎通常自身不对 WWW 进行访问和索引，它自己可以有、也可以没有索引数据库，检索时它只是向用户提供一个查询界面，实际将用户的查询转送给其他多个搜索引擎去检索，然后收集检索结果进行筛选和排列，送交用户。

按照索引方式分为分类搜索引擎和机器人搜索引擎。分类搜索引擎采用人工或机器搜索 WWW 信息，是依靠专业人员对信息进行甄别和分类而建立的以分类导航或分类摘要查询为主的一类搜索引擎，又称"主题指南"(Subject Catalogs and Directories)。"主题指南"依靠人工创建索引数据库，各网站的创建者要向"主题指南"提供关于自己网站简短的描述或综述，用户检索时检索词的匹配只是在这些网站的描述或综述中进行。机器人搜索引擎(或称"关键词搜索引擎")是指由网上搜索软件自动收集网页建库，而检索又以全文检索为主的搜索引擎。这种搜索引擎自动在网上搜索，将信息带回来自动标引并创建索引数据库，用户则对通过它找到的信息进行检索。

不同的搜索引擎，提供的查找功能和实现的方法各有不同，其共同的功能有：模糊查找功能、精确查找功能、逻辑查找功能。目前互联网上常用的中外文搜索引擎有数十种，它们各有其特长和优点。

信息搜索智能化和信息提取自动化是搜索引擎技术的重要发展方向。智能搜索引擎如 FSA、Eloise 和 FAQFinder。Arthur Andersen 的 FSA(Financial Statement Analyzer)，以及 Eloise(English Language Oritented System for Edgar)专用搜索证券交易的 Edgar 商业数据库，这两个系统中都内嵌了特定领域中的行业知识，使用了推断——证明(Prediction Substantiation)式的自然语言理解技术。另外，芝加哥大学人工智能实验室开发的 FAQFinder 是一个具有问答式界面的智能搜索引擎。在获知用户问题后，它可以查询 FAQ(Frequency Asked Question)文件以给出比较合适的回答。FAQ Finder 的内核由五个互相联系的技术环节构成：一是基于统计方法建立 FAQ 文件，这是由 FAQ Finder 中的工具 Smart 完成的。二是用一个由简单名词和动词短语构成的文法树分析用户的查询以得到一个用于支持内容匹配的描述。三是问题识别者(Question Recognizer)操作文法树以辨识问题从属的类别。四是使用语义网分析与概念匹配技术找出与用户查询最近似的问题。五是 FAQFinder 给用户返回其得到的匹配，如果没有近似的匹配，则将使用一个启发式的策略。

导航服务是一种重要的搜索与引导服务，其中学科导航服务处于重要位置。如"网络资源学科分类导航系统"(Net Resources Subject Guide)以学科知识为单元对互联网上的相关学术资源进行搜集、评价、分类、组织和有序化地整理，并对其进行简要的内容揭示；以此为基础，建立分类目录式的资源体系、动态链接学科资源数据库和检索平台，以在网上发布。在功能实现上，导航系统为用户提供网络学科信息资源导引和检索工具，它将某一学科的网络学术资源由分散变为集中，由无序变为有序，这将方便各学科用户查询本学科网络信息资源，让学科领域的研究者快速了解本学科的前沿动态、发展趋势和最新研究成果，从而节省科研人员分散搜集网络信息的时间和网络通信费用。

学科导航库，一般由三个部分组成。第一部分是反映学科信息资源网络的 URL，在所建立的数据库中，虽然从物理上并不存储各种实际的信息资源，但可以通过 URL 指引用户到特定的地址获取所需的信息，以超媒体链的形式与互联网上所需要的信息文档相连接；同时，对互联网上与某一或某些主题相关的站点进行集中展示，以方便用户查找。第二部分是一套方便信息获取、组织和检索的支持技术，包括后台导航数据库(通常由存储设施、服务器和数据库软件组成)和前台用户接口的相应技术。第三部分是比较精确的标引和导航指引，以方便用户检索，指引用户查找。

以 CALIS 学科导航服务为例，CALIS 关于重点学科导航库的建设原则和管理办法，确定了各重点学科导航库的内容，包括：研究机构；相关电子出版物、电子文献等；相关国际会议预告；其他相关机构信息介绍；本学科、行业的相关标准、规范、协议等；主要新产品与市场；新成果、新近创造与发明、专利等。管理办法还规定，必须有分类浏览功能；同时，采用主题树浏览方式组织信息，将信息资源按照主题进行分类、分级组织，用户可以逐级浏览，找到所需的信息。

CALIS 重点学科网络资源导航系统平台支撑导航库的建设、维护和服务，它包括三个系统：数据维护系统在服务组织中使用统一的建库和维护平台可满足运行需要；用户服务系统为用户提供访问导航系统的入口，同时提供与用户互动功能；管理工具包括用户管理、系统管理、数据库管理、日志管理及统计工具。

(2)网络信息存储与检索服务

网络存储服务是根据用户的要求和网络管理的规则，所提供的数字信息存储、备份的服务。进入21世纪，网络存储与查询服务在一些发达国家和地区迅速兴起，出现了一批网络存储服务供应商，著名的如国际存储管理公司(Managed Storage International)、存储网络公司(Storage Networks)、康柏私人应用存储、存储道路公司(Storage Way)等。对此，IBM、康柏、HP、EMC等IT服务商将2001年称为存储元年。在服务发展中，网络云存储被推向网络服务前沿，成为互联网服务的主体部分之一①。

传统的数据存储、备份需要将更新的数据拷贝到磁盘或相应的设备中进行保存，不仅操作环节多，而且利用不便，同时难以保证数据的及时性和数据查询安全可靠。网络存储与查询服务正是为了解决这些问题，使数据存储能及时而安全、经济而方便地长期保存和查询。因此，网络存取服务代理是数字信息长期存取的现实选择。利用网络存储服务代理，可以自动地将珍贵的数字文档、档案、数据进行内容组织，并将它们存放在相当保险的远程服务器中。

网络存储与检索服务按提供商提供的服务主要有两种基本类型，一是公共应用形式，一是私人应用形式。

网络存储与查询服务按服务项目有单项目服务和多项目服务。网络存取服务代理公司提供多种服务项目，以国际存储管理公司为例，该公司提供的服务项目有按用户需要提供存储空间、服务器备份以及内容管理服务等。客户可根据自身的情况选择其中一个项目，也可接受多项或全套服务。

就存储的方式而言，网络存取服务可分为租用存储空间和存储服务代理。前者指用户将数据存储到存储服务公司提供的服务器中，并通过相关软件可进行远程数据管理。后者指网络存储服务提供商通过远程登录用户的计算机或服务器，然后按协议规定将用户需要存储的数据，存储在相应的服务器上。

网络存储与检索服务按组织和安全可划分为不同的服务等级，根据服务等级协议和规则，多数公共应用服务提供商会在用户的服务器上安装一个适配器，用以连接到安全

---

① 陈益君，叶杭庆. 网络存储服务——数字资源安全存取的理想选择[J]. 大学图书馆学报，2002(1)：27-29，34.

网络之中。与享受在线备份服务器的前提一样，用户只要准备好网络链接和一种指定备份任务的有下载功能的软件，就可以实现对新增数据的实时查询和翻录(Live Vault)。网络信息检索服务随着网络发展日益完善，其中，公共目录检索和光盘网络检索等，是最为普遍的服务之一。

OPAC(Online Public Access Catalogue)即联机公共检索目录，是一种在互联网上对馆藏信息资源进行远程检索的工具，通过它，用户可在任何地方对提供OPAC服务的机构及馆藏资源进行查询。

20世纪70年代初，OPAC起源于美国的一些大学图书馆和公共图书馆，是传统的卡片式目录的计算机化，检索内容局限于图书馆的书刊目录，检索途径有著者、题名、分类号、主题，ISSN，ISBN，索取号等。80年代，随着情报检索技术应用于OPAC，其功能大大增强，检索内容不再局限于书目数据，而可以检索连续出版物、文摘及情报数据；同时，增加了关键词检索、逻辑检索、帮助功能，注重用户界面的设计和主题信息检索。随着计算机技术、网络技术、多媒体技术等的发展和应用，OPAC不断改进，发展为基于互联网和WWW方式的WebOPAC；它的检索范围更广泛，不再局限于图书馆的馆藏目录，还可检索各类数据库和图像、声音、视频、全文等多模态信息，而且检索功能更强，用户界面更加友好。同时，它还能提供检索点的浏览功能，可按字顺或分类体系浏览相关内容。

具体来说，OPAC的基本功能主要包括：可为用户提供多种检索途径包括题名、作者、分类、主题词、ISBN/ISSN等，并在此基础上支持多种检索策略，如逻辑检索、介词检索和全文检索等；能够实现特定书刊和资料的准确状态信息；具有良好的用户界面，一般采用由简到繁逐步展开的形式显示结果；能够方便地与网络连接，以各种形式输出检索结果，且具有良好的容错性与安全性。一个设计优良的OPAC系统的功能能够从系统操作功能、文档操作功能、文档结构、检索点、检索功能、显示功能和辅助功能等方面全面考虑，可为用户提供尽可能多和尽可能好的服务。

(3)网络信息检索平台服务

将网上各式各样的数字资源进行整合，首先要考虑统一平台，实现跨库检索。其基本原理是：自定义字段，该字段可以对应不同数据库的不同检索入口；当用户输入检索内容并发送请求之后，检索结果从选定的数据库返回(或者返回一个内容为空的结果)，并根据不同的结果集作出标识，表明来自哪一个数据库。这样，通过一次输入，就可以得到从不同数据库返回的多个结果。

国外信息资源开发平台很多。一类是跨库检索平台，如 Searchlight 是加利福尼亚数字图书馆(CDL)的重点建设项目之一，前身是加利福尼亚大学圣地亚哥分校于 1998 年开发的 Database Advisor，该平台 2000 年 1 月投入运行，系统默认的检索字段为关键词检索，系统自动在每种资源的题名、文摘及主题中对输入的关键词进行检索。它提供包括索引数据库、图书馆目录、网站和其他类型资源的一站式检索。NLM Gateway 由美国生物医学资讯中心和美国国家医学图书馆共同创建，是一个基于 Web 的，可由用户对国家医学图书馆所拥有的信息资源(或数据库)进行一站式检索的系统①。

国外开发的另一类平台是电子资源链接平台，如 CrossRef 系统、SFX、OCLC 的 OpenName SilverLinker 等。以 SFX 为例，SFX(Special Effects)是新的网络电子资源无缝链接整合软件系统，也可以称为上下文敏感参考文献链接解决方案。该系统最初是由比利时 Ghent 大学 Herbert Van de Sompel 研发，目前被纳入 Ex L ibris 系统中。2001 年由 Ex Libris 公司推出。自推出后受到国外信息提供商和图书馆界的高度重视，在发展中，一批世界著名的信息提供商如 ISI、UMI、UBSCO 等已普遍使用 SFX 技术。SFX 可以把不同来源和不同通信协议的信息完全融合，使不同类型、不同格式的数字资源实现无缝链接，其技术为机构提供特制的连接，实现在异构的分布式信息系统之间无阻碍导航。

国内开发和利用的检索平台如 TPI、TRS | CSDL、CNKI 等。TPI 由清华同方开发，是在一个用户界面上对多个异构网络数据库进行检索的平台，可以使用户方便地访问异构数据库。能够同时对多个异构网络数据库进行检索。用户向多个网络数据库发送检索请求时，由于各个数据库的负载量和网络条件不同，所以响应的时间往往是动态变化的。对此，系统能自动判断每个数据库的返回结果的速度，先返回的优先显示，这样就缩短了用户等待的时间。平台支持的检索方式有普通检索、高级检索和二次检索。平台支持的数据库有：ABI、INSPEC、GOOGLE、Ei、Elsevier Science、Zbl. Math、IOP E-journals、IEEE/IEE 全文库、JCR、Science Online、NTIS、PQDD、CSA、ISI Proceedings、EBSCO、Academic、Nature、Springer Link、中国期刊网、万方数据库、中国资讯行、高校学位论文、超星电子书、方正电子书、道琼斯、中国生物医学文献、国研网、专利全文库等。

CSDL 跨库集成检索系统是中国国家科学数字图书馆(CSDL)开发的平台，2003 年 3

① 张秋. 基于 Web 的数字图书馆跨库检索系统的比较研究[J]. 图书情报工作，2005(4)：88-91，63.

月投入使用。系统提供篇名、作者、文摘以及全字段检索，其中全字段检索是指根据不同的数据库或指全文检索，或指全标引字段检索，支持多词检索和短语检索。该系统可以跨库检索的数据源包括购买的 9 个全文数据库、文摘索引数据库以及众多图书馆的 OPAC 资源等。

CNKI 是由清华同方光盘股份有限公司、中国学术期刊(光盘版)电子杂志社、清华大学光盘国家工程研究中心、清华同方光盘电子出版社、清华同方知识网络集团、清华同方教育技术研究院联合承担的一项系统工程。其主要内容包括知识信息资源数字化建设及挖掘、网络数据存储与知识网络传播体系、知识信息组织整合平台、知识仓库建库管理和发布系统、知识信息计量评价系统和数据库生产基地建设等方面。CNKI 源数据库跨库检索系统自 2003 年投入使用以来，面向社会各方面用户的服务发展迅速。CNKI 检索服务功能完善，除提供题名、作者、机构、关键词、摘要、全文、引文等字段检索外，可进行二次检索，其检索源包括《中国期刊全文数据库》《中国优秀博硕士学位论文全文数据库》《中国重要会议论文全文数据库》《中国重要报纸全文数据库》等。

万方数据知识服务平台由万方数据库(WanFang Datsbase)提供检索、查询服务支持，其内容涵盖期刊、会议论文成果等，集纳了理、工、农、医、人文领域 70 多个类目的文献信息。万方基于网络平台的检索服务功能完善，形式多样，在跨库检索和网络查询中的知识链接与导航中确立了其优势地位。

维普网由重庆资讯有限公司于 2000 年创建，陆续建立了与谷歌学术搜索频道、百度文库、百度百科的合作关系，现已成为全球化的综合性文献综合服务网络平台，作为 Google 的合作者，Google Scholar 所依托的《中文科技期刊数据库》已成为我国网络数字图书馆建设的核心之一。在开放化的网络学术资源查询与内容检索中，具有基于平台服务的组织优势，不断深化的主题查询、知识与数据检索服务适应于深层次内容提供的需要。

8.4.2 基于信息检索的专项信息服务

信息检索服务与相关服务结合，导致了一系列专项服务业务的开展。这些业务既有“个性”，又有“共性”。其中，“个性”主要体现在用户服务要求与服务内容上，“共性”则体现在服务所采用的方法上。下面，我们主要探讨定题和查新两方面的服务问题。

(1)定题信息服务

定题信息服务又称为信息的选择性传递(Selective Dissemination of Information)，是

信息工作机构根据一定范围内的用户对某领域的信息需求，确定服务主题，然后围绕主题进行文献信息的搜集、筛选、整理，以定期或不定期的形式提供给用户的一种服务业务。这种服务也称为对口信息服务。

定题信息服务充分利用社会的信息资源和经过开发而存储于检索工具或系统中的信息，通过“检索”“查找”，集中所定主题的“现状”“成果”和“发展”方面的文献、事实或数据，对其进行重新整理、加工，提供使用。通过定题信息服务，可以大大缩短用户查找文献信息的时间，有利于信息利用效率的提高。近 20 年来，定题信息服务得到了进一步的发展，主要是智能化的定题服务被积极推进。根据用户要求，信息工作机构定期进行专题文献内容检索，然后对结果进行评价、处理，提供给用户。由于该项服务效率高，颇受各类用户欢迎。

定题信息服务按服务对象(用户)分布的范围可分为国际性、全国性、地区性、行业性和部门用户的定题服务。定题信息服务还可以按照提供信息的连续性与周期性分为定期定题信息服务和非定期的定题信息服务两种。前者定期向用户提供某一主题的文献信息；后者采用不定期的连续方式向用户提供服务，因而具有较大的灵活性。定期与非定期服务的区别仅在于提供服务的时间是否具有周期性，服务提供形式和服务手段并无区别。

定期定题信息服务具有以下工作内容：

①调查研究。开展定题信息服务之前应有充分的准备，为此必须进行全面的调查研究工作，其调查内容包括：在一定范围内的专业工作情况，如科研课题的结构、内容等，掌握专业用户的文献信息需求；有关的文献信息源结构与分布状况、检索工具与系统的利用状况等；组织定题服务的可能性，包括服务人员、经费及其他条件。通过调研，为定题做好准备。

②定题。在调查研究的基础上选择特征确定服务的主题，选题的原则是：以用户信息需求的满足为前提，选择对当前所服务的专业用户具有较大价值的主题；选题应在本信息机构的业务(专业)工作范围内进行；必须具备完成该选题信息服务的条件。

③确定服务范围。定期定题信息服务首先应满足本部门用户的需求，这就需要确定服务的基本用户数。同时，由于定期服务是一种多向型服务，并不具有排他性，因此在不损害本部门用户利益的前提下，从全局出发可以征求本部门外的用户，适当扩大服务范围。这些工作都需要统筹考虑和安排。

④规定定题服务所包括的信息源。对于服务的信息来源必须事先研究，以建立与外

界的各种联系，这是服务规范化的需要。信息源规定包括：所搜集信息源的专业范围，语种、国别结构、载体类型等；搜集信息的检索工具，确定主要和次要检索工具；信息源开发利用方式，对摘、评、介作出规定；信息源中的信息选择标准。

⑤确定定题信息的报道方式。根据需要与可能确定信息报道方式，主要有："信息载体"形式与出版周期；编辑要求与著录、编辑格式；发行方式；编辑管理体制等。信息报道方式确定后一般不应随意变动，因此应进行多方面研究和论证。

⑥选择和确定信息检索语言和体制。信息检索语言的确立是关系到定题信息服务能否得到充分利用的一个关键。一般说来，定题服务较强的专业性决定了不宜选用综合性强的检索语言作为编制二次文献的工具，而应选用专业人员易于接受的检索语言，这样有利于提高信息检准率与检全率。

⑦组织定题信息服务业务，制定服务规则。定题信息服务人员应具备相当的专业水准和信息业务水平，同时还应具有良好的素质。在人员组织中，应有一个大致分工。关于设施的选用，应注意符合定题业务要求，进行合理的配置。同时，作出相应计划，确保工作的顺利开展。

⑧组织定题服务文献的编制业务。业务工作包括：搜集和筛选文献资料；按要求加工文献资料(包括文摘、题录、索引的编制)。在业务工作中，各项工作应有专人负责，从总体上协调安排。

⑨向用户提供服务。向用户提供服务并不是定题服务资料的简单发送，它还包括用户的咨询交互，以便按用户要求深化服务，这往往需要其他服务的配合。

⑩保持"用户反馈"。通过与用户的联系，建立稳定的定题服务反馈渠道，以便随时掌握用户情况，调整和改进定题信息推送，提高服务效益。

(2)课题论证与查重服务

课题论证与查重服务是两种具有大致相同的服务程序的信息服务，其基本内容和业务决定了服务的组织。

课题论证与查重服务内容如下：

①课题论证。课题论证信息服务是信息服务部门面向科研项目申请者的一项信息服务业务，其要点是，通过信息检索获取与申请者的申请项目有关的各种文献信息的线索，继而全面加以搜集、整理、综合、评价，索取有关的原文，最后将课题的科学价值、现状与前景的综合报告，连同原始资料一并提供给申请者，供申请者申报课题时

采用。

我国现行科研管理体制的改革，使得科研人员和科研管理部门越来越重视利用信息研究成果进行科研决策。对于前者，是利用调研成果确定科研方向、选定科研课题、制订技术路线的问题；对于后者，则是利用它来确定申请课题是否准予列入国家或有关主管部门计划，是否批拨科研经费的问题。目前，这项服务虽然主要面向申请者，然而对主管部门来说，也具有实用价值。

课题论证信息服务主要内容为：提供关于课题的国内外研究动态、水平和发展趋势文献；检索并编制关于该课题(或相关课题)的成果文献文摘或题录；对课题意义作出评价；对完成课题的前景进行分析。

②查重服务。查重服务包括科技成果水平检索、专利查重和学位论文提交查重服务等，服务的共同点是通过检索，确认成果及专利的无重复性、水平及优先权。科技成果水平检索服务是信息部门受有关部门委托，辅助用户课题成果鉴定，通过检索与该课题有关的成果文献，对照用户成果进行系统分析，从而评定用户成果水平并提出参考性意见的一项专业服务。信息部门的结论性意见具有多方面作用：为用户了解自己的成果水平，确定今后的研究方向服务；为用户提供同类成果的国内外发展水平信息特征实用科技文献；供用户申报成果奖参考；为主管部门鉴定成果提供依据。

包括硕、博士学位论文、期刊待审论文发表查重在内的论文成果和专利查重与成果水平检索，也是信息机构受管理部门委托的一项“法定”检索服务业务。如在专利申请中，用户必须进行“查重”，经信息部门检索，无重复专利后方可办理申报手续。与成果水平检索鉴定比较，论文查重和专利查重结论简单、明了，无须冗长的鉴定意见，只需列出与该成果内容相同的成果及出处或得出明确的“无相同成果”的结论。

基于检索的课题论证与查重服务的程序如下：

①接受服务。查重服务的业务范围比较明确，因此信息部门可以根据业务需要，按我国有关部门的规定和要求，结合自己的实际情况制作服务表格，在表格中明确用户与信息服务部门的关系、职责、服务内容等。由于表格是服务的依据，所以接受服务的第一步是向用户解释服务，了解用户需求，让用户填写表格。第二步，在用户填写表格的基础上，向用户索取关于服务的背景材料和资料，进一步明确服务要求，办理接受用户手续。

②拟订计划，确定路线。接受用户委托课题后应对服务的课题及用户所提供的资料进行具体分析，组织课题参与者进行调查，在此基础上拟定实施计划。在内容复杂的系

列查重中，为确保服务的顺利完成，最重要的问题是找出其中的难点，安排专业人员寻求解决方案。

③进行信息检索。在检索前，拟根据成果内容进行系统分析，解决以下问题：分析主题，确定检索文献的类型、内容范围和时间要求；确定所使用的检索工具和检索系统；拟定检索策略，确定检索途径、检索词，编制检索式。在检索过程中应注意：将文献信息检索与搜集结合起来，对重要的文献尽量索取原文；确认所检文献的可靠性。在检索文献整理汇总时应注意：确认检全率与检准率；编制有关主题的文献文摘或题录。

④进行课题文献分析并得出结论。课题文献的分析应根据服务项目来组织。其中：课题论证服务中的文献分析主要着重于从用户申请的课题出发，围绕课题内容进行系统性研究，确认该领域的国内外水平和用户课题的实际意义，研究所申请课题的可行性或发展前景，力求得出明确的结论。成果水平鉴定的分析主要着重于两个方面：其一，成果的国际、国内水准，通过对比分析进行研究；其二，成果的推广应用前景。进行中的课题信息服务和专利查重服务的分析主要是确认所检资料的可靠性和技术指标，旨在得出准确的结论。

⑤编制报告并提交研究结果。“报告”的编制按服务规范和要求进行。其中，课题论证报告的编写除按论证要求外，还应满足用户的特殊要求，如果确认用户申请课题的可行性在报告中应明确：研究目的和意义；国内外研究动态、水平和技术趋势；主要内容和研究可行性；对用户申请书的修改意见等。其他报告比较明确，其重点在于提供论据，确认结论。报告编制完成，一经确认应当作为最终结果向用户提交。

8.5 咨询服务

所谓咨询，是以专门知识为基础，运用人才的智慧，帮助人们解决各种特定问题的活动。咨询作为一种特殊的社会活动，在不同时代、不同国家有着不同的形态。从古代中国春秋战国时期的“谋士”活动，到现代企业顾问机构的工作，虽然形式、内容各异，但却有着共同的实质，那就是针对专门的问题所进行的智能化信息处理和参考指导。

8.5.1 咨询业务的类型

鉴于包括企业在内的各类组织对咨询服务的广泛需要以及咨询工作的社会经济效益，业已形成了与社会发展相适应的咨询产业。研究咨询产业的形成与信息工作的发展密切相关。

我国自1956年科技情报(信息)工作系统创建以来，就存在着信息咨询与技术咨询活动，但没有形成咨询产业。由于社会发展的需要，我国日益重视专家的咨询作用。改革开放以来，国内多种形式的咨询机构开始建立并得以迅速发展。目前，从纵向和横向组建起来了各类咨询服务体系。随着信息服务业从无偿形式为主向有偿与无偿相结合的方向发展，咨询服务也具有一定的产业规模。在组织管理中，咨询服务的利用应引起足够的重视。

咨询的内容涉及科学研究、经济活动和其他社会活动领域，其层次、功能各异，但咨询业务的开展却具有共同的特点，主要表现为信息性、智能性、服务性。当前，信息服务部门的主要咨询业务大体上分为5类。

(1)文献信息咨询

文献信息咨询是图书情报(信息)部门开展的一项传统的服务业务，又称为参考咨询服务，系指服务人员利用专门知识，通过使用各种工具书解答用户的提问，同时辅导用户索取文献、利用信息的一种活动。按咨询问题的类型区分，文献信息咨询包括：①查询具体人物、事件、数据、文献等方面的事实性咨询；②关于信息搜集、检索、处理和利用方面的咨询，包括参考工具和检索工具的使用等；③关于某一课题信息的系统咨询，要求解决专题信息利用中的一系列问题；④科技和经济信息评价咨询，询问其准确性和实用性；⑤关于组织信息工作和开发信息系统的咨询等。

(2)科技研究与开发咨询

有关科学研究与技术发展咨询的主要内容涉及科学活动和生产活动中的各种问题：①新课题、新技术、新工艺、新材料、新产品、新设备、新流程等方面的研究和开发；②科技成果的评价、鉴定、推广、利用、转让等；③分析、测试、数据处理、计算机管理编程及软件开发；④企业科技发展预测分析；⑤对引进设备、技术的吸收、利用与创新分析；⑥对资源的开发、原材料、副产品综合利用和环境治理的措施与策略研究等。

随着科学技术的进步和经济的发展，我国企业发展呈现出新的发展机理，经济对科技的依赖程度愈来愈高。这一情况表明，科技咨询与生产业务日益密切结合，目前已成为企业咨询活动中最普遍、最广泛和最活跃的服务领域。

(3) 工程项目咨询

工程项目咨询主要是对工程建设项目和企业建设或改造的一种咨询，解决兴建、扩建、改建工程项目的管理问题。这项咨询不仅与科技咨询密切相关，而且涉及工程技术、经济问题、生产问题和社会问题。以生产基地或厂建为例，咨询内容包括：①项目的环境、必要性和实际意义；②进行国内现有生产能力和国内外市场需求预测，作出产品竞争能力的分析，确定拟建工程项目的规模、产品方案和发展方向；③评述资源的储量、品位、成分、开采及利用条件，调查原料和辅助材料的种类、数量、供应渠道；④分析建厂的地理位置、自然和社会条件、交通运输、能源状况及发展趋势，提出各种有待选择的建厂意见；⑤进行全厂总体布置、厂内物资运输方式的比较，对主要工艺设备的选择提出具体的方案；⑥进行环境问题研究，确定污染治理的综合措施；⑦确定生产组织方式和劳动定员；⑧制订拟建项目的实施计划，包括勘察设计、设备订货、工程施工、调试和投产时间；⑨进行各单位工程及外部协作配套工程的资金估算等。

(4) 业务管理与综合决策咨询

业务管理咨询有助于组织管理的优化。例如，业务管理咨询对于推动企业改革、改善经营管理、提高企业效益有着重要的作用。业务管理咨询不仅涉及企业内部管理，而且涉及经济、科研、商务、通信、运输等管理问题。其主要内容有：①对管理运行和业务经营的建议；②管理的目标和策略的确立以及经营战略和措施的拟定；③管理机构的设置、管理制度的建立和科学管理方法的应用；④调整企业的生产组织、提高生产效益的咨询；⑤具体经营活动的组织与改进咨询；⑥财务管理、协调人事关系和开展公关活动的咨询等。

综合决策咨询是一种带有战略性、全局性和综合性的咨询工作，其主要内容包括：①科技、经济、社会服务发展战略的制订；②地区性、区域性的综合经济开发；③跨地区、部门、行业和专业的合作研究；④组织的中长期综合发展研究等。对这些咨询的利用关系到组织发展环境、资源和战略决策等多方面的管理决策问题。

(5) 其他专业咨询

其他专业咨询主要集中于某一专门活动，包括：①法律咨询；②政策咨询；③商务咨询；④金融咨询；⑤保险咨询；⑥招标咨询；⑦财务咨询；⑧教育咨询等。各种专业咨询在组织管理中都具有专门的作用。例如，随着经济体制改革的深入，经济联系由纵向向横向发展，经济关系愈来愈复杂，企业活动与法律的关系因而也愈来愈密切。为了遵守社会法律，维护企业权益，管理者必须利用“法律咨询”，以便在法律约束与帮助下，处理各种经营关系，争取最佳的经营效益。

8.5.2 咨询的基本程序与方法

在咨询服务中，虽然各类咨询业务的内容不同，用户要求存在差异，且难易程度很不一样，然而在程序和方法上却具有一致性。除简单咨询外(如对用户提问可作一次性简单回答的事实咨询)，比较复杂的咨询一般应按以下程序组织。

(1)受理咨询

受理咨询是开展咨询服务业务的第一步。在受理咨询中，一般由用户向受理方提出咨询服务的要求，经双方协商后就咨询课题的内容、要求、期限、费用等问题达成原则协议，签署协议书。在协议中应明确以下问题：①确定咨询课题的业务性质和范围；②明确咨询课题的目的、要求以及咨询要解决的具体问题；③估算咨询工作量，计算业务经费；④规定咨询完成时间以及结果形式；⑤明确用户方和受理方的联系人，填写咨询登记表签订正式协议，在协议中明确双方的责任和义务。

(2)制订咨询计划

接受用户委托后，信息服务部门应组织咨询人员对课题作进一步的深入调查研究，掌握课题的结构、主要矛盾、涉及的基本问题等，弄清课题的难度，明确展开咨询的要点，提出完成咨询的技术路线。在此基础上，提出课题计划，其主要内容为：①课题目的与要求；②课题的经费开支；③咨询任务的分配与人员组织；④咨询的技术路线与步骤；⑤咨询报告要求与结果提交等。

(3)搜集、鉴别、整理咨询信息

搜集信息是开展实际工作的条件，根据咨询课题的要求，一般采用文献信息检索和实地调查两种方式进行信息搜集。在搜集中应注意明确信息来源和范围，确保包括数据在内的咨询信息的准确性和完整性。为了确保咨询结果的可靠性，应对所搜集的信息进

行鉴别，从中剔除那些不客观反映情况的数据和资料。最后，得以保留的信息资料，还应按一定标准进行归类、整理，以供进一步分析时利用。

(4)进行分析研究

分析研究是咨询工作的核心，通过对所整理的与课题有关资料的分析、数据计算和综合研究得出研究结果，并进行检验，待确认其可信性后系统地加以归纳，最后编写分析报告。除了资料须准确和可靠外，分析结果的正确与否还取决于采用的分析研究方法。正如前面已指出的，在方法使用上应注意两个方面：一是针对课题及资料的具体情况选择适当的方法；二是科学地使用方法，避免出现失误。这两方面都很重要，例如在数据不全的情况下应避免使用定量分析方法，否则很难得出正确的结论。方法使用中存在差错将导致错误的结论，因此在分析中应十分注意方法的原理、使用范围和使用规则。

(5)编写咨询报告，进行结果论证

咨询研究的结果经归纳、总结后将以书面报告的形式提交给委托者，报告的基本内容包括课题名称、引言、正文、结语、附录(含背景材料及原始资料)。其中，报告名称应与咨询课题名称一致；引言是咨询工作的概括，用于阐明主要内容、任务和要达到的目标；正文为报告的主体部分，内容包括原始资料的归纳、数据处理、所作的分析、结果及检验等；报告的结语为咨询结论的总结和建议，同时指出应用时应注意的问题；附录部分可供用户参考的原始资料。

咨询报告草拟后应提交用户部门和专家作进一步论证，并通过鉴定，旨在对咨询的客观性、科学性和信息的可靠性作出分析，确保咨询的可用性。如咨询报告未通过，则应重新编写报告或重新开始该课题的工作。

(6)提交咨询报告并进行项目归档

待报告审查通过后，即向用户提交咨询报告，同时向用户说明使用中的注意点。在用户使用过程中还应保持与用户的联系，以解决随时出现的问题。另外，待咨询课题全面完成后，将报告及其他资料按要求归入档案，以备今后查阅。

复习思考题

1. 信息服务业务有哪些类型？服务业务要求有哪些？
2. 试述信息提供服务的类型和内容。
3. 试述信息服务保障服务和组织方法利用分析。
4. 信息的发布和传递的基本形式有哪些？
5. 简析信息检索服务新的发展趋势。
6. 怎样进行专题咨询服务的组织？

9 面向用户的信息资源聚合与服务平台构建

信息资源聚合是在多源信息整合基础上所进行的内容关联，旨在实现面向用户认知需求的信息集成服务目标。鉴于信息资源的多源特征和分布结构，需要在服务中进行聚合平台构建，以形成面向用户的数字资源聚合服务基础。基于这一认识，在面向用户的信息资源聚合与服务平台构建中，应围绕需求导向下的服务组织进行聚合与服务平台规划，在跨系统协同中确立平台结构，通过聚合功能的实现开展面向用户的聚合平台服务组织。

9.1 大数据环境下信息聚合与服务平台规划

大数据环境下，知识创新和社会发展需求决定了网络信息服务平台建设的战略目标。从信息服务平台功能结构和基于平台的服务组织上看，既存在着平台建设的规范问题，又存在着全国、地区和行业平台的布局问题。因此，寻求科学的战略发展定位，进行平台建设的系统协调是重要的。

9.1.1 面向多元需求的信息服务平台规划原则

互联网+的全球延伸不仅改变着信息分布和组织形态，而且引发了知识组织形态的变革。除依赖于网络信息提供与交流服务外，各行业用户还越来越依赖于网络信息处理、融汇和嵌入服务，由此对信息聚合平台建设提出了多元结构的功能需求。这种需求关系如图 9-1 所示。

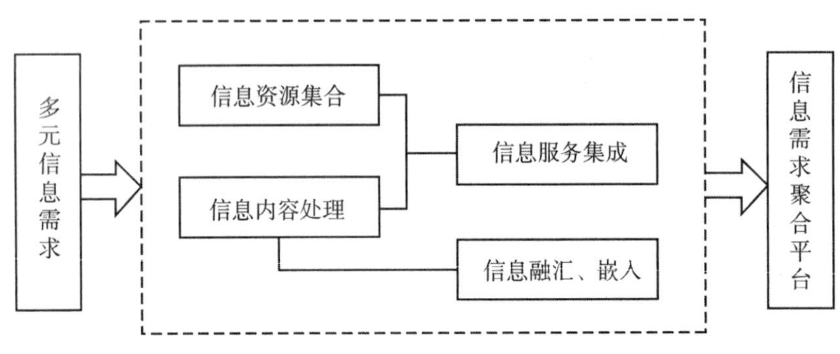

图 9-1 需求导向下的信息聚合服务平台建设

如图 9-1 所示，用户多元需求，决定了信息聚合平台构架与功能实现。从需求、环境和平台建设条件上看，信息保障平台具有以下基本类型：

①信息资源共建共享平台。信息资源共建共享平台可以进行信息资源的跨系统整合，从而实现分布资源环境下的信息资源汇集，以利于用户的一站式信息获取和利用。

②信息内容处理平台。信息内容处理平台提供统一的内容处理工具，以实现计算机信息处理能力的共享。其中云计算平台是信息处理平台的一种基本形式，用户可以按需进入平台来处理所拥有的数据，共享内容处理服务。

③信息服务集成平台。如果说信息资源共建共享平台进行了信息源汇集和信息的跨系统流动，信息服务集成平台则是各独立系统服务功能的整合和服务业务的协同。通过信息服务的跨系统调用，可以实现服务的互补。

④信息融合服务平台。信息融合服务平台是信息资源整合平台和服务集成平台的结合，即通过平台形式将相关系统的信息和服务融为一体，从而实现系统间的资源和服务互补。

⑤信息嵌入服务平台。嵌入式服务是将信息处理直接融入用户知识创新活动的一种创新方式，包括 e-science、e-research、e-learning 等。嵌入平台的建设在于实现信息提供与用户知识活动的一体化。

⑥其他信息平台。其他方面的信息平台包括上述几种平台功能的结合、重组，以及信息平台服务的拓展，如组织内联网与信息服务网络的连接平台、信息交换平台等。

值得指出的是，在信息聚合保障平台建设中，各种形式和功能的平台具有使用上的针对性。同时，由于系统的可分性和组合性，平台可以在一个系统内实现多系统的功能整合，也可以是相互独立系统的跨界结合。另外，在跨系统的平台构建中，任何系统可以同时加入多个平台，因此平台组织又具有灵活性。

平台所具有的功能结构和组织结构，决定了面向用户的服务中的平台建设安排。这意味着，国家发展中的信息服务平台规划，应以创新发展目标和数智信息服务定位为基础，根据需要与可能构建结构优化、功能合理的社会化平台服务体系。显然，这种体系突破了行政体制障碍、信息资源的分散分布以及信息技术的障碍，通过屏蔽系统之间的差异，可以有效实现信息保障的社会化。

在信息服务规划中，存在着两方面的战略问题，一是通过更多更好的硬件和软件来增强各系统的数据处理能力；二是强调建立更好的组织平台，通过资源与服务整合，为社会发展提供有力的信息保障。显然，这两方面的问题都很重要，特别是在现有基础上的平台建设，应是战略规划的重点。

宏观规划中，在推进信息基础设施建设基础上，采用统一标准和协调共建的总体原则，进行不同部门、行业之间信息保障平台建设，具有重要性。在信息资源规划中，应完善信息资源整合机制，建立完备的信息资源保障与安全体系，通过有序组织信息资源，实现信息资源组织的社会化，以保证信息资源的增值利用。

在平台信息服务上，应以“一站式”服务形式组织资源共享及信息传递与利用服务，重视个性化定制服务和互动式远程服务的开展。在组织管理上，应从平台的战略目标入手，不断优化整个平台系统的组织管理，注重不同信息服务机构之间的协调，通过合理的投入产出机制，保证平台的有序运行和发展。

信息聚合服务平台规划的基点是，高标准、高起点地推进为知识创新提供强信息保障，使信息服务支撑向更深、更广、更高的集成方向发展。面向知识创新和社会与经济发展的信息服务战略发展决定了规划的基本原则。

按政府主导原则，集中规划平台信息服务，从政策面确定信息平台服务的方向和内容。在政策实施上，推动各主体的协调建设，确立信息服务聚合平台的协同机制。全球化中的信息服务的运作无疑已发生重大转变，对此应采取行政、法律和经济手段促进平台建设，以便形成从全国到地方、从公共到行业的社会化网络平台系统。

按整体化原则，构建信息聚合服务平台与服务体系。应实现跨系统的资源共建共享目标，以网络技术平台的使用和专门性信息资源与服务网络融合为基础，构建支持科技创新和社会经济发展的服务基础，解决各系统的互联和协调服务问题。这就要求统筹规划、协调发展，坚持规划先行、统筹安排，分步实施。从全方位考虑和长远利益出发，理顺关系、合理布局，以充分调动和发挥各方面的积极性和主动性。

按利益均衡原则，实现信息服务平台建设与服务权益保护。面向用户的信息聚合平台的构建，必然涉及国家安全、公众利益，以及服务机构、资源、组织者、用户和网络信息服务商、开发商的权益。保证信息安全、防治信息污染，是构建整合与集成服务的关键，它要求以法规约束、行政管理和社会化监督作保证，以便创造良好的社会环境及条件，最终在统一规划、集中管理的前提下，实现平台的分散使用与授权共享。

按有利于技术发展原则，建立完善的信息服务平台与服务实施的标准体系。基于网络的平台及服务取决于信息技术的应用，其基本要求，一是技术的应用与网络发展同步，兼顾技术的适用性和前瞻性；二是实施统一的技术标准。因此在技术战略构建上，要求采用通用的标准化技术，实现整合和服务技术的优选，同时力求实施动态标准，给新技术的应用留有空间；三是以现有网络、业务系统和信息资源为基础，打破行业、部门、系统之间的界限，加强网络、数据资源整合，实现互联互通。

按面向用户的原则，进行宏观战略规划和微观业务管理。信息聚合服务平台中的资源整合要适应用户个性化需求与深层次服务要求，要立足应用、务求实效。这就要求坚持面向用户的组织原则和以需求为导向、以应用促发展的原则。具体说来，将通用平台和面向用户的平台接口解决好，使整合的资源能够通过具体的信息服务机构进行面向用户的重组，即形成以用户为导向的资源整合与集成服务机制，真正实现为用户提供“一站式”信息服务的目标。

在信息保障平台战略规划中，拟注重以下目标的实现：

①面向创新的发展目标。在创新发展中，信息服务平台具有为知识创新和经济发展提供基本的信息支持作用，可以促进实施自主创新战略，信息聚合平台建设的根本目的就是服务于国家创新系统的建设与运行。因此，其发展规划应纳入总体创新发展战略轨道，与国家创新进程保持一致，围绕国家创新主体的信息需求进行跨系统的资源组织与服务，致力于提高信息化水平和自主创新能力，进而实现自身的可持续发展。

②跨系统优化组织目标。社会化信息保障平台是跨部门、系统的平台，通过知识信息资源、技术与服务的系统集成，实现不同资源系统相互融合。平台建设满足了适应开放式创新要求的跨系统资源优化组织的需要，为用户提供共享环境和协作空间。因此，信息聚合服务保障平台应按用户信息需求结构，通过系统操作整合分布环境中的信息资源与服务，以此为基础实现信息资源的协同开发与利用。

③多元投入与产出目标。信息聚合服务平台建设面向用户需求进行构建，强调创新主体的共同参与和密切合作。用户活动的顺利开展除了依赖公共资源和投入，还需要用户的配合。因此，应确立引导社会资源的投入，在拓展资源投入渠道的同时，提高信息资源协同配置产出效益，即通过信息聚合服务平台中的信息资源有效利用提高创新绩效。

④平台的协同运行目标。信息聚合服务平台集成了多种信息资源、系统和服务，用以支持用户目标的实现，在服务中需要相应的机构进行平台运行和维护。面对用户多元化的信息需求，应实现分布式资源系统基于平台的互联互通，建立一个覆盖全国的多层次、社会化网络资源保障体系。在体系建设过程中应充分发挥政府的统筹规划作用，进行国家层面、地区层面、行业层面和组织层面的平台协同运行，以发挥整体优势，从而提高信息资源的综合利用水平和保障水平。

⑤技术融合中的互用目标。信息聚合服务平台建设离不开信息技术的支撑，在技术实现过程中，如何实现服务技术与信息处理技术的融合和集成化应用，是平台建设中需要解决的关键问题。因此，在技术融合过程中，应致力于技术标准规范的统一，采用国际通用的、可扩展的信息技术标准，实现平台技术的优化组合与技术平台的无缝对接，使协同技术渗透到各业务环节，进而推动资源的融合与面向用户的协同服务开展。

9.1.2 信息服务平台战略规划的组织

基于网络的聚合信息服务平台建设受网络环境的影响，而网络的动态结构和信息环境的不确定性提出了动态环境下的平台战略规划实现要求。信息聚合服务平台建设中的不确定性存在于平台组织与服务过程之中，根据不确定性的主客观属性，可分为客观不确定性和主观不确定性。客观世界的复杂多变导致了自然状态的不确定性，主观对客观所处状态的识别及一定状态下平台规划方案的不同选择造成了结果的不确定性。主观与客观的相互作用是不确定性形成的根本原因。随着社会信息化的深层次发展，信息服务平台建设环境不断变化，不确定性越来越成为平台建设规划中最关键、最具挑战性的问题。信息聚合服务平台建设是一个复杂的系统工程，平台建设中的不确定性，除主观认识引发外，客观环境也会引发。

信息服务平台规划是国家发展层面上的决策规划，更多的是基于国家创新和社会经济发展战略目标作出的规划。具体而言，信息聚合服务平台规划客观环境的不确定性主要在两个方面。其一是社会信息环境的不确定，其二是技术发展上的不确定。因此，对于信息服务平台规划必须消除社会信息环境和技术发展不确定性的影响，在适时预测环境变化的基础上，进行相应的风险控制。

进行服务平台建设的全面控制，需要对不确定性进行全面分析，结合战略目标，在发展预测的基础上进行规划模型构建，继而进行风险控制和反馈调整，以期得到预期的结果，具体的流程架构如图 9-2 所示。

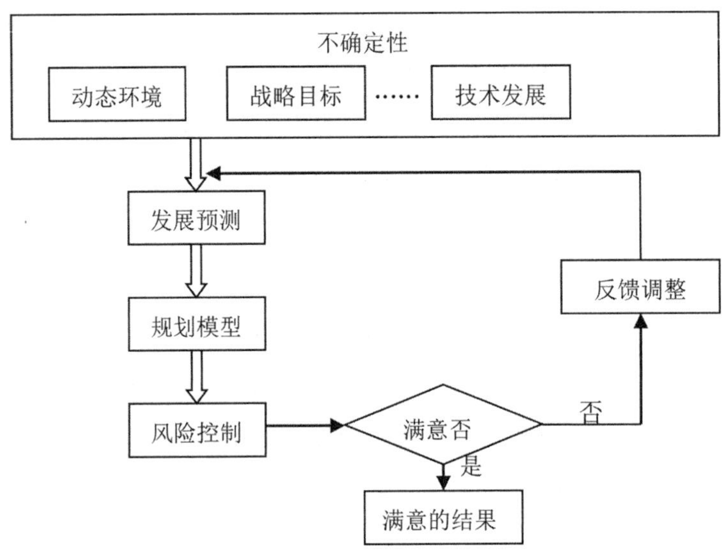

图 9-2　不确定性与信息聚合服务平台规划风险控制

信息聚合服务平台规划涉及硬软件、信息资源、资金等方面的协调，整个规划应注意以下几个问题：

在信息服务中，首先应明确信息聚合服务平台的战略目标，制定总框架以及实施策略，这就要求信息服务协调机构明确平台发展目标。无论是信息资源的建设，还是硬件的建设都要突破部门的局限，按标准化和规模化要求推进平台建设。

服务平台规划中必须认识到信息环境的多变性和用户聚合信息需求的多样性，以便在动态环境下，确定信息保障平台构建的战略方向。值得注意的是，不确定因素有可能甚至导致系统的无序发展。因此需要充分考虑可能出现的问题，进一步明确规划战略目标。

在信息聚合服务平台建设与服务集成规划中，应强调建立完整的系统框架和数据标准化体系，在此基础上进行应用系统开发规划，即按照系统框架执行技术标准，以便从根本上解决信息资源整合与应用系统集成问题。

规划方案制定并不是一次性的，需要经过科学合理的评估和调整，使之趋于合理。信息聚合平台规划方案的最终形成是一个逐步优化的过程。规划方案形成后，需要考虑方案中可能存在的不合理要素，以便进一步优化平台建设的内容和流程。

信息聚合服务平台建设规划的整体化实施战略可以从机构层面、组织层面和服务层面展开。图 9-3 显示了这一战略结构。

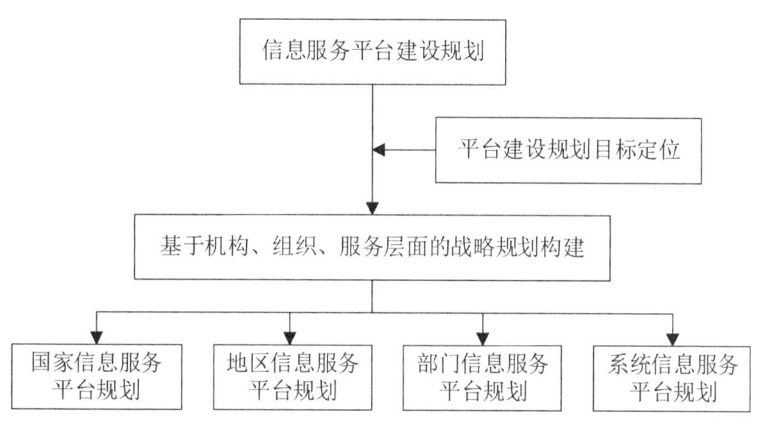

图 9-3　信息服务平台建设战略规划及其实施

在面向用户创新和社会发展的信息聚合服务平台建设中，平台规划在客观上按全国信息保障平台规划、地区信息资源平台规划、系统信息资源平台规划和部门信息系统平台规划层次来考虑，由此构成一个全方位的、集中的、面向创新的信息聚合平台体系。

①国家信息聚合平台规划。国家信息聚合平台规划在我国信息服务整体发展基础上制定，同时指导地区、部门系统服务平台规划，其目的在于确保平台系统规划与国家发展战略的适应性。平台构建中，国家规划对象涵盖我国所有信息服务机构。国家平台规划战略制定主要解决以下问题：在国家信息保障平台体系中进行平台总体建设构架，确定信息聚合平台规划战略总目标及规划战略措施等。

②地区信息聚合平台规划战略。地区信息聚合平台规划战略以省市区为单位，确立各地区的信息服务规划战略。在国家平台规划战略指导下，地区管理者在分析本地区经济、社会、文化发展状况的基础上制定地区范围内的信息聚合服务平台战略，其目的在于加速本地信息资源建设，发挥信息资源在本地创新发展中的支持作用。地区信息服务平台规划的对象是本地区所有信息服务机构，地区平台规划战略主要解决以下问题：贯彻国家信息服务平台规划战略，分析地区信息服务平台所处环境，提出地区聚合平台系

统规划的总体目标和要求，确定其战略重点和战略措施。

③系统信息聚合平台规划战略。系统信息聚合平台规划战略是行业系统内的信息资源平台建设规划和战略安排。其目的在于提高行业系统信息资源配置协同效率和服务效率。系统信息聚合平台规划战略由一系列详细的战略方案和计划构成，涉及信息服务系统内部管理的各个方面，其重点在于对系统平台规划战略目标进行细分，以提高系统整体绩效为前提，根据内部资源的潜力，权衡每一项业务活动对系统信息资源与服务的需要，按照行业系统创新发展目标进行适应于全国和区域发展的战略构建。

④部门信息聚合平台规划战略。部门信息聚合平台规划战略是部门信息服务机构依据国家、地区信息服务平台规划和系统信息资源平台规划，根据本部门资源条件、用户需求等来确定部门信息聚合平台服务规划的战略行为。规划目的在于深入开发信息资源，提高信息资源利用率，满足部门用户群体多方面的信息需求。部门系统平台规划战略包括以下内容：确定本部门信息聚合服务建设的基本要求，制定信息服务平台规划战略目标和平台规划战略措施。

9.2 信息资源聚合服务平台规划的协调实施

信息资源聚合服务平台建设在创新发展的各个环节中起着重要的服务支持作用，战略规划的实施不仅需要在国家创新战略基础上推进平台建设战略，实现与国家创新中的相关系统、部门与机构协调，而且需要在信息聚合服务平台建设中进行战略组织实施中的管理协调、资源协调和服务协调。

9.2.1 信息聚合服务平台建设中的关系协调

信息聚合服务平台建设不仅与国家发展战略密切相关，而且与信息基础设施建设、信息资源分布、信息组织的系统发展、信息技术标准化和用户的社会化需求相关联。综合各方面的影响因素分析，在进行平台规划实施过程中要处理好以下关系。

①信息聚合服务平台建设与信息基础设施建设的关系。面向知识创新和社会、经济发展的信息聚合服务平台建设在信息基础设施和信息资源的协调组织基础上进行。其中，信息基础设施是实现服务平台建设的前提和基础，是信息资源协同建设的硬件保证；信息资源组织是信息服务平台的基本内容，信息资源的建设水平直接影响信息保障平台的效益。因此，信息资源服务平台建设中，既要与信息基础设施的建设相协调，又

要与信息资源建设同步。可见，加快信息资源建设步伐已成为信息服务发展的必然。就聚合平台信息服务系统而言，拥有计算机网络设备是重要的，但是基于网络的知识信息资源建设也是必不可少的。如果忽略信息资源建设，必然会导致信息平台建设滞后于信息基础设施建设的情况发生，这与当前信息资源开发与利用的社会化趋势相违背。因此，在进行信息聚合服务平台建设中，应以信息资源建设为核心，发挥信息资源建设与信息基础设施建设二者之间的协调作用。从总体来看，信息技术设施应与信息服务相适应，只有二者同步发展才能确保信息基础设施作用的正常发挥。

②信息聚合服务平台建设的分工与协作关系。信息聚合服务平台建设，单靠少数知识信息服务机构是不可能完成的，而是需要信息服务机构之间的密切合作。构建我国多层次的信息聚合服务平台，只有通过全国范围内、地区范围内、系统范围内各信息服务机构的协作才能实现。信息聚合服务平台的合理分布是提供全方位、一体化的信息服务的必然战略选择。通过平台资源共享和互用才易于形成信息资源集成优势。服务平台建设协调，在于统一部署信息聚合服务平台的建设，以可持续发展为目标，从整体优化的角度配置资源，实现资金、设备、技术、人员、信息等要素的投入和产出。应在全国或地区范围内，从国家层面、地区层面进行平台建设的统筹，通过协调部门之间的分工与合作关系，解决建设中的共性问题，各部门机构应从各自的实际需要出发，在充分发挥机构内部优势的基础上，共同建设分布合理、保障有效、各具特色的服务平台。

③信息聚合服务平台建设规模与建设质量关系。信息聚合服务平台建设中，重规模、轻质量，重建设、轻利用是信息服务机构必须克服的，因此应着手平台的质量管理。目前由于缺乏统一的平台质量评价标准，建设的质量问题依然存在，主要表现在：信息资源内容处理的一致性不够，信息资源描述与用户需求描述应进一步相适应。由此可见，在保证平台建设规模的同时，应重视服务平台建设的质量。一方面，各机构应建立有效的质量管理体系，在质量问题容易出现的各信息处理环节进行专门的质量监督，以便对各种质量问题进行有效控制和处理。同时应注重信息资源的深层开发，从信息资源的内容标引、查询入口等多角度进行质量控制，保证创新用户准确地获取不同层次的信息，以满足不同程度的需求。另一方面，应及时促进平台信息资源的动态更新，以发挥信息的时效价值。

④信息聚合服务平台建设的标准化与资源差异化关系。信息聚合服务平台建设的标准化是指信息平台所采用的技术应进行统一的规范，即在信息平台资源收集、交换、组织和流通服务中执行，其目的是在信息资源流动过程中，避免信息组织的无序性。由于

各系统信息资源的建设差异是客观存在的，其平台建设必须适应这种差异化资源环境，从而从整体上实现差异的屏蔽。平台的标准化与资源的差异化并不矛盾，平台标准化建设在于提高信息资源转换利用效率，强化信息资源共建共享的基础，资源差异化则是信息机构所固有的，且与该系统用户差异化的信息需求相一致。信息资源建设在信息技术的发展中强化了资源共享的理念，每一机构作为信息资源整体建设中的一部分，更多地寻求各具特色的信息资源开发模式，多注重具有自身特点的信息服务与产品提供。随着经济的发展、社会的进步，用户对信息聚合服务的需求呈现出个性化的趋势。由于信息产品及服务本身具有不同于物质产品的特征，因此提出了差异性信息资源建设问题。从信息聚合服务平台的现实和长远发展上看，应加快标准的制定与实施，这在平台规划实施中需要全面考虑。

9.2.2 信息聚合服务平台建设规划的实现

我国的信息服务机构从属于不同的主管部门，而与信息平台构建基础建设相关的信息网络则归属工业和信息化部。这种分散化的政府管理使得信息聚合服务平台跨系统建设受到限制。就当前管理体制而言，要推进一项系统建设工程必须由多个平行部门协调。这样不仅影响效率，而且难以统一规划。因此，信息聚合服务平台建设应建立灵活的组织协同机制，将跨系统整合平台战略纳入国家信息化建设的轨道，作为社会信息化和信息服务社会化的一个方面，实现多部(委)协调和社会共建。从根本上看，服务对象各异的信息服务系统的最终目标都是为创新和发展提供信息支持，因此，通过对协调机构的建设或协调职能的归并，可以加强彼此之间的协作，实现平台的互用。同时，为了保证聚合服务平台建设的顺利实施，有必要确立多元协调的管理体系。

从当前的平台建设管理来看，世界各国的信息平台建设大多是在政府主导下实施的。我国在创新型国家建设过程中，形成了由中央政府统筹规划，各区域创新系统管理部门、行业创新系统管理部门和社会化信息资源管理机构辅助管理的多元化管理格局。在协同管理中各主体在职能上既有侧重，又有交互，从而保证了信息聚合服务平台建设战略的实现。

①中央政府的管理职能。信息聚合服务平台建设的实现关系到信息化和国家创新发展战略全局，必须在中央政府的统筹规划下有序进行。中央政府是国家创新发展战略的制定者，引导着信息化建设的总体方向，在信息聚合服务平台建设中起着主导作用。政府管理职能的有效发挥对协作建设效应的实现至关重要，其具体职能主要表现在以下几

个方面：一是对公共信息平台的宏观调控，二是对市场信息平台资源配置的监管，三是对社会化信息平台建设的部署。根据信息化发展战略目标要求，在信息服务平台规划的战略实施中，拟确立一种长效的、动态的管理体制，以便完善信息服务平台管理。同时，中央政府还对平台建设责权进行规范，在中央政府和各地方、行业、社会管理的协同中，使平台建设的总体目标得以实现。

②区域管理部门的管理。区域信息聚合服务平台是一定区域范围内各服务机构共同组建的网络平台，其目的是面向区域内知识的产生、流动、更新和转化开展社会化服务。我国区域发展中的信息服务平台管理由各级地方政府承担。地方政府在执行全国规划的同时，依法自主管理本地区的信息服务平台建设项目。在信息服务平台建设管理上，区域管理部门的职能是对本地区的信息资源开发进行落实。与中央政府的配置管理职能相比，区域管理部门的职能更加具体、更有针对性，集中体现在以下几个方面：一是按中央调节指令，建立有效的信息保障平台运作秩序，引导区域平台建设；二是组织地方公共信息资源服务，主导地方性信息服务平台的建设；三是在国家总体战略目标引导下，制定地方信息平台规划方案，实现地区内的信息资源优化配置；四是加强区域间的信息共享，组建区际创新信息服务协作平台，实现信息资源的高效流动，为信息聚合服务平台的运行提供保证。

③行业系统部门的管理。行业系统以企业经济发展为核心，在现行体制中，行业信息服务平台建设由各类行业信息中心或行业协会负责。其中，行业协会发挥服务企业、促进行业自律的作用。行业协会主导着行业系统内部的信息资源配置，其管理职能主要表现为对行业信息服务平台建设的社会化协调，促进行业内信息资源共建共享，推进信息资源开发技术和服务技术的综合应用①。

④联盟机构的信息聚合服务平台管理。联盟机构主要包括企业联盟组织和具有社会公信力的信息服务联盟组织，如上海市互联网信息服务业协会等。随着国家信息服务平台的社会化发展，其联盟机构的协作信息平台已成为国家平台、地区平台和行业平台的重要补充。在联盟活动中，信息聚合服务平台建设既具有组织上的灵活性，又可以带来服务的增值效益。

我国的多元化信息服务平台发展格局体现了多层次协调的优势。随着平台战略规划的实现，全国、地区、行业和组织信息平台建设的协同战略正在形成。值得指出的是，

① 工业和信息化部. 关于充分发挥行业协会作用的指导意见[Z]. [2009-03-31].

在聚合服务平台建设中，战略协同的实现需要相应的机制保障。从信息服务平台战略实现过程来看，应以国家总体发展战略为导向，从战略协同机会识别、要素选择、协同关系演化、协同流程控制和协同价值创造等方面确立有效的战略协同机制，实现地区层面、行业层面和国家层面、组织层面信息平台战略的多维协同。

各类组织的运行、发展不能脱离宏观环境，信息服务平台建设战略的制定都必须围绕总体战略进行。因此，实现国家战略与信息服务平台战略的协同是确保组织间协调互动的前提。具体而言，国家管理决策部门根据国际创新发展需求，从全局把握发展方向，制定适应于环境的信息服务平台战略。相关组织则应根据国家的战略要求，在制定组织发展战略、信息平台战略时以国家战略为导向，形成符合组织发展的战略目标，实现信息服务平台建设的联动。

识别协同机会是实现战略协同的基础，因此应依据一定的原则，寻找能够产生协同效应的条件，准确、清晰地识别出哪些方面需要进行协同和可以进行协同。只有正确识别战略协同机会，才能围绕协同目标采取相应的实施方法，使合作主体之间、主体内部各部门之间通过协同作用实现信息聚合服务平台的共建。识别战略协同机会的前提条件是组织处于不稳定状态或远离平衡状态，且在内外环境影响下面临着一系列挑战从而需要实现组织内外的战略协同。识别信息平台建设战略协同机会，应遵循适应性、互补性、一致性和相容性的原则，根据发展需求寻找最适合的战略合作方式，实现协作平台服务的可持续发展。

战略协同关键是实现战略体系中核心要素的有序运作。构成信息聚合服务平台建设战略体系的要素对平台战略有着重要作用和影响，这就需要根据战略规划实施需要，对战略协同起到关键作用的信息资源配置要素、组织要素、条件要素和主体关系进行协调，进行资源的有效配置，以实现整体发展目标。

信息聚合服务平台建设的战略协同是典型的自组织过程，需要通过各核心战略要素之间的协同演化来实现。对于各层次平台而言，战略协同演化是国家、区域、行业和组织之间战略实施的相互适应和协调过程。经过演化所形成的协同效应主要表现为战略上的技术、资金、设施等资源要素的相互协调配合。因此，需要采取必要的机制促进资源要素之间的自组织相互作用发挥，以形成更科学的战略体系架构，同时根据外部环境变化动态调整实施战略，实现战略的持续优化。

战略协同具有非线性、复杂性的特点，需要对其协同流程进行合理控制，使之按照既定要求达到最优协同效果。其一是根据环境变化调整协同方式；其二是对协同效果进行测评，以利于对协同流程进行优化。在流程控制中，应保证平台战略与组织总体创新战略的一致性，使其成为信息聚合服务平台建设的约束限制条件，以此出发进行战略协同中的需求、技术、资源、业务的总体控制。

信息服务平台战略协同效应一旦形成，将对基于平台的服务产生全面影响。平台建设战略协同的主要功能在于统一合作主体间的战略目标，形成共同认可的平台建设战略实施方案，从而实现其战略价值。

9.3 信息资源聚合服务的平台构架

面向用户的信息资源聚合以领域概念组织为依据，进行围绕需求的信息资源内容整合，其服务构建在元数据组织基础上进行。资源聚合平台的作用在于，实现信息资源数据采集、存储内容标注与目标整合，为信息集成服务开展提供资源基础。

9.3.1 面向用户信息资源聚合需求的服务平台构架

面向用户信息资源聚合需求的服务平台核心模块包括资源存储模块、资源内容揭示

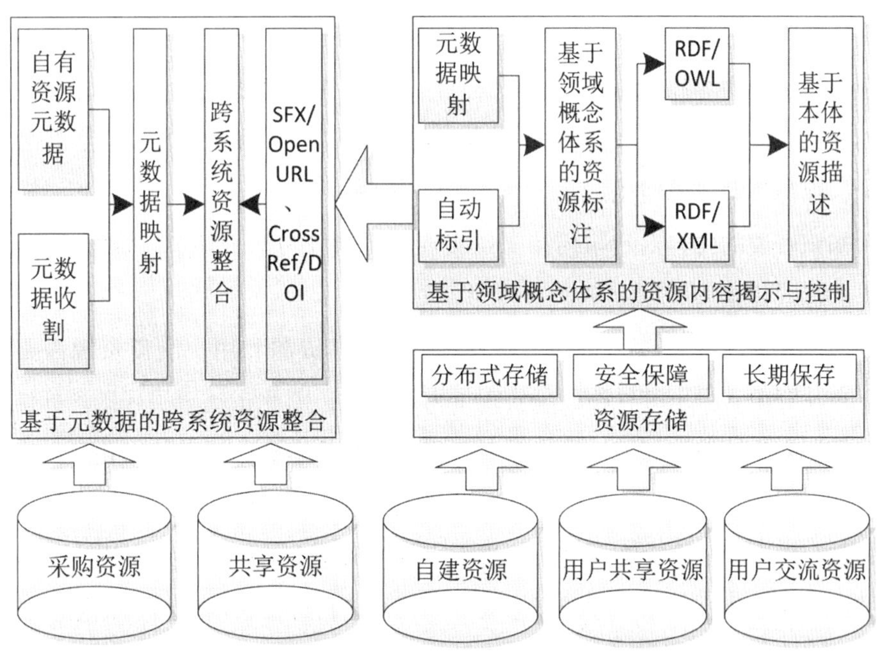

图 9-4 面向用户的信息资源聚合服务平台框架

与控制模块、资源整合模块，各模块间的交互关系如图 9-4 所示。其中，最底层是资源层，包括数字采购的资源、外部共享的资源，以及自建资源、用户共享资源和用户交流资源，构成了其他模块加工处理的对象；资源存储模块的功能是实现资源的分布式存储，进行资源的安全保障和长期保存；基于领域概念体系的资源内容揭示与控制模块，其功能是对资源进行内容展示，为资源整合提供支撑；基于元数据的资源整合模块，功能是对各类自有资源以及采购资源、共享资源进行整合，从而便于资源深度加工以及服务的调用。

如图 9-4 所示，资源存储模块需要实现两个目标：资源的快速存取，以满足资源交互实时化的要求；资源的安全组织，保障其完整性、可用性。

资源的分布式存储。由于知识的爆炸性增长，数字图书馆将积累海量知识资源，为保障这些资源在应用中的实时性，需要采用分布式存储方案；同时，在数字图书馆社区中，可能有很多用户同时进行上传、下载、信息的发布，为保障每个用户的操作都能得到实时响应，需要采用分布式存储方案。信息资源既包括结构化资源，也包括半结构化和非结构化资源，因此在存储架构设计上需要同时满足多种结构资源存储的要求。

资源安全保障。由于安全问题伴随着数据的访问或加工处理流程而产生，因此在安全保障体系构建上，需要构建基于流程的全面安全保障体系：在数据读写中，进行权限控制，在数据传输过程中，为保证数据不被篡改、拦截，应进行内容安全和恶意代码监测，以免混入违规内容和恶意代码。在资源存储过程中，可能会因为程序错误、网络中断等原因导致未能成功写入或者在写入时出现错误，为及时发现这些问题，需要进行完整性检验，保障资源不受侵犯。

平台知识资源的内容揭示与控制，在实现上可以分为两个环节：资源的内容标注，标注结果的形式化描述。

在资源内容标注方面，对于自建资源、用户共享资源和用户交流资源需要区别对待。对于自建资源，由于其往往已经实现了内容标注，因此在基于领域概念标注时，可进行原有标注与领域概念体系的映射；对于用户贡献的结构化或半结构化数据，首先要进行元数据抽取，在此基础上实现其与领域概念的对应。对于用户贡献的非结构化数据，首先进行元数据抽取，在此基础上进行于领域概念上的标注。对于用户交流信息进行内容的揭示，在内容上采用领域概念集中的词汇进行标注，由此可以将标引转化为自动分类问题，从而借助相关技术来实现。

对资源进行形式化描述的目的是以机器可理解的形式对资源的内容进行揭示，从而便于后续的利用。在描述实现上，可以首先将资源的标注结果及各标注项间的关联关系以 RDF/XML、RDF/OWL 语言进行描述，在此基础上将其转化为本体，实现基于本体的资源知识描述。

资源整合的实现方案可以分为物理整合与逻辑整合。物理整合是指将整合后的资源存储在一起，而逻辑整合则保持资源的原有存储格式、方式不变，对于调用资源的上层应用来说这些资源将是一个整体。在面向用户的信息资源建设中，普遍可行的整合方式是进行基于元数据的逻辑整合。

在技术实现上，首先需要采用 OAI-PMI、Z39.50 等元数据收割技术对采购资源、共享资源进行元数据收割，获取这些资源的元数据信息。其次，需要抽取自建资源、用户共享资源和用户交流内容的元数据信息，从而获得需要整合的元数据。在此基础上，需要对收割获得的元数据进行分析，明确各字段与抽取的元数据字段间的映射关系，并基于映射关系对收割获得的元数据进行处理。最后，对于映射处理后的元数据进行整合，去除重复数据，并定义与上层应用程序、下层原始资源的通信接口，从而实现知识资源的跨系统整合目标。值得指出的是，由于需要对采购资源、外部共享资源进行开放式整合，因此在整合实现中需要应用开放链接技术。其中，基于 OpenURL(Open Uniform Resource Locator)协议的参考链接技术是一种能够揭示上下文关系的开放链接框架，其核心是定义一个用于描述上下文环境的对象及传输机制，典型代表是 SFX 开放链接解决方案。该协议能够实现信息服务机构与信息提供机构的分离，可以对不同机构的多个数据库或信息资源进行统一检索。

在进行信息聚合服务组织时，需要实现知识资源的跨系统协调及聚合结果的可视化展示，以满足用户的泛在接入需求，同时需要保障服务过程中资源与用户的安全。基于此，需要面向聚合构建服务支持平台。

9.3.2 资源整合与服务的跨系统协调构建

信息资源聚合的实现，以多个系统的资源和服务为依托，构建支持系统交互的协调机制。由于各系统采用的软件体系结构、实现语言、对外提供的集成点及交互协议的不同，导致跨系统协同服务技术实现存在复杂性，通常采取的解决办法是将信息服务系统之间的协同划分为多个层次来讨论，根据每个层次的技术构成采用不同的技术协调方法。依据系统的层次结构，可以从低层到高层分为网络/传输机制层、数据/语义层、功能/服务层、过程层和表示层，如表 9-1 所示。

表 9-1 信息资源聚合中的跨系统技术协调层次

层次结构	功能	技术实现方法
表示层	实现用户界面封装和功能的嵌入	PORTLET、JSR168、WSRP、OLE 等
过程层	实现基于业务活动的服务组合	BPM、WFMS 、BPEL、WEB SERVICE
功能/服务层	实现服务系统间的业务逻辑共享	EJB、CORBA、DCOM、COM+、JAVA、RMI
数据/语义层	提供服务系统访问机制，数据传输和转化	DC、Z39.50、OAI、ETL、EDI 等
网络/传输机制层	建立连接和移动数据的传输渠道	HTTP、SOAP、TCP/IP、FTP、RPC 等

按表 9-1 所示的结构，需要在以下层面上进行组织协调：

①网络/传输机制层协调。网络/传输机制层位于系统的最底层，提供的网络传输能力，为数字图书馆社区知识聚合平台与提供支持的各子系统之间能够通过通信机制解决资源和服务调用问题。跨系统协调的最基本要求是实现异构系统间无障碍的通讯和互联，在技术实现上，既可以利用 TCP/IP 等通信协议，也可以直接在模块中调用 TCP/IP 协议的 API 函数库来实现网络间的通信互联，而后者是更通用的方法。网络/传输机制层提供的是聚合平台支持系统与社区知识聚合服务系统之间的传输通道，连接方式分为同步和异步两种。

②数据/语义层协调。数据/语义层建立在网络/传输机制层之上，在这一层除了要解决数据传输、转化、交换和整合等基本功能，还应解决聚合支持系统的访问和语义三方面的问题。聚合支持系统访问指的是从聚合角度支持系统资源的抽取和插入数据；其中包括从数据库中的元数据抽取。采用的技术方案可以归纳为数据集成适配器、批传输、数据合并、数据复制以及析取、转换、加载(ETL，Extract Transform Load)等方面。

③功能/服务层协调。功能/服务层主要是针对业务逻辑而来的，允许数字化社区知识聚合平台共享各聚合支持系统的业务逻辑。功能/服务层的核心是使用分布组件封装聚合系统的业务逻辑，支持通过远程访问的方法进行调用，现在主要有 EJB、CORBA 和 COM+、DCOM 等实现技术。

④过程层协调。过程层协调是协同的较高层次，过程协调的对象不再是物理实体而变成了服务过程实体，通常用逻辑实体来表示。过程协调的对象是由活动驱动的服务业

务过程，被连接的逻辑实体也是依据活动或工作流来组织的。过程协调是建立在服务协调和数据协调的基础上，通过底层协议(如 Web Service 相关的协议等)、组件客户端的 Stub 及数据集成适配器等集成技术，实现流程化的服务组合。

⑤表示层协调。表示层协调主要为用户提供统一的调用界面。在各相对分散独立的聚合支持系统的基础上构建面向用户的数字图书馆社区知识聚合服务平台，保证用户既能够从统一的渠道访问所需的信息，也可以依据每一个用户的要求来设置和提供个性化的服务。目前采用的技术包括 PORTLET、JSR168(Java Specification Request，JSR)、WSRP (Web Service for Remote Portlets，远程门户网站 Web 服务)、OLE(Object Linking and Embedding，对象连接与嵌入技术)等，实现界面和功能的嵌入和连接。

协同服务技术协调的方法又可以归纳为以下三种类型：基于标准的协调；基于非标准的协调和混合协调。

基于标准的协同服务技术协调。基于标准的协同服务技术是指用共同遵守的标准协议来约束分布环境下各个异构信息系统进行信息表达、交换和处理的技术体系。这里所指的标准是 Z39.50、DC、XML、MARC、OAI、DNER、IEEE802.X 协议等标准框架。基于标准的技术，可以分为严格标准化技术和选择性标准化技术两种类型。严格标准化技术是指通过达成的一致标准来约束分布的各个聚合支持系统，以实现系统之间的服务协调，典型的代表如 TCP/IP 协议族和 Z39.50 协议。功能强大的严格标准化技术体系可以为聚合支持系统提供全面的协同服务支持，但由于当前信息资源和服务功能的多样性、系统建设的分布性等方面的因素影响，通过严格标准化的技术体系来实现各系统的协同具有客观上的障碍。因此，趋于寻求一种以适度的代价提供充分功能的标准，由此提出选择性标准化技术的问题。选择性标准化技术体系即允许各个系统在一定范围内通过一定机制来选择相关标准进行相互间信息服务的协同实现。

非标准方法的技术协调。非标准方法的技术协调是指聚合之间不受标准的约束，而通过中间件或其他外部技术转换或协调来实现互操作。主要的技术协调方法包括：分布式对象请求体系(Distributed Object Request Architectures)，包括 CORBA(Common Object Request Broker Architecture)、DCOM(Distributed Component Obiect Model)等。外部协调(External Mediation)或中间件(Middleware)体系，通过网关(Gateways)、封装件(Wrappers)、中介系统、全局模式转换等，可在各个系统的外部提供转换和协调机制，以实现资源交换与共享。机动计算/机动功能(Mobile computation/functionality)方式，可以在系统运行过程中传送计算程序(例如 Java apple1)到客户端，以帮助客户端处理与有关系统的信息交换和共享的操作。另外，可采用详细说明方式，通过对各组成系统的数据与结构功能的详细说明来保证相互之间的充分定义以及在此基础上的交换、共享。例如通过知识交换格式（Knowledge Interchange format）和知识查询处理语言（Knowledge Query-and Manipulation age）保证各知识代理能实现有效协同，从而实现各服务支持系统的知识资源共享。

混合技术体系协调。混合技术体系是将标准方法和非标准方法相结合，以便实现两种方法的优劣互补和协调实现。这是一种折中的技术实现方案，能兼顾到各类知识聚合支持系统的实际情况，因此，具有现实可操作性。值得指出的是，应用此方案时，对于支持协调标准的系统，仍应采用基于标准的技术协调方式，而只有当社区知识聚合支持系统不支持协调标注时，才使用非标准化协调方式进行实现。

9.3.3 聚合知识资源的可视化展现

随着科学可视化概念的提出，可视化的内涵得以拓展，不再局限于数据和抽象概念的图形表达，而逐渐被认为是一种能够支持人们行为决策的认知工具，而且其重要性正与日俱增。无论是应用于自然科学研究的数据可视化，还是社会科学研究的信息可视化，都能用一种能够被快速解读的方式向人们提供纯粹的、丰富的信息。作为一种科学的认知工具，可视化具有多方面独特优势，因此在信息资源聚合平台构建中，应合理运用该技术，以优化用户体验。

首先，可视化能够赋予用户快速理解海量知识的能力。一些重要的信息可能来源于海量原始数据的挖掘分析，直接观察原始数据可能难以发现深层次知识，但可视化却可以将这些信息表达出来；其次，可视化能够使人们感知到预估之外的属性（emerging），而这种感知往往是人们形成新见解、提出新理论的关键环节。因此在数字图书馆社区知识资源聚合的基础上，信息使用可视化的方式加以呈现，有助于推动知识创新。

从整体来看，可视化通常能够使认知显性化，它不仅以数据为依据揭示事物的本质，而且还显示了数据集关系。通过可视化技术的合理应用，数据利用中的干扰因素能够明显地呈现在人们眼前。在信息利用中，其聚合信息来源广泛，因而可借助可视化技术，帮助用户发现有问题的聚合对象，以提升聚合质量。

可视化能够促进人们对大规模数据的整体理解和小规模数据的深度吸收，能够帮助人们感知局部特征之间的内在关联，从而更有助于发挥信息聚合利用的作用。一个完整的知识可视化流程如图 9-5 所示，在该模型中，原始数据经历一系列加工处理，最终进入人的大脑，并由人的大脑来认知信息，从而完成对信息的内容分析，最终获取新的知识。然而，一个完整的信息可视化流程并不是由机器到人脑的信息单向流动，它还包括了数据采集和保存、数据探究、可视操作反馈。其中，可视化知识展示作为视觉表示的实现方式，如果将可视化信息展示结果作为对象，那么该模型实际上涵盖了从绘制可视化到展示可视化结果利用的全部过程。从流程结构来看，信息可视化的操作者在整个流程中处于核心地位，上述所有操作均由同一个操作者来执行，该模型形象地解释了“制图与用图的统一”以及“人与图形之间的互动”环节。

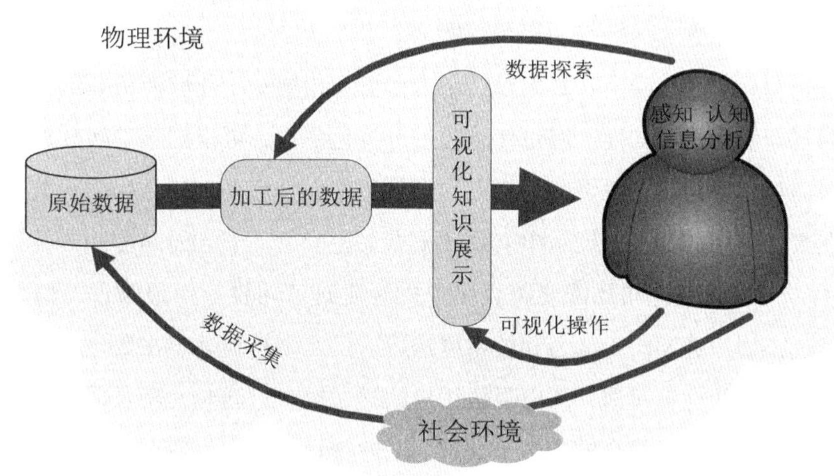

图 9-5　信息内容可视化流程模型

模型中的反馈循环包括数据的采集、保存以及预处理。数据资源阶段的主要任务是在明确的用户认知状态的前提下，将信息需求作为数据采集的导向，采集聚合所需主题概念信息。流程中的预处理，指的是对收集到的原始数据加以筛选和过滤。由于原始数据通常包括了用于描述某个特定领域的专有名词，所以就需要将其转化为更加通用、更易理解的数据内容，以便于图形转换。一般情况下，操作人员需要删减原始数据中的冗余，也有可能需要从大量的数据中搜索和提取出最有价值的一部分，以实现预处理目标。

图中第二个反馈循环包括数据探究活动以及视觉表示操作。这里的数据探究是指操作人员对预处理后的数据加以筛选，从中选择出需要分析的数据子集，并根据需要在不同的子集中进行转换的过程。视觉表示指的是将选定的数据子集用图形的形式直观地表达出来，以可视化方式进行显示。这一操作过程依赖于计算机图形技术，需要采用专门的算法来实现，制图软件工具包能够方便用于图形绘制。

最后一个反馈循环则是由操作者查看可视化知识展示的结果，并对图形界面进行可视操作和可视化图信息认知反馈，以此完成对信息的分析，使其与自己的认知相匹配。由于一些高层次的可视操作可能会改变图形显示效果，因而这一循环过程也被称为人机交互处理，其操作直接决定着可视化的应用效果。

除了以上这三个循环回路以外，物理环境和社会环境也是该模型中不可忽视的内容，其结果会对操作者的数据采集行为产生直接影响。其中物理环境指的是数据的实际来源环境，而社会环境则关系到了人们以何种方式来采集数据、以何种方式解读数据，以及这些采集、解读方式的精细和复杂程度。

在信息资源聚合的基础上，对聚合结果进行可视化展示，能够使语义形象化，从而提高内容的可理解和可认知性。海量信息通过可视化手段，可以把非空间数据转换成视觉形式，因而具备一定的形象特征，使人的形象思维受到启发，从而有助于数据的深层次理解。在聚合结果的可视化展示中，需要重点关注以下三个方面问题：

① 聚合结果的可视化布局需要符合用户的视觉理解习惯。一般来说，信息对象的视觉距离越近，用户越倾向于认为其关系越亲近，反之则越疏远。在聚合结果的可视化中，需要适应用户的这一习惯，从而降低用户的学习成本。同时，需要根据聚合结果中的内容语义关系，为任意两个描述对象设定合适的视觉距离和表现形式，同时需要考虑如何将聚合结果在多维特征空间中表达为二维或三维空间中的视觉距离。

② 选择支持用户深度交互的可视化工具。为了让用户更有效地获取并理解聚合结果中的数据和内容，需要进一步依据用户需求将这些数据和内容进行细化、泛化、组合、分解等操作，这些操作需要在可视化图形层面上进行。同时，其结果允许用户对可视化模型本身的参数进行修订，同时让用户直接参与可视化过程等。因此，需要研究并提供一种能让用户进行深度交互的可视化模型。

③ 多层次展现聚合结果。在对聚合内容进行可视化时，需要对聚合结果进行不同层次的展现，从粗粒度到细粒度，从总体到细节，以便用户从不同层面对聚合结果进行观察和理解。其目的在于，使用户可以对这些不同层次的可视化结果进行处理，从而获得不同层次的可视化内容。显然，多层次展示可视化结果也是用户吸收多维信息的需要，在于细化其中的关联关系，拓展和深化内容描述。

9.4 面向用户的知识聚合平台功能实现

面向用户进行信息聚合服务平台的功能实现，既需要在功能设置上充分考虑用户认知需求的满足，也需要在平台架构上考虑技术的合理性，从而实现平台易建设、易扩展和易维护。

9.4.1 面向用户的信息聚合平台总体功能

面向用户的信息资源聚合平台最重要的功能就是，在保障基础服务正常运行的同时，进行信息资源的深度聚合，并以此为基础进行服务的组织与拓展，从而提升用户的使用水准。在分布资源环境下，信息聚合平台以此为基点进行构架。

如图 9-6 所示，逻辑层面上，面向用户的信息聚合平台主要由资源库、用户数据、资源聚合、资源服务、运行管理和基础服务模块构成，模块间的关联形成了基本的逻辑结构。

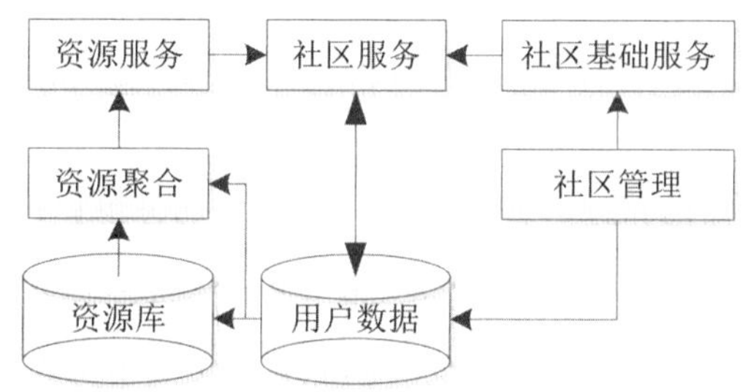

图 9-6 面向用户的信息系统聚合服务平台逻辑功能

面向用户的社区基础服务(包括知识交流、用户个人空间、社交服务等)和面向用户的运行管理模块作为平台的基础性模块，为平台服务提供支持，因而也是其他模块存在的基础。用户数据模块包含了 UGC 产生的信息，以及用户在服务、注册、利用、反馈等过程中的数据，用于为资源聚合和服务提供保障。资源聚合模块一方面基于资源库和用户数据库，实现信息资源面向用户需求的聚合；另一方面，实现基础资源与资源服务的关联组织目标。资源服务模块的作用则是在信息资源聚合基础上，面向用户需求进行信息服务的组织支持。该模块与社区基础服务模块一起构成了平台服务模块，用户在与服务模块的交互中进行信息资源的聚合。

基于平台的逻辑结构，可以确定面向用户的知识聚合平台的层次模型。聚合服务平台从下至上由环境支撑层、数据资源层、资源聚合层、核心服务层、用户交互层及平台支持层6个部分组成，如图9-7所示。

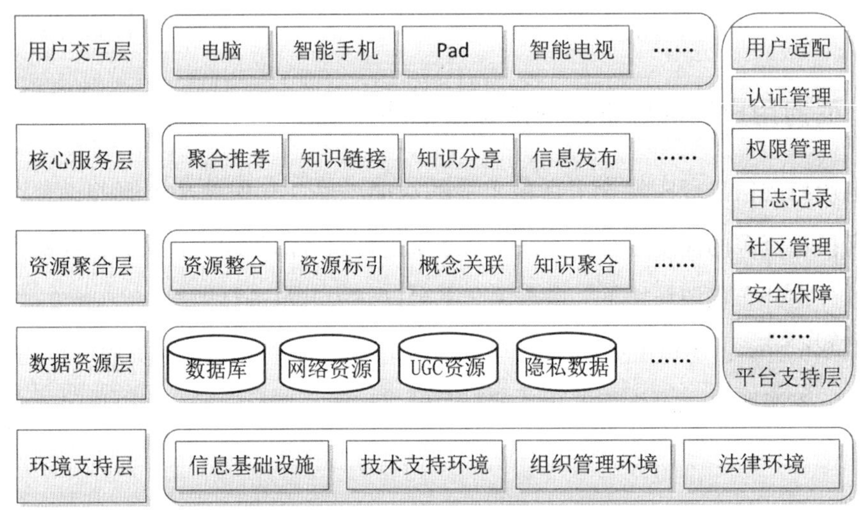

图9-7　数字图书馆社区知识聚合平台结构

信息聚合服务平台在一定环境中构建和运行，因此环境是平台建设和运行必须面对的。从总体来看，平台环境包括信息基础设施环境、技术支持环境和其他环境的支撑。一方面，平台的建设是基于计算机通信网络的，没有信息基础设施和网络支撑，分散分布的信息服务系统就不能够实现互联互通，协同服务也不可能得到实现；另一方面，平台是在现代信息技术和网络技术的基础上形成的，如数据库技术、网络数据安全技术、知识挖掘技术等。其他环境包括组织管理制度的建设、政策导向等。

数据资源层可以看成是整个平台的底层数据仓库，是开展信息资源聚合与平台服务的资源依托。首先，数据资源层应是信息内容全面、资源结构合理、组织方式科学的信息数字资源体系，可将不同系统、不同载体和类型的数据存储到不同的数据仓库中以方便数据管理和调用。同时，还需要提供分布式信息资源的实际存储和相应数据库的访问接口，其接口可选择各种互操作标准协议，通过封装成为Web服务，从而实现全局范围内的数据集成，为面向用户的信息聚合服务平台提供数据资源基础。其次，数据资源层也应包括记录全面、完整、准确的用户数据，这些数据一方面可以作为数字资源的补充，完善数字资源体系，另一方面也是进行用户需求分析、开展个性化服务的基础。

资源聚合层实现资源的聚合。具体而言，首先需要实现各类异构资源的整合，既包括本地数据库资源，也包括远程访问的外部数据库资源、网络资源及基于 UGC 产生的知识资源。在此基础上，还需要对资源进行标引，通过内容和外部特征揭示，同时进行领域概念关联，以实现知识资源的深度聚合目标。

核心服务层是平台的中心。它以 Open API 方式对外统一提供抽象化的应用服务，同时对平台上各个系统的 Open API 提供托管服务。核心服务层将基于信息聚合的拓展服务、平台基础服务和外部服务集成起来，以统一服务接口提供给用户。这些服务既可以作为独立的服务提供给用户，也可以通过组配的形式提供给用户。

平台支持层则是平台正常运行的基础，为平台提供多方面的支持。为保障泛在网络环境下用户通过各种终端的访问体验，需要在识别用户终端特点和网络状态的情况下，进行服务的自适应匹配；认证管理，需要支持用户多种形式进行身份的认证，从而让用户获得所需的个性化服务；权限管理旨在为服务的有序开展提供支撑，需要提供权限管理功能，按信息资源聚合服务与安全规范进行配置；日志记录，即在符合国家隐私法律法规的前提下，将用户的行为信息进行记录和合规使用；运行管理，即向管理员提供的用于服务管理的系列工具，以保障社区的有序运转；安全保障，即保障信息资源、服务及用户信息安全，从而保障用户使用中的安全体验。

9.4.2 跨社区系统的知识聚合平台功能实现

数字图书馆社区知识聚合平台是在多个异构的资源与服务系统基础上，为实现各个异构系统和应用程序的无缝的协同，构建的一个总的体系结构。该结构应能集成各应用系统，且具有松散耦合、位置透明、协议独立的特征。由于面向服务构架(SOA)能够解决跨系统的资源整合和服务协同问题，因此，基于 SOA 的跨系统信息平台可以适应数字图书馆社区知识聚合平台的要求。

从业务角度看，SOA 是系统为用户或访问程序提供的一组服务。从架构角度看，SOA 是一种架构体系，它包含服务提供者、服务请求者和服务描述，具有模块化、封装、弱耦合、分离、重用、可组合和单一实现等特性；从实现角度看，SOA 是通过标准、工具、方法和技术(如 Web Service)来完成构架的一种模式。

在信息聚合平台构建中，为实现跨系统的资源与服务协同，有两种方案可以选择：一是重新设计整个系统；二是改造并整合现存的异构服务系统。重新设计系统借鉴“自上而下"的平台设计思路，以统一的标准、技术、架构等作为协同的基础。由于不同的系统在这些方面都得到了统一，因此在理论上是最为可行的。然而，实际存在的系统在业务流程和数据标准上存在差异，而统一化必然需要业务流程和数据的重新设计，甚至把原有的信息服务系统全部替换，代价太大。因此，基于 SOA 架构的知识聚合平台构建更接近于第二种方案。在保留原有的业务流程和数据标准情况下整合现有的异构系统，通过提供对外的接口来实现与系统之间的联系和协作，从而避免资源浪费。

面向用户的信息资源聚合平台构建中，参与平台协同服务的系统之间存在很强的异构性和分布性，例如：不同信息服务系统中，一是信息资源类型多样，有 UGC 资源库、文摘库、目次库、引文库、全文库、网络导航、馆藏目录等；二是服务模式多样，且服务对象具有不同的特征和不同的使用权限。另外，有的资源库只提供给某个 IP 地址范围内的用户使用，有的完全开放，有的收费，有的免费。在这样一个庞大而复杂的资源和服务环境下，实现服务的协同和互操作关键的环节包括：通信(异构服务互操作)、过程管理、协调(解决冲突)、访问控制。中间件技术是一种传统的分布式计算技术，而分布式计算技术强调的是分布系统的集成能力，以两层或多层 Client/Server 为主要计算模式，关心的是简化用户端的工作和强化多层服务器的功能，典型的共享是静态的，通常关注一个组织内的资源共享，因而不利于实现大规模的信息服务共享。因此，目前集诸多优点于一体的 SOA 技术是聚合平台构建的可行选择。

SOA 是整合各种服务的架构平台，它的本质是通过一个核心技术集中管理平台，将各种服务整合起来。要开发一个完整的基于 SOA 架构的整合应用包括以下几个方面的技术：

Struts 技术。Struts 是目前的主流 MVC 架构，包括视图(View)、控制器(Controller)和模型(Model)三个部分。它负责处理整个应用用户界面部分，在实际项目中被大量采用。Struts 架构应用目的在于帮助开发人员将视图层、控制器层和业务逻辑层完全分开，通过控制器将视图和模型分离，从而使得项目的开发和维护变得便利。

Session Bean 技术。Session Bean 是 J2EE 的核心业务组件，负责处理应用业务的逻辑部分，可以实现远程分布式调用。

CMP 技术。CMP 是 J2EE 中处理持久层的核心组件，用来处理数据库操作的部分。CMP 完全由 J2EE 容器(Container)完成对数据层的操作，使开发人员不需要写繁琐的 SQL，在实际项目开发中被大量使用。

Web Service。Web Service 提供标准化的服务接口，是 SOA 得以提供标准化服务的基础，因而在平台服务中被广泛采用。

服务总线(ESB)。服务总线将各种服务进行集成管理，是 SOA 架构的核心技术①。ESB 支持异构环境中的服务间消息路由，实现服务请求者和服务提供者之间传输协议和消息格式的转换。ESB 的实现比较复杂，但却是非常成熟的技术。

基于 SOA 的信息资源聚合服务平台功能实现如图 9-8 所示。在基于 SOA 的聚合服务平台开发中，可以采用传统的表示层、业务逻辑层和数据访问层构架。其方法是：在业务逻辑层创建 Web Service，利用企业服务总线将传统的三层应用与其他应用集成，实现表示层与业务逻辑层的分离。现实中，可以在不知道业务逻辑层服务存在的情况下，将所有的业务请求提交给服务总线，服务总线再通过 UDDI 服务注册中心找到业务逻辑层中服务的位置，然后根据请求调用服务，操作结束后再把结果返回到表示层，从而实现基于 SOA 架构的系统部署。

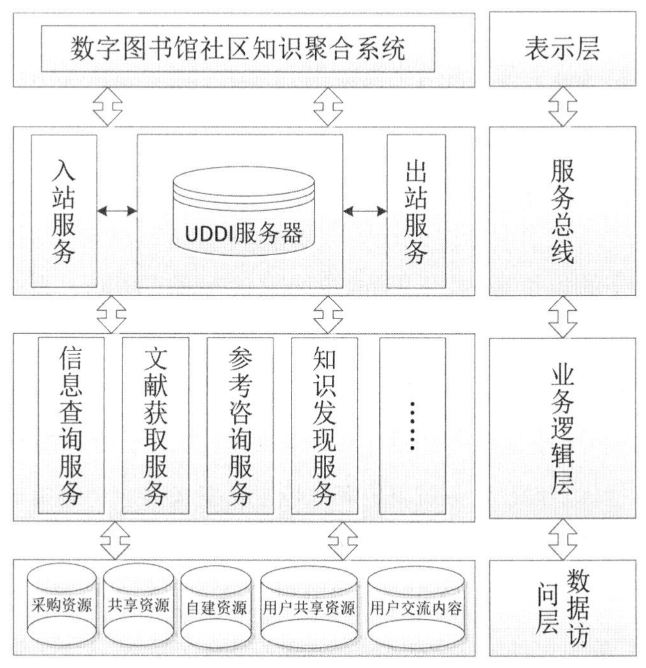

图 9-8　基于 SOA 的数字图书馆社区知识聚合平台体系结构

① 曾文英，赵跃龙. ESB 原理、架构、实现及应用[J]. 计算机工程与应用，2008(25)：225-228.

①表示层作为信息资源聚合与服务聚合系统的交互入口，其作用是：支持聚合服务系统通过注册查找相关信息和信息获取线索，以便在此基础上实现资源与服务的聚合；支持各聚合平台对自身资源和服务的注册、发布、共享和权力控制。在平台设计中，可采用 Struts 框架来构建表示层。

视图(View)部分。视图是一组 JSP 文件，Struts 提供自定义的标记库使用，通过自定义标记可以和系统的 Model 进行交互。

模型(Model)部分。Struts 使用一组 JavaBean 表示系统的内部状态，同时为模型部分提供 Action 和 ActionForm 对象：Action 处理器封装具体的处理逻辑，通过调用逻辑模块和视图进行响应；ActionForm 可以通过属性定义客户端表单数据，支持模型和视图之间的交互。

控制器(Controller)组件。控制器组件的功能在于接受客户端请求，然后选择相应的业务逻辑，最后把响应结果送回到客户端。

Struts 应用的配置。Struts 应用采用 web. xml 和 struts-cofig. xml 两个基于 XML 的文件来进行配置。web. xml 文件是配置所有应用的 Web，而 struts-config. xml 文件是 Struts 专用的配置文件，用于创建及配置各种 Struts 应用。

②业务逻辑层是实现信息聚合平台核心功能的组件，这些组件可以是 EJB、COM、CORBA，也可以是基于一定业务逻辑关系的 Web 服务。通过核心功能组件，知识聚合支持系统可以按一定的业务逻辑提供服务访问组件，实现其功能。

业务逻辑层是整个系统业务的逻辑计算和处理中心层，通过业务逻辑进行业务表示，提供数据访问功能。设计业务逻辑层最大的难点不在于技术，而在于对业务及其流程的分析和理解。业务逻辑层框架的设计应该考虑其灵活性、可伸缩性、定制性、透明性、快速构建性等指标。设计业务逻辑层有三种主要模式：

Transaction Script 是一种典型的面向过程开发模式，Transaction Script 把所有的业务逻辑按照单一的过程来组织，通过直接的或通过包装来和数据库进行交互。Transaction Script 的优点在于简单，它将业务逻辑分解成一系列的交易，适用于业务逻辑比较简单的领域。

Domain Model 与 Transaction Script 处理简单的业务逻辑不同，Domain Model 适合于更加复杂的业务逻辑，其缺点在于难以得到一个设计良好的模型，对象模型和关系数据库的映射协调，需要 ORM 工具的帮助。

Table Module。这是介于 Transaction Script 和 Domain Model 两者之间的模式。Table

Model 模式的每一个数据表或视图用"类"来管理，类封装了对于数据的所有操作。Table Model 模式以数据库表为基础来组织业务逻辑，能够更好地组织业务逻辑，实现关系数据库的接口。

③数据访问层用于提炼系统中对数据库的访问和操作，包括对数据库的查询、删除、修改和添加等。由于各个系统的服务都要与数据库进行交互，因此数据访问会重复利用。数据访问层中包含了对数据库进行各种操作的 Web Service。Web Service 接收来自业务逻辑层的数据源和操作请求，自动生成对数据库操作的各种命令。一旦操作执行结束，Web Service 便将结果返回到业务逻辑层。

面向用户的信息资源聚合平台使用 CMP 实现对数据层的操作，相对于 BMP，CMP 不需要将 SQL 语句加入到代码中，以简化开发工作。

在基于 SOA 的信息资源聚合平台中，对于不同系统提供不同的资源和服务，可以采用 Web Service 技术进行分布式异构资源和服务的集成。图 9-9 显示了基于 Web Service 的平台服务集成构架。

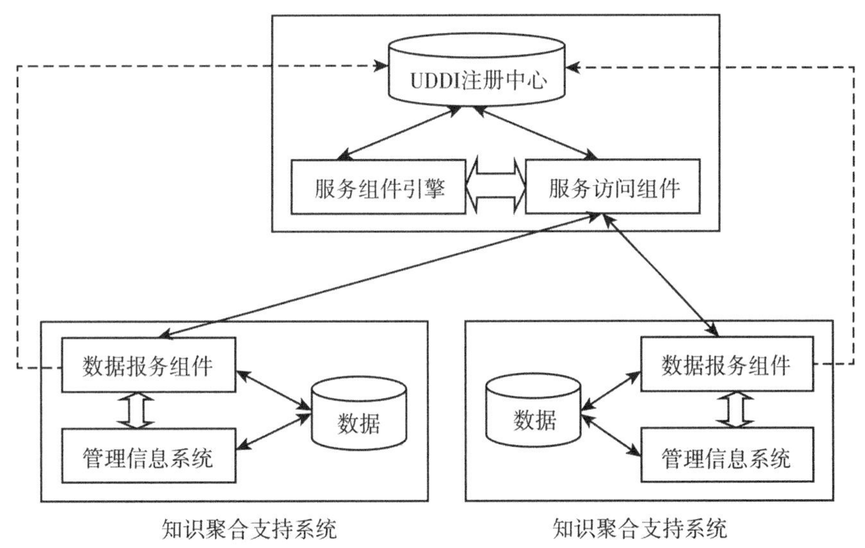

图 9-9　基于 Web Service 的平台服务集成构架

在图 9-9 所示的服务集成构架中，信息资源聚合平台通过服务组件与访问组件进行多源异构资源和服务的组织，其基本构成包括 UDDI 注册中心、服务访问组件和服务组件引擎。

UDDI注册中心是基于Web Service的平台服务集成构架的核心构成部分，用于提供快速的服务注册。UDDI通过标准的XML Schema定义发布和查找规范，包含向各聚合系统提供Web Service注册，以便信息资源聚合平台能够发现访问协议。

服务组件引擎功能是，在UDDI服务的支持下，提供面向信息服务的分类筛选和智能匹配搜索，支持数字图书馆社区知识聚合系统查找到所需的服务。

服务访问组件提供对各支持系统Web服务的访问功能。在实现中，所提供的服务都应有相应的服务描述，其服务描述内容包括服务属性、元数据支持和服务访问描述等。使用中，可通过描述定义服务功能、交换模型、相关约束、调用接口等。信息聚合系统只要将这些描述信息予以封装，以Web Service的形式发布到UDDI注册中心即可。在平台运行中，业务逻辑模块通过访问UDDI注册中心获得Web Service描述，在服务引导中获取信息聚合系统的数据，从而完成对聚合系统的服务集成。

复习思考题

1. 简述面向多元需求的信息服务平台构建原则。
2. 分析信息资源聚合服务平台规划中的关键问题。
3. 信息资源聚合服务平台框架与结构是怎样的?
4. 分析面向用户的信息资源聚合服务平台功能实现中的案例。

10 个性化信息服务

“个性化信息服务”
授课 PPT

授课视频
“个性化信息服务”

在个性化信息需求日益增长的信息时代，个性化信息服务不断发展。从总体上看，个性化信息服务由用户的个性化需求驱动，同时数字网络技术的发展使个性化资源组织的内容得以深化。从个性需求的满足，到面向用户的个性化嵌入服务的开展和基于智能处理的个性化云服务的推进，个性化信息服务经历了不断发展和完善的过程。在这一背景下，本章集中讨论其中的基本问题。

10.1 个性化信息服务的原则与要求

个性化信息服务的开展是以个性化的信息资源组织为依据的。个性化服务中的信息资源组织需要有明确的目标、原则和规范要求，以求在规范原则基础上进行服务的个性化推进。值得指出的是，个性化服务中的信息资源组织的目标、原则和规范与服务具有本质上的联系，这是个性化服务在资源组织上的系统化体现。

10.1.1 个性化服务的信息资源组织的目标定位

基于个性化服务的信息资源组织适应个性化需求不断上升的时代要求，是面向用户的信息资源组织体系构建的客观依据。由于信息技术的发展和用户信息需求的变化，个性化信息服务的发展趋势越来越强劲。在个性化信息需求日益强烈和信息服务个性化快速发展的情况下，基于个性化服务的信息资源组织就显得特别重要。

确定基于个性化服务的信息资源组织目标是组织信息资源以适应个性化信息服务要求的基础，同时又是一项综合性很强的系统工程，必须定位合理，目标明确。未来学家奈斯比特指出，失去控制和无组织的信息在信息社会里不再构成资源①。从实质上看，信息资源组织是信息资源管理的核心内容，信息资源组织是一个信息增值过程，在这个过程中，无序的原始信息将变成一个有序的方便用户使用的信息资源系统②。

作为一个体系目标，基于个性化服务的信息资源组织的目标，由总体目标和具体目标组成。总体目标是信息资源组织要达到的最终目的和结果，具体目标受到总体目标的制约，是目标的具体化。总体目标与具体目标之间以及各个具体目标之间相互联系、相互制约，共同形成统一的基于个性化服务的信息资源组织目标体系。

(1)总体目标

结合个性化信息服务的开展以及信息资源组织的现实情况，基于个性化服务的信息资源组织的总体目标可作如下表述：按用户个性化信息需求认知，利用数字化信息技术，依托国家信息基础设施，建立以用户为中心的信息资源组织网络，构建整合各种载体、各种类型信息资源的个性化信息资源系统，以提高信息资源的可用性，最终实现用户与信息资源的交互以及资源与服务的个性化集成。

在个性化服务的中心目标体系中，对符合用户个性化信息需求的信息资源进行深层组织与揭示，挖掘信息资源的潜在价值，形成深层次个性化信息产品，是其中的关键目标。目标实现的基点是，优化信息资源配置，在实现信息资源广泛存取和高度共享的基础上，开展针对用户的个性化信息资源服务，以满足用户日益增长的个性信息需求，解决信息资源共享组织与个性服务的矛盾。

在个性化服务的资源组织中，应建立多种用户沟通渠道，建立信息服务反馈与学习机制，充分揭示用户的信息需求，实现资源共享条件下的面向用户的重组。

(2)具体目标

总体目标可以分解为具体目标，具体的目标定位应从以下几个方面着手。

① 奈斯比特. 大趋势——改变我们生活的十个新方向[M]. 梅艳，译. 北京：中国社会科学出版社，1984：10.

② 尚克聪. 信息组织论要[J]. 图书情报工作，1998(11)：1-4.

①服务功能定位。首先，提供个性化交互式查询功能，在充分考虑用户使用推荐系统的前提下，把推荐系统的诸多功能集成在一个界面友好的用户环境之中，为用户浏览和查询提供方便，使之能和用户进行交互以帮助问题的求解；其次，能对用户提出的各种复杂的查询请求进行处理，以提高查询的准确率，同时，能够提供对检索结果的知识评价，激发用户新的需求兴趣；另外，应具备智能化信息资源分析与处理功能，主要表现为系统面向用户的主动性推荐和协作性推荐。值得指出的是，主动和协作推荐是当前值得关注的重要问题。主动性推荐是指主动采集并跟踪用户需求的信息并及时处理发布，从用户日常检索浏览中主动反映用户的兴趣，以推理并预测用户需求；协作性推荐是指根据用户之间的相同或相似性信息推荐，使需求相同的用户共享信息查询结果。从深层发展上，推荐精确的系统知识，屏蔽无关、无用的冗余信息，自动地、智能地将数据转变为符合个性需求的具有规律性的知识，是其中的重要课题。这一问题的解决，需要完整的服务功能定位。

②信息资源定位。创建以用户利用为主导的个性化的资源环境(Personalized Information Environment)，在充分了解用户个性化信息需求特性的基础上，建立一个包括全文、文摘、索引、书目、资源在内的可集成、可定制、可互操作、可方便利用的数字信息资源体系，它要求具有可靠覆盖、有效提供和有机链接各个研究领域的国内外数据库和联合目录等资源的功能，目的在于使复杂变为简洁明晰，使信息变得可理解。在个性化信息资源组织系统中，用户有着自己的描述文件，通过它来定义自己的角色，过滤出他需要的信息，以便提供能够涵盖所有功能和可能的选项。个性化的资源环境具有可定制性(Customizability)、有效查询性(Effective Search)、共享性(Sharability)和权限管理(Security)特征①。

③平台建设定位。为支持各类用户方便有效地搜寻、发现和选择利用各种信息资源，需要在个性化信息资源组织体系中建立多个分布的信息网络平台。为此，应强调提供权威和可靠的信息导航支持，整合信息资源与服务系统，将信息资源与服务整合到用户界面。信息系统平台根据特定用户需要，对分布的相关信息资源与服务(包括网络资源、数据库、数字文献、云存储资源、数智化服务支持等)进行整合，按服务流程进行关联。信息平台可以通过分布服务登记系统来搜寻资源与服务，通过集成定制服务模块来选择，其本身也可作为信息系统注册到服务登记系统中，以支持第三方对个性化搜寻

① 唐德合. 数字图书馆技术平台建设方案[J]. 信息管理导刊，2002(5)：15-22.

的需要。通过个性化信息资源平台的建设，应实现信息资源的有效组织。个性化信息协同服务强调将存放在数据库、数据仓库和文档中的信息转变成可利用的信息，并把这些信息传送给用户。通过集成化的方法可以把原有应用通过一个核心组件服务器(即应用服务器的服务)关联在一起，一个系统能够获取其他应用系统中的相关数据和消息，使之集成为一个有机整体①。

④技术体系定位。技术体系建设应以当前和未来工作需要为基础，不盲目跟风求新，适时适度发展先进服务技术。原有的能够满足用户不同层次信息需求的技术条件应加以适当改造更新，以取得更好的服务效果。对于新的技术，如网络数据挖掘技术、信息共享技术等，则应根据信息资源组织的需要，按照信息资源组织特色和服务重心，有选择地使用适用技术，形成基于个性化服务的信息资源组织适用技术体系。先进的个性化服务技术和网络信息资源组织技术是信息资源组织与服务的必不可少的保障。充分利用先进的信息技术，开发适用于个性化信息资源组织的综合技术，如开发信息资源的链接与动态重组、信息交流体系等，在实现搜索引擎、导航系统、用户界面等简便易用、快速、准确是必要的，它使数字化、网络化的信息资源组织、开发更具优势。

⑤资源体系定位。个性化信息资源组织体系要面向开放服务，提高信息产品质量和深层次信息服务的水准。要满足用户个性化信息需求，必须明确用户的需求动因，需求的内容、范围，以便采用不同的处理手段来满足不同的需求。信息资源的组织已由选择信息检索点转向选择最佳相关知识信息、以文献利用为中心转向以知识利用为中心，以提供尽可能完善的社会化、一体化、集成化和精品化的信息服务为首要目标②。为了实现这一目标，应通过信息服务技术来实现信息资源组织体系的功能再造和业务重组，建立面向各类信息资源的集成化资源保障体系，建立基于学科主题的个性化信息资源组织系统并与国内外其他个性化信息资源组织系统联结，从而促进以用户为中心的信息服务发展。

⑥协调机制定位。为支持用户对各种分布、异构和变化的信息资源与服务系统的有效利用，需要建立面向开放和分布数字信息环境的集成协调机制及相应的服务系统，包括个性化集成定制系统、开放整合检索系统、开放元数据转换系统、唯一标识符解析系统、开放链接服务系统、开放用户使用控制系统等，以便用户个人、用户群组和用户机

---

① 赵志荣. 个性化搜索引擎的研究、设计与实现[D]. 成都：四川大学，2002：4.

② 姜永常. 网络化与我国图书馆知识信息服务的发展趋势及对策[J]. 情报资料工作，2001(2)：20.

构能够灵活地、无缝地集成所需资源和服务，在基于个性化服务的信息资源组织体系基础上形成个性化和可动态发展的用户数字信息体系，支撑围绕用户信息活动组织数字信息资源和信息服务的业务体系。

10.1.2 个性化服务的信息资源组织原则

基于个性化服务的信息资源组织更注重用户的需求，更重视信息易用性，同时也关注系统的开发的整体化。

(1)用户需求中心原则

基于个性化服务的信息资源组织目标，在于在资源共享环境下向用户提供可靠和实用性的信息资源服务，以提高资源的利用效率和效益。资源建设本身就是“以用户为中心”原则的体现。信息资源组织的“用户中心”原则有别于以资源建设为中心，是传统信息资源组织方式的变革，它要求在信息资源建设规划、方案形成和组织实施中，坚持以需求为导向，从是否能最有效、最可靠地提供和保障用户所需服务的角度出发，将用户中心原则作为资源开发的出发点和归宿。在资源建设中，不仅要进行信息资源科学配置，而且要配套相应服务的技术，还要解决这些服务系统的可靠运行、方便利用和长期维护问题。在基于个性化服务的信息资源组织过程中应准确反映用户需求，充分保障用户参与建设过程，严格按照用户的资源利用效益来评价所建资源项目。这需要通过一系列措施予以保障，包括用户调查的规范、用户直接参与建设、独立的用户测试等①。

用户中心原则的贯彻，要求调查用户的信息需求和他们访问与利用信息资源的情况，了解用户最需要什么信息与功能、据此设计信息资源组织体系的用户界面与服务功能。尤其要注意将被动的资源检索变为主动的资源推送和知识导航，在信息资源与服务的开发上下功夫，以便以优质的服务吸引用户。为了避免信息资源组织体系为用户使用带来的不便，应加强用户信息空间的管理，通过收集用户的评价与反馈意见发现问题，找出解决办法以改善和提高服务质量。

为此，美国国家科学数字图书馆 NSDL 建立了评价工作组，发布了“NSDL 资源集成数据与用户和使用数据评估试验报告”(NSDL Evaluation Pilot Preliminary Report of

① 张晓林. 国家科学数字图书馆：面向用户的数字信息服务体系[J]. 现代图书情报技术，2002(5)：1-2.

Collections Data & Users and Usage Data)，以此强化对用户的帮助、指导和培训。在个性化服务中，信息资源的公共获取最重要，信息的公共获取是社会公众的一项基本权利。IFLA 在《数字环境下的版权立场》中强调“信息是为人人的”。从中国互联网络信息中心（CNNIC）历次的调查看，获取信息是广大的网络用户上网的主要目的，这足以说明，社会公众非常需要针对性信息。基于此，UNESCO 的“信息为人人计划”(Information for All Program)提供了一个国际合作框架，旨在建设一个为所有人服务的信息社会。

(2)系统化组织原则

信息资源组织体系建设必须通过系统规划来保障，这就要求实现资源的跨系统、跨层次、跨地域的无缝链接，进行开放性整合。在个性化信息资源体系建设中，应充分利用国内外已有资源、技术，以扩大服务能力、提高建设效益，为此，需加强信息服务系统间、信息产业链的有关机构和相关系统的合作。目前我国信息资源体系存在的一大弊端是，彼此有效之间自然存在着一定的资源共享障碍，在资源共享中，为支持用户对多种异构和动态的信息资源与服务系统的有效利用，需要处理好“链接资源”和“本地资源”等关系。基于个性化服务的信息资源体系，其内容资源与外部链接资源应有统一的安排规划，因此应处理好“存取”(Access)与“拥有”(Ownership)的关系。在信息资源迅速变化的同时，保持系统的相对稳定性，并注意及时更新信息，以便在变与稳之间达到一定的平衡。

(3)开放性服务原则

基于个性化服务的信息资源组织体系功能的发挥要依赖国内外现有的分布式信息资源体系，在现有的分布式异构系统中，实现独立系统的互操作，从而达到资源共享的目的。在个性化信息资源组织体系建设中，应充分利用国内外已有资源、技术和服务来加快建设的步伐，扩大服务能力、提高建设效益。为此，应走开放性建设道路，加强信息服务系统之间国内信息产业链的有关机构和厂商以及与国外相关机构和系统的合作。目前的信息资源体系存在的一大弊端就是开放性差，彼此不能实现资源共享，而且重复性高，多网一面的现象普遍存在。资源建设上的“你有我也有，你无我也无”，导致信息保障能力低下。资源的开放建设意味着合作、共建、共享，这是资源建设长期以来追求的目标。

(4)信息易用性原则

基于个性化服务的信息资源组织的目的是提供个性化的信息服务，满足用户的个性信息需求。在信息资源组织过程中，一方面要考虑普通用户的需要，尽量简单易用，让普通用户花少量时间就能学会使用；另一方面也要考虑信息能力较强的用户需要，提供较复杂的功能。可见，使用方便是任何类型的信息资源组织系统中都必须遵守的一条通则，这一规范在界面设计上体现得十分充分。

10.1.3 个性化信息服务的基本要求

个性化的信息资源服务，即以信息资源为基础的个性化服务，其服务的开展应具有以下特点：

①主动适应用户个体信息需求的动态化发展。用户信息需求不仅随自身年龄、职业、学历等变化而变化，还随环境的变迁而改变。用户为适应环境和自身发展的需要，不断产生新的信息需求，特别是在网络环境下，用户对信息服务的期望值及质量要求都比以往有很大提高。个性化信息服务既要针对用户需求提供最贴切的信息服务，还要根据个体个性化特征，主动收集个体可能感兴趣的信息，甚至预测个体可能的个性发展，提前收集相应的信息，最后以个性化方式显示给个体。

②强调用户与资源建设及服务的互动。个性化服务要求与用户进行充分的互动，在交互的过程中了解用户的真实意图。作为信息提供者应在资源建设和服务中充分支持用户的习惯和行为，并帮助用户做出最优的选择。用户也应根据自己以往的检索体验，通过自己的思维方式和评估准则，判断检索工具和系统的执行效率与效益，选择最优的信息检索工具、最适合的检索过程以及检索表达式，来实现自己对信息的检索和利用。用户参与服务的过程和参与服务的程度会极大影响个性化服务整体质量的感受。

③在充分满足用户个性需要的前提下实现服务的多样化集成。随着个性化信息服务的进一步发展，用户对信息服务的集成化要求越来越高，获取信息的格式、途径与方式也呈多样化趋势，除了传统的文献提供、数据服务、搜索导航等服务方式外，还有移动代理、语音信箱等多种获取信息的方式。用户希望信息服务系统能够根据用户自身的客观情况，动态地变换信息提供的方式、格式与途径。多种形式的服务使得个性化服务的对象从过去的个别重点用户扩展到各类型用户。所提供的个性化信息资源经过高度整合，使用户能够多样地选择信息形式、内容、传递方式，便捷地获取。

④重视服务内容上的针对性、纵深化、专业化。根据不同的用户，采用不同的服务策略，提供不同的服务内容，使用户获得的信息是根据用户特定的信息需求量身定制的，是从大量的无关信息中过滤来的具有个性化特征和专业化的信息。随着用户信息需求层次的提高，越来越多的用户期望获取经过筛选、优化后的集成信息或对某一知识领域、知识环节的专业信息。因此，用户信息需求个性化的信息服务也呈现出具有针对性的纵深化、专业化趋势。

个性化信息资源服务的组织还需要解决以下几个方面的具体问题：

①用户特征注册。按用户注册信息规范，设置登录页面，供用户填写详细的个人信息，包括姓名、年龄、专业、单位、电话、电子邮箱以及选择自己感兴趣的信息主题等。此外，还要求填写所需要信息主题、关键词、报送地点和周期，以直接获取用户的兴趣、信息需求倾向等用户需求特点信息，建立特征数据库。实践中，每一用户表现出的信息需求和行为带有个性化的多元性，特征数据库并不能完全描述用户潜在信息需求，因此还需要与用户交往来补充。

②用户模型的建立。建立用户模型是实施个性化信息服务的基础，在模型建立过程中要重视用户行为监控和相关算法的应用，改进数字化资源的采集策略，为资源的个性化组织和管理提供依据。监控的实现可通过用户需求调查或系统生成的用户 Cookie 来分析用户的访问页面、浏览时间、关注要点、资源获取情况。要做到这一点，必须完善相应的人工智能方法和机器学习技术。在用户算法的应用中，用户需求的发展随着时间推移不可能一成不变，这就需要突出用户的需求变化，根据变化实现服务的拓展。

③用户的评价反馈。用户对服务效果的评价对个性化服务的组织具有重要作用。它有利于系统根据用户评价进行改进，以进一步提高服务水平。为此，有必要建立一套评价方法体系，使用户对所提供的信息资源进行定性和定量的评价，给出自己的评语和分值。当前最常用的方法有：案例分析法、利用分析法、网页日志分析和统计方法，但是，其评价还有待进一步研究①。

在个性化资源服务中，还要注意协调好几种关系：个人隐私保护的问题；技术与人的问题；标准化需求与个性化需求关系问题。

---

① 谭明君. 数字参考服务的评价[J]. 图书馆建设，2004(2)：53-55.

10.2 用户体验下的信息构建与个性化定制服务

用户个性化信息空间的构建和定制服务的推进具有不可分割的内在联系。基于用户体验的信息构建在于建立符合用户体验特征的信息组织系统、标志系统、检索系统、导航系统和推荐系统。在实施中，其个性化定制服务需要在个性体验空间中开展，进行面向用户的特征提取和开展针对性服务。以下着重讨论基于用户体验的信息构建和个性化定制服务的组织。

10.2.1 个性化服务中基于用户体验的信息构建

在信息服务领域，用户体验是用户与信息服务互动的客观反映，它要求以用户为中心进行组织设计和服务提供。个性化服务的用户体验包括用户对品牌特征、信息可用性、功能性、内容性等方面的体验。用户体验对当今的互联网产业有特殊意义。

(1) 个性化信息服务中的用户体验

1995 年尼葛洛庞帝(Nicholas Negroponte)在《数字化生存》一书中指出，数字化并不仅限定于数字网络的使用，而是涉及生活的多个方面①。这说明，用户利用计算机和网络时存在着各方面体验问题。Jeffrey Veen 在《网页设计的艺术和科学》一书中认为网站的用户体验包括三方面的内容：行为、结构和展示。在此后 20 余年的个性化服务发展中，用户体验逐渐成为个性化服务系统设计所必须面对的问题。其中，体验关系的深层次展示处于关键位置。图 10-1 反映了网站用户的体验关系②。

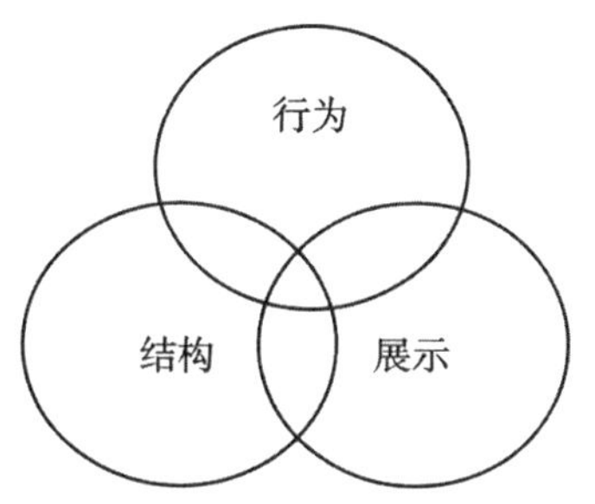

图 10-1 网站用户体验关系

如图 10-1 所示，以用户为主体在行为和外部信息展示的基础上所形成的结构，即用户体验的基本结构，构建了用户的行为活动与外部信息的交互关系。这一基本认识，在组织面向用户的服务中具有重要性。

① [美]尼葛洛庞帝. 数字化生存[M]. 胡泳，范海燕，译. 海口：海南出版社，1997：133.

② Jeffrey Veen. The Art & Science of Web Design[M]. Publisher：New Riders Press，2000.

在满足用户动态的个性化信息需求的过程中，不同用户的用户体验形态各异，这一方面与用户自身的知识结构有关，另一方面与用户体验的目标有关。围绕信息服务中的用户体验目标实现，针对用户的知识结构的不断变化，信息服务机构需要在用户体验空间中进行服务方式、服务手段的改变。在个性化体验获取和服务组织中，以下两方面问题值得重视。

①用户体验与知识结构的交互。信息可以改变知识结构，同时，知识结构对信息也存在反作用问题。网络智能化发展中，社会信息流和资源组织模式已发生深刻变化，其中用户知识与外界知识的结合变得越来越突出。从用户的多元化交互上看，数字化时代的知识体系不再是一个金字塔式的知识体系，而是一个由知识单元相互关联的网状结构体系。网络时代，用户积极参与到网络活动中，根据已有知识结构找寻所需信息，按自己的理解对信息进行标记分类，而不一定需要专家告诉他们应该怎么做，应该如何去做。所以信息时代的特点是，用户可以个性地主动搜索、获取和反馈信息。Google 的某些具有个性特征的服务正是考虑到信息时代的新信息作用方式，从向用户提供"主动"式体验搜索出发，构建简洁的个性化界面来适应用户的需求。在这种体验中，用户可以强调自身的知识结构，而网络服务应该立足于用户体验的满足。

②信息服务中的用户体验目标。信息技术已从各个方面渗透到信息服务领域，随着新技术的层出不穷，人们也开始对信息服务有更多要求。用户体验目标关心的是用户从自己的角度如何体验交互式服务，而不是从服务的角度来评价系统多有用或多有效。有效回答信息是否满足了用户需求和期望的问题，可以按"效用+可利用性=价值"的分析方法进行。如果从信息服务的角度来理解，其目标模型的建立具有一定参考价值，它应能反映用户对信息位置、信息获取途径、信息质量、信息价值等方面的基本要求。在实际过程中，用户期望往往来源于先前的体验以及服务的信誉度，当期望和用户体验相符时，会产生积极的体验；当它们之间发生冲突时，用户会产生消极的体验。这两方面的交互体验作用值得重视。

(2)用户体验信息空间构建

对网络用户体验的设计存在两种看法：一种是把每一种问题都作为应用设计问题来对待，从而应用计算机技术来解决问题。另一种则把网络看作信息传递、检索、发布的传媒系统和工具，对其按需组建。然而，这两种看法却忽略了人的因素，未能充分考虑用户体验的问题。因此，基于用户体验的信息构建必须首先考虑用户体验的层次性。

信息构建中必须充分考虑用户在获取信息、使用信息和发掘信息价值等方面的体验。首先，用户希望信息易于找寻并且可以使用，如果与期望符合，用户还会考虑信息是否易于获取，在使用中，信息的价值如何，进而产生对网站的信任。用户体验不断从低层次向高层次发展，因此网站需要不断加强与用户的交流互动，通过各种手段来提高用户体验，以利于最终实现信息构建的价值。通过构建用户体验的推进模型，可以说明用户体验的层次关系，如图 10-2 所示。

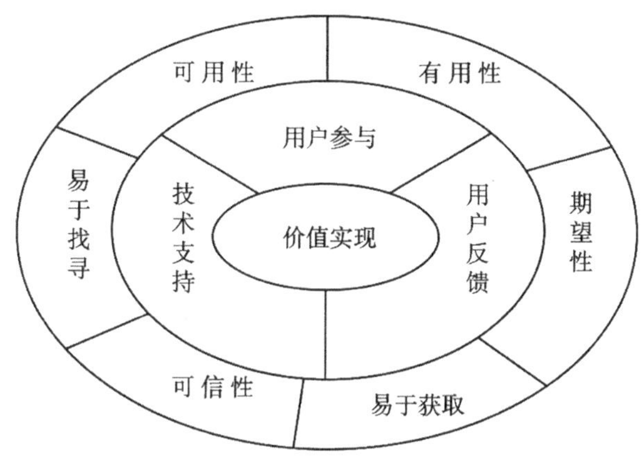

图 10-2　用户体验的层次推进模型

用户体验的层次推进模型强调网站的环境、内容和用户的协调。因为用户总是带有一定期望进入网站，因此，如何合理地安排要素来满足用户的期望是信息构建者首要考虑的问题。通过导航的设计，使用户易于发现信息并使用信息，并且不断通过技术整合各种资源，通过信息内容的挖掘服务获取用户对网站的信任，提高用户体验，从而实现网站的最大价值。

与用户体验的层次性相对应，网站的信息构建模型要求从用户和服务的角度进行考虑。在面向用户方面，因为用户往往把网站作为一种工具，利用它完成某种特定的信息获取和交流任务，因此，信息构建主要关心完成任务的步骤以及用户怎样完成任务。在面向服务方面，信息构建关注网站提供的信息以及这些信息对用户的实用价值。基于以上构想，我们提出面向用户体验的网站信息构建模型，如图 10-3 所示。

基于用户体验的信息构建模型从宏观要素出发，组合各种微观构成要素，以此建立综合的用户体验系统。

战略层关注用户需求和目标定位，是交互平台信息构建的基础。战略层既要考虑自

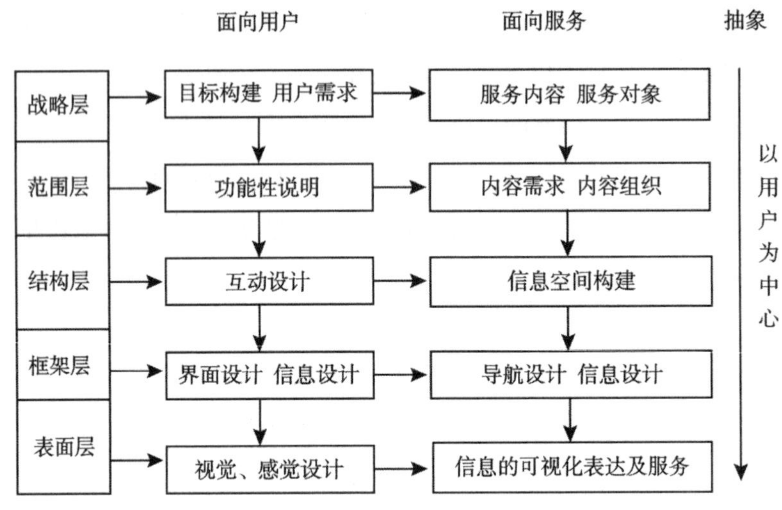

图 10-3 基于用户体验的信息构建模型

身目标，又要界定用户群及服务内容。设计中不仅需要面对具有共性的平台体验，也需要考虑不同个性群体的使用方便，以保证个性化服务与用户操作的契合。

范围层将战略层的目标进行了细分，确定交互平台有哪些特征和功能，对各种信息的特征进行详细的描述，对交互平台的功能进行说明，从而有效地组织信息内容，以利于不同的用户获取信息。

结构层通过互动设计，定义系统如何响应用户，实现各种信息资源在交互平台中的布局安排。同时，根据交互平台目的确定突出哪些内容，选择恰当技术手段更新服务内容。

框架层通过界面设计和导航设计，合理安排界面要素，以易于理解的方式表达信息，使用户能够与系统的功能进行交互。

表面层需要充分考虑用户有不同的偏好、不同的工作环境和物理能力，必须充分理解用户的系统感觉(视觉、听觉、触觉)，通过合适的板块、文字、图案、图片、动态效果和色彩表现具体的信息内容和意境。同时，应用合适的技术表现交互平台效果，吸引访问者。

基于用户体验的交互模型包含三个基本对象：用户、系统、内容。用户借助自身的信息处理能力将意图转换成行动，并能理解系统的输出和信息的展示。信息操作指令计算处理系统，利用智能信息处理能力解析并解释，对输入进行反应。内容表达是一系列经过严格组织和逻辑处理的语义段落。在信息服务过程中，用户在信息框架中与系统进行交互，这种交互方式受到系统的内容管理能力和系统与用户交流能力影响。只有系统、用户、内容三者相互协调时，才能最终达到用户目标。

用户、系统与内容的互动取决于信息构建的有效性。个性化服务中，如果信息构建是有效的，用户就能很容易地认识到提炼文本与自身知识结构的关联，否则就会出现不可用问题。下面我们从三方面交互中去考虑基于交互体验的信息构架。

①用户—内容构建。这一层面强调信息的可用性、可识别性和可理解性，帮助用户理解信息个体，满足用户的信息使用需求。它的可理解性是指对内容的可理解性，而不是表面形式化的可观性。在这一层面上面向用户的信息构建的任务就是如何展示信息中的内容。符合用户个性认知特征的信息内容服务，应注重依据用户的认知体系而赋予其所接受的内容。因此，信息构建必须考虑到用户认知体验问题。这是一个动态过程，包括用户体验的创建，用户体验的提升，用户体验的锁定，使得用户—内容的交互始终处于一种改善的进程当中，最终使用户在特定环境下，能够以较少的时间“吸收”其完成一定任务所需的信息。

②系统—内容构建。这一层面上的信息构建所要考虑的是组织系统和标识系统，包括分类体系、分类结构中的概念标识。其理论基础是分类和知识组织原理、编目理论以及菜单设计。最基本的就是类目表、明确大类和子类，按等级排序，每一类都拥有相同的属性特征，并有诸如受控词间关系、同义词、同音异义词、多义词、转喻词、上下文关系、整体部分关系、反义词等概念特征。菜单设计可按照用户偏好、使用频率、空间方位等编制。另外，这个框架可能是按等级排列或按树形结构组织的，或按循环/非循环网络来提供多种平行的途径去访问同一内容。因此应按信息构建设计的主流模式，保持应用上的一致性。

③用户—系统构建。信息构建不仅是一门科学，更是一门艺术，在为用户提供理性知识之外，更要强调用户的感性认识，多媒体和人工智能的发展使得这一问题得到改进。同时，跨语言检索也方便了各国学者的互通有无。但我们同时也认识到用户在与系统进行交互时，往往会陷入信息量巨大和连接点重复的困扰。这就需要设计导航系统，使用户知道从哪儿来，到哪儿去，也知道如何返回。常见的系统导航有全局导航、局部导航和支持嵌入式链接的特别导航系统。人性化地设计网络导航系统，基于用户经验和信息浏览特征来进行恰当的导航链接，将是信息构建中的重要问题①。

① 蒋伟伟. 基于信息交互的信息构建框架[J]. 图书情报工作，2004(6)：17-19.

10.2.2 基于用户体验的个性化信息定制服务

个性化定制服务在网络环境中进行，其定制服务组织必须符合用户体验。网络信息定制服务是针对用户的特定信息需求所提供的服务，它采取以用户为中心，主动推送信息的服务形式，从服务内容到服务风格力图符合用户个性需求。因此，用户可以根据自己的需要选择信息机构所提供的各种固定栏目，定制相关的资源服务等，同时还可以根据权限在基本功能、用户界面、信息资源等方面利用系统所提供的针对性服务。

(1)个性化信息定制服务的内容

在个性化信息定制服务中，用户可以根据自己的兴趣和需要选择(定制)信息。定制的内容非常丰富，主要包括界面、资源两大类。

①系统界面定制。系统界面定制至少包括界面结构和界面内容的定制。界面结构指系统界面的总体模块类别和布局形式，例如页面将包括哪些模块或服务，各模块的布局方式(上下或左右或层次)，界面上 Logo、有关图像、菜单等位置设置，界面色彩设计等。一般来讲，系统可提供若干模板供选择，并可能在各个模板的相应指定位置允许用户选择或插入一定的内容(如自定义 Logo 图像或文字)。例如，定制服务中，用户输入个人信息后就可在提供的新闻、财经、体育、休闲、文化等信息定制服务中，选择所需栏目和工具。

界面内容定制主要是对各个信息或服务模块的具体内容进行定制。例如：在休闲栏目下，系统默认提供的“热点报道”，可按用户感兴趣的话题，选择相应的服务界面及定制内容。

②系统资源定制。传统的信息资源服务系统界面为具有专业需求的用户提供统一的资源和服务，而个性化服务机制则要求能依据用户各自具体特征和需求为他们量身定做(或由用户自己定制)所需具体资源和服务集合，这些资源可能包括：

数据资源，如“我的数据库”(My Databases)、“我的参考书架”(My Reference Shelves，可能包括形式多样的数字参考资源)等，将用户最常用的有关资源作为首层列出，并提供与其他同类资源的链接，方便检索和获取。

网络资源，例如“我的网络链接”(My Internet Links)、“我的搜索引擎”(My Internet Search)、“我的个人链接”(My Personal Links)等，将符合用户实际经常需要的各类网络资源组织起来，形成个人网络资源收藏。

服务资源，例如“我的定题资料选报”(My Current Awareness)、“我的帮助”(My Help)、“我的FAQ”(My FAQ)等，可将用户与相应的专业咨询进行直接联系，或者提供针对性的动态服务。

一般来说，定制服务系统首先将按不同专业和层次预制系统定制模板，即系统根据专业需求和偏好等针对不同用户特点和需求预先组织若干个资源与服务集合(模板)。例如，系统为工程专业的用户提供的模板“我的数据库”里面的Engineering Index、IEE/IEEE、NTIS等，“我的搜索引擎”中的EEVL、Engineering E-journal Search Engine、Engineering Central：Search Engines等，“我的网络链接”里的工程资源站点、机构等。据此，用户可调用该系统定制模板，从中选择需要的内容或从其他系统定制模板中选择内容，或自己添加系统没有提供的内容，从而形成有个人特色的个性化资源定制模板。同时，系统可以跟踪用户对信息资源的利用，发现用户经常使用但又暂时没有列入用户定制模板的资源，自动(或提醒用户)更新用户定制模板。

(2)个性化信息定制服务组织流程

基于用户体验的信息构建从空间上构建了面向用户开展个性化服务的支撑环境、流程和服务框架。这一框架在面向用户服务组织的同时，又为定制服务的开展奠定了基础。个性化定制服务在网络环境中进行，其主流形式是网络信息定制服务。网络信息定制服务是针对用户的特定信息需求所提供的服务，它采取以用户为中心，主动推送信息的服务形式，从服务内容到服务风格力图符合用户个性需求。因此，用户可以根据自己的需要选择信息机构所提供的各种固定栏目，定制相关资源和服务等，还可以根据权限在基本功能、用户界面、信息资源等方面，利用系统提供的针对性服务。在实现中，系统可保证不同用户登录后使用不同的用户风格界面，能够访问不同的资源，浏览不同的媒体文件。个性化定制服务基于用户信息利用机制，动态适应性地开展信息资源提供服务。在这种服务模式下，信息资源组织不再保持固定的体系结构，而是以动态组合变化的形式来适应和支持用户的信息利用。个性化定制服务流程如图10-4所示①。

在个性化定制服务中，主要采取两种服务形式。一是个人定制，即用户可以按照自己的目的和要求，在某一特定的系统功能和服务中，自己设定信息的来源方式、表现形式，选取特定的系统服务功能等。此种服务是最简单直接的个性化服务，其实质

① 郭海明. 数字图书馆信息服务模式的演变[J]. 四川图书馆学报，2004(6)：19-24.

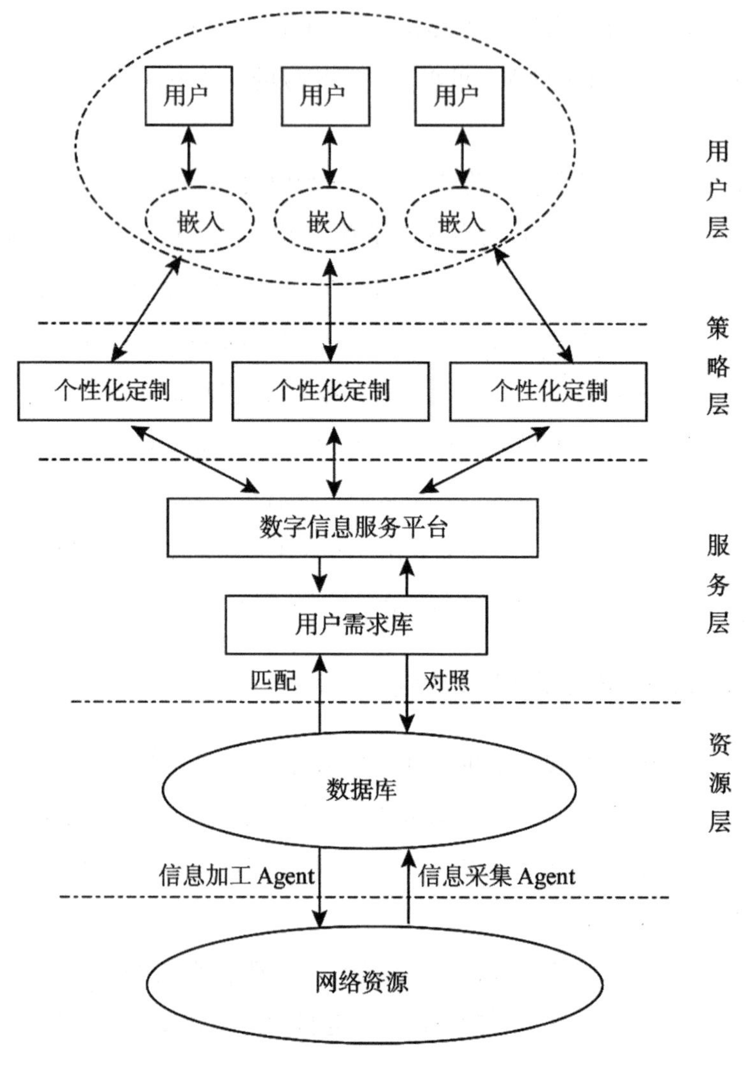

图 10-4 个性化定制服务流程

是用户从信息定制的内容、定制页面和定制信息的返回方式等方面提出个性化要求。二是系统定制，即系统通过对用户提交的信息和系统记录的用户访问习惯、偏好、特点等数据所进行的分析，寻找相近需求的用户群，自动组合出对用户有用的定制资料，发给用户认可。在定制服务中，要让用户对服务满意，起关键作用的是根据用户的定制模型对用户的分析，以此进行信息服务与用户个性需求匹配。个性化定制的实质是信息找人的服务，它可以帮助用户减少寻找信息的时间，提高用户信息浏览和检索效率。

10.3　基于用户偏好的协同过滤与推荐服务

用户信息行为由用户偏好和信息需求所决定，具有用户个体的个性特征。在基于偏好的协同过滤与推荐服务组织中，一是进行偏好行为研究，二是实现基于偏好的过滤与推荐。

10.3.1　用户偏好描述与分析

由于用户的偏好和需求随着环境的改变而发生变化，而用户的信息行为本身反映了用户的信息偏好和需求趋向，因此把握用户行为趋向是个性化信息服务关键。对信息行为的偏好分析，可利用以下途径：日志分析；Cookie 分析；智能代理(Agent)分析。

(1)基于行为趋向的偏好描述与挖掘

通过用户偏好信息的收集和分析，可以掌握其行为的趋向，从而在个性化服务中加以利用。例如，Google 获取用户信息的目的，在于根据其习惯与偏好，围绕搜索服务进行基于偏好的行为引导。这一过程可视为一种基于偏好和需求的导向行为，包括两个方面：一方面，用户在注册为 Google 用户时一般会提供背景、性别、爱好等信息；另一方面，用户通过 Google 搜索，输入的查询关键词，反映在浏览页面上必然显示浏览接收的个性习惯。这两方面构成了偏好挖掘的基本数据源。

用户偏好的描述包括静态信息描述和动态行为描述两个方面，通过显式或隐式的方法获取用户数据所建立的用户偏好模型在组织个性化服务中是重要的。其中，从收集用户兴趣信息的角度建立用户偏好模型，在服务中可结合用户动态行为偏好分析，进行全面研究。

目前，基于用户偏好的个性化服务研究有两项比较成熟的技术，即基于内容的过滤技术和基于协同的过滤技术。基于内容的过滤技术是根据信息内容和用户偏好之间的相关性，利用资源与用户偏好的相似性来过滤信息。基于内容的过滤技术将用户行为数据进行过滤，根据类似行为预测未来的行为偏向。协同过滤技术最大缺陷之一就是冷启动问题，当新用户进入系统并注册信息时或用户很少对信息进行评价时，系统很难向该类用户推荐资源。

用户静态行为偏好分析信息是跟踪用户偏好和行为的基础，用户的静态信息实质上是用户需求与行为的一种最直观的表达，在网络环境下，用户的信息需求包括用户的个性化信息需求表达以及用户潜在的信息行为趋向，因而可以完整地反映其偏好。

用户的静态信息归类，可以根据用户感兴趣的资源领域设计用户偏好向量模型。设用户的偏好向量为Q_i，如果偏好特征项的个数为 n，偏好数量为 m，则用户偏好模型矩阵：$U=(Q_1, Q_2, Q_3, \cdots, Q_m)$。其中，用户偏好特征向量为 $Q_i=(q_{i1}, q_{i2}, q_{i3}, \cdots, q_{in})$ ①。

目前，基于 Web 日志的挖掘技术可以很好地实现用户行为跟踪，用户在 Web 服务器的登录信息、浏览记录以日志文件的形式存在于服务器上，通过 Web 服务器的行为跟踪日志，可以获得对揭示用户行为有效的日志参数，并将服务器上日志文件中的用户信息进行分类整理。

如表 10-1 所示，在行为偏向分析中，假定访问时间跨度是定值，则用户访问固定页面的次数越多，访问该页面的总时间越长，用户对该页面的兴趣度就越大。设用户对页面的偏好度为 $\oint(H)$ ，对于页面访问次数和访问时间需要设置权重来说明其重要性，假定页面访问次数的权重为 0.7，页面访问时间的权重为 0.3。令 $\oint(H)=0.7F+0.3T$，设定阈值 $\oint(H_0)$ 为 10，当 $\oint(H)\geqslant 10$ 时，用户对该页面的内容存在偏好。例如，$\oint(H_1)=20\times 0.7+40\times 0.3=28>10$，故页面 H1 是用户感兴趣的页面。

表 10-1 用户动态行为信息的获取

用户 IP(P)	访问页面的 URL(H)	访问次数(F)	访问总时间(T)	访问时间跨度(V)
User1	URL1	20	$40t$	30
User1	URL2	10	$10t$	30
User1	URL3	2	10	30
User1	URL4	3	$3t$	30
…	…	…	…	…

当然，这只是提取用户感兴趣信息的一种方式，例如，现在很多具有交互式的网站系统通过用户参与评论挖掘用户的兴趣爱好。如图 10-5 所示，其基本原理是通过分析

① 王志军，于超. 基于隐式反馈的个人信息检索技术及实现[J]. 计算机工程，2003(6)：158-159.

用户行为获取用户偏好信息。

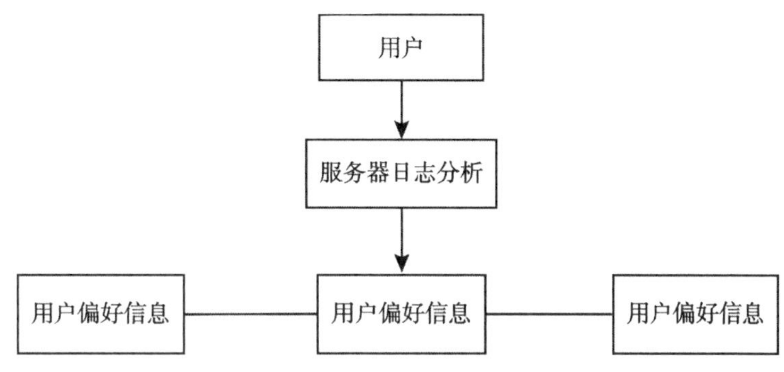

图 10-5　基于用户行为的个性偏好挖掘

以上分析具有较广的应用前景，例如在网络服务中，用户偏好信息往往在用户浏览过的页面上得以体现，由此可通过服务器日志提取特征偏好，将可提取页面的主题特征进行挖掘获取基本数据。这里的页面主题特征的提取，采用基于页面内容的主题词提取方法，如图 10-6 所示①：

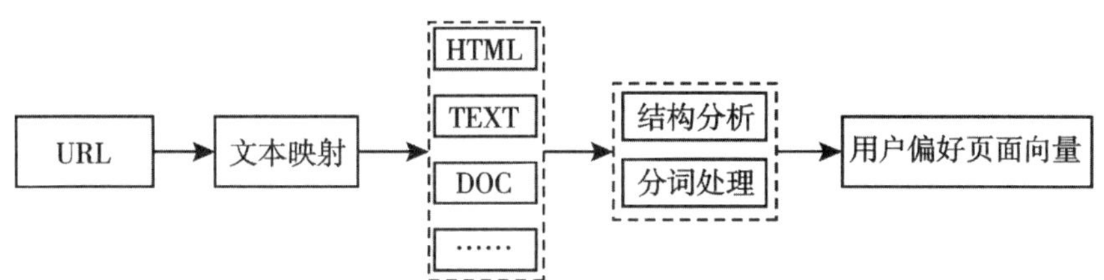

图 10-6　用户偏好页面主题特征向量的提取

据图 10-6 所示，设页面矩阵为 $U=(H_1, H_2, H_3, \cdots, H_m)$，用户偏好页面的 URL 经过文本映射后，页面内容以 HTML，TEXT，DOC 等形式表现，页面主题内容经过结构分析和分词处理后，形成页面的特征向量 $H_i=(h_{i1}, h_{i2}, h_{i3}, \cdots, h_{in})$ 。在形成页面的特征向量时，因用户很有可能访问相关联和相似的页面，因此在形成特征向量时可以剔除相同或相关页面的特征向量。

① 林鸿飞，杨元生. 用户兴趣模型的表示和更新机制[J]. 计算机研究与发展，2001(7)：846-847.

在研究中，我们可根据动态用户偏好页面向量不断去修正基于静态信息的用户偏好向量模型，由于用户主客观因素，其偏好也不断地改变，故用户偏好向量模型的修正亦不断地进行着。

用户偏好特征向量 $Q_i = (q_{i1}, q_{i2}, q_{i3}, \cdots, q_{in})$，经过隐性挖掘用户的信息收集行为得到用户感兴趣的页面特征向量 $H_i = (h_{i1}, h_{i2}, h_{i3}, \cdots, h_{in})$，利用用户偏好特征向量与页面特征向量相似度修正用户的偏好模型①。

$$\mathrm{sim}(Q_i, H_j) = \cos\theta = \frac{\sum_{k=1}^{n} q_{ik} \cdot h_{jk}}{\sqrt{\sum_{k=1}^{n} q_{ik}^{2} \cdot \sum_{k=1}^{n} h_{jk}^{2}}}$$

如图 10-7 所示，通过将用户偏好特征向量与页面特征向量相似性的比较，设 θ 为 Q_i 和 H_j 夹角，$\cos\theta$ 为用户偏好向量与页面特征向量相似性的值。X 轴代表用户偏好特征向量集方向，Y 轴代表页面特征向量集方向，Z 轴代表网络信息量集。在网络信息资源取某一定值时，$\theta(\theta < 180°)$ 越小 $\cos\theta$ 越大，这时用户偏好特征向量集中的某一特征向量 Q_i 与页面特征向量集中的某一特征向量 H_j 的相似度越大，用户在 $U = (Q_1, Q_2, Q_3, \cdots, Q_m)$ 中的某一偏好向量 Q_i 上的偏好得到维持；若 Q_i 与页面集 $U = (H_1, H_2, H_3, \cdots, H_m)$ 中任何一个页面的特征向量无关或相似度很小，说明用户对 Q_i 没有偏好，故而可在 $U = (Q_1, Q_2, Q_3, \cdots, Q_m)$ 中舍弃偏好向量 Q_i；若 $U = (H_1, H_2, H_3, \cdots, H_m)$ 中的某一向量 H_i 与用户偏好向量模型中的任一向量的相关度很小，则说明用户有了新的偏好，将页面特征 H_i 转化成用户偏好特征向量 Q_j 并加到用户的偏好模型特征向量中。

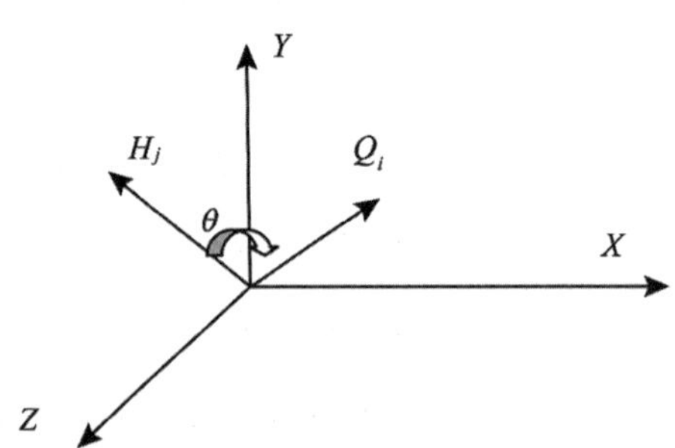

图 10-7 页面特征向量与用户偏好特征向量的相似度的空间立体图

① 余强，张海盛. 个性化 Web 信息服务技术研究[J]. 计算机应用研究，2006(2)：198-200.

(2)基于用户偏好的相似用户群聚类分析

在数字化信息资源海量利用的前提下，个性化信息服务被赋予新的含义。网络环境下，信息用户的数量数以万计，并以指数级增长，若不将具有相似偏好的用户进行聚类，对每个用户推荐的资源都重新组织，势必会浪费信息资源和空间。

从整体上看，用户在网络环境下利用信息资源的过程中，不但与系统进行交互，用户之间也存在信息交流和互动。用户在网络社区中相互交流可挖掘其偏好使其个性化思想得以体现，实现资源的相互推荐。社会网络环境下，由于网络中每个参与者有多种偏好，故社会网络实际上是由特定分类的主题标签联系在一起的网络形态。对此，哥伦比亚大学社会学系的瓦茨(Duncan Watts)领导的研究小组建立了一个实验网站(smallword.columbia.edu)，让每一个参与实验的志愿者在网站上注册，通过电子邮件等来进行试验。他们研究目的之一是了解人们如何使用他们的社会关系网络完成传递信息这样的任务。在基于互联网的信息传递中，互联网的复杂结构给信息传递与获取带来了很大的挑战①。在社会网络中，人们可以按照自己的兴趣偏好加入各种信息讨论圈，这就要求进行基于个性偏好聚类和面向具有共同偏好的信息过滤与推荐(如图10-8所示)。

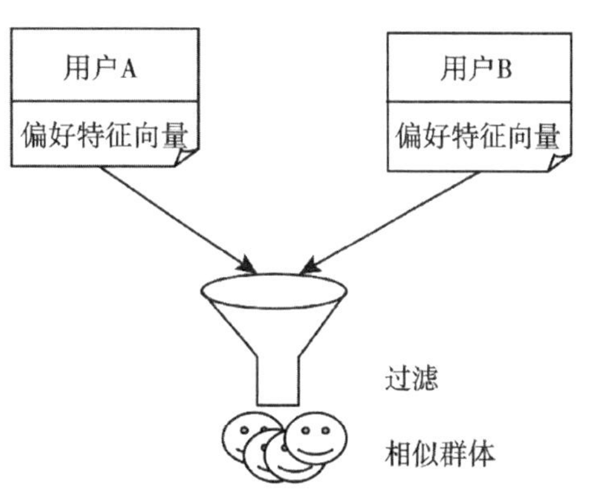

图10-8 相似用户群聚类

现实中往往存在这样的一种现象：偏好相近的用户可能会对同样的信息感兴趣，由此形成偏好相似的用户群。通过用户偏好模型可以分析具有相似偏好的用户群体结构。挖掘用户更深层次的偏好需求，有利于实现相似用户群中资源的共享。当然，这种用户群的聚类随着用户偏好模型的动态变化也在不断的动态变化之中。

相似用户群中用户偏好具有相似性，但每个用户可能存在多种偏好，若两个用户有某一相似偏好，则认为这两个用户是相似偏好用户。每个用户可能存在于不同的相似用户群中，对每个聚类群体的特征进行描述，旨在提高面向用户偏好群的信息推荐效率。

① 邹志仁. 信息学概论[M]. 南京：南京大学出版社，1996：23.

10.3.2 基于用户偏好的协同过滤与推荐服务实现

随着个性化服务的生成发展，基于偏好的协同过滤与推荐服务越来越引起人们的重视。用户如何在网上找到自己所需的信息，避免浪费大量的资源已成为一个十分关键的问题。过滤与推荐系统是个性化技术最普遍的应用，根据用户的喜好和行为，它能够自动地过滤掉用户不感兴趣的信息，预测感兴趣的信息。因此，通过对用户行为的分析，发掘用户的协同过滤的要求，才能实现个性化服务目标。

协同过滤与推荐模型构建

信息过滤与推荐运用特定的工具和根据一定的标准设置过滤条件，在网络运行过程中一旦触发条件则将不需要的信息滤出，而其他信息仍可以通过网络进行传播。信息过滤是从网络输入的数据流中选取相关的信息或剔除不相关的信息的过程①。它是把信息传递给需求者的一系列过程的总称。信息过滤依据信息与特定用户信息需求的相关性，来满足特定用户的信息需求。

图 10-9 是信息过滤与推荐系统的一般模型。图中，一个或一组信息用户由于工作、学习、生活的需要产生了信息需求，这种需求在较长的一段时间里保持相对的稳定。用户对特定信息的偏好选择需求是信息过滤的前提。用户的偏好需求以计算机能够识别的形式表达出来，就是用户需求模板(profile，也叫过滤模板)，它是进行信息过滤的预定条件。

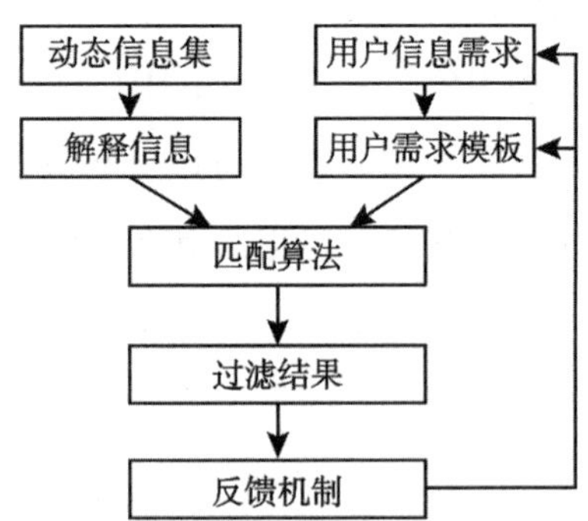

图 10-9　基于用户偏好的信息过滤与推荐的组织模型

① Donna Harman, et al. Information Filtering and Retrieval: Overview, Issues and Directions[EB/OL]. [2009-02-10]. http://citeseer.nj.nec.com/38885.htm.

在信息过滤与推荐系统中，对于动态的网络信息集不作预处理，只是当信息流经过系统时才运用一定的算法把信息揭示出来。匹配算法与用户需求模板的描述方法、信息的揭示方法是相互联系的，常用的匹配模型有布尔模型、向量空间模型、概率模型、基于知识的表示模型以及混合模型等，主要任务是剔除不需要的信息、选取需要的信息并按相关性的大小程度提供给用户。

在信息过滤与推荐系统中，用户需求模板的构建、信息的揭示、匹配算法和反馈机制是最关键的部分。在现有技术条件下，全自动的信息过滤系统还处于试验阶段，为了提高实用性，往往会在这些关键部分进行必要的人工干预，如对动态的信息集先作预处理、人工修改用户需求模板等①。

协同过滤是利用用户信息需求之间的相似性或用户对信息的评价进行的过滤。协同过滤的思想就是寻找相似用户，例如依据相似用户对学习内容的兴趣评价来确定是否推荐这个学习内容。在网络学习中，个性化信息过滤以给用户推荐适合其学习个性的内容为目的，显然它具有鲜明的个性特征；协同过滤依据用户信息需求内容与信息内涵，面向用户进行。在过滤中，用户需求与偏好具有关联性，因此应将需求和偏好相同或相似的用户作一个整体对待，通过相似程度进行信息过滤，以便在服务接口层次上实现个性化。

图 10-10 给出了协同过滤与推荐系统的模型。在协同过滤与推荐系统的模型中，功能模块是核心，由信息收集模块、信息分析模块、反馈模块和用户模块组成。在过滤与推荐模型中存在两方面功能：过滤模块实现信息收集和信息分析筛选；推荐模块按信息偏好和需求推荐信息。

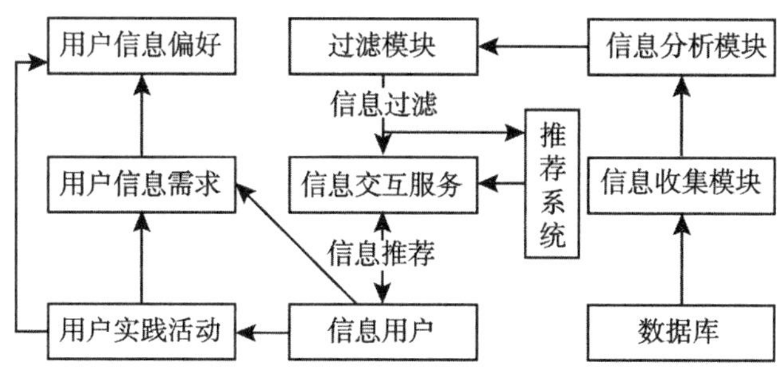

图 10-10　个性化协同过滤与推荐系统模型

① 黄晓斌. 网络信息过滤原理与应用[M]. 北京：北京图书馆出版社，2005：6.

用户的信息需求以计算机可识别的方式表达出来成为用户过滤模板，它是进行信息过滤与推荐的前提。用户通过过滤模板既可以表达用户感兴趣和需要的信息，也可以表达不感兴趣和不需要的信息。因而，交互服务系统可以通过关键词、规则以及分类的方法来表达用户需求，可以把每一个用户需求模板看作一个文档，通过一定的形式加以组织，最后存放在客户端、代理端或者服务器端。过滤模块以匹配算法为中心，信息过滤与推荐系统运用相应的匹配算法来比较用户需求模板与信息文档。现有的系统一般采用关键词、规则或分类的方法描述用户的信息需求，描述方法不同，匹配算法也不同。例如对于采用关键词描述的系统，适合用布尔模型、向量空间模型或概率模型等进行匹配；对于采用规则描述的系统，可以通过规则推算出用户虽然没有浏览过但可能会感兴趣的信息；对于采用分类描述的系统，可以用自动分类的方法如 TF-IDF(Term Frequency Inverse Document Frequency)分类器和 Bayes 分类器等进行匹配。一般情况下，用户需求模板的描述与网络信息文档的描述、匹配算法是紧密联系的。

由此可见，图 10-10 所示的协同过滤与推荐模型较好地解决了在协同过滤过程中向信息用户进行偏好推荐的问题。推荐系统是信息用户进行人机交互与过滤模块的一个关键衔接点，在推荐系统中，如何量化以及通过哪些方法可以对用户偏好进行分析，是研究的重点。通过分析用户反馈信息，系统可以对数据库中的信息与当前的相关信息进行关联分析，从而达到提高个性效率的目的。个性化信息服务系统在向用户提供服务的过程中，首先关注的是信息服务的内容。对用户偏好、需求以及行为的分析，主要包括以下四个基本问题：如何表示信息用户兴趣，如何选择文本特征，如何计算文本和用户兴趣的相似程度，以及如何根据用户的反馈信息自动更新用户兴趣及调整过滤阈值。其中，对用户需求偏好的分析是协同过滤过程中的一个关键环节，对此可以通过对 PageRank 技术的引入来解决这个问题。

协同过滤与推荐方法在于按照用户偏好自动对信息进行分类。这是协同过滤与推荐信息的基础性工作。社会网络中，群体用户之间的相互推荐是重要的。在协同过滤过程中同一个群体之间的相互推荐可引入 PageRank 的算法，以此来计算用户 A 对用户 B 某一个主题的交互推荐度，如图 10-11 所示。

其中 URP(User Recommend PageRank)代表用户推荐等级的值，用户 A 的 URP 为 10，它有两个外向链接，用户 B 和用户 D 从用户 A 获得了相似或相同主题推荐，每个链接的 URP 为 5，即分别向用户 B 和用户 D 各推荐 5 个单位 URP。同理：用户 B 的 URP 为 8，它有两个外向链接，则每个链接的 URP 为 4，即分配给用户 D 为 4 个单位的

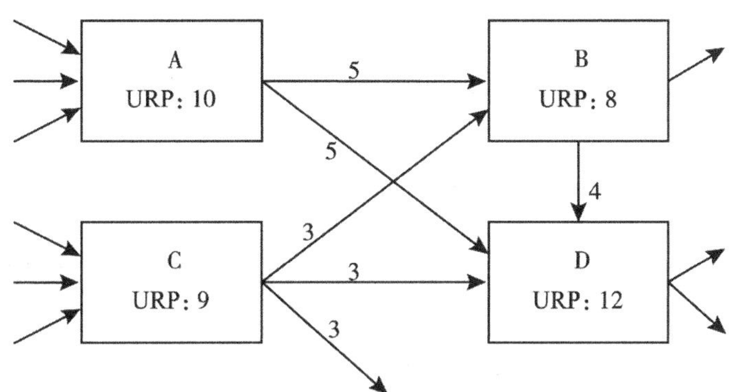

图 10-11　协同过滤过程中用户推荐等级的计算模式图

URP；用户 *C* 的 URP 为 9，它有三个外向链接，则每个链接的 URP 为 3，即分配给用户 *B* 和用户 *D* 各 3 个单位的 URP；统计后，用户 *A*、*B*、*C*、*D* 的 URP 见表 10-2：

表 10-2　用户 URP 数据表

用户	URP	外向链接数	URP 单位数/外向链接数	推荐用户
A	10	2	5	*B D*
B	8	2	4	*D*
C	9	3	3	*B D*
D	12	2	6	

通过 PageRank 算法引入，可以计算出同一个聚类群中不同用户的推荐等级，URP 的值越高，说明这个用户对某一主题推荐度越大，而且其他用户对这个用户推荐内容的引用也越多。在用户推荐等级的计算过程中，核心用户的 URP 值会高一些，普通用户的 URP 值会低一些，因此，有必要对核心用户和普通用户进行量化。

在信息过滤与推荐中，可以将用户没有评分项目的评分假设为 0，这样可以有效地提高计算性能，但在项目数量巨大且用户评分数据极端稀疏的情况下，这样假设的可信度并不高。在实际应用中，用户对未评分商品的喜好程度不可能完全相同①。只有当用户在较多项目上的评分比较相似的时候，我们对用户之间相似性的确定才比较高。

① 周军锋，汤显，郭景峰. 一种优化的协同过滤推荐算法[J]. 计算机研究与发展，2004(10)：1843-1845.

协同过滤推荐首先计算项目之间的相关性，然后通过用户对相关项目的评分预测用户对其他相关信息的选择偏好。在协同过滤中，通过查找目标用户的最近邻居，度量出用户之间的相似性，然后从中选择相似性最高的若干用户作为目标用户的最近邻居，是可行的。这里，目标的最近邻居查询是否准确，直接关系到整个推荐系统的推荐质量。准确查询目标用户的最近邻居是整个协同过滤推荐成功的关键。为了寻找目标用户的最近邻居，有必要对用户之间相似性的度量进行改进。在协同过滤中对用户推荐度进行计算，可以从中选出最符合用户需求的信息过滤方法，从而提高信息过滤的效率。随着信息过滤与推荐技术的发展，信息过滤与推荐技术日趋完善，特别是智能代理的应用，将会为信息过滤与推荐服务带来新的前景。

10.4 用户的个性化信息导航服务

信息导航既是有序展示网络环境中各种信息资源内容与结构的基本手段，也是联通用户与网络信息资源的有效方式，信息导航不仅有助于为网络信息资源构造标准的组织框架，使信息分布从无序走向有序，更重要的是可以向网络用户提供方便快捷的信息指引，使网络用户更方便快捷地查询到所需的信息。信息导航服务结合用户认知进行，从认知视角发现用户信息需求与信息有效获取之间的有效关联。

10.4.1 个性化信息导航策略

社会信息化进程的加快激活了用户的个性化需求，个性化信息生产和服务已为社会普遍认同。为解决网络信息空间日益严重的迷航和认知过载问题，向用户提供个性化的信息导航服务已成为一个重要的发展方向。个性化导航是一种面向用户、结合用户个体认知的导航方式，既是一种导航策略，也是一种个性化信息服务形式。实现个性化导航的关键在于如何从被动地接收用户的请求转化为主动地感知用户的个性化信息需求，即结合认知因素，向用户提供个性化的主动导航服务策略，解决传统导航的单向被动服务与用户期望双向交互式服务的矛盾。

(1) 用户模型的构建

用户的个性化信息获取是用户模型构建的基础。个性化服务的形式多种多样，包括个性化推荐服务、个性化检索服务、个性化网站服务等。但无论何种形式，都需要首先建立对用户的描述，然后才能据此提供针对不同用户的个性化服务，因此，用户模型在个性化导航服务中发挥着基础和核心作用，用户模型的建立简化流程如图 10-12 所示。

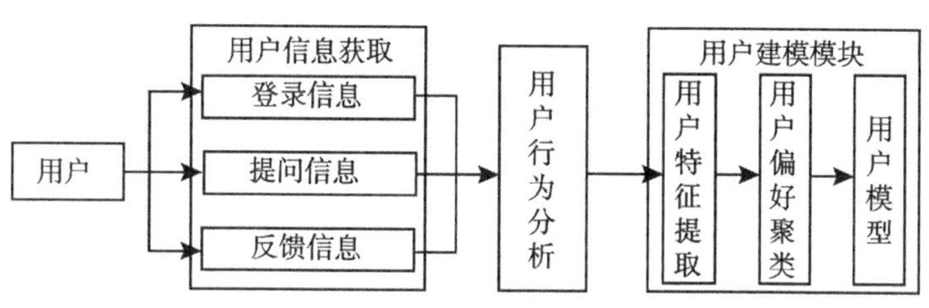

图 10-12　用户建模流程

根据个性化信息的获取方式，可以把用户模型的构建划分为显式建模和隐式建模两类。显式建模是通过人机交互方式获取用户个性化信息，在此基础上构建用户的兴趣模型。这种方法构建用户模型，比较简单易行，且用户模型的准确性较高。但其缺点也比较明显，如用户模型相对静态，难以较好地反映用户兴趣的动态变化等。隐式建模则是由系统实现且能够进行动态更新。系统时刻观察并记录用户的操作，然后从中提取出用户的兴趣所在，允许用户在不同的地点进行登录，通过基于学习的合同网协议，可以获取用户过去登录时的兴趣和爱好，即用户的原始模型；另外，用户本次登录后，通过基于观察的学习，系统可以了解用户新的兴趣和偏好。

个性化导航中，用户模型可以实现多种应用，如帮助用户发现信息；针对用户的能力和爱好确定信息表示；提供有关用户模型知识作为用户反馈；预测用户将来的操作习惯等。帮助用户发现信息对于导航而言尤其有用。例如，用户在浏览网页空间时，可以根据用户模型知识确定用户可能感兴趣的信息，把相关链接推荐给用户，或根据用户兴趣过滤网络信息文件等。

(2)个性化信息导航策略分析

狭义地讲，个性化导航是指在用户访问网络空间的过程中，根据用户的兴趣和偏好或用户模型，提供针对用户个性化特征的导航路径；广义地讲，个性化导航是一种能够满足用户的个性化信息需求的导航服务，即能够根据用户的个性化信息需求，或根据分析等获得的用户个性化信息而主动向用户提供满足其特定需求的信息导航服务的一种导航方式。根据个性化信息需求的交互方式将个性化导航分为“拉”式导航和“推”式导航。

“拉”式导航类似于一种定制化信息服务。用户告知系统其明确的信息需求，或通过用户定制获取用户的个性化信息需求，在分析用户明确表达的信息需求的基础上，系统向用户提供符合其要求的导航服务。“拉”式导航中，用户明确表达其信息需求在先，导航服务在后，导航服务是根据用户明确表达的个性化信息需求提供的。

“推”式导航的原理为，根据用户模型，把与其匹配的信息，或者具有相近兴趣的用户群相互推荐浏览过的信息主动提供给用户。本质上是一种“信息找人”①的个性服务模式，可以根据用户的个性化需求，提供导航服务，提高导航的针对性和有效性。如亚马逊商务网站(Amazon)的协作过滤系统就是一种“推”式导航服务，它通过用户的订购记录，分析用户的个性化需求，从中获取用户的偏好信息，然后根据“对 X 感兴趣的读者也对 Y 感兴趣”，将信息“Y”推送给相应的用户。

与“拉”式导航不同，“推”式导航通过对用户行为、特征的分析，获取用户的个性化需求，并由系统主动向用户“推送”导航服务。因而，“推”式导航中，个性化用户模型的构建是关键。

10.4.2 基于用户查询行为的导航设计

用户在网络空间的航行过程中，并不是同时使用浏览器和网站设计者提供的所有导航策略，而是根据自己希望实现的查询任务使用某些导航策略。查询任务的不同，会影响用户的查询行为和所选择的导航策略。

大多数有关网络信息导航的研究对用户的信息查询行为做了区分。例如，Catledge 和 Pitkow 把 Web 用户的信息查询行为划分为一般性的浏览和目的明确的搜索两类，认为导航的任务就源于这二者的差异。Newfield 等人进一步区分了这两种行为，把目的明确的搜索分为基于主题的搜索和事实型搜索。关于浏览与搜索的关系，研究者们持有不同的观点。有人认为搜索和浏览是两个并行的概念，把搜索和浏览看作相对立的两种行为，认为前者目标明确，是目标导向的；而后者的查询目标不明确，是与目标导向的搜索相对立的一种行为，是一种“随意的、不知所措的行为”。也有人认为浏览与搜索并

---

① 刘记，等. Web2.0 环境下的信息构建研究(Ⅰ)——信息构建发展的新阶段[J]. 图书情报知识，2007(4)：58-60.

非并行的概念，而是浏览涵盖了搜索。如赫尔纳(S. Herna)认为，许多我们认为是“搜索”的，仔细思考内容时，其实主要是浏览：在习惯上我们将浏览与检索区分开来，但实际上这只是用于区分不同层次的浏览，而不是将检索与浏览完全分割开来。还有人认为搜索涵盖了浏览，浏览也是一种搜索行为，只不过是一种偏重随意、较无具体目标的行为。

用户的信息查询行为从总体上可以分为浏览和搜索两类，而浏览与搜索的最大不同在于，前者是“从内容到位置”，后者是“从位置到内容”。也就是说，浏览行为一般没有明确的目的，用户的浏览行为仅仅出于对有关信息的好奇，或者是对某一主题内容进行的有限搜索行为；而搜索行为目的明确，搜索的过程是目标定向的过程，是用户寻找存储于特定部位的特定信息的过程。在信息查询过程中，浏览和搜索这两种行为会相互转换。在进行浏览时，用户可能并不知道自己到底需要什么，在漫无边际的浏览过程中，可能会逐渐明确目标，然后逐渐把这种浏览转化为已知主题的搜索。当然，已知主题的搜索也会由于查询过程中的意外发现，进行目标切换，转向宽泛主题的浏览。

Campagnoni 和 Ehrlich 的研究发现，在信息查询行为的选择上，用户有较强的浏览偏好。浏览最终能否达到用户的预期目的，除了受用户需求的内容、用户已有的知识、用户的先前经验、用户的信息素质等因素的影响外，还要受几种与网上信息浏览相关的特殊因素的影响，如，人机界面友好与否可影响用户浏览的心情；网站导航标识、内容列表、站点地图等会影响用户信息浏览的效果。

搜索作为常见的一类查询行为，除了用户需求的内容、用户已有的经验、用户的信息素质等因素外，搜索系统的匹配机制、搜索系统提供的检索支持、搜索系统的结果处理与反馈机制等都可能影响搜索的效率。

用户信息查询行为的不同，对导航元素的依赖程度也有所不同，如表 10-3 所示。就行为特征而言，网络虚拟空间上的浏览通常是沿信息节点间的链在网络中移动的一种信息查询行为，通常是无目的的行为，对导航没有直接的需求和依赖；而已知目标的搜索是根据一定的关键词、查询方式等进行检索、直接定位的一种行为，通常主题比较明确，对导航元素的需求程度比浏览行为低；目标不明确的搜索，表现为不能提交准确的搜索请求，如不能提供准确描述对象的关键词或不知道对象所属的确切类目等，则对导航具有较高程度的依赖。

表 10-3 不同信息行为(浏览、搜索)对导航元素的依赖程度分析

用户网络信息行为	事例列举	用户认知过程	认知过载程度	导航元素依赖
无预定信息需求 浏览随机	任意浏览豆瓣网的书评 ……	任意浏览—产生兴趣—定位—确定路径—是否达到目标	很轻	依靠基本的网络空间结构实现导航；可能产生即时需求，用户对导航无直接需求
有信息搜寻需求 目标模糊	寻找微软操作系统使用帮助，对微软提供的网上服务及自身需求不能明确界定 ……	寻求导航辅助—明确目标—监控路径是否到达目标—识别是否到达目标	较重	对导航元素有强烈的依赖感，以此确定路径以达到目的
有信息搜寻需求 目标明确	通过淘宝网购买商品时的产品信息搜索 ……	明确目标—监控路径是否到达目标—识别是否到达目标	较轻	用户一般具有以往的经验，导航元素提供的帮助在于用户的路径确定

用户的信息查询行为不同，采用的导航策略也应当有所不同，应当根据浏览与查询这两类典型的信息搜寻行为选用不同的导航策略。

针对目标不明确的浏览行为，建议用户多利用导航标识、可视化图示、内容列表、站点索引、站点地图等导航支持工具，在导航策略的选择上，可以选择主节点策略、等级结构策略、站点地图、站点索引以及导游路径、导游图等。对于导航工具的设计者而言，应当针对用户浏览行为所呈现的种种特征，设计相关的导航支持，如在网络虚拟信息空间的多个位置提供多种导航标识；构建结构合理、语义性强的内容目录；提供动态导游路径指引等。

针对目标明确的搜索，可引导用户采用语义表达较强的查询策略，如基于内容、基于概念的策略；对于导航工具的设计者而言，应努力减轻用户搜索中的认知负担，以满足用户的认知需求，同时可以通过标明检索结果的数量、相关度、提高链接与索引的质量、改进匹配机制等措施提升用户的搜索效率。对于目标不甚明确的搜索行为，导航设计者还应当提供一些自动词汇推荐、个性化内容推荐等导航服务。

10.4.3 基于用户认知体验的信息导航设计

在讨论用户认知与信息导航的优化时，进行面向用户的信息构建是必要的。一方面，信息导航需要构建清晰的、易于理解和使用的信息空间结构；另一方面，基于用户体验的信息构建应直接融入用户认知的因素。因此，基于认知体验的信息构建对于优化网络信息导航机制，提高网络空间信息导航的可用性与易用性具有重要意义。

(1)信息导航的设计目标

目前网络信息空间中存在的突出问题是网络空间的无序性，其影响是合适信息难以有效检索与获取。因此，改善网络空间的无序状态，旨在解决用户的信息检索与获取问题。信息构建关注信息的组织、标识、导航及检索的设计，以支持信息的浏览和检索。信息构建设计改变了以网站信息组织为中心的设计构架，为信息导航设计指出了一种新的面向用户体验逻辑框架，从而为用户提供了一个易于融入的信息导航环境。

导航设计的目标是构建结构清晰、内容易于理解、易于操作使用的导航支持系统，促进用户对网络空间信息的获取和使用。即在用户认知特征表达上优化导航系统的各类要素，为用户提供可用性强、交互性强、易用性好的导航支持。

尼尔森(Neilsen)在网站可用性问题中，进行可用性评估分析，提出评估可用性的十个目标原则(见表10-4)①。

表10-4 网站可用性评估原则

可用性评价原则	说　明
可视化	将物件、动作、观念尽可能可视化
与真实世界的关联	注重用户现实表达中的语言、文字、概念特点
用户使用系统的自由程度	用户对系统的控制和自由使用
一致性	导航设计中的文字与按钮等元素应该具有一致性
错误侦测	通过错误信息提示避免因一个错误的出现而诱发其他错误的现象
以认知取代记忆	增强用户认知的元素来减少用户的记忆负担

① 叶佳的，陈致荣. 探讨地图式(map)概念浏览界面的网页可用性评估：以亚利桑那大学人工智慧实验室的娱乐地图系统(ET-MAP)为例[EB/OL]. [2008-12-03]. http://green.lins.fju.edu.tw/~ms490072/sitemap.htm.

续表

可用性评价原则	说　明
使用的灵活性和效率	增加一些无经验用户看不见的标识
美学及最小化设计	不要向使用者提供不相关或是不常用到的信息
帮助用户识别、判断和修正错误	一旦发生错误，应当提供错误信息的提示和错误的解决方法
系统帮助	给用户提供帮助信息，让使用者感到有问题时可以得到帮助

这些规则不但可以用来评判网站的可用性。也可用来评判导航设计的可用性。对可用性原则的评价必须结合导航设计的实际需要，例如，关于用户使用系统的自由程度，当用户做出错误的操作时，应该给用户提供明示的紧急出口或提示信息，使用户能够摆脱错误的操作而重新开始。

(2)信息导航的设计要素与实现

信息构建的核心思想是“使信息可理解”“变复杂为清晰”，以支持用户在网络信息空间中的浏览和搜索。基于用户认知和信息构建的导航设计包含了信息组织、标识、导航方式、信息浏览和搜索等要素的设计和实现，用于为用户的浏览与查询行为提供支持。

①信息组织。信息组织是信息导航的基础，按照一定的逻辑序化结构给用户创造一个清晰的、易认知的信息环境，以便于用户快速定位和获取信息。信息组织包括两个方面的内容：一是组织模式，一是组织结构。前者是信息内容的组织，后者是信息结构的组织。对于信息构建而言，组织系统要达到的目标有两个，一个是信息的有序化，另一个是形成一定的信息结构。信息组织的方式决定导航的路径和策略。一般来说，精确的信息组织方法提供查询式的导航途径，支持目标主题明确的搜索任务；而非精确的组织方式提供浏览式的导航途径，支持目标不明的探查和目标识别任务。

信息结构可以看成是对信息集合中的信息按照某种方式加以组织以后所形成的有序的信息集合，是信息系统存储信息和信息系统内外部交流的基础。信息空间结构影响着用户的空间和认知能力，关系到导航的实现。用户在网络环境下迷航的一个主要原因就是网络链间关系复杂、链的结构不清晰。因而，信息结构的组织必须合理，这样才能够让用户更容易理解导航的架构，便于用户浏览和获取信息。从信息空间布局的角度看，信息结构的组织还需要注意信息对象的合理分布、排列方式，以及图形、图符、图标等可视化形式的内容描述等。

②内容标识。标识是向用户展示导航系统的最显化内容的一种方式，以对网站内容创建进行一致性显示。在为用户创造的信息环境中，合理的标识可以吸引和增强用户的注意力，帮助用户理解、表达或展示所需信息内容。标识通常是一些简短的文字、符号和图标等，主要针对导航系统、索引项、链接、标题和图形等进行。根据标识的功能，可以把标识分为如下类型：

情景链标识是嵌入正文里的文本形链接，用于揭示与信息正文相关的信息，易于创建和使用；

导航标识是导航系统的表现形式，在导航系统内部应保持一致性和完整性，从而为用户营造一种统一规范、亲切易用的浏览和导航环境；

索引标识通常是用户可能检索的关键字词、描述的元数据、受控词表以及名称变量等，对网站内容按某类索引进行分类；

标题类型标识用于概括标题下包括的信息内容，可以将语义与具体内容区分开，帮助确定网站的子网站以及区分类与子类；

图标标识能为网站提供统一且具有视觉功能的标示，方便使用且不会产生歧义的图标来表达常用概念。

③导航方式。导航方式包括全局导航、局部导航、情景导航以及补充导航，用于为用户的信息浏览和搜索行为提供导航辅助。

全局导航是在整个网站中都会出现的最上一层的导航元素，通常在网页的顶端或两侧以导航条形式出现，显示网站的主要栏目。全局导航元素设置的目的是提供一种标记，帮助用户确定网站的内容范围。用户无论进入到网站的哪一级，都可以看到标识一致的全局导航元素。全局性导航的特点是连贯性、一致性好(位于每个页面，并且内容一致)，允许用户跳转到另外的主题。绝大多数网站的首页都提供这种导航。

局部性导航是为全局性导航下层内容进行细分而设置的导航条，是对全局导航的一种补充，便于用户查看其下的后继或下级栏目，根据内容区域的不同会有所变化。局部导航的目的是帮助用户把握全局导航元素所包含的内容，供用户进行下一步的搜索和探查。

情景导航是把网站内部或外部的与某个主题相关的内容链接或聚集起来，供用户浏览的一种导航类型。情景导航的目的是向用户显示与当前内容相关的链接，可以通过超链或“see also”的参见实现。情景导航支持关联学习。对情景导航链的设置，其方法包括专家、作者等人员参与编辑设立，以及数智化情景设链。

补充导航提供给用户一个进入网站的专门入口，使用户直接进入所需要的内容，而不是根据某个内容层层进入网站。其中，站点地图、索引、指南等都属于补充导航。

④检索实现。网站一般都提供检索功能，在提供搜索框中，允许用户根据查询目标，直接定位信息。搜索适用于目标明确的查询，用户可以通过搜索子系统快速地查找到包含自己所需信息的链接，并直接进入相关页面。它与信息组织、信息标识、信息导航互为补充，共同构成网站导航系统，支持用户信息查询。

合理的导航实现，既要考虑用户的需求、用户的认知特性，又要考虑信息组织的方法、信息搜寻的功能，还要考虑信息资源的特征。在全面了解网络虚拟信息空间的各个要素之后，图 10-13 给出了信息导航的影响因素和改进策略，从而将用户认知要素作为不可缺少的部分真正融入到信息导航的构建之中。

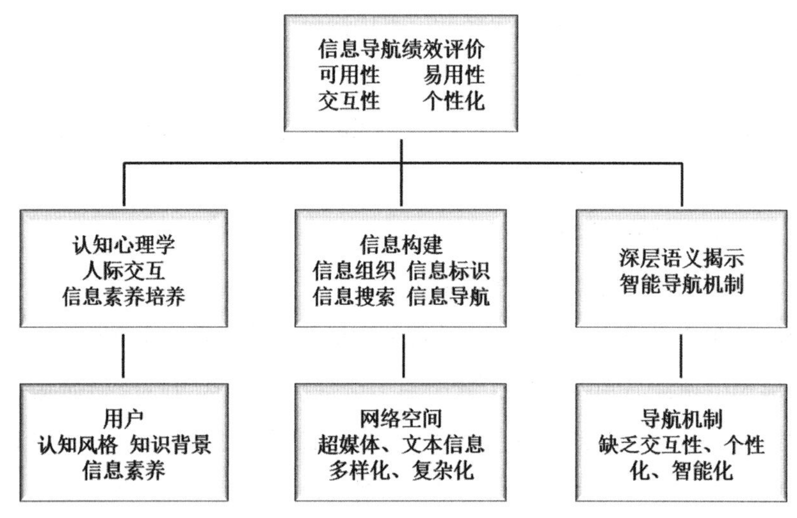

图 10-13 信息导航的影响因素和改进策略

从总体上看，按上述要素组织进行的导航实现需要不断完善。在完善过程中，合理的信息组织，既要考虑用户的需求，又要考虑组织方法，同时还要考虑信息资源的特征。在分析信息资源用户类型基础上，拟根据信息资源的类型、内容等特征选择合适的信息组织方法。信息组织的设计应当考虑如下内容：

在结构化标识中，信息组织结构以自顶向下的等级结构为主，辅之以自下向上的数据库结构和非线性的超文本结构。在信息内容与信息结构的屏幕空间呈现方面，应当根据用户的感知、认知特征，进行清晰的、合理的、易于理解的布局。

标识的标签可能直接来自于网站的内容、其他网站、网站用户或设计者，也可能来自于严格的词表。因此，需要对这些原始标签进行整理，根据其内容选择不同的标识形式。一般来说，适于用文本显示的用文本，适于用图标显示的用图标等。同时，标识的设计需要与网站组织系统的主体风格一致，如果信息是按内容主题组织的，那么其标识也应是内容主题型的。主体风格确定下来之后，再根据各类标识的特点分别将其应用于相应的内容、功能和区域，选取标题来源，进行优化整合，从而得到有效的标识集合。

在导航模式选择和优化中，一方面要注意导航标识的选择和使用中的一致性，另一方面也要注意导航指引的有效性，要尽可能地剔除无效指引元素。对此，我们可以根据网站目标、用户群以及网站内容的需要设计导航模式。导航模式的设计目的并不是如何提供最多的信息获取途径，而是如何最有效地提供最方便的途径，因而设计精简且充分的导航模式才是用户真正所需要的。

信息检索应当强调检索效率。一方面，检索系统应当具备高效率的搜索机制，如提供较好的匹配机制，提供多途径检索入口。除提供细粒度检索、二次检索等手段外，还要注意给无经验用户提供搜索词汇的推荐以及检索结果的排序等。另外，从易用性原则出发，理想的搜索系统应该能够处理自然语言提问；检索界面也应该人性化，使之具备好的交互性。

复习思考题

1. 简述个性化信息服务的组织原则和基本要求。

2. 简述个性化服务中的用户体验关系和用户体验的层次与结构模型。

3. 个性化定制服务的基本形式和组织流程是什么？

4. 如何进行基于用户偏好的协同过滤和推荐服务？

5. 个性化信息导航的服务内容与策略是什么？如何进行基于用户查询行为的导航设计和基于用户认知体验的导航设计？

11 信息资源内容组织与知识服务

大数据应用于数字信息服务组织中，信息内容组织，一是对于信息资源价值的发掘，二是对信息内容进行深层次关联，这两方面的工作有机结合而成为一个整体。基于资源共享与保护的信息内容开发与关联组织，在于提升信息资源的有效利用价值。

11.1 信息内容开发与知识管理

信息资源内容开发是经过人或智能机处理，促使信息资源增值的过程，目的在于提高信息资源的利用率和价值，以满足特定用户的信息需求。信息资源的内容开发主要通过内容挖掘、关联分析等，使原始信息资源或者蕴含在数字信息中的潜在知识成为便于用户认识和利用的显性知识，以方便信息资源的交互利用。

11.1.1 信息内容开发的价值链模型

美国信息学家 A. Debons 提出，从人的整个认知过程的动态连续体中理解信息的问题，认为“信息”源于“数据”，又是“知识”的来源。IBM 高级商业学院的斯蒂芬、赫克尔等人在美国信息研究所的第 5 期年度报告中进一步分析了信息的结构(也称为思维模型的“概念”“范式”“格式塔”结构)以及由此形成的等级。

图 11-1 描述了信息结构的一般等级，不同层次信息的数量和

完整性随着信息价值和主观性的增长而下降。事实上，对同一信息的认知往往由于思维角度的不同而存在差异，因而导致了在实践中人们从不同角度出发的信息描述。这里我们强调的是由于信息交互流动、使用而形成的信息等级结构。

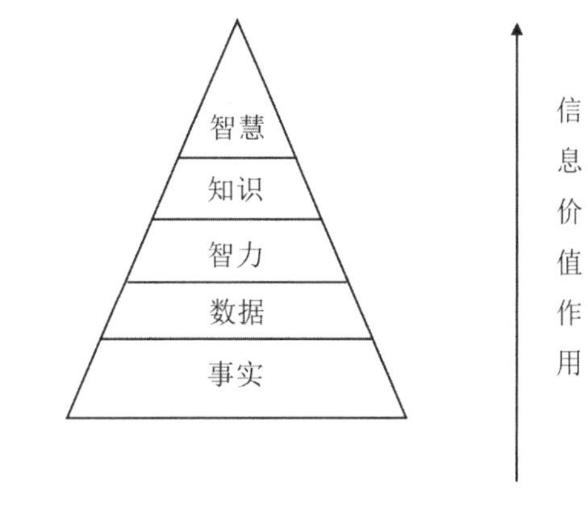

图 11-1　信息流等级

事实(Facts)作为客观事件的反映存在；数据(Data)表征为关联中的事件状态；推理(Inference)体现为思维逻辑过程；智能(Intelligence)决定了对信息的深层次利用：知识(knowledge)反映了信息内涵的本质；智慧(Wisdom)则是信息作用下智能作用的核心。

信息流等级结构模型，从整体上展示了信息的等级形态和价值利用。在 Debons 模型基础上，我们将其归为如图 11-1 所示的结构。值得指出的是，由于 Debons 模型是以“信息”为核心展开的，向前延伸的数据、符号和向后延伸的知识、智慧构成了完整的信息链结构，对此，我们将事实、数据、智能、知识、智慧纳入信息范畴，进行信息流等级构建具有其客观存在的合理性。

如图 11-1 所示，事实、数据、智力、知识、智慧环节组成的价值链中，范畴内的事实、数据、智力、知识和智慧之间存在着转化关系。事实不会自动成为数据，数据不会自动变成知识，知识同样也不会转化成智慧，实现从事实到智慧转化的关键因素是信息的多形态交互与认知，在于通过信息的内容揭示、开发和组织来实现数据、知识和智慧的相互转化。

数据作为一定时空范围内的事物状态(事实)的量化表达，在大数据环境下已延伸到客观事件性质、形态以及相互关联的数字化记录和符号特征展示，即不再局限于狭义范畴内的参数、统计数据和时空转化的描述。在计算机科学中，数据是所能输入并程序化处理或模拟的对象；通过序化管理和组织，数据内容可进行更深层次的利用。按数据特征，其形态包括符号、代码和数字音、视频等；按数据反映的客观信息形态，具有数值属性、状态属性和内容属性。

数据、知识和智慧之间存在层次关系，需要从信息存在形态出发进行事实、数据、智能、知识和智慧层面的服务组织，在内容上进行信息揭示和资源开发。在从数据、知识提升到智慧的过程中，可采取各种有效的手段激活和满足用户的需求。其中，信息资源的开发利用是实现转化和提升的中心环节和手段。如图 11-2 所示。

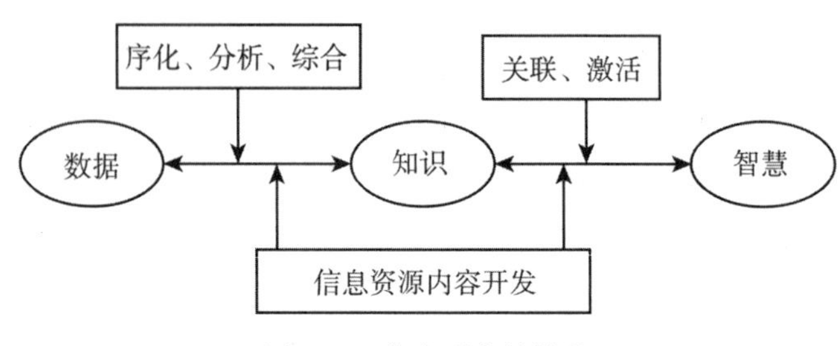

图 11-2　信息形态的转化

显然，信息资源内容开发可以在最基本的事件、数据和知识层面上组织，也可以在智能和智慧层面组织。宏观上看，基于信息流等级结构，从事件到智慧的价值链决定了信息资源开发的组织形式、内容和手段。

11.1.2　信息内容开发中的知识管理

知识管理的实现可以从显性知识管理和隐性知识管理出发进行信息资源系统化的发掘和组织。从信息资源内容开发的角度看，这种系统化的知识管理又以信息资源开发的目标实现为前提。

(1) 显性知识的管理

显性知识以编码形式存在于信息载体之中，对于用户而言，外在信息必须内化为知识，才能为用户所利用。这一转化过程就是信息和用户认知的交互过程。在用户的知识交流与服务中，只有深入地对信息进行知识层面的分析和推理，才能产生实质性作用，从而在知识层面上满足用户的特定需求。一言以蔽之，在信息源中挖掘出恰当的知识，在恰当的时候传递给最恰当的用户，是其中的关键所在。图 11-3 给出了显性知识组织框架。

从流程关系上看，图 11-3 所示的过程有如下几个关键：

①信息获取。信息是知识的载体，所以获取信息具有关键性。信息获取中，首先要确定信息收集的目标和信息来源，然后确定信息采集方式所采用的技术和途径。

②信息处理。由于信息激增、信息污染等因素造成知识存储过于庞大和无序，信息

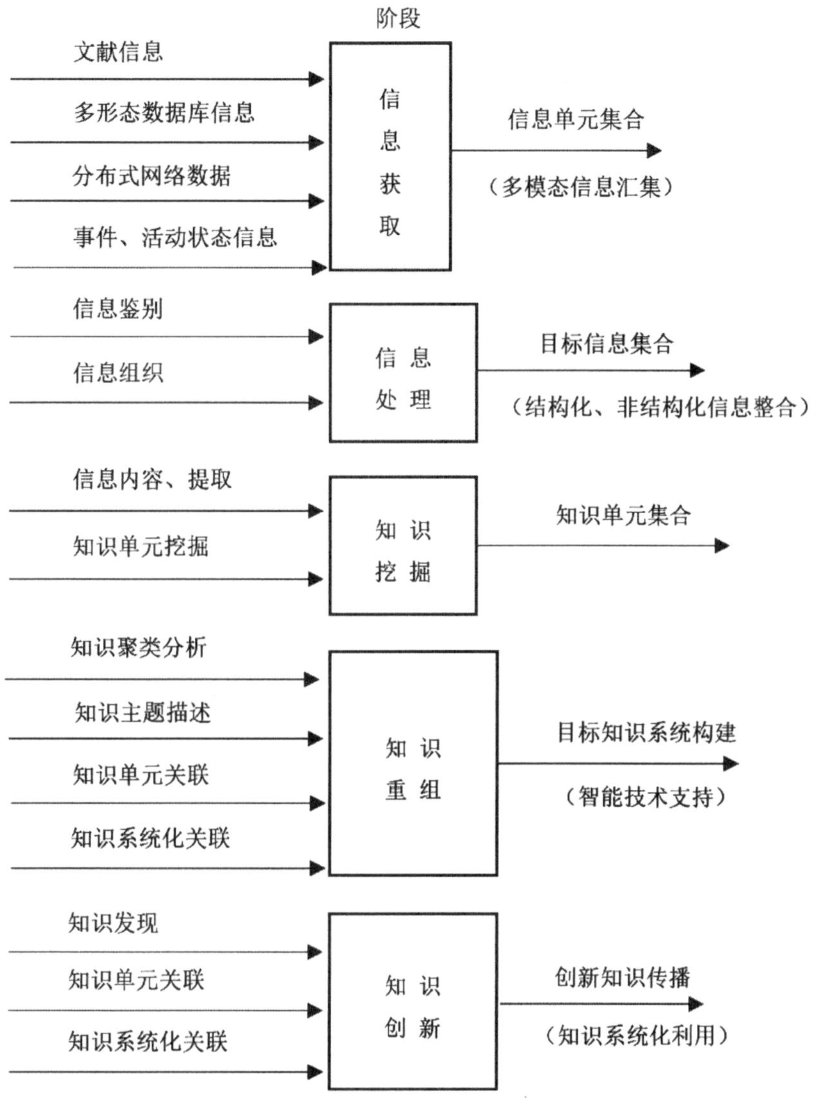

图 11-3　显性知识管理框架图

在产生、传输过程都会产生伪信息，因此必须对信息进行识别，按信息的内容、形式进行处理，形成目标信息集合。

③知识挖掘。知识挖掘是对信息进行提取，利用逻辑方法处理知识要素或知识单元的过程。知识挖掘的关键是用规则性知识表示方法对抽取出来的内容给予逻辑表达，形成知识单元集合。另外，也可以利用 KDD(Knowledge Discovery in Databases)工具来开发数据库中蕴藏的数据资源，经过提炼使之成为有用的知识。具体操作过程涉及机器学习、模型识别、人工智能等方法应用。

④知识重组。知识重组的目标不仅在于提高存储信息和提取知识的能力，还在于将目标与追求目标的特定过程进行动态匹配，也就是说数据库中大量静态、孤立的知识信息，必须利用相关方法寻求知识间的内在联系，形成动态知识系统，以有效指导决策。可采用的方法包括总结描述、回归分析、关键要素预测、综合评估等。

⑤知识创新。知识创新的结果包括新的单元组合和新的知识关系组织。在现有知识水平、知识联系及知识内在结构基础上，进行知识发现，通过智能化分析形成新的系统化知识构架，从而提供全方位知识创新服务。

(2)隐性知识的管理

信息资源内容开发过程中，应有效地开发和管理隐性知识，把表面看起来似乎并不相关或无表层联系的现象联系起来，从中提取深层数据和知识单元，重组隐含的内容，以创造新的知识。

①基于认知的隐性知识信息利用。大脑是人的 CPU，是一个高水平的信息处理器，在抽象思维、形象思维和灵感思维方面超过任何人造的信息处理系统。人类在长期的实践中，基于已有经验、联想，甚至直觉、灵感，可以对于某个看似毫无作用的信息，或对某个特定的认知主体进行关联，从而形成新的知识点和知识节点关系；继而，通过创造性思维的活动，产生新的知识。

②基于系统的隐性知识信息利用。在科学知识大系统中，各门类、各领域之间均存在不同层次的关联结构和逻辑关系。因此，隐含信息的重组和知识创新，既要顾及各门类、各学科不同层次的数据和知识单元，又要顾及各门类知识之间的相互联系。针对同一问题，可以从不同的侧面去探讨事物的发展过程以及事物的内在规律，以求得出整体性、综合性的结论。

③基于信息库、知识库的知识利用。计算机通信和数字智能技术，为隐含信息重组、知识创新开辟了新的天地。通过智能技术手段，可以获取用传统方法无法获得的数据，可以把各种知识融合起来，利用模式识别、内容处理、机器智能和模拟思维，以知识单元处理作为基础进行创新，最后对创新知识进行模拟和表达。这种融入智慧后产出的创造性知识，比原有知识更重要，被认为是“知识的知识”。

由于互联网络的跨全球性，可获取的信息来源广泛，以致普通用户查找信息无所适从，虽然可用搜索工具查询信息来源，但用户仍然需要利用专门化工具进行处理。

知识发现是用户寻找相关信息载体以弥补知识缺口的系列活动，包括互联网上特定数字对象的定位、搜寻和发现，以及对知识的智能化溯源。

从理论上看，信息是由信息元(infon)的信息微粒(information particles)组成的，因而信息载体包含着许多的信息元，用户的信息需求实质上是对一定量的信息元的需求。满足用户特定信息需求的信息元往往并不集中于单一载体之上，所以用户通常要搜寻多个甚至是非常多的信息载体方可满足信息需求。可见，信息发现归根结底是寻找弥补知识缺口的信息元。事实上，信息元空间存在三个特征：

传递性：假如$f \geqslant g \geqslant h$，则$f \geqslant h$，$f$、$g$、$h$为信息元集；

价值性：$f_{\max} \geqslant f \geqslant f_{\min}$；

包含性：若$f \geqslant g$，则$invove(f) \geqslant infolve(g)$，$involve(I) = \{O_1, O_2, \cdots, O_n\}$，其中的$O_i$为infon包含的信息对象。

信息发现的实质是知识层面上的发现。知识发现是用户从已获得的相关信息中推导出所需要的缺口知识的过程。这样，用户不必通读信息文本，而由系统给出一个准确简洁的答案即可。

图11-4是信息内容发现过程示意图。信息库是若干信息载体聚积成的集合，其特征是易于信息发现。说是载体，是因为它们所携带的数据需要用户经过接收、理解后才可能成为可用知识信息。用户是信息需求者，用户信息需求表达应为信息系统所识别。在这一场景下，需求与供给的选择匹配由一中介完成。

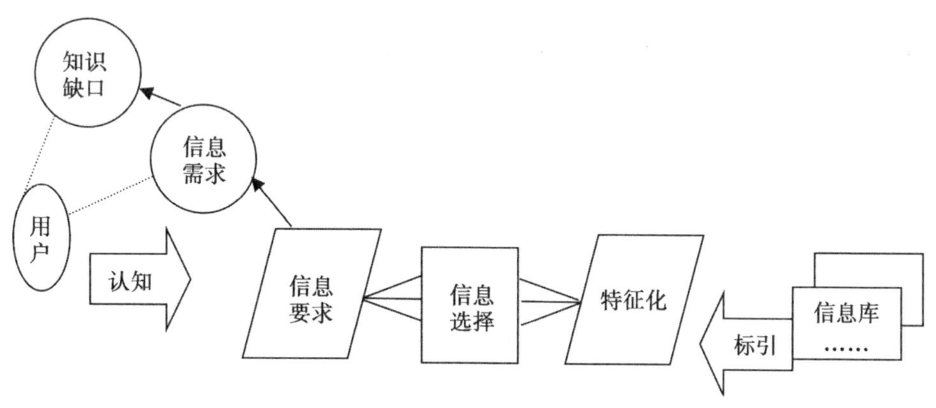

图11-4 知识层面上的信息内容发现过程

信息内容发现需求是在现有技术条件下用户发现某种信息内容的需求，其要素有二：首先，用户有获取信息的主观愿望；其次，用户有发现信息的能力。

在以上的分析中，我们有理由认为，知识管理的目标应该是多元化的，其多元化目标内容包括：

知识管理不限于用户以序化的方式提供信息的存储位置和获取途径，而是重在识别其内容。一方面对大量而分散的相似数据进行选择，根据特定的原则以简明、综合的方式组成新的知识单元，借助知识管理系统向未知者传递；另一方面充分揭示信息间的关联关系，展示信息元结合的知识链，帮助用户选择可用的信息，提高知识获取效率。值得指出的是，有目的地利用管理手段提高知识的增长速度，是知识管理的重要目标之一，其中知识激活和关联利用具有关键性。

知识组织的目标在于通过对知识的管理，为用户的知识利用提供保障，以辅助用户提升创新能力、反应能力和发展能力，同时实现知识服务面向用户的融入。

知识信息服务中，学习是获取知识的主要途径，知识管理不只是刺激知识的生产，同时也创造知识共享的条件。运用高效信息技术和新型的管理方法使那些在知识获取方面受到物理限制的人能够对知识加以有效利用，这是知识管理的根本目标。

知识管理在信息技术的使用上有待进一步拓展，表现在信息处理向知识发掘的转变，以及利用人工智能技术获取信息中隐含的知识流；在知识的存储和传播上，强调利用云数据库、智能代理、组件技术保证知识的充分共享。

在用户满意度的背景下，集成用户智慧具有重要性。因而，用户之间协同分享经验和系统分析计算的实现具有现实性。

11.2 面向信息内容需求的数据挖掘

信息提取内容是信息资源开发中的关键环节，在这一环节中需要用到相关技术，其中数据挖掘技术是最常用且重要的技术。借助数据挖掘技术，对信息内容进行抽取、转换、分析和模型化处理，可以提高信息资源的质量和利用效率。

11.2.1 信息深层次利用中的数据挖掘结构

信息的深层次利用建立在内涵知识的发现和表达基础之上，即从来源广泛的多源信息中抽取用户所需的信息内容。在实现上，需要依托数据挖掘技术，从大量的数据(结构化和非结构化)中提取有用的信息和知识。数据挖掘的信息源是大量的、真实的，且受一定干扰因素的影响。由于有待发现的信息内容是潜在的并隐藏在大量数据之中，而这些却是用户感兴趣的、可理解、可应用的知识，所以数据挖掘在知识发现、知识提取、知识应用中具有关键性。

数据挖掘系统可以大致分为三层结构，其技术推进可以在数据挖掘系统结构中按三个层面组织(见图 11-5)。

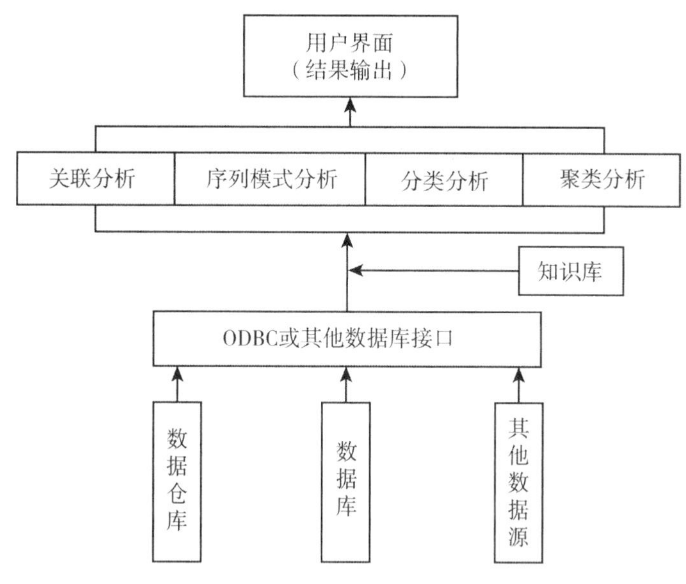

图 11-5　数据挖掘系统结构

如图 11-5 所示，数据挖掘系统第一层是数据源，数据挖掘与数据仓库协同将大大提高数据挖掘的效率；第二层是数据挖掘器，利用数据挖掘方法分析数据库中的数据，包括关联分析、序列模式分析、分类分析、聚类分析等；第三层是用户界面，将数据所承载的高密度信息以便于用户理解的可认知方式提供给用户，如向用户提供可视化工具等。

从数据挖掘内容和层次上看，技术应用应从基本的对象、环节着手进行选择，以适应用户的内容需求和信息资源分布结构。

在实施数据挖掘之前，应该先制定一个切实的计划，以保证数据挖掘有条不紊地顺利进行。CRISP-DM 是一个通用的数据挖掘过程模型，用于引导实施数据挖掘。数据挖掘过程标准(Cross Industry Standard Process for Data Mining，CRISP-DM)由 SPSS 的 Daimler-Benz 提出后不断演化。作为当今数据挖掘通用的标准之一，它不单是数据的组织或呈现，也不仅是数据分析和统计建模，而是一个从理解任务需求，寻求解决方案，到接受挖掘结果检验的完整过程。按照 CRISP-DM 的标准，数据挖掘包含任务理解、数据理解、模型建立、数据准备、挖掘实施和结果确认 6 个步骤。这一流程将数据挖掘理解为需要不断循环调整的环状结构，图 11-6 中的箭头指示了各个阶段之间的关系和数据挖掘部署。

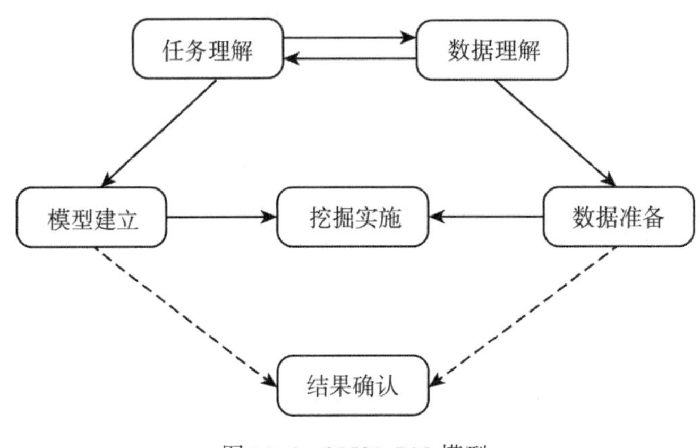

图 11-6　CRISP-DM 模型

①任务理解。本阶段的任务主要是从任务角度来理解数据挖掘的目标和要求，然后将此转化为数据挖掘问题，制订一个可行的数据挖掘计划。在计划中，要求清晰地定义和明确数据挖掘的目的，这是数据挖掘的前提。虽然数据挖掘的最后结果具有不可预测性，但要挖掘的问题应是有预期的，如果盲目地去进行数据挖掘，是不会成功的。

②数据理解。数据理解阶段包括收集数据和对数据进行探索性分析两个方面。在这个阶段首先要搜集并熟悉所有与信息对象特征有关的内部和外部数据，在此基础上进行数据价值分析，从中发现包括隐含可用信息的相关数据子集。

③模型建立。在该阶段，需要选择和应用多种建模技术，设置模型参数。实施中，用户往往需要返回到数据准备阶段，以使数据适应不同模型的不同要求。由于同一数据挖掘可以采用不同模型，故要考虑数据挖掘工具在应用中的功能设计和实现。

④数据准备。数据准备强调在源数据的基础上运用建模工具建立最终的数据集。数据准备可能需要进行多次调整，而且没有任何预定的顺序，从实施上看，数据准备包括选择数据表、记录数据、属性分析以及转换和清理数据等。

⑤挖掘实施。到了这一阶段，已经建立了一个或多个基于数据分析的功能模型。在该模型付诸应用前，还必须客观地评估该模型，再回顾构造该模型的构架，以确定模型真正能够达到预定的任务目标。其中，一个关键的问题就是确定是否存在一些重要的问

题没有被充分地考虑到，因此应做出数据挖掘的使用决定。

⑥结果确认。数据挖掘过程可能很简单，但是对任务问题给出一个建议，也可能很复杂。如果用一个应用程序向信息用户提供新知识，无论简单还是复杂，在结果确认阶段，都要全面考虑多因素的影响。结果确认后经常要求扩展服务，所以下面的问题主要是基于数据挖掘工具在任务实现上的应用。

11.2.2 数据挖掘方法及其应用

数据挖掘涉及的方法多样，且针对性强，因此可根据不同的标准区分为多种方法。根据挖掘的任务可分为关联分析、序列模式分析、分类分析、聚类分析等。

①关联分析。关联分析(association analysis)是从大量的数据中发现项集之间的关联、相关关系、因果逻辑和项集的关联模式。数据关联目的在于，在数据库中发现存在的一类重要的可被发现的关联知识。在关联分析中，若两个或多个变量的取值之间存在某种规律性联系，就成为关联关系。例如，买面包的顾客有90%的人还买牛奶，这是一条关联规则。若商店中将面包和牛奶放在一起销售，将会提高它们的销量。

在大型数据库中，这种关联往往普遍存在，因而需要进行筛选。一般用"支持度"和"可信度"两个阈值来删除那些无用的关联规则。"支持度"表示该规则所代表的事例(元组)占全部事例(元组)的百分比，如既买面包又买牛奶的顾客占全部顾客的百分比。其中"可信度"表示该规则所代表事例占满足前提条件事例的百分比，如既买面包又买牛奶的顾客占买面包顾客中的90%，则可信度为90%。通常的数据挖掘系统使用最小置信度和最小支持度作为阈值来筛选有价值的关联规则，用户可以自行设定阈值，以调整挖掘结果。

②分类分析。分类分析(classification analysis)是数据挖掘中应用最多的方法，信息分类将反映信息内容的数据有序地集合在一起，用以支持人们对事物的深入了解。分类是找出一个类别的概念描述，它代表了这类数据的整体性质，即该类的内涵描述特性，一般用规则或决策树模式表示。该模式能把数据库中的元组映射到一定类别中的某一个类。

类的内涵描述分为特征性描述和辨别性描述。特征性描述是对类中对象的共同特征的描述；辨别性描述是对两个或多个类之间的区别描述。特征性描述允许不同类中具有共同特征；而辨别性描述中不同类不能有相同特征。在应用中，辨别性描述用得更多。分类是利用训练样本集(已知数据库元组和类别所组成的样本集)通过有关算法而求得。

建立分类决策树的方法，典型的有 ID3，C4.5，IBLE 等方法；建立分类规则的方法，包括 AQ 方法、粗糙集方法、遗传分类器等。

③聚类分析。聚类分析(clustering analysis)是一种特殊的集合分类分析方法，与分类分析法不同，聚类分析是在预先不知道划定类的情况下(如没有预定的分类表或没有预定的类目)，而需要根据信息相似度进行信息集聚的一种方法。聚类的目的在于根据最大化类的相似度、最小化类间的相似性原则划分数据集合，目的是采用显式或隐式的方法描述不同的类别。

聚类方法包括统计分析方法、机器学习方法和神经网络方法等。在统计分析方法中，聚类分析是基于距离的聚类，如欧氏距离、海明距离等。这种聚类分析方法是一种基于全局比较的聚类，它需要考察所有的个体才能决定类的划分。在机器学习中，聚类是无引导的学习。这里，距离根据概念的描述来确定，故聚类也称概念聚类。当聚类对象动态增加时，概念聚类则称为概念形成。在神经网络中，自组织神经网络方法用于聚类，如 ART 模型、Kohonen 模型等。这是一种无监督学习方法，当给定距离阈值后，各样本按阈值进行聚类。

④序列模式分析。序列模式(Sequential Pattern)分析和关联分析相似，其目的也是为了挖掘出数据之间的联系，但序列模式分析的侧重点在于分析数据间的前后(因果)关系。它能发现数据库中形如"在某一段时间内，顾客购买商品 A，接着购买商品 B，而后购买商品 C，即序列 $A \rightarrow B \rightarrow C$ 出现的频度较高"之类的现象。序列模式分析描述的问题是：在给定交互序列数据库中，每个序列是按照交互时间排列的一组交互集，挖掘序列函数作用在这个交互序列数据库上，返回该数据库中高频序列。与关联分析一样，序列模式分析也需要输入最小置信度 C 和最小支持度 S。

根据挖掘对象的不同，数据挖掘除对数据库对象进行挖掘外，还有文本数据挖掘、多媒体数据挖掘、Web 数据挖掘。由于对象不同，挖掘的方法相差很大。其中，文本、多媒体、Web 数据均是非结构化数据，挖掘的难度由此增大。

目前数据挖掘已在多方面进行了拓展，如 Web 数据挖掘就可以分为网络内容挖掘(content mining)、网络结构挖掘(structure mining)以及网络用法挖掘(usage mining)。

①网络内容挖掘。网络内容挖掘在于，从网络的内容/数据/文档中发现有用信息内容。网络信息资源类型复杂、来源广泛，资源逐层隐藏到分布数据库之中，然而这些资源仍可以通过互联网进行访问：除了可以直接从网上抓取、建立索引、实现检索的资源之外，一些网络信息是"隐藏"着的数据，如由用户提问或交互生成的结果，或是存在

DBMS(数据库管理系统)中的数据，或是那些私有云数据。这些“隐藏数据”由于无法被索引，从而无法提供对它们有效的检索方式，因而需要挖掘。从资源形式看，网络信息内容是由文本、图像、音视频、元数据等形式的数据组成，因此我们所说的网络内容挖掘实际上是一种多媒体数据挖掘形式。

②网络结构挖掘。网络结构挖掘即挖掘 Web 潜在的链接结构模式，这一方式源于引用分析，即通过分析一个网页链接和被链接数量以及对象来建立 Web 自身的链接结构模式。应用中，这种模式不仅可以用于网页归类，而且可以由此获得有关不同网页间相似度及关联度的信息。网络结构挖掘有助于用户找到相关主题的权威站点，并且可以概观指向众多权威站点的相关主题的站点。

③网络用法挖掘。通过网络用法挖掘，可以获取用户的网络行为数据所显示的关联关系。网络内容挖掘、网络结构挖掘的对象是网上的原始数据，而网络用法挖掘则不同于前两者，它面对的是在用户和网络交互的过程中抽取的第二手数据。这些数据包括网络服务器访问记录、代理服务器日志记录、浏览器日志记录、用户、注册信息、用户交互信息等。数据挖掘的三个方面的功能特点比较如表 11-1 所示。

表 11-1 网络数据挖掘的比较

数据挖掘组织	网络数据挖掘			
	网络内容挖掘		网络结构挖掘	网络用法挖掘
	信息检索	数据库		
数据形式	非结构化、半结构化	半结构化、数据库形式的网站	链接结构	交互形式
主要数据	文本文档、超文本文档	超文本文档	链接结构	服务器日志记录 浏览器日志记录
表示	Bag of words、n-grams、词、短语、概念或实体、关系型数据	边界标志图(OEM)、关系型数据	图形	关系型表、图形
方法	TFIDF 和变体、机器学习、统计学(包括自然语言处理)	Proprietary 算法、ILP、修改后的关联规则	Proprietary 算法	机器学习、统计分析、修改后的关联规则
应用	归类、聚类、发掘抽取规则、发掘文本模式、建立模式	发掘高频的子结构、发掘网站体系结构	归类、聚类	站点关联、改进算法、建立用户模式

从表 11-1 可知，网络数据挖掘涉及面广，采用的技术灵活，在面向用户的交互服务中可进行需求导向下的数据内容挖掘组织。

11.3 知识元关联组织及其实现

揭示知识之间的关联关系是进行知识组织、知识管理、知识发现和知识创造的起点，更是构建知识链接的前提。知识关联关系的揭示需要应用共现分析、主题分析、相似度计算、知识图谱和关联数据等方法，从知识的本质属性出发，通过内部规律的探寻，揭示知识之间存在的序化联系，明确知识之间的隐含关联与寓意，从而发现更有价值的知识。

11.3.1 基于共现和聚类的知识关联组织

共现表示的是对同时发生的事物或情形，或有相互联系的事物或情形的展示。共现分析是将各种信息载体中的共现信息进行定量化的关联。在分析实现中，其方法论基础是心理学的邻近联系法则和知识结构映射原则。基于这一理论，可以利用贡献分析法来研究词汇之间的关联度，挖掘语义关联并将它应用于构造概念空间、自然语言处理、文本分类和文本聚类等方面。

文本共现是文本相互联系的外在表现，通过对文本共现现象的分析，可以了解文本之间所存在的关联类型和关联程度，能够从多个角度来挖掘隐含在文本中的各种信息。对于文本共现而言，受到广泛关注和应用的包括内容耦合、共引和共篇等共现分析。

①内容耦合。内容耦合指两篇文献同时引用一篇或多篇相同的文献。科学文献之间的相互引用体现出科学探索的继承性。这种引证关系所构成的网络结构除了单一的相互引用关系之外，还普遍存在着内容耦合的现象。美国麻省理工学院 Kessler 发现，论文的专业内容越是相近，其参考文献中所拥有的相同文献的数量就越多，即耦合强度就越高。同时，相同参考文献的数目越多即耦合强度越高，就说明两篇文献之间的联系越紧密。一般认为，耦合文献之间往往具有相同的底层知识或者相同的研究背景。内容体现着文献之间的相关性，耦合强度反映出文献之间的关联程度。以此为基础，我们可以通过耦合分析来描述研究内容相近的论文簇，进而描述不同学科、不同领域的微观结构，甄别热点研究主题的核心文献等。由此可见论文耦合是文献内容相关的一种重要的外在表现，将其作为文献相关度判定是可行的。

②内容共引。论文共引是指两篇文献同时被其他文献所引用的现象，对于这一现象的研究，美国 Henry Small 曾对粒子物理学专业的知识关联结构进行了描述，提出两篇论文的内容相似程度可以用被相同文献所引用的次数来加以测度。最初，Small 的共引理论提出是基于这样的假设，即共引可以反映出文献主题内容的相似性，对共引关系的分析可以作为描述科学结构的一种有效方法。随着方法可靠性的确证，共引分析方法被越来越广泛地应用于学科内重要主题之间的关系揭示、科学交流模式展示和科学研究前沿探测等。其共引可用于计算内容相似度。如生物医学期刊引文数据库(CMCI)的"相关文献"就是按共引文献展示的，可直接用共引强度衡量相关度。另外，CiteSeer 利用文献的共引关系来计算文献之间的相似度，它综合考虑了文献本身的总被引频次，借用 TF * IDF公式来计算其相关度。

③共引内容可作为知识聚类的方法应用，通过共引文献的共篇可对学科领域内文献、作者和主题进行汇集，以改进检索方法，提高检索效率。论文共引内容的共篇是论文之间拥有相同关键词所产生的关联结果，如果两篇文献共同拥有相同关键词的数量越多，那么这两篇文献内容的关联就越强，两篇文献所拥有的相同关键词的数量即为它们的共篇强度。利用内容共篇来判断相关性的优势在于，无须对文献内容再次进行标引、切分和提取特征项，而直接根据文献固有的特征信息反映文献内容，从而体现文献中涉及的理论、方法、技术及细节上的关联。

聚类分析在于依据某种标准将对象自动分为不同的组，以明确每个组的对象之间具有类似的属性或近似关系。聚类分析也可视作一种自动分类方法，依赖于对象自身所具有的属性来区分对象之间的相似程度，进而进行内容分类识别。从本质来说，聚类算法是将总体中的个体进行分类，以发现数据的分类结构；当一个类中的个体彼此接近或相似，而与其他内容的个体相异时，就可以对划分出来的每一类进行分析，从而概括出每一类的特点。这类算法主要分为层次化聚类方法、划分式聚类方法、基于密度的聚类方法、基于网格聚类方法、基于核的聚类算法、基于图谱的聚类方法、基于模型的聚类方法、基于遗传算法的计算方法、基于 SVM 的聚类方法和基于神经网络的聚类方法等。

聚类算法一般包含 4 个部分：①特征获取与选择，这是为了获得能够恰当表示对象属性的数据，在于减少数据的冗余度；②计算相似度，根据对象的特征来计算对象之间的相似程度，在聚类过程中可以一次性地计算所有对象之间的相似度信息，也可以在聚类分析过程中按需要来计算对象之间的相似度；③分组，根据对象之间的相似程度来判断对象之间的类别，将相似的对象归入同一个类，不相似的对象分到不同的类中；④聚类结果展示，展示的方式具有多样性，可以只是简单地输出对象分组，也可以对聚类结果进行图形化展示。

在聚类分析方法的具体应用中，首先利用词频统计法进行词频排序，从而得到数据挖掘和知识发现领域的主题词。为了进一步对主题词进行归纳，反映领域中研究主题之间的关系，还需要对主题词进行聚类分析。根据主题间关联关系，组成关系相近的类。作为一个主题，在于帮助理解领域主题结构关系，进行领域的潜在关联。最后，使用绘图工具绘制出主题间的关联网络，通过关联网络发现主题间的关联结构，继而进行基于关联结构的内容组织与服务。

11.3.2 基于语义相似度计算的知识关联组织

数字信息环境下，广泛存在着知识资源异构性问题，尤其是语义异构性。在这一背景条件下，要满足用户对知识的深层次需求，就必须强化基于概念匹配的知识分析。所谓概念匹配，即通过计算知识单元之间的语义相似度进行内容关联。语义相似度计算是对知识源和目标知识单元之间在概念层面上的相似程度进行度量，在度量过程中需要考虑知识单元所涉及的语境和语义等信息。语义相似度的计算方法可以分为以下 5 种：

①对于字词的相似度计算。字词相似度计算主要包括基于字面相似度识别、基于多字词的词素切词识别和基于一致性识别的知识间关系建立。基于字面相似度识别的计算方法是以词汇的构成特征为基础，经过词汇间的匹配达到同义词识别的目的。该方法的基本原理是根据构词特征和同义词、准同义词含有的相同语素，按词面相似度进行词义分析和基于多字词的词素切词识别。方法要点是针对多字词结构，进行多字词中的词素对应，以判断多字词的同义性。基于译名一致性识别方法是利用专业词汇库中词汇的译名匹配关系，查找译名相同的专业词汇组，并把其作为同义词词组对待。该方法的理论依据是在专业领域中同一个术语可能译为不同的词汇，按其实质表达归为相同含义。所以，当不同词汇的译名如果完全相同，则该组专业词汇多数是同义词组。

②基于距离的语义相似度计算。基于距离的语义相似度计算在于，按概念词在本体树状分类体系中的路径长度，来量化它们之间的语义距离。对此，几种代表性算法有：按概念词之间的相似度与其在本体分类体系树中的距离，根据本体分类体系中所有边的距离同等重要原则进行相似度计算；在权重的处理基础上，进行相似度扩展，同时考虑概念在本体层次树中的位置信息以及边所表征的关联强度；将组成连通路径的各个边的权值进行相加，以此来计算两个概念词的距离；基于两个概念在本体树中与其最近公共

父节点概念词的位置来计算其语义相似度，不再通过直接计算其在本体树中的路径长度。由于用户对相似度的比较判断往往是介于完全相似和完全不相似之间的一个具体值，因而可按两个概念之间在分类体系树中的最短路径和最近公共父节点所处的深度进行计算。

③基于信息内容的语义相似度计算。该算法基于这样一个假设：如果两个概念词有共享的信息，那么它们之间就存在语义相似度；共享的信息越多，语义相似度就越大，反之则语义相似度就越小。衡量概念词中的信息含量，可以通过概念词在特定文献集中所出现的频率来表征，频率越高，其信息内容就越丰富；反之，其信息内容就越少。在本体分类体系树中，每个概念子节点都是基于其父节点概念的信息内容细分或具体化而得出的。因此，要衡量祖先节点的信息内容，可以通过其子节点概念词的信息内容来加以计量。基于同样的道理，比较两个概念词之间的相似度，可以通过比较它们的公共父节点概念词的信息内容来实现。在本体分类体系树中，一个父节点往往有多个子节点，而一个子节点概念词可能对应多个父节点概念词。因此，两个被比较的概念词之间的公共父节点概念词可能不止一个，一般取所含信息内容最多的那个①。

④基于属性的语义相似度计算。知识的属性特征反映着信息内涵知识，人们用以区分或辨识知识的标志就是属性特征。知识之间所拥有的公共属性数决定了二者之间的关联程度，这就是基于属性的语义相似度计算的原理所在。总体上，两个被比较的概念词所共有的公共属性越多，二者之间的相似度就越大。属性算法模型，是一种典型的基于属性的语义相似度计算模型，但是该算法只考虑了被比较概念的属性信息，却未考虑其在分类体系树中的位置信息，同时忽略了其祖先概念节点及其自身的信息内容。因此，相应本体的属性集在这一算法中具有互补性，因而应很好地加以利用。

⑤混合式语义相似度计算。混合式语义相似度计算实际上是对基于距离、基于信息内容和基于属性的语义相似度计算方法的综合。也就是说，该算法同时考虑两个被比较概念词的位置信息、边的类型以及其属性信息等。主要代表算法模型有 Rodriguez 等人提出的模型。该模型同时考虑关键词的位置信息和属性信息，所包括的具体内容有被比较概念词的同义词集、语义邻节点和区别特征项。事实上，两个概念之间的关联可以通过多个路径来建立，如果将所有路径都考虑在内，那必然会导致问题过于复杂化。因

① 孙海霞，钱庆. 基于本体的相语义相似度计算研究方法综述[J]. 现代图书情报技术，2010(1)：51-56

此，可以提出基于共享概念词集的计算模型。在模型中，进行复合关键词的分析，将这些概念分解成多个子概念。相比较而言，综合算法模型不仅可应用于计算同一个本体中概念词之间的相似度，而且能够用于计算不同本体中概念词之间的相似度。

11.3.3 基于主题图和关联数据的知识关联组织

主题图是一种用于描述信息资源的知识结构的元数据图形化表达形式，它可以定位某一知识概念所在的资源位置，也可以表示概念间的相互联系和知识层面上的关联。

主题图方法作为一种有效组织和管理大量信息资源的方法，其使用旨在建立符合资源特征的知识架构。主题图利用丰富的语义置标来定义主题的类、关系和出处等，从而表现知识结构。它既是知识组织的一种方法，也是知识结构的一种表示语言。所以，利用主题图可以有效组织无序的异构资源，体现资源的语义结构，进而进行知识关联。在应用中，主题图通过建立领域知识概念结构来建立知识导航机制。与其他知识组织技术相比，主题图具有以下特性：

主题之间可通过多种方式进行关联，能够解决大量连续生成的信息问题，因而是一种有效的知识组织和管理工具。国际标准化组织(International Organization of Standards, ISO)制定的相应标准对主题图进行了规范，因此其形式比较统一，既能够以结构化方式模拟领域知识，也能够实现知识结构的可视化呈现，从而便于用户领会基础概念及其之间的关系。

主题展示中，可以采用高度交叉的方式对资源进行组织，构建知识关联关系。在此基础上，用户既可以了解特定的领域知识，也可通过地图导航认识庞大复杂的领域知识体系。主题图可用于抽象知识内容的组织，形成知识地图，从而利用多方面信息来创造知识结构，构建结构化的语义网络。

在基于主题图的知识关联组织中，可按以下流程进行：

①创建概念知识库。创建概念知识库首先要进行分析和组织主题概念，针对各种不同的数字资源，根据资源的主题内容，析出可以代表各资源的主题概念。这一阶段需要针对目标领域的概念模型收集知识资源涉及的概念，分析概念和概念之间的关系，构建主题图的概念网络。由于知识资源包罗万象，建立概念模型需要各个领域专家的参与，以确保所开发出来的概念模型可以共享。在功能实现上，既能够体现共同认可的知识，又可以反映相关领域中公认的概念集。

②建立本体库。确定主题所包含的知识集之后，首先需要描述并表示知识，最终建

立主题词库。这是一种知识概念化过程，需要设计领域知识的整体概念体系结构，利用主题概念关系表示领域知识。其次，通过领域专家来验证主题词库，检查各主题元素在句法、逻辑和语义上的一致性，对主题概念和主题图相关的软件环境和文档进行技术性评判。最后，将主题图概念发布到相应的应用环境，以进行配置，并通过应用反馈对主题概念进行修正和完善。

③编制主题图并建立资源与主题的映射关系。映射关系的建立需要采用 XTM 描述语言标记生成的主题图，对概念及概念之间的关系应经过 XTM 标记，使其在相应的程序中得到正确的反映。在主题图概念层构建之后，需要在资源层中的知识资源与概念层相应主题间来建立映射和连接；通过对资源进行自动标引和分类，确定主题词，并实现知识资源与主题图具体概念的匹配。

“关联数据”是一种用来在网上发布或连接结构化数据的最佳方式。近 10 余年来，使用这种方式的数据提供者越来越多，导致全球数据空间的快速扩展。关联数据的应用同时导致网络功能拓展，在互联网数据库中，可以获取包括来自各方面的大数据，如在线社区、统计和各领域的数据。在语义网中可以连接各类数据和知识。与混搭平台依托的固定数据源利用不同，关联数据应用依赖于一个非绑定的全球分布式数据库。所以，作为一种新型的网络数据模型，关联数据具有框架简洁、标准化、自助化、去中心化、低成本的特点，强调建立已有信息的语义标注和实现数据之间的关联。在应用中，关联数据已产生了广泛的影响，为构建人际理解的数据网络提供了根本性的保障，为实现知识链接奠定了新的基础。

关联数据可以通过 HTTP 协议组织并获取支持，它允许用户发现、关联、描述并利用这些数据，强调数据的相互关联、相互联系以及有益于人际理解的语境信息表达。Berners Lee 认为，创建关联数据应遵循如下 4 个规则：用 URL(统一资源标识符)作为对象的名称；通过使用 HTTP URL，可以定位到具体的对象；通过查询对象的 URL，可以提供有意义的信息(采用 RDF、SPARQL 标准)；以及相关的 URI 链接，可以发现更多的对象。根据以上 4 个方面的原则，可以创建系列本体关系，如 FOAF(Friend Of A Friend)所描述的用户之间的交互关系，在描述中每一用户都有唯一的 URI 标识，可以按身份配置文件。

关联数据技术在知识关联组织中的应用是基于 RDF 链接来实现的。RDF 对资源的表达主要是通过由主语(Subject)、谓词(Predicate)和对象所组成的三元组，以 RDF 模型来表达事物、特性及其关系。RDF 链接可以通过设置生成，如 FOAF 文档。对于大规模的数据集，则需借助于特定命名模式的算法、基于属性的关联算法等，在不同数据集之间生成自动关联。其中，需要针对特定的数据源，开发专用的特定数据集的自动关联算法。RDF 链接作为数据网络的基础，不仅可以链接同一数据源中的资源，而且可以实现不同数据集之间的关联，从而将独立的资源编织成数据网络。

采用关联数据的方式在网上发布数据集的过程通常包括三个步骤：首先，给数据集描述的实体指定 URI，通过 HTTP 协议下的 URI 参引，获取 RDF 表达；其次，设定指向网络其他数据源的 RDF 链接，这样客户端程序就能跟随 RDF 链接在整个数据库中进行导航；第三，提供发布数据进行描述的元数据，这样利用客户端可对发布数据的质量进行评估，对此可以在不同的连接方式中进行选择。

11.3.4 基于关联规则的知识组织

关联规则是表示数据库中一组对象之间某种关联关系的规则。关联规则问题由 Agrawal 等人首先提出，后来许多研究者(包括 Agrawal 本人)对关联规则的挖掘进行了持续研究，从而改进和扩展了最初的关联规则挖掘算法。同时，关联规则的挖掘被应用到许多领域的数据库中，取得了良好的挖掘效果。

通过关联规则挖掘也可以揭示知识之间的关联关系。它主要针对用户行为和需求的分析，即使知识间具有相同/相似/相近的关联关系。关联规则挖掘主要用于帮助用户快速准确地找到所需数据内容，实现用户需求与信息推荐的匹配，以满足用户的个性化需求。例如，卓越亚马逊等基于关联规则的挖掘推出了多种形式的个性化服务。与此同时，该方式可根据用户记录，为用户提供更多相关信息。关联规则挖掘还可用于数字信息服务的多个方面。借助关联规则，可根据用户的历史数据来发现和挖掘数据之间的关联关系；发现用户的使用模式，根据用户的兴趣模式提供主动的个性化服务，帮助信息用户发现数据间潜在的关联。如用户访问时，根据用户的兴趣度来推荐相关专题信息；跟踪用户的兴趣变化，发现用户的最新需要；根据用户的兴趣，提供相应的报告。

基于关联规则的知识关联组织，主要应用在协同过滤推荐系统中。它是基于群体用户的访问行为数据挖掘来实现的，在于发现用户与用户之间、资源与用户之间所存在的关联关系或特征，以向当前用户推荐其可能感兴趣和有价值的资源对象。用户关联推荐步骤包括：首先，获取有关用户访问行为、用户兴趣等信息，以及有关用户对于资源对象的属性或偏好程度的评价信息等；然后，分析和发现用户之间以及资源之间的特征联系，也就是其相似性或关联性；继而进行用户之间的相似性和资源对象的关联性计算，如通过用户对资源对象的评价来计算出资源对象的相似性；最后，根据当前用户的访问过程，适时产生和输出推荐列表，根据用户的偏好确定推荐内容。

关联规则的挖掘建立在拥有大量用户数据的基础上，其应用可扩展到各个领域的活动之中。在应用中，可以借助于面向内容的文本信息处理或对信息资源获取的聚类分析来弥补其不足。一方面，从大量的文本特征中构建有效的分类器，基于分类器对文本进行分类。如果文本所分类别与用户兴趣相符，那么就推荐给用户；另一方面，用相关特征来定义将要推荐的信息，然后系统通过用户交互，按用户的兴趣推荐信息。

目录关系是界定两个或两个以上实体在目录中所存在的特定关系，目录的汇集和导航主要依据实体间的关系连接形成，通过相关编码规则的制定、查证与补充，进行规范控制。在建立目录关系的同时，可对其中所蕴含的知识进行关联组织。

目录关系主要有如下类型：①等同关系，泛指知识内容相同的信息载体，包括相同和不同载体表现的信息关系；②衍生关系，系指信息内容的转化和延伸；③连续关系，反映相关目录之间呈现的时间性关系，主要包括知识所反映对象的先前和后续关系；④共有特性关系，反映两个对象可能并不具有相关性，但却具有某些外部共性特征。

目录记录的功能需求(Functional Requirements for Bibliographic Records，FRBR)在描述内容上具有现实性。模型中包括实体、属性、实体间关系和用户认知的映射关系。FRBR 打破了传统编目中概念的单一性和平面性，构建了一个具有层次结构的概念模型(见图 11-7)。该模型揭示出 4 个实体之间的层次关系：一个对象可以通过一种或多种“内容表达”予以揭示，但一种“内容表达”只能揭示一个对象；一个“内容表达”可以通

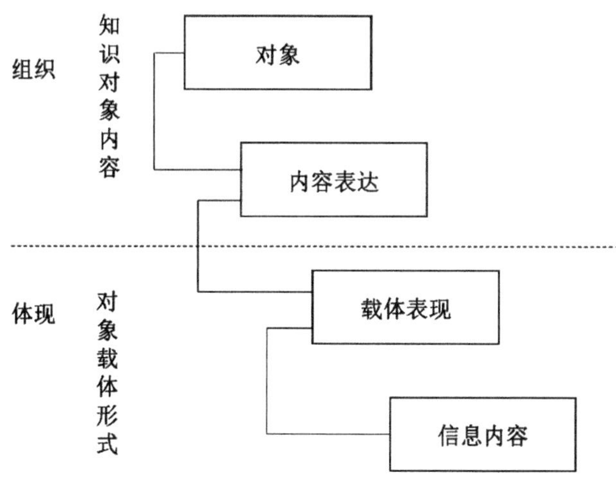

图 11-7 知识对象实体层次关系

过一个或多个“载体表现”来体现；反之，一个“载体表现”也可以体现多个“内容表达”，一个“载体表现”可以具体化为多个“单件”，每一个“单件”只能体现为一种“载体表现”。在图中，虚线之上的两层代表知识内容，属于抽象概念范畴，下面的两层是体现这些内容的物理形式。

在揭示书目实体间关系的同时，图 11-7 也反映了知识之间的相互关系。不同载体形态和内容组织，可通过内容关联将数据进行整合。

知识组织体系反映了知识概念、主题或类目间的相互关系，它所注重的知识结构关系作为知识关联的基础而存在。这说明，知识组织体系本身就是对知识关联关系的一种组织体系。其中，叙词表包含了“用”“代”“属”“分”和“参”等词族关系，以及分类中按照类目之间关系建立的内部集合，用于显示其层级关系，反映了知识间的内在联系。当然，不同的知识组织体系，其面向的对象、领域、层级深度、概念颗粒度等各不相同，所以在知识关联揭示中需要首先评估、选择合适的知识组织体系，或对同一知识概念进行多角度的表达和组织。

在基于知识组织体系的内容关联中，按体系特征可采用不同方式：

①基于结构化词表可以建立知识概念间等同关系。主要是把同义词典作为同义语料库，利用该语料库中所含同义词组与领域专业词汇库匹配，找出在领域专业词汇库中出现且在同义词词库中是同义词的词组，借助现有的同义词词典匹配出专业词汇库中的同义词组，从而构建知识单元间的等同关系。

②基于百科词典可以实现词间关系的提取和识别。百科词典中的词汇释义有其固定的表达模式，通常是使用同义词、准同义词和上下位词来对未知概念词汇进行解释的。如果以海量的词汇释义库为基础，则可以枚举计算出各种词间关系的模式，并在词汇释义库中匹配词汇释义，确定符合等同条件的词间关系。

③利用分类主题一体化词表中概念层级体系关系揭示知识间隶属或相关关系。以“医药卫生”为例，选择“医药卫生”类目，在此类中既有医药领域各概念的分类，又有概念之间的交互表达关系，因而在建立医药领域概念间知识关系时，可以快捷地获取所需的概念及其概念间关系。

④基于词库系统来确认知识概念间关联关系。词库系统是基于语义结构建立的概念间关系，各词库系统的任务目标与设计构架不同，从各词库系统中抽取的概念间关系与类型存在差异；由于各词库系统多数为从概念间通用语义结构角度而建立的概念间关系，所以词库系统可用于建立领域知识关联体系。

11.4 用户交互中知识地图构建与应用

在用户知识交互中，知识地图作为知识资源的图形导航系统，具有分布广泛和结构复杂的知识来源、知识关联和知识汇集关系，其作用在于向一定范围内的用户提供基于视图的知识获取、交流和利用服务。同时，面向用户的知识地图构建在于将可编码的知识进行图形化的描述和展示，从而显示不同主体之间的知识关联内容、关系和位置，以便用户在搜寻、处理和挖掘知识内容时，依其耦合关系和内在的图形关联，从多方面获取具有多源结构和网状关联的知识，以辅助用户知识发现、吸收和深层次利用。据此，在知识地图构建中，面向用户的知识地图应用是重要的。

11.4.1 知识地图类属特征与面向用户的组织构架

知识地图的概念最早由 B. C. Brooks 提出。具体而言，最初的 Brooks 知识地图指对交流文献中的知识加以分析，按知识的逻辑结构找相互影响的关联连接点，像绘制“地图”一样把知识的逻辑结构明确地标示出来，为用户提供展示知识分布结构的图形①。事实上，B. C. Brooks 提出的是一种理想状态下的知识地图构想，随着数字技术的发展，这种理想化的知识地图在面向用户的实现中不断丰富和发展。

(1)知识地图的类属特征

Eppler 于 2008 年分析了知识地图的组成结构特征，认为一份标准的知识地图理应包含反映知识映射的整体环境以及映射到该环境中的每个单独的元素②。在构建中，这些元素的来源范围广泛，包括专家、研究团队、数据库以及诸如专家系统之类的应用等。

数字网络环境下，知识地图这一有效的知识交互工具的存在价值在于，知识地图既是人们寻找答案的工具，也是一种知识采集和交流的“手段”。这些知识包括已经获取的知识和缺乏的知识，也可被理解为特定领域知识的视图表示。更确切地说，知识地图

① Brookes B C，王崇德，邓亚桥，等. 情报学的基础(四)——第四篇 情报学：变化中的范式[J]. 情报科学，1984(1)：66-77.

② Eppler M J. A Process-Based Classification of Knowledge Maps and Application Examples [J]. Knowledge and Process Management，2008，15(1)：59-71.

是知识的位置关系指南，能够显示哪些资源可以为一定范围内的用户所利用。

与国外研究同步，国内学者对知识地图的构建和应用也进行了多方面拓展①。如：引入知识地图解决多领域本体映射问题，进行学科知识地图的本体构建；对知识地图的应用，从显性知识和隐性知识的角度对知识地图进行构建等。这些研究将理论与实践相结合，在知识地图概念模型、知识描述和构建中不断取得进展。与此同时，在知识的可视化展示和知识单元描述中，知识地图从不同方面深化和拓展了知识描述，展示了内容发掘与应用的发展前景。

信息交互中，由于用户需求、认知和所处环境差异，知识地图存在着面向用户的定制构建问题。对于不同用户或用户的不同需求应有科学的区分和合理分类。由于知识地图的分类维度不同，如表现形式、表现内容、应用领域以及知识属性和来源范围不同，存在着按知识表述方式提取知识点及其关系，以及绘制供一定范围用户使用的地图问题。由于用户使用目的不同，知识地图在向用户展示内容过程中需要在应用层面进行图形组织方式的选择，按制式地图的类属特征确定组织构架。

从知识地图承载内容上看，Logan 等将知识地图划分为概念型、流程型以及能力型②；Eppler 从知识地图在知识管理中的功能出发，提出将知识地图划分为知识资源地图、知识资产地图、知识结构地图、知识应用地图、知识开发地图。此外，按照知识地图的结构分类方式，可将其划分为分类目录地图、树状结构地图、中心结构地图、层次结构地图以及网状结构地图。同时，从知识的属性出发，还可将知识地图划分为隐性知识地图、显性知识地图。

(2)面向用户的知识地图分类

结合知识地图面向用户的利用机制，拟在分类中明确以下 4 个问题：用户利用知识地图的目标；知识地图应反映的内容；使用知识地图的用户范围；知识地图的图像化展示形式。第一个问题强调知识地图的制作目的，直接反映知识管理目标，它通常是与知识地图的应用环境紧密联系；第二个问题具体描述知识地图中所包含的元素，以及知识地图在通常情况下反映的内容(包括大量的信息，如专家资料、文档、并行数据库等)；

---

① 毕强，韩毅，牟冬梅. 基于知识地图的多领域本体语义互联研究[J]. 情报科学，2009，27(3)：321-325.

② Eppler M J. Making Knowledge Visible Through Intranet Knowledge Maps：Concepts，Elements，Cases[C]. InProc of the 34th Hawaii International Conf on System Sciences，2001.

第三个问题反映使用知识地图的主体对象，其使用范围决定了知识地图服务组织机制；第四个问题从地图制作出发，对图形化方式作了规定。知识地图的分类依据与类型，如表 11-2 所示。

如表 11-2 所示，通过分析知识地图的功能和作用，可按上述 4 个方面构建要素，形成面向用户的知识地图构建依据，据此将知识地图划分为不同的类型。值得指出的是，知识地图分类的主要依据是地图制作与应用实践，包括逻辑推理和假设。同时还需要认识到，除以上 4 个问题以外，随着知识地图使用的扩展，还可以将知识地图分为项目管理图、策略图、质量控制图、风险管理图等。

表 11-2　知识地图的分类依据与类型

分类依据	地图类型
知识地图的使用目的	知识识别图：帮助用户建立对知识领域的总体认识，以进一步对知识资源进行识别与定位； 知识应用图：帮助用户认识知识的时空结构，以便获取和利用相应的知识； 知识评估图：帮助用户有效评估知识的价值； 知识交流图：促进用户之间的知识交互与共享； 知识开发图：帮助用户明确有待发掘的知识，以提高效能； 知识创造图：启发用户的知识创新活动； 知识宣传图：面向特定领域的用户，传播和扩大其知识影响力。
知识地图反映的内容	根据内容格式区分： 网页式(包括博客、网站入口、主页等)；文档式(包括文件、手册、说明书等)；数据库或知识仓库；项目或专项内容(专利地图、标准地图等)；其他格式(如图纸，数字图等)。 根据反映内容的类型区分： 专家图；概念图；方法图；过程图；组织图；技能图；经验图；事件图；知识流图；知识关联图；知识需求图等。
知识地图的应用层次	团队知识地图(适用于特定的项目团队或工作小组)； 部门知识地图(适用于用户组织内的部门)； 组织知识地图(适用于整个组织)； 跨组织知识地图(适用于多个组织)。

续表

分类依据	地图类型
知识地图的图形形式	图解式：表示知识结构的图形(如韦恩图、同心圆、网络图、战略图、树形图等)；表示过程的图形(如时序图、流程图、事件链、甘特图等)； 地貌图：与地图中的地形表示相似，如陆地、海洋、星系、道路等形式地图相对应，反映知识形态的图形可区分为文献地图、数据地图、知识谱线图等； 结构式：反映知识结构的地图可区分为线性结构地图、二维结构地图和三维知识结构地图等，这与地理地图的维度相对应。

在面向用户的知识地图构建中，按表 11-2 的多元分类结构，可以将知识地图的多种特征属性通过分类矩阵进行关联，以形成图形构架，如"图解式—团队知识""数据库—知识交流"，则是面向某领域研究团队的图解式基于数据库的知识交流地图。

在知识地图服务中，拟从知识地图的使用目的(知识管理目标)入手将其逐项展开，进行具体解读。以知识的有效识别为目标，从整体上识别知识，有利于知识地图的进一步定位。不同形式的知识地图包含的内容，不仅包括程序化的知识结构展示，而且在于清晰地揭示知识流以及知识间的关联关系。

以创造新的知识为目标，知识地图能够提供新概念，反映新主题，直至展示潜在的知识创新实现路径。面向用户的知识地图分类构建应突出知识交流利用和创新，在明确的知识管理目标的前提下，知识地图的内容、形式、适用范围应得到用户认可。这样才能方便地借助地图来支持用户的知识获取和应用。

11.4.2 基于用户认知交互的知识地图本体结构描述

鉴于知识地图和知识图谱、知识可视化图形描述的区别，面向用户的知识地图构建有必要回归到 Brooks 知识地图的理论原型。然而，在本体应用于知识管理领域之前，人们对知识地图的构建和使用目标并没有一个完整的认识，只是认为它是知识表示和显示知识关系的一种工具。一方面，人们对知识地图结构的认识比较模糊；另一方面，虽然 Brooks 等人已经窥见了知识的网状分布结构，但却未能找到相应的描述方法。正是基于对本体概念的理解，人们能够勾画出 Brooks 理想的知识有机结构轮廓，进而发现这种网络状的知识结构所反映的内容。

(1)知识地图的本体结构

本体工程为知识地图的构建提供了应用工具，同时也为构建知识地图提供了新的方法和途径。知识资源加工是构建知识地图的重要环节，在引入本体之前，缺乏足够的面向用户的领域知识组织规范和指导；而本体所包含的各种具体内容以及构造本体的方式却是明确的、严格规定的，这正是构建知识地图所必需的。由此可见，本体以及本体工程的引入，在一定程度上是知识地图理论研究与实践中的一个突破。它解决的是知识地图应该传输什么样的知识这一关键问题，使知识地图的应用进入了表示和传输知识组成结构的阶段。

知识地图本体表示的功能实现中，将本体视为一种描述语言和表现形式。知识地图所提供的直观形象的图形表达，在于帮助用户方便获取图形本体的内容。也就是说，它的作用在于帮助用户获取和利用经过领域本体组织的知识构架。

本体的图形表示，与人们熟悉的文件管理系统、文档分类系统相似，且具有一定的类属关系。为了更好地理解知识地图中的组成要素，可采用类比的方式对此进行说明。通过表11-3可以发现，本体中的类、实例、单一继承关系的分类以及属性等要素与一个分类系统的组成结构很相似。本体中还存在更为复杂的多项继承以及角色关系要素，却难以用分类系统来描述清楚，这也是引入本体结构构建知识地图的一个重要原因。

表11-3　本体与分类系统的对比

文件管理分类系统	文档分类系统	本体类属关系
文件夹	种类	实体(类、实例)
文件夹与子文件夹的关系	类与子类的关系	继承关系
树形视图	分类体系	分类
文件	文档	实例
文件的属性	文档的属性	插槽

通过以上分析可知，知识地图构建中采用本体描述，有助于提升用户接受的图形效果，使用户能够方便地接受基于本体描述的知识内容，进而合理应用本体工具。

(2)三维图形和本体模块构建

通过人与图形之间的高度互动以及各种辅助工具的应用，基于本体描述的知识地图已成为更为有效的图形工具，发挥着其他工具不可替代的重要作用。然而，其关键的因素也需要考虑，如三维图形、本体规模等对知识地图的应用效果影响不容忽视。

因投射视觉中的现实世界具有三维结构，人们理所当然地认为三维图形能够更有效地再现出事物真实面目。在描述自然景观、地理环境的应用中，相对于二维图形而言，三维图形提供了更大的表现空间，能够承载更加丰富的内容，更加符合用户的偏好。随着计算机软、硬件性能的不断提高，三维图形用于知识表达将会得到进一步发展，三维图形全面取代二维图形似乎是一个必然趋势。然而在实际应用中，如果以三维图形来反映大量的抽象知识概念，尤其是本体这种在内容结构上有严格规范的事物，情况就会变得相当复杂。

三维结构图形被称为“三维双曲面树(3D Hyperbolic Tree)”，在知识描述中，既可用于展示网站的分布，也能被当作文件浏览器来使用。然而，将其用于表示知识本体，则存在现实问题。其一，本体中的类、实例可以用节点来表示，球体内的广阔三维空间能够非常直观地反映出本体的整体分类层次，但角色关系和属性难以被清晰标注；其二，三维图形承载的内容丰富，节点聚集将会非常明显，在很大程度上对视觉效果造成干扰。因此，三维图形往往缺乏辅助工具的支持，查询结果在图形上的显示效果、视点导航的实现机制等都是有待进一步解决的问题。

本体的规模对知识地图表示效果的影响，关系到知识地图的可扩展性。随着本体规模的不断扩大，如何确保图形的整体表达效果就成了一个非常关键的问题。本体描述的是网络状的知识结构，也就是人类知识世界的组成状况，它是客观存在的，因而不能在某一个局部范围内揭示它的真实面目。随着用户对知识世界探索的深入，知识地图显示的网页就会越来越清晰、越来越详尽。因此，本体规模的扩大无法回避，在基于本体的知识描述中，必须清楚认识这些问题。

(3)知识地图的“点”式构建模型

在知识地图的本体描述中，节点数量(包括类和实例)通常是衡量本体规模的一个最重要指标。在理论研究和实践中，人们尽量控制节点的数量，以避免图形表达效果过于混乱，而妨碍用户的读图行为。针对这一状况，有学者明确提出了一些解决可扩展性问题的思路和具体办法，如增加显示维度，更多地应用节点隐藏和节点聚集技术，节省显示空间等。

在面向用户的知识地图构建中，采用“点”式构建模式，关键是对本体空间“知识点”进行基于用户认知的知识结构和关联描述，开展面向用户的知识地图服务(见图11-8)。所谓“点”式构建模式是指在知识加工阶段，地图制作者提取知识资源中的知识点，并将其作为构建知识地图的核心内容，这种构建模式适用于组织机构的知识管理实践。在该模式中，制图活动针对特定的、具体的应用目标展开，形成的地图则是一种高效的知识管理工具，承载地图制作者提取出的知识点和知识关联关系，反映了组织机构知识资源聚合后的载体和传输通道。

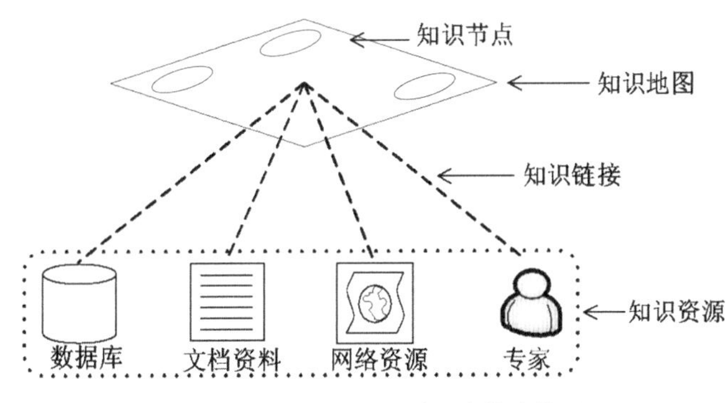

图 11-8　知识地图的“点”式构建模型

采用这一模式构建知识地图，首先需要由地图制作者提取出蕴含在知识资源中的知识点；其次，设计出适当的图形表达方式对这些知识点加以描述，形成知识节点；最后，通过知识链接的方式实现图形界面上的知识节点与相应的关联知识点映射，完成知识地图的构建。构建知识地图，在于充分利用地图的信息传输功能，将某一问题的知识有效传输给特定用户群体，从而达到预期的知识搜索、发现和利用目的。

11.4.3　用户交互需求导向下的知识地图分类应用

从总体上看，面向用户的知识地图的应用在于解决用户的地图查询、获取、交流和知识的深化利用问题。除显现的地图搜索和内容理解外，还要进行面向用户的服务拓展。以下三方面问题应得到有效解决。

①视觉信息的感知处理。视觉感知是事物通过人的可视化反映，使知识地图多项功

能实现的一个前提条件。人类的视觉感知是一个极其复杂的过程，总体划分为三个阶段。第一阶段，大脑对信息进行平行处理，提取出图形中的基本特征；第二阶段，在众多的模式感知中以不同模式为参照，抽取其中的结构；第三阶段，在主动注意机制的作用下，将一定数量的信息通过视觉感知进行记忆保存，为进一步的视觉思维提供所需知识。

②数据选择和处理循环。在心理学和计算机图形学研究中，人们已经掌握了一些较成熟的法则和定律，能够对相对简单的、低层次的循环控制进行有效分析。如地图浏览的视觉控制，或是选定某个对象，进行目标选择与定位等。在知识地图数据处理和选择中，图标的功能会以简短文本的形式加以显示，这种操作可以避免触发过程的延迟，因此在应用中应具有支持停留触发查询功能，以便用户充分利用基于地图的关联知识。

③探索和导航。导航在很大程度上决定着用户对地图知识形界面的直接操作以及视觉反馈。互动式的隐喻是一种能够深刻影响知识地图图形效果的认知模型，它为用户提供人机交互的线索，实现有效的空间导航。此外，最佳的导航方式还取决于具体的应用目标，行走式的界面往往是浏览知识空间的有效方法，因为它能给予用户最真实的视觉感受。如果想要实现在广阔空间中的导航，飞跃式的隐喻则是最有效的解决方案。虚拟空间中的情境支持、现实世界以及输入设备实际上都在与人们所构建的认知模型中进行交互。

在面向用户的知识地图构建与服务组织中，我们采用“丁香园社区心血管板块”进行试验，基于用户知识交流主题共现的心血管领域概念关联是构建其知识地图的依据。该社区用户交流主要以主题帖和跟帖方式进行，因此首先进行主题帖和主题帖的入口链接，其次根据入口链接采集主题帖内容和用户跟帖内容。使用基于开源项目 httpclient 和 htmlparser 二次开发的内容采集器，httpclient 用于建立模拟访问连接并获取反馈的网页源文件(html 格式)，htmlparser 用于解析获得的源文件，并将其转化为 DOM 树，随后按照 DOM 树中标签的类型和属性进行文本内容过滤，提取相应的讨论内容，以此作为知识关联地图的构建基础。本试验使用轻量级嵌入型数据库 SQLite，以便于灵活处理后续内容。最终采集主帖数量为 55736，对应的跟帖数量为 259987。

在基于本体的知识点和知识关联关系构建中，利用词汇筛选方法进行处理，最终确定 1205 个概念术语用于知识节点和关系描述。

识别领域术语后，基于领域术语在用户交流内容中的共现关系，可构建地图中的概念关联体系，确立 1205 个领域术语间的累积关系 471709 对，累积关系频次为 5235734。

共现关系强度展现了知识概念的关联度，由此可见，丁香园社区心血管板块中用户交流内容的主题共现关系强度呈幂律分布形态。相应地，在这些共现关系基础上，我们构建了心血管领域概念关系共现频次矩阵（对角填充线为词语频次），利用等价系数方法将其转化为标准化的共现关系矩阵。部分结果如表 11-4 所示。

表 11-4　心血管领域概念关系共现频次矩阵（部分）

	A	B	C	D	E	F	G	H	I	J	K	L	M	N	O	P
1	共现频次	高血压	心脏	血压	心电图	心血管	心律失常	血管	心室	心肌	冠心病	房颤	细胞	糖尿病	心力衰竭	心肌梗死
2	高血压	9322	157	234	146	87	79	117	68	112	143	45	65	118	90	89
3	心脏	157	8511	772	872	808	707	775	717	807	792	350	446	532	523	637
4	血压	234	772	7396	624	513	396	506	340	502	574	208	254	542	337	432
5	心电图	146	872	624	7175	363	577	342	551	702	544	302	240	373	303	506
6	心血管	87	808	513	363	7071	427	594	343	395	626	218	314	455	319	482
7	心律失常	79	707	396	577	427	5838	341	493	475	465	332	271	272	311	372
8	血管	117	775	506	342	594	341	5505	349	474	528	142	357	388	302	460
9	心室	68	717	340	551	343	493	349	5419	503	385	299	263	239	318	366
10	心肌	112	807	502	702	395	475	474	503	5379	526	209	393	347	329	501
11	冠心病	143	792	574	544	626	465	528	385	526	5433	256	276	529	344	514
12	房颤	45	350	208	302	218	332	142	299	209	256	4350	107	147	240	171
13	细胞	65	446	254	240	314	271	357	263	393	276	107	4117	217	189	250
14	糖尿病	118	532	542	373	455	272	388	239	347	529	147	217	4020	259	357
15	心力衰竭	90	523	337	303	319	311	302	318	329	344	240	189	259	6376	271
16	心肌梗死	89	637	432	506	482	372	460	366	501	514	171	250	357	271	3608
17	导联	41	300	181	443	129	237	140	262	286	205	122	98	120	112	252
18	QRS	23	221	89	309	88	215	70	244	176	132	145	87	54	96	141
19	综合征	95	731	490	533	567	400	478	410	462	489	222	298	402	263	446

根据知识概念共现关联结果，排除弱相关关系后，利用图形化可视工具所构建的面向社区用户的概念网络图见图 11-9。

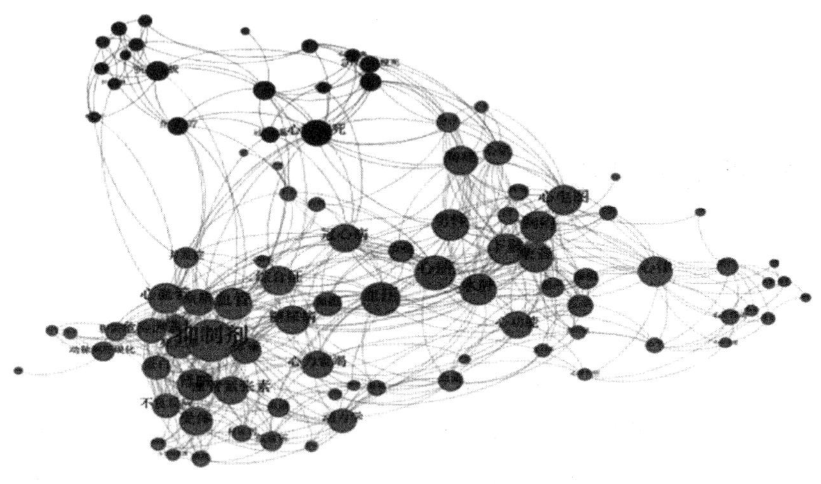

图 11-9　排除弱关系的概念网络图

丁香园社区心血管知识地图提供主题导航，包括按照心血管领域常见疾病引导和按照心血管领域科室的分类引导。其中，丁香园社区内基于疾病名称的主题导航实际是一个发散式的链接系统，可以逐层进入更深的导航层次。在实际服务中，知识地图可帮助用户进一步明确和细化知识需求。针对论坛地图中的体系问题，导航对资源覆盖率的提高是应用拓展中的重点。

在分面导航中，用户点击某一主题后，生成新的动态分面结果。用户由此可进一步对结果文档中的主题进行选择，根据当前主题从多个维度扩展其内容。因此推荐的主题不需要从文档中提取，而是从整个领域角度确定与当前主题更相似的主题。

在知识地图应用中，地图主题推荐针对用户某一方面知识需求提供更大范围的知识选择。例如，当用户已有初始关注话题后，地图可通过主题相似计算向其展示更多主题概念内容。传统展示方法是线性罗列，利用融合语义距离和共现关系的主题相似度结果，对展示主题分类。实现方式在于为从领域概念关联体系中搜寻入口主题对应的概念术语，按该术语的概念关联结果，从各类型概念关联中提取相关强度大于给定阈值 x 的前 n 个概念术语，作为展示结果。例如，当用户关注“冠心病”时，可从领域概念关联体系的“冠心病”词条中，获取相关概念并按关联类型展现结果。

从知识地图查询结果来看，其具体应用可在此基础上进行进一步深化。除提供上述主要内容以外，分散的小型节点网络也是不可忽视的，如果将其低频关联知识进行挖掘，便可以扩展应用范围。值得注意的是，面向用户的知识地图构建拓展应用，具有 4 个方面特征：在知识网络中通过知识地图进行用户知识的交互管理，实现基于知识地图的知识发现，进行隐性知识的图形化展示和发掘，进一步辅助用户的智能化地图分析和利用。

11.5 视觉知识融合与集成利用

大数据环境下，信息技术不断发展，资源总量不断增加。在多模态资源聚合中，视觉资源的内容组织与集成利用因而具有重要性。视觉资源的数字化以及直接生成的数字资源总量均在高速增长，同时表现出结构弱化和无序性。从资源内在关系上看，视觉资源语义内容丰富，不同类型资源之间关联关系复杂，且存在大量隐性相关关系。资源的特征直接导致了图像、视频利用上的困难，限制了利用的深度与广度。因此，利用聚合手段对资源进行有序化处理是视觉知识服务的必要手段，这就需要进行领域资源聚合，或利用异构数字网络对图像、视频信息进行内容聚合。针对这一问题，在分析领域用户需求基础上，应明确以视觉资源语义层次为核心的聚合目标，构建一种基于多源数据的聚合服务框架，在此基础上设计聚合服务原型，为数字视觉资源的开发、利用提供支持。

11.5.1 视觉资源知识融合服务体系结构

视觉资源信息的聚合服务不同于传统文本聚合，其服务实现需要在视觉资源融合服务模型基础上展开。从内容上看，聚合的目的是在直接关联的基础上，进行语义网环境下的资源多维整合，以资源传播与可视化展示为目的进行内容的集成化组织。

视觉资源知识内容融合推动了资源的序化组织与知识服务水平的提升，然而从知识元角度看，聚合主要围绕文本信息展开，难以适应大数据环境下包括数值型数据、图像和音视频资源在内的多形态知识源的融合揭示需要。对于视觉资源来说，一方面，所采用的聚合方式需要在场景化、细分领域的用户服务中进行变革。另一方面，视觉资源获取后，语义分割—再关联已成为大数据环境下资源语义化表征的通用范式，这一范式需要在视觉资源聚合中进行面向用户的完善。

构建系统的视觉资源知识聚合服务体系在于，在分析视觉资源特征的基础上，从资源采集、知识表示、知识关联三方面切入，针对用户个性化需求和领域主题，提供知识服务方案及对应的保障措施。

(1) 数字视觉资源的知识组织特征

在面向用户的数字内容服务中，资源建设处于核心地位，进行数字视觉资源融合的基础是分析资源的特征。分析主要从三方面进行，即分析资源的内容特征、结构特征与分布特征。

从内容特征看，数字视觉资源的知识信息量大，语义内涵丰富，这种丰富必然体现在资源所表示的内容上。以叙事型图像为例，资源所描述的历史、地理、文化、人物信息十分丰富，其创作上的特征也反映出资源生成时的历史文化背景。这种丰富的语义内容一方面带来了丰富的素材，另一方面也给资源的序化组织带来困难。因此，视觉资源融合服务组织中，需要充分利用标引信息和用户以自然语言形式对资源的描述特征，构建领域词表和描述框架，以揭示视觉资源的语义内容。另外，视觉资源的语义层次分明，按用户的主题关注，视觉资源内容深度可从物理层、元素层、语义层出发进行展示。

从结构特征角度看，视觉资源与其他资源关系紧密，关联方式复杂。如在人文领域，文本资源和视觉资源在时间上表现出共时或历时关系，在逻辑空间上存在解释与被解释关系。不同类型资源的标引既相互独立又相互关联。然而，由于资源语义丰富的特性，其复杂关联已深入语义关系层次，这种复杂联系一方面加剧了利用难度，另一方面也为资源关系网络构建与知识融合提供了基础。

一方面，视觉资源在空间上呈现零散分布状态，同一视觉资源可以分布在多处，如图书馆、档案馆、博物馆等机构，这种多部门的分布可以以跨地区甚至跨国形式存在，在进行深度揭示的同时，需要对物理空间上分散的资源形成逻辑上的统一。另一方面，对某一主题进行描述的多种视觉资源也可能与该主题的文本资源空间相联系，这就需要在建立关联关系基础上实现资源间的语义融合。

(2)数字视觉资源融合服务结构

对数字视觉资源的内容特征、结构特征、分布特征进行分析，需要利用文本资源、多模态资源、关联数据，构建面向数字视觉资源的知识融合体系。其体系结构包括资源采集层、知识表示层、关联聚合层和知识服务层，体系架构如图 11-10 所示。

资源采集层。视觉资源的获取是体系构建的基础工作，资源采集层需要具备获取异构视频数据的能力。面对数据的分散分布，资源采集层需要具备多源获取、过滤去重的功能；同时，在资源采集环节进行清洗和整合，以利用跨部门协同支持方式，实现物理分散资源的逻辑位置统一。对于数字视觉资源，各机构需要进行协同采集，对与之相关的关联资源，明确文本与视觉资源聚合对象。

知识表示层。对数字视觉资源及相关的文本资源进行采集整理后，需要在知识表示层对两种类型资源分别进行描述。对视觉资源提取视觉描述符，在于建立视觉索引；对采集结果中已包含的与之相关的文本资源进行框架描述，可利用视觉描述符构建视觉资源数据库。视觉索引可以按图像内容特征进行组织，对于视觉颜色、纹理、形状等信息，可采用不同的内容表示方法。如颜色丰富的资料采取 RGB 表示，对于拓片、模糊照片采用灰度矩阵等偏向于纹理层的索引方法。对于关联的文本数据，在进行预处理的基础上，利用改进的 TF-IDF、互信息、PageRank 等方法进行特征提取，并以合适的方式进行表示。在领域术语词典构建中，将提取出的特征文本进行映射；在此基础上进行视觉资源与相关文本资源领域词典的关联使用，即从不同层面为视觉资源的聚合服务奠

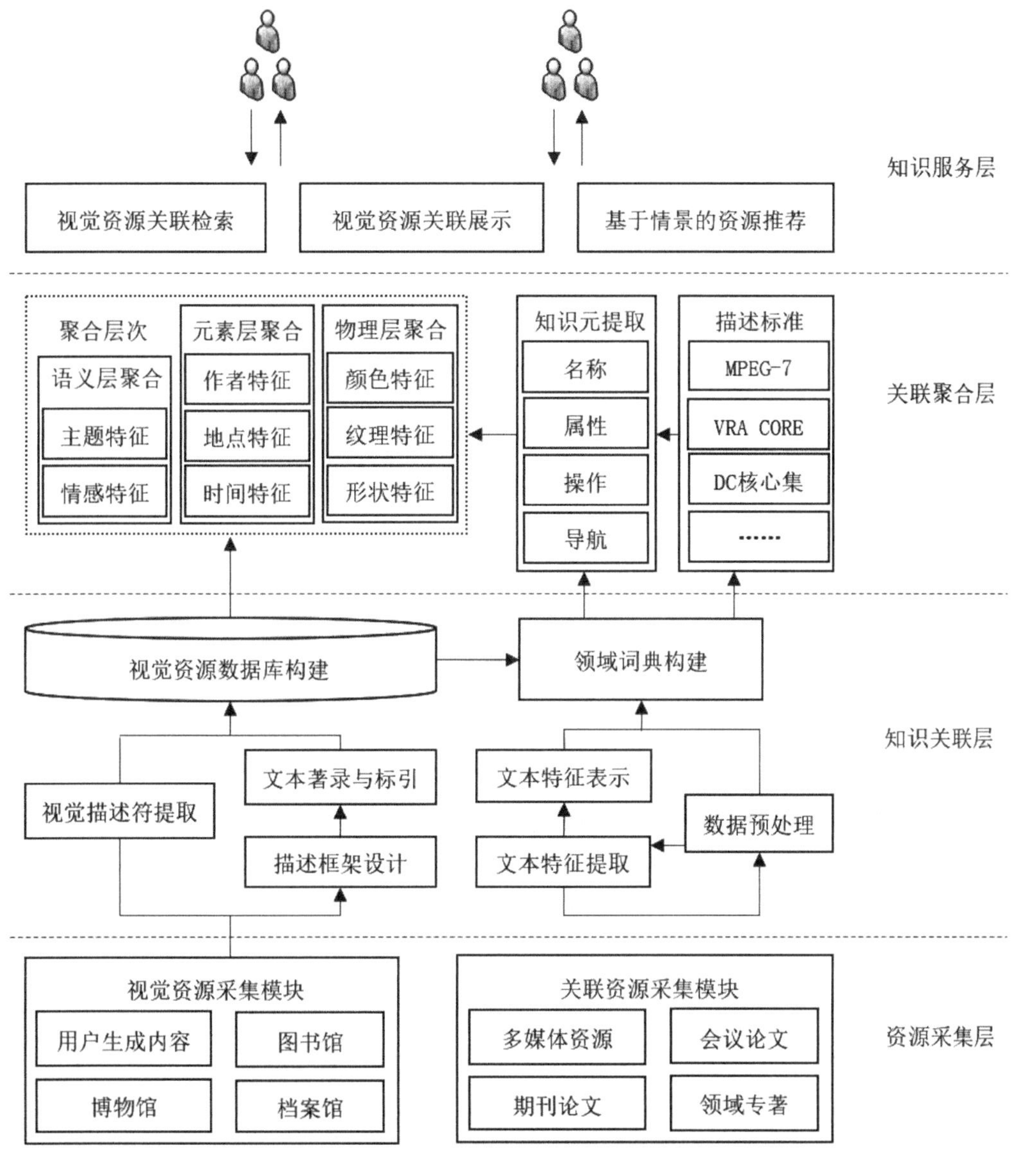

图 11-10　数字视觉资源知识融合模型

定基础。

关联聚合层。作为模型核心的关联聚合层，需要根据资源的特征和用户的需求，从不同的层面进行聚合。从描述层次的深度来看，数字视觉资源需要从三个方面进行聚合展示，即物理层、元素层、语义层。物理层次的聚合需要以视觉资源的内容组织为出发点，即按视觉内容特征进行聚合，包括资源的颜色特征、纹理特征、形状特征、纵向对比等；元素层聚合按视觉资源的创作信息、时间信息、地点信息等资源描述特征进行聚合，同时对资源作者特征、资源地域风格、资源时间演化等方面进行对比展示；语义层是数字视觉资源高层，表征用户对资源理解，主要从资源的主题和情感两方面进行聚合，同时允许用户根据需求实现资源的跨层次聚合。确定聚合层次以及各层次的目的、意义、内容后，可利用关联数据方法对与数字视觉资源相关的数据进行组织；对视觉资源关联数据可利用 MPEG-7、VAR CORE 进行描述，根据资源特征对多字段进行分割或合并；同时基于知识元可对视觉资源进行细化融合，通过对领域词典中的知识元提取，实现元素层、语义层深度汇合。

知识服务层。视觉资源融合旨在以检索、浏览、推荐形式提供服务。根据资源聚合层次与用户的需求层次，将资源按照物理特征、元素特征和语义特征进行展示，同时根据用户的领域属性和要求，提供检索与推荐服务。在这一环节中需要综合分析用户的情景特征，提供协同、嵌入式的知识服务。通过聚合层次的反馈，可以提供与其他层次的关联结果，同时将聚合结果以关联展示方式应用于推荐服务之中。与此同时，针对用户的不同行为习惯，提供面向环节和融合情景的视觉搜索服务。在服务中采取相应的保障措施，确保聚合资源的合理有效利用。

11.5.2 数字视觉资源知识融合服务的组织实现

数字视觉资源知识融合的关键是数据单元的充分标注，以便实现分层次的汇合目标。在实现中，应对融合体系进行优化，同时在逻辑层次上进行形式和内容上的统一。

数字视觉资源聚合依托于资源的逻辑空间分布，这种分布式构架是按视觉资源来源进行逻辑上汇合的结果，因而可视为一种物理空间分布。在逻辑空间逻辑关联基础上，可设计融合服务的原型系统。从资源的语义分布看，数字视觉资源可以视为不同语义层次上的特征向量关联，其中的同一层次处于平行结构之中，跨层次之间有可能存在关联关系。如果忽略空间距离，以拓扑距离描述的视觉资源语义分布结构如图 11-11 所示。

如图 11-11 所示，资源在三层语义中反复出现，表现形式为资源的特征描述向量在不同的语义空间表征资源的不同。语义层次虽然已经实现了一次汇合，然而资源也可能因类型的不同存在某些特征上的差异，一般来说数字视觉资源会表现出高层语义丰富且结构化特征不明显、中层语义完整且结构化特征明显、低层语义随资源类型不同而不同的特征。从总体上看，临近语义层次一般具有较强的关联性。高层语义中，信息表示出特定的情感和主题，而这种高层主题可能集中反映在某中层特征中，如中国历史上某朝代、作者或地域的人文作品倾向于集中表达某一个主题或情感。对于中层和低层来说，可能表现出某一对象、作者或地域的人文作品偏好，体现了当时的社会文化。因此，数字视觉资源的融合，应在本层融合的基础上，进行跨层次的协同组织。

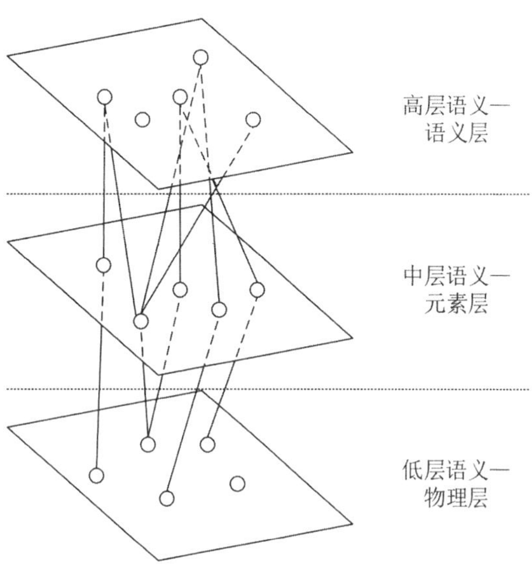

图 11-11　数字视觉资源语义空间分布结构

数字图像和视觉资源中最重要的是图像资源和视频资源，图像和视频资源内容既是语义标注的对象，也是层次聚合的基础。具体的语义标注可以使用短文本特征提取方法进行，视觉资源内容的关联组织可以结合领域特征对领域本体进行调整。在获取视觉资源的内容后，进行自动化或半自动化的标注。这也是对其内涵知识内容进行结构化处理的过程，对视觉资源进行标注的样例如表 11-5 所示。

表 11-5　数字人文视觉资源层次标注样例

视觉资源	关联文本	语义信息		
	金龙墓出土的彩绘漆屏风上，也画着《孝子列女》的图画，南方北方，礼乐说教如出一辙。唐代阎立本《步辇图》上，唐太宗被画得伟岸高大，比宫女高出一倍，西藏使节禄东赞谦卑地站在旁边，比唐太宗矮了一头：人物大小的鲜明反差，正是为了突出“礼”。莫高窟唐五代《经变图》……[展开全文]	语义层	主题	礼乐说教；舞蹈；步辇图；唐太宗；节禄东赞；
			情感	谦卑；伟岸；高大；
		元素层	时间	唐五代；
			地点	金龙墓；莫高窟；
			作者	阎立本；
		物理层	颜色	RGB 直方图；RGB 矩；HSV 直方图；
			纹理	灰度矩阵；随机场模型；
			形状	兴趣热区；边界特征；

样例中，虽然列出的是数字人文领域的视觉资源，然而其标准具有普适性。从视觉资源的内容特征和关联文本中获得基本的描述信息后，可利用关联数据的方法对资源进行基本的组织。从总体上看，在视觉资源层次语义上的融合，实际上是基于关联数据的视觉内容组织，在于揭示图像知识的内容和关联关系；而逻辑空间内分语义层次的融合，则需要允许资源在跨层次上进行组合。这样，可利用探寻式分面系统来实现，以此设计融合服务平台。在服务组织中，可根据用户提出的层次语义要求，进行细化关系展示。

目前，专门化的数字视觉资源融合服务平台处于迅速发展之中，其设计与资源关联建设已成为人们关注的重要问题。在这一场景下，相关服务设计的原型可用于视觉资源聚合服务优化之中。中国知网学术图片库是我国重要的学术类图片的知识库，图片的来源涵盖 13 大学科门类，其中人文学科资源内容如历史、地理、社会、考古等。图片库提供检索、浏览等服务。从内容展示角度上看，图片库即是基于关键词的资源汇集。该库的开发与建设为数字化研究提供重要的数据来源支撑，考虑到图片服务的进一步发展，在应用中可进行面向融合服务环节的内容组织。将设计原型图与中国知网学术图片库进行对比，可以发现，知网学术图片库的分面体系设计尚有值得改进之处。其中，检索结果的分面导航系统设计与其学术论文检索系统类似，未能进一步考虑图像的分层次语义特征，即未能将关键词字段进行细化表示，同时对于图像低层语义特征只可作进一步展示。

在改进的基于语义层次的数字视觉资源融合服务设计中，允许用户根据自身需求、领域特征和处理环节，选择跨语义层次的展示方式。其内容不再以线性、单一关联的方式进行展示，而是根据用户个性化需求和探寻式思考方式，进行多面组配表达。从资源的角度来看，资源包含的特征以结构化的形式描述来体现，在融合结果上具有较强的灵活性和可拓展性，结果的展示本身即构成知识服务。相较于传统的参考文本内容服务，具有一定的优势。

在所构建的数字视觉资源融合服务模型基础上，为保障模型使用效果以及面向应用的服务开展，需要对用户特征和领域知识进行分析，以确定相应的服务保障策略。在实现上，拟从资源获取、服务嵌入、融合情景上进行。

由于视觉资源语义信息丰富、与其他资源关联关系复杂，拟提出一种基于语义层次分析的跨源融合服务方案；同时，针对数字资源关联内容的复杂结构，构建以视觉资源内容揭示为核心的融合服务模型。在实现中，通过构建跨系统的资源库，进行内容关联组织。在操作上，从资源物理层、元素层与语义层出发进行，以逻辑原型的形式进行融合服务的设计，同时进行分面点的衔接。

复习思考题

1. 分析信息资源内容开发中知识管理进展。
2. 分析面向信息内容需求的数据挖掘方法及其应用。
3. 知识元关联组织的实现方式与路径有哪些？
4. 知识地图的类型有哪些？举例说明面向用户的知识地图构建与应用。
5. 简述数字视觉资源知识融合的组织实现。

12 数字化服务中的智能交互与体验设计

"用户体验"授课 PPT
第 1 讲　用户体验—信息服务研究的新视角

"用户体验"授课 PPT
第 2 讲　信息服务中的用户体验内容及目标

"用户体验"授课 PPT
第 3 讲　信息服务中的用户体验设计

授课视频"用户体验"
第 1 讲　用户体验—信息服务研究的新视角

数字智能背景下，随着计算机技术逐渐融入社会活动的各个方面，大数据应用中的人机交互已成为必须面对的重要问题。在发展中，智能化交互使得计算机与人之间的信息交换更为便捷。数字服务中以用户为中心的智能交互，在于充分理解用户的意图，融合用户视觉、听觉等交互通道，为智能化服务开展提供支持。

12.1　数字服务中人—机交互的智能化发展

计算机技术发展，对人们的工作和生活都产生了深刻的影响。人机交互技术作为人与计算机之间信息交流的接口和以人为中心的系统开发基础，对人的认知和计算机技术的应用都起着非常重要的作用。

12.1.1　人机交互发展进程及现状

人机交互是指人与计算机之间使用某种对话语言，以一定的交互方式，为完成确定任务的人与计算机之间的信息交换过程。为实现这个过程，需要研究人的认知、信息处理过程及交互行为习惯，以此为依据进行交互系统的设计，进而将计算机与人联系起来，实现人与计算机的高效交互。因此，人机交互研究受到了包括计算机科学、认知科学、信息科学等多个学科的关注。

人机交互是从人适应计算机发展到计算机不断适应人，交互的信息也由精确的固定格式输入、输出，转变为较模糊的、符合用户习惯的输入，强调经由计算机理解用户意图后的输出。总结人机交互的发展过程，可以大体上分为 5 个阶段，如图 12-1 所示①。

授课视频"用户体验"第 2 讲　信息服务中的用户体验内容及目标

授课视频"用户体验"第 3 讲　信息服务中的用户体验设计

手工作业阶段。1946 年世界上第一台计算机 ENIAC 在宾夕法尼亚大学诞生，此时的人机交互很难实现，一般由专人使用计算机，并依赖其手工操作通过打孔纸条的形式实现指令与结果的输入输出。

交互命令阶段。1963 年美国斯坦福发明了鼠标，20 世纪 70 年代，Xerox 研究中心的 Alan Kay 发明了重叠式多窗口系统，用户得以通过计算机实现实时编辑、复制粘贴、多窗口处理等操作，从而实现真正意义上的人机交互。此阶段主要由计算机的使用者采用交互命令语言与计算机交互，虽然使用者需要记忆很多命令，但已经可以较为方便地调试程序并了解程序执行的目标。

图形用户界面(GUI)阶段。1973 年第一个带有现代 GUI 的设备 Xerox Alto 发布，GUI 包含了窗口(windoes)、菜单(menus)、图标(icons)和定位设备(pointing device)4 个部件，这也组成了用户界面范式 WMIP。GUI 较文本界面更加直观并且不受语言限制，自出现以来受到了用户的普遍欢迎。并且由于 GUI 简明易学，即使不了解计算机的普通用户也可以熟练使用，因此 GUI 的出现扩大了使用用户的范围，使得信息产业得到飞速的发展。

网络用户界面阶段。随着 www 的出现和网络标准及协议的应用，人机交互得以进入网络用户界面阶段。Web 服务器应用超文本传输协议 HTTP 来传递超文本标记语言 HTML，用户通过 Web 服务器向计算机发出服务申请，计算机进行处理后采用静态响应或动

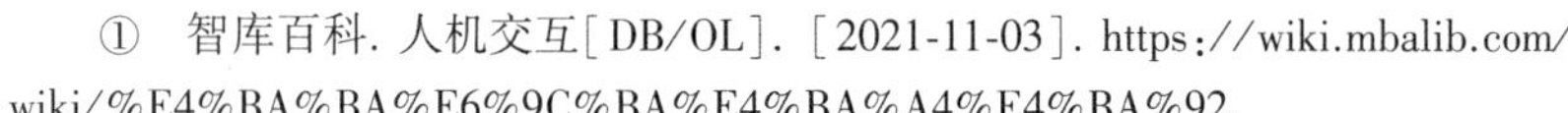

① 智库百科. 人机交互[DB/OL]. [2021-11-03]. https://wiki.mbalib.com/wiki/%E4%BA%BA%E6%9C%BA%E4%BA%A4%E4%BA%92.

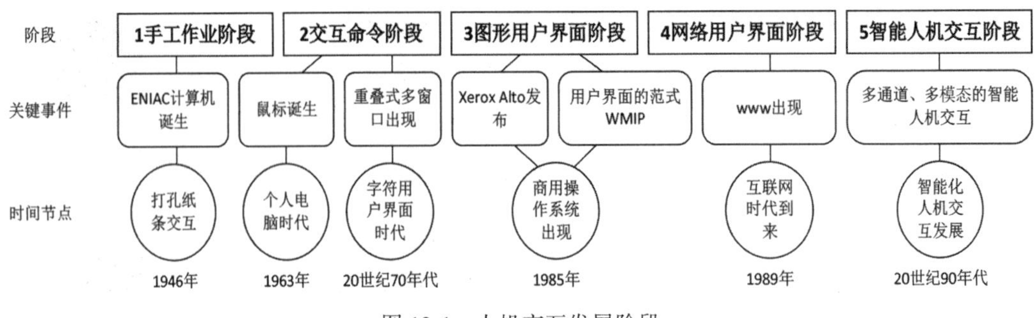

图 12-1　人机交互发展阶段

态响应的方式向用户展示结果。从总体上看，此阶段人机交互技术的特点是发展迅速，新的技术如搜索引擎、多媒体动画、文本聊天工具等接连涌现。

智能人机交互阶段。随着多媒体技术的发展，计算机的输入输出形式不再局限于文本内容，逐渐向文本、图片、音频、视频等多种形态信息的集成处理发展，多通道、多模态的智能人机交互成为人机交互的关键。智能化人机交互系统既包括前端输入信息的智能化，即支持更为灵活、复杂的用户信息输入方式，如文本、语音、图片等多种方式，也包括后端的智能化信息处理，即在进行用户信息处理和整合方面，能够准确识别用户意图，生成用户需要的结果。

人智交互技术的进步，对信息服务的演化与发展产生了深远的影响。2018 年开始，科技部全面推进新一代人工智能研究与应用，《科技部关于支持建设新一代人工智能示范应用场景的通知》，进一步明确了可推广的标杆型示范应用场景，列出了包括医疗、农业、教育等在内的 10 个应用场景①。近年国内外人智交互技术发展迅速，其应用已延伸到社会活动的各个方面。

ChatGPT(Chat Generative Pre-trained Transformer)是美国 Open AI 研发的聊天机器人程序，是人智技术驱动的自然语言处理与人智交互工具，自 2022 年 11 月发布以来，应用及其使用安全，已成为世界各国共同关注的问题。这说明，ChatGPT 和类似技术的发展是信息服务组织中必须面对的，因而需要在拓展服务的同时，完善其安全机制。

当前，随着数字信息技术的进一步发展，计算机已广泛且深入地融入人们的工作、生活之中。智能化背景下，人机交互的目的也转变为支持用户间的高效信息交流(如社

① 科技部关于支持建设新一代人工智能示范应用场景的通知[EB/OL]. http://www.gov.cn/zhengce/zhengcekw/2022-08/15/content5705450,htm.

交网络、智慧办公等)、辅助用户与数据间的高效交互(如可视化数据分析、决策支持系统等)及用户的智能交互环境。同时，交互的方式也不再局限于传统的 WIMP 范式，更强调以人为中心的自然人机交互的方式，即用户无须依靠传统的交互设备，便可以直接进行与计算机系统的交互。自然人机交互通过用户的视觉、听觉、动作等多种直接交互方式与机器进行协同，与传统的设计交互方式相比，可以有效保留用户的原始意图，从而提高交互系统的可靠性。按照交互的方式，典型的自然交互方式为语音交互和动作交互。

①语音交互。有声语言是人与人之间最普遍的交互方式，一般情况下，人们可以自然地表达和理解他人的话语，其原因在于人们不仅能够通过语音捕获语音中传递的语言内容，而且可以感知和理解语音反映的对象身份特征和情感状态特征。针对传统的文本形式的局限，自然语言处理和基于文本的用户意图理解，在应用于用户交互理解中得以迅速发展。

在语音交互系统中，一般通过设备接收和发出语音信息。在信息处理中，经由后台的语音识别，为用户提供各类服务。语音交互极大地简化了用户在完成一个任务时从心理目标到物理操作的转化，用户可以直接将所需服务的心理目标转化为符合用户习惯的语音命令，无须经过与图形界面进行交互操作这一系列物理操作，从而简化了用户的操作步骤。语音交互界面通过命令模式和对话模式控制语音交互过程。从获取的语音表现形式来看，语音既具备语言学特征，也具备声学特征。在进行语音识别和用户意图理解时，既需要对语音内容进行识别，也需要对音频信号进行特征提取和用户意图建模。在进行语音文本内容建模时，主要应用语言模型刻画用户的语言表达方式，通过分析语言中词与词间的排序关系，展示词与词在结构上的内在联系。基于 N-gram 的统计语言模型是当前语音识别中最为常用的语言模型，用来表示长度为 N 的词串的出现频率。而 N-gram 模型引入了马尔科夫假设，这即某一个词语出现的概率只由其前面的 N-1 个词语所决定，因此词串的概率 $P(W)$ 可以表示为：

$$p(W)=p(w_1{}^K)=\prod_{k=1}^{K}p(w_k\mid w_1{}^{k-1})$$

式中，K 表示该次序列中包含词的个数，w_k 表示词序列中的第 k 个词。

用户的语音信息经由语音交互界面采集后形成波形数据，在声学特征方面，需要进行声学特征抽取和声学特征建模。声学特征提取和声学建模技术曾经是两种相对独立的技术。声学特征提取旨在从复杂多变的语音波形中抽取相对稳定的最能代表发音内容的特征向量，而声学建模意在统一描述声学特征的内在规律。随着语音识别技术的发展和神经网络的应用拓展，声学特征抽取和声学建模技术从相对独立逐步走向融合统一。应用中，通过利用多层网络结构对原始的声学特征进行层层变换，形成更好的声学特征；同时可以在顶层网络中进行区分度训练；最后将特征优化抽取和声学建模融合在同一个网络中，从而获得更好的识别效果。

②动作交互。行为动作是人与现实世界交互的主要媒介，动作可以是全身的、上肢的或者是局部的动作。在自然人机交互中，动作的高效识别和行为的准确理解可以使人机交互的方式更加自然和灵活，以此达到有效交互的目的。动作交互包括基于动作的目标获取和动作识别及意图分析两个方面。

目标获取是动作交互系统识别的前提，随着交互界面技术的发展，自然交互界面为获取复杂、细致的用户行为动作提供了可能。在实现中，系统获取动作目标的方式可以分为直接和间接两种。直接的动作获取要求用户通过接触目标位置对其进行直接选取，例如在增强现实的应用中，用户通过以手部接触的方式完成虚拟目标的选取；间接的动作获取则需要用户通过位置和姿态来控制和移动光标，借助指示位置实现目标选取，如用户通过控制一束虚拟光线选取需要交互的目标等。

用户动作识别及意图分析包括动作建模、交互动作类型划分和基于运动感知的动作意图识别三个部分。其中动作建模需要构建动作的几何模型、运动模型和交互模型。几何模型用于虚拟环境中图形显示动作的形态，对于虚拟外形的几何模型建模是一个较繁琐的过程，且在计算时会加重虚拟仿真的负担。因此，可以综合考虑将精细的虚拟人体部位几何模型进行简化处理。构建人体运动模型时，由于不同部位的拓扑结构差异，采用单一结构识别难以有效表达多维运动特性，因此有必要对虚拟人体运动进行建模。在此基础上，为了让用户动作能够正确地传达交互意图，还要建立高效的人体动作的交互模型。通过建立用户动作与虚拟对象间的关系，可将动作与特定的指令联系起来，以便将最终处理的信息返回给用户。

12.1.2 数字智能环境下人机交互的核心问题

通过对人机交互发展和应用的归纳，可以概括出目前人机交互发展的核心问题。

从人机交互实现上看，人机交互的模式可以归为基于技术发展的范式变迁。在技术与范式交互关系上，技术的发展导致范式的变迁，而范式的变迁又进一步促进了技术的进一步发展。这一过程的结果便是人机交互技术从概念提出到范式实现，再走向实际应用的特征体现。首先，从技术发展和范式变迁的关系来看，智能技术的发展致使当前范式已经不能适应技术发展环境，因此对范式的变迁提出了要求；与此同时，新范式的出现如果满足了技术发展的需求，又会进一步促进技术的进步。

在计算机发展过程中，在某种程度上范式的变迁起着关键的作用，可以说是范式的变迁引导着人机交互的发展。例如 WIMP(window，icon，menu，pointing)范式的出现使图形用户界面的需要得到了满足，从而极大地促进了图形用户界面的应用，创造了个人计算机时代的辉煌。但是随着计算能力和交互场景的变化，WIMP 界面存在着无法满足日益变化的交互需求问题，表现为使用感知有限、输入/输出不平衡等，这就需要突破制约人机交互的发展瓶颈，以开拓新的交互应用空间。

智能交互为突破这一限制，需要新的范式来满足新技术的需求。10 余年来，一些学者提出 Post-WIMP 和 NonWIMP 等框架概念，力图突破图形用户界面限制，满足新应用场景，使交互过程更为自然①。与此同时，针对交互场景的 PIBG 范式(physical object，icon，button，gesture)局限，面向普适计算交互场景的用户界面(tangible user interface)和针对智能系统界面设计的 RMCP 范式等随之出现。正是这些新范式推动着人机交互的进一步发展，从而引发新的应用。

用户界面(user interface，UI)包括支持人机之间交互的软件和硬件系统，是人机交互系统的重要组成部分。用户界面发展大致经历了 3 个阶段，分别是批处理界面(batch interface，BI)、命令行界面(command line interface，CLI)和图形用户界面(graphical user interface，GUI)。随着新的交互场景和交互技术的出现，GUI 已无法满足新一代交互需求，因此需要更加直观、更为人性化的自然用户界面(natural user interface，NUI)。面对下一代交互界面的主流需求，应致力于自然的交流方式(如自然语言和动作)的应用发展。从总体上看，在用户界面中取而代之的是更自然、更具直觉的智能交互控制界面，用以满足触摸控制、动作控制、自然语言控制等功能的实现。

用户界面构建涉及界面设计、界面开发和界面评估，其中包含隐喻(metaphor)、可见性(affordance)、界面范式(paradigm)和用户体验(user experience)，其结构如图 12-2 所示②。

---

① Jacob R J K, Girouard A, Hirshfield L M, et al. Reality-based interaction: A framework for post-WIMP interfaces[C]//Proceedings of the SIGCHI conference on Human factors in computing systems. 2008: 201-210.

② 张小龙，吕菲，程时伟. 智能时代的人机交互范式[J]. 中国科学 F 辑，2018，48(4)：406-418.

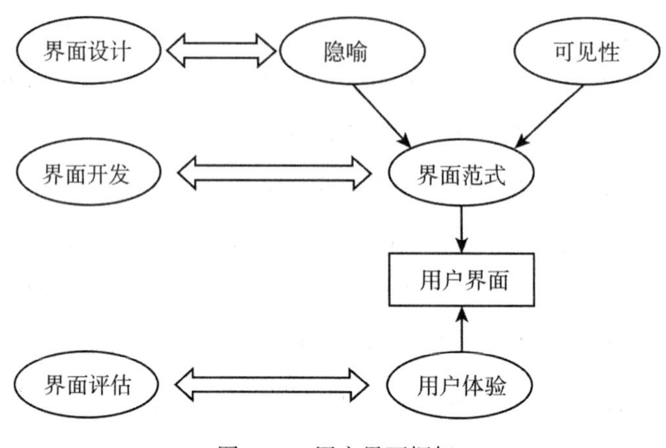

图 12-2　用户界面框架

界面设计中，隐喻是将用户界面中的概念拟为一种人们熟悉的认知结构，用于反映其交互内容，这些隐喻具有指示界面元素的作用，以便于用户识别对象之间的特征联系。例如，WIMP 界面框架中，将图形界面元素喻为用户熟悉的接口表征等。

可见性是认知对象所显示的固有特征反映，便于使用户能够了解如何与其交互。隐喻和可见性是一个对象作用的两个方面，可见性即对象事物的可显示性，而隐喻则是指向用户的认知引导。

范式是理论框基础上的规范形式，界面范式则是用于引导用户的界面模式。界面范式可以被认为是界面设计的基础，其作用是提出设计构架。典型的界面范式如 WIMP 范式等，在应用设计中规定了图形用户界面的基本组成单元，在图形界面开发中具有重要作用。

用户体验是指用户对客观对象的主观感受，包含用户在使用界面过程中所感受到的全部内容①。一定场景下，用户体验具有动态性、情境依赖性和主观性的特点②。对用户体验，可从情境体验、对象体验等特征出发进行描述。

随着深度学习在多个领域的应用发展，人工智能迎来了新的发展机遇，从而引发了

① Mirnig A G，Meschtscherjakov A，Wurhofer D，et al. A formal analysis of the ISO 9241-210 definition of user experience[C]//Proceedings of the 33rd annual ACM conference extended abstracts on human factors in computing systems，2015：437-450.

② Law E L C，Roto V，Hassenzahl M，et al. Understanding，scoping and defining user experience：a survey approach[C]//Proceedings of the SIGCHI conference on human factors in computing systems，2009：719-728.

人们对智能革命的进一步关注。与此同时，智能交互设备的应用使人机交互空间发生了新的变化。语音分析、运动识别、凝视控制等技术的进步，对个人特征的安全认证提出了新的要求，由此决定了人机交互技术的发展轨迹。

未来的人机交互，将会演变成人和智能机在物理空间、数字空间及社会空间上的交融。在数字信息的利用中，和计算机自然交互是智能机存在的必备条件。因此未来人机交互技术的发展，除从不同角度对人机交互进行实现外，人作为人机交互的核心，也将随着技术的发展与交互设备融为一体。因此，未来的人机交互将趋同于交互感知，计算机的主要交互行为将变成感知行为，以此实现智能化大数据服务目标。

12.2 智能交互系统框架与规范

智能交互系统框架是智能交互服务的基础，在技术实现上提供了基本的构架原则和功能结构规范。在基于智能交互框架的交互设计中，除相应的技术模块和功能组合外，智能交互设计是其中的重要环节。

12.2.1 智能交互系统框架

智能交互时代，人机交互的应用从专门领域扩展到社会活动的各个方面，苹果公司的 Siri 智能语音交互系统、科大讯飞的讯飞语音云平台、微软的体验交互等得以迅速发展。在结构上，这些智能交互系统遵循了输入/输出层、控制层、知识层的系统框架设计原则，其具有共性特征的各个层次的模块和功能如图 12-3 所示①。

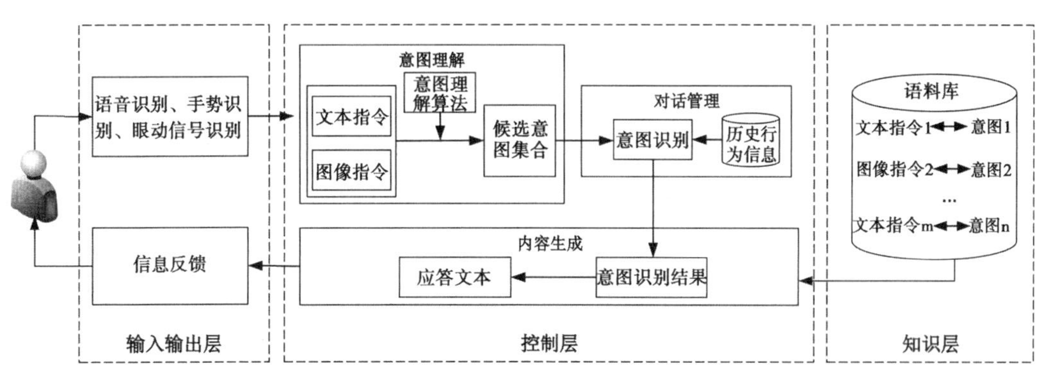

图 12-3 智能交互系统框架

① 李瀚清. 人机交互中自然语言指令理解算法研究[D]. 上海：上海交通大学，2016.

如图 12-3 所示，智能交互框架由相互关联的模块构成，其间的交互关联和功能作用决定了智能交互的实现。

在智能交互系统中，输入信息不再局限于单一形式的信息录入，更多的是语音、手势、眼动信号等自然交互信息。因此，输入层的核心任务是通过相关技术识别这些自然交互，将其转换成文本指令，以输入到控制层的意图理解模块中。由于各通道的媒介形式存在区别，应用的关键技术也有差异，对于目前的语音识别和手势识别，其差异显而易见。

语音识别。语音信号是一种非平稳的数字信号，其形成和感知过程就是一个复杂信号的处理过程。同时，人脑具有多维处理结构特征，对语音信号的处理实际上是一种层次化的多维处理过程。浅层模型在语音信号的处理过程中会相对受限，而深层模型则可以在一定程度上模拟人类语音信息的结构化提取过程。由此可见，深层模型比浅层模型更适合于语音信号处理，深度学习因而引起了语音信号处理领域的关注。2009 年，深度学习被应用到语音识别任务，相对于传统的高斯混合模型（Gaussian mixture model-hidden Markov model，GMM-HMM），语音识别系统获得了超过 20%的相对性能提升。此后，基于深度神经网络（Deep neural networks，DNN）的声学模型逐渐替代了 GMM 模型，而成为语音识别声学建模的主流模型。这一实践应用，极大地促进了语音识别技术的发展，突破了某些实际应用场景下对语音识别性能要求的瓶颈，使语音识别技术走向实用化。语音识别的核心技术是声学特征提取和声学建模技术。声学特征提取是从复杂多变的语音波形中抽取相对稳定的内容特征数据，而声学建模在于统一描述声学特征内容。深度神经网络使得特征提取和声学建模趋于深度融合，它通过多层网络对原始声学特征进行变换，形成可供识别的声学数据。在顶层网络所进行的区分度训练中，可通过特征数据抽取和声学建模融合，在同一个网络中进行优化，以获得性能上的提升效果。

基于计算机视觉的手势交互中，用户仅需做出手势，摄像机便会自动采集手势图像信息，机器通过图像数据随之进行视觉处理和判别。因此，基于计算机视觉的手势交互技术，以其自然、无接触和符合使用习惯的优势，已成为目前较理想的人机交互方式之一。基于计算机视觉的手势识别流程包含手势检测与分割以及手势建模两大核心构件。手势检测分割是实现手势识别的前提，分割效果直接影响后续处理结果。手势检测旨在识别采集的图像中是否含有手势及手势在图像中的位置；手势分割则是通过相应的判断依据区分手势像素点和非手势像素点，实现手势与背景的区分。目前常用的手势检测分割依据有基于深度阈值的分割、像素点聚类分析和图像深度结合分析。基于深度阈值的分割得益于深度传感器的普及，可通过手势与背景深度图中的阈值来进行区分，然而此类方法多受场景限制。像素点聚类分析以特征空间点表示对应的图像像素，根据像素在特征空间的聚集对特征空间进行分割，最后通过映射到原图像空间得出分割结果。对图像的像素点进行距离分析，可通过手部形状先验数据提取聚类特征，以实现分割目标。手势建模可以帮助手势识别系统识别用户的大部分手势，建模方法主要有基于表观特征的手势建模和基于三维模型的手势建模。基于表观特征的手势模型利用的是肤色、纹理、手型、轮廓等来进行建模，主流的建模策略有灰度图、可变形模板、图像特征属性、运动参数模型等。基于三维模型的手势建模依据的是动态手势中存在的关节约束和运动依赖关系，建模方法包括了纹理模型、网络模型、集合模型、框架模型等。

图 12-3 中的控制层主要包括意图理解、对话管理、内容生成三大模块。意图理解模块是智能交互系统的核心模块，它根据文本指令识别用户的意图。在意图理解模块中，按照概率大小可依次输出 3 个可能的意图，传递给对话管理模块。对话管理模块根据上下文进一步对意图进行判断，由内容关联模块生成应答文本，输出至 IO 层。

在意图理解模块中，接收的为文本数据、图像或语音的指令数据，其中语音数据经过语音识别后转化为文本，图像数据通过分析得到图像的特征，最终输出为预设的若干意图当中的一个或多个。也就是说输入一个文本指令，意图理解模块就输出一个或多个对应的可能意图。

对于文本指令，可先行对指令进行分词处理，得到相应词序列，然后通过一个适宜的语言模型对其进行建模，最后使用一个分类算法对其进行分类，输出意图列表及相应概率。而对于图像指令，则通过提取图像特征，通过机器学习、深度学习等模型训练，对图像意图进行分类，最终输出为意图列表及相应概率数据。

为了实现意图理解，先人工搜集大量的语料库，并进行人工标注。语料库中的数据结构为“文本指令—意图”和“图像指令—意图”对的形式。其中：文本指令依据自然语言形成，图像指令依据手势图像的特征来表达。意图则是指向对应的机器操作，具体采用如下形式定义：

$$function\ parameter\ parameter[1,\ 2,\ \cdots]$$

其中函数名（*function*）表示了操作类型，后面的参数表示一些细节信息，以对操作进行的进一步细分。

12.2.2 人机融合智能规范设计

人机融合智能的形成以人工智能的深层发展为基础，包括机器与人、机器与环境及人、机、环境之间的交互支持。人机融合智能作为由人、机、环境相互作用而产生的新型智能系统，其功能融合原理如图 12-4 所示。

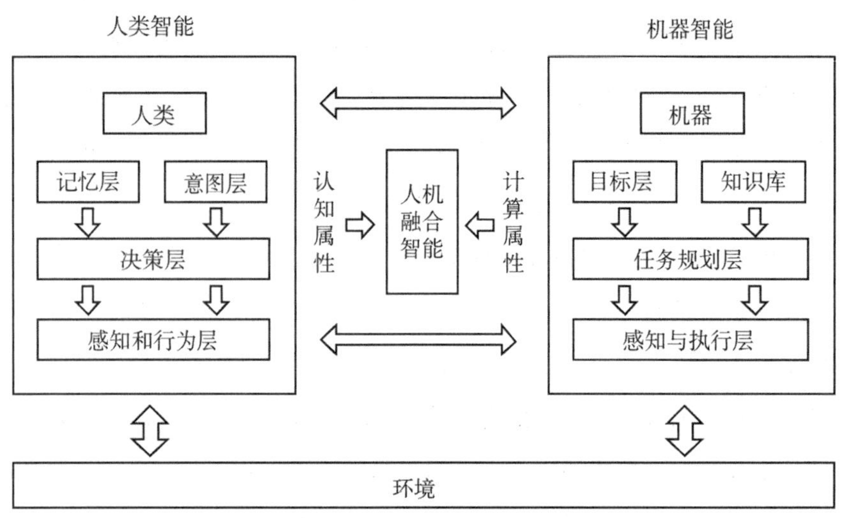

图 12-4 人机融合智能原理

人机融合智能与人工智能不同，其特征主要表现在三个方面：首先是智能输入端，人机融合智能把设备传感器采集的数据与人主观感知到的数据结合起来，构成一种新的处理方式；其次是智能数据中间处理过程，强调机器数据计算与人的认知融合，以构建一种独特的理解模型；最后是智能输出端，将机器运算结果与人的价值决策相互匹配，形成概率化与规则化有机协调的优化判断。人机融合智能也是一种群体智能形式，不仅包括个人还包括大众，不但包括机器装备还涉及应用机制，以及自然和社会环境等。

人机交互与人工智能的关系从过去的此起彼伏逐渐变成了当下的相互促进，近 10 余年来，随着人脸识别、语音识别、手势识别、姿态识别、情感识别等人工智能技术的进步，智能算法与人机交互出现了互相融合的趋势。目前在手势、语音视觉、情感计算等方面的人机交互中，技术标准化因而处于十分重要的位置。

手势交互是人机交互技术发展的一个重要方面，旨在实现更智能、更自然的交互效果。Google、Microsoft、Intel、Apple、联想、华为等均对手势交互方法进行系列研发，已推出使用触摸手势、空中手势等多形态的产品。然而，在信息交互与识别技术领域，手势交互的国际、国内标准比较匮乏，如针对手势交互的分类、识别并无相应标准。对此，中国电子技术化标准研究院和中国科学院软件研究所等10余家单位起草，通过全国信息技术标准化技术委员会所属计算机图形图像处理及环境数据表示分技术委员会（SAC/TC28/SC24）发布了GB/T 38665.1-2020《信息技术手势交互系统第1部分：通用技术要求》和GB/T 38665.2-2020《信息技术手势交互系统第2部分：系统外部接口》两项标准，以规范手势交互系统的框架范围、功能要求、性能结构以及输入/输出接口形式和数据格式。手势交互标准的推广应用，有助于不同操作系统、数据获取终端和识别框架下的应用开发，适用于不同手势交互系统之间的数据交换。

语音交互涉及声学、语言学、数字信号处理、计算机科学等多个学科，其交互技术主要包括语音合成、语音识别、自然语言理解和语音评测四类交互技术。围绕语音交互所涉及的问题，业界进行了全面梳理，在梳理基础上进行了归纳①。

ISO/IEC JTC1/SC35用户界面分委会2016年已发布ISO/IEC 30122-1《信息技术 语音命令》系列标准，重点关注语音交互系统框架、规则、构建、测试和语音命令注册管理等。美国从20世纪90年代中期，由美国国家技术与标准研究所(NIST)开始组织语音识别/合成系统性能评测相关标准的制定。其标准重点关注语音识别/合成词错误率评价、语言模型复杂度计算、训练、合成语音自然度评价和测试语料的选取等。我国智能语音标准主要由全国信息技术标准化技术委员会用户界面分委会(简称用户界面分委会SAC/TC28/SC35)负责研究并制定，涉及数据交换格式、系统架构、接口、系统分类、测评及数据库，以及多场景应用等方面共13项国家标准和行业标准。2019年8月，由中国电子技术标准化研究院、中国科学院自动化所等单位联合代表我国向ISO/IEC JTC1/SC35提交国际提案ISO/IEC 24661《信息技术用户界面全双工语音》，并于2019年12月通过NP正式立项，这也是我国第一个语音交互领域的国际提案。

情感认知计算是自然人机交互中的一个重要方面，赋予数字系统感知用户情感的功能，能够提高计算机系统与用户之间的协同工作效率。而情感的感知和理解离不开人工智能的支撑。2017年2月，由中国电子技术化标准研究院、中国科学院软件研究所等单位联合向ISO/IECJTC1/SC35提交的国际提案ISO/IEC 301150-1《信息技术情感计算用户界面框架》正式立项，目前该标准已进入FDIS阶段。2019年，我国同时向ISO提交

① 吴新松，马珊珊，徐洋．人工智能时代人机交互标准化研究[J]．信息技术与标准化，2021(Z1)：48-50.

了 3 项情感计算标准提案，并于 2019 年 7 月推动成立了情感计算工作组。同年，国家标准化管理委员会下达了《人工智能情感计算用户界面框架》(计划号：20190836-T-469)修订计划。2021 年 10 月国家市场监督管理总局和中国国家标准化管理委员会联合发布 GB/T 40691-2021《人工智能情感计算用户界面模型》，在标准中定义了基于情感计算用户界面的通用模型和交互模型，描述了情感表示、情感数据采集、情感识别、情感决策和情感表达等模块。该标准适用于情感计算用户界面的设计、开发和应用，于 2022 年 5 月实施。

12.3 智能交互中的特征识别与深度学习

近 10 年来，人工智能技术已渗透到文化教育、医疗卫生、智能制造等诸多领域，其应用必然对社会生产和社会活动产生重要影响。人机交互作为人工智能研究领域的基本问题之一，结合人的思维和机器智能，通过协作可产生更强的混合智能系统和取得更好的执行效果。

12.3.1 智能交互中的用户注视行为及语音特征识别

人机交互和智能化服务组织中，用户注视行为分析及语言特征识别具有重要性，其过程处理和模式识别在于准确获取交互行为特征数据，以支持人机交互和机器学习的有序实现。

(1) 注视行为特征提取与识别

用户交互中的注视从本质上是环境作用下的眼动视觉行为，识别对象为人的眼部动作。在更广的范围内，人类与外界交互的眼动行为有多种，其中包括有意识的眼动行为，(如注视、眼跳等) 和无意识的眼动行为。在人机交互过程中，人在进行有意识眼动行为的同时，会伴随着无意识的眼动行为发生，从而导致一些误操作的产生。因此，展示其中的内在联系，可构建注视、眼跳和有意识眨眼三种眼动行为模型。在注视行为研究中，刘昕综合目前的模型研究，进行面向应用的归纳①。表征为：注视行为表现为注视点在界面上对某一对象的停留，可以用驻留时间来描述，一般驻留时间超过 100ms，如达在 600~200ms 区间，便可认定为注视行为。注视点和界面对象分别使用 P

① 刘昕. 基于眼动的智能人机交互技术与应用研究[D]. 南京：南京大学，2019.

和 O 来表示，对应的计算为：

$$P=(x,\ y,\ t)\ ;\ O=(m,\ n,\ r)$$

其中，x 和 y 表示注视点在屏幕上的坐标，单位为像素；t 表示产生该注视点时对应的系统时间，单位为 ms。界面对象默认为圆形，使用 m 和 n 表示屏幕上界面对象的中心坐标；r 表示对象的半径，单位都为像素。使用 T 表示注视行为的持续时间，单位为 ms。因此，用户的注视行为可以表示为：

$$Fixation=(O,\ T)$$

式中，用户的注视对象为 O，注视时间为 T。当 T 超过注视时长阈值 dT 时，便可判定为目标区域内的注视行为。眼跳行为指的是注视点在两个界面对象之间的跳转，可以用眼跳幅度、眼跳持续时间和眼跳速度来描述。使用 S_a、S_d 和 S_v 参数进行刻画，一般眼跳幅度的范围是 1°~40°，常规在 15°~20°，眼跳持续时间为 30ms~120ms，眼跳速度可以达到 400°/s~600°/s。在眼动交互的过程中，准确识别用户的眼动行为是确保指令被正确执行的前提。因此，基于眼动行为特征的注视行为模型、眼跳行为模型和有意识眨眼行为模型的应用，在于设计对应的眼动行为交互算法，以作为原型系统的实现基础。

注视行为交互算法描述如下：利用眼动跟踪设备实时采集注视点序列，判断用户的注视点是否位于某个对象相对应的目标区域；若注视点在目标区域内，则计算注视点在此区域内的驻留时间；当驻留时间超过注视时长阈值 Td 时，则将此眼动行为判定为注视行为。

眼跳行为交互算法利用眼动跟踪设备实时采集注视点序列，判断用户的注视点是否位于眼跳行为相对应的起点区域。若注视点在起点区域，则计算注视点离开起点区域时的眼跳速度；若眼跳速度超过眼跳速度阈值，且位于眼跳行为的终点区域，则将此眼动行为判定为眼跳行为。

由于眨眼行为存在无意识和有意识两种形态，而有意识眨眼行为才是用户与外界交互而产生的眼动行为，因此需要设置眨眼频率阈值和眨眼时长阈值来区分两种形态。当检测到用户眨眼频率和眨眼时长均超过设定的阈值时，则将此眼动行为判定为有意识眨眼行为。

(2) 智能交互中语音特征识别

人所发出的声音是受多个器官影响而产生的，由于存在个体差异，每个人的发声器官控制并不完全相同，这就导致了发音频率、音色、音强、音长等语音特征参数的不同。这些不同的参数又因受多方面特征影响，从而表现出不同的声音个性。一般说来，人的发音特征可以分为音段特征、超音段特征和语言学特征。

音段特征。音段特征指的是语音的音色特征，影响它的因素主要有人的性别、年龄、声道构造不同等，因此会表现出因人而异的结果，进而导致发音音色的不同。由于声带的震颤频率、发音参数均对音色有着直接的影响，所呈现的方式便是共振峰位置和带宽、基音频率、能量等声学指标的差异。

超音段特征。超音段特征指的是语音的韵律特征，即不同的说话人依据自身的发音特点所表现出来的语音特性。影响超音段特征的因素有很多，不仅表现为音素时长、基音频率变化等，更会因为环境以及心理状态等因素影响而形成差异，且变化的随机性较大。

语言学特征。语言学特征指的是人所表现出来的一些习惯特征，这主要受人所处的环境以及个人偏好等因素影响，一般表现为习惯用语、口音等。由于存在较大的不确定性，因此在对语音行为特征模型进行构建中一般不将此因素纳入考虑范围。

按语音的音段、超音段和语言学发音特征，将语音特征识别分为特征参数提取和模式匹配识别两个方面。

①特征参数提取。由于每个人的音段特征是独一无二的，且具有稳定和难以更改的特性，即使是在不同的时间跨度或不同的地点场景也不会发生根本性变化，因此可以对其参数进行提取并进行归类分析。为了确保说话者的身份能够被准确识别，每个个体所提取的语音特征参数之间应存在较大差异，即个性化特征差异。特征参数的提取方法主要有语音频谱、线性预测和小波特征提取。

线性分析在于已采集的语音库基础上，计算得到语音参数，并将获得的语音参数用于语音特征描述之中，其优势是只需要较少的参数就可以对语音进行分析。小波特征指的是利用小波分析技术提取的语音特征参数，与同类方法所提取的参数相比，其优势在于分辨率的改变不会影响参数的适用性。小波分析技术对语音参数有一定的限制要求。该项技术已相对成熟，能够实现对被采样个体的语音特征参数进行快速提取，因此其应用范围较广。

②模式匹配识别。在提取并获得了被采样个体的语音特征参数的基础上便可以进行模式匹配识别，其操作主要是对其进行语音分析和匹配。简单地说，模式匹配识别可以归纳为一种比对操作，即把被采样个体的语音特征参数和模板库中的语音特征参数进行对照，以相似度来衡量匹配程度的高低，而相似度距离可通过数据或表格的方式展现。实际操作中，一般以合适的相似度距离作为阈值对结果进行筛选。目前用于模式匹配识别的模型主要有两种，分别是矢量化模型和随机模型。

矢量化模型在对被采样个体的语音特征进行矢量化处理的基础上，构建矢量模型。当需要对被采样个体的语音特征进行识别时，只需对提取出来的语音特征参数进行矢量化处理，便可比照对应标准进行规范识别。

随机模型是针对因不同环境和地点导致参数变化的概率所提出的一种模型。识别中，通过对被采样个体的语音参数进行归类，以建立的语音参数模型。当系统检测到被采样个体语音状态产生转移时，便会实时计算语音状态转移概率，进而调整针对该个体的语音分析结果。

12.3.2 深度学习算法及其应用

深度学习实质上是多层次学习的非线性组合，其中强调从数据中学习特征表示，在认知识别、分类和分析中提取数据内容。深度学习从原始数据开始将层次特征转换为深层的抽象表示，从而发现高维数据中的复杂结构①。

深度学习不仅源于机器学习，同时也离不开统计算法。1985 年，D. H. Ackley 等基于玻尔兹曼分布，提出了一种具有学习能力的玻尔兹曼机(BM)。该模型是一种对称耦合的随机反馈型二元神经网络，由可视单元和多个隐藏内容单元构成，其构建旨在利用可视单元和隐藏单元表示随机网络与随机环境的学习结构，用权值表示单元之间的关联。随后，P. Smolensky 基于调和理论给出了一种受限玻尔兹曼机模型(RBM)。模型将玻尔兹曼机限定为两层网络、一个可视单元层和一个隐藏单元层，同时进一步限定层内神经元之间的独立、无连接关系，规定层间的神经元才可以相互连接。

深度学习最典型的结构包括深度置信网络结构(DBN)和深度玻尔兹曼机结构(DBM)。DBN 是由 Hinton 提出的一种基于串联堆叠受限玻尔兹曼机(RBM)的深层模型。该模型在训练中将一层受限的玻尔兹曼机(RBM)的输出作为另一层 RBM 的输入，由此逐步训练隐藏层的高阶数据相关性处理，最后采用反向传播(BP)对权值进行调整。深度玻尔兹曼机(DBM)是一种特殊的玻尔兹曼机，除可视层之外，具有多个隐藏层，且只有相邻隐藏层的单元之间才可以有连接。它们之间的对比如图 12-5 所示②。

深度学习的网络结构因网络的层数、共享性以及边界特点不同而有所不同。其中，绝大多数深度学习算法体现为空间维度上的深层结构计算，属于前向反馈神经网络计算。以循环神经网络(RNN)为代表的简单循环网络(SRN) 、长短期记忆网络(LSTM)和

① 姚海鹏，王露瑶，刘韵洁. 大数据与人工智能导论[M]. 北京：人民邮电出版社，2017：173.

② Salakhutdinov R, Hinton G. Deep boltzmann machines [C]//Artificial intelligence and statistics. PMLR, 2009: 448-455.

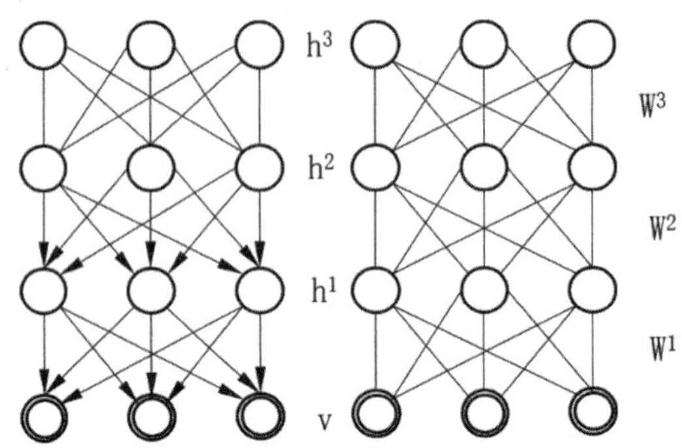

图 12-5　深度置信网络和深度玻尔兹曼机对比图

关口循环单元(GRU)等深度学习算法，通过引入定向循环，具有时间维度上的深层结构，从而可以处理那些输入之间有前后关联关系的问题。根据对标注数据的依赖程度，深度学习中深度置信网络(DBN)、自动编码(AE)及延伸计算多为以无监督学习或半监督学习为主的过程；卷积神经网络(CNN)、递归神经网络(RNN)计算则以有监督学习为主。此外，根据学习函数的形式，深度学习算法模型可以分为生成模型和判别模型，DBN 及其延伸的深度学习模型(如 CDBN)属于生成模型。AE 深度学习模型则属于判别模型，而生成对抗网络(GAN)等深度学习模型既包括生成模型，也包括判别模型。

当前，深度学习在计算机图像识别、语音辨识、自然语言处理等领域应用十分广泛。深度学习的优点在于模型的表达能力强，能够处理具有高维特征的数据，而大数据所面临的挑战有待利用深度学习方法和技术进行及时有效的处置。如何将深度学习应用于大数据分析，发现数据背后的潜在价值已成为业界关注的热点。

大数据进行分析处理中，机器学习、数据挖掘方面的算法是重要的基础。对于这些常用的算法，目前已有许多工具库进行封装，以便在实际应用中调用，或根据实际需要作进一步扩展。在大数据环境下，几种目前比较主流的工具有 Mahout、MLlib、TensorFlow 等。

①Mahout。Mahout 是 Apache 基金会旗下的一个开源项目，它所提供的一些可扩展的机器学习经典算法，旨在帮助开发人员方便快捷地创建智能应用程序。Mahout 包含的算法实现有分类、聚类、推荐过滤、维数约简等。此外，Mahout 可以通过 Hadoop 库有效应用在云中。

陶皖主编的《云计算与大数据》一书系统展示了其中的算法，Mahout 中实现的常用机器学习与数据挖掘算法如表 12-1 所示。

表 12-1 Mahout 中常用算法

算法类	算法	说明
分类算法	Logistic Regression	逻辑回归
	Naive Bayesian	朴素贝叶斯
	SVM	支持向量机
	Perceptron	感知机算法
	Random Forests	随机森林
	Hidden Markov Models	隐马尔可夫模型
聚类算法	Canopy Clustering	Canopy 聚类
	K-Means Clustering	K-Means 聚类
	Fuzzy K-Means	模糊 K 均值
	Streaming K-Means	流式 K 均值
	Expectation Maximization	期望最大化
	Spectral Clustering	谱聚类
推荐/协同过滤	User-Based Collaborative Filtering	基于用户的协同过滤
	Item-Based Collaborative Filtering	基于内容的协同过滤
	Matrix Factorization with ALS	ALS 矩阵分解
	Weighted Matrix Factorization	加权矩阵分解
降维/维约简	Singular Value Decomposition	奇异值分解
	Lanezos Algorithm	Lanezos 算法
	QR Decomposition	QR 分解法

此外，Mahout 为大数据挖掘与个性化推荐提供了一个高效引擎 Taste。该引擎基于 Java 实现，可扩展性强。它对一些推荐算法进行了 MapReduce 编程模式的转化，从而可以利用 Hadoop 进行分布式大规模处理。Taste 既提供了基于用户和基于内容的推荐算法，同时也提供了扩展接口，用于实现自定义的推荐计算。Taste 由以下几个组件组成：

Data Model。它是用户偏好信息的抽象接口，其具体实现支持从任意类型的数据源抽取用户偏好信息。Taste 默认提供 JDBC Data Model 和 File Data Model，支持从数据库和文件中读取用户的偏好信息。

User Similarity 和 Item Similarity。User Similarity 用于定义两个用户间的相似度，它是协同过滤推荐引擎的核心部分，可以用来计算与当前用户偏好相似的邻近对象。类似地，Item Similarity 用于计算内容之间的相似度。

User Neighborhood。其主要用于基于用户相似度的推荐之中，推荐的关键是找到与当前用户偏好相似的“邻近用户”。User Neighborhood 定义了确定邻居用户的方法，具体实现一般是基于 User Similarity 计算得到的。

Recommender。Recommender 作为推荐引擎的抽象接口，是 Taste 中的核心组件。程序执行中，通过提供一个 Data Model，计算出面向不同用户的推荐内容。

邹骁锋等人进行了面向大数据处理的数据流程模型描述，其 Taste 的组件工作原理如图 12-6 所示①。

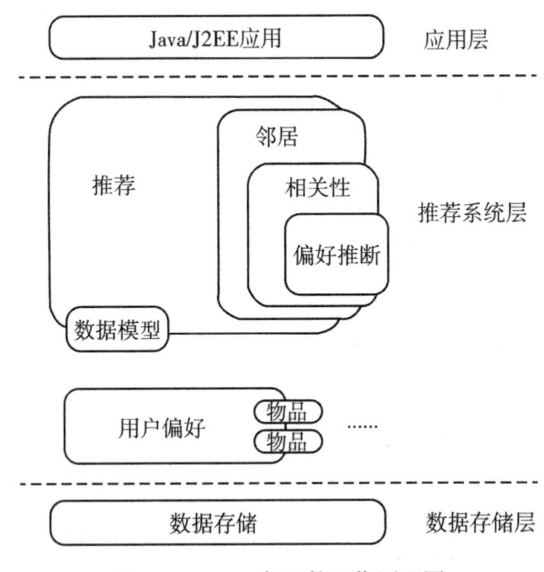

图 12-6　Taste 各组件工作原理图

②MLlib。MLlib 是 Spark 平台中对常用机器学习算法实现的可扩展库，支持多种编程语言，包括 Java、Scala、Python 和 R 语言。由于 MLlib 构建在 Spark 之上，因而对大量数据进行挖掘处理时具有运行效率高的特点。

按陶皖所作的研究，MLlib 支持多种机器学习算法，其构件同时包括相应的测试和数据生成器。MLlib 包含的常见算法如表 12-2 所示（引自陶皖主编《云计算与大数据》，西安电子科技大学出版社，2018）。

---

① 邹骁锋，阳王东，容学成，李肯立，李克勤. 面向大数据处理的数据流编程模型和工具综述[J]. 大数据，2020，6(3)：59-72.

表 12-2 MLlib 常用机器学习算法

算法类	算法	说明
基本统计	Summary Statistics	概括统计
	Correlations	相关性
	Stratified sampling	分层抽样
	Hypothesis testing	假设检验
	Random data generation	随机数生成
分类和回归	Linear models (SVMs, Logistic Regression, Linear Regression)	线性模型(支持向量机、逻辑回归、线性回归)
	Naive Bayesian	朴素贝叶斯
	Decision trees	决策树
	Ensembles of trees(Random Forests, Gradient-boosted trees)	树的变种(随机森林、梯度提升树)
协同过滤	Alternating least squares(ALS)	交替最小二乘法
聚类	K-Means	K-均值
	Gaussian mixture	高斯混合
降维/维约简	Singular Value Decomposition	奇异值分解
	Principal extraction analysis(PCA)	主成分分析
其他	Feature extraction and transformation	特征抽取和转换
	Frequent pattern mining	频繁模式挖掘
	Stochastic gradient descent	随机梯度下降

③TensorFlow。TensorFlow 最初是由 Google Brain 团队开发的深度学习框架。和大多数深度学习框架一样，TensorFlow 是一个用 Python API 编写，然后通过 C/C++引擎加速的框架。它的用途不止于深度学习，还支持强化学习和其他机器学习算法。

TensorFlow 自 2015 年开源以来已成为受欢迎的机器学习项目之一，主要应用于图像、语音、自然语言处理领域。在应用中，Google 对它予以了大力支持，根据 Google 的官方介绍，使用 TensorFlow 表示的计算可以在众多异构的系统上方便地移植，从移动设备到 GPU 计算集群都可以执行。预计未来几年，TensorFlow 将会发展迅速，在利用深度学习对大数据进行分析处理方面将发挥作用。

TensorFlow 使用的是数据流图(data flow graph)的计算方式，即使用有向图的节点和边共同描述数学计算。其中的节点代表数学操作，也可以表示数据输入输出的端点；边表示节点之间的关系，可在传递操作之间使用多维数组 tensor。

如图 12-7 所示，tensor 显示在数据流图中的流动，这也是 TensorFlow 名称的由来。一般来说，我们可使用 TensorFlow 支持的前端语言(C+或 Python)构建一个计算图。张俊、李鑫进行了 TensorFlow 字符识别，其中 TensorFlow 程序执行数据流图①。

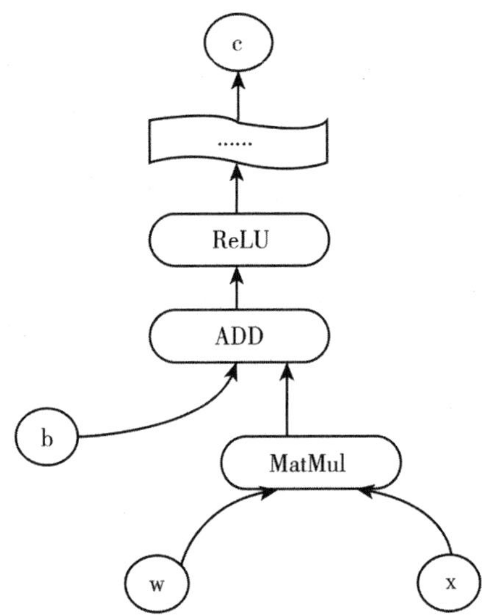

图 12-7　TensorFlow 的数据流图

12.4　智能交互中的用户体验设计

智能交互时代，语音识别、动作识别、生物识别等技术更新了产品、服务与用户的交互方式，使得智能交互中产品和服务的设计重心不再局限于功能需求的满足，而是逐步向提供更加智能化、持续性和沉浸式的用户体验方向发展。因此，有必要从用户体验设计出发，进行智能交互功能的实现，即以用户体验设计为切入点，进行面向用户的交互服务构架。

12.4.1　用户体验设计的发展

用户体验这一概念产生于 20 世纪 90 年代，传达的是一种以用户为主的产品设计理

① 张俊，李鑫. TensorFlow 平台下的手写字符识别[J]. 电脑知识与技术，2016，12(16)：199-201.

念，这一概念的系统定义最早可以追溯到认知心理学家 DonNorman 关于用户体验的定义，其定义反映了用户体验从理论概念向实践层面发展的现实①。国际标准化组织(ISO)对用户体验也作了专门解释，认为用户体验是人们对于使用或期望使用的产品、系统或服务的认知印象及回应。该解释将用户体验视为人们主观产生的一种情绪和感受，因为用户经历和先验知识的不同，其体验自然存在不同程度的差异，进而反映出用户体验的多样性特征。

用户体验研究从早期的心理学、人机工程向后来的多领域拓展。在理论研究上，围绕用户体验的构成、层级、特点及体验质量的评价等方面展开，例如：Nathan Shedroff 从宽度、强度、持续时间、动机、交互、意义这 6 个维度出发对用户体验进行了界定；Lena Arhippaninen 则将影响用户体验的交互过程总结为用户、产品、社会、文化、使用环境这 5 个要素；Jesse James Garret 将 Web 产品开放体验设计流程划分为战略层、范围层、结构层、框架层、表现层 5 个层级。在实践中，以微软、IBM、SAP 为代表的软件公司和互联网公司都强调了用户体验设计的重要性，相继设立了与产品用户体验设计相关的研究部门。国内对用户体验和体验设计的研究起步稍晚，但得益于互联网应用的迅速发展，使用户体验设计得到了进一步的拓展。在这一背景下，可进行基于用户体验的信息构架，以便从整体上进行设计。

随着用户体验研究的深入，其定义和外延也随之扩展。用户体验从一种以用户为中心的思维方式向设计对象转变，用户体验因而成为创新设计的对象。在不同的研究领域，对用户体验设计有不同的方法和维度。在工业设计中，用户体验设计的重点落在以用户为中心的设计方法上；在信息服务中，用户体验设计在于提供与应用感知相关联的服务框架。其共同点是，各领域研究的核心都是以用户为中心，对用户感受进行分析，进而提高产品与服务中的用户满意度。因此，展示用户体验设计结构有助于提高面向用户的服务水准。

用户体验的层次和用户体验的要素是进行用户体验设计的两个基本面，用户体验质量的评价及体验指标的量化是实现有效用户体验设计的依据。基于这一前提，拟从用户体验层次及要素、体验质量评价及指标量化出发，进行用户体验设计的实现。

①用户体验层次。确定用户体验层次是从心理学角度对用户体验的层次界定。与需

---

① 王丹阳，唐玄辉. 基于文献综述探讨未来用户体验设计发展方向[J]. 工业设计研究，2017(00)：143-152.

求层次相一致，用户体验也存在由低到高的层级特征，具体而言可以归纳为功能体验、感官体验、交互体验、情感体验这几个层级。功能体验强调的是产品或服务的基本方面是否满足用户的功能需求；感官体验是通过对产品或服务的外在特征感知而形成的形象作用体验；交互体验则注重用户与产品和服务的使用过程，通过实际操作和互动影响而产生的用户对产品或服务的应用感受；情感体验则是一定环境下产品或服务对用户产生的情感影响及其反应。数字信息智能交互服务中，数字化硬件、服务功能、交互方式等都发生了显著变化，相应地影响着各个层次用户体验的满足。因此，在智能交互中进行用户体验设计时，需要以满足用户各个层次的体验为依据，实现面向用户的数字信息资源组织与服务优化目标。

②用户体验要素。用户体验要素是从体验内容角度对用户体验进行解析的依据，在于明确体验接触点。对于用户体验要素的归纳，由于视角不同及类型不同，要素归纳结果也存在着一定的差异，从总体上看，用户体验的共性要素包括：感官、情感、认知、行为要素；用户体验与设计相关联的功能性、可用性和内容要素；用户体验层次及结构体验要素，以及用户需求、交互机制、信息架构、界面设计要素等。对用户体验要素的分析，使用户体验设计有了明确的指向，因而适应于产品和服务的设计环境。

③用户体验质量。要进行用户体验设计，除了需要明确从哪些层次、要素入手外，还需要明确体验提升的方向，这就要求能够对用户体验进行有效分析。在客观环境的作用下，用户体验的本质仍然是一种主观情绪感受，对其进行评价存在一定的主观性和抽象性。因此，在进行分析时需要有针对性，即根据体验的主体和内容确定用户体验的维度，在维度内提取影响用户体验的因素。确定了维度以后，为了在各个维度内进行平行比较，可通过量化指标反应体验结果，以保证体验展示的客观性。

用户体验的评价。用户体验的评价存在一定的差异。在网络服务评价中，P Morville 提出了用户体验蜂巢模型，从有用、可信、可用、合意、可寻、可及等维度上呈现需求与体验之间的关系，继而从需求满足出发对用户体验进行评价。用户体验的 5E 原则是从数字产品体验的可用性角度出发，从有效性、易学性、吸引、容错、效率这 5 个维度评价产品的可用性满足。由 Google 用户体验团队提出的用户体验 HEART 模型则是从愉悦感、参与度、接受度、留存率、任务完成率这 5 个维度评价用户体验质量。在 HEART 模型基础上，PTECH 从性能体验、任务体验、参与度、清晰度、满意度这 5 个维度评价网络企业级产品的用户体验。关于 PTECH 模型的解释和度量指标如图 12-8 所示①。

维度	Performance 性能体验 产品性能表现，如页面打开、操作反馈速度、系统稳定性等	Task success 任务体验 产品核心任务流程中的体验问题，成本、效率、期望等	Engagement 参与度 产品提供的功能是否可以满足工作需求，用户参与度、依赖度	Clarity 清晰度 功能设计、引导、帮助系统清晰度，用户能够自主完成各项工作	Happiness 满意度 用户对产品不同方面的主观满意度，比如视觉美观、客户支持等
关键度量	· P1 页面加载时长 · P2 页面可用时长 · P3 服务请求响应时间	· T1 关键任务增长指数 · T2 关键任务转化指数	· E1 周访问用户数 · E2 周用户平均访问频次 · E3 周用户留存指数	· C1 设计规范得分 · C2 用户主观清晰度评分 · C3 帮助系统完善度评分	· H1 总体满意度
度量手段	定量分析			定性分析	
	· 应用性能监控 · 用户行为埋点	· 用户行为埋点 · 应用性能监控	· 用户行为埋点	· 用户行为埋点 · 问卷调查 · 卡片分类	· 问卷调研 · 用户访谈 · 反馈文本情感分析
	应用性能监控(APM)	用户行为分析(UBA)			

图 12-8 PTECH 模型

量化用户体验的评价指标，可以进行不同产品同一维度的数据比较。在实际应用中，利克特量表和雷达象限图是常用的两种量化方法。利克特量表以陈述或描述形式呈现评价指标，提供 5 至 7 个评价等级。在进行统计时，对不同等级赋予不同的数值，根据计算结果衡量用户体验情况。雷达象限图则是以评价维度为轴，运用量表法将产品的评价指标量化后纳入坐标象限，通过获得产品与服务在各个评价维度上的可视化结果，以进行各对象的可视化比较，从而直观呈现用户体验的表现和变化。

12.4.2 心流体验视角下的智能交互设计

随着人工智能、物联网技术的发展，智能交互出现在越来越多的使用场景之中。复

① 御术. 科技与人文结合的体验度量[C]//第二届蚂蚁金服体验科技大会(SEE Conf)，杭州，2019.

杂的应用场景和个性化的服务需求对智能应用提出了更高的交互设计要求。心流体验则是产品和服务交互设计中期望达到的一种最佳用户体验状态。从心流体验出发，进行产品或服务的智能交互设计，将帮助数据产品或服务获得更佳的用户体验效果。在问题分析中，可从心流体验的特征及其对用户体验设计的需求出发，分析心流体验对用户体验设计的影响，从而归纳实现心流体验的交互设计要点。

(1)用户体验设计中的心流体验影响

心流体验由20世纪70年代美国心理学家Csikszentmihalyi提出，是指个体将其精力完全投入某项活动时的情绪状态，是一种沉浸式的心理情绪感受①。在心流体验下，个体能够从活动中获得满足感和愉悦感，从而对该项活动抱有持续的热情。Csikszentmihalyi及其后的研究者通过对心流体验的产生条件和过程的分析，总结出心流体验的特征、因素和过程。在此基础上，欧细凡、谭浩进行基于心流理论的互联网产品设计，在所构建的模型中，其因素和特征之间的对应关系如表12-3所示②。

表12-3 心流体验的特征、因素及阶段

Csikszentmihalyi	Novak, Hoffman & Yung	Chen, Wigand & Nilan
1. 明确而清晰的目标 2. 即时有价值的反馈 3. 技能与任务挑战相匹配	条件因素	事前阶段
4. 行动与意识的融合 5. 注意力的高度集中 6. 潜在的控制感	体验因素	经验阶段
7. 失去自我意识 8. 时间感的变化 9. 发自内心的参与感	结果因素	效果阶段

心流体验的特征表达对大数据应用与服务中的用户体验设计提出了更高的要求。在

① Csikszentmihalyi M. Play and intrinsic rewards [M]//Flow and the Foundations of Positive Psychology. Springer, Dordrecht, 2014: 135-153.

② 欧细凡，谭浩. 基于心流理论的互联网产品设计研究[J]. 包装工程，2016，37(4)：71.

进行用户体验设计时，数据产品和服务的交互设计需要全面考虑用户背景、使用经验、使用特点和心理特征，以便设计具有针对性的交互方式，使用户获得更好的使用体验和情感支持。基于心流体验的设计，要求数据产品设计需要对使用目标进行清晰界定，在设计上能够提供即时且有价值的反馈。同时，需要将使用过程简化成与用户技能相匹配的操作，以提高易用性，降低用户的学习门槛，避免用户技能与任务不匹配的情况发生。在进行数据产品或服务设计时，要求能够提供给用户一个沉浸式的使用环境，以避免外界的影响。目前，沉浸式虚拟现实技术能够很好地响应这一要求，可以使用户获得更好的交互体验。结果因素则要求数据产品或服务的用户体验设计不仅在事前达到心流的最佳状态，还需要保证获得心流体验的用户能对产品或服务产生积极的使用欲望，从而提高用户对产品的认可度。

(2)基于心流体验的用户交互设计

心流体验是用户体验的一种最佳体验状态，心流体验的产生需要多个条件的满足。根据心流体验的特征，可以在用户体验设计时尽量提供清晰的界面目标、平衡好数据产品与用户技能的关系，同时在产品的使用中提供有效且即时的反馈，以营造沉浸式的用户体验环境。

目标的清晰化。清晰的目标是心流体验的条件因素之一，根据目标导向理论，目标是影响用户行为动机和方向的主要因素。越清晰的目标对用户的鼓舞作用越显著，用户参与活动的积极性也越强。在进行用户体验设计时，为提供清晰的目标，需要对用户行为进行深度分析，匹配不同用户对数据产品的目标预期，降低用户的认知障碍，推动用户进入心流状态。

平衡挑战与技能的关系。由 Massimini 与 Carli 提出的描述心流体验中挑战与技能关系的八通道模型，证实了平衡挑战与技能的关系是心流得以优化的重要条件，其通道模型如图 12-9 所示①。心流体验带给用户的满足感和充实感，在于使用户愿意为维持心流体验，激发提升自我技能。从这个层面分析，在用户体验设计中，可以根据用户技能水平的差异明确任务分配，挖掘用户潜能；同时，随着用户的技能水平提升，使其能够探索新功能，增强体验的积极性。

---

① Keller J, Blomann F. Locus of control and the flow experience: An experimental analysis [J]. European Journal of Personality, 2008, 22(7): 589-607.

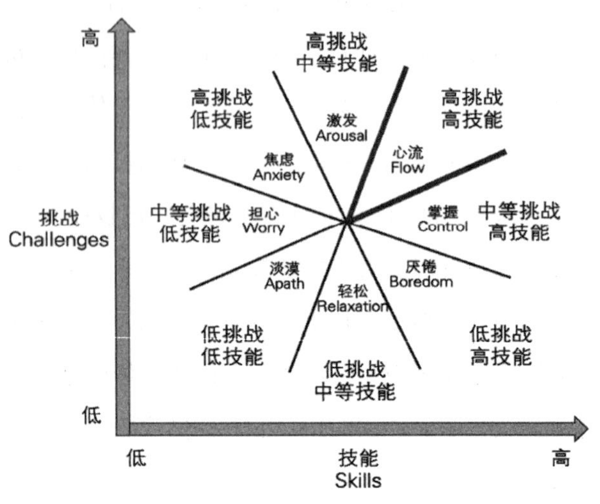

图 12-9 挑战与技能的关系

提供持续有效的反馈。数据产品和服务的反馈是进行用户体验设计时重点考虑的因素之一，良好的反馈设计可以使用户获得更好的使用体验。当前，数据产品的反馈设计形式主要以视觉、听觉、触觉等为主。因此，心流体验的实现也需要在反馈设计中强化产品的应用反馈，以提升产品和服务的认知度。

提供沉浸式交互体验环境。智能交互应用中，虚拟现实技术得到了广泛的应用。与传统媒体交互技术不同，虚拟现实技术能够提供给用户实时沉浸式的高仿真虚拟环境，从而改变用户与数字产品和服务的交互方式，为心流体验的产生提供良好的使用环境。为实现心流体验设计的目标，可以在产品交互设计中更多地采用虚拟现实技术，为实现沉浸式体验创造良好的使用环境。

(3) 基于心流的产品用户及交互体验设计

鉴于心流体验与用户体验需求的关联，可以从用户、目标和行为三个层面出发，进行基于心流的产品用户体验设计，其中欧细凡、谭浩设计的框架如图 12-10 所示。

如图 12-10 所示，基于心流的数据产品用户交互体验设计在用户层面、目标层面和行为层面上进行，在设计中主要面对以下多方面问题。

①用户层面。在用户层面，可以通过多层次的用户定位和建立清晰的用户目标来满足心流体验的条件。用户背景的复杂性决定了用户行为习惯、认知方式和交互方式的客观差异，因此需要通过多层次的用户定位，进行服务细分，使数据产品的使用群体与产

品设计预期相吻合，以便从用户端提高产品或服务的针对性和适用性。实践表明，清晰明确的目标对用户可以起到引导和激励作用，同时激励作用与目标的具体性、可操作性具有强相关关系①。因此，在进行产品用户体验设计时应从用户层面出发，建立清晰的用户目标促进产品与服务预期目标的实现。

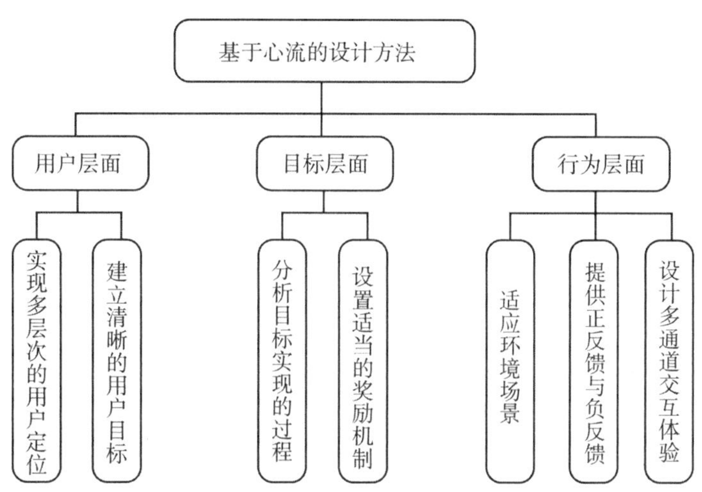

图 12-10　基于心流的数据产品用户交互体验设计②

②目标层面。可以通过建立递进式的目标体系和设置合适的目标实现机制来促进心流体验的优化。用户在使用数据产品的过程中，其操作技能及相关技能水平处于不断提升之中，因而建立递进式的目标可以不断平衡用户技能与挑战之间的关系。其中，设置合适的机制可以强化用户使用数据产品的积极性，提升其使用的满足感和获得感，使良好的体验得以持续。

③行为层面。可以通过适应环境确定合适的反馈路径和多通道的交互方式，以达到行为层面上的最佳设计效果。由于用户使用场景的复杂性和场景变化难以预见，要求在数字产品用户体验设计时考虑产品的环境影响，以提升用户对产品环境的适应性。同时，在用户体验设计行为层面还需要考虑如何提供合适的反馈通道，以实现多通道的交互体验目标。从机制上看，多通道的交互体验能够为用户提供更真实和沉浸式的使用情境，有助于凝聚用户的注意力，推进心流体验状态的优化。

① 梁丹，张宇红. 心流体验视角下的移动购物应用设计研究[J]. 包装工程，2015，36(20)：84-87.

② 欧细凡，谭浩. 基于心流理论的互联网产品设计研究[J]. 包装工程，2016，37(4)：72

12.5 生成式人工智能服务组织

进入21世纪后，人工智能发展有了飞跃的发展，2014年开发的小孩尤金通过了图灵测试，成为首个人工智能的机器。随后2016年Deep Mind公式开发的人工智能Alpha Go战胜了围棋世界冠军李世石，使人们看到了人工智能强大的发展前景，标志着人机交互时代的来临。然而应该看到的是，机器把语言和记号组合在一起，限定在某一个领域内把符号匹配起来，执行某些特定的任务才能表现出色，一旦超出它的领域就会答非所问无法胜任跨领域任务。2022年11月Open AI公司推出了专注于聊天对话场景的聊天机器人ChatGPT大语言模型，该模型能够自动生成各类文本，成为自然语言处理领域最重要的模型。

12.5.1 人工神经网络

在自然语言处理领域，神经网络具有模仿人类思维决策的能力。Transformer强大的模型能力和良好的实际表现在自然语言处理领域得到了广泛的应用。

在人类文明发展的进程中，语言文字对人类智慧有着不可估量的重要作用，语言以及与其匹配的文字符号，记录人类探索世界的积累和理解，形成了人类独有的知识库。人工神经网络模拟人脑的知识信息加工、存储和计算以及编码的过程。词嵌入编码能够适应知识空间中知识的多维度展示，词与词之间的关系不仅仅是语义上的分类，还包括词所代表的事物与其他词所代表的事物之间的成百上千上万种的联系，在知识空间中映射形成了多维度的几何向量空间，可以展示知识库中所有词。在构建和描述基础上，探索人类知识宝库挖掘探索新知识成为可能。同时词嵌入、句子嵌入为大语言模型打下了坚实的基础，它将人类语言转化为计算机能够读懂的底层数字表达，通过多维度空间定位捕捉获取各个单词、短语、句子等在语义上的千差万别和逻辑联系。

Transformer是一种新型的神经网络架构，可以搜索查询输入序列中所有位置的信息，能够同时并行处理所需查询请求。用一种适合人类的“自注意力”机制来表示输入和输出之间的全局依赖关系，编码获取输入元素压缩为解码器生成具有“上下文”理解的序列输出，这种机制使得输出的部分更加专注于所需的重要内容。采用残差连接和层归一化方法，使模型收敛速度和泛化快速得以实现。注意力机制赋予机器以人类的智能，在一个序列中捕捉到每个词位置之间相对关系和作用机制，用于学习词之间的依赖关系。具体来说，一个序列中存在很多词，每个词与其他词之间的关系决定其在整个模型中的重要性。通过每个词之间比较来计算相似度，相似度高的词将获得更高的权重来表示其重要性，对与自己相似度更高的词给予更多的注意力。最终每个词根据它们的权重被重新组合形成一个新的组合序列表示，在这个表示中将保留每个词的信息，注意力会把与其有着更紧密关系的词保留和理解，生成人能够理解使用的信息。自注意力机制进行编码和解码能够处理长序列数据，从而适应了人理解的自然语言生成需求。

图 12-11 是 Google 公司 Vaswani Ashish 等人于 2017 在其论文"Attention Is All You Need"首次提出的 Transformer 神经网络模型结构①。其核心包含一个编码器层和解码器层的堆叠，编码器和解码器都由 6 个相同的层堆叠而成。编码器每层有两个子层，包含多头注意力层机制和一个全连接前馈网络，编码器的自注意力层及前馈层均有残差连接以及正则化层。解码器每层有三个子层，除了编码器的两个子层外，还增加了编码器输出的多头注意力机制。每个编码器和解码器都具有独属于本层的一组权重。

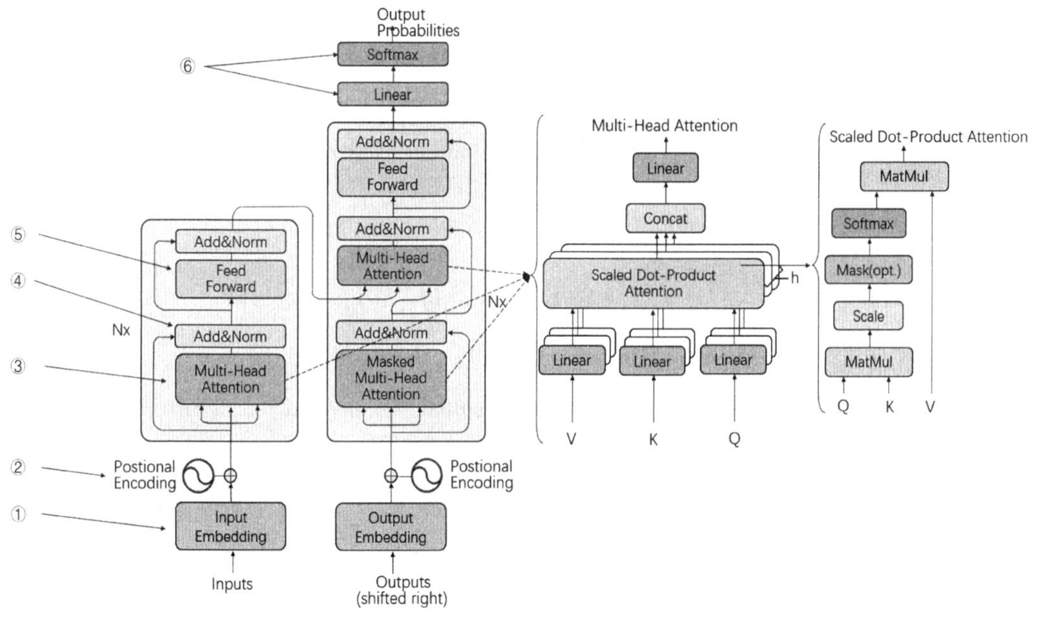

图 12-11 Transformer 神经网络模型结构

①Input Embedding 词嵌入输入。输入是把一种序列文本的字符转变为数字的多维向

① Vaswani Ashish, et al. Attention is All You Need[C]. Isabelle Guyon, et al. Advances in Neural Information Processing Systems, Curran Associates, Inc., 2017, Vol. 30, 5998-6008.

量，需要设置最大的文本长度，对不足的部分做填充避免对内容产生的干扰。

②Positional Encoding。位置编码，是让模型能够利用序列的顺序。必须注入一些关于序列中标记词符相对或者绝对位置的信息，根据位置编码方法得出一个向量，然后将向量加入 Embedding 的向量，使其既有位置的信息，又有词嵌入向量的信息。得到输入序列的查询、键和值矩阵，其中 *pos* 表示位置，*i* 表示维度。

$$PE_{(pos,2i)}=\sin(pos/10000^{2i/d_{model}})$$

$$PE_{(pos,2i+1)}=\cos(pos/10000^{2i/d_{model}})$$

③Multi-head Attention 多头注意力机制。自注意力机制的核心是缩放点积注意力(Scaled Dot Product Attention)，缩放点积注意力能够使输入的序列元素可以关注与其密切关联的其他元素，实现全局的信息交互。Q 表示查询特征，K 表示键，V 表示值，Y 为序列长度，d_k表示其维度。在相同特征上的多个不同的三元组(Q，K，V)用来关注序列元素的多个不同方面。将查询矩阵 Q 与键矩阵 K 相乘，得到一个注意力分数矩阵 V，表示查询与每个键之间的相关性或相似度。在计算最终分数时，采用点积结果除以 $\sqrt{d_k}$，其优势在于空间计算效率更高。如输入一个查询、键和值矩阵，将它们转换为 h 个子查询、子键和子值，然后分别输入点积注意力模型，最后连接头部并将它们与最终的贡献矩阵组合起来，得到的就是 Multi-head attention 的值 Z。

$$Attention(Q,\ K,\ V)=softmax\left(\frac{QK^T}{\sqrt{d_k}}\right)V$$

$$Multihead(Q,\ K,\ V)=Concat(head_1,\ \cdots,\ head_h)W^O$$

$$where\ head_i=Attention(QW_i^Q,\ KW_i^k,\ VW_i^V)$$

④Add&Norm。Add 表示残差连接(Residual Connection)，Norm 表示(Layer Normalization)，用于对每一层的激活值进行归一化。根据 Multi-head attention 的值 Z，把它们顺次连接到一起就是 Concat 过程，再用一个矩阵相乘，最终得到与 QKV 一致的 Z。

⑤前馈网络。具有两层神经网络，有两个全局的参数矩阵 $W1$ 和 $W2$，其目标就是把经过前面所有处理的数据变回原来的形状和大小。编码器和解码器中的每个层都包含一个完全连接的前馈网络，该前馈网络单独且相同地应用于每个位置。

$$FFN(x)=max(0,\ xW_1+W_2)+b_2$$

⑥Linear and softmax。使用学习嵌入将输入标记和输出标记转换为维度为 d_{model} 的向量。使用线性变换和 softmax 激活函数将解码器输出转换为预测的下一个标记来完成输出。

值得注意的是，图 12-11 中从左到右的性质描述，左边是 Encoder 编码输入，右边是 Decoder 解码。在 Decoder 中自注意力机制一种是加了 Masked 屏蔽，一种没有加，加了 Mask 的 attention 机制用在 Decoder 中，根据 Positional Encoding 的信息，来确保对位置 i 的编码输出只能依赖于小于 i 的输入，即只能关注到之前生成的词，而不能看到未来的输入的词。

12.5.2 预训练语言模型及其应用

BERT(Bidirectional Encoder Representations from Transformers)于 2018 年年底由 Google 公司推出，对中文文本语义的获取和一词多义问题的任务解决具有较好的效果。BERT 本质上说是一种基于 Transformer 模型的 Encoder 结构的预训练语言模型，它使用大量未标记的文本进行预训练学习，然后使用标记的数据进行微调①。

BERT 模型中的输入信号由分词向量(Token Embedding)、段落向量(Segment Embedding)和位置向量(Position Embedding)组成②。其中 Token 就是分词后的结果，词可以是词汇也可以是一个字符或其他自定义元素。英文中使用空格作为分词符，中文需要进行分词把句子分为一个一个的词汇。为了减少分词后词汇数量，此处特指使用字符级别分词后得到的分词元素。Token Embedding 就是指每个词对应的向量。例如段落向量来理解输入，假设一个句子有 5 个 Token，那么段落向量 Segment Embedding 就是[0，0，0，0，0]；假设传入两个句子，第一个句子可以分为 4 个 Token，第二个句子可以分为 5 个 Token，那么 Segment Embedding 就是[0，0，0，0，1，1，1，1，1]，所以段落向量标注哪几个 Token 是第一个句子的，哪几个 Token 是第二个句子的。Position Embedding 的作用跟 Transformer 模型一样，表示每个词的位置信息。在 BERT 模型中的位置向量使用的是可以直接训练的参数，而不是预先设定好的值。

BERT 模型的创新在于模型训练，BERT 模型的输入是两个序列，一个序列作为模型的输入，另一个序列作为模型的输出，模型需要判断这两个序列是否相互关联，这个过程被称为下一句预测任务。BERT 使用了掩码语言模型(Masked Language Model)，其中模型在输入序列中随机地掩盖一些单词，并要求模型预测这些被掩盖的单词，其训练任务有助于模型更好地理解语言中的上下文信息。图 12-12 为 BERT 模型输入信号示意

---

① Devlin J, Chang M W, Lee K, et al. Bert: Pre-training of Deep Bidirectional Transformers for Language Understanding[J]. arXiv preprint arXiv, 2018: 1810.

② 覃秉丰. 深度学习从 0 到 1[M]. 北京：电子工业出版社，2021：367-370.

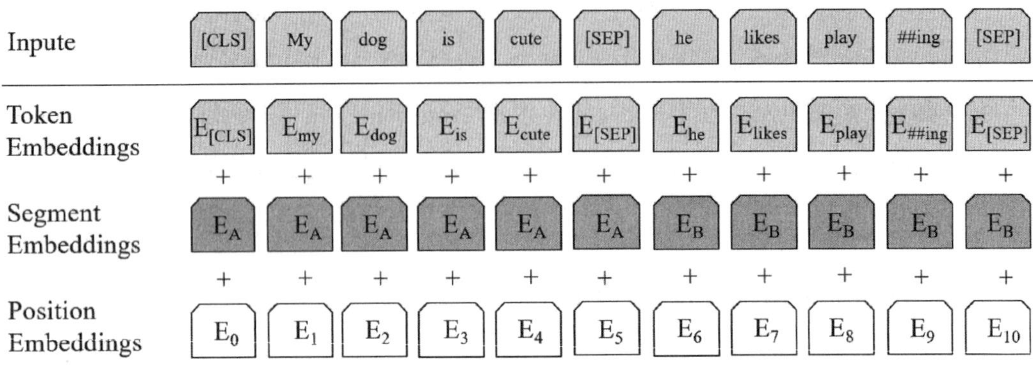

图 12-12 BERT 模型中的输入信号

图。由于 MLM 目标允许表征融合左右两侧的语义，从而预训练一个深度双向 Transformer。预测下一个句子(Next Sentence Prediction)任务，即根据字面意思预测下一个句子。掩码技术(masking)是指根据上下文和语法规则来猜测被屏蔽的词汇。具体来说，可以理解为随机选择一些文本中的词汇进行屏蔽，就像在做语言填空题划出的一条横线空格，BERT 根据句子的意义和语法规则来猜测填空题的答案，经过不断反复地练习，就能更好地理解和表示文本的含义。其优点在于屏蔽词汇的随机性较小，能使 BERT 更好地应对文本中的不同词汇和语言变化，从而增强其泛化适应能力。其训练过程如图 12-13。

例如，模型训练时会向模型传入两个句子，NSP 要做的就是判断这两个句子是不是连续的，输入[CLS]my dog[MASK] is cute[SEP]he liks[MASK] playing[SEP]，中文是[我的狗很可爱]，所以 Label=IsNext，[CLS]字符是表示用于预测结果的字符，[CLS]位置的输出信号会传给 softmax 来判断这两个句子是不是连续的。[SEP]字符用于表示句子结束，[MASK]表示需要遮挡的部分词。

BRET 模型中使用了大量没有人工标注的数据，MLM 和 NSP 可以作为语料本身的自带标签。在 Devlin J, Chang M W, Lee K 的研究中训练了 $\mathrm{BERT}_{\mathrm{LARGE}}$(L=24，H=1024，A=6，总共参数=340M)，L 表示模型层数，L=24 表示有 24 个 Encoder 层；H 表示词向量长度，A 表示注意力机制有多少个头，这些参数可以人为设置。使用训练数据集为 BooksCorpus(800M word)和英文 Wikipedia(2500M words)共 33 亿个词。Google 使用 64 块 TPU 训练 $\mathrm{BERT}_{\mathrm{LARGE}}$模型用了 4 天，训练一次模型需花费 30 万元人民币，其复现成本高，实际中可直接使用其发布的预训练模型即可达到效果。在 BERT 发布后，很多类似

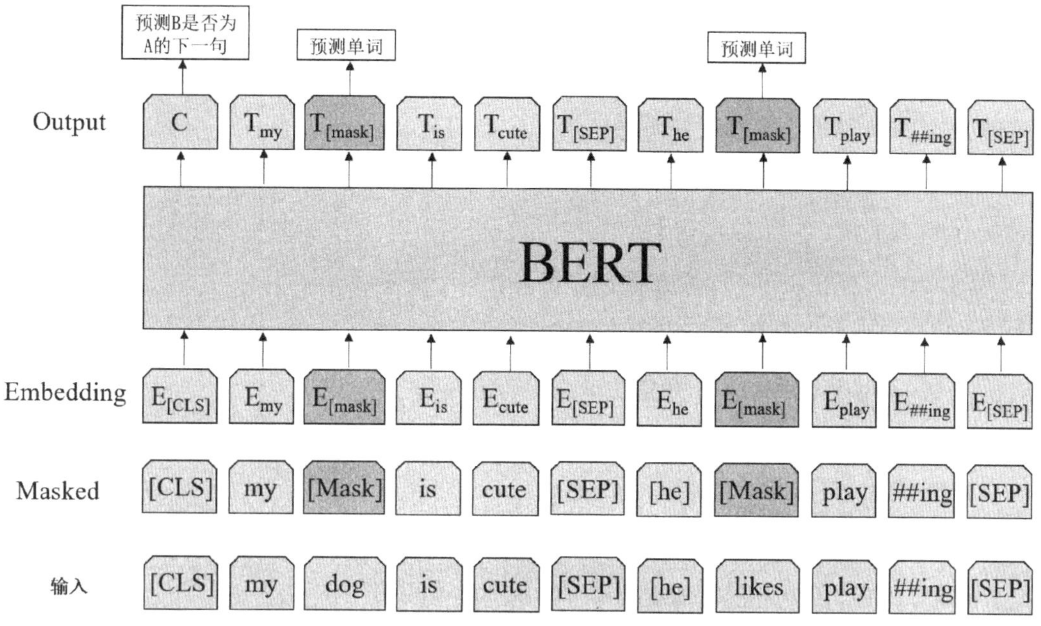

图 12-13 BERT masking 训练过程

模型不断推出并刷新了 NLP 任务的新纪录。

12.5.3 生成式预训练转换与内容生成

GPT(Generative Pre-training Transformer)生成式预训练是一种使用自回归进行语言建模的预训练模型，也采用 Transformer 架构，并使用了大量未标记的文本进行预训练。GPT 模型如图 12-14 所示。GPT 与 BERT 的区别在于 GPT 用微调和指示的方式进行内容生成。GPT 的特点在于它能够自动地生成自然语言文本。GPT 采用了无监督的预训练方法，不需要人工标注的数据，可以更好地利用现有的大规模文本语料库。其独特之处在于它具有非常大的参数量和深度，能够学习到更多的语言知识，并生成更加自然的文本。GPT 模型的输入是一个文本序列，目标是生成与输入序列相关的下一个单词或单词序列。在 GPT 中，每个单词的表示都是通过自回归模型计算得到的，这个模型会考虑前面所有的单词，以及它们对应的位置来预测下一个单词。具体来说，自回归任务中要求每个时间点都需要前一个时间点的信息才能得到当前时间点的输出值，各个时间点之间存在着紧密的联系和依赖关系，因此，用来预测时间序列数据时非常有效。

AIGC(AI Generated Content)是指由人工智能自动创作生成的内容，是指利用人工智能技术，根据用户的需求和偏好，自动生成各种类型的内容，如文本、图像、音频、视频等。AIGC 是人工智能领域的一个重要分支，也是人工智能与人类创造力的结合点。ChatGPT 就是 AIGC 的典型应用，它可以生成文字内容。

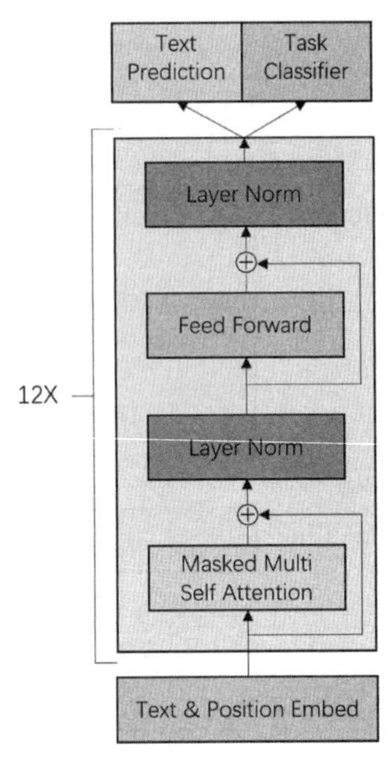

图 12-14　GPT 模型

AIGC 的出现开启了一个全新的创作世界，为人们带来了无尽的可能性。从用户生成内容(UGC)到专业生成内容(PGC)，再到现在的人工智能生成内容(AIGC)，是内容创作方式的巨大变革和进步。

文字：AIGC 可以与人类进行实时对话，生成各种风格的文字，如诗歌、故事、计算机代码等。

图像：AIGC 可以通过文字或图片生成各种类型的图像，辅助人类进行绘画设计和发挥想象力。它可以分为图像自主生成工具和图像编辑工具。

视频：AIGC 可以根据文字描述生成连贯的视频情节或视频剪辑工具，例如广告片、电影预告片、教学视频、音乐视频等。

音频：AIGC 可以生成逼真的音效，包括语音克隆、语音合成、文本转换为特定音频、音乐生成和声音效果等。

游戏：AIGC 可以辅助游戏的剧情设计、角色设计、配音和音乐、美术原画设计、游戏动画、3D 模型、地图编辑器等方面。

虚拟人：AIGC 可以生成虚拟明星、虚拟恋人、虚拟助手、虚拟朋友等虚拟角色。虚拟人角色存在于非物理世界(如图片、视频、直播、一体服务机、VR)中，是具有多重人类特征的综合产物。

提示词工程师可以看作是 AIGC 模型的导演，他们设计和优化语言提示，结合语言艺术和人工智能，提升 AI 对问题的理解、优化回答，引导 AI 模型产生积极向上向善和更好的结果。

未来 AIGC 的发展将更关注多模态 AI，目前的 AI 技术主要专注于处理文字数据，而多模态 AI 则具备处理和理解多种类型数据(如图像、文本、音频等)的人工智能技术。

复习思考题

1. 简述信息服务中的人—机智能交互技术应用发展。
2. 怎么进行人机融合智能交互构架和规范设计?
3. 分析智能交互服务中用户注视行为。
4. 分析深度学习应用案例。

13 大数据应用与数智服务推进

“知识服务”授课 PPT
第 1 讲 知识服务的内涵

“知识服务”授课 PPT
第 2 讲 知识服务
模式与实现

“知识服务”授课 PPT
第 3 讲 知识服务
平台与实践

互联网+背景下，数据资源的智能化组织和基于网络的数据交互，导致了数字信息服务向大数据应用层面上的拓展，由此形成了数字信息服务深层次发展中的大数据应用与智能服务基础。在互联网服务面向用户的发展中，鉴于网络服务的大数据智能融合特征和与应用服务的内在联系，拟从大数据管理与资源组织、大数据中心与平台建设、大数据分析以及大数据应用出发，进行面向行业、公共领域等方面的服务推进。

13.1 大数据管理与资源组织

数据作为重要的要素和资源，如果失去控制和管理便不能发挥应有的作用①。大数据环境下资源对象呈现多样化，其管理形式已由文件为核心向数据为中心转化，数据和数据之间通过链接的形式构成了蕴含价值的数据网络②。基于此，有必要从整体化结构出发进行异构大数据的集成管理和面向应用的安全维护。

① Boyd D, Crawford K. Critical Questions for Big Data[J]. Information, Communication & Society, 2012, 15(5): 662-679.

② 蒋勋，朱晓峰，肖连杰. 大数据环境领域知识组织方法研究[J]. 情报资料工作，2021，42(5)：6-13.

13.1.1 多源异构数据的规范管理

授课视频
“知识服务”

授课视频
“知识服务”

授课视频
“知识服务”

数字智能环境下，数据作为信息存储和处理的单元，其复杂性直接导致数据组织的难度加大①。一般来说，传统的数据管理方式只适应于关系型数据库处理的结构化数据，而对于占据数据总量80%~90%的并不是结构化的数据，则需要利用大数据预处理技术完成多源异构的数据组织。从实质上看，大数据管理目的是将无序的、分散的数据整理成有序的资源，可以说数据管理的目的是使机器能够识别处理数据，继而实现面向用户的应用服务目标。

由于大数据资源的来源复杂性，且数据格式多样，数据集由于干扰、冗余和一致性因素的影响而具有不同的质量标准。从需求的角度看，一些数据分析工具和应用对数据质量具有严格的要求，因此在大数据系统中需要对数据进行管理，以提高数据的质量。对于多源异构数据的管理，需要面对以下三方面问题。

①数据集成(Data integration)。数据集成在逻辑上和物理上把来自不同数据源的数据进行集中，从而为用户提供一个统一的视图②。数据集成在传统的数据库开发具有完整性，如基于数据仓库(data warehouse)和数据联合(data federation)的集成。数据仓库又称为ETL，由3个步骤构成，即提取、转换和装载：提取在于连接源系统和收集必要的数据；转换是指通过一系列的规则将提取的数据转为标准格式；装载则将提取并变换后的数据导入目标存储设施。数据联合在于创建一个虚拟的数据库，从分离的数据源中合并数据，以汇集虚拟数据库存储的真实数据。然而，这两种方法

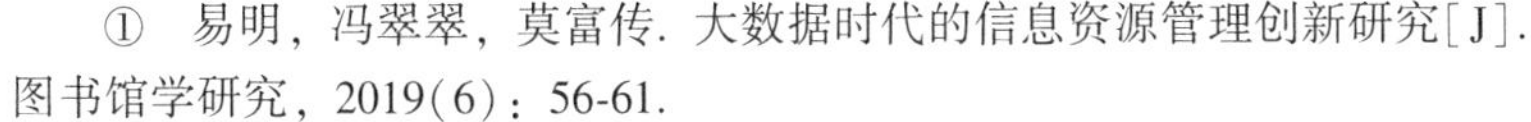

① 易明，冯翠翠，莫富传. 大数据时代的信息资源管理创新研究[J]. 图书馆学研究，2019(6)：56-61.

② Lenzerini M. Data integration：A theoretical perspective. In：Proceedings of the 21st ACM SIGMOD-SIGACT- SIGART Symposium on Principles of Database Systems，Madison，2002：233-246.

并不能满足流式和搜索应用对高性能的大数据组织需求，因此需要实时处理数据，而数据集成技术与流处理的结合是一种必然的选择①。

②数据清洗(Data cleansing)。数据清洗是指在数据集中发现不准确、不完整或不合理数据，并对这些数据进行修补或移除以提高数据质量的过程。一个通用的数据清洗框架由 5 个部分构成：定义错误类型，搜索并标识错误实例，改正错误，将修改的数据按程序提供存储。此外，格式检查、完整性检查、合理性检查和极限检查也在数据清洗过程中完成。数据清洗对保持数据的一致和更新起着重要的作用，因此被用于如银行、保险、零售和交通等行业。在电子商务活动中，尽管大多数数据通过电子方式收集，但仍存在数据质量问题。其中，影响数据质量的因素包括软件错误、定制错误和系统配置错误等。Kohavi 等通过检测爬虫和定期客户重复数据删除(de-duping)，进行了电子商务数据的清洗②。此后，这一工作得以延续并不断发展。对 RFID 数据的清洗，由于原始的 RFID 数据质量较低，其物理设备限制和环境干扰引发的异常信息需要进行多方面处理，所进行的工作包括解决移动环境中的数据丢失，以及根据应用定义约束自动修正输入数据错误等③。数据清洗对随后的数据分析非常重要，因为它能提高数据分析的准确性。但是数据清洗依赖复杂的关系模型，因而会带来额外的计算延迟，对此必须在数据清洗模型的复杂性和分析结果的准确性之间进行平衡。

③冗余消除(Redundancy elimination)。数据冗余是指数据的重复或过剩，这是许多数据集的常见问题。数据冗余无疑会增加传输开销，浪费存储空间，导致数据不一致，降低可靠性。因此许多研究针对数据冗余机制进行，例如冗余检测和数据压缩。从实践上看，这些应对方法能够用于不同的数据集和应用环境，但在提升性能的同时，也存在一定风险。例如，数据压缩方法在进行数据压缩和解压缩时带来了额外的计算负担，因此需要在冗余减少带来的好处和增加的负担之间进行平衡。由于所收集的图像和视频数据存在大量的数据冗余，同时在视频监测数据中，大量的图像和视频数据存在着时间、

① 李学龙，龚海刚. 大数据系统综述[J]. 中国科学：信息科学，2015，45(1)：1-44.

② Kohavi R, Mason L, Parekh R, et al. Lessons and challenges from mining retail e-commerce data[J]. Mach Learn, 2004(57)：83-113.

③ Chen H Q, Ku W S, Wang H X, et al. Leveraging spatio-temporal redundancy for RFID data cleansing. In：Proceedings of the 2010 ACM SIGMOD International Conference on Management of Data, Indianapolis, 2010：51-62.

空间和统计上的不确定性，冗余处理便处于十分关键的位置①。面对这一问题，视频压缩技术可用于减少视频数据的冗余量，其中许多重要的标准(如 *MPEG*-2，*MPEG*-4，*H*.263，*H*.264/*AVC*)已成功应用于减少存储和传输的冗余之中。在实现中，可通过视频传感器网络进行智能视频监控的视频压缩，也可通过发现场景中背景和前景目标相联系的情境冗余，进行冗余处理。对于大数据传输和存储，数据去重(data deduplication)技术作为专用的数据压缩技术，可用于消除重复数据的副本②。在存储去重过程中，一个数据块或数据段将分配一个标识并存储，该标识会加入一个标识列表；当去重过程继续时，一个标识如果已存在于标识列表中则被认定为冗余块；最终，该数据块将被一个指向已存储数据块的指针引用替代③。通过这种方式，任何给定的数据块因为只有一个实例存在，由此可实现预期目标④。从总体上看，去重技术能够显著地减少存储空间，对大数据存储系统具有非常重要的作用⑤。

除了以上数据处理外，还需要对特定数据对象进行内容管理，如特征提取技术，在多媒体搜索和 DNS 分析中起着重要的作用。由于数据对象通常具有高维特征矢量，在管理中将数据变形技术用于处理分布式数据源产生的异构数据，对于商业数据而言具有针对性⑥。在应用中，一种在分布式存储系统中异构感知的数据重生成机制具有重要性，在异构链路上可传递最少的数据以保持数据的完整性。由于问题的复杂性，当前还没有一个统一的数据管理技术能够用于多样化的数据集处理，这是因为必须考虑数据集的特性、需要解决的问题、性能需求和其他因素。因此，应针对数据结构选择合适的数据管理方案。

---

① Dufaux F, Ebrahimi T. Video surveillance using JPEG 2000. Proc SPIE, 2004, 5588: 268-275.

② Tsai T H, Lin C Y. Exploring Contextual Redundancy in Improving Object-Based Video Coding for Video Sensor Networks Surveillance. IEEE Trans Multimedia, 2012(14): 669-682.

③ Sarawagi S, Bhamidipaty A. Interactive deduplication using active learning. In: Proceedings of the 8th ACM SIGKDD International Conference on Knowledge Discovery and Data Mining, Edmonton, 2002: 269-278.

④ Huang Z, Shen H T, Liu J J, et al. Effective data co-reduction for multimedia similarity search. In: Proceedings of the ACM SIGMOD International Conference on Management of Data, Athens, 2011: 1021-1032.

⑤ Kamath U, Compton J, Islamaj-Dogan R, et al. An evolutionary algorithm approach for feature generation from sequence data and its application to DNA splice site prediction. IEEE/ACM Trans Comput Biol Bioinform, 2012(9): 1387-1398.

⑥ Wang Y, Wei D S, Yin X R, et al. Heterogeneity-aware data regeneration in distributed storage systems. In: Proceedings of IEEE International Conference on Computer Communications, Toronto, 2014: 1878-1886.

13.1.2 大数据资源组织的系统化实施

信息组织在大数据管理流程中极易被忽略，现有的工具与方法有待于在适应大数据组织任务的过程中进一步完善。从信息组织的角度看，并不能期望它解决大数据的所有问题，但至少应该在数据的分类、描述、削束、评估、交换、共享等方面发挥作用。总的来说，大数据环境下信息组织围绕以下几个方面展开。

①分类管理。分类是人们认识事物、区分事物以及分析问题的基本方法，也是人类思维的基本形式。作为信息组织的基础性方法，分类管理采用分类号来表达各种概念，将数据按照学科门类加以集中，便于用户浏览检索。分类法最初用于文献信息资源的序化组织和分类检索，在数字网络环境下衍生出网络主题分类目录、网络数据分类、大众分类法等①。在大数据环境下，分类的方法应该发挥更重要的作用。以电子商务大数据为例，在数据生成的过程中，信息便按照一定的门类(如网站自编的商品分类体系)被采集。当前，需要建立多维度的大数据分类(分级)体系，如根据大数据序化的程度进行分级，将其分为序化程度高、序化程度一般、序化程度低三种，以便进行序化的大数据类型区分。对于序化程度高的数据，着重于进行整合和互联；对于序化程度低的数据，着重于描述和揭示。

②大数据内容描述。在大数据组织中，应根据不同的数据类型采取相应的内容描述策略，以决定数据揭示的深度。如根据数据处理方式，大数据可分为适合于批处理的大数据与适合于流式计算的大数据。在这一前提下，应着重于可存储、可批处理的大数据序化管理描述。根据处理响应时间，大数据可分为实时/准实时计算的大数据与非实时计算的大数据，由此决定了描述构架。根据响应时间的要求不同，介入的方式应有所区别，以便根据数据价值、数据分布状况、数据类型等指标决定数据内容揭示的深度。对于价值密度极其稀疏的大数据，往往只需要进行浅层的描述与序化；对于分布式存储的数据，重点要实现数据划分和互操作，对于流式数据，则需要在数据生成之前，就建立好数据描述和表示的标准。信息组织通过对原始信息资源的特征分析，进行选择和记录，实现信息资源的描述目标。大数据记录和描述，在于能够揭示其包含的核心内容，如大数据性质、内容、条件、格式、时间、使用约束条件等，其管理在于为大数据交易、大数据挖掘与分析提供支持。

① 马张华. 信息组织[M]. 北京：清华大学出版社，2011：78-110.

③大数据单元关联。记录与描述也是对大数据资源进行浓缩的过程，旨在将纷繁复杂的数字资源缩减成简单的替代记录。在实现中，大数据组织操作的直接对象往往是这些替代记录，而非大数据信息资源本身，因而可以对大数据进行一定程度的抽象表示，以建立大数据资源的替代记录，实现大数据资源的浓缩。通过信息关联描述可建立元数据关联关系，同时对数据资源进行定位、选择和评估。元数据通过对资源信息的关联描述，方便大数据资源的定位与获取；通过对资源的名称、格式、使用情况等属性描述，使用户在无需浏览数据对象的情况下，就能够了解和认识客体对象。数据关联还包括权利管理、转换方式、保存责任等内容，以支持对大数据资源的管理。一方面，网络是大数据的重要来源渠道；另一方面，在存储和分析大数据的过程中，由于大数据来源、类型的多样性，集群协同发挥着作用。大数据环境下，提供数据交易、数据分析场所和基本工具平台具有重要性，原始数据提供商和应用服务的主体共同构成了大数据生态系统。在这个生态系统中，需要频繁地对大数据资源进行定位、选择、评估和管理。

④大数据资源的交互共享。信息组织形成的词表、术语、领域本体表达基础，在数字信息资源交换共享、信息系统互操作、跨库获取等方面具有关键作用。以医疗领域为例，用于规范医疗数据库系统交换与共享的组织框架包括医学标题词表(MeSH)、国际疾病分类法(ICD)、系统医学术语集(SNOMED)、观测标识符逻辑命名与编码系统(LOINC)、一体化医学术语系统(UMLS)等。大数据通过互联和共享，可以产生更大的价值，如我国推行大数据统一共享交换平台建设，在推进国家人口基础信息库、法人单位信息资源库、自然资源和空间地理基础库等国家基础数据资源在大数据跨部门、跨区域共享中发挥着基础性作用①。

传统信息组织理论在大数据环境下正面临着严峻的挑战，海量、异构、动态变化的数据使得信息组织的任务变得更为复杂②。面对大数据的体系化管理问题，现有信息组织的工具与方法体系难以适应数据组织需求，因而必须面对当前存在的问题进行统筹解决。

①大数据组织的功能强化。根据信息链和大数据生命周期的理论，从数据到信息、从信息到知识、从知识到情报转化的过程中，按“收集—整理—组织—存储—检索—利

---

① 国务院. 促进大数据发展行动纲要[EB/OL]. [2021-06-01]. http://www.sdpc.gov.cn/fzgggz/wzly/zcfg/201509/t20150930_753447.html.

② 李国杰. 对大数据的再认识[J]. 大数据, 2015, 1(1): 1-9.

用"的工作流程展开，数据组织在其中发挥着特定的作用。然而，在大数据环境下的应用场景中，数据经过挖掘可以直接生成解决方案，在交互网络活动中可直接应用于决策。如在流式计算中，由于难以确定数据的结构和顺序，也无法将全部数据存储起来，因此不便进行流式数据的存储，而是对流动的数据进行数据的实时计算①。在这一场景下，数据的收集、整理、序化、存储、检索与利用需要在短时内实时并行。同时，一些大数据在一定程度上具有自然存在的实时性，以至于很多数据还没有被存储和组织，就已经失去了效用。在这种情况下，大数据组织的作用很难显性化，加上大数据时代数据挖掘和分析的重要性，信息组织在数据产生、传输、应用过程中的作用应得到进一步强化。

②大数据组织边界清晰化。传统的信息组织源于文献内容管理，其中，分类法、标题法、编目、文摘索引等组织的方法是早期的主要方法，如《杜威十进制分类法》《美国图书馆协会标题表》《化学文摘》等在信息组织中被长期持续使用。随着时代的发展和技术的进步，采用知识单元及其单元关系结构描述方式对知识信息进行表达和语义描述，已成为主流形式。在这一基础上，大数据环境下的数据标准制定与信息技术标准化交互作用，形成了大数据组织的系统构架。从方法上看，大数据组织与数据科学、数据管理等领域交叉，在计算机技术、网络技术、语义技术、大数据关联技术的冲击下，数字信息组织的边界逐渐模糊，由此带来了两方面的挑战：一是传统信息组织工具适应性的问题，二是如何进行大数据管理定位。因此，在大数据资源组织的体系化实现中，理应明晰大数据管理的边界，实现基于大数据资源组织的体系化发展目标。

③大数据描述标准的建立。在文献组织阶段，MARC、FRBR、DTD 作为文献信息资源描述的标准而存在；在网络信息组织阶段，Dublin Core 等元数据作为网络信息资源描述的标准被广泛使用；在知识组织阶段，RDF、OWL 等形式化语言使得数据可以被机器读取并理解。大数据发展阶段，无论是数据类型还是数据载体，其表现形式变得更加多样化，越来越多的大数据来源于科学观察中的实验或行业活动如生命科学中的基因组数据、物联网中的传感器数据、互联网中的社交媒体数据和网络分布存储数据库共享数据等。对这些数据，一方面需要有上层的统一的描述标准和规范来保证数据组织的一

---

① 孙大为，张广艳，郑纬民. 大数据流式计算：关键技术及系统实例[J]. 软件学报，2014，25(4)：839-862.

致性；另一方面需要建立面向领域和具体场景的信息描述标准，以利于不同描述标准之间的关联使用。由于大数据具有明显的领域特征，其数据场景、数据类型、数据载体、数据结构和模式复杂多样，建立跨领域和跨数据类型的统一描述标准、实现不同领域大数据描述标准的关联和互操作存在较大困难。对这一困难的解决，应有一个完整的体系化实现构架。

④大数据信息组织的工具与方法的适应性变革。由于信息组织的智能化水平限制，大数据环境下的大部分数据都以数字方式存贮和分类，其中2000年之前数字化存储的数据量已占数据总量的25%。数字智能环境下，数据空间发生了巨大的变化，国际数据公司(International data corporation，IDC)将这种新的数据场景称为数字宇宙。数字宇宙的规模目前正在迅速扩大，IDC发布的数字宇宙研究报告显示，其规模将每两年翻一番①。这种数据膨胀的速度对信息组织的效率提出了更高的要求，对基于大数据的信息组织自动化和智能化水平提出了挑战。传统信息组织工具的动态性较弱，本体等信息组织工具的体系虽然严密，但组织的更新速度较慢。而大数据环境下的数据具有很强的动态性，传统信息组织工具在动态性上正面临严峻挑战。当前，信息组织作用于数据交换共享的能力不足日趋突出。大数据驱动价值创造的优势在于将大量的内外部数据、不同渠道的数据连接起来，进行全景式的统一分析与利用，这就要求在信息组织上进行数据之间组织关联，以适应复杂多样的数据环境。

13.2　大数据中心建设与数字平台服务

公共与行业大数据资源保障是指面向公共与行业领域需求的大数据资源、数据工具与交互网络保障，旨在适应数字智能、智慧服务与互联网+背景下的公共服务和产业经济运行环境。从总体上看，公共与行业服务中，大数据中心建设和数字智能交互的社会化处于关键位置。

13.2.1　大数据中心建设与数据服务保障

国家大数据中心项目于2015年全面启动，作为国家大数据基础设施建设项目，定

① DC. The Digital Universe in 2020：Big data，bigger digital shadows，and biggest growth in the far east[EB/OL].[2021-06-15]. http://www.emc.com/leadership/digital-universe/2012iview/index.htm.

位于国家级超大云数据中心全方位、全覆盖建设目标的实现。其中，包括中国电信、中国联通、中国移动在内的运营商和包括华为、腾讯等在内的服务商参与了中心及分中心建设，业已形成了超大容量的大数据网络。在全国范围内，国家大数据网络中心基地由北京基地、贵州南方基地、乌兰察布北方基地组成，中心节点包括北京、上海、广州、西安、成都、武汉和沈阳等节点。其中北京、上海、广州为核心节点，分别覆盖全国各区域。国家大数据中心通过 CHINANET 进行国际互联，同时为大数据存储、传输和交互组织提供基础性保障，大数据智能化背景下的公共与行业服务也必然构建在全域互联基础之上。

在互联网+、智慧城市、智能制造和政府公共大数据服务中，国家高度重视大数据管理。据不完全统计，2017 年以来已有广东省、浙江省、山东省、贵州省、福建省、广西壮族自治区、吉林省、河南省、江西省、内蒙古自治区、重庆市、上海市等地设立了省(市)大数据管理局，在大数据管理、政务大数据、公共大数据和行业大数据资源建设和共享中，负责数据体系建设、大数据归集、治理、开放、应用和安全，推进政府、公共、行业大数据资源的社会化利用，促进信息化的深层次发展。

全球范围内，大数据的深层开发和数据产业链开启了新的发展引擎，其产业集群效应催生了新的业态。在大数据应用驱动下，上海、哈尔滨、贵阳、武汉等地创建了集交易、创新、产业、发展为一体的大数据交易中心。中心承担着促进商业数据流通、跨区域机构合作、数据互联、政府数据与商业数据融合应用的工作。

上海数据交易中心有限公司(简称"上海数据交易中心")于 2016 年 4 月成立，是经上海市人民政府批准，上海市经济和信息化委员会、上海市商务委员会联合批复成立的国有控股企业，由上海市信息投资股份有限公司、中国联合网络通信集团有限公司、中国电子信息产业集团有限公司、申能(集团)有限公司、上海仪电控股(集团)公司、上海晶赞科技发展有限公司、万得信息技术股份有限公司、万达信息股份有限公司、上海联新投资管理有限公司等联合发起成立。

上海数据交易中心以构建数据融合生态、释放阳光数据为使命，提供数据流通开放平台，开展以数据有效连接为目标的标准、技术、法律规范建设，所形成的元数据规整方法已成为大数据流通领域行业认可的基础规范；与公安部第三研究所联合研制的 xID 标记技术是当前实现个人信息保护的通用方案。上海数据交易中心在数据流通、数据开放、数据服务三个业务领域为政府机构与行业提供专业服务。上海数据交易中心在国家有关部委和上海市人民政府的监督指导下，致力推动泛长三角地区乃至全国数据交易机构的互联互通和深度合作，以此形成健全规范的商业数据交易、交换机制，共同促进商业数据流通使用。

2021 年 7 月于上海举办的“2021 世界人工智能大会”，对大数据资源平台、流通结构、开放服务要素进行了整体展示。围绕公共大数据服务，我们从（worldai.com.cn）公开发布的成果中归纳了通用平台构架。分析发现，其构架适应于公共大数据应用环境。在面向公共领域和行业的大数据保障中，上海大数据平台围绕数据流通、数据开放和数据服务进行构架，其组织结构如图 13-1 所示。

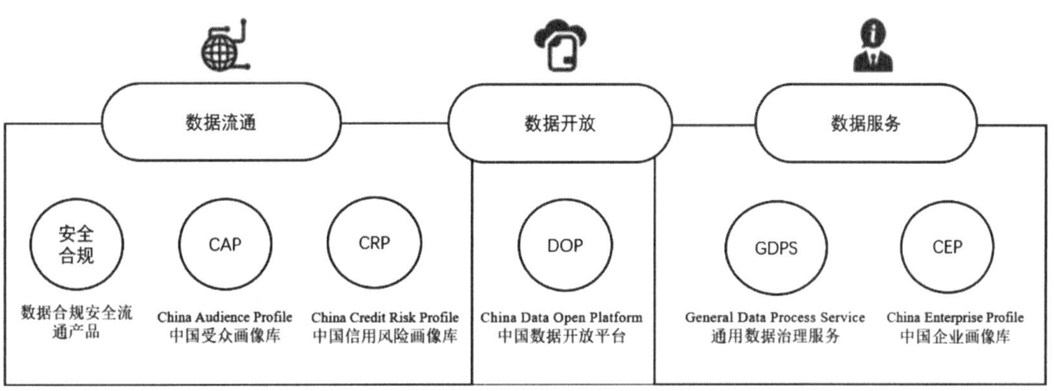

图 13-1　面向公共领域和行业的大数据资源服务平台

在大数据流通中，数据流通是基于 xID 技术构建的，针对公共服务主体或企业间的数据流通和应用场景，提供实时数据安全流通服务。xID 技术体系是公安部第三研究所基于密码算法构建的数据去标识化技术体系，用于规范数据主体 ID 的去标识化处理及应用，可为应用机构的数据主体 ID 生成不同的 xID 标记信息（xIDLabel），并实现受控映射。受控映射后，可以实现不带数据主体 ID 属性的数据流通，且在受控映射中，对数据主体 ID 的生成和映射进行有效控制，同时保证生成映射记录的实时查询。

在此基础上，数据中心应通过建立健全依法合规的数据融合应用机制与规范、完善的数据流通安全保护制度，实现信息安全、运行高效的实时在线数据流通安全合规服务。数据交换中心的数据流通结构如图 13-2 所示。

如图 13-2 所示，大数据流通在数据收集方和应用方之间进行，其流通组织环节包括数据筹集基础上的存储、处理、传输、整合和提供使用。其实施由数据收集方与应用方的协同机制和大数据管理机制决定。

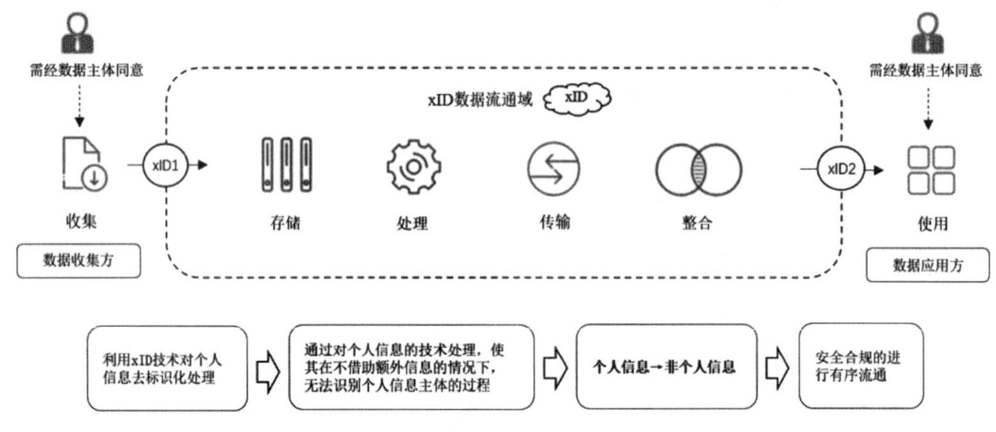

图 13-2　数据中心的流通结构

中国数据开放平台是面向政府用户的公共数据开放管理套件平台，由数据开放门户、开放管理系统、开放数据网关三个核心组件构成。

数据开放门户(Open Data Portal，ODP)是面向公众的互联网门户，能为用户提供"无条件"和"有条件"两种管理要求的开放数据获取。对于"无条件"开放数据，用户可直接下载获取，对于"有条件"开放数据的门户可提供申请，经开放主体同意后获取数据资源。此外，开放门户还提供数据搜索引擎、数据资源统计分析、数据纠错、数据维权等面向数据利用主体的服务。

管理系统(Data Management System，DMS)，是面向政府用户的数据开放管理控制平台，能为数据流通管理机构提供数据"有条件"流通的全过程管理。例如：在公共数据开放应用中，为数据管理部门提供开放清单、申请审核、数据开放任务管理、日志管理等功能。结合 DMS 系统的控制，平台能为对应开放主体生成数据获取链接，数据利用主体即可获取所需数据，形成公共数据"有条件"开放共享，为数据要素市场的形成提供体系化的流通保障机制。

开放网关(Open Data Gateway，ODG)是面向系统层的数据流通软件。网关可在数据开放主体与数据利用主体间建立起"安全、合规、高效"的数据资源传输通道，该软件既可单独部署，亦可结合管理系统(DMS)控制信息，搭建区域内或行业内的数据流通平台。开放网关可为公共数据开放，以及政企数据融合应用提供文件、接口两种方式的数据配送服务，为大数据行业提供底层数据流通服务。worldai. com. cn 反映的构架展示了中国数据开放平台结构和服务方式(见图 13-3)。

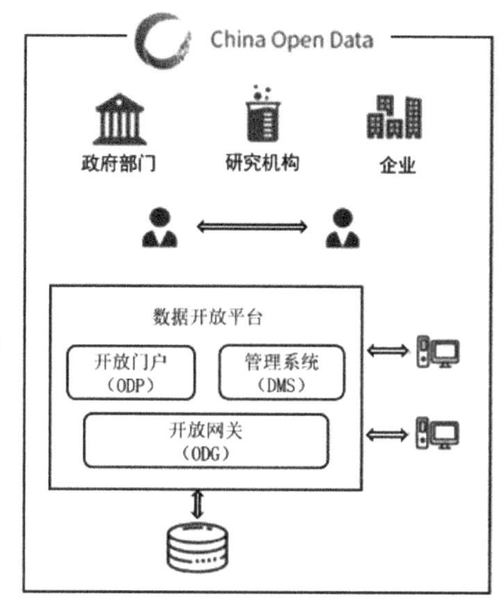

图 13-3　大数据开放平台服务①

大数据中心的数据服务面向公共和行业大数据应用，进行功能开发和组织，旨在适应数字化发展需要。其中的画像服务和通用数据治理颇具代表性。

数据中心针对公共数据与行业数据两类数据资源，组织了中国企业画像数据服务（CEP）。CEP 是面向数据资源方与数据利用方的数据集组织标准。数据资源方可按 CEP 标准提供相关数据资源，数据利用方可按此标准获取所需数据。CEP 目前主要面向金融行业在授权情况下，帮助金融机构了解基础信息与经营情况，解决银行在普惠金融小微企业贷款融资过程中的信息不对称问题。数据利用方可通过企业名称、企业三证代码获取企业工商、税务、社保、商标、专利、科技、环保等，共 400 余项数据。

在大数据开放平台中，中国企业画像具有普遍性和较广的应用范围。其基本结构具有可移植性，不仅适用于企业画像，而且适用于公共领域和行业数字服务的多个层面。

在大数据公共服务中，数据安全保护处于重要位置。其中，通用数据治理服务（GDPS），从数据源到数据利用场景之间，实现数据资源采集、归集、分析、流通的全程治理。实施中，组织了 16 个具有通用性的数据服务标准的采用，确保了数据从"资源

① 2021 年 7 月 7—10 日于上海举办的 2021 世界人工智能大会，数据要素论坛——院士专场世界人工智能大会（worldaic. com. cn）。

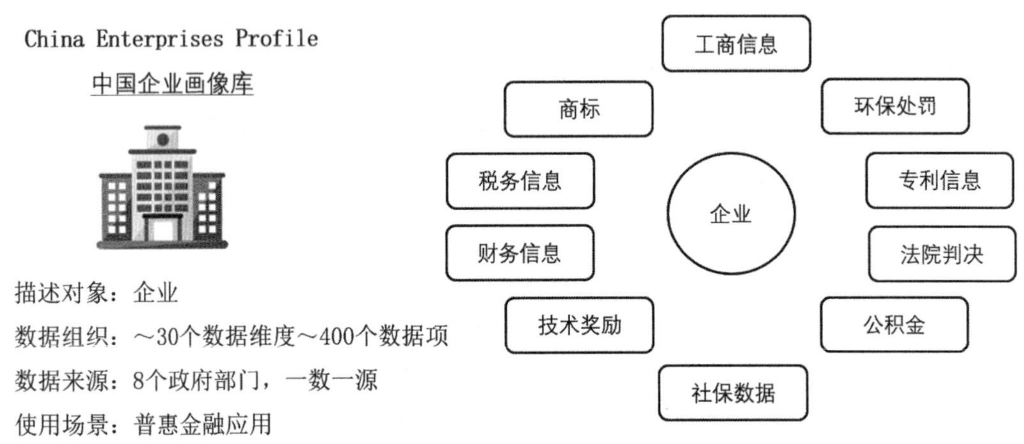

图 13-4　中国企业画像服务①

侧”到“利用侧”的安全性、一致性、时效性和合规性。

上海世界人工智能大会展示了通用数据治理结构，如图 13-5 所示。其中：4 个阶段

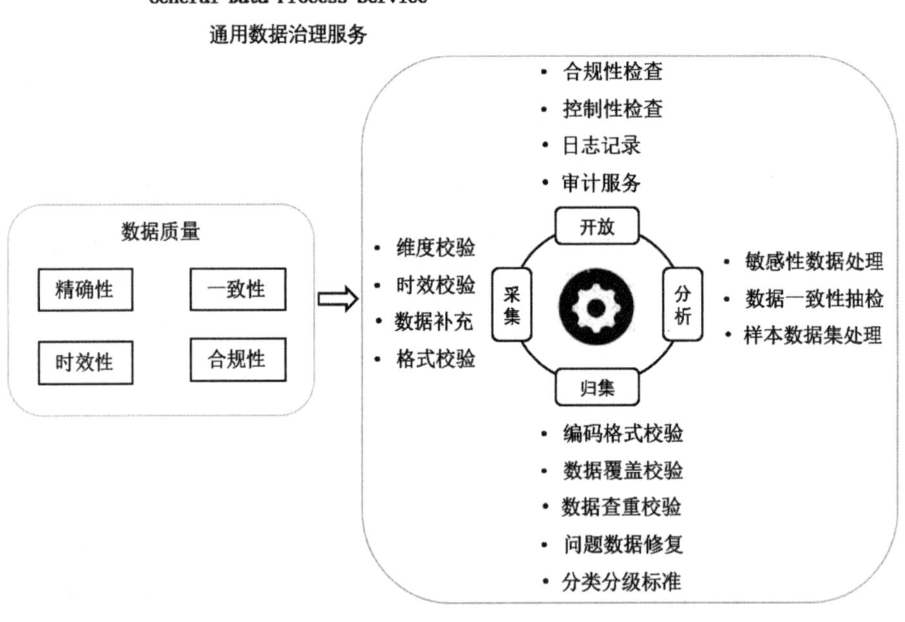

图 13-5　通用数据治理服务

① 2021 年 7 月 7—10 日于上海举办的 2021 世界人工智能大会，数据要素论坛——院士专场世界人工智能大会（worldaic. com. cn）。

16项治理服务分别为：采集阶段进行数据维度校验、数据格式校验、时效性校验、漏采数据补充；归集阶段进行编码格式一致性校验、数据覆盖度校验、数据查重、数据修复、分类分级标准对应；分析阶段主要是对敏感数据处理、原始数据一致性抽检、样本数据集处理；开放阶段组织合规性管控、控制性检查、日志行为记录、数据审计服务。

在公共与行业大数据资源保障中，大数据中心的数据流通、开放和服务构架具有普遍意义，其规则制定和组织实现适应了大数据应用发展中的公共与行业领域数字化管理需要。在面向公共和行业的数据保障中，其整体化方案可供参考应用。

13.2.2 基于大数据中心网络的公共与行业云数据服务

国家大数据中心基础设施建设和覆盖各区域的网络构建，为面向公共和行业领域的数据资源组织、传输与应用提供了深层次服务保障。除大数据中心所提供的数据资源外，数据中心的特定设备网络用于在互联网基础设施上传递、加速、展示、计算和存储海量数据资源；数据中心所提供的物理设施不仅包括服务器，而且包括外围辅助设施。云计算作为一种基于互联网的计算方式，共享的软、硬件资源分布在协作互联的特定设备网络之中。在大数据组织中，数据基础设施直接关系到服务器资源、带宽、流量分配和大数据云服务的存在形式。

在大数据应用中，如果说大数据是一种互联网+和物联网背景下的应用场景，各种应用的产生和巨量数据的处理、分析与挖掘则依赖于云计算。这说明，云计算作为一种具有普遍性的解决方案而存在，用于处理大数据计算、存储、分析和应用问题。由此可见，基于数据中心网络设施的大数据保障必然构建在云数据基础之上。在这一背景下，云数据服务在面向数据集成、数据分析、数据整合、数据分配的应用中得以迅速发展。从总体上看，大数据中心网络建设与云计算服务密切结合，已成为公共与行业数据保障的一种主流形式，其应用在公共和各行业领域得到迅速发展。

公共与行业大数据共享，按云计算的关联结构，在服务组织中可采用面向云计算(SCDL)的集成架构进行。云服务平台作为虚拟中心，进行数据资源的云组织和使用管理；同时通过各节点机构的连接，构成以云服务平台为中心的网状数据结构。其中，数字资源提供方、技术服务方和服务承担方的交互关系，决定了服务链结构(如图13-6所示)。

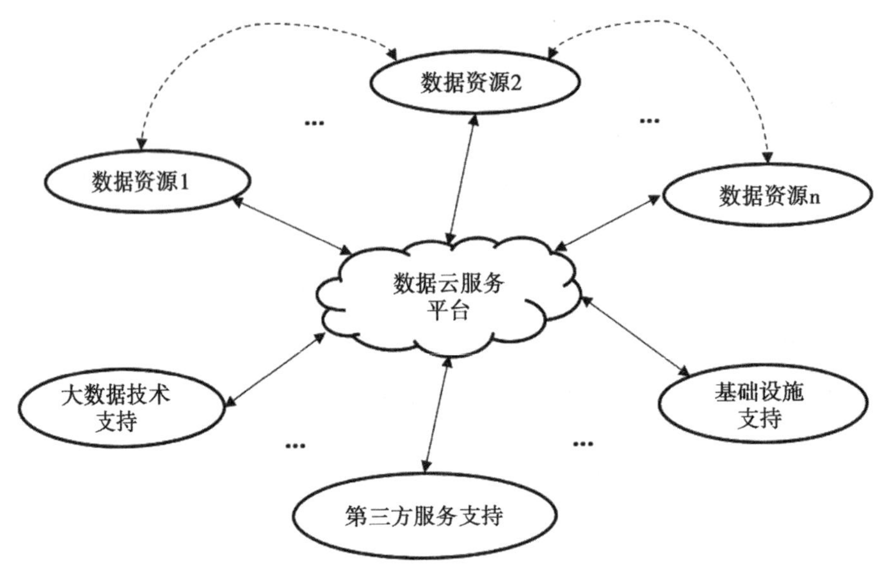

图 13-6　基于云平台的大数据资源组织结构

基于云平台的大数据资源网络中的各节点在于，进行数据内容的传送和接收，在大数据资源组织与技术支持上进行基于服务链的协同。在数据流的整合基础上，平台面向用户提供数据资源服务。

云数据服务平台具有多样性，按功能和服务内容可区分为硬件服务(HaaS)、软件服务(SaaS)、平台服务(PaaS)、基础设施服务(IaaS)和存储服务(DaaS)等。对于行业信息云服务而言，主要形式是 SaaS、PaaS 和 IaaS 服务。参考 IBM、微软等云计算平台体系结构，对于公共领域和行业领域服务组织而言，可以采用服务链云平台模式进行架构，其基本构架如图 13-7 所示。

公共领域和行业数据云平台在构建层包括服务基础、服务技术、服务资源、服务结构和服务应用，作为平台服务的支持框架而存在。服务中间件层围绕服务聚合、服务组合、数据中介、数据传输、服务匹配、服务业务、服务管理和服务调用进行构架。管理中间层，一是用户管理、任务管理和资源管理的功能细化和协调实现；二是在数据资源池管理上进行身份认证、访问授权、综合防控和资源管理构架。资源层构建按计算、存储、网络、数据和软件结构展开。物理资源层构建涉及计算机系统、存储器、网络设施、数据库和软件系统构建。在基于整体框架的实现中，应进行分层构建的协同。

资源构建。构件是在于实现基于组件的服务关联，在实现中通过契约和服务接口来完成。其中，接口独立于服务的操作系统和硬件平台。因此能够将不同行业系统中的服

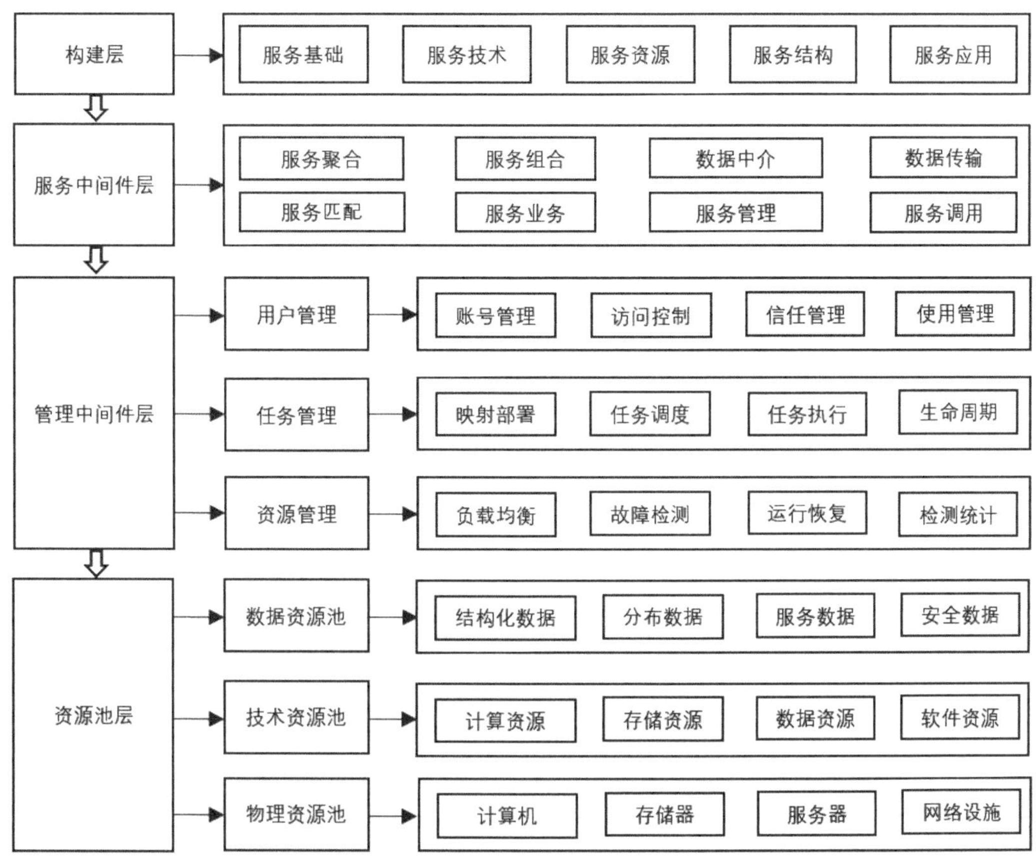

图 13-7 大数据资源云服务平台构架

务进行统一交互。行业信息服务云平台所采用的面向服务的架构，适应了服务、注册、发现和访问需要。

服务中间件。服务中间件提供服务链协同的标准化构件，包括消息中间件(MOM)等功能组件，通过功能组件的组合形成面向用户的服务融合工具。同时，在服务调用中，进行服务链节点的协同，通过服务构件的灵活组合提供面向用户的服务。

管理中间件。管理中间件分为数据资源管理、安全管理、任务管理和用户管理，云计算结构为了使应用独立，采用松耦合方式进行构建。在这一背景下，中间件安全保障和资源管理处于重要位置。对此云服务商进行了基础架构基础上的应用开发，在资源安全检测、管理和负载均衡上进一步完善。

资源池。行业云平台支持泛在接入，可以在任何位置进行行业服务云端数据的访问。对于行业信息云服务而言，虚拟化的技术应用可以将跨行业系统网络上的分布式资源机和设备虚拟为存储、数据和软件等资源池。根据用户提出的应用请求，可分配虚拟化资源，为其提供相应的服务。

物理设施。物理设施是指分布在网络上的网络设施、存储器等基础设施。行业云服务采用松耦合方式将其虚拟化，在设施利用中可以通过虚拟应用的方式屏蔽物理异构特性，从而提高设施的利用效率。

云计算环境下的公共或行业大数据分布存储和开发所引发的安全问题，应通过服务的协同保障构架进行解决。面对数据资源安全要素的交互影响，可以将安全链要素与服务链流程进行关联，为云计算环境下的行业信息资源安全提供保障。在服务与安全保障的同步组织中，面对跨行业系统的数据资源存储、开发、服务与利用中的安全风险，行业信息服务与安全保障的融合实现具有重要性，因而应进行基于安全链的保障构架。

13.3 大数据分析与应用

互联网+发展中，智能制造、数字物流、物联网和各行业服务对大数据应用提出了新的要求，在行业运行中不仅需要数据流保障，而且需要面向应用进行深层次的数据分析，组织基于数据智能的大数据挖掘和深层次利用。

13.3.1 大数据分析关联规则

大数据应用中的数据分析依据大数据的内在关联关系和维度结构，为了从大数据资源中提取有价值的信息，需要根据应用场景和数据特征，采用多种方法进行数据分析。一般来说，分析方法包括分类、回归、聚类、相似匹配、频繁项集统计描述和链接预测等。在大数据分析中，以下围绕关联规则项集处理进行逻辑关系的展示。

大数据环境下，数据分析与机器学习是密不可分的通用方法，在应用中已形成了一些典型的算法①。在计算中，关联规则主要用于发现数据之间的联系，这些联系常用频繁项集表示。频繁项集是指出现次数在一定阈值之上、一起出现的项集合，也就是说，如果两个或多个对象同时出现的次数很多，那么可以认为它们之间存在高关联关系，当这些高关联性对象出现次数满足一定阈值时，即形成频繁项集。关联规则、频繁项集的

① 何克晶. 大数据前沿技术与应用[M]. 广州：华南理工大学出版社，2017.

典型应用场景如：哪些商品通常会被多人同时购买，关联规则的简单化表达：如当购买产品 X 时，也倾向于购买产品 Y。在此过程中，有两个关键阈值用来衡量关联的重要度，即支持度和置信度。其中：

支持度，即项在数据集中的频度：

$$support(A) = \frac{support\_\ count(A)}{|D|}$$

置信度，表现为可信程度：

$$confidence(A \Rightarrow B) = \frac{D \times P}{|D| \times |P|} = \frac{support\_\ count(A \cup B)}{support\_\ count(B)}$$

式中：$support\_\ count(A)$ 指的是 A 在数据集 D 中出现的次数；支持度表达的是数据集 D 中 A 出现的频度；而置信度表达的是在 A 出现的基础上，既出现 A 又出现 B 的频度。

关联规则挖掘的目标是寻找数据之间有价值的关联，“有价值”判别则取决于挖掘算法。Apriori 算法是最早的也是应用最广泛的关联规则挖掘算法之一，当输入一个最小的支持度阈值，只有满足这个阈值的关联规则才会被挖掘出来。Apriori 算法认定任何频繁项集的子集都是频繁的。例如，当我们挖掘出(A，B，C)的支持度满足阈值，即它是频繁项集时，那么它的任意一个子集，如(A，B)或(A，C)也都是频繁的。这是因为出现(A，B，C)的数据集中也一定出现了(A，B)或(A，C)。遵循这个原则，Apriori 算法可以有效地精简分析事项。

在通用计算中，何克晶围绕其中的问题进行了规则性处理，Apriori 计算步骤如下：

在最小支持度阈值的基础上，找出 1 个频繁项集，然后找到 2 个频繁项之间的组合支持度；

删除掉所有不符合最小支持度的项集；

利用频繁项的组合增加项的个数，并重复以上过程，直到找到所有的频繁项集或项集中项的个数最大值。

下面以一个信用卡记录数据集的挖掘为例进行说明。假设有 1000 条信用记录，最小支持度为 0.5，即只有出现频率达到 50%或以上的项才会被考虑。接下来，使用 Apriori 算法进行关联规则挖掘。

首先是找出 1 个符合最小支持度的项集，如表 13-1 所示。

表 13-1　寻找 1 项的频繁项集

频繁项集	支持计数
credit_good	700
credit_bad	300
male_single	550
male_mar_or_wid	92
female	310
job_skilled	631
job_unskilled	200
home_owner	710
renter	179

然后，将表 13-1 中支持计数不满足 500 的项去掉，并把剩下的项进行组合并最后得到符合最小支持度的项集数，如表 13-2 所示。

表 13-2　寻找 2 项的频繁项集

频繁项集	支持计数
credit_good，male_single	402
credit_good，job_skilled	544
credit_good，home_owner	527
male_single，job_skilled	340
male_single，home_owner	408
job_skilled，home_owner	452

在挖掘中，去掉不满足最小支持度的频繁项集，{*credit_good*，*job_skilled*} 和 {*credit_good*，*home_owner*} 通过进一步计算，可以得到 3 个项的集合，如表 13-3 所示。

表 13-3 寻找 3 项的频繁项集

频繁项集	支持计数
credit_good，job_skilled，home_owner	402

由于表 13-3 中频繁项集不再满足最小支持度，意味着至此就没有更高关联度的频繁项集了。至此，从 2 个项的频繁项集中，我们可以得到如下候选规则，如表 13-4 所示。

表 13-4 候选规则

规则	项集	支持计数	项集	支持计数	置信度
credit_good→job_skilled	credit_good	700	credit_good，job_skilled	544	544/700=77%
job_skilled→credit_good	job_skilled	631	job_skilled，credit_good	544	544/631=86%
credit_good→home_owner	credit_good	700	credit_good，home_owner	527	527/700=75%
home_owner→credit_good	home_owner	710	home_owner，credit_good	527	527/710=74%

从表 13-4 可以看出，job_skilled = credit_good 这条规则有较高的置信度，说明是比较可靠的关联规则。

挖掘关联规则 Apriori 算法的优点是实现简单，可以有效精简搜索空间，且容易实现并行化处理；缺点是需要多次遍历数据集，可能会产生大量的候选集。为了减少数据集的遍历次数，关联规则挖掘还可以利用 FP-growth、SON 等算法进行。

13.3.2 大数据分析模型与方法

大数据分析不仅具有一定场景下的针对性，而且存在基于逻辑模型的方法应用问题。以下通过常用的回归模型、决策树模型、朴素贝叶斯模型和聚类分析，进行面向应用的归纳。

(1) 回归分析

回归(regression)关注的是输入变量与结果之间的关系，即关注于一个目标变量如何随着属性变量的变化而变化。例如，预测未来某段时间价格的变化趋势便可以利用回归分析方法。在回归分析中，可以按数据关联拟合特征，利用线性回归、逻辑回归等模型进行。

线性回归适用于处理数值型的连续数据，通过预定的权值将属性进行线性组合以表达结果。线性回归的输出就是一组数，表示相应的属性值影响，进而得到一个用于预测的线性目标函数。对于这个目标函数，我们感兴趣的是预测值与真实值的差距，而最好的目标就是预测值和真实值的差距最小。一般可采用预测值与真实值的差值平方和表示这种差距，因而我们的目标就是通过选择适当的参数来使平方和最小化。线性回归是一个简单的、适用于数值的预测方法，因而也是其他更为复杂的回归模型的基础。

逻辑回归是用来预估事件发生的概率的模型。一个典型例子如通过对贷款人的信用分数、收入、贷款规模等进行建模，从而计算出该贷款人能偿还贷款的概率。逻辑回归也可以看成是一个分类器，并以概率最高的类别进行预测。在逻辑回归中，输入变量可以是连续的，也可以是离散的。以贷款的模型来解释逻辑回归为例，计算如下：

$$P=f(\text{credit}，\text{income}，\text{loan}，\text{debt})$$

式中通过信用级别(credit)、收入(income)、贷款总额(loan)、已有债务(debt)这几个输入来预测贷款人能偿还贷款的概率。概率在0~1之间，0表示不能偿还，1表示能偿还；那么设置一个概率的阈值0.5，即可得到一个类似“能/否”的结果。

(2)决策树分析

决策树是一种易于解释且应用广泛的算法。决策树分析在于构建一系列检验数据的if-then规则，通过在数据集上应用这些规则对数据进行处理。其中，每个规则相当于一个问题，用规则来检验数据集上的数据，可根据每条数据对规则的不同响应将数据集分为几个子集，再在子集上递归应用规则对数据集进行细分。当某个子集中只剩下同一类数据时，即得到最终答案。这种递归的分支结构可以用树来表示，所以称为决策树。

以树状模型呈现的一个典型的决策树如图13-8所示，它对顾客是否可能购买某产品进行决策。其中，内结点用矩形表示，而叶结点用椭圆表示。

图中的分支指的是一个决策作出的结果，以连接线方式展现。如果是数值型变量，可以根据变量的不同进行选择；决策树内部用来作决策的节点，对应一个变量或属性，某一个节点可以有超过两个的分支；叶节点是一个分支的终点，表示的是所有决定产生的结果。

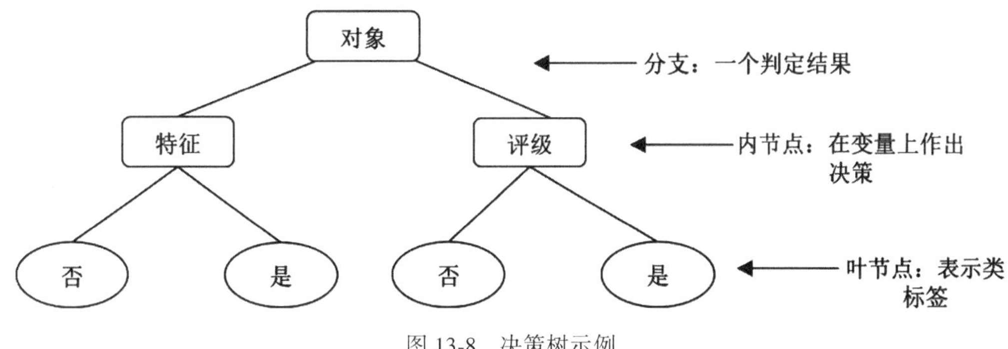

图 13-8　决策树示例

如果将决策树生成过程视为根据数据的某一属性对数据集进行不断细分的过程，那么决策树生成过程必须解决如下几个问题：在哪个属性上划分，划分的准则是什么，何时结束划分。对于属性划分的标准，也就是找出最具特征意义的属性描述方式，常用属性的度量标准如信息增益、增益率及基尼指数等。这些问题的不同解决方案即构成了不同的决策树算法，经典的决策树算法主要有 ID3、C4. 5 和 CART 等。

总的来说，决策树既能够处理数值型数据，也能够处理类别型数据。应用中，能够很好地处理非线性关系的数据，易于对测试数据进行分类。但是，决策树的缺点是对训练数据中的细小变化很敏感，而且若决策树建得过深，容易导致过度拟合问题。在大数据的分布式环境中，通常节点要独立地进行计算，这种情况下训练一个决策树是比较困难的，一种更好的方法是集成学习(ensemble learning)。对于决策树，可以在分布式环境中独立地训练多个决策树，利用多个决策树来分类，最后把结果聚集起来。

(3)朴素贝叶斯分析

朴素贝叶斯(Naive Bayesian)是一个简单的基于贝叶斯理论的概率分类器。一个朴素贝叶斯分类器假设某个类特征的出现与其他特征没有关系，即假设属性之间是相互独立的。根据概率模型的特征，朴素贝叶斯分类器可以在有监督的环境下有效地训练，因而被广泛地应用到文本数据分类中，例如可以回答以下这些问题：网页内容的主题分类有哪些，用户的评论是积极的还是消极等。

朴素贝叶斯模型基础是贝叶斯定理，它描述的是两个条件概率之间的关系。某事件 X 发生的概率记为 $P(X)$，在事件 Y 已经发生的前提下事件 X 发生的概率记为 $P(X/Y)$，则：

$$P(X/Y) = \frac{P(Y/X)P(X)}{P(Y)}$$

式中，$P(X)$称为先验概率，$P(X/Y)$称为在条件 Y 下 X 的后验概率。

朴素贝叶斯分类算法的基本过程如下：

如果样本 X 中的属性之间有相关性，计算 $P(X/Y_i)$将十分复杂，为此可以做类条件下的朴素假定，即假设 X 的各属性之间是互相独立的，则 $P(X/Y_i)$的计算如下：

$$P(X/Y) = \prod_{k=1}^{n} P(x_k \mid Y_i) = P(x_1/Y_i)P(x_2/Y_i)\cdots P(x_n/Y_i)$$

式中 $P(x_1/Y_i)$、$P(x_2/Y_i)\cdots P(x_n/Y_i)$都可以从训练数据集中求得。

朴素贝叶斯分析的优点是计算效率较高，并且对不相关的变量具有抗干扰性，因而能很好地处理缺失值。其缺点是对相关性变量敏感，当变量不满足条件独立假设时，朴素贝叶斯分类的效果易受到影响。

(4)聚类分析

聚类(clustering)分析也称为无监督学习，与分类相比，聚类分析的数据样本一般事先没有属性标记，需要由聚类学习算法自动确定。简单来说，聚类分析是在没有训练目标的情况下将样本数据划分为若干相似群组的一种方法。划分过程中，这些相似群组称为簇(cluster)，簇内的样本数据相似度达到最大，而簇与簇之间的差异要最大。聚类分析是数据挖掘中的重要分析方法，由于数据和问题的复杂性，数据挖掘对聚类分析有一些特定的要求，主要表现为能够处理不同属性的数据，适应不同形状的聚类方法，具备抗噪声能力和较好的解释性。通用的聚类方法，如 K-Means 聚类、K-中心点聚类、层次聚类、模糊聚类等。

K-Means 聚类是聚类分析的经典算法之一，可应用于模式识别、图像处理、机器视觉等领域。作为一种探索式技术，K-Means 聚类用来探索数据的结构，总结类群的属性特征。K-Means 算法是一种基于形心的划分聚类方法，其基点是在给定聚类数 k 时，通过最小化组内误差的平方和来得到每一个样本点的所属类别。K-Means 方法的过程为：从 n 个样本点中任意选择(一般是随机分配)k 个点作为初始聚类中心；对于剩下的其他样本点，根据它们与这些聚类中心的距离，分别分配给与其最相似的中心所在的类别；计算每个新类的聚类中心；直到所有样本点的类别不再改变或聚类中心不再变化时终止。

从 K-Means 算法中可以看出，选择一个正确且合适的 k 值，有助于算法正确地记录聚类类别。因而，可以重复地尝试不同的 k 值，再从中选择一个最佳值。同时，当数据之间的聚类关系不明显时，可以使用一种启发式的方法来挑选最优的 k 值和组内平方和

WSS，即

$$WSS = \sum_{i=1}^{k} \sum_{j=1}^{n_i} | x_{ij} - c_i |^2$$

式中，x 是类中的点，C_i 是类的中心。通常更多的类(即更大的 h 值)会使得每个类更“紧密”，但类太多会带来过度拟合问题，因而需要进行相应的处理。

13.3.3　数据可视化与图谱应用服务

数据可视化可以追溯到早期的计算机图形学，即利用计算机创建出图形、图表。在此后的发展中，随着计算机处理与智能技术的进步，关于数据的视觉表达以及关联图谱展示已成为数据分析与利用中不可缺少的工具。与此同时，数据的图谱利用从科学数据的关联展示拓展到社会活动的各个领域，特别是在公共领域和互联网+服务中发展迅速，应用广泛。

数据的视觉表现形式是以图谱化手段表征数据分析结果，包括相应图形单位的各种属性和变量展示。数据可视化，在操作上是指依据图形、图像、计算机视觉以及用户界面，以及通过对数据的表现形式进行的可视化解析。在可视描述中，数据量、数据维度和数据多样性的提升给数据可视化工具提出了新的要求。

首先，数据可视化工具必须适应大数据时代数据量的爆炸式增长需求，必须快速地收集分析数据，并对数据内容进行实时更新；

其次，数据可视化工具应具有快速开发、易于操作的特性，应能满足互联网时代数据多变的要求；

同时，数据可视化工具需具有更丰富的展现方式，以充分满足数据展现的多维度要求；

对于多种数据集成支持方式，应考虑到数据来源的广泛性，其可视化工具应支持协作数据、数据仓库、文本等多种方式的数据处理，并能通过互联网进行展现。

对于科学数据图谱展示，1987 年由布鲁斯·麦考梅克等提交的美国国家科学基金会报告《科学计算中的可视化》(Visualization in Scientific Computing)，强调了基于计算机可视化技术的重要性。随着计算机运算能力的提升，人们建立了规模越来越大、复杂程度越来越高的数值模型，从而造就了形形色色体积庞大的数值型数据集。在医学领域，人们不但利用医学扫描仪和微镜数据采集设备产生了大型的数据集，而且还利用可保存文本、数值和多载体信息的大型数据库来收集大数据，因而提出了高级别计算机图形学技术处理和基于庞大数据集的可视化要求。

在近 10 余年的发展中，可视化尤为关注大数据，包括来自商业、金融、行政管理、数字媒体等方面的大型异质性数据集合。20 世纪 90 年代初期开始推进的信息可视化，旨在为诸多应用的异质性数据集分析提供可视化支持。因此，21 世纪人们已接受这个同时涵盖科学可视化与信息可视化的“数据可视化”术语。

由此可见，数据可视化是一个处于不断演变之中的概念，其边界正在不断扩大。从更广的范围定义，数据可视化指的是技术上展示结构的方法，而这些技术方法允许利用图形、图像处理、计算机视觉以及用户界面，通过表达建模对立体、表面、属性进行显示。与立体建模的其他技术方法相比较，数据可视化所涵盖的技术更加广泛。

目前，数据可视化工具种类繁多，每一种可视化工具都有其针对的领域，下面列举的是目前常用的几种可视化工具。

①D3. js。D3 是指数据驱动文档（Data-Driven Documents），也是一个 JavaScript 库，它可以通过数据来操作文档。D3 可以通过使用 HTML、SVG 和 CSS，将数据形象地展现出来。D3 遵循 Web 标准，因而可以让程序轻松兼容主流浏览器并避免对特定框架的依赖。同时，它提供了强大的可视化组件，可以让使用者以数据驱动的方式去操作，允许开发者将任意数据绑定在文档对象模型（Document Object Mode，DOM）之上，然后再应用数据驱动转换到文档之中。例如，可以使用 D3 从一个数组生成一个 HTML 表格，或者使用同样的数据来创建一个带有平滑过渡和互动功能的交互式 SVG 柱状图。另外，D3 并非一个旨在涵盖所有功能特征的整体框架，相反，D3 解决的问题核心是基于数据的高效文档操作。这一构架避免了局限化的数据展现，而使其具有灵活性，由此体现出如 CSS3、HTML5 和 SVG 等 Web 标准的全部功能。D3 的运算速度非常快，可使用最小的开销支持大型数据集以及交互动态行为。D3 的函数允许通过各种组件和插件的形式进行代码的重用。

②Gephi。Gephi 是一款开源免费跨平台基于 JVM 的复杂网络分析软件，主要用于各种网络和复杂系统计算，可提供动态和分层图的交互可视化开源工具。同时，可用于探索性数据分析、链接分析、社交网络分析、生物网络分析等。Gephi 作为一个功能强大的可视化工具，部署在 PC 端或者服务器环境之中。相对于 echart 这种轻量级环境，Gephi 能更好并且更专业地进行数据的可视化分析。

③ECharts。百度的 ECharts 是一个纯 Javascript 的图表库软件工具，可以流畅地运行在 PC 和移动设备上，能兼容当前绝大部分浏览器（如 IE8/9/10/11、Chrome、Firefox、Safari 等），底层依赖轻量级的 Canvas 类库 ZRender，提供直观、可交互、高度个性化定制的数据可视化图表应用。ECharts 3 加入了更丰富的交互功能，创建了更多的可视化

应用，同时对移动端进行了深度优化。另外，ECharts 提供了常规的折线图、柱状图、散点图、饼状图、K 线图，用于统计的盒形图，用于地理数据可视化的地图、线图，用于关系数据可视化的关系图，以及用于 BI 的漏斗图、仪表盘图等。

在应用发展中，ECharts 3 独立出了“坐标系”的概念，支持直角坐标系(Catesian，同 grid)、极坐标系(Polar)、地理坐标系(Geo)数据展示。其图表可以跨坐标系存在，如折、柱、散点等图可以放在直角坐标系上，也可以放在极坐标系上，甚至可以放在地理坐标系中。图 13-9 为 Echarts 的图示(图片来自 http:/lecharts.baidu.com/index.htm)。

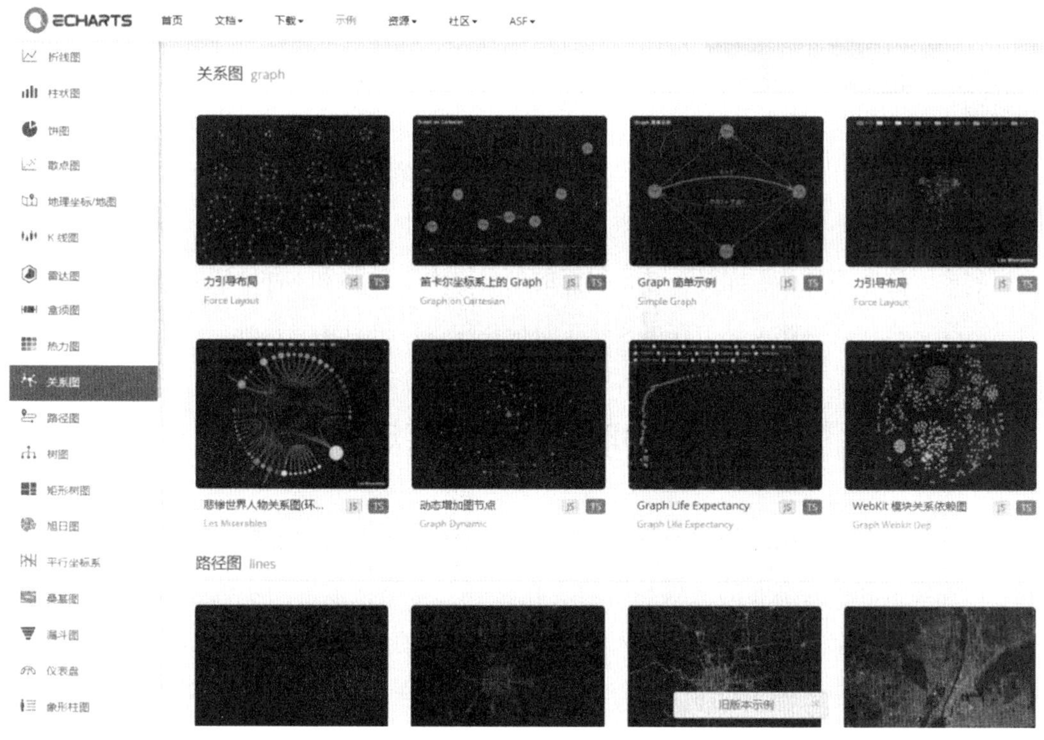

图 13-9 ECharts 示例图

ECharts 是百度团队开源的 JS 框架，只要加上版权声明即可免费使用。从效果看，支持各种图标表示，对大数据需要用到的关系图支持得也比较好。不过 ECharts 作为一款轻量级的工具，对超大规模数据的可视化功能有限①。

① 杨毅，王格芳，王胜开，陈国顺，孙甲松编著. 大数据技术基础与应用导论[M]. 北京：电子工业出版社，2018.

图 13-10　Bonsaijs 示例

④Bonsaijs。Bonsaijs，一个轻量级的免费开源的 javascript 图形库，可以方便地创建图形和动画。这个类库使用 SVG 作为输出方式来生成图形和动画效果，拥有非常完整的图形处理 API，可更加方便地处理图形。图 13-10 是 Bonsaijs 所绘制的可视化图的实例(http://bonsaijs.org)。

Bonsaijs 的官方网站上文档比较全面，易用性比较强，是一款应用面较泛的轻量级数据可视化工具。

目前市场上较普遍采用的数据可视化工具已达百种以上，其中大多是轻量级可视化产品。这些轻量级产品利用方便，可以快速生产出可视化的图像。然而，针对海量数据来说，这些工具并不能对其进行很好的处理。而 D3. js 和 Gephi 工具却能专门用于海量数据可视化。由此可见，在可视化工具应用中，应进行场景选择。

13.4　大数据应用驱动的数字服务推进

大数据应用的深化与拓展驱动着信息服务，从整体上与智能制造、数智化科学研究、产业经济和公共事业的发展相适应。在这一背景下，拟进一步优化大数据应用机制，在工业大数据、行业大数据、公共大数据等方面的大数据服务中，确立科学的服务组织路径，同时全面提升面向应用的数智信息服务水准。

13.4.1　工业大数据应用场景与大数据服务组织

工业大数据(Industrial Big Data)随着工业 4.0 和智能制造的出现而形成，是指从客户需求到销售、订单、计划、研发、设计、工艺、制造、采购、供应、库存、交付和售后、运维过程中所产生的各类数据，其来源包括生产运营数据、物联设备数据和外部关联数据。工业大数据应用，在不同产业或企业虽然存在不同的要求和特征，然而其应用机制和应用的技术框架却具有一致性。从数据功能上看，工业大数据即工业数据的总和，包括企业信息化数据、物联网数据、行业及外部跨界数据。其中，企业信息化和物联网中机器产生的海量数据是工业数据规模海量化的主要原因。工业大数据同时也是智能制造与工业互联网的核心，其本质是通过促进数据的自动流动去解决控制和业务问题，减少决策过程所带来的不确定性，并尽量克服人工决策的缺点①。

工业大数据不仅存在于企业内部，还存在于产业链和跨产业链的经营主体中。企业内部数据主要是指 MES、ERP、PLM 等自动化与信息化系统中产生的数据。产业链数据是企业供应链（SCM）和价值链（CRM）上的数据，主要是指企业产品供应链和价值链中来自原材料、生产设备、供应商、用户和运维合作商的数据。跨产业链数据来自企业产品生产和使用市场、环境和政府管控等外部数据。

人和机器是产生工业大数据的主体。人产生的数据是指由人输入计算机中的数据，例如设计数据、业务数据、产品数据等；机器数据是指由传感器、仪器仪表和智能终端等采集的数据。对企业而言，机器数据的产生可分为生产数据和工业产品数据两类：生产设备数据是指企业的生产工具数据，工业产品数据则是企业交付给用户使用的物品数据。

工业互联网时代，工业大数据除了具备大数据特征外，相对于其他类型大数据，工业大数据还具有反映工业逻辑的特征。这些特征可以归纳为多模态、强关联、高通量、协同性和强机理等特性。

多模态。工业大数据是工业系统在一定空间的映像，必然反映工业系统的系统化特征，同时关联工业系统的各方面要素。因此，数据记录必须追求完整，但这往往需要采用超级复杂的结构来反映系统要素，这就导致单体数据文件结构的复杂化。因此，工业大数据的复杂性不仅在于数据格式的不同，也在于数据内生结构上的状态差异。

强关联。工业数据之间的关联并不是数据内容的关联，其本质是物理对象之间和过程的关联，包括产品部件之间的关联，生产过程的数据关联，产品生命周期内的设计、制造、服务关联，以及产品使用所涉数据关联。

高通量。嵌入了传感器的智能互联产品已成为工业互联网的重要标志，在于用机器产生的数据来代替人所产生的数据。从工业大数据的组成体量上来看，物联网数据已成为工业大数据的主要来源；同时，机器设备所产生的时序数据采集频度高、数据总量大、持续不断，呈现高流通量的特征。

协同性。协同性主要体现在大数据支撑工业企业的在线业务活动和推进业务智能化

① 工业互联网产业联盟工业大数据特设组 编. 工业大数据技术与应用实践（2017）[M]. 北京：电子工业出版社，2017.

的过程中，其系统强调动态协同，因而进行数据集成时，应促进数据的自动流动，减少决策所面临的不确定性。

强机理。强机理体现在工业大数据支撑的过程分析、对象建模、知识发现和应用过程之中。其过程追求确定性，数据分析必须注重因果关系。由于工业过程本身的确定性强，因此工业大数据的分析不能止于发现简单的相关性，而是要通过各种可能的手段逼近因果关系的展示。

在工业大数据应用中，大数据平台建设处于核心位置，在技术实现上，北科亿力、大唐集团和中联重科根据各自的需求和场景进行了架构和基于平台的应用组织。从结构上看，可归为不同的模式。

(1)基于物联网的大数据平台构架

工业互联网产业联盟于2017年发布了《中国工业大数据技术与应用白皮书》。在白皮书中展示了一些企业(如北科亿力等)大数据技术框架和大数据平台结构。从总体上看，企业根据物联网数据来源，按大数据应用的内在关系所构建的企业炼铁大数据平台具有对场景需求的高适应性。其中，物联网机器数据主要包括PLC生产操作数据、工业传感器产生的检测数据、现场的各类就地仪表的数据等。如北科亿力炼铁大数据平台已接入了约200座高炉的数据，以单座高炉为例，每个高炉约有2000个数据点，数据采集频率为1分钟一次，每座高炉产生的数据量约为288万点/天、数据大小约为200Mb/天，即行业大数据平台接入的数据量约为5.76亿点/天，数据大小约为40G/天。

企业大数据平台通过在企业端部署自主研发的工业传感器物联网，对高炉“黑箱”可视化，实现了企业端“自感知”；通过数据采集平台将实时数据上传到大数据中心；通过分布式计算引擎等对数据进行综合加工、处理和挖掘；在业务层以机理模型集合为核心，结合多维度大数据信息形成大数据平台的核心业务，包括物料利用模块、安全预警模块、经济指标模块、工艺机理模块、精细管理模块、智能生产模块、设备监管模块、经营分析模块、资产管理模块、能耗监控模块等。

(2)面向流程的大数据应用平台

企业的大数据应用强调智能生产、物料供应和运行服务的技术实现，按物联网、业务系统和其他数据来源进行平台构建具有可行性。在大数据应用中，企业数据共享在于实现智能决策中的数据深度分析与挖掘。根据企业及相关行业机构公布的信息，企业大数据平台构建及数据来源包括物联网数据、业务系统数据和外部数据，其平台构建与服务组织必然围绕这些基本方面展开。

2017年《中国工业大数据技术与应用白皮书》所显示的一些企业大数据平台具有数据来源的全方位、数据融入的全程化和数据处理的智能化特点。在构架上，大唐集团的大数据平台X-BDP，是基于Hadoop的企业级大数据可视化分析挖掘平台，也是集数据采集、数据抽取、大数据存储、大数据分析、数据探索、大数据挖掘建模、运维监控于一体的大数据综合平台。其平台构架，在企业大数据应用中具有代表性。

从功能上看，平台应用大数据、云计算、物联网、人工智能等关键技术，提供多种存储方案和挖掘算法，支持结构化数据、半结构化数据和非结构化海量数据的采集、存储、分析和挖掘，提供多种标准的开放接口，支持二次开发。平台采用可视化的操作方式，降低数据分析人员和最终用户使用难度。同时，平台通过互联网技术，应用智能数采通，实现对数据的集中和统一，实现生产数据的有效链接、集中、共享和应用。通过自适应模式识别算法，实现设备运行监测，从而提高了运维水平。

13.4.2 基于产业链关系的行业大数据融合服务

面向产业链的行业信息服务融合中，数据融合是服务融合的基本条件。以数据融合为前提实现行业信息服务的跨系统协同，需要在功能层面上融合数据服务，继而推进服务的利用。从另一角度看，产业链中的融合服务组织，同样需要选择融合功能以实现基于产业链的服务价值，从而促进产业链中的产业集群的跨系统信息利用。

产业链中的企业不仅具有供应链合作关系，而且企业之间以及企业和其他组织之间还存在着协同创新关系。因而，跨行业系统的信息融合服务必然面临着多元关系基础上的融合问题。在产业链和创新价值链活动中，参与主体的跨行业、部门和系统的多源数据利用，涉及科学与技术研究、试验与产品研发以及产业运行和市场营销。这一构成从客观上提出了行业机构之间的系统服务融合要求。在基于产业链和价值链的信息服务融合中，按范畴进行数据统筹和协同转换应该是一种行之有效的方法。行业大数据融合中的概念展示包括企业所属行业、生产产品门类、技术设备、生产流程、供应链关系、市场构成，以及生产运行、研发创新所涉及的诸多领域的信息融合，按行业、技术、产品、市场、标准、专利、市场运营的多个方面，区分为不同的类型和形式。对于企业而言，其信息空间与业务活动空间具有同一性，所形成的概念及概念关联呈多维网状结构。在行业信息组织中，最基本的方法是按主题概念结构和关联关系进行展示。对于不同的行业或部门的分类组织形式和标准，存在着不同系统之间的差异。这种差异，需要通过各系统之间的交互转化方式来屏蔽。从实现上看，企业概念图可用于解决这方面的计算资源组合与管理问题。从信息内容类属和关系展示上看，概念图支持不同范式之间的转换，因而可以在对面向企业的行业信息服务系统之间实现基于概念图的信息揭示目标，通过互动方式支持产业链和创新价值链企业之间以及企业和相关主体之间的交互和合作。在行业信息服务融合中，可以方便地对同一概念进行协作，实现行业间的跨系统资源共建共享。

在产业集群跨系统服务融合的实现中，考虑到 XML 的应用，可以在自描述性和可扩展性基础上通过概念节点进行关联，其中知识图谱工具可用于行业信息资源的融合组织，进而实现基于概念图的结构描述。由此可见，基于知识图谱的概念图应用，在行业信息揭示和管理中具有可行性。

概念图的应用具有广泛的前景，如在物联网产业集群中，RFID 概念图对结构、组成、应用等相关概念进行了展示，以此实现了 Web 页面、图片及影音资源的链接。为了处理相关主题概念，实现多源信息资源融合目标，除在知识节点上标注的相关内容和来源关系外，还可以提取其中的知识单元，以此进行多方面的信息内容整合。对于用户而言，只要在 RFID 概念图中进行 XML 链接，便可获取完整的信息。在 RFID 概念图的 XML 文件中，知识节点描述片段如图 13-11 所示。

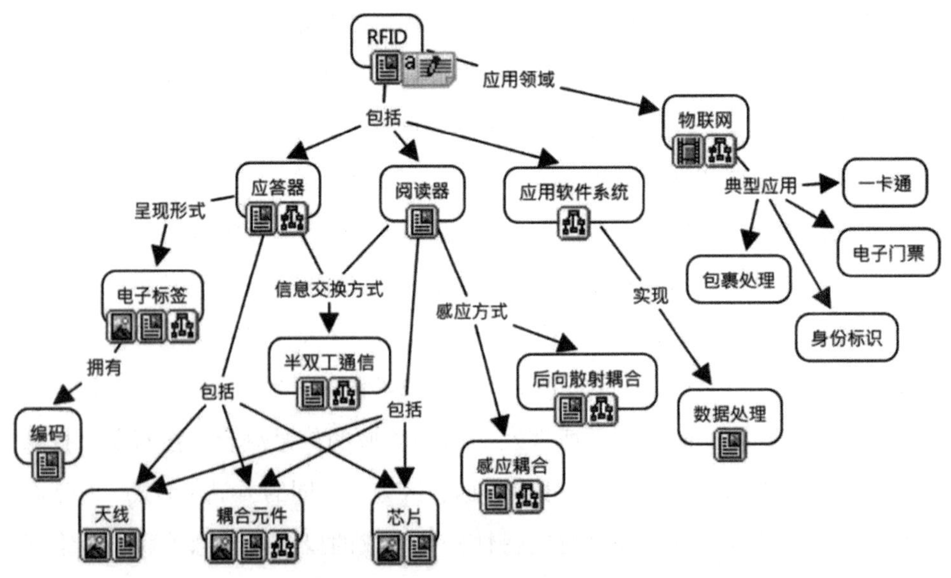

图 13-11　RFID 概念图片段示例

在基于链接的信息组织与揭示中，以“RFID”概念图中知识节点“半双工通信”XML片段为例，其信息组织需求首先需要在概念图服务器上对“RFID”概念图XML输出XML文件。在基于概念图的关联展示和揭示过程中，可以进行RFID概念图来生成XML文件内容的解读和主题展示。对此，可通过在索引中设置路径标签，在面向应用的概念关联中，实现所包含的数据元素内容提取。鉴于诸多元素的松耦合关系，对于节点的属性值可用相应的功能进行标识，实现展示关系的多元处理目标。

面向产业链的行业大数据融合应用中，如果利用RFID工具进行，可以针对数据融合的需要，利用概念图工具封装Cmaps_knowledge extract模块进行RFID相关知识节点的描述。同时，在图谱中将Citespace服务和基于Metalib/SFX的数字集成服务分别封装为CiteSpace模块和MetalibSFX模块，继而进行独立或组合应用。

13.4.3　公共领域大数据应用与服务保障

公共领域大数据具有多模态、开放性和关联组织特征，基于大数据应用的服务围绕大众的公共需求展开。鉴于公共领域大数据应用的公共性和公益性，以下着重于政府主导下的卫生健康大数据服务和智慧城市建设中的大数据平台建设，进行公共领域大数据应用服务实施探讨和共识性的组织策略归纳。

(1) 卫生健康大数据应用与服务

卫生健康大数据应用与健康医疗数据服务平台建设，在公共卫生、流行病防控、医疗资源共享和临床治疗中具有全局性意义，在公共服务中具有不可取代性。在公共卫生和健康医疗的数字化建设中，国家卫健委予以了全面部署、规范和实施。其大数据应用与服务在当前的新冠疫情防控与治疗中发挥着重要支持作用，国务院联防联控机制下的平台运行为全民健康和社会经济发展提供了全面信息保障。

卫生健康大数据的类型复杂，其大数据来自不同的地区、不同的机构和不同的软件应用。从数据特征与应用领域的角度分类，卫生医疗大数据主要包括以下6个方面的数据：医疗大数据、健康大数据、生物组学大数据、卫生管理大数据、公共卫生大数据和医学大数据①。

① 张路霞，段会龙，曾强编著. 健康医疗大数据的管理与应用[M]. 上海：上海交通大学出版社，2020.

医疗大数据。医疗大数据是指在临床医学实践过程中产生的原始的临床记录，主要包括以电子病历、检验检查、处方医嘱、医学影像、手术记录、临床随访等为主的医疗数据。这些数据基本都是以医学专业方式记录下来，主要产生并存储于各个医疗服务机构如医院、基层医疗机构或者第三方的医学中心的信息系统内。

健康大数据。健康大数据是指以个人健康管理为核心的相关数据的统称，包括个人健康档案、健康体检数据、个人体征监测数据、康复医疗数据、健康知识数据以及生活习惯数据，主要产生于医疗机构、体检中心、康复治疗机构以及各类生命体征监测系统。

生物组学大数据。生物组学大数据是一类比较特殊的健康医疗大数据，包括不同生物组学数据资源，如基因组学、蛋白质组学、代谢组学等，主要产生于具有检测条件的医院、第三方检测机构和组学研究机构。生物组学大数据在研究基因功能、疾病机制、精准医疗等方面具有重要意义。

卫生管理大数据。卫生管理大数据主要是指各类医疗机构运营管理过程中产生的数据资源，主要来源于各级医疗机构、社会保险商业保险机构、制药企业、第三方支付机构等。通过深层次挖掘、分析当前和历史的医院业务数据，快速获取其中有用的决策信息，旨在为医疗机构提供方便的决策支持。

公共卫生大数据。公共卫生大数据是基于大样本地区性人群疾病与健康状况的监测数据总和，包括疾病监测、突发公共卫生事件监测、传染病报告等。公共卫生大数据还包括专题开展的全国性区域性抽样调查和监测数据，如营养和健康调查、出生缺陷监测研究、传染病及肿瘤登记报告等公共卫生数据。

医学大数据。医学大数据是指医学研究过程中产生的数据，包括真实世界研究、药物临床试验记录、实验记录等。医学数据主要存在于各类医学科研院所、医学院校、医学信息机构以及制药企业。

由于卫生健康大数据类型复杂、来源广泛、应用目标性强，因而采用系统汇集方式进行数据应用与服务组织难以适应卫生健康领域大数据环境。考虑到客观上的大数据应用需求和当前已存在且处于迅速发展之中的多类型卫生健康网络和数字化健康医疗平台的运行机制，拟采取国家卫健委部署下的资源共享和大数据平台协同运行模式，在公共卫生健康服务和数字医疗服务中充分保障大数据应用需求，推进服务的开放化、社会化和涉及个人的隐私保护。

卫生健康大数据应用与服务，在整体上形成了虚拟环境下的网络构架，在运行上实现包括公共卫生大数据平台、健康医疗大数据平台、移动医疗健康监测、疾病防控数据平台、生物组学测序数据平台和多种形式的健康社区、医疗保健大数据平台在内的虚拟服务连接。在卫生健康大数据应用中，访问者可方便地通过公共入口或平台界面进入，进行相关数据获取和信息搜索。由于卫生健康领域大数据内容丰富，在应用中往往需要通过图谱方式进行导入，因而大数据平台的图谱服务具有现实性。

随着医学技术发展，健康医疗大数据的数据量持续剧增，数据结构不断复杂化，数据组成呈现多元化，除了结构化的记录外，还存在大量非结构化的文本、波形、序列、影像、视频等数据格式。大容量、多源异构的数据对存储设备的容量、读写性能、可靠性、扩展性等都提出了更高的要求。在设计大数据的存取系统时，需要充分考虑功能集成度、数据安全性、数据稳定性，以及系统可扩展性、性能及成本等各方面因素。

(2)智慧城市大数据开放共享平台服务

研究公共安全大数据平台，进行智慧城市大数据开放共享，在公共大数据服务中具有重要性。按云环境下大数据应用和智能化发展机制，构建面向智慧城市的大数据开放共享平台具有现实性。对此孙傲冰、季统凯对面向智慧城市的大数据开放共享平台进行了建设构架和服务结构上的归纳，所提出的基本框架和数据平台具有普遍性和功能实现的完整性。

从整体上看，智慧城市大数据平台在可控云操作系统上搭建内网云、外网云、灾备云，形成智慧城市大数据开放共享环境；在应用上，构建大数据资源注册框架、大数据统一访问接口、大数据统一管理规划、大数据统一技术支持等，在数据资源层面上，构建政府公开信息大数据库、市政地理大数据库、市政服务大数据库以及城市安全与应急响应数据库。平台可提供经过授权及验证的可信应用门户，发布经审核授权的服务应用，为政府服务和公共事务对象提供安全的应用下载，建立用户的应用评价机制。通过应用门户，平台提供围绕智慧城市的业务服务，包括城市公共服务智能、公共安全、环境治理等方面的大数据应用服务。从概念化设计出发，孙傲冰、季统凯所提出的智慧城市大数据开放共享平台框架如图 13-12 所示。

平台在智慧城市云基础设施环境下，实现大数据统一管理，同步建设智慧城市公开信息、政务信息、市政服务和城市安全与灾备大数据库，设置智慧城市大数据安全访问接口，按授权完成面向不同场景和内容的数据抽取、清洗，存储、脱密、授信和访问。通过大数据平台界面接口，面向大众、政府部门、社区、机构和个人进行调用。另外，智慧城市大数据应用发布、数据定制及评价也需要在统一界面上进行，以形成数据提供

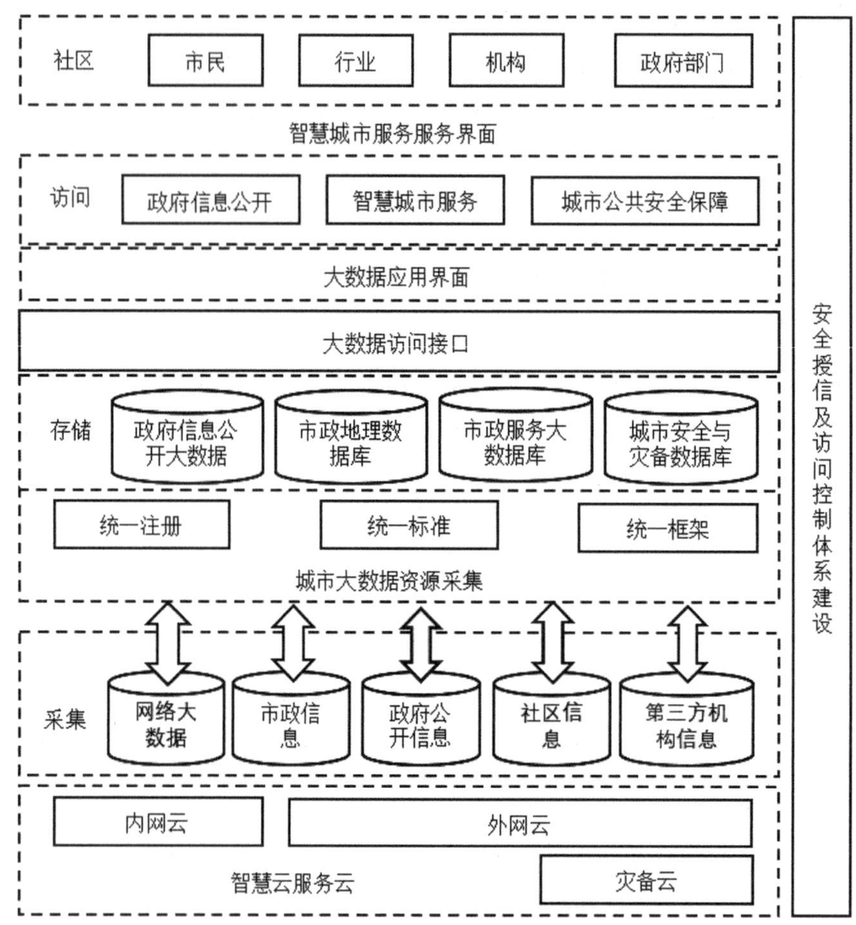

图 13-12　智慧城市大数据开放服务平台构建

者、应用者及用户相互促进的大数据共建共享的平台效应①。

在智慧城市大数据平台应用中，政府公开信息可进行细粒度展示，在数据服务中可采用高效的数据源受众匹配算法，以改变单向提供模式。基于应用实现的服务，强调用户参与。平台可以主动推送公开信息资源，根据政府信息公开的要求，可以通过行政审批信息公开、服务信息公开促进公共事业的发展。

智慧公共服务随着智慧城市建设、现代公共服务的需求驱动而处于深层次变革之中，基于大数据的智慧公共服务使得公共服务决策更科学、服务供给更精细、服务体系

① 孙傲冰，季统凯. 面向智慧城市的大数据开放共享平台及产业生态建设[J]. 大数据，2016，2(4)：69-82.

更完整、服务监管更有效。我国各级政府以智慧城市建设为基础，正积极推进教育、医疗卫生、社会保障、科技文化、环境保护、公共安全以及基础设施等领域的精准化公共服务的开展。

复习思考题

1. 分析大数据应用与服务发展趋势。
2. 简述大数据分析模型与方法应用。
3. 分析工业大数据应用与服务案例。
4. 如何开展公共领域的大数据服务？

延伸阅读“移动信息服务”讲座 PPT

授课视频“移动信息服务”(1)

授课视频“移动信息服务”(2)

授课视频“移动信息服务”(3)

授课视频“移动信息服务”(4)

14 网络服务与用户信息安全保障

信息服务涉及各方面主体的基本权益、服务组织和用户信息交互安全的各个方面，因而需要进行全面安全保障。基于这一现实，有必要从用户服务组织和利用出发，确立服务与用户安全保障的融合机制，进行基于服务链的用户身份信息安全保障，信息存储、获取和利用安全保障。

14.1 社会网络中的用户信息交互安全保障

基于网络的社会交往和信息交流已成为数字信息服务社会化组织的主流形式之一，不仅体现在网络社区服务的开展和互联网+业务的发展上，而且存在于用户与网络平台的智能交互上。与服务发展同步，用户交互安全(如 ChatGPT 中的人智交互安全和基于人智交互的用户交互安全等)，已成为不可回避的现实问题，因此有必要从用户身份安全、用户行为信息安全和用户信息利用安全角度，进行全面安全保障的组织。

14.1.1 网络交互中的用户身份信息安全保障

在交互式信息服务环境下，用户的信息服务利用过程也伴随着信息交流过程。比如在咨询服务中，服务人员需要通过与用户的交互了解其咨询要求和基本状况，在此基础上才能通过信息分析，向用户提供参考咨询信息。在这个过程中，用户提供的基本要求和状态信息，以及咨询人员向用户提供的结果信息，都属于用户信息的范畴，泄露之后将对用户造成伤害，甚至带来不良后果。因此，在服务过程中，必须要保障用户信息的安全，用户的这一权利应得到社会的充分认可。

在个人身份信息和隐私含义的界定上，1890 年美国法学家 Samuel D. Warren 和 Louis D. Brandeis 在《论隐私权》(刊于《哈佛法律评论》)中进行了明确界定，将其视为自然人所享有与社会公众的利益无关，且不愿被其他组织或个体知晓的个人信息保护权。这一界定也得到了世界各国与国际组织的普遍认同。

关于网络环境下产生的属于用户的身份信息具有隐私范畴上的保护特征，比较普遍的表述是，指公民在网络上的私人数据、个人空间和网络生活受到法律保护的权利，而严禁他人非法侵扰、传播或利用。随着数字信息技术和智能技术的发展，互联网与人们的日常生活深度融合，这既为人们带来巨大便利，同时也增加了交互信息保护的复杂性。网络环境所具有的开放性、交互性、虚拟性、匿名性的特点，提出了以身份信息安全为核心的用户交互信息安全保障要求。

目前，利用互联网进行个人信息披露、公开、传播的现象越来越普遍。这些现象出现的原因是多方面的，部分是受商业利益的驱动，部分则是出于个人心理的满足等。与普通的隐私侵犯相比，个人身份信息侵犯的手段更加多样化，包括个人信息过度采集、私人信息非法获取、个人数据非法使用、身份信息非法泄露、隐私信息非法交易等。由于互联网技术特点的影响，网络身份信息侵犯具有形式多样化、主体多元化、手段智能化、隐蔽化和受害客体扩大化的特点，因而必须全面应对。

社会网络环境下，用户通过网络社区进行信息获取、交流和利用变得越来越频繁①。知识社区发展在推进知识创新的同时，也提出了社区中用户信息安全保障的问题。用户通过在社区中注册账号，上传并分享自身信息的同时，也可以通过有偿或无偿的方式获取他人信息并进行交互传播。在整个过程中，用户的相关信息必然面临着各种安全威胁：首先，用户通过注册获得访问社区的权限，并将其身份信息存储于社区用户数据库之中，如果缺少必要的安全管理措施或采用的安全措施不当，用户的信息将会被非法获取，从而危及用户的安全。其次，属于用户个人的数据和知识成果等，在网络环境下其知识产权保护难度大，需要采取有效措施。由此可见，这些问题不仅阻碍了用户

① 贺小光，兰讽. 网络社区研究综述——从信息交流到知识共享[J]. 情报科学，2011(8)：1268-1272.

的信息交互，而且影响着网络社区服务的进一步发展。

为确保网络社区中的用户安全，实现用户网络交互的全面安全保障，拟从用户身份安全出发，构建网络用户安全全面保障体系，具体包括基于深度防御的用户身份安全保障和基于生命周期的用户隐私安全保障。

深度防御是美国国家安全局为实现有效的信息安全保障提出的一种新型安全保障策略，其核心是采用多层次的纵深的安全措施来保障用户信息安全①。用户身份安全保障是为了实现用户在网络活动中的身份识别，以对用户权益进行维护的重要环节。按深度防御和多重防护要求，可进行基于深度防御的网络社区用户身份安全保障构架，如图14-1所示。在用户身份安全保障过程中，拟采用层层深入的多层防护方案，进行用户身份认证、用户账户安全管理、用户异常检测和用户身份信息恢复。其中，多重用户身份认证及用户账户安全管理是针对用户认证及数据管理采取的被动防御保护措施；用户账户异常检测通过及时发现用户身份面临的安全威胁，及时提醒用户并采取响应措施，从而避免用户身份遭到破坏；用户身份信息恢复则是针对用户账户已经遭到破坏的情况，采用合理的恢复方案及时恢复用户身份信息，从而避免危害扩大。

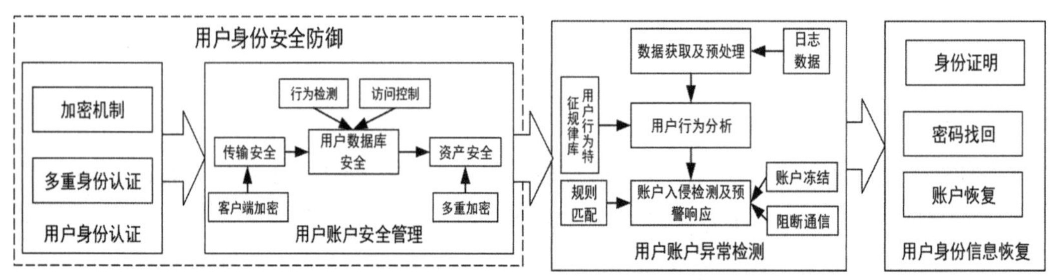

图14-1 基于深度防御的用户身份安全保障

①用户身份认证。访问控制技术是提供有效、安全的资源访问身份保障手段，旨在让不同需求的用户通过统一的方式获得访问授权，而防止非授权用户访问。在这一构架下，一般采用集中式的数字身份保障和认证方式②。网络社区中，访问控制是用户身份

① Dauch K, Hovak A, Nestler R. Information Assurance Using a Defense In-Depth Strategy [C]. Conference For Homeland Security, 2009. CATCH'09. Cybersecurity Applications & Technology. IEEE, 2009: 267-272.

② 房梁，殷丽华，郭云川，等. 基于属性的访问控制关键技术研究综述[J]. 计算机学报，2017, 40(7): 1680-1698.

安全保障的首要环节，在于帮助服务提供方确认用户身份的真实性、合法性，使服务在用户注册账户时完成对不同用户的授权，同时通过用户提交登录信息验证其身份。

此前的网络社区多采用“用户名+密码”的单点登录认证方式，这种简单的认证方式难以应对攻击者合力破解用户密码的风险①。对于某些涉及敏感信息的社区，如患者医疗社区，用户的账户信息泄露会对其造成难以预测的不利影响。为保证用户身份安全，在使用“用户名+密码”对用户身份进行认证时，应根据社区内用户信息的保密要求设定不同严格程度的认证策略。对于保密要求高，在密码设置强度、复杂度上应提出相应的要求，如规定最小密码长度等。另外，可采用多重身份认证机制，如生物认证技术、动态电子口令系统认证方式、基于智能卡的认证方式等，以进一步完善用户身份信息的认证，从而保证用户在网络活动中的身份安全。

②用户账户安全管理。在网络社区中，可通过必要的技术措施将用户账户信息加以处理后集中存储到数据库中进行统一管理。其关键在于用户数据的安全管理，不仅包括用户登录密码、账户注册等身份信息，同时也包括用户上传的资料和资产的安全管理。针对用户数据泄露、丢失、篡改等情况，在进行用户数据库管理维护时，应采用多层安全保障机制，以保障用户数据安全。首先，对于涉及用户隐私等敏感数据，为防止其被外部恶意人员窃取，需要采用客户端加密方式，在数据上传之前就完成加密，从而保障用户数据的安全传输和存储；其次，用户在申请账户数据更改时，为保证其安全性，可通过监测用户行为进行安全风险识别，如登录的地址、硬件设备是否为常用等，如果出现异常，需要更为详细的身份认证，如采用密保认证、动态口令等来识别用户身份；最后，当用户账户中存在支付问题时，其用户资产安全也应成为用户账号管理的重要部分，可通过进一步加密处理进行用户资产保护。

③用户账户异常检测。网络环境下，用户面临着各方面的安全威胁，因此需要对用户安全进行实时监测，以便及时发现异常并作出预警响应。其中，账户异常检测的基本思路是，由于用户的正常活动一般具有一定的规律，如果用户在某一个时间段的行为不符合这些规律，那么表明用户的账户很可能遭到攻击。基于这个思路，用户账户异常检测可以分为用户数据获取及预处理、用户行为分析、入侵检测及预警响应三个阶段。在用户数据获取及预处理阶段，进行用户日常行为数据采集，用户行为分析提供数据准

---

① Radha V, Reddy D H. A Survey on Single Sign-On Techniques[J]. Procedia Technology, 2012, 4(11): 134-139.

备，需要获取的数据包括用户的行为日志、用户登录时间、用户登录 IP 地址及设备号、内部人员工作日志等，主要通过网络日志、实时捕捉等方法获取；这些数据具有不同的格式及属性特征，因此需要对其进行规范化处理，具体包括数据清洗、格式标准化、去除噪声数据等。用户行为分析在获取用户行为数据的基础上进行，需要对用户的行为特征进行提取。一般情况下，网络社区中用户行为特征多选取用户在社区内经常关注的内容、访问时段特点、登录位置等数据，根据用户的历史数据进行整合和融合处理，从而形成用户行为特征规律库。入侵检测及预警响应阶段将实时监测到的用户行为数据与用户行为规律库中的行为规律进行比对，如果出现异常情况，则进入用户账户安全预警程序，其内容包括将结果反馈给用户，要求用户进行更加详细的身份认证，否则将采取账户数据及资产冻结、阻断通信等应急保护措施。

④用户身份信息恢复。可能由于用户自身原因或遭受外界攻击，如用户账户密码遗失、身份认证失效、账户劫持等，需要重新认证用户身份的有效性，进行用户身份信息恢复。恢复用户身份信息的方式需符合其在注册时提供的身份唯一性认可条件，如注册时填写的保密问题及答案、用户提供的终端验证和重置密码等。网络服务方在收到用户身份信息恢复请求后，根据其提供的证明进行判断，恢复并更新用户的身份信息。这一阶段是通过设立合理的用户身份信息恢复程序来实现的，以将用户账户被攻击后的负面影响降到最低，尽量减少造成的损失。

用户网络交互中的身份信息安全保障，不仅是为了保障用户身份的真实、安全和有效，维护用户合规进行网络交互活动的权利，也是保障用户身份信息不受侵犯和用户网络交互中的身份安全。因此在用户身份信息安全保障中，应强化安全规则的完善和身份安全管理的合规性。

14.1.2 用户信息行为安全保障

在面向用户的个性化服务中，用户行为数据的采集、分析与挖掘已成为推荐服务、知识链接和关联的必要环节，然而过度的用户行为数据采集和开发利用，必然涉及用户隐私和用户安全。在机器学习、智能交互和神经网络服务中，用户和智能系统已融为一体，因而智能服务对用户的替代也会带来深层次的安全隐患。由此可见，在面向用户服务和智能交互发展的同时，必须对用户行为和数据进行全过程保护和利用控制。

网络交互中的用户行为数据的合规采集和利用是一个普遍存在的关注问题，其交互信息存在于服务过程之中，这一情况在跨系统协同参考咨询服务中同样有着充分的体现。其中，所涉及的环节包括用户提问的接收、分解以及用户的访问跟踪等。

在用户提问接受中，用户提问信息的输入、提问预处理和协调咨询分派，通过相应的机制将提问和回答进行有机关联，其中的行为信息存在着泄露的风险；

成员资料库用于记录加入系统的服务成员单位的特征资料，成员资料包含咨询、主题范围、服务用户的信息、地理区域等，这方面信息的扩散也将引发权益侵犯问题；

知识库系统用来存储各地信息服务系统用户的信息需求、提问及用于提问解答的信息即可，以便信息用户和咨询人员随时查询；其组织也应有明确的安全边界；

问题解答中，对接收的问题进行分配、排序或转发，回答成员的互联回答信息应得到有效控制。

从流程上看，用户提问交互和行为信息客观地存在于系统之中，从而提出了用户交互行为信息安全利用问题。

在网络交互中，用户隐私信息既包括个人身份信息和使用行为信息，也包括用户提供或发布的相关信息，如虚拟科研团队内部的沟通记录。从生命周期角度看，用户隐私信息主要经历采集、存储、开发/利用、销毁 4 个阶段。在不同的生命周期阶段，信息安全需求和安全保障的技术都有较为显著的区别，如图 14-2 所示。

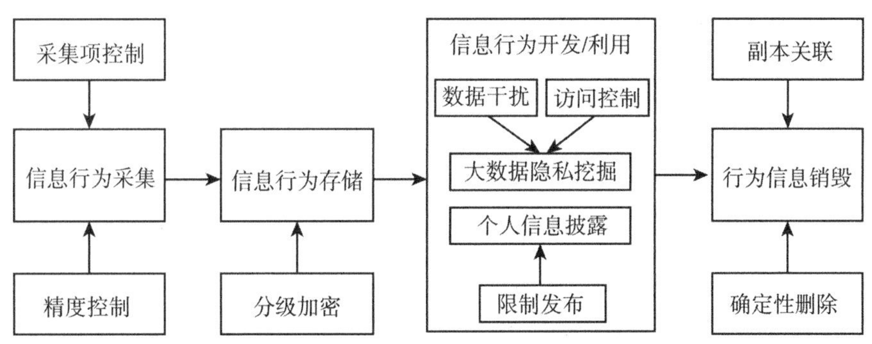

图 14-2　基于生命周期的用户个人信息安全保护

个人信息采集阶段。对用户信息地采集既包括用户注册时的个人信息采集，也包括用户在网络活动中的行为记录采集。用户在注册账户时，需要提供必要的身份信息，完成用户身份认证，同时认可《使用协议》，《使用协议》包含隐私政策或隐私声明，允许收集的用户信息类型和范围，同时对用户数据的使用限制及共享等情况进行规定。为保护用户的个人信息不被泄露，可以基于采集项控制和采集精度控制策略从源头上进行保障。所谓采集项控制是指在进行采集前对拟采集的用户隐私信息项目进行分析，在国家法律法规和强制性安全标准的框架下，采集必要的隐私信息。采集精度控制是指在进行用户个人信息采集时，在能满足应用要求的前提下，尽量降低对用户个人信息的精确性要求，从而降低个人信息泄露后造成伤害的风险。

个人信息存储阶段。存储阶段可以根据用户实际需求有选择地进行分级加密，从而在保障利用需求的情况下保障个人信息安全。对于保密性需求高的个人信息，需要采用加密存储技术，以提高其安全保障能力。而对于保密性要求较低的敏感信息，可以在其应用较为频繁的阶段，采用明文存储的方式，以兼顾数据加工处理的效果；一旦其进入低频应用阶段，则可以考虑将其加密存储。

个人信息开发/利用阶段。对于用户所披露的信息，可以方便地借助大数据分析方法进行数据挖掘，从看似无关的零散数据中挖掘出用户个人信息，因而难免造成用户隐私泄露。为保证信息开发/利用阶段的用户信息安全，可以采用访问控制及数据干扰技术应对大数据隐私挖掘威胁，利用限制发布技术对社区披露出的用户信息进行控制，从而保障用户个人信息和隐私安全。访问控制中，可以采取基于角色的访问控制机制，限制非授权用户通过直接访问系统数据库的方式访问用户的隐私信息，同时在授权服务过程中，严格控制用户访问权限，避免用户获得全量用户数据并对其进行挖掘处理。数据干扰技术是指通过添加噪声、交换等技术对原始数据进行扰动处理，使原始数据在失真的同时保持某些数据或数据属性不变，从而在保障其可用的前提下避免用户隐私泄漏，具体的实现方法包括随机化、阻塞、凝聚等①。限制发布则是指有选择地发布用户个人数据，不发布或者发布精度较低的敏感数据，以实现保护。

个人信息销毁阶段。当用户停止使用服务或对存储的信息进行删除时，可能存在个人数据不完全删除的情况，造成泄露的风险。简单的数据删除操作并不能彻底销毁数据，由于部分用户共享的资源可能存在多个副本，在进行资源销毁中，虽然删除了原文件，但仍可能存在其他并未删除的副本数据，导致数据销毁不彻底，其他用户因而就可能在用户不可知的情况下获取其隐私信息。并且，用户的个人信息只要在网络中留下痕迹，就很难“被遗忘”，也不利于用户个人隐私的保障。因此需要采用可信删除技术确保数据无法恢复，删除包括备份数据和系统运行过程中产生的相关数据在内的所有数

① YANG, Xiaolin, Jian, et al. A Retrievable Data Perturbation Method Used in Privacy-Preserving in Cloud Computing[J]. Wireless Communication Over Zigbee for Automotive Inclination Measurement China Communications, 2014, 11(8): 73-84.

据，以实现用户数据的保护①。

值得指出的是，任何安全保障技术都不是绝对可靠的，从用户个人信息被采集之后，都不会处于绝对安全状态，直至其达到生命周期的最后阶段——销毁。因此，为保障用户的行为信息安全，需要加强用户个人信息的生命周期管理，合理界定行为信息处于哪个生命周期阶段，并在其到达销毁阶段时，及时对其进行清除。

14.2 用户信息资源云存储安全保障

随着云存储技术的发展，用户交互的信息资源存储、组织与利用处于新的变革中。云存储应用于用户交互数字资源存储不仅能提高资源的存储和利用效率，也能节约成本，同时，便于对数字资源进行统一的管理。然而，云存储中的数字资源安全也面临众多的挑战和隐患。当前，安全已成为云存储服务进一步发展的关键。云存储环境下数字资源交互共享所涉及的权益保护，使其安全问题更加复杂和突出。因此，有必要对数字资源云存储服务和利用的安全进行全面分析，对数字用户资源云存储安全保障进行系统保障。

14.2.1 用户信息云存储安全保障的层次结构

在用户数字资源云存储安全保障研究中，针对云存储系统存在的问题应进行方案的优化。针对隐私信息保护需要，可组织基于可信服务器的云存储技术架构，以实现数据和用户个人信息的隔离。立足于公有云平台的稳定性、可获得性和可靠性保障，提供开放的存储服务平台。2015 年 12 月 31 日，全国信息技术标准化技术委员会云计算标准工作组制定了《信息技术云计算参考框架》(GB/T32399-2015)、《信息技术云计算概论与词汇》(GB/T32400-2015)，将全国信息技术标准化技术委员会及其云计算工作组已经发布的 6 项标准纳入管理框架，从而确定了云存储安全保障的基本层次和基于全面安全保障的实施框架②。

在安全保障框架下，基于云存储平台和系统的基本框架决定云存储安全的层次结

① 熊金波，沈薇薇，黄阳群，等. 云环境下的数据多副本安全共享与关联删除方案[J]. 通信学报，2015，36(s1)：136-140.

② 中国国家标准化管理委员会. 信息技术云计算参考架构：GB/T32399—2015[S]. 北京：中国标准出版社，2015.

构。对用户交互信息资源来说，其面临的安全问题是如何确认和保证数字资源的存取安全。对此，可通过 SLA 等级协议进行组织，同时依托云服务提供方等级协议来实现。对用户而言，其个人信息和隐私的安全也依赖于云服务安全保障体系。基于此，用户云存储的安全层次可以分为访问层、应用接口层、基础设备层、虚拟化层、数据中心层(见图 14-3)。数字资源云存储安全保障着重解决以下问题。

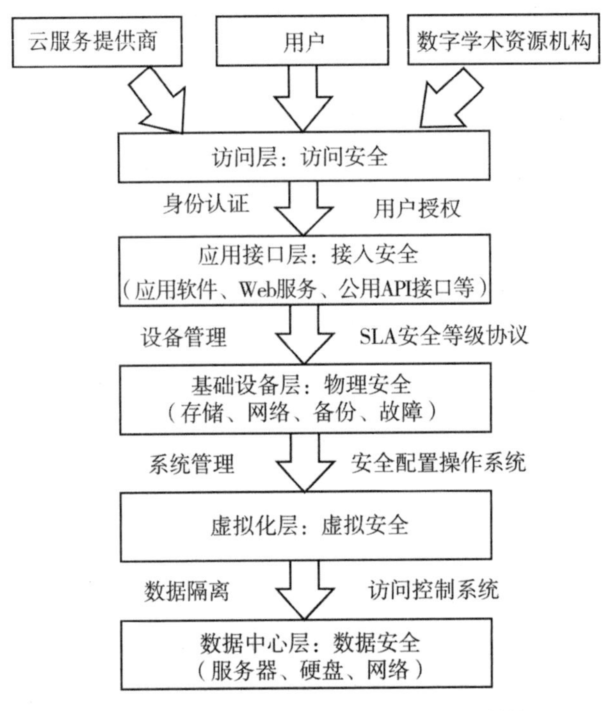

图 14-3　用户交互数据云存储安全层次结构

①在访问层对用户实行身份认证和访问授权控制。云存储环境下用户交互数字资源服务面对的应用系统繁多，用户数量庞大，包括对用户账号、身份认证、用户授权进行有效管理等，同时操作审计的难度也不断加大。因此，需要进行用户安全管理，其中涉及用户身份管理、认证与授权管理等多个方面。

②在应用接口层实现网络安全虚拟化。在虚拟化安全保障中需要从多租户网络拓扑结构出发，针对不同云服务模式进行网络安全部署。在 SDN 架构中，底层基础设施和网络服务的应用程序被抽象化，需构建具有弹性的可信网络，利用可信网络实现信息传输安全保障，防范信息资源数据传输安全风险。

③基础设备层保障设施的物理安全。云存储安全中，通过设置物理安全边界保护基础设备安全，对安全域实行物理访问控制。物理安全管理模块涉及软硬件基础设施、安全域管理、物理环境安全等。

④在虚拟化层实现多租户环境下软件和数据的交互共享安全。其关键是，通过虚拟化云计算资源为用户提供安全部署模式，同时实现以虚拟机监视器为基础的安全隔离、虚拟化内部监控和虚拟化外部监管，从多方面保障虚拟安全。

⑤在数据中心层确保迁移安全。在安全保障中，将用户信息资源数据安全地存储在云端，在迁移前通过数据加密技术对数据加密，保障用户交互数据在传输和云存储过程中的安全。同时，提供用户存储信息资源窃取、篡改的风险应对措施。由于云存储数字资源建设涉及多元用户主体，在采用加密技术保障数据安全的同时，还需对密钥进行有效管理。

14.2.2 基于安全层次结构的保障实施

在用户交互信息的云存储中，数据存储在云端，主要依靠云服务提供方的内部人员进行管理。一旦内部人员进行不安全的操作、遭遇非授权访问或恶意攻击，信息资源交互服务方、云服务提供方和用户都将遭受难以估量的损失。计算机犯罪调查报告和其他损失评估报告均显示，内部人员的攻击约占恶意攻击的一半，且比外部攻击造成的损失更大。因此，对云存储安全来说，内部人员的管理至关重要。这也是对数字资源云存储安全实现全面保障的重要环节。云存储安全结构的保障措施主要包括存储资源安全保障和过程安全保障。

(1)用户存储信息的安全管理

云存储管理安全的目标是保障云存储平台和系统基础设施的正常工作，以及云存储平台中资源的安全。为实现该目标，可以在网络安全管理的基础上，部署相应设施(入侵检测系统、入侵防护系统、漏洞扫描和防病毒等)。同时，在系统运行过程中也要实施全面质量管控。

用户使用中的存储资源安全保障，通过用户访问控制和身份权限管理来实现。安全保障组织实现中，由数字资源服务机构和云服务提供方共同管理，协同负责数字资源交互服务安全，通过用户身份准入和访问权限管理，控制数字资源的服务对象和可操作范围。云服务提供方根据数字资源服务机构提供的用户信息，通过技术操作以实现用户访问控制和权限管理。同时，以云服务提供方内部人员的组织结构为基础，建立统一的用户身份信息管理视图，为用户的账号管理、访问控制、认证授权和安全审计提供可靠的数据支持。

过程安全保障主要指数字资源机构对云服务方的选择和对数字资源云存储过程的监管。对云服务提供方的选择，主要考虑云存储平台的服务模式能否满足数字资源机构的资源安全保障需求，包括云存储服务应具有的安全能力，数字资源机构对其运行监管的接受程度和提供监管接口的能力，以及云存储服务的可持续性和服务安全等级协议等。对数字资源云存储过程的监管需明确安全分工和各主体职责，注重对数字资源云存储各个环节和过程的监控，适时对安全保障进行评估，及时处理安全事故等。

按照安全策略和网络连接规则进行统一管理，在于有效保障虚拟安全管理措施的全面落实，对此，用户云存储服务中应对云存储安全平台进行周期性安全测试，及时发现缺陷，并将缺陷带来的影响降到最低。其中，补丁管理是保障云存储平台安全运行的重要措施，可有效应对随时变化的环境影响，其前提是要注意及时性、严密性和有效性。

数字资源服务机构期望通过云存储平台实现数字资源的开放获取和共享。由于数字资源的传输、存储、处理等离不开网络，资源和用户交互的数据均存储在云端，这就需要针对云存储数据面临的诸多安全问题进行应对。其中，维护云平台上的信息资源安全显得尤为重要和迫切。

(2)云存储平台安全规范

云存储平台的数据来源于用户交互信息资源和用户群，如果云存储平台发生服务不可用等问题，造成的影响将远超过传统信息系统对其造成的影响。服务终端的威胁可能来自云存储平台和系统，系统内部的威胁主要是云平台和系统自身可靠性、安全性和可用性问题，系统外部的威胁主要是环境造成的威胁。

云存储平台的基本安全规范包括云存储平台构建和运行使用安全内容。云存储平台通过定级、备案、建设、等级测评和监督检查，在提高服务的同时，进行安全运行维护①。在这一前提下，云存储平台的组织和运行环节应根据基本的安全保障原则进行安全规范的落实。在运行管理中，拟进行云计算环境下的数字资源云存储平台安全定级评

① 陈驰，于晶. 云计算安全体系[M]. 北京：科学出版社，2014.

定，明确云计算中心的安全等级保护和基于等级的安全保障实施。

各种行业系统的云存储平台建设都应满足《信息系统安全等级保护基本要求》，数字资源云存储平台也应遵循该要求。在平台安全规范中，数字资源存储平台应加强云存储平台的物理安全、网络安全、虚拟安全规范的建设，在管理上加强对信息、用户和环境的维护管理。

用户数字资源云存储平台的基本安全规范还要符合信息系统安全防护的一般性要求。因此，可以将这两个要求结合起来，作为信息资源云平台安全体系的构建依据，同时针对云技术环境下的测评要求和指南对云存储平台进行等级测定。

用户信息资源云存储平台运行的安全规范，包括云存储平台及系统设备规范、接口规范、云平台架构及软件规范、云平台运行安全规范等。目前尚没有针对数字信息资源云存储安全标准和规范的专门规定，因此制定规范时，应借鉴相关平台、系统和设施的安全标准，在实践中形成共识。以此出发，按统一的基本原则规范，数字信息资源云存储平台应从源头上控制云存储资源、用户与服务的安全影响因素，实现云存储平台和安全操作的标准化、规范化。

用户数字资源存储在云平台中，云服务提供方通过云存储平台和系统为数字资源机构提供服务，用户通过云存储平台和系统实现数字资源的访问和利用，在一定程度上可以认为云存储平台是实现数字资源云存储的核心和关键，从总体看，安全规范直接关系到云存储平台能否正常运行，是保障云服务提供方、数字资源机构以及用户实现云存储服务的前提，因此安全规范是云存储安全管理的基本准则。

(3)云存储安全管控中的平台运行安全

安全管控是保障云平台安全的重要条件，云存储安全管控主要依据规范对云平台运行的物理安全和虚拟安全进行保障。在此过程中，首先需要分析其面临的安全威胁；其次，有针对性地实施安全保障措施，维护云平台和系统的信息安全、用户安全和环境安全；最后，实现云平台运行与服务的安全保障目标。

在基于安全管控的数字信息资源云存储平台安全保障中，物理安全、虚拟安全和使用安全是保障云存储平台运行最重要的三个方面(见表14-1)。其中，物理安全为云平台的正常运行提供实体设备支撑，虚拟安全为云存储平台的正常运行提供技术和系统支撑，使用安全为云存储平台使用中的数据提供可靠保障，并且三个方面相辅相成。

表 14-1 面向用户的信息资源云存储平台运行安全及管控

平台安全问题	平台运行安全管控
物理安全包括网络自然环境和设施安全、平台构建硬件安全、分布式文件数据安全、物理攻击防范安全、管理误操作安全、电磁干扰防护安全等方面的安全	物理安全管控包括自然灾害的影响防范、设施突发事故中的安全转换、数据硬件设施管理、物理攻击监控、外部干扰的全面检测与控制等
虚拟安全包括虚拟系统结构安全，分布虚拟机创建与调用安全，虚拟化攻击影响、拒绝服务安全，虚拟数据篡改、窃取安全等	在虚拟安全管控中设定虚拟安全边界，控制虚拟运行节点，清理虚拟运行隐患，适时应当虚拟攻击应对，进行数据窃取、篡改防范，实行虚拟机的安全隔离等
使用安全包括平台使用中的数据资源安全、用户信息安全、平台维护数据安全、运行日志管理安全、身份认证安全、权限安全、平台使用审计安全、平台使用对环境安全影响等	使用安全管控包括平台存储信息通信安全管控、平台使用协议管控、用户访问控制管控、平台信息资源下载安全控制、平台使用稳定性保障和基于安全规则的安全使用管理、使用风险识别与应对等

在云存储平台运行安全中，物理安全是最容易被忽视的部分，而大部分故障由此引发。Sage Research 的一项研究表明，有 80%的安全问题归结于物理安全。由此可见，物理安全是云存储安全的起点，也是云存储平台运行和保障的重要基础。

在面向用户的云存储中，各种设备、媒体数据以及存储介质等都是物理安全保护的对象，其安全性直接决定云存储系统的保密性、完整性和可用性。对云存储介质来说，不仅要保障介质自身的安全性，还要保障介质数据的安全，防止数据信息被破坏。

虚拟化是实现数字信息资源云存储的大规模、高性能、可扩展、动态组合以及面向庞大用户群体服务的关键技术。随着支撑存储环境的变化，新的安全挑战如虚拟机窃取、篡改、拒绝服务攻击等问题，都会给云存储造成直接影响。因此，在安全保障中应针对这些问题进行有效的安全监控和防范。在虚拟化环境中，虚拟机间的隔离程度是虚拟化平台的安全性指标之一，借助隔离机制，虚拟机独立运行、互不干扰。信息资源虚拟安全可以通过对虚拟机系统的有效监控及时发现不安全因素，保障虚拟机系统的安全运行，从而保障云存储平台运行的虚拟安全。

云存储平台使用安全主要涉及两方面：一是维护云存储平台中的用户信息，以保护用户信息资源；二是监管用户访问行为，以保证用户对云存储平台资源安全使用的合法性。对这两方面的安全监控，可根据云存储平台上的信息类型来进行。云存储平台上的个人信息需专门集中地进行存储和管理，在强化安全等级的基础上，对云存储平台上的用户信息进行管理。考虑到海量访问认证请求和复杂用户权限管理的问题，可采用基于多种安全凭证的身份认证方式和基于单点登录的联合身份认证授权管理。

云存储平台的通信基于互联网，其中一部分是信息资源云存储平台内部的通讯网络，另一部分是云存储平台和外部环境的通讯网络。云存储平台的通讯网络直接关系到用户对平台的访问及通过平台检索、下载等服务的安全性。云存储平台环境是否安全直接关系到云存储平台的安全使用。因此，有必要对云存储平台的网络环境进行监测，以确保云存储平台和系统的正常运行。

数字资源云存储安全监测的风险管控过程包括风险识别、量化处理和风险评估与控制。在进行风险测评与控制时，首先必须识别数字信息资源云服务所具有的不同风险；其次，有针对性地设计监控项目；最后，按量化的风险要素计算风险度。其中，风险度可作为信息服务机构的安全管控依据，以此来提高用户信息资源云存储的安全性。

用户交互中，数字信息资源云存储服务中的安全监管建立在风险管理和安全监测基础上。云存储服务中的监管可以引入第三方监管机制，以协同方式让可信第三方进行全面监管和响应。数字信息资源云存储涉及数字资源内容、云存储平台系统、云存储服务的可用性以及云存储服务中用户等的安全问题。由于数字信息资源云存储安全保障涉及云服务提供方、数字资源机构和用户主体，因此数字资源机构和相关方应依靠协议对数字信息资源云存储过程的安全进行全面监督和管理。

14.3 信息交互中的信任安全

完善网络用户信任安全保障在于推进用户信任安全环境治理，根据网络交互服务中的信任传递安全关系，建立信任传递中的安全风险控制机制，进行网络交互中信任传递安全保障的组织。同时，从统一安全评价标准、完善用户身份认证制度、建立恶意用户处罚规则、加强第三方鉴定监管出发，进行信任安全保障的整体化实现。

14.3.1　基于信任传递的信息交互安全模型

在交互服务中，网络服务为用户分享、交流知识提供了新的交互空间，有效地促进了信息的网络传递，由此提出了基于信任关系的用户信息安全保障问题。事实上，在更广范围内信任是用户决定使用服务的重要影响因素。然而，在用户交互中，却存在着误信所导致的虚假信息传播和误信任关系扩展问题，这些问题的客观存在提出了用户信任认证和安全监管的要求。知识社区中的用户信任安全保障在于应对由于误信任、采信障碍和其他不确定因素引发的信息安全风险，确保用户无障碍地进行知识交互和实现信息安全保障的目标。

(1)基于信任传递的信息安全模型

由相互信任引发的安全风险管控通常有两种解决路径：一是对相关各方进行可信认证，确保各方是值得信任的，以消除由信任风险带来的安全隐患，即进行可信认证和信任监管，以保障用户信息安全；二是按"零信任构架"进行信任安全监管与保证，在有交互且必然存在信任风险的认知基础上，对于各方存在程度不同的不可信，进行全方位信息安全监管。在社会化信息安全保障中，实践证明通过可信认证和监管保证信息安全是可行的。基于这一认识，拟在可信云服务认证基础上，进行针对网络知识社区的信任安全保障拓展。

用户信息交互服务和安全保障中，一方面，社会关系、声誉、基于第三方的信任、加入某类组织等都能说明个体具有可信度，完全陌生的个体也可以据此建立信任关系；另一方面，基于信任响应的信任关系也是由于一方先信任另一方建立起来的，陌生的个体间完全可能由于一方对另一方先采取信任策略而最终建立信任关系。然而，这种信任建立过程中的不安全因素必然带来信任危机，因此有必要针对网络交互信任安全进行系统性分析。

当前对网络交互信任问题的研究主要集中在两个方面，即交互中信任建立的影响因素以及信任在信息交互中的作用机制。如知识社区中信任关系的建立主要受三方面因素的影响：①个体因素，包括个人信任倾向等；②成员交互因素，包括人人交互和人机交互；③系统因素，如系统易用性、稳定性、可靠性等都会影响社区成员对系统的信任建立①。从

① 陈小卉，胡平，周奕岑. 知乎问答社区回答者知识贡献行为受同伴效应影响研究[J]. 情报学报，2020，39(4)：450-458.

安全角度来看，信任关系是影响用户使用知识社区的关键性因素，可直接作用于用户使用意愿，也可通过影响其他因素而对使用意愿产生间接的作用①。实证研究表明，当人们之间的社会关系处于高度信任时，一般会更愿意参与社会交往和信息交流。同时，人际信任对用户的知识交流存在正向显著作用，个体的行为、主体认知和环境交互影响具有普遍性，即交互信任可直接影响用户的使用行为，也可通过主体认知对用户行为产生间接作用。其中，主体认知包括对自身行为的感知和对虚拟安全的感知。

信任问题作为信息交互管理的关键，虽然引起了足够的关注，但目前的研究大多集中于定性分析信任影响因素和信任对提高用户使用意愿的作用方面，对信任带来的安全问题的研究有所欠缺。为解决网络交互信任传递中的不安全问题，我们从网络知识社区信任传递链出发，以网络知识社区用户为调查对象，采用问卷调研方式从人际信任传递和制度信任传递出发，调查用户使用网络社区中由于信任传递而引发的安全风险，在此基础上对突出的安全因素进行影响分析，进而提出相应的安全保障建议。

网络交互的信任可归纳为人际信任和制度信任。其中，网络社区的人际信任主要是指信任关系在社会网络中的传递，包括用户实质性人际交往、相关知名社区用户信任和社区用户的评价信任；制度信任主要指网络用户对于网络服务及交互平台的信任。对于网络社区而言，基于人际信任的传递形式主要为现实的交往中，由于对网络交互某用户的认知和能力有很高的期望，出于对该用户的信任而间接信任网络社区。其中，用户对网络社区的信任起源也可以是多方面的：如声誉极高的某用户加入某一网络社区，其他用户可能出于对该用户的信任而选择网络社区；另外，用户也可能因为参考了网络社区的其他用户评价而信任知识社区。

基于制度信任的信任传递形式包括：由于相信网络社区服务进而信任知识社区成员；由于信任网络社区某合作方进而信任知识社区；由于信任网络社区的身份认证机制，进而信任其认证的领域专家；由于信任第三方鉴定机构对网络社区的认证，进而信任网络社区。从用户到网络社区之间的信任关系上看，可进行人际信任和制度信任的多种组合，如图 14-4 所示。

从网络社区信任传递关系出发，我们在基于信任关系的安全保障研究中，确立了问卷设计思路。我们将问卷分为两大部分，分别是调研对象背景和使用网络社区中由于信

① Evans M M. Knowledge sharing: an empirical study of the role of trust and other social-cognitive factors in an organizational setting[D]. Toronto: University of Toronto, 2012.

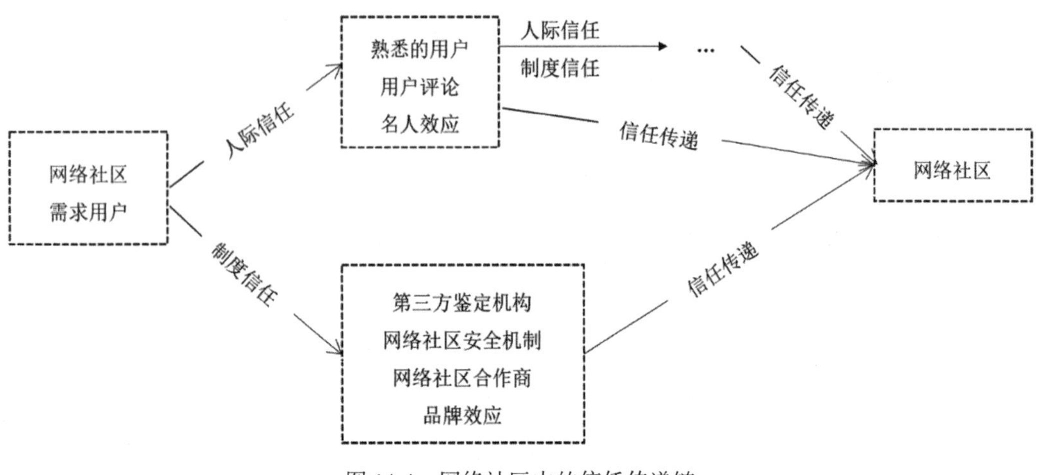

图 14-4　网络社区中的信任传递链

任引发的不安全问题。通过问卷调查，首先，可以了解受调查人员是否使用和熟悉网络社区以及通过信任传递方式接纳网络社区服务过程，以反映一系列基本情况，提问项包括：学历层次、专业、使用的网络社区的年限以及使用频率；其次，通过受调查人员以何种信任传递方式接纳网络社区，以及使用社区服务后的信任评价等进行信任安全分析。按 Abdul Rahman 等提出的定性的信任模型，将信任分为非常值得信任、值得信任、不值得信任和非常不值得信任 4 个层次①。以此出发，在用户信任传递中进行信任的等级评价。

(2)网络用户交互中的信任安全调查

按图 14-4 所示的网络交互信任传递模型，可进一步明确网络用户在信任传递过程中遇到的具体问题。因此，通过小木虫、丁香园、知乎、科学网等网络社区平台的帮助文档、用户评论、社区论坛等资料分析，围绕信任安全与信任管理进行了访谈。访谈对象包括部分高等学校的 42 名博士研究生、教师及科研人员。通过调查和分析，将所存在的网络社区信任传递过程中的不安全因素影响归纳为两个方面的 7 个关键问题，如表 14-2 所示。根据问题是否发生过和对用户造成的影响，设置“发生过且影响很大”“发生过但影响一般”“发生过但没太大影响”“没有发生过”4 个选项。表 14-2 所反映的 7 个关键问题，具有较高的共识性，其关联度在 0. 85 以上。据此，可围绕 7 个关键问题进行

① Abdul-Rahman A, Hailes S. Supporting Trust in Virtual Communities[A]. Proceedings of the 33rd Annual Hawaii International Conference on System Sciences, 2000.

问卷调查。

表 14-2 网络社区服务信任传递中的不安全因素

人际信任	信任偏好等个体因素引发的信任安全风险
	名人效应引发的信任安全风险
	参考网络社区用户评价引发的信任安全风险
制度信任	网络社区运营商的品牌效应引发的信任安全风险
	网络社区服务链信任引发的信任安全风险
	网络社区的身份认证制度引发的信任安全风险
	鉴定制度不健全引发的信任安全风险

在网络社区用户信息交互中，我们围绕知识交流选择了一些典型的网络知识社区进行调查和分析。在正式发放问卷前，通过进一步的用户访谈和焦点会议修正了问卷的提问，以解决问项表述模糊等问题，最后进行规模性问卷设计。由于高校博士研究生及教师为网络知识社区的重要服务对象，因此针对网络知识社区的问卷具有代表性。

2020 年所作的调查共收回问卷 411 份，有效问卷 378 份，有效回收率为 92.0%。73.2%的受调查人员使用两种或者两种以上的网络知识社区，88.3%的用户使用知识社区超过一年，且 65.4%的用户使用网络知识社区的频率为一周 3 次以上。87.1%的用户都使用过知乎。用户使用比较多的知识社区有豆瓣、丁香园、小木虫、科学网、天涯、果壳、经管论坛等。

为保证调查数据的准确性，通过统计软件 SPSS20.0 对调查结果进行信度检验，表明问卷之间的一致性较好。由于调查目的是分析信任安全障碍，故主要进行内容效度验证。检验采用专家逻辑分析法，通过信息安全领域的专家对调查提问与期望测定内容的符合性判断，采用内容效度比计算方法计算问卷条目水平，除量表条目 5(恶意提供虚假的使用体验，诱导用户接受知识社区服务)的内容效度比 CVR(content validity ratio)为 0.95 以外，其他条目内容效度指数均在 0.97 以上；量表水平的内容效度指数 S-CVI (scale-level)采用 S-CVI/UA 计算方法，两个量表的 S-CVI/UA 分别为 1.00、0.90，内容效度较好。

14.3.2 网络交互中的用户信任安全分析

调研结果显示，28%的用户通过信任传递方式使用网络知识社区服务后给出的信任评价为“不值得信任”，9%的用户认为被推荐的知识社区“非常不值得信任”。进一步分析表明，网络知识社区信任传递过程中的安全问题主要集中在不同实体的信任偏好不同、利益驱使、恶意引诱以及鉴定制度不健全等方面。

(1)个体因素引发的信任安全风险

当用户具有使用知识社区的需求时，周围熟悉人的使用体验会成为最易获取的参考，而且他们对社区知识内容、安全性能、服务质量的感知会在很大程度上影响其他用户的使用意向，他们对知识社区的信任会更容易传递给社区关联用户。然而，也有大量的用户因现实活动中熟悉人的推荐，选择使用了网络知识社区，结果和自己预期中的使用体验有很大落差，体现为因错误选择对用户造成不安全影响。引发这一现象的具体原因首先是推荐用户和被推荐用户的安全需求不同，推荐用户可能不太关心信息的完整性或者隐私安全等，而这对被推荐用户来说却显得非常重要；其次是双方的知识背景不一致导致的推荐风险，如推荐者具备某专业网络知识社区所涉及的知识领域背景，而被推荐用户则不曾涉猎该知识领域，以至于该专业知识社区对于被推荐用户来说过于专业化，理解不了。这说明双方的教育背景和理解能力存在较大的差异，如推荐者的水平较高，把一个自认为很好的知识社区推荐给了熟悉的人，而被推荐者若不具备相应的能力，那么则会导致被推荐用户的安全使用体验很差。

(2)用户评价和名人效应引发的信任安全风险

当用户对某一知识社区或者是知识社区里的某些内容不熟悉时，参考社区中的用户评论往往是最便捷的方式。但是，被调查用户也有可能会因参考用户评价而选择了与预期不符的知识社区服务。造成这一现象有三个原因，首先，一些用户出于某种利益或者和内容发布者的特殊关系，可能将一些不正确或者没那么权威的内容描述成真实、可信的知识，客观上存在引诱其他用户采纳错误的知识信息或者不完善的知识社区服务问题。其次，一些用户，出于某种考虑，往往故意隐瞒自己的不好体验，夸大或虚构知识社区中某种服务或知识内容的虚假优点，诱导别的用户重蹈他们的覆辙。最后，内容发布者会采取一些技术手段控制评论，将负面的评论予以屏蔽。

大量用户熟悉的名人或者权威人士进入网络知识社区往往会导致用户的追随。经调查发现，有的用户因为专业领域内的权威专家的入驻，而选择使用网络知识社区，结果使用体验并不如意。造成这一问题的首要原因是网络社区有可能通过利益引诱知名人士入驻，而知名人士在知识社区内并未有太多的知识共享行为，只是一种挂名行为而已；另一原因是知识社区里的知名用户或者认证专家接受了某些品牌方的某种请求而传播虚假信息，从而引发用户的不信任甚至反感①。此外，一些权威专家出于某种心理会夸大自己的知识领域影响力，发表一些自己不太擅长的领域言论误导用户。由于知识社区的自由度较高，在缺乏进一步监管的情况下，必然存在不实言论所引发的安全风险。

(3) 鉴定制度不健全引发的信任安全风险

网络信任评价机构作为第三方，应具有较高的可信度，领域专业机构或行业协会通过一系列标准和严格的认证程序来保证通过认证的领域知识社区服务是值得信任的，最终提供的标识作为一种认证标签而存在。用户对权威鉴定机构的信任可以传递给通过这些机构认证的网络社区，所以网络信任评价机构对网络社区的评价会在很大程度上影响用户对网络社区的信任。但是，依然有用户在选择拥有第三方鉴定资质的网络知识社区认证后，体验不到应达到的服务品质的情况发生。造成这一问题的主要原因有：第一，网络知识社区为了提高自己的信誉和彰显自己的服务水平，会通过某种利益形式，使得第三方鉴定机构违规操作，授予不合格网络知识社区合格资质；第二，对于一些新兴网络知识社区，第三方鉴定机构可能存在鉴定标准体系不完善、鉴定程序不完整等问题；第三，有一些鉴定机构，可能在不具备鉴定资质的情况下，违规授予网络知识社区一些不被权威机构认可的资质证书。对此，在信息安全认证中应进行严格的合规监管。

(4) 品牌效应引发的信任安全风险

用户比较容易信任知名度高、品牌形象好的网络知识社区。一方面是因为网络知识社区的品牌知名度建立不容易，如果违背了用户的信任意愿他们所遭受的损失显而易见，所以一般不会轻易违背用户的信任。另一方面，知名度和品牌在很大程度上来自于信任传递影响力的发挥、宣传以及知识社区的用户口碑。通常情况下，用户对于公共媒介机构的信任度是比较高的，所以用户会将对权威媒介机构的信任转移到其所报道的网络知识社区服务上。调查显示，有部分用户正是因为网络知识社区的名气而选择其服

① 刘佩，林如鹏. 网络问答社区“知乎”的知识分享与传播行为研究[J]. 图书情报知识，2015(6)：109-119.

务，如果发现品质和名气不符，必然产生负面影响。造成这一问题的原因，一是权威媒体出于利益关系，对网络知识社区进行大力度宣传，而对其服务品质并不太了解，或者是故意隐瞒其缺点、放大其优点；二是拥有大量用户和好口碑的网络知识社区，也可能是知识社区通过某种利益关系诱导用户的结果，如赋予用户可以享受某种权限等。所以网络知识社区的高名气形成过程，也可能存在相应的信任安全风险。

(5)用户信任认证制度不健全引发的信任安全风险

很多网络社区，用户在入驻网络知识社区时，尤其是对于分享知识的信息用户，知识社区会对他们的身份进行认证，以使他们的言论更具可信性。对于用户而言，也更容易采信已认证用户提供的知识信息。由此可见，用户信任认证具有重要性。然而，如果在推行用户认证的网络社区中认证不健全，则会带来更大的信任安全风险。调查显示，有相当部分的用户，正是受认证用户的影响，误信了不严谨甚至虚假的信息。因为这些已认证的用户中有可能利用身份认证制的漏洞，提供虚假的身份认证信息或不正确的认证信息，从而骗取其他用户的信任。造成这一问题的原因主要是网络知识社区对认证用户的监管不严格，如有些知识社区对学历进行认证只需要用户提供学校、专业等表层信息，对职业的认证也存在一定的缺陷。另外，用户的注册信息存储和保密机制不健全，很容易被恶意用户窃取，存在冒用认证用户的身份，以认证用户的名义发布误导信息的风险。此外，恶意用户的注册信息和知名用户的注册信息难以判别，从而引起用户的误认。

14.3.3 网络交互中用户信任安全保障的完善

通过对网络知识社区用户信任传递中的安全问题的分析，发现引发信任传递的安全因素是多方面的。其中，不同实体的信任偏好差异、利益驱使下的非规行为、制度不完善和恶意传递等问题最为突出，因此需要从基本的安全问题出发，完善网络知识社区服务中的信任传递规则，为实现网络交互信任的安全利用提供保障。

(1)统一网络信任安全评价标准

不同的网络社区用户需求、使用目的和网络平台性能要求各不相同，因而需要制定一个普适性的网络用户信息安全需求表达规范，以引导用户充分表达自己的要求，为网络用户信任传递和安全保障提供支持。从现实问题上看，网络社区信任安全评价规范应包括以下内容：用户所需要的网络社区类型，使用网络交互服务的安全目标，所需要的领域信息以及对所需领域的认知信任水平和用户安全防护能力。此外，对网络交互服务中的知识产权要求、隐私安全要求、社区平台的信任稳定性评价等也需要确认。网络信息交互中知识内容的准确性、完整性和安全质量方面的要求也应具有针对性。

信息交互中某一用户接受熟悉的其他用户推荐之前，也需要了解对方的评价标准。如每一个用户对同一个网络社区的评价，因评价标准和评价指标不同，会给出不同的结果。针对网络交互的规范的评价指标体系构建可以有效解决这一问题。其评价体系对应于网络交互的需求，评价内容包括网络社区的类型、信息交互的专业化程度、知识产权、用户隐私、知识信息安全质量、知识交互平台安全信任等。此外，向身边的人推荐网络的前提是推荐者对其有充分的了解，因此也需要对用户信任传递进行评价和管理。

(2)建立恶意用户惩处机制

网络交互中存在的不实信息和评论往往由匿名用户引发，随意传递不可信评论的行为发生，是由于网络活动无法对匿名者进行追责，也不会对他们的现实声誉带来实时影响①。针对网络交互中的恶意用户或者发布不实评论的用户，可以采取实名指证的方式，使这些违规行为变得可以追责到现实中的具体用户，从而增加用户的信誉危机。例如，赋予实名认证的用户更多的权限或者对实名评论的用户给予奖励等；也可以给用户设置信誉值作为他们在知识交互中权限的评判依据。实名评论可以得到更高的信誉值，而故意提供不实评论则会被扣除一定的信誉值②。

针对网络交互中专家行为导致的信任传递失效问题，可以对每一个专家认证用户设置一个考核等级，而考核的标准应该包括该用户的实质性知识贡献度。一般而言，用户发布的信息越准确、向其他用户安全传递的知识越多，知识贡献度就越高，获得的认证等级也就越高。对于安全传递信息的等级评价，可以防止某些认证专家的不实挂名；同时，应对网络交互中专家信息进行过滤，对于涉及的宣传性知识内容进行可信审核。对于认证用户和宣传内容方的利益关系，应予以实时判别。另外，应为每个权威认证用户标明所擅长的知识领域，以供其他用户确认其共享知识的安全可信性。

---

① 王鹏，朱方伟，宋昊阳，鲍晓娜. 人际信任与知识隐藏行为：个人声誉关注与不确定性感知的联合调节[J]. 管理评论，2019，31(1)：155-170.

② 刘迎春，谢年春，李佳. 虚拟学习社区中基于用户行为的知识贡献者信誉评价研究[J]. 现代情报，2020，40(3)：117-125.

(3)加强网络交互的监管力度

由第三方检测机构引发的网络交互中的信任传递不安全问题，拟从以下三个方面进行改进：第一，对已经授予检测资质的第三方机构，加强对实际检测中的监管以及工作结束后的事后监管，如设立第三方检验机构行政许可制度，规范对他们的管理，防止违规操作的发生。第二，在实施中，应完善第三方鉴定结果采信管理，开展安全责任追溯，同时动态调整信任安全检测指标，进行有效的监管介入；第三，针对第三方机构由于缺乏行业约束机制的情况，加强追责管理和制度建设。在制度上，只有符合有关法律、行政法规、规章制度要求和技术能力、人员资质条件的机构，经有关部门审核批准，才能获得许可，以规范网络知识交互安全鉴定服务。

由品牌效应引发的网络虚假广告和夸大失实宣传，必然使用户误解，从而使用户对信息交互的真实性产生怀疑，因而其安全信任监管必须强化。针对这一问题，拟作出以下改进：整治夸大夸张宣传和误导用户的品牌形象传播行为；依法追究虚假广告行为主体的行政责任和民事责任，严重者需要追究其相应的刑事责任。对于网络社区有意控制用户评论、屏蔽负面评论的行为，应该规范平台的删帖、屏蔽等控评行为。对于网络交互中的违法、不实信息，应实时监控。与此同时，对于用户发表的合法评论，网络交互平台应充分尊重和进行安全维护。给予用户一定的体验权限，以通过良好的使用体验吸引用户获取更高的满意度。

(4)完善用户和服务的可信认证

针对网络知识交互中的认证安全问题，拟从以下三个方面着手改善：首先，严格审核容易误导用户的恶意注册信息，实名认证过程中需要用户提供身份凭证；其次，针对所有的认证凭据，在对应的信息库中核实真伪，以提高网络交互用户信息真实性和安全性；最后，维护用户的隐私权和名誉权，同时在信息交互中对用户信任等级进行标识，用以区分相似用户。在交互服务中，可按用户的信任传递关系进行用户发布信息的可信性评价，按可信认证标准进行规范管理。

针对网络信息交互服务链引发的信任传递失效问题，拟从以下三个方面改善：首先，建立完善的法治化保障体系，这是由于网络交互服务链上的主体一旦出现信任危机，将损害他方利益或导致安全事故的发生，因而应受到相应的惩罚。其次，对于网络知识交互间的信任关系维护，应建立在规范化的信任评定基础之上，这就要求专门机构承担资信评定工作；在评定中，要以独立、客观和公正为原则进行认证和监管。最后，在网络信任认证中制定统一的规则和标准，从而保障知识交互主体信息安全和用户信任传递安全，最终保障用户信息安全和知识安全。

通过对信息交互的信任传递及安全问题调研，发现信任偏好、恶意用户引诱、第三方鉴定监管缺乏、用户身份认证不健全、服务链不可信是引发网络交互服务中的信任传递安全的主要障碍。因而，应通过统一网络信任评价标准、构建恶意用户惩处机制、加强网络知识社区鉴定监管、完善网络用户和服务认证体系，进行全面安全治理，以实现网络交互信息安全保障目标。

14.4　数字信息云服务中的用户隐私保护

云服务平台的基础架构决定了在隐私保护方面的限制，这是因为用户数据存在所有者无法掌控的平台上。这说明，云计算服务在给用户带来便利的同时，服务中所存在的不足也将危及机构和普通用户的信息安全。针对这一客观存在着的现实，有必要从服务基础建设和信息安全角度，进行云服务中的用户隐私保护和有效的安全维护。

14.4.1　云环境下用户信息安全交互与隐私保护

数字信息云服务的发展和社会化应用，不仅在于服务的便捷和高效，而且在于服务与用户的安全交互和隐私保护的同步实现。云平台服务的前提是，能够有效保护用户在云计算环境中的安全。当前，有关云计算的调查反映，安全仍是被主要关注的重要问题，大约75%的人表示他们担心云计算安全问题(包括隐私安全)。隐私安全问题是智能交互发展的主要障碍之一，2012年美国政府公布了隐私人权法案，倡导在使用私人信息时将更多的控制权交给用户；欧盟提出的一项关于被遗忘的权力的法案，规定用户有权要求清除他们的个人数据。

云计算、大数据时代个人隐私保护涉及以下问题：在数据存储的过程中对个人隐私有可能造成的侵犯；由于云服务中用户无法知道数据确切的存放位置，因而对其个人数据采集、存储、使用、分享无法有效控制；可能因不同国家的法律规定而造成个人信息保护法律冲突问题，也可能产生数据混同和数据丢失；在用户数据传输的过程中对个人隐私权造成的侵犯等。云环境下数据传输与服务趋于开放和多元化，传统物理区域隔离已无法有效保证远距离数据传输与应用安全，电磁泄漏和窃取已成为更加突出的安全威胁。在数据处理的过程中，云服务部署的虚拟技术、基础设施和加密措施的失效，也可能产生新的用户安全风险。大规模的数据处理需要完备的访问控制和身份认证管理，以避免未经授权的数据访问，但云服务资源动态共享的模式无疑增加了这种管理的难度；同时，账户劫持、攻击、身份伪装、认证失效、密钥丢失等都可能威胁用户数据安全。在数据销毁的过程中对个人隐私权造成的侵权包括不能彻底销毁的数据，云服务可能的数据备份以及公权力对个人隐私信息的处置影响，虽然各国法律通常会规定服务的用户数据存留期限，并强制要求服务商提供明文的可用数据，但在实践中较少受原则的约束，因而隐私保护的冲突也是云服务需要考虑的用户风险点。这说明，在云计算和大数据时代，各国需要切实加强用户信息和个人隐私保护。

数字信息服务的核心目标是提供安全可靠的数据交互和网络利用，由于云环境下，用户的数据不是存储在本地上，而是存储在远程服务器中，这增加了用户数据保护的隐忧，其中涉及云平台用户隐私安全问题、用户端安全和服务调用中的安全问题。

在用户端隐私安全问题应对中，由于云计算是现有互联网技术的升级，当终端接入互联网后即可与云互联互通，如果终端没有有效的防护措施必然引发对用户隐私的侵犯。云中的应用能够通过互联网访问终端中的数据，常见的如一些商业公司通过获取用户云存储数据或通过植入木马程序实现控制，隐私问题因此成为用户能否接收云服务的关键问题。如果不能有效取得用户隐私和安全信赖，云访问将无法面向用户展开，用户也不会放心地将数据存入数据中心。

对于云服务调用的隐私安全，英国电信将云计算视为一种能以服务形式提供给用户的设施利用，包括网络、系统平台以及运行其中的各类应用。虽然用户调用云计算服务可以像直接调用本地资源一样方便，但实际这些服务是通过网络传输的。如果服务出现问题用户也将无能为力，因为数据都存放在云中，云服务调用过程中面临的隐私问题主要包括用户隐私信息被非法攻击，非法修改、破坏以及数据包被非法窃取和盗用等。因而，云服务的用户隐私数据安全稳定调用以及网络传输的合规是云服务健康发展的又一个重要问题。

云服务平台端隐私安全涉及多方面的问题，如在未经用户许可的情况下，服务方将部分在线文档和用户个人数据进行共享。对这一问题，Gartner 发布的《云计算安全风险评估》的报告中将其归为特权用户的接入、可审查性、数据位置、数据隔离等方面的问题。从报告列出的风险中可以看出，云计算的隐私安全问题大部分集中在服务器端。数据安全和隐私危机，使得依靠计算机或网络的物理边界进行的安全保障不再适用，因而需要针对云服务平台端隐私权问题进行专门应对。

云环境下用户信息安全中的隐私保护在网络社区活动中的存在更加普遍，网络社区平台服务在为用户创造开放化的无障碍交流服务的同时，随之而引发的用户隐私安全问题应同步解决。如学术网络作为一个信息交流和知识共享的平台，隐私安全风险主要包括信息安全保障技术缺陷和用户个人信息滥用引发的隐私泄露困扰等。在大数据时代，数据挖掘、可视化等技术的广泛应用，进一步加深了用户隐私泄露危害的程度，使隐私安全成为最具争议性的问题之一。据中国互联网协会 2016 年发布的《中国网民权益保护调查报告》显示，网民最重视的权益是隐私权，然而 54%的网民认为个人信息泄露严重，84%的网民亲身感受到了由于个人信息泄露带来的不良影响①。Nosko 等发现，用户个人信息均可能在用户未授权的情况下被获取，即使少量个人信息的泄露也可能导致难以控制的隐私安全风险发生。Madhusudhan 研究发现，用户信息披露过程中备受信息安全和隐私安全的困扰，隐私安全问题已成为制约用户使用社交网络的重要因素之一。

为了减少用户对隐私安全的担忧，社交网络通过隐私政策声明未经用户允许，不能收集、使用用户个人信息或将用户个人信息提供给第三方。但用户发布信息和共享信息的行为是其隐私泄露的直接原因，因此从用户角度出发的分析是衡量用户隐私保护状况的最有效的方法。以下以科学网博客为例，对科学网博客用户在发布、共享信息过程中的隐私权限设置情况进行分析，以获取社交网络用户隐私关注的主题以及用户特征对其隐私保护的影响。

对用户隐私保护的分析，从以下几个方面展开：

①用户隐私的表达。Külcü 等根据用户对某类信息的隐私权限设置情况进行了归纳性分析，将整体值作为用户的隐私值对待。由于社交网络用户的隐私受诸多因素影响，因而可通过隐私向量来表达，同时考虑到不同隐私影响因子的权重不同，采用 CRITIC 算法可计算不同隐私影响因子的权重，加权后的隐私向量被视为用户的隐私值。

②用户隐私保护与用户相关属性之间的关系分析。基于问答社区中的用户隐私权限设置分析其隐私保护情况，可以依据用户的隐私保护程度对问答信息进行隐私保护设置。在网络信息进行隐私保护设置基础上可进一步明确用户之间隐私保护的关联关系②。另外，

---

① 中国互联网协会. 中国网民权益保护调查报告 2016[EB/OL]. [2018-09-04]. http://www.isc.org.cn/zxzx/xhdt/listinfo-33759.html.

② Kayes I, Kourtellis N, Bonchi F, et al. Privacy concerns vs. user behavior in community question answering[C]. Proceedings of the 2015 IEEE/ACM International Conference on Advances in Social Networks Analysis and Mining. New York: ACM Press, 2015: 681-688.

可进一步分析用户交互时限、公开信息状况、社区关注程度、数量因子之间的关联，通过相关性分析对用户隐私值与其基本属性的相关性加以确认。

③用户隐私保护的演变分析。用户个人数据的交互量和用户隐私关注的变化相互关联，根据个人信息公开程度数据分析用户的隐私敏感度和用户披露个人信息的隐私保护整体具有现实性，用户隐私关注呈现的正相关关系说明，随着网络社区交互的扩展，隐私影响日益显著，因而应进行专门的处置。

④用户隐私保护对其信息行为的影响。从个人层面研究用户隐私保护与自我披露的关系，以及用户隐私设置行为和位置披露的关系，旨在反映用户的隐私关注和隐私状况。结果显示，用户对隐私的关注度越高，个人信息共享的意图和行为就越弱，采用隐私保护措施的意图和行为也越强。

通过用户隐私值及其隐私保护情况的相关分析，可以看出，用户在不同程度上对其个人信息进行了隐私保护处理，例如学术网络社区中87%的用户进行了隐私权限保护设置，这是因为身份标识信息的过分披露可能会对用户隐私安全产生重要影响①。由于可以通过对个人信息的数据挖掘来获取用户的特征，因此在信息交互时应反映用户沟通的意愿和隐私自由。根据隐私收益理论，当用户感知其隐私收益(指用户披露个人信息后所获取的个人荣誉等对个人有利的结果)大于隐私支出(指用户信息共享时因个人信息泄露所存在的潜在损失)时，用户会进行信息披露；而当用户感知其隐私收益小于隐私支出时，用户会对个人信息进行隐私保护。用户对各类型信息的披露情况说明，在网络社区活动和用户交互中，应避免用户对隐私影响的片面认知，在交互行为规范的基础上提高隐私保护和安全意识。

14.4.2　网络用户交互中的隐私关注

网络用户的隐私关注在用户安全与隐私保护中具有主导性作用，数字网络环境下，用户的个人信息和行为信息等可能被网站或第三方通过跟踪技术或数据挖掘技术获取，因此增加了用户隐私信息泄露的风险。国家互联网应急中心(CNCERT)发布的《中国互联网网络安全报告》中指出，由于互联网传统边界的消失和互联网黑色产业链的利益驱动，网站数据和个人信息泄露日益加剧，对政治、经济、社会的影响逐步加深，甚至侵

① Kosinski M, Stillwell D, Graepel T. Private traits and attributes are predictable from digital records of human behavior[J]. Proceedings of the National Academy of Sciences of the United States of America, 2013, 110(15): 5802-5805.

犯了个人生命安全①。从总体上看，用户隐私问题主要包括用户在社交类应用上公开的信息被非法窃取、安全漏洞造成用户个人信息被非法窃取、应用服务商被非法攻击。中国互联网协会(Internet Society of China)发布的《中国网民权益保护调查报告》显示，网民对隐私权益的认可度远高于其他权益，2014年87.5%的网民认为"隐私权"是用户最重要的权益，该比例2015年为90.5%，2016年为92%，2017年为93.5%，2018年为94.5%，2019年为96%，呈逐年上升趋势。报告同时显示个人信息泄露对网民造成经济损失和时间损失。

由于各种在线服务需对用户信息进行收集，加之一些不法人员以非法手段对用户个人信息的刻意收集，使用户隐私信息泄露风险提高，引起了用户的普遍关注。基于此，应从虚拟社区用户隐私关注和隐私关注对用户行为产生的影响出发，进行用户隐私保护的组织，其目的在于完善用户隐私保护机制，促进虚拟信息共享安全组织。

隐私关注是用户对涉及个人事项、私密事项等隐私情境的一种主观感受和认知体现，用于揭示在不同影响因素作用下，用户的主观意愿和隐私保护期望。不同隐私情境下，隐私关注影响因素模型的构建和具体影响因素的分析会有所不同，以下从这两方面进行分析。

H. Galanxhi-Janaqi等从隐私关注影响因素的范围层面，结合宏观层面隐私关注影响因素(法律/法规、社会规范、市场、架构/技术)模型与Adams的微观层面隐私关注感知因素(信息敏感度、信息接收者、信息使用)模型，提出了一个隐私关注影响因素综合性框架②。D. J. Kim等基于认知因素(信息质量、隐私保护感知、安全保护感知)、影响因素(声誉)、经历因素(熟悉程度)和个性因素(个人倾向)4个方面对电子商务环境下用户隐私关注影响做了系统性构架③。据此，可以从制度因素、隐私倾向、个人活动、社群影响出发分析移动互联网隐私关注的形成。

对于网络交互而言，既包括物理上分散、逻辑上集中的信息交互，又包括通过虚拟社区平台的信息发布、交流与交互利用。因此，虚拟用户隐私关注影响因素可以归为信

---

① 国家互联网应急中心.2016年中国互联网网络安全报告[EB/OL]. [2017-06-12]. http://202.114.96.204/cache/4/03/cert.org.cn/e1f9cd575010e0edb665cbd08e8e1afb/2016_cncert_report.pdf.

② Galanxhi-Janaqi H, Nah F F H. U-commerce: emerging trends and research issues[J]. Industrial Management & Data Systems, 2004, 104(9): 744-755.

③ Kim D J, Fe R Rin D L, Rao H R. A trust-based consumer decision-making model in electronic commerce: the role of trust, perceived risk, and their antecedents[J]. Decision Support Systems, 2008, 44(2): 544-564.

息用户主观感知和社区平台等方面，具体包括信息内容、信任关系信息敏感度、感知信任、感知风险、隐私政策等。在图 14-5 所示的影响因素中，信息内容因素决定了用户隐私关注对象，信息敏感度；主观感知因素关系到用户隐私关注的认知与感受，包括感知信任、感知风险；平台因素反映了用户所在的虚拟环境对用户隐私关注的影响，包括网站声誉、隐私政策环境等。

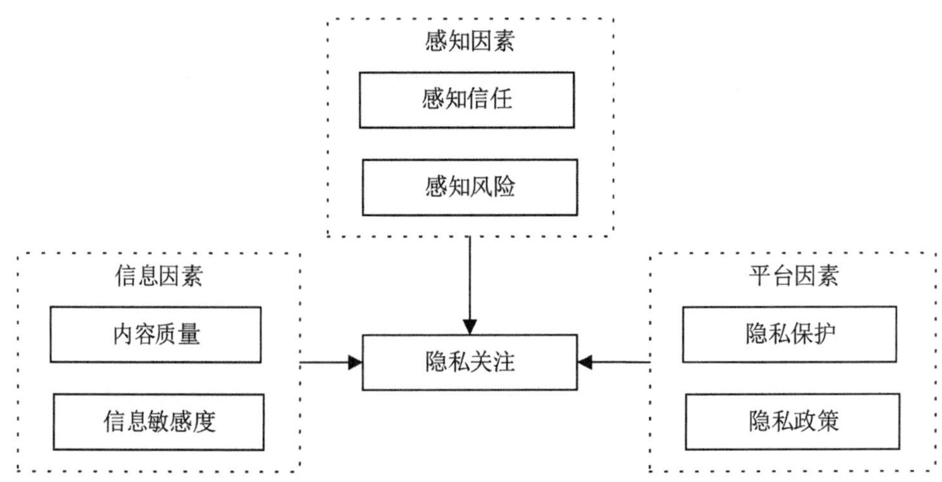

图 14-5 用户隐私关注影响因素模型

依据对虚拟社区用户隐私关注影响因素的分类，可以从信息因素、用户主观感知因素、平台因素 3 个方面进行关联分析。隐私关注中的信息敏感性在特定情境下决定用户对某类型敏感信息的感知隐私忧虑，从而反映用户对隐私的关注程度。这里的敏感信息是指使用不当、未经授权被人传播或修改的信息，以及不利于个人依法享有隐私权的信息。对于虚拟社区用户而言，敏感信息是指用户不愿公开的与敏感属性相关的信息，如个人身份信息，反映用户心理特征或用户偏好的信息(如个人倾向等)，以及用户掌握的重要信息(如尚未发表的科研成果、科研数据等)。互联网用户在披露不同类型的敏感信息时表现出不同的隐私关注度，用户通常在披露在线行为信息中，对涉及切身利益的敏感信息的隐私关注水平最高。其中，认知取向、身份识别、位置信息会引起用户的特别隐私关注，对于注册网站时提供的不同类型数据表现出不同程度的隐私关注①。事

① Tang Jih-Hsin，Lin Yi-Jen. Websites，data types and information privacy concerns：a contingency model[J]. Telematics and Informatics，2017，34 (7)：1274-1278.

实上，因为敏感信息一旦被共享很可能会对信息主体造成危害，因此披露或被收集信息的敏感度决定用户隐私关注的态度，信息敏感度越高，用户就更加关注信息泄露或误用带来的潜在危害，用户隐私关注程度也就越高。

14.4.3　基于隐私关注的用户信息安全保护

隐私关注是用户行为的重要前因变量，隐私关注通过用户心理活动对用户行为产生影响，其影响可以通过隐私计算来分析。具体而言，在不同影响因素的作用下，用户会权衡其预期隐私保护级别，通过隐私计算形成不同程度的隐私关注，进而决定其隐私行为。其中，用户隐私感知反映了用户披露个人信息后所带来的信息需求和安全需求满足结果；感知隐私使用户规避信息共享时因个人信息泄露或接收不可靠信息的潜在损失。当用户感知充分且合理时，用户便会进行合理隐私保护条件下的信息披露或信息接收。

虚拟社区用户隐私关注对其行为的影响主要表现在信息披露行为和信息采纳行为两个方面。隐私关注对用户信息披露行为的影响表现为用户在披露信息时对隐私安全的担忧，隐私关注较高的用户主动披露隐私的行为会明显减少，隐私的关注度越高，用户隐私披露意愿就越低①。另外，用户的隐私关注会减弱其信息共享行为。由于隐私关注水平的提高，用户会因担心信息泄露而拒绝提供个人信息，甚至用户不仅不太可能使用在线服务和批量信息采纳，而且可能会采取一些隐私保护措施，以至于通过使用加强隐私保护的工具防止个人信息被他人收集，如使用匿名来掩饰 IP 地址、使用反垃圾邮件过滤器等。这说明，用户隐私关注增加时，他们采取防御性的保护行为也会增加，甚至会披露一些虚假信息。隐私关注对用户采纳行为的影响表明，在隐私关注的过程中，应注重适度关注，从而避免过度关注的情况发生，以消除互联网环境下用户隐私关注的负向影响②。

鉴于隐私关注对用户行为的影响，在感知信任和感知风险的调节作用下，用户偏好是影响隐私关注的又一个基本因素。与此同时，隐私关注并不会直接影响用户在线披露行为，显著影响用户行为的是基于隐私关注的隐私保护和隐私信息安全保障机制。虚拟社区具有的群体性、公众性和社会性特点，提出了群体隐私关注的影响问题，需要强化

① Alashoo R T, Han S, Joseph R C. Familiarity with bigdata, privacy concerns, and self-disclosure accuracy in social networking websites: an APCO model[J]. Communications of the Association for Information Systems, 2017, 41: 62-96.

② 魏红硕. 移动互联网用户隐私关注与采纳行为研究[D]. 北京: 北京邮电大学, 2014.

大数据背景下有限的隐私关注培育和基于群体隐私关注的用户隐私保护。

大数据云计算环境下，用户隐私关注集中反映在隐私信息的内容和平台因素作用下的数字信息服务组织上。从内容上看，用户隐私和信息需求客观存在(例如科学网注册过程中需要提供的身份信息和个人信息)，这种存在不仅出于管理需要，而且是服务组织中不可缺失的。因此，如何合理地进行用户隐私和个人信息保护，确保服务系统平台的安全运行，便成为用户隐私关注的焦点。尽管用户隐私感知和关注具有程度上的差异，但其内容却具有一致性，主要包括身份信息和个人信息两个方面，涉及用户服务利用和交互活动环节。从信息安全保障机制上看，应进行规则化、全程化的隐私保护和用户个人信息安全维护。

在一定权限范围登录平台的主体，包括云服务提供者、维护人员和服务使用者等，保证用户的数据不被破坏和非法窃取是一项基本任务。其中，运维人员负责云服务平台中数据的存储安全和备份，在维护过程中，需要登录客户的系统，应充分保证用户个人隐私数据安全。由于用户遍布于互联网之中，用户总数、在线数总处于不断变化之中，这就要求进行用户认证、隐私权限控制、访问审计和攻击防护，在保证用户登录权限的同时，按用户隐私关注结构进行用户身份和个人信息安全的维护。在用户隐私保护中，云服务机制决定了云内部的处理过程和用户隐私数据的存储位置，如果发生安全问题，用户无法准确知晓数据所面临的情况。为了充分保证用户身份和个人数据的安全，拟选择可信第三方对云服务进行隐私和安全监管。同时，云计算访问提供商需要遵守隐私法规，提供完整的隐私保护支持。

隐私权保护问题是云计算发展所面临的一个挑战。全球互联网背景下，利用单一的方法保护隐私权已难以实现用户安全目标，因而必须建立一个完善的体系，从多个方面进行隐私保护。其中，技术、规则和监管是隐私保护的三个基本方面。

①完善用户隐私与个人信息安全规则。云计算环境下的隐私权属于网络隐私权，因而针对网络隐私权的法律法规也能有效保护云计算环境下的隐私权。目前，我国有关隐私权保护的法律法规还较为滞后，主要通过名誉权进行隐私权的间接保护。从总体上看，互联网虽然早已成为人们生活中不可缺少的部分，但《互联网电子公告服务管理规定》公告服务提供者应当对上网用户的个人信息保密，未经上网用户同意不得向他人泄露。《全国人民代表大会常务委员会关于维护互联网安全的决定》对侵犯公民通信自由和通信秘密的，强调应依法追究刑事责任。在用户隐私保护和个人信息安全维护上，为了满足互联网发展过程中的隐私保护和用户个人信息安全需求，需要更好地保护网络隐

私权，明确隐私权的法律地位，加强有关隐私权的立法，建立一个有效、完善的网络隐私权保护体系。

②运用隐私增强技术。隐私增强技术(Privacy Enhancing Technologies，PETs)，是指用来加强或者保护个人隐私的技术，主要包括安全在线访问机制、隐私管理工具、匿名工具以及用户数据保护法技术和手段等。如IBM公司为提高云计算环境的安全性并确保数据保密性，推出了Tivoli和Proventia。在云环境下用户网络隐私权保护的相关技术中，传统技术在一定程度上起到了重要作用，这些传统技术主要包括安全控制策略、安全认证机制和加密机制，其访问控制策略使得网络资源在使用及访问过程中得到相应的保护。而针对用户身份信息和隐私的全面保护机制有待进一步完善，主要包括用户信息目录安全控制、网络权限控制、入网访问控制等。在个人信息传播中，加密机制仍然是一种可行的方式，通过加密算法使明文生成不易被解析的密文，从而防止明文泄露，该方法的可靠性、有效性与解密难度息息相关，其主要包括非对称密钥加密体制与对称密钥加密体制。除了传统网络隐私保护技术外，目前相关的隐私保护技术还包括数据干扰技术、数据加密技术等。

③第三方监管机构的组织。设立以政府部门主导的第三方监管机构是实现用户隐私保护监管的有效手段，第三方监管机构的主要作用是监督、管理以及对云服务用户安全评估等。对云服务商提供的云服务用户安全监管中，服务等级协议(Service Level Agreement，SLA)框架下的用户隐私与信息安全监管是一种行之有效的方式，能够明确各参与方的责任与权利。一方面，服务等级协议对保证服务安全质量具有有效性；另一方面，服务等级协议明确了用户的信息安全权益。监管机构为保障服务提供商及用户的各种权利与利益，可以对云服务进行多方面监督，尤其是有损于用户安全的行为，可对违规行为主体方予以合法处理。云计算涉及了信息服务与管理的各个领域，具有巨大的潜力与良好的应用前景，但由于云计算环境下数据对服务器和网络的依赖性，各种隐私问题尤其是服务器端隐私问题趋于突出。如用户数据无法有效、安全地转移到云环境下进行完整保护，就会使用户对云计算应用的隐私保密性及安全性产生怀疑，进而导致云服务利用的障碍。由此可见，对云计算的安全及隐私问题应进行全面应对，以期更好地解决用户隐私和信息安全保护中的问题。

④强化用户的信息安全意识。互联网的开放性和用户利用网络服务的交互性，提出了强化用户安全意识的问题。例如，由于科研人员保密意识淡薄有可能引发科研泄密，涉密项目研究、涉密实验信息难以有效保护，从而造成涉密信息的泄露。针对这一情

况，需要强化保密管理，严格遵守有关保密规定。同时做好参与涉密任务的人员保密监管，签订保密承诺书，使其了解各项保密制度，知悉并履行保密义务，遵守保密纪律，确保秘密安全。在预防科研机构科研泄密事件的发生中，应强调基本流程，掌握科学方法，对是否涉密进行判别，确定好涉密事项的密级、保密期限和知悉范围，从源头上消除隐患。

复习思考题

1. 如何进行网络交互中的用户信息安全保障？
2. 试析用户信息云存储安全保障结构和安全规范。
3. 简论信息交互中的信任安全保障。
4. 分析用户隐私关注的影响因素。

15 信息服务与网络安全保障的社会监督

授课 PPT
“信息服务中的法律保障”

信息服务与网络安全的内在联系决定了服务与安全保障监督的一体化实施。在信息服务与网络安全保障中，数智技术驱动下的服务发展决定了基本的监督结构、体系构建和社会化服务于安全保障的协同发展。

授课视频
“信息服务中的法律保障”(1)

15.1 信息服务与网络安全监督体系构建

授课视频
“信息服务中的法律保障”(2)

社会对信息的需求以及信息服务所依托的环境与技术的变迁是信息服务业的发展基础，我国的信息服务经过长期发展，已经形成了一个多层次的部门系统体系。当前，我国社会信息服务体系的变革集中体现在信息服务的社会化发展上。信息服务体系的演化，使得原有的管理、监督体制难以适应整个行业的发展，由此提出了服务与安全整体化社会监督问题。

授课视频
“信息服务中的法律保障”(3)

15.1.1 信息服务组织与安全监督的社会化模式

信息服务与其他行业一样也需要监督。信息对用户作用的特殊性和信息服务的创造性与风险性，决定了信息服务与安全监督的机制。同时，信息服务的社会机制决定了服务监督的基本内容和组织模式，有效实施信息服务与网络安全的全方位监督已成为关系社会发展全局的问题。

在以部门、系统为主体的信息服务模式中，其服务监督在部门或系统内部进行，监督活动被视为服务与安全管理的一个方面。在我国信息服务与安全监督中，长期以来，科技信息服务监督由国家科技管理部门组织实施，即通过部门按管理要求进行服务质量、资源利用等方面的监督；经济信息服务的监督由国家计划与经济管理部门在系统内实现，主要对经济信息的来源、数据的可靠性和信息利用进行监督；其他专门性信息服务，由于以各专业系统为主体进行组织，其监督均纳入相应的专业管理体系，实现以业务为依托的监督。在网络化发展中，服务监管的系统、部门监管模式已难以适应环境的变化。

从综合角度看，以部门和系统为主体的信息服务监督具有以下几个缺陷：

①监督分散，缺乏社会统一管理和协调。与信息服务的部门化组织相适应，信息服务的监督由各系统主管部门自行组织，系统之间缺乏有效的监督沟通，从而导致监督标准与监督内容的部门差异。

②服务监督机构不健全，且监督职能未能充分发挥。在以部门、系统为主体的信息服务体系中，服务监督机构往往从属于业务管理部门，其监督主体与业务主体是合二为一的。这种自我监督的信息服务组织体制使监督职能受到多方面限制，难以达到完整而有效的监督效果。

③监督具有较强的部门特性，监督的社会通用性不强。分散监督具有较强的部门特性，针对各部门信息服务所进行的监督存在部门、系统之间的差异，难以在社会范围内实行统一的标准，解决具有共性的监督问题。

④信息服务监督内容和体系有待完善。信息服务监督的内容由服务业务及服务中的各种基本关系所决定，我国的信息服务监督主要从管理角度围绕传统的文献信息服务业务展开，其他监督处于从属地位，因而监督的内容和体系基本上与传统的信息服务业务及其基本关系相对应，在信息服务业务不断拓展的今天，这种监督状况亟待改变。

以上情况说明，在信息服务社会化的发展过程中，传统的监督体制与模式已无法适应现代信息服务业的发展需要。同时，社会的技术监督部门和其他监督部门也难以在现有职责范围内实施对信息服务业的有效监督，由此提出了信息服务业发展中信息服务的社会化监督问题。

社会信息化和用户信息需求与服务利用的社会化，不仅导致了信息服务的社会化，而且确立了信息服务业作为一大行业的社会体系，其信息服务的管理与监督逐步突破了以部门为主的封闭模式，转而形成开放化、社会化的服务管理与监督体制。

信息服务业新的发展机制的形成以及以技术为基础、以需求为导向的社会信息网络的建设与普及使用，提出了社会化信息服务的有序发展问题。在以信息服务开放化、市场化与高技术化为标志和以需求为导向的行业发展中，只有充分保障用户权益、网络环境安全才能进一步适应信息服务业发展的需要。

从部门监督为主体转向社会监督为主体的信息服务与安全监督的变革，并不是目前部门、系统监督的局部改革，而是确立新的社会监督体制。因此，相对于以部门、系统为主体的监督，信息服务的社会监督具有以下特性：

①开放性。信息服务与安全的社会监督必然打破部门和系统的界限，而与信息资源的社会化共享和信息服务的开放化体系相适应。这一监督模式是封闭式监督体系的彻底变革，是信息服务社会化发展的需要。

②行业性。随着信息服务的社会化发展，信息服务业已成为社会瞩目的关系科技、经济和其他行业发展全局的行业。与信息服务业的行业机制和结构相适应，其社会监督随之带有明显的全局性。这一特性是信息服务行业体制所决定的。

③系统性。信息服务随着需求的多样化和全方位发展，业务组织涉及信息资源的深层开发、信息技术的全面利用和服务业务的全面开拓；与传统的分散监督相比较，现代社会的信息服务与安全监督不仅监督面广，而且与社会各部门联系密切，即具有全面、系统的特点。

④适应性。信息服务与安全监督的适应性是指监督的技术标准国际通用，某一国家的信息服务监督体系、体制与办法必须适应国际信息化环境，各部门、系统的辅助性监督必须与社会监督相协调，而且监督体系还应适应未来信息服务业的发展。监督的适应性从根本上由信息服务与安全体制、体系的变革所决定。

15.1.2　信息服务与安全监督的社会化发展目标、要求与原则

信息服务和安全监督的社会化是社会进步与信息服务行业发展的必然结果，其社会化发展目标、要求和组织原则由社会及其信息服务业机制所决定。

(1)信息服务与安全的社会监督目标与要求

信息服务与安全的社会监督是指在社会范围内，在国家政府部门监控和管理下，根据客观的标准、规定和准则，通过相关机构、组织和社会公众对信息服务的提供方、接受方及相关方的社会行为、服务业务、权益保障及其作用进行检查、评价和约束的一项

社会化工作。信息服务社会监督的实施，旨在通过规范化、制度化和强制性的手段，按客观、公正的标准对相关客体进行监察，以确保社会化信息服务安全而有序的开展。在社会信息化快速发展的时代，信息服务业已成为关系其他行业发展的基础性行业，对其实施有效的社会监督又是发展社会经济、科技与文化的重要保障。可见，信息服务与安全的社会监督，应从社会发展全局出发加以组织，由此确定监督的社会目标。

信息服务与安全的社会监督总目标是，通过监督实现信息服务行业运行的规范化，保障网络信息安全，不断提高信息服务质量和服务效益，促进信息资源在社会范围内充分而合理地利用，在实践中强化社会各方及成员自我约束信息行为的意识，形成有利于信息服务社会化共享和充分利用信息资源的安全运作机制。由于监督目标具有多元性，所以目标实现中的要求也是多方面的。就当前情况而论，我国信息服务的社会监督要求可大致概括为如下几个主要方面：

①维持正常的信息服务安全秩序。信息服务的社会化开展要求在一定规则的约束下规范各有关方面的行为，这就需要按规则组织社会监督活动，限制违规行为的发生，以建立信息服务安全秩序、信息资源利用安全和信息服务正常的管理秩序，进行安全风险防范和安全治理。

②解决信息服务中的各种纠纷。部门内部信息服务中的纠纷通过内部管理来解决，社会化信息服务中服务者与用户之间的纠纷则需要通过社会仲裁管制来解决。这些纠纷，诸如因“服务”所提供的信息有误导致用户利益受损、服务行业中的不正当竞争、服务者或用户所拥有的信息资源被他人不正当占有、服务技术达不到规范要求等，要求通过社会监督加以解决。

③保护社会信息环境和社会共享的信息资源。现代通信与信息处理技术的全球化网络发展和普及使用，为信息跨越时空的自由发布提供了条件，在促进用户交流的同时，使得信息流动难以控制。在信息服务组织中，有害、污染信息的传播不仅直接有损于社会，而且直接影响信息资源的开发与利用。因此，净化环境、保护资源已成为信息服务监督的又一基本要求。

④控制信息犯罪活动。在社会的信息化发展中，与“信息”有关的犯罪行为愈来愈突出，如股市中上市公司信息的不正当披露，网络中的黑客行为，对国家秘密的侵犯，对他人知识、信息产权的非法占有等。这些犯罪与信息服务有关的占相当大的比例，这就要求通过服务监督，控制相关的犯罪活动，限制由于信息技术发展引发的新的技术犯罪发生。

(2)社会化信息服务与安全监督的组织原则

除信息服务监督的基本要求外，信息服务监督必须全面、合理。要达到安全要求，必须坚持正确的组织原则。从客观上看，实施社会化信息服务与安全监督，应在组织原则上考虑涉及社会信息活动的基本方面和基本的社会关系，解决这些问题的基本思想便是我们应坚持的原则。

①公开原则。以现代信息技术为依托的网络化信息服务的开展、信息咨询业务的开拓与经营、信息资源开发服务的开放化组织模式的形成，以及以信息共享需求和专业化需求促动下的公益性服务开放化、公开化已成为信息服务业的发展主流。信息服务组织管理的公开化，从客观上确立了对服务实施公开监督的原则。只有“公开”，才可能适应现代信息服务发展的主流。信息服务的“公开”监督是指“监督”在一国公开、在国际上实行接轨；各国的监督可通过国际性机构协调。

②公平原则。现代信息服务内容的丰富、服务对象的多元、服务结构的复杂，意味着实施监督的主体和接受监督的客体之间的联系愈来愈密切，从某种程度上说已呈现出错综复杂的关系网络。例如，网络中的网站经营者既是面向访问者开展服务的服务者，同时在信息资源组织中又是利用相关的网络资源的用户。如果某一问题引发纠纷，很可能涉及多方这类问题，在监督处理中稍有不当，很难做到“公平”。可见，在服务监督中必须将“公平”原则放在突出位置。

③法制原则。信息安全立法和信息服务立法是我国自20世纪80年代以来，学术界和实际工作部门讨论较多的一个问题。在社会化信息服务中，监督的基本依据和准则必须是“信息法律”，这是我们讨论社会监督的基本出发点。坚持“法制”原则，实施服务监督的要点是，根据国家安全法律建立信息服务法制体系，确立在法律基础上的信息服务与安全保障法制监督体系，实施对执法者的有效监督，以便在法律原则上解决基本的监督问题。另外，法制监督中的又一重要问题是法律有效性和适用范围，要做到保证监督基本问题的解决应有法可依。在健全服务监督体系时这一问题十分突出。

④利益原则。信息服务与安全的社会监督还必须以维护服务有关各方的正当利益为前提，这一前提便是我们所说的利益原则。如果脱离“利益”，监督将失去其应有的社会作用与功能。“利益原则”集中反映在国家信息安全和国家利益的维护、用户接受服务中正当权益的保护、服务者开展服务的基本权利的享有以及用户与服务者之外的第三方不受因服务而引起的不正当侵犯。只有在监督中坚持各方正当利益和权利的维护，才

可能体现信息服务的社会有益性，据此，利益原则应贯穿于信息服务监督的始终。

⑤系统原则。社会化信息服务与安全的监督是一项系统性很强的工作，不仅涉及信息服务的各种基本业务、业务环节和业务过程，而且涉及各有关方面的主体与客体。这就要求在建立社会监督体系中，考虑多方面社会因素的影响，从全局出发处理各种专业或局部问题，避免局部可行而全局不可行的"监督"发生。这样，才有可能寻求对社会发展最有利的信息服务监督体系与监督措施。

⑥发展原则。信息服务与安全的社会监督体系一旦形成，在一定时期内应具有稳定性，但这并不意味着，社会监督将永远不变。事实上，随着新的信息服务技术手段的出现，由需求变革引发的新的信息服务业务的产生和社会信息发布、利用基本关系的变化，必然导致原有监督内容、关系和体系的变化，从而提出构建新的社会监督体系或改革原有监督办法的问题。面对这一情况，信息服务与安全监督必须立足于未来的社会发展，使之具有对未来的适应性。

从总体上看，信息服务与安全监督还必须坚持可行性原则，即一切从实际情况出发，使社会监督符合国情，既具有可操作性，又具有对国际信息环境和社会进步的适应性。

15.1.3 信息服务与安全的社会监督体系的构建

信息服务与安全的社会化发展中各种基本矛盾的解决，最终将落实到信息服务的社会监督体系的构建上。其体系构建包括两方面内容，一是信息服务与安全监督内容和体系的确立；二是对信息服务实施社会监督体制、主体和实施组织。

(1)信息服务与安全监督的内容和社会体系

信息服务与安全监督涉及面广，其基本内容既包括对信息服务有关各方及其行为的监督，又包括对服务过程和业务的监督。如何有效地实施信息服务监督，其中重要的一点是，不仅考虑信息服务业务环节及其所涉及的主体和客体，而且必须从信息服务的社会管理与组织体制出发对监督进行科学的组织。基于这一考虑，我们从社会体制和信息服务业务出发对信息服务与安全监督的内容和体系进行归纳。

①信息服务中的主、客体信息行为监督。信息服务中的主体是指服务组织者、提供者和业务承担者；客体是指各类用户。主体中既包括公益性信息服务的承担部门及人员，又包括信息服务市场及产业化信息服务的经营者与提供者。概括地说，主体如果存在有损于国家信息资源的社会共享、不正当服务经营、违反正常信息秩序、影响他人及

用户等行为，理应受到约束和制裁；用户如果有损于公益性服务的组织、有碍服务业务的正常开展或触犯法规也应受到管制。所有这些行为，应受社会监督。

②信息服务技术与质量监督。信息服务技术与质量监督既相互联系，又存在一定的区别。一方面，信息服务技术的先进性和手段的可靠性直接影响信息的传递、处理和提供，关系到服务质量；另一方面，质量问题，又不单纯是一个技术问题，除技术外，它还与服务人员的责任心、服务水平和素质等方面因素有关。然而，从技术的角度看，信息服务及其产品又可以通过技术质量分析加以认证。因此，在信息服务监督中，可以通过技术监督部门对服务商品的分析，发现服务产品质量问题，继而通过惩处来解决信息服务的技术质量监督问题。值得注意的是，信息服务(特别是咨询服务)作为知识服务产品，技术质量具有"较科学"的特性，这就要求在质量体系确立和认证中采用系统的分析方法加以解决。同时技术监督中的信息技术标准化监督也具有特殊意义，因此必须采取有效的监督措施。

③信息服务中各方权益保护监督。信息服务必须维护国家利益、保护国家安全，保证服务组织者与经营者开展正常业务和用户享受公益性和市场化信息服务并从中获益的权利。具体而言，它包括信息服务资源所有权保护监督、国家安全和国家利益保护监督、信息服务业务组织权益保护监督、社会公益性信息资源共享权保护监督、信息服务中知识产权保护监督、信息服务合法利用权益保护以及用户和行业的自律性监督权益等。在权益保护监督中，必须弄清各种权益的发生关系及其相互影响，从社会全局出发进行组织。

④其他监督。信息服务与安全的社会监督还包括其他一些问题的解决，目前的一个突出问题是网络安全的监督，它不仅涉及国内交往，还涉及国际交往。从网络所提供的服务看，由于诸如信息发布、商务信息行为以及各种专业性网上活动难以有效控制，从而提出了网络环境下的电子化信息服务的监控问题。这一问题的解决方案是通过综合渠道，在政府部门集中控制下进行业务监督。另外，专业性信息服务(如金融咨询服务)，由于与其相应的主体产业不可分割，必须将其与相关行业监督相结合，保持相关行业的主体监督地位。这两方面问题说明，信息服务监督必须与社会总体监督和相关部门监督相结合，从总体上进行协调。

(2)信息服务与安全的社会监督体制与组织结构

信息服务与安全的社会监督必须从社会全局出发进行组织。我国的安全与服务监督，长期以来以管理为主，除部门、系统监督以外，由政府控制，其结构为政府管理下的逐层监督体系。在现代信息服务业发展中，我国市场化发展所面临的国际环境以及出于市场经济发展的需要，开放化的社会监督体制拟在发挥原有优势的基础上进行变革。事实上，我国的社会化管理监督已逐步形成。从客观上看，我国信息服务与安全的社会监督体制与体系(见图 15-1)可以归为政府控制下的信息服务与安全的社会监督体制，它包括政府、用户与行业和公众三大主体，以此为基础，可分为行政监督、法律监督、用户监督、行业监督和舆论监督。

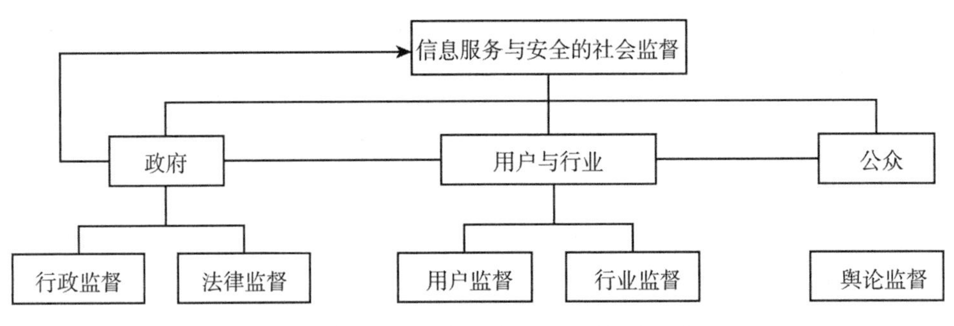

图 15-1　信息服务与安全的社会监督体制与体系

①行政监督。信息服务与安全的行政监督包括信息服务机构的认证、审批和注册中的监督，信息服务业务开展中的行政监督，信息服务效果监督以及信息服务中政府政策、法规的执行监督等。长期以来，我国承担行政监督的机构主要是各系统的行政主管部门，如文化部图书馆司、国家科技管理部门的职能机构以及国务院有关部委。由于专门承担技术监督任务的国家技术监督局系统和物价管理部门涉及的信息服务监督业务十分有限，工商行政管理部门对信息服务的监督往往依赖于相应的业务管理部门进行(如科技咨询由科技管理部门进行资格审查与监督)。在社会化发展中，行政监督的不完备性急需改变，目前比较现实的做法是调整各有关行政部门的职权，构建整体化行政监督体系。

②法律监督。法律是社会运行的基石，信息法律是组织和利用信息服务的基本准则，法律的强制性和法律对服务行为的约束是组织社会化服务的根本保证。法律监督具有严格性、客观性、规范性、稳定性的特点。对于信息服务与安全而言，严格意义上的法律监督不仅从根本上维护信息法制秩序，而且从制度上保护各方的合法权益。信息法律体现了国家意志，因而是其他方面监督的出发点。信息服务法律监督中的一个重要问

题是明确监督的主体、客体，规定各方面的法律关系，确定有效的监督保障体系。

③用户监督。信息服务与安全中的用户监督是指用户或用户组织在法律允许的范围内，对信息服务安全质量和利用信息服务的后果进行评价与衡量，以便在利益受损的情况下通过有效途径或方式进行自我保护。如在商品经济发展的社会中，消费者协会就属于用户进行商品及其服务消费的权益监督与保护组织。它具有与行政监督、法律监督相互补充的特点。相对而言，信息用户监督组织尚不健全，其社会化程度十分有限，有关这方面的监督，需要在信息服务社会化与产业化发展中从社会角度加以组织。只有这样，才可能使社会监督有效而完整。

④行业监督。信息服务安全的行业监督随着信息服务业的发展而发展，其基本的监督组织形式为信息服务方面的行为协会或相应的组织监督。行业监督通过行业协会(或相应组织)的规则与制度进行监督、约束、协调和控制其成员的行为，同时行使对成员利益的保护监督。信息服务行业监督的内容包括服务市场行业监督、服务生产业务监督、行业合作监督、行业形象监督等。西方发达国家的行业协会在监督中的作用是十分突出的，任何经营实体的业务活动都必须得到“行业”的认可，它们将“监督”视为行业的生命线。这一成功的经验值得我们借鉴。

⑤舆论监督。舆论监督是以信息服务组织与利用的社会道德规范、法律规范和国家利益的维护为基础的社会监督行为，正确的舆论也是对实施信息服务监督主体的一种监督。通过舆论，不正确和不正当的行为受到谴责，正当的道德行为受到鼓励。因此，有效的舆论监督是社会文明的产物。信息服务舆论监督包括在政策、法律范围内的新闻舆论监督和公众舆论监督。前者属于新闻界的一项基本工作；后者则是社会化信息服务作为社会热点，受社会关注的结果，其目的在于防止不道德行为发生，促使信息服务健康发展。

以上各方面监督既分工，又合作，从而形成政府主导下的社会化信息服务与安全监督体系，其制度保障构成了信息服务与安全保障的重要社会基础。加强这一基础建设在信息服务的社会化发展中是十分重要的。

15.2 网络信息安全管理与监督

网络信息安全监督在权益保障基础上进行，安全监督基础上的法制化管理是实现信息安全保障与服务同步发展的基本保证。网络信息资源安全体系构建与全面安全保障实施，决定了基本的构架和实现策略。其中，制度建设与安全保障的法治化组织应具有科学而完善的组织机制，因此需要从机制上进行监管与治理的社会化推进。

15.2.1 网络信息安全要素及其交互作用

为确立信息安全保障机制，首先需要对影响安全的要素及各要素间的交互作用关系进行分析。数字网络环境下，安全威胁、脆弱性和安全措施三类因素与信息安全直接相关。安全主体、安全对象和社会环境之间的影响最终体现在交互作用上，其交互作用关系如图 15-2 所示。

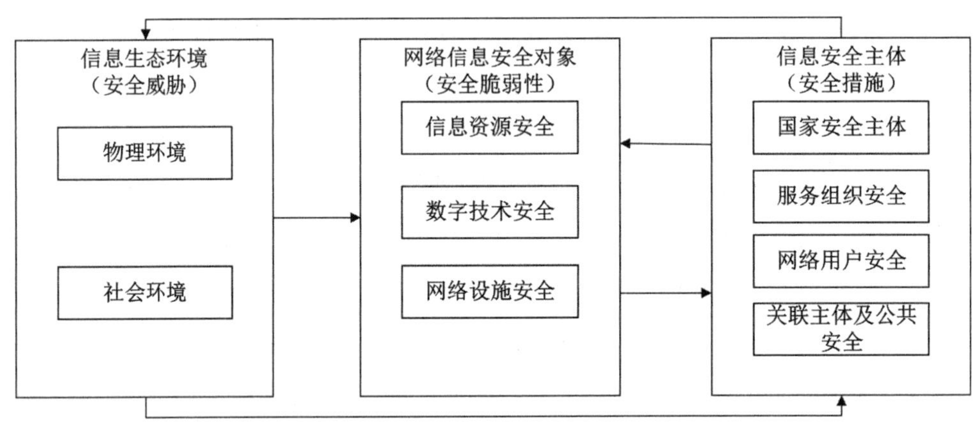

图 15-2　网络信息安全结构要素的交互作用

如图 15-2 所示，信息生态环境由物理环境和社会环境构成，其生态直接影响到网络信息安全对象和安全主体，如网络攻击和物理风险的产生。同时，网络安全所包含的信息环境、数字技术和基础设施的脆弱性直接关系到安全事件的发生；作为信息安全核心的国家信息安全、公共安全、信息服务组织与用户安全，其保障措施决定了网络信息安全的整体状态和效应。

从安全保障主体与脆弱性、安全威胁、安全措施间的交互关系看，安全保障主体可能是脆弱性和安全威胁的来源，也是安全措施的实施主体：①无论是云服务商，还是信息服务主体都可能是信息安全脆弱性的来源，如其安全组织能力不足、安全制度不健全或执行不得力、安全意识不足等，另外还包括由于信息资源服务主体与云服务商间协同机制不健全导致的安全保障缺陷；②信息资源服务主体和相关服务方可能操作管理不到位、越权或滥用，尤其是云计算环境下云服务商拥有的权限，可能对网络信息安全产生直接的影响；③任何安全措施都是由安全保障主体实施的，但在云环境下，针对云平台或云计算服务的安全措施由云服务商实施，针对资源数据的安全措施一般由资源服务主体进行实施，这种非均衡管理往往引发相应的安全风险。

从安全保障对象与脆弱性、安全威胁、安全措施间的相互关系看，安全保障对象是脆弱性的主要来源，也影响着安全威胁。其中，安全保障对象特征及安全需求决定了哪些环节可能成为攻击者利用的弱点，体现为安全保障上的脆弱性；各机构的信息资源安全威胁应对和保障措施往往出于自身的考虑，缺乏规范性和完整性，同时安全监测的欠缺难以满足整体安全目标的实现要求，从而扩大了安全威胁和安全脆弱性的影响。因此在推进协同安全保障的同时，应进行安全保护的统一要求和规范。

外部入侵是安全威胁的重要来源，这一点在网络信息交互中更加显而易见。其攻击有时是单个个体行为，有时则是调动较多资源的有组织行为，出于获取不正当利益的考虑，利用信息资源系统的脆弱性，对其进行攻击。从发生机制上看，外部入侵与物理环境脆弱性息息相关，因此物理环境也是脆弱性、安全威胁的一个根源。云计算环境下，物理环境一般通过云平台对信息资源系统间接产生影响。首先，物理环境可能与平台的多个脆弱性或安全威胁有关，这些脆弱性或安全威胁还可能会进一步影响到信息资源系统与用户安全。

安全脆弱性、安全威胁和安全措施间的交互作用是造成安全事故的主要原因。当安全威胁绕过或突破安全措施的保护时，便会对网络信息系统安全造成危害或引发安全事故。通过安全措施对脆弱性进行加固，可以使得攻击者无机可寻；或者通过安全措施，使其无法突破防御。

信息安全保障实施中，需要进一步追溯脆弱性和安全威胁的源头，从而采取更具针对性的措施。从安全保障时机看，首先可以在安全攻击发生前采取措施进行预防，避免安全事故的发生；需要考虑安全攻击时，则应采取措施保障信息资源不遭受永久性损害。从保障手段看，应以防御为主，应对为辅。对于已知的脆弱性和安全威胁，一般是先行安全防御，从而提高安全保障的效果。但由于部分脆弱性或安全威胁的防御成本过高或缺乏合适的防御机制，此时应对其进行监控，待其出现安全问题时再进行动态应对。由于云计算以及信息服务主体的业务处于不断拓展之中，因此可能会有新的脆弱性和安全威胁出现，对于此类威胁同样需要采取监控和动态应对措施。

在网络信息安全部署中，需要将安全措施的实施和监督嵌入信息资源组织与服务流程之中，实现二者的融合，从而确保不存在任何安全监管盲区。由此就形成网络信息活动全程化安全保障机制，即在安全保障中覆盖信息资源组织开发利用的全过程，从而实现其全面保障和全程监管。此外，在安全保障组织与监督上，需要贯彻深度防御原则，通过多层次、立体化防御措施的部署来加大安全攻击的难度。

信息安全等级保护理论的核心思想是适度保护，即在安全保障中关注安全保障成本与效益，因此在网络环境下信息安全保障的组织中仍然需要推进等级保护机制。

网络信息资源服务主体可以基于《信息安全等级保护管理办法》中对信息安全等级的划分原则，对各个信息资源系统进行等级划分，依据国家标准《信息系统安全等级保护基本要求》明确其对应的安全保障能力。在此基础上，进行安全保障的实现和监督。与 IT 环境一样，数字网络下的信息安全保障同样需要综合采用技术和管理措施。在进行安全保障规划时，需要从安全技术和管理两个角度进行安排，同时注重二者间的监管协同。对于信息系统已经存在的安全威胁和脆弱性，参照《信息系统安全等级保护基本要求》中对应安全等级的要求进行安全措施的落实。对于云计算环境下新出现的安全威胁和脆弱性，需要根据安全保障的规范要求进行防御监管。

对于不同安全等级的信息资源部署，应采用不同的规范模式。例如，云计算的部署模式主要包括公有云、私有云和混合云，其中公有云在可扩展性、运维成本、资源利用率、可选择范围等方面更具优势，而私有云则在安全性、与现有业务系统的集成等方面更为适用。基于此，信息云服务主体应该针对不同安全等级采用不同的云安全部署与监管模式，从而形成基于混合云的整体部署。

在进行信息资源安全等级划分和安全模式选择时，可以将非涉密信息区分为敏感信息和公开信息。其中，敏感信息是指不涉及国家机密，但与国家安全、社会稳定、经济发展以及企业组织和社会公众利益密切相关的信息，这些信息一旦泄露、丢失、滥用、篡改或未授权销毁可能损害国家、社会、企业、公众的合法利益；公开信息则是敏感信息外的非涉密信息，可以进行开放化的部署与监督。另外，对涉密信息的安全监管，应在国家安全条例和监督准则基础上进行。信息资源服务安全，既包括保障信息服务的完整性、可用性，也包括确保信息服务的开展不会威胁到国家、社会安全。因而需要实现对信息服务链环节的全面监督，确保信息在生命周期中的各个环节安全，具体可采取的监督措施包括采集项控制、采集精度控制、数据加密、数据干扰、限制发布和可信删除等。

15.2.2 基于深度防御的网络安全保障监督

在多点防御和多重防御的基础上，可构建基于深度防御策略的信息安全监督机制，其构架从三个方面进行信息安全保障，以实现信息资源的全方位、立体化安全防护。一是由外及内的多层次防护监督体系，拟从网络和基础设施、多租户资源共享环境下的虚拟化边界、基于虚拟化的计算环境三个方面进行安全防护；二是自底向上的多层次防护体系，从云计算平台层、信息资源系统基础设施层、信息服务组织应用层三个层次上进行安全防护监督安排，按照信息资源的处理流程进行存储、开发利用、服务及用户安全监督；三是纵向深入的多层次防护体系，从威胁和脆弱性防御、监控预警和响应、灾备和恢复三个方面进行安全防御和监督。安全保障与监督实现中，每一道防御体系的构建都需要注重人、操作和技术的协同，强调人员协同的主体作用。

①由外及内的多层次防护体系监督。这种多层次防护体系是针对 IT 环境下信息系统具有明确安全边界的情况提出的，尽管在云计算环境下，信息资源系统并不存在固定的安全边界，但其仍然适用。主要原因是，基于网络云平台的信息资源系统是存在逻辑边界的，且其赖以存在的基础平台是有固定的安全边界的，因此这种由内及外的多层次防护体系仍然适用。具体而言，大数据网络环境下，网络基础设施除了包括骨干网络、无线网络、VPN 网络外，还包括云平台内各虚拟机构成的网络。云计算平台的边界不仅包括云平台各数据中心的物理边界，而且具有与网络相连接的逻辑边界。同时，面向多组用户的虚拟化边界，虚拟化的计算环境同时也包括各类云计算平台硬、软件，以及系统数据资源。从安全构架上看，网络基础设施、云平台区域边界、面向多用户的虚拟化边界、虚拟化计算环境安全位于最外层，云平台区域边界处于中间层，面向多租户资源共享的虚拟化边界处于内层。当这三个安全域受到攻击时，有必要进行分层应对，由此提出了多层安全防护与保障监督的规范要求。

②自底而上的多层次防护监督。自底而上的层次防护中，任何一个层次遭到攻击都有可能直接影响到信息安全。因此，这种层次划分方式在于准确地确定防护位置，以实现全方位的维护及监督。平台物理资源层安全对应的是平台硬件和物理环境的安全，其物理环境和硬件的损坏可能直接导致数据的丢失；平台资源组织和控制层安全对应的是资源虚拟化安全及虚拟机调度安全，其遭到安全攻击同样会直接导致整个信息资源系统的崩溃；信息资源系统和数据层安全对应的是基于云平台的信息资源系统应用程序及相关数据的安全，针对这一层次的安全攻击属于直接攻击，也是最常见的攻击方式。构建自底而上的多层次防护体系有助于从系统架构和业务流程环节进行安全措施的针对性部署，从而避免将任何的薄弱性直接暴露出来，实现信息安全的全方位保障。

③纵向深入的多层次防御体系。从层层防护的角度来看，安全措施可以从三个方面

进行部署：脆弱性保护、监控预警和响应、灾备和恢复。其中，脆弱性保护根据信息安全需求，针对已经发现的脆弱性(包括信息资源系统的脆弱性和安全保障措施的脆弱性)采取保护措施，从而消除脆弱性或者使其攻击的难度加大。监控预警和响应机制是为了及时发现安全威胁，及时提示安全主体，以根据预先设置的响应方案进行响应或者由安全保障主体主导采取针对措施，从而避免系统或数据的实质性损害。从防护与监督融合上看，这类安全保障机制属于主动防御机制。灾备和恢复机制则是为了防止安全攻击能穿透前两道防线，对系统造成不可恢复的损害，从而导致业务中断或数据资源遭受永久性损失，通过合理的恢复机制将服务中断的负面影响降到最低。通过三道防御监督，可以避免信息资源遭到无法挽回的损失。

以上三个角度分别从某一个方面构建了防御监督体系，其相互之间可以互为补充，从而实现信息安全的全方位、立体化防护目标。

数字网络和云计算中，网络运行面临着大量的未知安全风险以及需要人员介入处理的安全攻击，因此需要构建预警与响应机制，通过该机制的实施和监督及时发现正在进行的安全攻击，在信息安全遭受实质性损害之前做出合理应对。

信息安全预警机制的目标是及时发现正在进行的安全攻击，包括用户和内部账户异常、资源异常、服务和资源加工应用程序异常的监控，以便及时做出预警。为实现这一目标，需要采用实时入侵检测技术构建预警机制。云计算环境下，由于存在着大量的未知入侵方式，因此信息资源系统的入侵检测应以异常检测为主，同时整合误用检测以改善入侵检测的效果。在检测和安全响应实现上，应建立相应的安全响应监督机制(如图15-3所示)。

在接收到预警信息之后，安全监管系统需要对其进一步判断，如果已有相关应对措施，则采用自动响应机制对其进行处理，否则需要向相关人员发送报警信息，并由其进一步采取抑制攻击措施。其处理流程如图15-3所示。

①自动响应。自动响应模式下，系统按照预先配置的策略针对网络预警直接做出反应，以阻断攻击过程，或者以其他方式影响、制约攻击。云环境下的安全监管针对的是网络异常和云服务异常，在监测中对所产生的安全隐患进行分类预警。如对于用户信息泄露的预警，可采取通知用户、重新认证或多因素认证、通知防阻断、禁止主机网络连接等方式进行处置。这种响应模式的优点是不需要人员参与，具有效率高、反应快的特点，对于频繁发生的安全事件效果显著；其缺点是由于机械性的规则响应，有可能导致一定概率的误判，从而对安全体验造成影响。因此，在响应中可辅助其他手段。

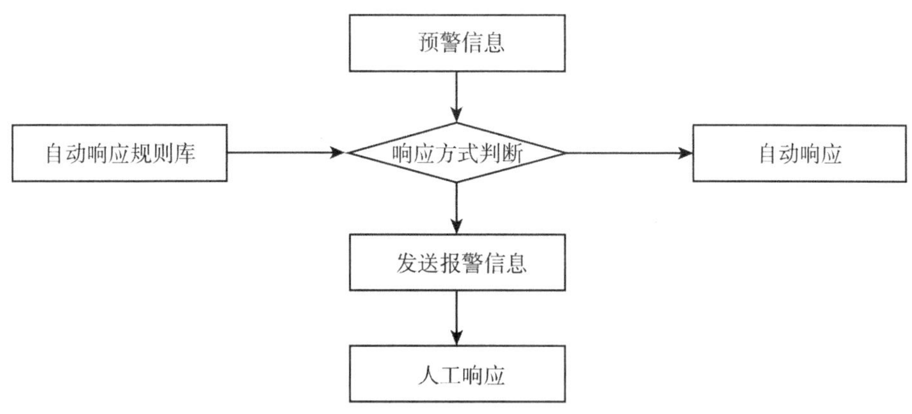

图 15-3 网络信息安全响应监督机制

②人员响应。人员响应是指系统不直接对预警做出反应，而是将安全故障信息直接报告给相关部门人员，由其决定要采取的措施。这一模式主要针对的是自动响应规则库无法涵盖的人为攻击、自动响应模式无法抑制的攻击、资源或系统异常导致的安全预警。由于这种响应机制面对是复杂的安全攻击，因此其响应措施也多种多样，其中包括规则修改、漏洞检测、服务关闭、系统备份等。这种模式的效果不仅受技术方案与能力的影响，而且受管理因素的影响。从管理监督上看，人员响应的顺利实施需要做好三方面的工作：响应预案确定，根据以往的安全事故或可能出现的安全事件定制一系列响应处理流程，其流程不仅应包括技术方面的处理方案(如优先检查和修改哪些关键配置、做好哪些数据备份等)；也包括响应监管工作中的处理流程、责任流程等。对于应急资源的调用，应结合响应预案，将所需的工具、系统、数据等集为一体，以备发生预警时快速、准确地获取和利用。与此同时，还需要定期或不定期地针对特定问题开展一系列的演练，以检验预案、资源和响应组织等各方面的反应水准。

云计算环境下信息资源安全面临诸多新的、复杂的问题，这就需要在现有信息安全标准和云计算安全标准基础上，围绕信息资源云系统监督的安全标准体系，进行安全审查标准构建和安全责任划分标准的完善。

15.3 信息服务中的权益保护与监督

任何一项社会化的服务和社会产业都必须以满足相应的社会需求、促进社会发展，使社会及其公众以及服务接受、利用者受益。信息服务承担者在社会效益、公众及用户获益的情况下，获取社会效益和经济效益，从而确立行业发展的社会地位。可见信息服务中各有关方面的权益保护至关重要。由于信息服务中有关方面的权益既有一致性，又有着相互矛盾的一面，这就要求在权益保护中实施有效的保护监督。

15.3.1 信息服务中的基本关系及权益保护的确认

社会化信息服务的基本方面包括服务提供者、服务利用者(用户)和国家的服务管理部门。同时，信息服务者还与相关的产业部门及事业机构发生业务联系，用户之间同样存在着服务共享与资源共用的关系。如何协调这些关系、确保各方的正当权益直接决定信息服务的社会效益、经济效益。

信息服务中各方权益的社会确认是开展服务业务和实施权益保护监督的依据。根据信息服务的社会组织机制和服务目标、任务与发展的社会定位，其权益分配应按信息服务中各方面的主体进行，以此构成各基本方面相互联系和制约的权益分配体系。

(1)信息服务承担者、提供者的基本权益

信息服务承担者和提供者，包括从事公益性和产业化信息服务的部门、实体和各类业务人员。信息服务承担者、提供者以实现信息服务的社会效益与经济效益为前提，通过社会各方面信息需求的满足，实现社会化信息服务的社会存在与发展价值。在这一前提下，信息服务的承担者、提供者应具有开发信息服务、取得其社会地位以及获取自身利益的基本权利。按开展信息服务的基本条件和基本的权利分配关系，信息服务承担者、提供者的权益主要有如下几个方面：

①开展信息服务的资源利用权和技术享用权。信息服务包括信息资源的开发、组织、加工、交流和提供多方面利用的业务，虽然信息服务的业务丰富，各种业务之间也存在着一定的差异，但在信息资源的利用上却是共同的，其共同之处是各种服务必然以社会信息资源的利用为前提，即信息资源的利用必须作为信息服务承担者和提供者的基本业务权利加以保障。与此同时，在资源利用与信息传递、交流中，信息技术的充分利用是其关键，现代化的信息服务必须以现代信息技术的享用为基础。因此，信息技术的享用是信息服务承担者和提供者又一项基本的社会权益。

②信息服务承担者和提供者的产权。信息服务是一种创造性的专门化社会活动，是社会行业中的一大部门。信息服务业存在于社会行业之中的基本条件是对其产业地位的社会认可，即确认并保护其产业主体的产权。信息服务的产权主要包括两个部分：一是

信息服务主体对自己生产的信息服务产品和服务本身所拥有的产权；二是信息服务主体对所创造的或专有的信息服务技术产权。信息服务生产本身所具有的知识性与创造性决定了这两方面的产权从总体上属于知识产权的范畴，可视为一种有别于其他活动的基本产权。

③信息服务的经营权。信息服务经营权是社会对信息服务承担者、提供者从事信息服务产业的法律认可和承认，只有具备经营权，“信息服务”才可能实现产业化。在知识经济与社会信息化发展中，信息服务产业的发展往往被视为反映社会发达程度的一个重要标志。可见，其经营权的认证具有十分重要的社会意义。另外，信息服务所提供的产品具有影响其他行业的作用，科学研究、企业经营、金融流通、文化艺术等行业的存在与发展，在客观上以社会化信息服务的利用为基础。从这些行业的经营需要上看，必须确认信息服务的经营权益。

(2)信息服务用户的基本权益

信息服务用户包括对信息服务具有需求和利用信息服务主观条件的一切社会部门和成员，包括各社会行业的从业人员、准备从业人员(在校学生、待业者等)以及因物质生活、文化生活等方面社会生活需要而引发的对信息服务需求与利用的社会成员。虽然各类用户的信息服务需求与利用状况不同，同类用户的信息需求也存在着一定的个性差异，但是他们对服务享有、利用的基本权利却是一致的，各类用户均以通过服务利用达到特定的效益为目标。根据信息对用户的作用原理，信息服务用户的基本权益可以按服务需求与利用过程环节来划分，归纳起来，主要指用户对服务的利用权，通过服务获取效益的权利以及用户秘密的保护权等。

①用户对信息服务的利用权。根据国家法律和促进社会发展的公益原则，用户对公益性信息服务的利用是一种必要的社会权利，然而这种利用又以维护国家利益、社会安定和不损害他人利益为前提。因此，它是一种由信息服务业务范围和用户范围所决定的公益性信息服务利用权，即在该范围内用户所具有的服务享有权。根据产业化信息服务的效用原则，在确保国家利益和他人不受侵犯的前提下，用户对产业化信息服务的利用是另一种必要的社会权利，它以信息服务公平、合理的市场化、开放化利用为基础。

②通过服务获取效益的权利。用户对信息服务的需求与利用是以“效益”为基础的，是用户对实现自身的某一目标所引发的一种服务利用行为。无论是公益性，还是产业化信息服务，其用户效益必须得到保障。这里需要指出的是，用户对信息服务的利用效益

是一个复杂的问题，它不仅涉及服务本身，还由用户自身的素质、状况等因素决定，而且信息服务还具风险性。因此，对“效益原则”的理解应是，排除用户自身因素(利用服务不当)和风险性因素外，用户通过服务获取效益的权利。

③用户秘密的保护权。从某种意义上说，用户利用信息服务的过程又是一个特殊的信息交流过程。如咨询服务中，咨询服务人员必须了解用户的咨询要求和用户的状况，才能通过信息分析，提供用户参考的决策咨询信息。在这一活动中，无论是用户提供的基本要求和状态信息，还是“服务”提供给用户的结果信息，都具有一定的排他性，如果泄露将造成对用户的伤害，甚至带来不良的后果。可见，在此类服务中，用户必须具有对其秘密的保护权，这种权利也必须得到社会的认可。

(3)与信息服务有关的政府和公众的权利

信息服务在一定的社会环境下进行，它是一种在社会信息组织和约束基础上的规范服务，而不是无政府、无社会状态的随意性服务。信息服务以社会受益为原则，这意味着，不仅接受服务的用户受益，而且国家、社会和公众利益也必须在服务中体现，即任何一种服务，只要违背了社会和公众的利益，有损于政府或他人，都是不可取的。社会和公众利益，在社会组织中集中体现在政府权力和他人权利的确认和保护上。

①国家利益的维护权利。对国家利益的维护，政府和公众都有权利，只要某一项服务损害国家利益，政府和公众都有权制止。值得强调的是，在服务中，政府对国家利益的维护权与公众对国家利益的维护权的形式是不同的。政府的权利主要是对信息服务的管制权、监督权、处理权等，而公众则是在政策法律范围内的舆论权、投诉权、制止权等。这两方面的权利集中起来，其基本作用是对国家利益与安全的维护、社会道德的维护、信息秩序的维护及社会公众根本利益的保障等。

②政府对信息服务业的调控、管理与监督权。政府对信息服务业的调控、管理与监督是信息服务业健康发展和信息服务业社会效益与经济效益实现的基本保障，其调控包括行业结构调控、投入调控、资源调控等，管理包括公益性服务与市场化服务管理两方面，对信息服务的监督则是政府强制性约束信息服务有关各主体和客体的根本保证。政府通过信息政策的颁布、执行与检查，信息服务的立法、司法、监督，使用行政手段进行服务管理来实现。

③与信息服务有关的他人权利。信息服务承担者、提供者和用户对信息服务的利用都必须以不损害第三方(他人)的正当利益为前提，否则这一服务必须制止。在现代信

息服务中，有许多针对第三方的不正当"信息服务"的存在，如在企业竞争信息服务中的不正当咨询服务。这些服务，如果从法律、道德上违背了第三方的社会利益，势必导致严重的后果。在他方利益保护中，应注意的一是他方正当权益的确认，二是确认中必须以基本的社会准则为依据。

15.3.2 信息服务中权益保护监督的实施

信息服务中的权益涉及面广，其保护可以按服务者、用户、政府和公众等多方面的主体权益保护来组织。然而，这种组织，由于其内容分散、主体多元，在实施保护与监督中难以有效进行和控制。因此，我们的思路是，从信息服务各主体的权益关系和相互关联的作用出发，在利用现有社会保障与监督体系对其实施保护的基础上，从整体上、从关联角度突出信息服务权益保护的基本方面与核心内容，以涉及社会各方面的基本问题解决为前提，进行信息服务权益保护的组织。

基于综合考虑的权益保护思路，对于已包括或已涉及信息服务权益保护的现有体系，存在完善问题；对于特殊问题的解决，应突出核心与重点。我们着重要考虑的是后者。对于前者，可以通过保护、监督体系的加强来解决。

①信息服务产权保护与监督。信息服务产权保护以保护服务承担者和提供者的知识产权为主体，由于信息服务中还存在着用户与服务者之间的信息交往和知识交流，同时受保护的还有用户因利用信息服务(如决策咨询服务)而向服务者提供的涉及用户拥有的知识产权的信息的所有权。如果用户受保护的知识产权信息一旦泄露给第三者，有可能受到产权侵害。在信息服务者和用户的知识产权保护中，用户的知识产权保护虽然处于被动的次要地位，然而也是信息服务产权保护的一个重要组成部分。

信息服务产权保护的依据是知识产权法，我国目前的有关法律包括专利法、著作权法等。这些法律对信息服务产权保护的内容主要有信息服务技术专利保护和有关信息服务产品的著作权保护。此外，有关服务商标保护也可以沿用商标法的有关条款。然而，仅凭目前的知识产权法对信息服务产权进行保护是不够的，由于信息服务是一种创造性劳动，而针对用户需求开展的每一项服务不可能都具备专利法、著作权法中规定的保护条件而受这些法律的保护。这说明，服务中著作权、专利权以外的创造性知识权益必须得到认可，因此存在着信息服务产权保护法律建设问题，即在现有法律环境和条件下完善信息服务产权保护法律，建立其保护体系。从权益保护监督的角度看，信息服务产权保护与监督内容应扩展到信息服务者与用户对有关服务所拥有的一切知识权益。如果服务者和用户知识被第三者不适当占有将造成当事方的损失或伤害，那么他们的知识权益必须受到保护，其保护应受到各方面监督。

②信息资源共享与保护的监督。信息资源共享与信息资源保护是一个问题的两个基本方面。一方面，面向公众的信息服务以信息资源的共享为基础，以社会化信息资源最有效的开发和利用为目标，因此一定范围内的信息资源的社会共享是充分发挥信息服务作用与效能，最大限度地实现政府和公众信息保障的基本条件。另一方面，信息资源必须受到保护，其保护要点有两点：一是保护信息资源免受“污染”，控制有害信息通过各种渠道对有益信息的侵入；二是控制信息服务范围之外的主体对有关信息资源的不适当占有和破坏。

对于信息资源共享，在信息化程度高的发达国家似乎更强调其社会基础。例如，美国试图以打破对资源的垄断为目标，制定一整套有利于信息社会化存取、开发和利用的共享制度，并且以“信息自由”法规的形式规范共享实施与监督。我国关于信息资源共享及其监督的法律尚不完备，从社会发展上看，目前解决的主要问题是，确立共享范围、主体及形式，进行信息资源保护规范，在条件允许的范围内将共享监督纳入信息服务监督法律体系。对于信息资源保护的监督，我国和世界其他国家都予以了高度重视，其内容包括国家拥有的自然信息资源的保护、二次开发信息资源的保护、信息服务系统资源(包括信息传递与网络)的保护、信息环境资源的保护等。目前，在信息资源保护中，保护的监督问题十分突出，其监督体系的不完备和监督主体的分散性直接影响到资源保护的有效性和我国信息服务优势的发挥。

③国家与公众利益保障监督。国家安全、利益以及社会公众利益的保障是信息服务社会化的一项基本要求，任何一项服务，如果在局部上有益于用户，而在全局上有碍国家和公众，甚至损害国家利益，都是不可取的，应在社会范围内取缔。当前，在国际信息化环境下，各国愈来愈重视国际化信息服务对国家和公众的影响，它们纷纷采取监督、控制措施，以确保国家和公众的根本利益。

国家与公众利益保障的内容包括：涉及国家安全的信息保密，涉及国家利益的国家拥有的信息资源及技术的控制保护，信息服务及其利用中的犯罪监控与惩处，社会公众信息利益的保护等。国家安全与利益以及公众利益保障及其监督具有强制性的特点，其关键是法律法规的制定、执行与监督。目前，国内外关于这方面的法律、法规，诸如“国家安全法”“保密法”“计算机联网条例”“商业秘密法”“数据库管理法规”“数据通信安全法规”等所涉及的是基本的社会犯罪问题。在信息服务中如何有效地按法律条款进行服务监督，以及如何针对社会发展完善监督体系，是服务监督的又一重点。

信息服务中各方面权益的维护与保护需要建立完整的权益保障监督体系。构建这一体系的基本思路是，在完善权益保护法律、法规，加强公众、信息服务者和用户权益保护意识的基础上，建立权益保护监督体系。在此前提下，采用可行的监督办法，实施社会化监督方案，以保证法律、法规保护的强制性和有效性。

信息服务中的权益保护涉及社会各部门，关系社会发展的全局，因此必须由政府组织、采取各部门协调方式，建立社会化的监督系统，实施综合监督、法制管理的策略。根据这一原则，可以构建信息服务权益保护监督系统。信息权益保护监督中，政府监督的基本作用在于：制定信息服务政策，规定权益监督的目标、内容、主体与客体，从国家利益和社会发展角度出发组织制定信息权益保护法律、法规。政府各有关负责监督的部门主要有国家安全部门、司法部门、知识产权管理部门、工商行政管理部门、物价管理部门和信息产业管理部门。这些部门按监督的分工和业务范围履行各自的“权益保护监督”职责。

信息服务行业组织、用户组织(如信息服务消费者协会等)和社会公众舆论是信息服务权益保护监督的直接主体。其监督服务的意义有两点：一是维护各主体的自身权益；二是处理与其他主体的权益分配关系，约束自身可能对其他主体的侵犯行为。当然，直接主体的自我监督必须以国家有关法律为准则，以维护国家安全和利益为前提，同时在监督中还必须接受政府及其有关部门的管理和监督。

15.4 信息服务认证管理与监督

信息服务认证管理与监督是网络环境下云服务和智能交互中值得关注的关键问题，围绕这个问题，拟从服务认证和监管角度进行基于服务链的保障组织，着重于云服务安全信任认证评估和信息服务的技术质量监督两个方面。

15.4.1 云环境下信息服务信任评估认证与监督

云计算环境下的数字信息资源云服务链节点组织，除了信息资源机构和云服务供应商外，还包括网络信息资源提供者。由于节点组织处于云环境下的虚拟化分布之中，这就使得虚假信息服务成为可能。数字信息资源云服务中各节点组织间的信任关系是有效获取、透明访问、发布和共享信息的保障，因此，围绕节点环节的安全认证与管控处于重要位置。

在经济社会不断发展的今天，信任理论关系的建立存在于各行业之中。Marsh 通过对信任的形式化研究，在多 Agent 系统情景下揭示了基于信任的合作机制①。Blaze 在互联网安全中提出信任管理问题，且在分布式系统中构建了信任运行机制②。

在服务链管理不断拓展的今天，“信任”作为组织协作的必要性基础，是服务链成员之间相互合作的前提。信任关系构建中，Beth 等人在建立的信任管理模型中进行了信任关系的量化表示③。Josang 等人提出了主观逻辑信任模型，运用证据、概念空间，以三元组(b，d，u)分析信任关系④。基于关系认知，信任是以前的认知和经验体现，而信誉则来源于外部评价，据此可以计算一种信任值。基于信任的不定性因素，可运用模糊理论来设定相应的可信度。实践表明，模糊推理方法运用于信任模型中是可行的。按照 S. Schmidt 等人的理论，在得到判断结果的基础上，运用隶属函数可得到对应的模糊集合，再通过计算便可得到关联方的可信度。为解决数据非完整和信息不确定的问题，邓聚龙运用灰色系统理论研究信任机制。同时，在灰色系统信任中，得到不同层级的信任区域。另外，主观信任模型的提出，实现了基于灰关联度计算的综合信任值展示。

在云计算环境下，信息服务的管理方式是开放的、分布式的，而不再是以往那种集中的、封闭的管理方式。对此，国内外进行了相关研究，取得了相应的成果。如围绕互联网环境的终端用户、服务运营商和数据拥有者进行信任关系展示，建立一种服务信任评估模型。同时，按照分类评价数据可得到对服务的直接信任度和推荐信任度。

SLA 协议以及基于等级协议的服务组织与安全保障，以信任关系的确立为基础，用户与数字信息资源机构之间、信息资源机构与云服务方之间、信息资源服务与网络设施和技术支持之间，皆以信任关系的建立为前提。云计算环境下信息服务链信任关系的确立具有动态性、多层性、多层次、多等级特征。

在云计算环境下，数字信息服务的开展需要确立基于服务链单元结构的稳定信任协作关系，然而由于环境的变化和外界因素的影响，信任结构往往随之变化，这就需要在

---

① Marsh S P. Formalising Trust as a Computational Concept[J]. University of Stirling, 1999.

② Blaze M, Feigenbaum J, Lacy J. Decentralized Trust Management[J]. Procs. of IEEE Conf. security & Privacy, 1996, 30(1): 164-173.

③ Beth T, Borcherding M, Klein B, et al. Valuation of Trust in Open Networks[C]. European Symposium on Research in Computer Security, 1994.

④ Josang A. A logic for uncertain probabilities[J]. International Journal of Uncertainty, Fuzziness and Knowledge-Based Systems, 2001, 9(3): 279-311.

动态环境下保持信任关系的稳定，使信任处于稳定状态，以保证服务链上的各成员能够在 SLA 框架下进行更好的协同。由于信任受多方面因素的影响，因而具有多重性，涉及技术组织和管控的各个方面。对此，应进行区分属性的要素信息评估与认证。在云计算环境下的评估中，如果不能有效地得到基于一个单位的某一特性的多种属性综合评估数据，那么评估主体的可信度也无从认证。所以，对服务链上的服务提供者的可信度评估要基于相应的属性数据进行。

云环境下，由于复杂、多样的信任需求，决定了多层次的信任关系和多等级的信任结构。对此，拟在等级协议框架下进行信任认证和等级协议中信任关系的确定。随着环境的变化，信任评估值必然发生动态变化。因此，在云计算大规模开放环境下，需要着重解决多层级、多等级的信任评估和关系认证问题，一是根据服务链关系，可以进行数字信息协同服务信任评估模型构建，主要围绕信任的描述、信任关系的评估和基于信任关系的协议保障进行设计；二是云环境下服务链信任关系的确立和认证中，信任描述、信任关系评估和信任进化应处于关键位置。

①信任的描述。信任描述围绕信息资源机构、云计算服务方、技术支持和网络运行服务方的信任合作关系进行，针对云计算环境下服务链各方信任关系的归纳和展示。由于信任的动态性，描述应适应信息流量大、速度快等特点，由此可引入云计算节点组织属性评价指标来衡量各节点信任状态，以对数据进行规范化表示，从而避免造成评价不合理性。

②信任关系评估。信任关系评估在相应的信任模型基础上进行，基于信任关系评估的认证处于重要位置。因此，应通过云计算环境下节点组织信任证据的分析，构建信任结构模型，确定各层次相应信任证据权值。其中，评估依据来源于信任的测评值，可利用灰色系统算法构建权矩阵量，从而得到信任评估值。

③信任的进化。信任值随着服务的进行是不断变化的，这里引入基于双滑动窗口的信任值更新和处理机制。首先构建时间校正函数，通过对窗口的初始化及确定窗口滑动条件，及时对信任信息关系进行认证，再将认证信息作为登记协议的依据，在服务链组织中进行确认。

对服务链中的内容服务提供方信任度进行综合评估，可采用 AHP 计算行为信任证据的组合权重，然后利用灰色系统评估方法进行定性与定量相结合的分析与比较。一般情况下，评估中的证据相对权重不会发生改变，因而可以按基础数值随着时间的积累计算信任度。

云环境下的数字信息服务特点是按需提供，与服务信任行为表现直接相关，若服务交互行为在合理范围内，则被认为是可信的，即可以在云服务平台中提供所需要的服务支持。反过来，如果服务方之间出现了失信等行为，则实体被认为是不可信的，云服务平台将停止相应的服务并按照协议对其进行相应的惩罚。

云计算环境下的数字信息资源服务链中各服务提供方都在云端，是“虚拟的”，服务提供方所提供服务和内容的真实性无法得到有效保证。为规避数字信息资源云服务提供方之间的信任风险，针对信任模型的缺陷，将层次分析法(Analytic Hierarchy Process，AHP)与灰色评估法相结合，可进行基于灰色 AHP 的数字信息资源服务提供方信任评估。

鉴于信息服务链中的多目标主体信息关系，可将一个复杂的多目标主体作为一个系统，将服务链信任目标分解为多个节点信任目标，进而进行基于多目标约束的信任层次划分，通过定性指标模糊量化方法计算出层次单排序(权数)和总排序，作为评估依据。层次分析法由于其简单、灵活、实用的特性，比较具有可行性。使用层次分析法进行分析时，可分为 4 个步骤：分析系统各信任对象之间的关系，将影响信任的要素层次化，进而构建系统的递阶层次结构；在此基础上，将同一个层次中的各个元素按确定的准则进行比较，构造比较判断矩阵：由判断矩阵计算被比较元素对于该准则的相对权重；对信任度进行计算并对服务链中各节点信任进行确认。

针对云计算环境下数字信息资源用户需求动态性、信息广泛性和时效性要求按服务链节点之间的信任关联内容，可以从内容质量信任、协同服务信任和安全保障信任出发，进行证据的采集和处理；在此基础上按层次分析原则和信任证据因素进行基于层次数据的综合分析与评估。

可信云服务认证在于规范云服务组织与利用，通过建立客户及云服务商的信任关系，减少云服务选择的盲目性，有效规避安全风险，取得良好的安全质量性能。基于此，我国工信部汇同数据中心联盟等行业自治组织开展了可信云服务认证，取得了多方面成效。

为推进面向信息资源的可信云服务认证，需要健全信息安全认证体制，同时发挥第三方考评机构的作用。专门的机构可负责这一工作，其职责包括主持进行可信云服务认证标准体系建设；对认证考评的结果进行审核，对通过审核的云服务商颁发可信云服务证书；对认证考评机构资质进行审核，建立准入机制并对其进行监督。信息资源行业组织的职责在于协助进行可信云服务认证标准体系建设，进行行业内认证的组织。

面向信息资源的可信云服务认证的实施是基于通用的可信云服务认证标准进行的，即通过工信部主导的可信云服务认证的云服务商才有资格成为信息资源可信云服务的认证对象。其实现流程为：首先，基于工信部主导的可信云服务认证结果，信息资源行业组织可以获得进行考评认证的云服务商及服务列表；其次，根据拟认证的云服务不同类型，将其分配给合适的第三方考评机构；另外，第三方考评机构根据信息资源可信云服务认证标准对其进行评测，将结果进行规范提供；最后，国家专门机构对认证结果进行审核，并对通过考评者颁发可信云服务证书。

此外，值得指出的是，在颁发可信云服务证书之后，还需要对云服务方进行持续监管，确保其云服务质量与安全的稳定性。监控方式包括要求云服务方定期提供与可信认证标准相关的运行数据用于周期性审核；同时定期由第三方考评机构对云服务方进行考评，考评合格则将其可信云服务证书的有效期进行延长，否则将其进行注销。

15.4.2 信息服务技术质量认证与监督

信息服务的质量与技术具有不可分割的联系，信息服务的知识性与创造性决定了服务技术和服务人员的创造性劳动对信息服务质量的综合影响。因此，我们可以采用与技术产品质量认证类似的方法，从技术角度对信息服务的质量进行认证，在此基础上实施对信息服务质量的监控，即信息服务的技术质量监督与控制。

信息服务具有技术质量除由服务技术(包括相关的技术设施及使用技术等)决定外，还由服务人员的知识性创造劳动水平、服务态度和信息条件等因素决定。由此可见，信息服务的技术质量实为信息服务全面质量的反映，全面质量控制在信息服务中具有重要意义。以此出发，在技术质量认证中理应注意信息服务的硬、软件技术结合的特征及其对质量的影响。

(1)信息服务的技术质量认证标准与技术质量评估的标准化

信息服务是在一定范围内针对一定用户的需求进行的，用户无疑是认证与评价信息服务技术质量的主体，然而用户的个体差异致使技术质量认证因人、因地而异，即难以用统一的“尺度”衡量信息服务客观技术质量的优劣。这说明，技术质量认证需要有一个相对统一的标准。

鉴于信息服务面向用户的特征，其“标准”的制订应从用户出发，将用户的“评定”视为信息服务质量的基本“测量”，同时注意将用户对信息服务的技术质量认证与专业标准认证相结合，建立一套可行的客观“技术质量”认证标准。

信息服务技术质量认证标准与工业品相比具有其特殊性，从技术质量评价角度看，其特征主要包括以下几个方面：

①多变性与复杂性。信息服务并非某一单纯信息技术的简单应用，它具有“硬”技术的应用和“软”研究相结合的特点，其技术组合具有多样性，服务环节具有复杂性，且不同类型的服务之间的差别很大，因此必须在多变的技术与信息环境中针对复杂的服务制定认证标准。

②作用的滞后性。物质性商品的技术质量一般可以在获取商品之时通过相应的技术检测手段来认证；信息服务商品的技术质量，除一部分(如服务的技术形式、服务手段和服务针对性等)可以即时认证外，服务对用户的“知识”作用及参考作用往往需要通过信息作用过程分析来解决。这里存在着认证滞后问题。

③效用的模糊性。评价信息服务的效用不是直接的，而是评价信息服务作用于科研、开发、管理、经营和其他用户的职业活动，通过用户吸收、消化其内涵信息，间接发挥作用的过程。整个过程的作用质量，不仅与信息服务本身有关，而且与用户及其环境因素有关，二者之间的“模糊”作用关系决定了信息服务的技术质量认证的模糊性。

④内在因素的重要性。内在因素在服务的技术质量认证中是重要的，如服务人员的潜在素质、服务态度、服务所依赖的信息源、服务的技术环境等，这些因素从不同方面影响着服务的技术质量。内在因素的作用带来了标准制订的困难，因而存在着内在隐性因素的显化问题，即用可评价的指标显示内在因素的外部作用结果。

基于以上特征，在制订信息服务技术质量认证标准时，理应将结果与过程相结合、定性评价与定量评价相结合、即时评价与后果评价相结合、专家评价与用户评价相结合和采用多因素分析的认证方法建立其技术质量认证标准，在按标准所进行的评价中，通过多种实践在一定范围内实现信息服务技术质量认证的标准化。

(2)信息服务技术质量认证指标的确立

信息服务属于社会服务的范畴，对于“服务”的技术质量认证，ISO(国际标准化组织)在其发布的关于质量管理和质量保证的系列标准(ISO9000)中进行了说明。据此，ISO 将包括信息服务在内的社会化服务的质量评价按三个方面进行：服务技术设施、服务能力、服务人员素质、服务条件和材料消耗；服务提供的过程、时效和作用；服务的方便性、适用性、可信性、准确性、完整性、服务信用和用户沟通渠道。

ISO 关于制定服务行业技术质量评价与认证标准的基本思路具有普遍意义。对于我国信息服务的技术质量认证来说，可以在 ISO 通用标准的基础上，结合我国的具体情况建立我国的信息服务技术质量认证体系，在大的原则上组织社会化的技术质量认证与监督。

信息服务技术质量认证指标体系应充分反映上述的信息服务技术条件与设施质量、过程质量和服务效用质量。对于指标体系的建立可以采用目前普遍适用的层次分析法（AMP 法），将以上三方面基本内容在目标层中反映出来，然后逐一分解制定相应的评价、认证准则，最后形成详细的指标体系。这一指标体系可以用通用的评价层次结构图形表达(见图 15-4)。

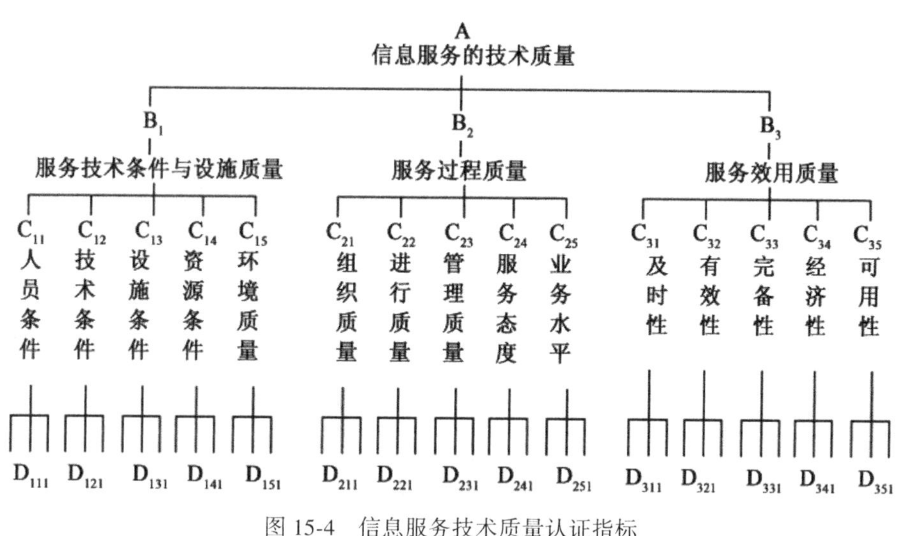

图 15-4 信息服务技术质量认证指标

值得指出的是，在国家的技术质量认证指标体系中，各层指标可以量化，其量化指标可以根据不同情况加权处理，最终衡量总体技术质量。同时，考虑到不同类型信息服务的不同要求、特征以及不同地域、不同信息环境、用户环境下的不同情况，其层次及指标体系可作针对性调整，以使其适应不同的服务业务及服务条件和要求。另外，技术质量认证指标体系应随着社会信息环境的变化、信息技术的进步、社会结构与用户需求的变革而调整，这一工作应归为信息服务技术质量认证的日常工作。其变更后的标准在一定范围内和通过一定程度认可后及时发布。

(3)以信息服务技术质量监督组织

信息服务的技术质量标准是对信息服务实施技术质量管理与监督的客观依据和准则，对其实施监督应立足于认证标准，在规范主体与客体的前提下组织系统化的监督。

进行信息服务技术质量监督的组织首先应明确监督的主体和客体。信息服务技术质量监督的主体是监督的承担者和执行者，监督的客体是信息服务承担者所提供的服务。监督的主体和客体在实施监督中相互关联和制约，二者的沟通和整合是社会化信息服务技术质量的基本保障。

信息服务技术质量监督围绕服务业务展开，在监督中各主体的结合是有机的。作为服务监督组织机构的政府管理部门、业务部门、行业组织和用户组织围绕信息服务技术质量监督业务各司其监督职能，在分工协作和依托社会行政、法律机构与公众的舆论的基础上组成全方位的技术质量监督系统。

长期以来，我国将信息服务技术质量的行政监督纳入行政管理的范围，专门的监督职能未能有效地发挥。政府主管业务的部门主要限于信息服务基本技术条件及机构、人员的资格审查与认证(如科技部及各省市的科技主管部门对科技咨询与信息服务经营实体的资格认证与资格审批)，而未能对其实施全面监督。另外，我国对信息服务技术质量的行政管理体系不尽完善，各管理部门的监督职能不太明确，规范性程度差。目前以部门为主的内部技术质量监督体系难以适应信息服务的社会化发展需要，因此应立足于在信息服务体制改革中同步实现行政监督的社会化转变。

通过行业组织来管理信息服务、监督其技术质量，作为发达国家成功的实践经验，已得到各国和国际社会的认可。发达国家的信息服务行业协会的专业性强，例如，美国涉及信息咨询服务的行业组织就有咨询工程师协会(ACEC)、管理咨询工程师协会(ACME)、管理咨询协会(AMC)和专门管理咨询顾问委员会(SPMC)等。除美国以外，德国咨询业协会(BDV)、英国咨询企业协会(BCB)等协会也具有相当的规模。这些专业信息服务的行业性组织独立于政府，是政府、公众、用户和本行业成员之间的联系桥梁，具有行业组织资格认证、业务监督、社会公关、用户联络和与政府间管理沟通的责任。在信息服务行业协会履行的监督职责中，信息服务技术质量的监督是一项基本监督业务。它包括行业技术资格与条件的认可、从业的技术质量监督、用户因质量引发的投诉、行业技术质量的法律诉讼等。

复习思考题

1. 简述信息服务与网络安全监督的目标、要求与原则。
2. 网络安全要素作用如何？怎么样组织网络安全监督？
3. 信息服务中的基本权益关系怎样？如何进行权益保护监督？
4. 如何进行信息服务与安全认证关联与监督？

参考文献

[1]胡昌平，柯平，王翠萍. 信息服务与用户研究[M]. 北京：科学技术文献出版社，2005.

[2]胡昌平. 信息管理科学导论(修订版)[M]. 北京：高等教育出版社，2001.

[3]威·约·马丁著. 信息社会[M]. 胡昌平，译. 武汉：武汉大学出版社，1992.

[4]胡昌平，等. 信息社会学[M]. 南昌：江西科学技术出版社，1990.

[5]胡昌平. 面向21世纪的中国信息管理类专业教育[J]. 情报学报，1999(1).

[6]胡潜. 行业信息资源协同配置与集成服务研究[M]. 北京：中国社会科学出版社，2014.

[7]胡昌平，等. 创新型国家的信息服务与保障研究[M]. 北京：学习出版社，2013.

[8]胡昌平，邓胜利. 数字化信息服务[M]. 武汉：武汉大学出版社，2012.

[9]胡潜，曾建勋，周知，李静. 数字智能背景下的用户信息交互与服务研究[M]. 武汉：武汉大学出版社，2022.1.

[10]胡昌平. 数字信息服务与网络安全一体化组织研究[M]. 武汉：武汉大学出版社，2022.1.

[11]胡昌平. 信息服务管理[M]. 北京：科学出版社，2003.

[12]叶茂林，刘宇，王斌. 知识管理理论与运作[M]. 北京：社会科学文献出版社，2003.

[13]夏敬华，金昕. 知识管理[M]. 北京：机械工业出版社，2003.

[14]黄长著，等. 中国图书情报网络化研究[M]. 北京：北京图书馆出版社，2002.

[15]严怡民，等. 信息系统理论与实践[M]. 武汉：武汉大学出版社，1999.

[16][美]尼葛洛庞帝. 数字化生存[M]. 胡泳，范海燕，译. 海口：海南出版社，1997：133.

[17]苏联科学院社会科学研究所. 社会学手册[M]. 唐学文，等译. 杭州：浙江人民出版社，1983.

[18]Г. И. 哥德加美. 科技工作的情报保证[M]. 刘达，等译. 北京：科学技术文献出版社，1981.

[19]A. И. 米哈依诺夫，等. 科学交流与情报学[M]. 徐新民，等译. 北京：科学技术文献出版社，1980.

[20]胡昌平，胡媛. 高校图书馆信息共享空间用户交互学习行为分析[J]. 中国图书馆学报，2014，(4)：16-29.

[21]胡昌平，陈果. 科技论文关键词特征及其对共词分析的影响[J]. 情报学报，2014，33(1)：23-32.

[22]胡昌平，万华. 云环境下移动数字图书馆跨系统服务平台构建与实现[J]. 国家图书馆学刊，2013，22(2)：40-48.

[23]胡昌平，严炜炜. 面向科学研究的个人数字图书馆服务融合[J]. 中国图书馆学报，2013，(4)：93-101.

[24]胡昌平，胡吉明，邓胜利. 基于社会化群体作用的信息聚合服务[J]. 中国图书馆学报，2010，36(3)：51-56.

[25]胡昌平，胡吉明，邓胜利. 基于Web 2.0的用户群体交互分析及其服务拓展研究[J]. 中国图书馆学报，2009，35(5)：99-106.

[26]乐小虬等. 嵌入式泛在个人知识服务模型研究[J]. 现代图书情报技术，2009(12)：37-41.

[27]胡昌平，向菲. 面向自主创新需求的信息服务业务推进[J]. 中国图书馆学报，2008，(3)：57-62.

[28]胡昌平，周怡. 数字化信息服务交互性影响因素及服务推进分析[J]. 中国图书馆学报，2008，34(6)：53-57.

[29]林鸿飞，杨元生. 用户兴趣模型的表示和更新机制[J]. 计算机研究与发展，2001，(7)：846-847.

[30]刘云. 基于 Web 的数据仓库与数据挖掘技术[J]. 情报理论与实践，2001，(4)：289-290，320.

[31]Fishbein M., Ajzen I. Predicting and Changing Behavior[M]. Taylor & Francis, 2009.

[32]Hu C. P., Yan W. W., Hu Y. User Satisfaction Evaluation of Microblogging Services in China: Using the Tetra-class Model[J]. Behaviour & Information Technology, 2014(1): 17-32.

[33]Hu C. P., Hu Y., Yan W. W. An Empirical Study of Factors Influencing User Perception of University Digital Libraries in China[J]. Library & Information Science Research, 2014(3): 225-233.

[34]Yiming W., Xing peng M., Jie Z., et al. A Multidomain Collaborative Filter Based on Polarization Sensitive Frequency Diverse Array[C]//Radar Conference, IEEE, 2014: 0507-0511.

[35]Cao B., Liu J., Tang M., et al. Mashup Service Recommendation Based on Usage History and Service Network[J]. International Journal of Web Services Research, 2013, 10(4): 82-101.

[36]Hu C. P., Hu J. M., Deng S. L., et al. A Coword Analysis of Library and Information Science in China[J]. Scientometrics, 2013, 97(2): 369-382.

[37]Mi J., Weng C. Revitalizing the Library OPAC: Interface, Searching, and Display Challenges[J]. Information Technology and Libraries, 2013, 27(1): 5-22.

[38]Glowacka D., Ruotsalo T., Konuyshkova K., et al. Directing Exploratory Search: Reinforcement Learning from User Interactions with Keywords[C]//Proceedings of the 2013 international conference on Intelligent user interfaces. ACM, 2013: 117-128.

[39]Zheng N., Li Q. A Recommender System Based on Tag and Time Information for Social Tagging Systems[J]. Expert Systems with Applications, 2011, 38(4): 4575-4587.

[40]Hu C., Zhang Y., Chen G. Exploring a New Model for Preprint Server: A Case

Study of CSPO[J]. Journal of Academic Librarianship, 2010, 36(3): 257-262.

[41]Hu C., Zhao X. Construction of National High Quality Courses for LIS in China[J]. Journal of Service Science & Management, 2010, (1): 173-179.

[42]Hu C. P., Hu J. M., Gao Y., et al. A Journal Cocitation Analysis of Library and Information Science in China[J]. Scientometrics, 2010, 86(3): 657-670.

[43]Belleau F., Nolin M. A., Tourigny N., et al. Bio2RDF: Towards a Mashup to Build Bioinformatics Knowledge Systems[J]. Journal of Biomedical Informatics, 2008(5): 706-716.

[44]Hong J. L., Kohc K. J. A Contingent Approach on Knowledge Portal Design for R&D Teams: Relative Importance of Knowledge Portal Functionalities[J]. Expert Systems with Applications, 2008: 42-49.

[45]Boulos, M., Wheeler, S. The Emerging Web 2.0 Social Software: An Enabling Suite of Sociable Technologies in Health and Health Care Education[J]. Health Information and Libraries Journal, 2007(24): 2-23.

[46]Borgman C. L., Wallis J. C., Mayernik M. S., et al. Drowning in Data: Digital Library Architecture to Support Scientific Use of Embedded Sensor Networks[C]//Proceedings of the 7th ACM/IEEECS Joint Conference on Digital Libraries ACM, 2007: 269-277.

[47]Andriessen J. H. E. To Share or not Share, That is the Question. Conditions for the Willingness to Share Knowledge[J]. Delft Innovation System Papers, 2006: 22-28.

[48]Obradovic. Holistic Classification and Knowledge Discovery in Protein Databases[J]. Management Communication Quarterly, 2006, 7 (2): 156.

[49]Spink A., Cole C. Human Information Behavior: Integrating Diverse Approaches and Information Use [J]. Journal of the American Society for Information Science & Technology, 2006, 57(1): 25-35.

[50]Cousins Shirley, Sanders Ashley. Incorporating a Virtual Union Catalogue into the Wider Information Environment through the Application of Middleware: Interoperability Issues in Crossdatabase Access[J]. Journal of Documentation, 2006, 62(1): 120-144.

[51]Changping Hu, Shengli Deng. Analysis of Information Resource Integration Based on User Experience[J]. Journal of the China Society for Scientific and Technical Information, 2006, 25(2): 231-235.

[52]Roure D. D. The Semantic Grid: Past, Present, and Future[J]. Proceedings of the IEEE, 2005, 93(3): 669-681.

[53] Hai Z. Semantic Grid: Scientific Issues, Infrastructure, and Methodology [J]. Communications of the Acm, 2005, 48(4): 117-119.

[54]Maly K., Zubair M., Xuemei L. A High Performance Implementation of an OAI Based Federation Service[C]//Proceedings of the 11th International Conference on Parallel and Distributed Systems Volume 01IEEE Computer Society, 2005: 769-774.

[55] Hodgson Ralph, Pollock Jeffrey T. Adaptive Information: Improving Business through Semantic Interoperability, Grid Computing, and Enterprise Integration [J]. Information Processing & Management, 2005, 41(5): 1301-1303.

[56] Sreekumar M. G., Sunitha T. Seamless Aggregation and Integration of Diverse Datastreams: Essential Strategies for Building Practical Digital Libraries and Electronic Information Systems[J]. International Information and Library Review, 2005, 37(4): 383-393.

[57]Coombs, Karen A. Using Web Server Logs to Track Users through the Electronic Forest[J]. Computers in Libraries, 2005, 25 (1): 16-20.

[58]Tosic Vladimir, Pagurek Bernard, Patel Kruti, et al. Management Applications of the Web Service Offerings Language (WSOL)[J]. Information Systems, 2005, 30(7): 564-586.

[59] David Wainwright, Teresa Waring. Three Domains for Implementing Integrated Information Systems: Redressing the Balance between Technology, Strategic and Organizational Analysis [J]. International Journal of Information Management, 2004 (24): 329-346.

[60]Hind Benbya. Corporate Portal: A Tool for Knowledge Management Synchronization [J]. International Journal of Information Management, 2004(20): 201-220.

[61] Suyeon Kim, Euiho Suh, Hyunseok Hwang. Building the Knowledge Map: An Industrial Case Study[J]. Journal of Knowledge Management, 2003(2): 68-81.

[62]Elfadil N., Isa D. Automated Knowledge Acquisition Based on Unsupervised Neural Network and Expert System Paradigms[J]. Lecture Notes in Computer Science, 2003: 134-140.

[63] Sara Graves, Craig A. Knoblock, Larry Lannom. Technology Requirements for Information Management[J]. RIACS Technical Report 2. 07. November 2002.

[64]Joseph M. Firestone. Knowledge Management Process Methodology[J]. Knowledge and Innovation: Journal of the KMCI, 2001(2): 54-90.

[65] Esposito A., Loia V. Integrating Concurrency Control and Distributed Data into Workflow Frameworks: An Actor Model Perspective[J]. Systems, Man, and Cybernetics, 2000, 3(3): 2110-2114.

[66] Tyre M. J., Orlikowski W. J. Exploiting Opportunities for Technological Improvement in Organizations[J]. Sloan Management Review, 1993, 35(1): 13-26.

[67] Davis F. D., Bagozzi R. P., Warshaw P. R. User Acceptance of Computer-technology—A Comparison of Two Theoretical models[J]. Management Science, 1989: 982-1003.

[68]唐德合. 数字图书馆技术平台建设方案[J]. 信息管理导刊, 2002(5): 15-22.

[69]御术. 科技与人文结合的体验度量[C]//第二届蚂蚁金服体验科技大会(SEE Conf), 杭州, 2019.

[70]梁丹, 张宇红. 心流体验视角下的移动购物应用设计研究[J]. 包装工程, 2015, 36(20): 84-87.

[71]2021 年 7 月 7—10 日于上海举办的 2021 世界人工智能大会, 数据要素论坛——院士专场世界人工智能大会 (worldaic.com.cn).

[72]DC. The Digital Universe in 2020: Big data, bigger digital shadows, and biggest growth in the far east[EB/OL]. [2021-06-15]. http://www. emc. com/leadership/digital-universe/2012iview/index.htm.

[73]刘昕. 基于眼动的智能人机交互技术与应用研究[D]. 南京大学, 2019.

[74]欧细凡, 谭浩. 基于心流理论的互联网产品设计研究[J]. 包装工程, 2016, 37(04): 72.

[75]何克晶. 大数据前沿技术与应用[M]. 广州: 华南理工大学出版社, 2017.

[76]工业互联网产业联盟工业大数据特设组 编. 工业大数据技术与应用实践(2017)[M]. 北京: 电子工业出版社, 2017.

[77]孙海霞, 钱庆. 基于本体的相语义相似度计算研究方法综述[J]. 现代图书情报技术, 2010(1): 51-56.

[78]Dufaux F, Ebrahimi T. Video surveillance using JPEG 2000[J]. Proc SPIE, 2004, 5588: 268-275.

[79]Tsai T H, Lin C Y. Exploring Contextual Redundancy in Improving Object-Based Video Coding for Video Sensor Networks Surveillance[J]. IEEE Trans Multimedia, 2012(14): 669-682.

[80]Sarawagi S, Bhamidipaty A. Interactive deduplication using active learning[C]// Proceedings of the 8th ACM SIGKDD International Conference on Knowledge Discovery and Data Mining, Edmonton, 2002: 269-278.

[81]Huang Z, Shen H T, Liu J J, et al. Effective data co-reduction for multimedia similarity search [C]// Proceedings of the ACM SIGMOD International Conference on Management of Data, Athens, 2011: 1021-1032.

[82]Salakhutdinov R, Hinton G. Deep boltzmann machines[C]//Artificial intelligence and statistics. PMLR, 2009: 448-455.

[83]曾文英，赵跃龙. ESB原理、架构、实现及应用[J]. 计算机工程与应用，2008(25)：225-228.

[84]Boulos M., Wheeler S. The Emerging Web 2.0 Social Software: An Enabling Suite of Sociable Technologies in Health and Health Care Education[J]. Health Information and Libraries Journal, 2007(24): 2-23.

[85] Barsky E., Purdon M. Introducing Web 2.0: Social Networking and Social Bookmarking for Health Librarians[J]. J. Can Health Library Assoc, 2006(2): 65-67.

[86]赵静，但琦. 数学建模与数学试验[M]. 北京：高等教育出版社，2000.

[87]郭星寿. 图书馆与资料室管理手册[M]. 成都：四川科学技术出版社，1987.

[88]胡昌平. 情报控制论基础[M]. 北京：书目文献出版社，1988.

[89]孙傲冰，季统凯. 面向智慧城市的大数据开放共享平台及产业生态建设[J]. 大数据，2016，2(04)：69-82.

[90]王鹏，朱方伟，宋昊阳，鲍晓娜. 人际信任与知识隐藏行为：个人声誉关注与不确定性感知的联合调节[J]. 管理评论，2019，31(1)：155-170.

[91]刘迎春，谢年春，李佳. 虚拟学习社区中基于用户行为的知识贡献者信誉评价研究[J]. 现代情报，2020，40(3)：117-125.

[92]姚海鹏，王露瑶，刘韵洁. 大数据与人工智能导论[M]. 北京：人民邮电出版

社，2017：173.

［93］B. C. Brookes，王崇德，邓亚桥，等. 情报学的基础（四）——第四篇 情报学：变化中的范式［J］. 情报科学，1984（01）：66-77.

［94］Eppler. M. J. A Process-Based Classification of Knowledge Maps and Application Examples［J］. Knowledge and Process Management，2008，15（1）：59-71.

［95］毕强，韩毅，牟冬梅. 基于知识地图的多领域本体语义互联研究［J］. 情报科学，2009，27（3）：321-325.

［96］智库百科. 人机交互［DB/OL］.［2021-11-03］. https://wiki.mbalib.com/wiki/%E4%BA%BA%E6%9C%BA%E4%BA%A4%E4%BA%92.

［97］Jacob R J K，Girouard A，Hirshfield L M，et al. Reality-based interaction：a framework for post-WIMP interfaces［C］//Proceedings of the SIGCHI conference on Human factors in computing systems，2008：201-210.

［98］Law E L C，Roto V，Hassenzahl M，et al. Understanding，scoping and defining user experience：a survey approach［C］//Proceedings of the SIGCHI conference on human factors in computing systems，2009：719-728.

［99］李瀚清. 人机交互中自然语言指令理解算法研究［D］. 上海：上海交通大学，2016.

［100］邹骁锋，阳王东，容学成，李肯立，李克勤. 面向大数据处理的数据流编程模型和工具综述［J］. 大数据，2020，6（03）：59-72.

［101］张俊，李鑫. TensorFlow 平台下的手写字符识别［J］. 电脑知识与技术，2016，12（16）：199-201.

［102］王丹阳，唐玄辉. 基于文献综述探讨未来用户体验设计发展方向［J］. 工业设计研究，2017（00）：143-152.

［103］Boyd D，Crawford K. Critical Questions for Big Data［J］. Information，Communication & Society，2012，15（5）：662-679.

［104］蒋勋，朱晓峰，肖连杰. 大数据环境领域知识组织方法研究［J］. 情报资料工作，2021，42（05）：6-13.

［105］易明，冯翠翠，莫富传. 大数据时代的信息资源管理创新研究［J］. 图书馆学研究，2019（06）：56-61.

［106］Lenzerini M. Data integration：A theoretical perspective［C］// Proceedings of the

21st ACM SIGMOD-SIGACT- SIGART Symposium on Principles of Database Systems, Madison, 2002: 233-246.

[107]李学龙，龚海刚. 大数据系统综述[J]. 中国科学：信息科学，2015，45(01)：1-44.

[108]Kohavi R, Mason L, Parekh R, et al. Lessons and challenges from mining retail e-commerce data[J]. Mach Learn, 2004(57): 83-113.

[109]Chen H Q, Ku W S, Wang H X, et al. Leveraging spatio-temporal redundancy for RFID data cleansing[C]// Proceedings of the 2010 ACM SIGMOD International Conference on Management of Data, Indianapolis, 2010: 51-62.

[110]Wang Y, Wei D S, Yin X R, et al. Heterogeneity-aware data regeneration in distributed storage systems[C]// Proceedings of IEEE International Conference on Computer Communications, Toronto, 2014: 1878-1886.

[111]马张华. 信息组织[M]. 北京：清华大学出版社，2011：78-110.

[112]国务院. 促进大数据发展行动纲要[EB/OL]. [2021-06-01]. http://www.sdpc.gov.cn/fzgggz/wzly/zcfg/201509/t20150930_753447.html.

[113]李国杰. 对大数据的再认识[J]. 大数据，2015，1(1)：1-9.

[114]孙大为，张广艳，郑纬民. 大数据流式计算：关键技术及系统实例[J]. 软件学报，2014，25(4)：839-862.

[115]杨毅，王格芳，王胜开，陈国顺，孙甲松编著. 大数据技术基础与应用导论[M]. 北京：电子工业出版社，2018.

[116]贺小光，兰讽. 网络社区研究综述——从信息交流到知识共享[J]. 情报科学，2011(8)：1268-1272.

[117]Dauch K, Hovak A, Nestler R. Information Assurance Using a Defense In-Depth Strategy [C]//Conference For Homeland Security, 2009. CATCH'09. Cybersecurity Applications & Technology. IEEE, 2009: 267-272.

[118]房梁，殷丽华，郭云川，等. 基于属性的访问控制关键技术研究综述[J]. 计算机学报，2017，40(7)：1680-1698.

[119]Radha V, Reddy D H. A Survey on Single Sign-On Techniques[J]. Procedia Technology, 2012, 4(11): 134-139.

[120]YANG, Xiaolin, Jian, et al. A Retrievable Data Perturbation Method Used in

Privacy-Preserving in Cloud Computing [J]. Wireless Communication Over Zigbee for Automotive Inclination Measurement China Communications, 2014, 11(8): 73-84.

[121]熊金波, 沈薇薇, 黄阳群, 等. 云环境下的数据多副本安全共享与关联删除方案[J]. 通信学报, 2015, 36(s1): 136-140.

[122]中国国家标准化管理委员会. 信息技术云计算参考架构: GB/T32399—2015[S]. 北京: 中国标准出版社, 2015.

[123]陈驰, 于晶. 云计算安全体系[M]. 北京: 科学出版社, 2014.

[124]陈小卉, 胡平, 周奕岑. 知乎问答社区回答者知识贡献行为受同伴效应影响研究[J]. 情报学报, 2020, 39(4): 450-458.

[125]EVANS M M. Knowledge sharing: an empirical study of the role of trust and other social-cognitive factors in an organizational setting[D]. Toronto: University of Toronto, 2012.

[126] Abdul-Rahman A, Hailes S. Supporting Trust in Virtual Communities [A]. Proceedings of the 33rd Annual Hawaii International Conference on System Sciences, 2000.

[127]刘佩, 林如鹏. 网络问答社区"知乎"的知识分享与传播行为研究[J]. 图书情报知识, 2015(6): 109-119.

[128]中国互联网协会. 中国网民权益保护调查报告2016[EB/OL]. [2018-09-04]. http://www.isc.org.cn/zxzx/xhdt/listinfo-33759.html.

[129] Kayes I, Kourtellis N, Bonchi F, et al. Privacy concerns vs. user behavior in community question answering [C]//Proceedings of the 2015 IEEE/ACM International Conference on Advances in Social Networks Analysis and Mining. NewYork: ACM Press, 2015: 681-688.

[130]Kosinski M, Stillwell D, Graepel T. Private traits and attributes are predictable from digital records of human behavior[J]. Proceedings of the National Academy of Sciences of the United States of America, 2013, 110(15): 5802-5805.

[131]国家互联网应急中心. 2016年中国互联网网络安全报告[EB/OL]. [2017-06-12]. http://202.114.96.204/cache/4/03/cert.org.cn/e1f9cd575010e0edb665cbd08e8e1afb/2016_cncert_report.pdf.

[132] TANG JIH-HSIN, LIN YI-JEN. Websites, data types and information privacy concerns: a contingency model[J]. Telematics and Informatics, 2017, 34 (7): 1274-128.

[133] ALASHOO R T, HAN S, JOSEPH R C. Familiarity with bigdata, privacy

concerns, and self-disclosure accuracy in social networking websites: an APCO model[J]. Communications of the Association for Information Systems, 2017, 41: 62-96.

[134]魏红硕. 移动互联网用户隐私关注与采纳行为研究[D]. 北京: 北京邮电大学, 2014.

[135] Marsh S P. Formalising Trust as a Computational Concept[J]. University of Stirling, 1999.

[136]Blaze M, Feigenbaum J, Lacy J. Decentralized Trust Management[J]. Procs. of IEEE Conf. Security & Privacy, 1996, 30(1): 164-173.

[137]Beth T, Borcherding M, Klein B, et al. Valuation of Trust in Open Networks[C]. European Symposium on Research in Computer Security, 1994.

[138] Josang A. A logic for uncertain probabilities[J]. International Journal of Uncertainty, Fuzziness and Knowledge-Based Systems, 2001, 9(3): 279-311.

[139] Du J T. Understanding the information journeys of late-life migrants to inform support design: Information seeking driven by a major life transition[J]. Information Processing & Management, 2023, 60(2): 103172.

[140]Haimson O L, Carter A J, Corvite S, et al. The major life events taxonomy: Social readjustment, social media information sharing, and online network separation during times of life transition[J]. Journal of the Association for Information Science and Technology, 2021, 72(7): 933-947.

[141] Willson R. Transitions theory and liminality in information behaviour research: Applying new theories to examine the transition to early career academic[J]. Journal of Documentation, 2019, 75(4): 838-856.

[142]Bronstein, J. A transitional approach to the study of the information behaviour of domestic migrant workers: A narrative inquiry[J]. Journal of Documentation, 2019, 75(2): 314-333.

[143]Rahmi R, Joho H, Shirai T. An analysis of natural disaster-related information-seeking behavior using temporal stages[J]. Journal of the Association for Information Science and Technology, 2019, 70(7): 715-728.

[144]Ruthven I, Buchanan S, Jardine C. Isolated, overwhelmed, and worried: Young first-time mothers asking for information and support online[J]. Journal of the Association for

Information Science and Technology, 2018, 69(9): 1073-1083.

[145] Huttunen A, Kortelainen T. Meaning-making on gender: Deeply meaningful information in a significant life change among transgender people[J]. Journal of the Association for Information Science and Technology, 2021, 72(7): 799-810.

[146] Willson, R., Given, L. M. "I'm in sheer survival mode": Information behaviour and affective experiences of early career academics [J]. Library & Information Science Research, 2020, 42(2): 101014.

[147]李蕾，王傲，王卫，等. 突发公共卫生事件下中外信息需求对比研究[J]. 图书情报工作，2022，66(16)：105-116.

[148]朱强，卢文辉，吴亚平，等. 新时代面向信息资源保障的用户信息需求与信息行为调查研究[J]. 图书情报工作，2022，66(15)：23-33.

[149]成全，郑抒琳. 在线健康社区用户信息需求的层级多标签分类研究[J]. 情报理论与实践，2023，46(2)：100-108.

[150]周国韬，邓胜利，方雪瑞. 新冠疫情爆发地区居民信息需求及满足程度的动态演化[J]. 图书情报知识，2022，39(3)：134-144.